本书是国家社科基金青年项目（15CGJ031）的阶段性成果。

刘丰 主编

联盟政治

理论与实践

Alliance
Politics：
Theories
and
Practices

中国社会科学出版社

图书在版编目（CIP）数据

联盟政治：理论与实践／刘丰主编 . —北京：中国社会科学出版社，
2018.6

ISBN 978 - 7 - 5203 - 2648 - 3

Ⅰ. ①联… Ⅱ. ①刘… Ⅲ. ①国际关系—研究 Ⅳ. ①D80

中国版本图书馆 CIP 数据核字（2018）第 120977 号

出 版 人	赵剑英
责任编辑	赵 丽
责任校对	王桂荣
责任印制	王 超

出 版	中国社会科学出版社
社 址	北京鼓楼西大街甲 158 号
邮 编	100720
网 址	http://www.csspw.cn
发 行 部	010 - 84083685
门 市 部	010 - 84029450
经 销	新华书店及其他书店

印 刷	北京明恒达印务有限公司
装 订	廊坊市广阳区广增装订厂
版 次	2018 年 6 月第 1 版
印 次	2018 年 6 月第 1 次印刷

开 本	710×1000 1/16
印 张	29.5
字 数	454 千字
定 价	89.00 元

作者简介

曹　玮，国际关系学院副教授
董柞壮，南开大学周恩来政府管理学院讲师
黄宇兴，清华大学社会科学学院助理教授
节大磊，北京大学国际关系学院副教授
凌胜利，外交学院国际关系研究所副教授
刘　丰，南开大学周恩来政府管理学院教授
刘若楠，对外经济贸易大学国际关系学院讲师
宋　伟，中国人民大学国际关系学院教授
苏若林，美国美国宾夕法尼亚大学政治学博士生
孙德刚，上海外国语大学国际关系学院教授
孙学峰，清华大学社会科学学院教授
唐世平，复旦大学国际关系与公共事务学院教授
尹继武，中国人民大学国际关系学院教授
杨　毅，北京外国语大学国际关系学院副教授
杨　原，中国社会科学院世界经济与政治研究所副研究员
张景全，山东大学东北亚研究院教授
周建仁，北京语言大学国际关系学院副教授
左希迎，中国人民大学国际关系学院副教授

导论　联盟政治研究的议程与方向

刘　丰

联盟是国际政治中经久不衰的现象之一，是国际安全领域最为重要的行为体和互动形式。随着国际格局的演变和安全形势的发展，不同国家之间缔结的联盟历经形成、延续和衰败的生命周期，塑造着国家间战略互动的走向，也左右着地区或国际体系中战争与和平的进程。古今中外，围绕联盟及其相关现象已经有大量的研究，不过伴随着国际形势的发展，这一领域仍然有许多待解的问题需要挖掘。本书试图汇集中国学者在联盟政治这一国际安全核心研究领域的重要研究成果，从而推动这一领域继续朝着精深的方向发展。

一

联盟概念广泛应用于政治学、经济学和社会学等不同学科，用来描述个人以及企业、政党、国家等社会组织之间的战略合作。在国际关系领域，联盟通常是指仅限于国家之间在军事安全领域的合作。尽管国家之间的安全合作还会呈现出联合阵线、伙伴关系等其他形式，但联盟无疑是其中最为重要且最为持久的合作形式。自人类形成以政治团体为基本单位的区分以来，联盟与反联盟就是这些团体之间互动与合作、竞争与对抗的基本方式。在民族国家体系产生之后，国家间正式安全联盟的维持就从未间断。据"联盟条约义务与条款"数据库显示：1815年至2003年间，各国签订的正式军事联盟条约有648项，其中包括545项双边联盟条约和103项多边联盟条约，目前仍然有效的条约有 100 多项。

尽管国际关系学界有关联盟的研究众多，但是不同学者所讨论的概念仍然存在差异。时至今日，研究者们对这一概念的使用仍然存在分歧和细微差别。比如，格伦·斯奈德将联盟定义为"国家之间针对特定情形下对成员之外的国家使用（或不使用）武力而正式结成联合"；斯蒂芬·沃尔特提供的定义是"两个或多个主权国家间的正式或非正式安全合作关系"。由于他们的研究主要采用定性研究方法，因此，并没有提供更为具体的操作化定义。相比之下，"联盟条约义务与条款"和"战争相关因素"这两个定量研究中常用的联盟数据库提供了更为严格和具体的操作化定义。比如，"联盟条约义务与条款"数据库的概念化定义是"独立的国家在面临潜在或实际军事冲突时进行军事合作的正式协定"，操作化定义是"由至少两个独立国家的官方代表签署的书面协定，其中规定，一方爆发军事冲突时提供援助，在冲突中保持中立，彼此克制不发生军事冲突，或者在可能引发军事冲突的国际危机中保持协商/合作"。总体上看，联盟是以正式条约或非正式协议的方式规定联盟成员应该承担的安全义务，协调它们在面对特定安全形势时对待彼此以及第三方的行为。

联盟的影响突出体现在它们在国际冲突与危机中扮演的角色。20世纪以来重要的国际战争，包括一战和二战这两场全球性战争以及朝鲜战争、越南战争和海湾战争等地区性战争，都是某一联盟（国家）对抗另一联盟（国家）的战争。在为数更多的国际冲突和危机中，只有较少一部分是在两个国家之间进行的。进入 21 世纪以来，联盟仍然在大国竞争中居于核心地位。美国领导的联盟实施了阿富汗、伊拉克、利比亚、叙利亚等多场军事干涉行动。北约的持续东扩在欧亚大陆引发了新一轮地区安全危机，而美俄之间的战略矛盾还围绕北约推进前沿军事部署、拓展军事基地和部署导弹防御系统等诸多议题展开。当前，美国在亚太地区进行战略调整的重要一环是强化与盟友的安全合作，重新协调与盟友之间的安全义务，推动没有安全义务的盟友之间的安全合作，并且试图塑造盟友在经济、贸易和秩序构建中的行为。

由于联盟在国际安全中的重要作用，自 20 世纪 60 年代以来，联盟政治发展成为国际安全研究中的一个重要领域。今天，关于联盟政治的研究跨越了国际关系理论、国际安全、国际政治经济学和对外政策分析等国际关系主要分支领域，产生了为数众多的理论和实证研究成果。在联盟政治领域，联盟经常被当作一种被解释的国际政治现象，研究者们重点考察了联盟作为一种安全合作方式从形成到瓦解的原因和机制，联盟维系的方式和过程，以及联盟的凝聚力和有效性等问题。同时，联盟也被当作一项用来解释其他国际政治后果和国家战略行为的要素，不少成果试图探究联盟行为对国际和平与冲突、国际安全危机以及更广泛的国家行为模式的影响。

在研究方法上，从 20 世纪六七十年代联盟政治研究兴起开始，基于历史和当代经验的案例研究一直是占据主导地位的分析工具。进入 21 世纪以来，随着定量研究的流行，联盟政治研究中定量方法也成为主流的研究方法，定量方法甚至是在国际安全领域应用最广泛的议题之一。这主要得益于联盟相关的数据搜集、整理和积累及其所形成的比较全面的数据库。同时，在安全研究普遍趋势下，联盟与战争、危机和冲突等现象具有较强的关联性，使定量研究得到推广。近年来，除定量研究外，案例研究仍然占据一定比例，同时，社会网络分析等新兴方法逐渐凸显。

二

本书结集了过去几年间中国学者在联盟政治研究领域开展的代表性研究成果，体现了我国学界的研究水平和进展。根据研究主题，全书分为四个部分，分别是联盟的形成与瓦解、联盟内部管理、联盟与战略行为以及美国联盟体系与中国崛起。

第一部分的三篇论文探讨了联盟的形成与瓦解。与国际关系中的其他合作形式一样，联盟具有从形成、维持到瓦解的完整生命周期，联盟政治的首要议题是探讨决定这一生命周期上某一特定过程及其转变的核心因素。

宋伟梳理了理性主义理论范式关照下的联盟形成研究，特别是回答了联盟需要什么样的共同利益基础、制衡性联盟为何没有出现、国际结构如何塑造大国的联盟选择、地理因素如何影响联盟的形成以及联盟起源的其他根源有哪些等问题。他指出，理性主义国际关系理论的这些研究具有一定的启发意义，但总的来看，现实主义范式的研究占据了主流地位，系统性的理论创新不够，并没有提出解释联盟起源的新的核心概念，联盟起源的理论研究仍然具有较为广阔的空间。

曹玮和杨原关注了"两面结盟"这一特殊的联盟形成现象。一个国家与两个彼此敌对的国家同时结盟，是一种并不常见的情形。他们发现，在古代东亚，高丽和朝鲜这两个朝鲜半岛国家却都曾与当时体系内相互对峙的头号和二号强国同时结盟。针对这一困惑，他们从需求和供给的角度给出了小国与两个彼此竞争的大国同时结盟的一般机制。首先，小国必须至少有两种必不可缺且仅靠自身无法满足的需求，而两个大国（主观或客观上）分别只能满足其中的一种。其次，两个大国之间必须处于一种互有顾忌、彼此均无必胜对方把握的僵持状态。在古代东亚朝贡体系下，高丽和朝鲜两个国家除了生存需求有赖大国的保护外，其政权的合法性也完全来源于中原汉族王朝对其的承认和册封。当北方少数民族政权崛起成为体系强国后，为高丽和朝鲜提供生存安全和政权安全保障的大国就出现了分离，而两个大国的战略僵持催生了"两面结盟"现象。

周建仁试图解释为什么一些联盟在共同威胁仍然存在的情况下走向瓦解。他以弱国自助能力与战略分歧构建了简约的联盟解体双变量解释框架，提出联盟内部的战略分歧大小决定了联盟成本的高低，而弱国的自助能力强弱则决定了其联盟收益的大小，从而在战略分歧、自助能力与联盟解体之间构建了一个因果逻辑机制。借助国际关系研究中一些最新数据库中的数据，运用 Cox 比例风险回归模型，周建仁对这四个统计分析假设进行经验验证。研究结果表明，弱国自助能力和战略分歧在对联盟解体发挥影响上是互为条件的。

第二部分的五篇论文主要关注联盟内部管理的问题。对于参与联盟之中的国家而言，如何处理和协调与盟友之间的关系是一个重要问题。在管理得当的情况下，联盟内部能够维持较强的凝聚力，运转有效，从而提供有效的安全保障和威慑能力。但是，在现实中，盟友之间的关系并不总是能够得到有效管理。

　　董柞壮认为，联盟的机制设置本身就会影响联盟可靠性，因为参与联盟的国家在进行机制设置时会充分考虑成本与收益的权衡。他发现，国家设置更高水平联盟机制的目的在于提高联盟的可靠性，但是由于国家在联盟中成本与收益分担不同、降低成本的努力不同，因此联盟机制的设置对联盟可靠性的影响是复杂且有条件的。

　　尹继武探讨的核心问题是，在联盟形成的过程中，联盟信任是何时以及如何形成的？盟友间的信任是理性选择的产物，还是一种情感与态度的需求？从理性选择理论和社会认知理论出发，他综合既有的国际关系联盟形成理论和信任研究，建构了两种联盟信任形成的解释模式——弱式理性主义模式和社会认知模式。在此基础上，以北约的形成作为案例，他对理性主义和社会认知解释模式进行了说明。尹继武指出，在联盟情绪即联盟信任的生成机制中，理性行为与认知因素均能产生情绪，两种解释各有所长，可相互补充。北约不仅是一种战略联盟，更承载了跨大西洋安全与道德共同体的身份。

　　苏若林和唐世平探讨了联盟管理过程中盟友之间互动的动态机制。他们发现，联盟维持和管理的机制是相互制约，盟友之间的"权力对比"和"意图匹配程度"这两个变量通过相互制约的核心机制影响联盟的命运。根据权力对比，联盟可以区分为对称性联盟和非对称性联盟；根据联盟内部的意图匹配程度，联盟可以区分为防御性联盟和进攻性联盟。他们的研究发现，在对称性联盟中，如果盟友意图一致，那么彼此相互制约会相对成功，联盟也容易得到管理；反之，则不易管理。在非对称性联盟中，只有当强国为防御性现实主义国家且弱国为进攻性现实主义国家时，相互制约才相对困难，联盟才较难管理。第一次世界大战前的法俄联盟、20世纪50年代之后的中苏联盟以及20世纪50年代之后的美日联盟为他们提出的联盟管理理论提供了经验支持。

　　节大磊考察了约束盟国的基本逻辑及其面临的困境。他指出，在事关双方重大安全利益的事项上，约束一方需要传递两种可信的信息：一是约束一方认同被约束一方的战略目标；二是约束一方反对被约束一方的策略手段。战略安抚和策略施压这两种信息的可信性较易相互削弱，这也正是约束盟国的困境所在。在美国约束以色列的案例中，奥巴马政府成功地结合了战略安抚和策略施压，使之放弃了军事打击伊朗核设施的计划。另一方面，在美国约束格鲁吉亚的案例中，布什政府对后者几乎无条件和全方位的长期支持使得战略安抚和策略施压之间严重失衡。萨卡什维利政府有恃无恐地对南奥塞梯使用武力，从而引发了俄格战争，也标志着美国约束格鲁吉亚的努力归于失败。美国试图约束以色列以及格鲁吉亚的两个案例一方面为论点提供了支持，另一方面也说明成功约束盟国的困难性。

张景全从联盟运行成本的角度分析了联盟内部困境。联盟成本包括联盟硬成本与联盟软成本，前者指联盟的组织成本及联盟行动成本，后者指联盟的声誉与可信性。传统的联盟困境主要考察的是盟友牵连和抛弃的困境，忽视了新的联盟困境，包括联盟针对对象与联盟经济伙伴的同一性困境，以及在同一联盟体系内各个联盟之间存在猜疑与纷争的联盟间困境。这项研究发现，在联盟运行过程中，联盟硬成本与联盟软成本相互影响，传统联盟困境与新联盟困境相互作用，联盟成本与联盟困境相互制约。

第三部分的四篇论文聚焦于联盟对国家战略行为的影响。联盟改变了联盟成员的行为模式，在更广泛的层面塑造着它们的行为。一旦加入联盟，一国的对外决策和战略实施会受到盟友的牵制和制约。联盟首先体现在改变成员国的武器装备、军力部署、指挥体系和作战模式上。与此同时，联盟一旦形成，就会参与到联盟内外的国家间互动之中，对其他国家的战略考量施加影响。

刘丰关注的核心问题是，在面对对手联盟可能造成的安全威胁和对自身发展的阻碍时，一个国家如何主动采取措施削弱、限制和破坏针对自己的实际或潜在联盟。根据战略效果的不同，分化对手联盟战略的主要目标包括阻止新的潜在结盟国家加入对手联盟，促使对手联盟中的某些成员在对抗和冲突中保持中立，吸引某些国家在竞争中转而支持自己以及拉拢对手联盟中的成员加入己方阵营。根据与联盟政治相关的既有理论和历史经验，分化对手联盟战略可以被分为合作性战略、对抗性战略及观望性战略等三种主要类型。冷战结束后，美国主导的北约东扩进程对俄罗斯的国家安全和地区影响力构成了严峻挑战。面对北约向中东欧，尤其是独联体国家的持续扩张，俄罗斯试图综合运用合作与对抗等多种手段阻止周边邻国加入北约。尽管这些战略努力既有成功经验也有失败教训，但是俄罗斯终止格鲁吉亚和乌克兰加入北约进程的努力展示出分化对手联盟战略在当今单极体系下的成功案例。

黄宇兴分析了联盟转型的成败问题。现有国际关系理论指出，联盟成员共享安全利益的程度和联盟成员共享价值规范的程度是解释联盟类型的两个主要因素。现有理论讨论了产生不同联盟类型的主要因素，但并未讨论联盟转型成败的主要条件。黄宇兴提出，在不对称联盟中，强盟主对弱盟友的谈判能力是解释联盟转型成败的必要条件。强盟主对弱盟友的援助能力、干涉能力、补偿能力和损耗能力越强，联盟转型越容易成功；反之，联盟转型越容易失败。这项研究选择将1936—1937 年法国在东欧的联盟转型失败和 1940—1941 年德国在东欧的联盟转型成功作为检验理论的案例。作者也指出，近年来，美国在亚太地区的联盟有转型的可能性。美国对日本和韩国的援助能力较强，但美国对日本和韩国的干涉能力、补偿能力和损耗能力较弱。因此，美国成功实现亚太地区联盟转型的可能性不高。

孙德刚讨论了"准联盟"战略。准联盟战略是政治领导人运用次级安全管理机制与伙伴方开展针对外部敌人的安全协调与合作的战略理念、机制和行为，它是联盟战略与中立战略之间的"灰色地带"，是国家安全战略的隐性选项之一。联盟战略建立在正式盟约之上，其执行主要依靠法律约束力（硬约束），而准联盟战略建立在次级安全合作协定之上，其执行主要依靠道德约束力（软约束）。准联盟战略的主要特征包括，解决任务的选择性、合作手段的灵活性、战略指向的模糊性和主权让渡的有限性。作者认为，后冷战时期，传统安全与非传统安全相互交织，敌友之间的界限日益模糊，联盟战略效力下降。相比之下，准联盟战略日益成为影响国家间关系走向、国际权力格局转换和区域安全一体化的重要因素。

杨毅考察了"安全联盟"对国家间经济合作的影响。联盟建立的初衷是为了满足国家在安全上的需要，经济交往产生的安全外部性促进了结盟国家间贸易往来的增加，确保了联盟国家间经济交往的发展。在联盟建立和发展的过程中，联盟框架内存在的议题联系机制为联盟国家之间进行安全合作的同时实现经济合作提供了相应的交往渠道和方式。同时，一国通过经济上的补偿性支付的方式向其盟国提供经济补偿，使其从经济上获益，从而确保了安全联盟的稳定。这项研究指出，根据联盟成员间的相互依存度和利益相容性程度，联盟会表现为实力增强型联盟、协调型联盟、霸权型联盟和飘忽不定型联盟等四种类型，联盟经济在各种类型的联盟中都会发挥作用，但在不同类型的联盟中，由于上述两个变量的不同，经济合作与安全利益的关联程度会有不同的表现，补偿性支付也会发挥不同的作用。

第四部分的四篇论文聚焦美国联盟体系与中国崛起。在奉行不结盟战略的约束条件下，快速崛起的中国面对着一个强大的外部联盟体系。一方面，中国自身的发展会影响到美国东亚联盟体系的运转；另一方面，这一联盟体系也对中国的实力崛起和影响力拓展构成了实际和潜在的制约。在这种背景下，美国联盟体系与中国崛起的关系成为中国学者重点关注的议题。

左希迎考察了美国维护与其亚太盟友的关系时所面临的战略难题。在全球战略收缩的态势下，美国可能没有能力兑现盟友骤然增长的战略承诺需求，这就是美国亚太联盟体系的"承诺难题"。作者认为，为解决这一问题，美国当前执行的是一种双重再保证战略，以应对其盟友与中国日益紧张的关系。这一战略通过增加对盟友的承诺，旨在维持联盟威慑的可靠性，避免联盟凝聚力下降。同时，美国私下划定盟友外交政策的红线，严格控制盟友外交政策的范围，避免被拖入地区纷争和冲突之中。在中日钓鱼岛争端和中菲南海争端中，美国执行双重再保证战略的行为最具有代表性。然而，双重再保证战略存在三个方面的挑战，即中国继续成长所带来的外部压力、美国盟友国内政治的不确定性和美国战略调整的挑战。

刘若楠探讨了美国运用其权威塑造亚太盟国对外战略时的成效和限度。随着实力地位的不断上升和地区影响力的不断扩大，中国所面临的越来越多的外交和安全问题都集中在周边地区。中国在与美国的亚太盟国就领土争议、地区多边机制乃至经贸往来等议题进行博弈时，都难以回避美国在其中所发挥的直接或间接的影响。对美国而言，保持对东亚盟国对外战略一定的"支配权"对于维护其主导地位不可或缺。作者指出，在强制和利益交换这两种方式之外，美国在安全等级体系中建立的权威关系是其塑造东亚从属国对外行为的一种重要机制。通过劝说和象征性惩罚等具体措施，美国能够成功地将盟国的对外政策约束在其所设定的行为边界之中。

孙学峰探讨的核心问题是，面对美国在东亚以盟友和安全伙伴为基础建立的安全保护体系，中国如何缓解崛起困境。他指出，在美国东亚安全保护体系稳定延续的背景下，中国的东亚安全战略必须将美国和周边国家两个重点有效整合，将中美邻安全关系纳入统一的政策框架，根据周边国家对美国安全保护的依赖程度和对中国实力上升的担心程度，对周边国家实施差异化的安全战略，以有效管控地区安全压力，稳步扩展地区安全影响力，进而有效缓解日益凸显的崛起困境。对于依赖美国保护且严重忌惮中国实力上升的国家或地区，中国可利用美国能够为其保护国设置"安全红线"的权力，联合美国采取"一报还一报"的战略，提前采取行动防止这些国家（地区）跨越"安全红线"。对于依赖美国保护但对中国实力上升疑虑较弱的国家，中国可在不挑战这些国家与美国保护关系的前提下，充分发挥自身优势，尽力向这些国家提供战略支持，从而弱化美国安全保护体系的整体压力。对于严重忌惮中国实力上升但无法获得美国保护的国家，中国有必要坚持"一报还一报"的政策思路，统筹"安抚"与"进取"两类政策，弱化其与中国的对抗。对于无意依赖美国保护且对中国实力上升疑虑较弱的国家，中国应加强与这些国家的战略协调与合作，尽力向这些国家提供其所需的战略支持。

凌胜利解释了中国坚持奉行不结盟政策的原因。大国崛起进程中往往面临着安全压力增强的挑战，结盟成为缓解或化解安全压力的一种战略选择。近年来，中国崛起的安全压力有所加大，一些国内学者提出中国需要反思和调整不结盟政策。作者指出，中国坚持不结盟政策是基于国家利益的考虑，具有内在合理性。中国的不结盟政策基本上维护了中国的国家利益，为经济发展营造了较为和平稳定的外部环境。未来中国是否需要结盟必须基于国家利益的全盘考量，不应该因为过于关注安全利益损失或者基于未来的过度安全担忧而盲目结盟。

三

从国家间互动的历史看，联盟并不是特定时代的产物，而是贯穿于国际关系历史进程的每一阶段。联盟也不是某一种特定思想驱动的产物，而是在国家追求安全、财富和威望等战略目标的驱动下的必要选择，伴随着国家间竞争、冲突与合作的各种形态。正是由于联盟在国际政治中发挥的重要作用，关于联盟的研究成为国际安全这一分支领域的重要议题。当然，传统的联盟政治研究也受到了现实的冲击和困境。这主要是由学术研究状况和国际政治现实两方面原因导致的。传统研究高度依赖 20 世纪以来的历史案例，围绕着一战、二战和冷战期间的联盟现象构建了许多理论模型，难以就一些基本问题达成共识。从当代的经验来看，联盟实践的案例也是非常有限的。除了美国领导的多边和双边联盟之外，并没有其他竞争性的联盟出现。但是，这些制约并不意味联盟政治的研究已经陷入瓶颈，而是需要扩展议题和视野。

自 20 世纪 80 年代以来，中国政府一直主张奉行不结盟原则，坚持主张不同任何国家缔结正式的军事联盟。当然，这一战略选择并不意味着中国学者不需要关注联盟现象，不需要从学理上探讨联盟现象对于中国外交所面临的一些实际问题的意义。相反，尽管中国选择不结盟，但外部联盟的存在是中国面临的国际和地区安全环境的重要组成部分，而中国也需要选择联盟以外的安全合作手段。近年来，中国学者对联盟政治问题做了不少学理和政策的探讨，甚至试图在"不结盟"这一官方政策立场基础上有所创新。笔者认为，以下问题需要在未来的研究中予以探讨。

第一，联盟与其他安全合作行为之间的关系。冷战结束之后，国家之间涌现出了许多其他形式的合作，比如安全机制、联合阵线、伙伴关系。与联盟相比，这些合作对安全承诺和义务的规定不是特别强。在这些合作形式中，联合阵线尤其值得关注。需要看到，这些安全合作方式并不是冲突的，而是具有互补性的，可以同时采取多种方式。另外，不同国家对不同方式的需求和偏好存在差异。未来的研究需要考察主要大国在不同战略条件下选择这些安全合作形式的动因，以及可能的转换机制。

第二，联盟对国际秩序转型的影响。联盟的核心作用是维护成员国的安全，但大国间结盟成为国际秩序变革的重要力量。大国之间的联盟既是国际和平的维护者，也是国际冲突与危机的助推手。在国际关系演进的历史进程中，联盟是特定时代的大国维持既有的国际秩序或推动国际秩序转换的重要工具。研究者需要从理论上厘清联盟的缔结、分化、重组对国际秩序的形成、维持和转变的影响。

第三，联盟的扩展效应。联盟本身是一项安全合作，对它的研究本来应该局限于安全领域，但它的影响也可能外溢到其他议题领域。联盟的经济影响是国际政治经济学与国际安全两个分支学科交叉研究的重要议题。过去二十多年间，越来越多的学者开始关注联盟成员之间的贸易、投资等经济交往模式的变化。一个理论共识是，安全联盟会增进成员之间在某些领域的经济交往。对于联盟的扩展效应，更精细的研究需要关注联盟关系发挥作用的具体领域和条件。

第四，联盟战略与不结盟战略之间的转换。从联盟的性质、功能和定位角度考虑，一个国家是否结盟应该立足于它所面临的国际环境以及基本安全需要。结盟与不结盟是可能相互转化的。因此，研究者有必要研讨不结盟转向结盟的一些基本问题：当面临何种安全形势时，需要作出这样的战略调整？作出战略调整的时机、方式是什么？从不结盟转向结盟，中国需要付出怎样的代价，又能够给中国带来怎样的收益？当中国转向结盟时，可能的结盟伙伴是哪些国家？是与其他的大国结盟，还是与中小国家结盟？

第五，如何创新联盟理论。联盟政治虽然是国际安全研究中的经典议题，但是在国际关系理论创新、国际环境变化以及联盟实践改变的情况下，依然有众多的理论创新空间。研究者可以尝试突破"牵连——抛弃"的划分，重新评估各类联盟的维持成本，以及联盟内部的管理模式。此外，在当前热门的"内战""族群冲突"等相关研究中，讨论一国内部不同派别间的类似结盟行为，也能够为联盟政治的研究提供新的视角。

目　录

美国联盟体系与中国崛起

联盟的形成与瓦解

联盟的起源：理性主义研究新进展[*]

宋　伟

导　论

　　一般认为，国际体系的稳定性问题——也就是战争与和平的问题——是国际关系研究的核心问题。体系层次的主流国际关系理论都致力于发现塑造国际体系稳定性的要素，并将它们概念化为国际结构、国际制度和国际规范等理论概念。但是，国际关系研究并不仅仅研究战争与和平的问题；对于国际关系理论来说，它们不仅要解释国际体系的稳定性，也需要在更具普遍意义的层面解释国家间关系的种种结果，诸如核威慑的成功或者失败、自由贸易进程的全球扩展、地区一体化进程的不断深化、2009 年的哥本哈根气候谈判峰会为什么达不成具有法律约束力的国际协议，等等。在所有这些纷繁复杂的国家间关系现象中，联盟问题、联盟关系受到了集中的关注，以至于有学者认为"联盟是国际政治的核心特征"或者将其作为"政治单元之间关系的一种普遍的构成要素"[①]。之所以如此，是因为国际关系

---

　　[*]　本文原刊于《国际安全研究》2013 年第 6 期。衷心感谢《国际安全研究》编辑部和匿名评审专家的宝贵意见，文中不足之处完全由作者本人负责。

　　[①]　Julian Friedman，"Alliance in International Politics，" in Julian R. Friedman，Christopher Bladen and Steven Rose eds. ，*Alliance in International Politics*，Boston：Allyn and Bacon，1970；Ole Hosti，P. Terrence Hopmann and John D. Sullivan，*Unity and Disintegration in International Alliance：Comparative Studies.* New York：John Wiley & Sons，1973，p. 2. 转引自［美］斯蒂芬·沃尔特《联盟的起源》，周丕启译，北京大学出版社 2007 年版，第 1 页。

学者对联盟的概念本身赋予了极端的重要性——从较为广泛的意义上来说，联盟意味着国家之间某种明确的、稳定的战略关系的确立。① 虽然这些国家未必明确宣布其联盟所针对的特定国家是谁，但在确定"谁是我们的朋友，谁是我们的敌人"② 这一对外政策的核心问题时，联盟的决定表明至少已经确定了"谁是我们的朋友"。用研究联盟问题的著名国际关系学者格伦·斯奈德（Glen H. Snyder）的话来说，联盟是一种正式的国家间联合行为，旨在维持成员国的安全、扩大成员国的权势，针对特定的国家，但联盟并不意味着在条约中明确所针对的特定国家以及明确军事义务。③ 从这个意义上来说，国际关系领域中的联盟概念并不仅仅限定在军事联盟的范围。通过建立明确的战略联合关系，国家不仅在安全事务而且在更加全面的国际政治、经济事务中能够拥有坚定的支持者。

既然联盟是国家间明确、稳定的战略关系，那么它就构成了国家间关系中一个十分重要、集中的研究主题。通过把国际关系理论运用于联盟问题的领域，我们可以发展出来某些更为具体的中层理论。当然，在这里我们需要有意识地区别联盟问题研究的两种方式。第一种是将联盟作为国际关系现象的一种，分析这一现象的产生、运作和瓦解；第二种则是从国家对外政策的角度出发，研究不同国家如何选择自己的盟友、如何管理自己所在的联盟以及什么情况下选择退出现有的联盟。第一种对联盟问题的研究属于国际关系研究的领域，因为某

---

① 联盟概念本身一直存在争议。一些学者试图将其限定在安全合作的范围之内，而另外一些学者则试图将非正式的战略合作包括进来。例如，斯蒂芬·沃尔特认为，联盟也应该包括非正式的安全合作安排，因为当代许多国家不愿意与其盟友签订正式的条约，而许多正式的合作声明流于形式。但这并不意味着联盟关系可以是不明确的。首先，存在非正式联盟关系的国家彼此肯定会明确这样一种国家间关系。其次，除了少数秘密的结盟关系之外，大多数非正式的联盟关系是可以通过口头声明、实际援助等具体行动被其他国家和观察者所认知的。最后，如果某种非正式的联盟关系是不能被明确观察到的，那么就不具备研究的可操作性，而它平时所产生的实际政策意义也是有限的。沃尔特的观点参见［美］斯蒂芬·沃尔特《联盟的起源》，第12页。

② 毛泽东：《中国社会各阶级分析》，《毛泽东选集》第1卷，人民出版社1991年版，第3页。

③ Glen H. Snyder, "Alliance Theory: A Neorealist First Cut," *Journal of International Affairs*, Vol. 44, No. 1, Spring 1990, p. 104.

个联盟的产生、运作和瓦解都不仅仅依赖于某一个成员国；而第二种对联盟问题的研究则属于外交政策研究的范畴，因为不同国家的联盟战略虽然受到国际体系的强大影响，但至少从形式上来看它最终是一个国内的决策选择。现有关于联盟问题的研究绝大多数都属于第一种，即国际关系的研究，而对于联盟战略的研究更多属于具体案例的分析，并将其置于外交政策分析的大框架下。本文将着眼于总结最新一段时期——具体地说，2000 年以来——理性主义国际关系理论在联盟起源问题上所取得的进展。相比联盟的运作和瓦解来说，联盟起源的问题在国际关系学界一直受到更多的关注，相应的理论研究也最为成熟。

　　在"新进展"的界定标准方面，本文并不仅仅是按照时间来画线的。虽然关注的是 2000 年以后的研究，但本文所选择的文献必须是在联盟起源的问题上提出了某种新的观点，或者是发展了原有的理论观点。在联盟起源的问题上，已有的研究大多是从制衡性联盟和追随性联盟角度出发的，前者是制衡威胁，而后者是谋取利益。那么，在最近的十多年间，国际关系学界对于联盟问题的研究都在关注哪些问题，取得了什么样的进展？事实上，自从斯蒂芬·沃尔特（Stephen M. Walt）的威胁平衡理论和兰德尔·施韦勒（Randall Schweller）的利益平衡理论以来，国际关系学界的理性主义学派——包括现实主义者和自由主义者——对于联盟起源问题并没有革命性的理论创新。[①]基于这样一个原因，本文并不试图逐一考察各理论学派对于联盟问题有什么新的进展，而是围绕理性主义国际关系理论——主要是现实主义和自由主义——在联盟起源研究中所涉及的一系列的焦点问题进行总结，这样可以更清楚地了解有关联盟起源问题的争论重点。具体来说，笔者将从以下五个方面的焦点问题进行总结：联盟需要什么样的共同利益基础；制衡性的联盟为何没有出现；国际结构如何塑造大国的联盟选择；地理因素如何影响联盟的形成以及联盟起源的其他根源有哪些。其中，第二、第三、第四个问题都与冷战后国际体系的单极

---

　　① 限于篇幅等原因，本文并不试图考察社会建构主义对联盟起源问题上所提出的理论观点。

结构及其影响密切联系在一起，有利于在考察新的时代现实的基础上发展和修正原有的联盟理论。在考察理性主义国际关系学者围绕这些问题所进行的理论争论和所取得理论进展时，笔者也会做一些背景性的介绍以及适度的分析和评论。

一　联盟需要什么样的共同利益基础

联盟的形成需要某种程度的共同利益基础，这对所有人来说都是一个常识。但是，国际关系学界对于联盟形成的研究显然不能止步于这一常识。例如，传统现实主义的代表性学者汉斯·摩根索（Hans J. Morgenthau）在《国家间政治——权力斗争与和平》一书中曾经提出了一个十分有趣的观点：当国家间的利益一致性很强，明显要求采取协调政策和一致行动时，盟约形式显得多余，国家间无须结盟。他举例说，英国和美国在欧洲大陆有一种共同的利益：即维持欧洲的力量均衡。没有签订正式的盟约并没有实质性地影响美国在两次世界大战中支持英国。[1] 摩根索这样写道："只有当共同利益的政策及措施并不完全的时候，才要求缔结盟约使这些政策及措施明确化并起作用。""在缔约国的全部利益中，有些利益与联盟的目的无关，有些利益支撑着联盟的目标，有些利益与联盟的目的相背离，也有些利益与联盟的目标水火不相容。所以，典型的联盟是植根于充满各种不同目的和利益的动力场之中。"[2] 从以上的论述可以看出，摩根索是把联盟理解为由正式条约所界定的战略联合关系，但他对于共同利益与联盟起源之间的论述仍然是具有启发性的。

国际关系学者帕特里夏·韦茨曼（Patricia A. Weitsman）对联盟共同利益基础的研究在某种程度上呼应和支持了摩根索的理论立场。韦茨曼指出，联盟的形成与共同利益之间不是一种简单的对应关系。"在特定的情况下，敌对的国家之间也可能有动机来形成联盟——或

---

① ［美］汉斯·摩根索：《国家间政治——权力斗争与和平》，徐昕等译，北京大学出版社 2006 年版，第 239 页。

② 同上书，第 241、244 页。

者是为了应对共同的威胁，或者为了管理、遏制它们彼此之于对方的威胁。后一类联盟实际上是用来维持签约国之间的和平。"① 因此，联盟并不意味着成员国之间的利益一定具有很强的一致性，相反，敌对的国家之间也可能建立联盟，其目的仅仅是管理两国间的冲突。也许目前的中美关系可以算是一个不太贴切的例子。中美之间一直在努力维持一种相对稳定、基本合作的关系——美国试图把中国纳入现存的国际秩序，而中国也在努力融入现存的国际秩序，这可能是因为双方都意识到两国发生冲突的代价太大了。韦茨曼指出，国家之间的威胁并不一定会导致制衡性的联盟，相反依据威胁水平的不同可以有多种选择，而与潜在的对手联盟则是其中之一。"当威胁的水平较低时，国家有可能同潜在的朋友或者敌人达成低水平的承诺协议。国家将会增强自己的实力以及阻断潜在对手的扩张道路，但同时也会向对手示好以免其行动过于具有挑衅性。当国家之间的威胁水平上升时，它们有动力形成某种联盟以管理、约束其盟友。这样，彼此之间的威胁变成互惠和对称性的，而非一个国家向另外一个国家屈服。如果这种威胁的水平持续上升，受到威胁的国家将会寻求制衡。而当威胁的水平达到一个极高的程度，可以影响其他国家的生死存亡时，这些国家将会向更强者屈服，追随后者来应对眼前的威胁。"②

事实上，如何界定联盟形成过程中的共同利益并不是一件容易的事。就如摩根索和韦茨曼都认识到的，即使是敌国，在某种情况下也有建立联盟的可能。在大国的联盟选择中，阻止潜在的敌人建立联盟或者与敌对联盟的成员建立联盟关系分化对手，都是受到关注的议题。国际关系学者蒂莫西·克劳福德（Timothy W. Crawford）提出了所谓的楔子战略（wedge strategies）。他认为，楔子战略可能成功的情形大概有三种：首先，有选择地拉拢（accommodate）某个对手但坚定反对其他对手的方法，比依靠冲突和强制的方法更有可能离间某个敌对的联盟。其次，有选择地拉拢战略在促使目标国转向中立方面是

---

① Patricia A. Weitsman, *Dangerous Alliances: Proponents of Peace, Weapons of War*, California: Stanford University Press, 2004, p. 2.

② Ibid., p. 4.

最有效的。最后，当离间者掌握着某些次要的利益（经济关系、市场进入等），而这些次要的利益对于目标国来说很重要的时候，有选择地拉拢战略就会最为成功。① 有学者从相对实力的角度出发考察了联盟形成和运作过程中大国和小国之间的关系后，认为大国和小国在联盟的建立和运作中利益并不是完全一致的。例如，詹斯·林斯莫斯（Jens Ringsmose）指出，小国缺乏足够的实力来明显地影响联盟的总体实力状况，在面临日益上升的军事威胁时也就没有什么动力来增加军事开支。但是，完全的免费搭车是不太可能的。当面临被抛弃、外交压力、经济制裁和政治边缘化的处境时，弱小国家将会变得顺从，增加其防务开支。因此，对于某个联盟的小国来说，防务开支就构成了参与集体安全和获得强大伙伴所提供的安全的准入费用——小国将其视为保护费。② 可以看出，威胁、利益的认定对于不同的联盟成员国来说可能都不一样，这就会影响联盟的建立和瓦解，而国家的战略也可以在其中发挥十分重要的作用。

在后来理性主义国际关系理论对于联盟的共同利益基础的论述中，共同利益的概念本身逐步被具体化，例如，持结构现实主义立场的学者们十分关注实力关系的变动对于联盟关系的影响，反过来联盟组合的变化被理解为是制衡某个国家实力增长所带来的威胁。就如帕特里夏·韦茨曼所总结的："联盟传统上被视为是国家用来增加其实力的工具。按照这一观点，整合盟友的实力为己所用乃是国家形成联盟的目标。一个直接的例子是北约计算其成员国对联盟的贡献。衡量的方法是比较成员国的防务预算。在过去的数十年中，美国一直试图让其他成员国的防务预算维持在国内生产总值的3%以上。"③ 国家间实力关系的变动直接影响各国的安全利益，因此安全利益一致的国家将会联合起来。因此从结构现实主义开始，联盟的共同利益基础实际

---

① Timothy W. Crawford, "Preventing Enemy Coalitions: How Wedge Strategies Shape Power Politics," *International Security*, Vol. 35, No. 4, Spring 2011, p. 158.

② Jens Ringsmose, "Paying for Protection: Denmark's Military Expenditure during the Cold War," *Cooperation and Conflict: Journal of the Nordic International Studies Association*, Vol. 44, No. 1 March 2009, pp. 74 – 75.

③ Patricia A. Weitsman, *Dangerous Alliances: Proponents of Peace, Weapons of War*, p. 1.

上被确定是安全利益。斯蒂芬·沃尔特的威胁平衡理论考察了确定国家间安全利益关系的四个判断因素：综合实力、地缘毗邻性、进攻实力和进攻意图。通过综合考量这四个因素，一国可以确定他国的威胁程度。沃尔特的威胁均势理论改进了传统的势力均衡（balance of power）理论，认为各国在建立联盟时更多考虑的是制衡威胁，而威胁不仅仅依据实力来判断。沃尔特否认意识形态的一致性、对外援助多少以及跨国渗透的能力在塑造联盟关系过程中的重要性。他认为，综合实力、地缘的毗邻性、进攻实力和进攻意图会决定性地影响国家对威胁的判断，进而影响它们如何选择盟友、组建联盟。提出以威胁而不是以实力为核心概念建构联盟理论，无疑是现实主义国际关系理论在联盟问题上的一大进展。不过，作为现实主义者的沃尔特对于威胁意图的强调引发了不少的争议。用沃尔特自己的话来说，"对意图的认知可能在联盟的选择中发挥关键作用"。"只有当德国具有侵略性并试图通过征服来进行扩张时，英国才会进行对抗。所以，意图而不是实力，是关键。"① 因此，基于上述四个方面的标准，国家可以判断自己面临的安全威胁来自何处，从而与具有共同安全利益的国家结成联盟。

以兰德尔·施韦勒为代表的新古典现实主义学者认为，国家在建立联盟时并不仅仅考虑安全利益，也可能试图通过追随强者、分得战利品的方式来实现其他的国家利益目标。施韦勒认为，相比制衡威胁，追随强者这一现象在联盟问题领域中亦是常见的。在斯蒂芬·沃尔特那里，追随强者（bandwagoning）或者说见风使舵的概念被定义得过于狭窄，也就是向威胁屈服——仅仅与制衡威胁相对。实际上，国家选择见风使舵还是制衡有着各种各样的理由。制衡的目标是保障自我生存和已经拥有的价值，而见风使舵的目标常常是扩展自我利益：获得那些垂涎已久的价值。简单地说，制衡是源于避免损失的渴望；见风使舵是源于可能获益的驱动。② 他举例说，1940 年，当意大

---

① ［美］斯蒂芬·沃尔特：《联盟的起源》，第 24 页。

② Randall L. Schweller, "Bandwagoning for Profit: Bringing the Revisionist State Back In," *International Security*, Vol. 19, No. 1, Summer 1994, p. 74.

利向法国宣战、日本决定同轴心国结盟的时候，德国的安全都不会是
首要的动机。类似的，斯大林在 1945 年热衷于同日本作战，更多是
看中了不劳而获的战利品，而不是从美日那里获得更好的安全环境。①
施韦勒认为，制衡强者往往需要付出很大的成本，而追随强者则可以
从中牟利，因此，与强者联盟的形式可能比制衡强者的联盟形式更为
常见。在他的理论中，对成本和收益平衡的考虑取代了对于力量平
衡、威胁平衡的考虑，塑造了国家的联盟方式，毕竟力量和威胁都只
是在某些方面影响国家的安全利益，但是国家有可能追求更多的利益
目标。当各国在改变现存的国际秩序和资源分配方面具有共同利益
时，它们就可能联合起来。

　　对联盟的起源和分化组合，应该全面地考察国家间的利益关系，
而不是仅仅考察实力关系或者威胁关系，进入 21 世纪后，施韦勒的
这一观点在理性主义研究中得到了越来越多的支持。例如，凯文·斯
威尼（Kevin Sweeney）和保罗·弗里茨（Paul Fritz）具体考察了
1816—1992 年的联盟关系，他们发现，从 1816 年到 1992 年，大国间
结盟的次数有 55 次，这期间可以有 572 种选择。其中的 337 种选择
是保持中立或者试图左右逢源，而在做出选择的 235 次选择中，126
次是选择与更强的一方结盟，与较弱一方结盟的只有 109 次。与势力
均衡理论的预期相反，大国的联盟选择中追随比制衡的现象要稍多一
些。② 为什么会出现这种情况呢？斯威尼和弗里茨认为，联盟的形成
是基于利益的考虑，而非仅仅是基于实力。首先，如果国家利益的内
容包含了从纯粹谋求安全到无限制的修正主义，那么有共同修正主义
意向的国家会不顾国际体系中的实力分配情况而坚持认为联盟是值得
的。其次，国家之所以结盟，可能是为了增加自己的安全，也可能是
获取国际体系中的某种利益。例如，意大利通过加入德奥同盟，就获
得了不少安全领域之外的利益——结束了外交孤立、把罗马问题（即
罗马教皇和意大利政府之间的斗争）有效地平息下来。最后，当总体

---

　　①   Randall L. Schweller, "Bandwagoning for Profit: Bringing the Revisionist State Back In,"
International Security, Vol. 19, No. 1, Summer 1994, pp. 82 – 83.

　　②   Kevin Sweeney and Paul Fritz, "Jumping on the Bandwagon: An Interest – Based Explana-
tion for Great Power Alliances," *The Journal of Politics*, Vol. 66, No. 2, May 2004, p. 433.

战没有爆发的时候，见风使舵的对外政策具有强得多的吸引力。①

　　不过，以上关于联盟共同利益基础的这样一些假设仍然过于宽泛，还停留在范式的阶段，并没有能就国家利益、共同利益或者说国家间利益的概念做出进一步的探讨。到底国家是基于哪些要素来确定彼此之间的利益关系，进而确定它们的盟友选择呢？斯蒂芬·沃尔特对于国家间安全利益关系的研究提供了一个好的、有启发性的基础，但他的理论更多局限于军事联盟；施韦勒的研究也没有具体、全面地说明联盟的共同利益概念以及判断依据。笔者下一步应该做的，则是研究更具普遍意义上的国家间战略利益关系，从而为一般意义上联盟起源理论创造核心概念。

二　制衡性的联盟为何没有出现

　　在最近的十多年间，围绕着联盟起源这一主题所争论的第二个核心问题——也是最热门的问题——是制衡性的联盟为何没有出现。如果说沃尔特的威胁平衡理论可以较好地解释冷战期间西方大国乃至中国最终选择与美国结盟制衡苏联的话，那么，在冷战后，为什么世界上的其他主要大国没有形成对美国的制衡？作为有史以来最强大的超级大国，美国为什么没有遭遇制衡性的联合？这一问题被广泛认为是势力均衡理论的难题。② 对此，威胁平衡理论仍然在一定程度上可以做出回应，例如，美国在地理上相对远离其他大陆、自由民主的社会政治体制削弱了对外政策的单边主义和攻击性特征，但显然这些回应是不能让人满意的，尤其是考虑 2003 年美国绕开联合国发动伊拉克战争、表现出浓厚的"修正主义"色彩之后国际社会仍然没有出现对霸权国的制衡性联盟这一事实之后。当然，这并不意味着冷战后的国际体系中完全缺乏制衡性的联盟，例如，中国周边的一些中小国家

　　① Kevin Sweeney and Paul Fritz, "Jumping on the Bandwagon: An Interest – Based Explanation for Great Power Alliances," *The Journal of Politics*, Vol. 66, No. 2, May 2004, pp. 433 – 435.

　　② Paul Kennedy, "The Greatest Superpower Ever," *New Perspectives Quarterly*, Vol. 19, No. 2, Spring 2002, pp. 8 – 18.

围绕着南海问题、钓鱼岛及其附属岛屿问题就形成了事实上的制衡性联盟。类似的，强调追随强者、获取利益的利益平衡理论也不能给出令人满意的解释，毕竟中国、俄罗斯等大国的对美政策明显不属于追随性质。问题在于，大国之间的制衡性联盟为什么没有像19世纪的欧洲那样出现在后冷战时期？

围绕这一问题，理性主义国际关系学者大概给出了三个方面的回应，有些学者关注了无政府状态对于联盟形成的制约性作用，有些学者考察了单极结构下联盟性质的根本性变化，而有些学者则引入了国内政治变量的解释。

许多学者认为，之所以冷战后没有出现针对霸权国的制衡性联盟，其原因在于无政府状态和单极体系下的实力分配起到了决定性的作用。例如，著名的进攻性现实主义者约翰·米尔斯海默（John J. Mearsheimer）既关注到了联盟对于制衡威胁的作用，也观察到了无政府状态下制衡性联盟形成的困难。一方面，"受威胁的国家可以创建防御同盟，帮助它们遏制潜在的对手"；另一方面，在无政府状态下，制衡性联盟的形成会面临许多难题："把均势联盟快速集结起来并让它迅速起作用往往很困难，因为整合盟国或成员国需要时间，即使就需要做的达成了普遍的共识，也要假以时日。受威胁的国家经常在联盟成员如何分摊任务的问题上存在分歧。毕竟，所有国家都是利己的行为体，都具有以最小的代价遏制侵略者的强烈动机。如上所述，这一问题还有另外一个原因，即联盟成员国之间还有一种推卸责任的冲动。最后，联盟成员国之间很可能就哪个国家领导联盟的问题存在摩擦，当该联盟最终作为一个战略出现时就更是如此。"① 因此，在考察联盟形成的时候，米尔斯海默至少涉及了现实主义国际关系理论关注的三个核心因素：集体行动的成本问题、绝对收益与相对获益以及领导权的问题。毫无疑问，无政府状态所引发的这几个问题都会深刻影响联盟的起源。

米尔斯海默的解释只能说是提供了一些一般性的思路，而对于其他一些现实主义学者来说，他们对于冷战后制衡性联盟缺乏的解释就

---

① ［美］约翰·米尔斯海默：《大国政治的悲剧》，王义桅、唐小松译，上海人民出版社2003年版，第218—219页。

更加简明、直观。这些学者大多从冷战后国家间的实力分配角度进行
分析。例如，斯蒂芬·沃尔特就认为，之所以没有出现针对美国的制
衡，其原因在于美国的实力太强大了。他在 2009 年的一篇文章中这
样写道："当然，制衡可见的威胁不是唯一的结盟动机。在特定条件
下，国家可能选择追随而不是制衡——尤其是当它们相信抵抗无效或
者通过接纳对方的方式威胁可以化解的。面临内部威胁的国家则可能
寻求外部支持来应对威胁。"① "当某个国家远远强于其他国家的时
候，要制衡它就需要一个更大的联盟，而建立更大的联盟意味着更多
的交易成本以及集体行动的困境。"② 沃尔特的这一理论论述显然在
一定程度上偏离了他的威胁平衡理论。在具体谈到后冷战时期的情况
时他又指出："在单极结构之下，国家形成联盟可能不是为了制衡或
者制约单极国家，而是通过齐心协力减少它们对单极国家的依赖。联
盟的目标不是在近期制衡单极国家，而是谋求一定程度的自主和降低
未来的不确定性。"③ 因此，国际体系的单极结构使得国家联盟政策
的目标已经发生了根本性的变化，制衡已经不再是近期的目标了。十
分有意思的是，另外两位著名的国际关系学者斯蒂芬·布鲁克斯
（Stephen G. Brooks） 和威廉·沃尔福思 （William C. Wohlforth） 则关
注了单极结构下其他大国执行制衡美国的联盟政策将会引发的后果。
他们指出，欧亚大陆的国家如果显著地增加自己的实力、制衡美国，
将会威胁到它的邻居，从而刺激其邻居寻求美国的援助，最终减少其
制衡美国的动机。美国太强大了，制衡战略的成本和风险都很高。④

　　兰德尔·施韦勒在 2004 年所做的一个研究代表了第三个方面的回
应，即考察制衡性联盟没有出现的国内政治原因。他关注到了近代国际
关系史上制衡缺失的历史案例："除了英国以外，没有大国持续地制衡

---

① Stephen M. Walt, "Alliances in a Unipolar World," *World Politics*, Vol. 61, No. 1, January 2009, p. 89.

② Ibid. , p. 96.

③ Ibid. , p. 107.

④ Stephen G. Brooks and William C. Wohlforth, *World Out of Balance: International Relations and the Challenge of American Primacy*, Princeton, N. J. : Princeton University Press, 2008, "Chapter 2".

拿破仑法国，也没有国家模仿它的全民皆兵（Nation – in – Arms）创举。在 19 世纪的下半期，英国也采取了光荣孤立的政策，在美国的南北内战、普奥战争、普法战争中袖手旁观，导致德国建立了在欧洲大陆的霸权。"① 施韦勒考察了国内政治的四个变量：精英共识、政府或者政权的脆弱性、社会凝聚力以及精英的凝聚力。其中，精英的共识及其凝聚力是决定国家是否愿意制衡的首要因素，而政权的脆弱性和社会凝聚力则决定了国家从社会中抽取资源的能力。② 当出现如下情形时，制衡性的联盟都可能会缺失：（1）国内的重要精英们对威胁的认知存在分歧；（2）虽然认识到威胁，但是精英们对于应对的方法存在分歧；（3）国内的精英最终达成了应对方案，但并非制衡，而是绥靖、追随、推卸责任以及双边或多边的捆绑战略等。③ 如果将施韦勒的理论框架运用于后冷战时期国际体系中单极没有受到制衡的案例，那么应该是中国、俄罗斯等主要大国在国内政治的这四个要素方面存在着某种或者某些弱点，从而导致它们不愿意或者无力采取制衡的战略。

　　值得注意的是，自由主义者对于美国霸权体系下制衡缺失的问题提出了颇具启发性的解释。这方面的代表性学者是约翰·欧文（John M. Owen）。他在《跨国自由主义与美国的主导地位》一文中认为："世界上的自由主义精英并不认为美国的权力会对他们自己社会秩序的认识造成任何威胁。他们可能会对美国的各种国内与对外政策有着十分不同的看法，但是，在一些十分重要的问题上，他们的看法与美国的看法基本相同。他们认为，将十分珍贵的资源用于形成世界权力均势没有任何意义。……所以，国际均势之所以没有出现，在很大程度上是由于许多国家反对自由主义者太少，无助于形成这样的均势。"④ 自由主义的这种解释在很大程度上可以被视为是约瑟夫·奈

---

① Randall L. Schweller, "Unanswered Threats: A Neoclassical Realist Theory of Underbalancing," *International Security*, Vol. 29, No. 2, Fall 2004, p. 160.

② Ibid., p. 169.

③ Ibid., p. 173.

④ ［美］约翰·欧文：《跨国自由主义与美国的主导地位》，载［美］约翰·伊肯伯里主编《美国无敌：均势的未来》，韩召颖译，北京大学出版社 2005 年版，第 257—258 页。

（Joseph Nye, Jr.）软实力（soft power）思想的延伸。奈认为，传统的硬实力更多的是"指挥性的"，而软实力则是"同化性的"，也就是一国造就一种情势，使其他国家仿效该国发展倾向并界定其利益的能力。美国拥有多于其他国家的同化能力，"管理国际经济的制度——如国际货币基金组织、关贸总协定等往往体现了自由主义的市场经济原则，与美国社会和意识形态的主流标准是一致的"①。由于美国拥有强大的软实力，得到了其他大国的认可，其超群实力给别国带来的威胁感大大减轻，自然也就不会面临被群起而攻之的局面了。奈进而更直接地阐述了美国的政治体制如何影响它与其盟友的联盟关系："制定对外政策时采用多元主义和规则化的方式，可减少意外情况。外国人仗义执言并对美国政治和政府体系施加影响的机会比比皆是，而且这是推动结盟的一个重要因素。雅典将提洛同盟（Delian League）转变成一个帝国，较小的盟国则因担心被抛弃或者落入陷阱而焦虑不安。美国的盟国能表达它们的关注，这就是何以美国的盟友在冷战威胁消退以后依然得以长久保持的原因。"②

　　对于单极体系下制衡性联盟缺失的问题，现实主义和自由主义的解释都具有相当强的说服力。现实主义的解释将国际结构的概念运用于联盟理论，指出单极结构下各国联盟的目标发生了重要变化，这在一定程度上完善、发展了作为一个研究纲领的新现实主义研究。自由主义者的研究关注的是美国的政治体制、意识形态的作用，将国内政治带回到联盟问题的研究中。其实，对于制衡性联盟为何缺失这样一个相对具体的问题领域，我们完全可以同时将现实主义和自由主义的要素结合起来，提出一个统一的理性主义分析框架。

三　国际结构如何塑造大国的联盟选择

　　前面这一部分其实已经涉及国际结构如何塑造大国联盟选择的问

---

　　① ［美］约瑟夫·奈：《硬权力与软权力》，门洪华译，北京大学出版社2005年版，第108页。

　　② ［美］约瑟夫·奈：《美国霸权的困惑：为什么美国不能独断专行》，郑志国等译，世界知识出版社2002年版，第170页。

题，例如，我们在讨论制衡性联盟为什么没有出现的时候，其中一个观点就是认为单极结构的出现根本性地改变了通过联盟制衡威胁这一战略目标的可行性。相应的，一些更具体的问题就出现了，例如，国际结构将会如何塑造大国的联盟选择？联系到冷战后单极世界其他大国不愿意或者无力采取制衡战略的具体现实，其他主要大国可以有什么样的应对方略？

斯蒂芬·沃尔特同意结构现实主义大师肯尼思·沃尔兹（Kenneth N. Waltz）的看法，即相对于美国和苏联这样的超级大国而言，两极体系下联盟本身的重要性已经大幅度下降了，美国在选择自己的盟友方面有相当大的自由度。冷战时期，"两个超级大国与各自盟国在实力上的悬殊差距使后者任何重新结盟的行为都变得无足轻重，因此联盟领袖可以奉行灵活的战略"。而在一个单极体系中，"唯一的超级大国能够按照自己的奇思怪想自由地行事"①。沃尔特在讨论单极结构对于美国联盟选择的影响时指出，"在单极体系中，单极国家不需要维持一个庞大、紧密的联盟网络，在按照自己的偏好来选择盟友方面有更多的空间。因此，美国更希望和那些有着相似意识形态（例如民主国家）或者明确表示愿意接受其领导的国家结盟"②。既然二战结束以来的美国在联盟的问题上拥有这样的自由度，那么它的联盟选择呈现出什么样的特色考虑呢？一些学者关注了美国在东亚地区的联盟战略，着重分析了美国采取双边主义联盟方式的原因。例如，美国国际问题专家车维德（Victor D. Cha）认为，美国在东亚地区之所以采用双边主义的联盟方式，是基于其获得"压倒优势"的考虑。"压倒优势"意味着建构一种不对称的联盟，从而对弱小盟友的行动获得最大的控制力。的确，为了遏制苏联的威胁，美国在东亚地区建设了一系列的双边同盟，但与这一目标并行不悖的考虑是，双边同盟的方式有助于约束自己的反共产主义盟友，避免它们的挑衅行为把美

---

① ［美］肯尼思·华尔兹：《国际政治理论》，信强译，上海人民出版社 2003 年版，第 228 页、中文版序言第 19 页，也译为肯尼思·沃尔兹。

② Stephen M. Walt, "Alliances in a Unipolar World," *World Politics*, Vol. 61, No. 1, January 2009, pp. 94 – 95.

国拖入一场不想要的大战中去。① 原因在于，在东亚地区，美国的有些伙伴是潜在的"流氓盟友"（rogue allies）——这些国家领导人之所以狂热地反对共产主义，是因为他们自身是独裁者，可能为了国内统治的合法性而发动战争。先后就任美国总统的杜鲁门和艾森豪威尔都认为，相比地区范围的多边机制，双边同盟的途径是约束东亚地区这些亲西方独裁者的最好选择。②

那么，其他大国在单极结构之下可以采取什么样的应对方略呢？一些学者提出了所谓的"硬制衡"（hard balancing）和"软制衡"（soft balancing）之间的区别，认为可以采取软制衡的、非正式的联盟方式——有时候也被称为联合阵线（coalition）。③ 例如，一位学者指出，在后冷战时期，"二流大国采取了包括见风使舵、推卸责任、搭便车等方式来制约美国的权力，维护它们的安全和影响。它们也开始进行'软制衡'——包括组建有限的外交联合或者协约，含蓄地警告美国，如果其走得太远，那么联盟关系将会升级"④。不过，有意思的是，与一般的现实主义学者的看法不同，这位学者在讨论软制衡的选择方略时，是从美国霸权受到制约的视角出发的，既包含现实主义的观念，也包含自由主义的观念。他认为，中国、法国、德国、印度和俄罗斯这样的二流国家大多放弃了传统的"硬制衡"方式——即建立对抗性的联盟和加强军备。之所以如此，是因为它们不用担心美国霸权会威胁到它们的主权和外部安全。在过去，弱国联合起来对抗霸权国不断增长的实力，是因为后者将不可避免地挑战它们的领土主权。当不存在这一担忧时，二流大国处理与主导大国之间关系的动机和战略都可能发生变化。制衡美国霸权的因素包括：国内民主制度、

---

① Victor D. Cha, "Powerplay: Origins of the U. S. Alliance System in Asia," *International Security*, Vol. 34, No. 3, Winter 2009/2010, p. 158.

② Ibid., p. 159.

③ 有关联合阵线的理论思考，参见刘丰《国际政治中的联合阵线》，《外交评论》2012 年第 5 期。

④ T. V. Paul, "Soft Balancing in the Age of U. S. Primacy," *International Security*, Vol. 30, No. 1, Summer 2005, p. 47.

国内政治以及一些二流国家所拥有的核力量。①

　　对于国际结构如何塑造一般性大国之间的联盟关系的问题，也有一些学者做了有意思的探讨。例如，一位学者提出了"凑合联盟"的概念，用来形容结构性压力对于联盟的塑造作用。所谓凑合联盟，是指"两个国家虽然在意识形态、地缘政治方面属于敌对关系，但为了制衡第三国（或联盟、非国家行为体）日益上升的威胁进行安全上的合作。在它们看来，第三方所带来的威胁要比对方给自己的威胁更严重、迫切"②。作者认为，如果联盟成员之间的地缘政治和意识形态利益都特别一致，就是特殊关系的联盟（special relationship alliance）；如果地缘政治和意识形态利益的某一方面一致，另一方面存在冲突，那就是纠结的联盟（ambivalent alliance）；如果两者都冲突，那就是被迫凑合而成的联盟。对于各国来说，不断上升的外部威胁将会带来相当大的压力，促使其采取措施进行制衡，但是制衡联盟的灵敏度、凝聚力以及持续能力则有赖于联盟成员之间是否存在意识形态和地缘政治冲突。③ 事实上，正如两位现实主义学者所观察到的，对于相对实力等因素的认识不一致，导致各国对于联盟的期望也会产生分歧，甚至对冲突升级到暴力层次后谁将保持中立的看法也不一致。这就导致联盟的形成存在不确定性。④

　　总结以上的这些论述，我们可以看出，国际体系的结构影响了大国的联盟选择。在两极和单极结构中，作为"极"的国家具有较大的选择自由度，可以在其联盟政策中更多体现理想主义的倾向——选择与具有共同意识形态、政治体制的国家结盟；而其他国家的联盟选择则受到较大的限制，要么与作为"极"的国家结盟，要么就是采取"非暴力不合作"的方式，进行软制衡。同时，国际结构的压力

---

　　①　T. V. Paul, "Soft Balancing in the Age of U. S. Primacy," *International Security*, Vol. 30, No. 1, Summer 2005, p. 47.

　　②　Evan N. Resnick, "Strange Bedfellows: U. S. Bargaining Behavior with Allies of Convenience," *International Security*, Vol. 35, No. 3, Winter 2010/2011, p. 147.

　　③　Ibid., pp. 148 – 149.

　　④　Jack Levy and William Thompson, *Causes of War*, Chichester: U. K.: Wiley – Blackwell, 2010, pp. 64 – 65.

也使得地缘政治或者意识形态利益不一致的国家可能会被迫结盟、共同针对第三国。这些研究都说明国际结构给大国的联盟战略施加了很大的压力，说明现实主义可以在相当程度上解释国家的对外政策。当然，我们看到，当谈到其他国家的联盟选择时，自由主义的观点仍然占据了重要的地位，即由于国内政治因素的缓冲，美国单极地位给其他大国的压力不像传统的霸权国那么大，各国没有必要采取硬制衡的方式来应对。这些都是十分重要的理论观点，接下来我们继续研究的相关问题包括：国际结构如何影响中小国家的联盟选择？全球性国际结构和地区性国际结构在国家联盟选择的塑造方面会如何相互作用？等等。

四　地理因素如何影响联盟的形成

对于理性主义国际关系学者，尤其是现实主义学者来说，地理因素的影响始终是我们考察国际政治现象的一个重要出发点。前面提到，沃尔特的威胁平衡理论四要素之一就是地缘上的毗邻性。两个国家之间的地理距离越远，那么它们之于对方的威胁也就越小，反之亦然。在过去的十多年间，我们看到，一些现实主义者继续深入探讨地理因素如何影响联盟形成的问题，并提出了一些颇具启发性的看法。这些看法大体可以分为两类：其一是有关地理距离之于全球均势和地区均势的影响；其二是海权国家和陆权国家在建构势力均衡过程中所具有的不同角色。

美国著名的国际关系学者威廉·沃尔福思（William C. Wohlforth）在《单极世界中的美国战略》一文中讨论了地理距离因素对于势力均衡理论的修正作用。他认为，"对于任何国家来说，最突出的威胁和机会往往出现在自己的周围。因此，国家通常更关注自己的周边环境，而不是全球平衡。就以拿破仑时期法国的事例来说，俄罗斯选择与法国接触的政策，部分是因为它觊觎奥斯曼土耳其帝国，而英国对此表示反对"[1]。因此，国家在建立联盟的时候，更多关注的应该是

---

① ［美］威廉·沃尔福思：《单极世界中的美国战略》，载［美］约翰·伊肯伯里主编《美国无敌：均势的未来》，韩召颖译，北京大学出版社2005年版，第102页。

地区性的力量平衡，而不是全球性的力量平衡。按照这一逻辑，我们在联盟领域应该看到的更多的是地区性的制衡联盟。沃尔福思进而指出，"距离降低了美国单极地位的突出性，而其他强国相互毗邻又扩大它们实力对比的突出性。它们相互之间更有可能产生各种企图和不满，而不会更多地考虑相距遥远的单极国家"①。为了维持地区内的平衡，该区域内的国家可能选择与区域外的强者结盟，形成一个针对地区内对手的制衡性联盟。这样一个逻辑，十分贴近于当前东亚地区内许多中小国家纷纷寻求与美国建立或者加强联盟关系以制衡中国的状况。不过，现实主义学者也强调，地理因素只是影响联盟起源的因素之一而非全部，国家在考虑地区性平衡时同样要考察实力的因素。例如，斯蒂芬·沃尔特在《单极世界中的联盟》一文中指出："地区平衡（制衡自己的某个危险邻居）可能是同单极国家结盟的一个常见动机，但是否愿意同单极结盟还在很大程度上依赖于地理上是否相邻以及单极国家以较低代价和风险提供安全这一公共产品的能力。之所以许多国家愿意同美国结盟，是因为后者强大有力同时相距遥远。"②

另外两位著名的现实主义学者杰克·列维（Jack S. Levy）和威廉·汤普森（William R. Thompson）从海权和陆权的角度对于联盟的起源问题做了一个有意思的阐述。他们认为，"在一个自主的大陆体系内，大国常常针对那些军事力量高度集中的国家形成制衡性的联盟——尤其是在欧洲，但是，它们在一个全球性的海洋体系内并不会对于海军和财富高度集中的国家形成类似的联盟"③。其原因在于，拥有大量陆军的国家可以入侵和占领他国，其威胁性一直以来被认为远高于拥有大规模海军和经济力量的国家。海权国家一般只拥有小规模的陆军，入侵和占领他国的能力相对较弱，这样做的动机也更少。它们给别国领土完整造成的威胁也要小得多。因此从这个角度说，海权国家

---

① ［美］威廉·沃尔福思：《单极世界中的美国战略》，载［美］约翰·伊肯伯里主编《美国无敌：均势的未来》，韩召颖译，第107页。

② Stephen M. Walt, "Alliances in a Unipolar World," *World Politics*, Vol. 61, No. 1, January 2009, p. 114.

③ Jack S. Levy and William R. Thompson, "Balancing on Land and at Sea: Do States Ally against the Leading Global Power," *International Security*, Vol. 35, No. 1, Summer 2010, p. 8.

对于其他大国的安全威胁要小于陆权国家，因此引发对抗性军事联盟
的可能性就小得多。同时，海权国家之间的相互威胁，要远远超过它
们对陆权国家的威胁。因此，即使后者实力超群，陆权国家也没有动
力制衡那些领导全球的海权国家。① 从这样一种观点出发，制衡性的
联盟应该是分别在陆权国家和海权国家之间展开。前者从历史上来看
乃是事实，欧洲大陆的国家彼此互相制衡、联盟组合十分灵活，同时英
国在欧洲大陆力推势力均衡政策。而对于海权国家来说，由于英国一直
拥有海上霸权，所以海权国家之间的制衡性联盟事实上并不存在。

　　在这两位学者看来，"势力均衡理论中有一种隐含的欧洲中心偏
见，反映了英国将欧洲大陆的势力均衡视作自己国家利益的传统——
而绝非将全球体系中的势力均衡在全球层面，英国所喜欢的是基于它
的商业、金融和海军力量的主导地位。势力均衡的这种欧洲中心偏
见，与这一理论把陆基（Land – based）军事力量作为国家实力首要
支撑的观点密切相连"②。在陆权国家彼此的制衡性联盟过程中，海
洋强国就成为它们争取的联盟对象，这也就是英国的势力均衡政策在
欧洲大陆的很长时期里左右逢源的根源之一。"为了确保军事和外交
支持来对抗陆上强国或者另一传统竞争对手的威胁，同领先的经济强
国合作以获取经济收益，或者在某个突发战争中站在获胜的一方分一
杯羹，大国往往选择同主导性的海洋强国结盟。"③ 冷战时期大国之
间的联盟状况也可以用这两位学者的理论观点进行解释。苏联拥有十
分强大的陆军和常规军事力量，对于法国、德国等欧洲大陆的强国来
说，无疑构成了直接、致命的威胁，因此它们选择与海洋强国美国结
盟，尽管苏联的综合实力和军事力量与美国相比还相去甚远。

　　地理因素一直是现实主义国际关系理论的一个关注重点，而对它
的关注又往往与实力的分配结合起来。从以上有关地理因素与联盟起
源的研究中，我们也可以发现这样一个特色的延续。地理因素能够影

---

① Jack S. Levy and William R. Thompson, "Balancing on Land and at Sea: Do States Ally against the Leading Global Power," *International Security*, Vol. 35, No. 1, Summer 2010, pp. 14 – 16.

② Ibid. , p. 14.

③ Ibid. , p. 18.

响各国实力地位的突出性和进攻性，从而深刻地塑造了二战以来的联盟形成格局。那么，在空权时代、信息化时代，地理因素对联盟起源的作用是否有所削弱？它将继续以何种方式影响国家的联盟选择？这些是下一步需要认真研究的重大问题。

五　联盟起源的其他根源

从国际关系学界对前面几个核心问题的探讨中可以看出，现实主义的观点占据了无可争议的主流地位。自由主义者在分析单极时代对美国霸权的制衡缺失问题上有一定的洞见，那么，在自由主义或者其他理性主义研究视角看来，联盟起源还有没有其他根源？如何认识政治意识形态、声誉、经济利益、国际制度等因素在联盟形成中的作用？的确，也有一些学者在这些方面做出了一定的理论探索，得到了一些具有启发性意义的结论。

首先，就如欧文和奈在讨论制衡缺失问题所指出的，政治体制和意识形态的确会影响联盟的形成。欧文曾经明确地提出了这样一个问题：在什么样的条件下，具有相似国内政治体制和意识形态的国家有可能形成联盟？按照他的定义，意识形态意味着对于国家内部公共秩序的一种规划，这种规划表现为特定的国内制度，而国内制度则是管理政府和被治理者之间关系的那些首要规则。① 欧文提出了意识形态与联盟关系之间的理论逻辑。他指出，意识形态本身并不能成为行为者，不会彼此对抗，但是它们所建构的社会群体却会争夺权力，因为权力是实施意识形态的必要手段。二分法的意识形态对抗是零和性质的：如果 I 和 J 是仅有的两种选择，那么 I 群体的获益就等于 J 群体的损失。而当第三种意识形态 L 存在时，这几种群体中就可能形成联盟，而收益分配的变化就依赖于联盟的对象和方式。② 对于某个意识形态的群体来说，丧失外部支持可能意味着他们自己在国内的正确

① John M. Owen, IV, "When Do Ideologies Produce Alliances? The Holy Roman Empire, 1517 – 1555," *International Studies Quarterly*, Vol. 49, No. 1, 2005, p. 74.

② Ibid., p. 79.

性、可信度都受到威胁；当 I 意识形态在国际上推进的时候，它就会威胁到支持 J 意识形态的政府的权力。对于 J 政府来说，不管是改变自己的意识形态、吸纳新的意识形态、对此视而不见或者与之直接对抗都是有风险的。但是，对抗的选择在维系政府认同方面是最为可靠的，尤其是它和那些面临相同威胁的政府会更加认同彼此。① 因此，简单地说，意识形态之间的关系之所以会影响国家间之间的联盟关系，是因为前者会直接影响不同意识形态的国内合法性。而统治的合法性、稳定性对于执政者来说是一个至关重要的问题。

　　欧文的观点在一定程度上得到了冷战国际史和一些案例研究的支持。例如，著名的历史学家梅尔文·莱弗勒（Melvyn P. Leffler）就认为，西方国家之所以建立北约，主要并不是担心苏联会入侵联邦德国，而是担心经济危机、工会鼓动以及战后公众不满的蔓延可能会导致共产主义形态的影响和颠覆。② 同时，让人感到吃惊的是，第一个从苏联阵营下脱离开来的共产党国家是南斯拉夫。其原因在于，南斯拉夫的共产党在抗击纳粹德国时获得了很大的国内合法性，因此不那么需要同苏联的友谊来巩固自己的权力。③ 两位学者通过对乌克兰和乌兹别克斯坦的案例研究得出结论说，独联体国家领导人在考虑联盟问题时，更多的是关注对他们政治生存的国内威胁，例如，暗杀、内战以及反对党和反对派领导人的挑战等，而不是国家所面临的外部威胁。"9·11"恐怖主义袭击之后的安全环境以及美国领导的反恐战争根本性地改变了独联体领导人的战略考量。美国愿意支持那些反对伊斯兰极端主义和恐怖主义的领导人，从而正式取代了俄罗斯所扮演的角色。④

---

　　① John M. Owen, IV, "When Do Ideologies Produce Alliances? The Holy Roman Empire, 1517 – 1555," *International Studies Quarterly*, Vol. 49, No. 1, 2005, pp. 80 – 81.

　　② Melvyn P. Leffler, *The Specter of Communism: The United States and the Origins of the Cold War*, 1917 – 1953, New York: Hill and Wang, 1994, pp. 76 – 78.

　　③ John L. Gaddis, *We Now Know: Rethinking Cold War History*, New York: Oxford University Press, 1997, p. 49.

　　④ Eric A. Miller and Arkady Toritsyn, "Bringing the Leader Back In: Internal Threats and Alignment Theory in the Commonwealth of Independent States," *Security Studies*, Vol. 14, No. 2, April / June 2005, p. 325.

在此基础上，也有学者对于意识形态发挥作用的条件进行了更深入的探讨。这些学者里面既包括持批判态度的现实主义学者——例如，斯蒂芬·沃尔特强调意识形态能发挥重要角色的条件是对国家安全的挑战并不迫切，也包括自由主义者自己的反思。例如，一些国际关系学者敏锐地指出，"当民主国家的数量很少、处于脆弱状态的时候，民主国家之间的冲突是反常现象；但是，当民主国家的存在越来越成为一个普遍现象的时候，它们之间的异质性反而会上升，合作的需求却下降了"。他的结论是，"民主国家共同体的扩大不一定会导致它们之间冲突的减少，而集权国家之间日益增多的合作则是因为它们处于强有力的民主国家的威胁之下"①。

一些国际关系学者考察了声誉、经济利益对于联盟形成的影响。在盟友选择的问题上，大国的确会十分慎重地考虑对方的声誉。例如，道格拉斯·吉布勒（Douglas M. Gibler）认为，领导人的论点和行动至少部分涉及声望的考虑。领导人有十分强烈的意愿去保护他们联盟的声望。联盟的基础是对未来行动的明确保证，也就是说，领导人们将会被那些最有可能坚守协议的同盟伙伴所吸引。原因在于，如果一国同珍视自己承诺的他国结盟，那么它在争端中被攻击的可能性就会减少；而如果它同曾经违背承诺的国家结盟，那么它在争端中被攻击的可能性就会增大。在其他条件相同的情况下，领导人将会同那些曾经珍视自己联盟的国家结盟；将会避免同那些曾经违背自己联盟承诺的国家结盟。② 同时，经济利益和联盟的形成之间可能存在某种关联。联盟的形成不仅有可能促进双方的经济关系，也能在一定程度上缓解本国的安全压力从而有更多资源用于经济建设。两位学者研究了主权债务和联盟形成的关系。他们指出，主权债务在增加收入的情况下不会干扰到税率的稳定，是减轻财政压力的首要机制。这样的话，主权国家在市场上的信任状况就变得极为重要。如果政府缺乏有效的市场信任，那么他们只能通过联盟的形成来减少军事能力建设的

---

① Erik Gartzke, "Permanent Friends? Dynamic Difference and the Democratic Peace," *International Studies Quarterly*, Vol. 57, No. 1, March 2013, pp. 1, 12.

② Douglas M. Gibler, "The Costs of Reneging: Reputation and Alliance Formation," *The Journal of Conflict Resolution*, Vol. 52, No. 3, June 2008, pp. 432 – 433.

压力。联盟的手段不会扰乱国内政治经济，面临财政困难的国家可能会通过参与联盟来为国内开支留出空间。反过来，在一个战略互动模型中，国家的信任指数对于其他国家来说是一种公开知识（public knowledge）。不良的借贷者可能会妨碍他国与之结盟的想法，因为别国不希望为其安全开销埋单。①

自由主义国际关系理论的核心自由制度主义对于联盟的管理有着许多论述，但是在联盟起源的问题上似乎难觅身影。其原因在于，在自由制度主义中，国际制度是作为自变量出现的，是用来解释其他国际政治现象的核心概念。国际制度是用来解释的而非被解释的。联盟本身就是一种国际制度，因此自由主义者可以分析联盟制度的影响，却无法有力地说明联盟制度的起源。例如，有的学者分析了美国联盟体系的制度化进程及其影响。柯尔斯坦·拉弗蒂（Kirsten Rafferty）指出，制度化不仅增强了联盟完成核心军事使命的能力，也带来了许多的次要利益，例如，赋予盟友在联盟内部和其他国际论坛中更大的发言权。即使联盟的表现不能让人满意，或者战略背景已经发生了根本变化，制度化的进程也有可能消除联盟前进路上的物质和规范障碍。北约的制度化程度是前所未有的，冷战后实现转型以应对新的威胁，而东南亚条约组织等却失败了。不过，当涉及制度化进程依赖什么条件时，拉弗蒂就转向了现实主义的视角。他认为，面临共同的军事、非军事威胁（诸如对国际地位和国内政治经济稳定性的威胁）的国家更有可能制度化它们的军事条约。②

自由主义对于联盟起源的这些探讨，绝不仅仅是边缘性的、无关紧要的，相反它们都切中了联盟起源的核心方面，诸如信任的因素、政权的作用等。这些研究构成了理性主义联盟理论研究的一个重要部分。而且，就如前面探讨制衡联盟为什么没有形成时所总结的，自由主义的这些深刻洞见在很大程度上都可以与现实主义的研究结合起

---

① Michael A. Allen and Matthew Digiuseppe, "Tightening the Belt: Sovereign Debt and Alliance Formation," *International Studies Quarterly*, Vol. 57, No. 4, October 2012, pp. 1, 11.

② Kirsten Rafferty, "An Institutionalist Reinterpretation of Cold War Alliance Systems: Insights for Alliance Theory," *Canadian Journal of Political Science*, Vol. 36, No. 2, June 2003, pp. 341 – 342.

来。也就是说，现实主义和自由主义的一般性理论在应用到具体问题时是可以有机结合起来的。例如，当我们谈到意识形态和政权合法性对于联盟选择的重要性时，也需要看到，之所以意识形态和政权合法性能在一定程度上左右国家的选择，使其偏离（现实主义者看来的）最优选择，是因为它们还没有面临生死存亡的安全威胁。不过，这也不意味着现实主义和自由主义相结合的分析框架中现实主义要素就一定应该居于主要地位。例如，在具体的案例中，自由主义的要素也可能完成超越现实主义关注的国家安全、国家利益，例如，一些统治者为了政权的生存可以放弃自己的国家主权——这在中国历史上曾多次出现。

六　结论

联盟作为国家间关系的一种核心现象，研究的切入角度可以有很多种。学者们可以关注联盟的起源、运作和瓦解，也可以从国家的对外政策角度入手，分析国家如何参与、管理和退出联盟。本文集中关注的是作为一种国际关系现象的联盟如何形成的问题。联盟的形成虽然不能直接改变国际结构，但是它可以影响国家集团之间的力量对比，乃至国际机制中投票权的对比，并直接影响军事冲突和外交谈判的结果。对于联盟的起源，我们也可以从理性主义或者非理性主义的视角进行研究。理性主义视角关注的是那些影响国家利益的客观因素，包括国家实力、政治体制、意识形态等；而非理性视角更多关注的是影响国家行为的观念因素。本文仅限于考察有代表性的理性主义研究，主要包括现实主义和自由主义两种范式。

从目前来看，现有的理性主义研究大体是从国家利益的角度出发来分析联盟的起源，但是具体切入的角度不同。一部分现实主义者认为国家利益决定了国家的联盟选择，而国家利益在不同时期、不同国际结构下也会发生变化；另一部分现实主义者从实力关系的角度考察国家的联盟选择，实力关系的变化影响国家的安全利益，从而导致需要制衡与联合的对象发生变化；还有的现实主义者综合几个因素来分析国际的利益关系，例如，沃尔特对于威胁的认定就是一个很好的例子。但是，现实主义对于国家利益或者国家间利益关系与联盟起源之间的研究仍然停留在初步的层次，我们仍然不了解除了实力关系以外，还有哪些核心的要素可以用来判断国家之间的利益关系。从总体情况来看，在联盟起源的问题上，现实主义范式的研究占据了绝对主导的地位。自由主义者对于联盟选择的研究大多是从政治体制和意识形态的角度出发的，强调政权安全在联盟选择中的作用。当然，也有一些学者关注了经济利益、声誉的因素的影响，这些都与自由主义的范式密切相连。应该说，这些理论性的研究在不同的具体案例中都具有一定的合理性，只是从总体来看解释力的大小可能存在差异。

现实主义和自由主义对于联盟理论的研究，不应该停留在一种相互对峙、楚河汉界的状态。原因在于，联盟的起源是一个具体的研究领域，不仅涉及现实主义国际关系理论所关注的那些要素，也涉及自由主义国际关系理论所关注的各种要素。相对实力、地理因素和意识形态、政治体制等都会对联盟的起源起到重要作用。因此，我们应该逐步建立一个分析联盟起源的综合性的理论框架。沃尔特的威胁平衡理论之所以受到诸多质疑，根本原因并不是因为引入了其他理论的变量，而是因为引入了观念的变量以及没有说清楚各变量之间的关系。沃尔特的联盟理论仍然停留在军事联盟的阶段；如果我们想要建立一种更加一般的联盟起源理论，那么我们就需要全面分析现有的各种战略要素、厘清其关系，将它们有机整合到一个分析框架中。事实上，文中提到，许多学者在做制衡性联盟为什么没有形成以及软制衡的相关研究时，已经有机地结合了理性主义国际关系理论的各种要素。

在这样一个文献综述、评价的基础上，我们可以对下一步的联盟起源研究得到一个初步的认识，即如果我们把联盟界定为一种明确、稳定的战略关系，而非仅仅是针对安全威胁的军事同盟的话，仅有结构现实主义和威胁平衡理论是不够的；施韦勒的利益平衡理论也没有触及界定维持现状国家、修正主义国家以及相应的国家间利益关系的核心要素。从这个意义上讲，建构一种更加普遍的、有强大解释力的利益关系概念，在此基础上推导出国家的联盟选择战略，将会有助于我们更具体、更深入地了解联盟的起源。

盟国的敌人还是盟国

——古代朝鲜半岛国家"两面结盟"之谜 *

曹　玮　杨　原

一　问题的提出

本文研究的问题是：为什么古代东亚地区的高丽和朝鲜这两个朝鲜半岛国家会在某些时期与当时东亚国际体系中对峙的两个大国同时结盟？

无论是依据常识和经验，还是诉诸国际关系理论，我们都很难想象个人或者国家会与两个彼此互为敌人的行为体同时结盟。社会心理学中的结构平衡理论（structural balance theory）也确证了这一直觉性印象：将朋友的敌人作为敌人，三者之间的关系会非常稳定；相反，将朋友的敌人作为朋友，三者的关系将极不稳定。[1] 在国际政治中，导致 A 国和 B 国结盟的一个最常见的原因就是它们需要联手应对共同的敌人或威胁 C 国。[2] A 国在保持与 B 国同盟关系的同时又与 C 国结盟，这种现象由于太过不可思议——如果不是完全不存在的话——而不被现有国际关系理论所讨论。例如，第一次世界大战前摆在意大

---

* 本文原刊于《当代亚太》2015 年第 5 期。感谢《当代亚太》编辑部约请的匿名评审专家提出的意见。文责自负。

① Fritz Heider, "Attitudes and Cognitive Organization," *The Journal of Psychology*, Vol. 21, No. 1, 1946, pp. 107 - 112; Fritz Heider, *The Psychology of Interpersonal Relations*, New York: John Wiley & Sons, Inc., 1958.

② Stephen M. Walt, *The Origins of Alliance*, Ithaca and London: Cornell University Press, 1987.

利面前的选择只有三个，要么与德国结盟继续留在同盟国阵营，要么与英国结盟加入协约国阵营，要么中立。再如，冷战时期包括中国在内的第二、第三世界国家，同样面临要么"一边倒"，要么"不结盟"的境遇，与美苏两强同时结盟似乎从来都不是一个可能的策略选项。

然而，在古代东亚地区的朝鲜半岛上先后出现的两个国家——高丽（918—1392）和朝鲜（1392—1910），却发生过与当时体系内的头号和二号强国同时结盟的现象。公元 986 年至 993 年和 1071 年至 1116 年，高丽先后两次与当时体系中的头号强国辽和二号强国北宋同时结盟。1627 年至 1636 年，朝鲜也与当时体系内最强大的两个国家明和后金同时结盟。无论是辽和北宋，还是明和后金，它们作为各自体系中最强大的两个政治行为体，均存在激烈的权力和安全竞争，彼此的对手或敌人身份是明确的。然而，在这种情况下，作为小国的高丽和朝鲜却在特定时期内与两个互为敌人的国家同时结盟，从而出现了"盟国的敌人还是盟国"这种十分奇特的现象。这不禁使人困惑：究竟是什么原因导致古代东亚地区出现了小国与两大国同时结盟这种反常现象呢？

探究古代朝鲜半岛国家"两面结盟"之谜，不仅能够推动同盟理论的创新，而且有助于加深我们对当代大国与小国互动关系的理解。在展开进一步的研究之前，首先需要对一些关键概念做出界定。

（一）同盟的界定

关于同盟（alliance）的含义，学界历来界定不一。[1] 广义上讲，同盟可被视为"建立在利益或胁迫基础上的正式联合"，涵盖军事、政治、经济和贸易等多个领域。[2] 狭义上的同盟则往往是指基于安全目的的联合，并且这种联合须以正式的条约为基础。例如，格伦·斯奈

---

[1]　在中文中，"同盟"又作"联盟"，本文将不加区分地使用这两个概念。对"同盟"概念的详细梳理，参见孙德刚《国际安全合作中联盟概念的理论辨析》，《国际论坛》2010 年第 5 期；Thomas S. Wilkins, "'Alignment', not 'Alliance'—The Shifting Paradigm of International Security Cooperation: Toward a Conceptual Taxonomy of Alignment," *Review of International Studies*, Vol. 38, No. 1, January 2012, pp. 53–76。

[2]　George Liska, *Nations in Alliance: The Limits of Interdependence*, Baltimore: The Johns Hopkins Press, 1968, p. 3.

德（Glenn H. Snyder）认为，"同盟是国家间关于使用或不使用军事力量而形成的正式联合，在具体情况下，这种联合通常是为了反对成员之外的某个或某些国家"①。同样是从狭义的角度，ATOP 数据库对同盟的定义是："至少两个独立主权国家的官方代表签订的书面协议，内容包括承诺在军事冲突中对盟国进行援助，在冲突中保持中立，制止与他国的军事冲突，或者在可能造成潜在军事冲突的国际危机中保持合作与协商。"②

由于在英文中常用"union"和"association"等词汇来指代经济、贸易和社会等领域的联合和合作机制，③ 因此将同盟（alliance）指涉的合作领域限定在安全和政治层面是合理的，但是否必须将那些没有正式书面协议的安全政治合作排除在同盟的范畴之外则值得商榷。毕竟，无论是在中国的春秋战国时期还是古希腊城邦时期，并不是每一次结盟行动都有明确而正式的书面协议，但谁也无法否认当时（狭义的）同盟现象的大量存在。从这两方面综合考虑，斯蒂芬·沃尔特（Stephen M. Walt）对同盟的界定是相对合理的："同盟是两个或两个以上主权国家出于安全合作而做出的正式或非正式安排。"他特别强调无论是否有正式盟约，只要有实质上的军事合作即可被视为同盟。④

---

① Glenn H. Snyder, *Alliance Politics*, Ithaca and London: Cornell University Press, 1997, p. 20. Dan Reiter, *Crucible of Beliefs: Learning, Alliances, and World Wars*, Ithaca and London: Cornell University Press, 1996, p. 58; Stefan Bergsman, "The Concept of Military Alliance," in Erich Reiter and Heinz Gartner, eds., *Small States and Alliances*, New York: Physica – Verlag, 2001, p. 26.

② Brett Ashley Leeds, *et al.*, "Alliance Treaty Obligations and Provisions: 1815 – 1944," *International Interactions*, Vol. 28, No. 3, January 2002, p. 238. ATOP 数据库全称"同盟条约义务与条款"数据库（Alliance Treaty Obligations and Provisions），是定量研究同盟问题的最重要的数据库之一。

③ 在中文中，这些词汇往往也译作"联盟"，如欧洲联盟（European Union）和东南亚联盟（Association of Southeast Asian Nations）。

④ Stephen M. Walt, *The Origins of Alliance*, p. 12. Roger V. Dingman, "Theories of, and Approaches to, Alliance Politics," in Paul Gordon Lauren ed., *Diplomacy: New Approaches in History, Theory and Policy*, New York: The Free Press, 1979, p. 247; Michael Barnett and Jack Levy, "Domestic Sources of Alliances and Alignments: The Case of Egypt 1962 – 1973," *International Organization*, Vol. 45, No. 3, 1991, p. 370; Joseph S. Nye, Jr., *Understanding International Conflicts: An Introduction to Theory and History*, New York: Longman, 1997, p. 17.

综合上述定义，同时考虑到非对称性同盟的存在，本文将同盟界定为至少有一方负有为另一方提供军事支援义务的双边或多边合作安排。① 根据这个定义，古代东亚朝贡体系中以朝鲜半岛国家为代表的一些核心成员与中国的宗主国与藩属国关系就属于同盟关系。在这种朝贡体系下，宗主国对藩属国负有保护的义务，而藩属国在收到宗主国的敕令时，也须"出兵相助"或至少保持中立。②

例如，663 年高句丽与百济联合攻打新罗，新罗遂向唐朝"遣使上言：'高句丽、百济累相攻袭，亡失数十城。两国连兵，意在灭臣社稷。谨遣陪臣，归命大国，乞偏师救助'"③。唐太宗随即派遣司农丞相里玄奖出使高句丽，告诫高句丽与百济停战，随后又于 665 年亲征高句丽。1592 年日本关白丰臣秀吉发兵入侵朝鲜，朝鲜随即向明朝求援。明神宗批示"宜速救援，无贻他日边疆患"④。此外，藩属国在宗主国遭受他国军事威胁或者发生战争时，也须出兵相助。例

---

① 在实力不对称的同盟中，有时并不要求小国对大国承担安全责任。例如，1951 年标志美日同盟建立的《日美安全保障条约》就没有规定当美国遭遇外部安全威胁时日本的援助义务。关于 1951 年《日美安全保障条约》的内容，参见王帆《美国的亚太联盟》，世界知识出版社 2007 年版，附录 3，第 201—202 页。关于非对称同盟中较弱方与较强方职责差异的论述，参见 James D. Morrow, "Alliances and Asymmetry: An Alternative to the Capability Aggregation Model for Alliances," *American Journal of Political Science*, Vol. 35, No. 4, 1991, pp. 904 – 933。

② 根据地理距离的远近和与中国政治关系的紧密程度，朝贡体系由内而外被划分为"汉字圈""内亚圈""外圈"等圈层，或者内臣地区、外臣地区、暂不臣地区等地区。参见费正清《一种初步的构想》，载费正清主编《中国的世界秩序——传统中国的对外关系》，杜继东译，中国社会科学出版社 2010 年版，第 2 页；高明士：《东亚古代的政治与教育》，喜玛拉雅基金会 2003 年版，转引自张锋《解构朝贡体系》，《国际政治科学》2010 年第 2 期，第 42 页。所有与中国建立朝贡关系的国家，其动机都是多重的。随着这些国家与中国距离的由近及远，它们与中国朝贡关系中政治和安全方面的内容会逐渐淡化，经济方面的内容则逐渐增强。但至少对于像朝鲜半岛国家这样的中国朝贡体系的核心成员，能够从对中国的依附中获得安全保障和政权保障，无疑是其与中原汉族王朝建立朝贡关系的重要动机。参见简军波《中华朝贡体系观念结构与功能》，《国际政治研究》2009 年第 1 期；郑容和《从周边视角来看朝贡关系——朝鲜王朝对朝贡体系的认识和利用》，《国际政治研究》2006 年第 1 期；David C. Kang, "Stability and Hierarchy in East Asia International Relations, 1300 – 1900 CE," in Stuart J. Kaufman, Richard Little, and William C. Wohlforth, eds., *The Balance of Power in World History*, New York: Palgrave Macmillan, 2007, pp. 199 – 227。

③ 李昉：《太平御览》卷 781，四夷部二·东夷二。

④ 《明神宗实录》卷 250，万历二十年七月庚申、癸未。

如，986 年宋太宗对辽宣战前，就曾派监察御史韩国华出使高丽，传达宋朝诏书，要求高丽出兵共伐辽国："可申戒师徒，迭相掎角，协比邻国，同力荡平。"① 而元朝远征日本时，也要求高丽军队为先导，助元作战。② 可见，中国与朝鲜半岛国家之间的朝贡关系中存在军事合作的内容。

在古代东亚国家体系中，除了朝贡关系这样的"君臣之盟"外，还存在所谓的"兄弟之盟"，后者同样具有军事合作的属性。例如，1627 年"丁卯虏乱"后，后金与朝鲜议和，后金称"归国实心要和，不必仍事南朝，绝其交往，而我国为兄，贵国为弟。若南朝嗔怒，有我邻国相近，何惧之有?③"明确要求两国若为"兄弟之国"，朝鲜在军事上须至少保持中立。最终，朝鲜与后金约为"兄弟之国"，"两国君臣，各守信心，共享太平。皇天后土，岳渎神祇，监听此誓"④。1632 年，后金遣使赴朝鲜，要求朝鲜出兵助其攻明，结果遭到朝鲜拒绝，皇太极因此于 1636 年亲自发兵征伐朝鲜。⑤ 可见，兄弟之盟同样包含明确的军事援助义务，一旦一方违反或推脱义务，便可能招致另一方的问责。

总之，在古代东亚地区，如果中国政权与朝鲜半岛国家正式确立了朝贡关系或兄弟之盟，即可视为两国建立了军事同盟。朝贡关系或兄弟之盟确定之日即为同盟建立的日期。

（二）同盟结束时间的判定

为了判定是否以及何时出现了"两面结盟"，我们不仅需要明确同盟的定义以及同盟建立的时间，还需明确同盟结束的时间。布雷特·利兹（Brett Leeds）总结了同盟结束的四种原因：（1）盟约履行完毕，不再续约；（2）盟约一方被他国吞并，无法再独立执行外交政策；（3）同盟方订立新的盟约取代旧盟约；（4）盟约被机会主义

---

① 《宋史·高丽传》。
② 全海宗:《韩中朝贡关系概观》，载全海宗《中韩关系史论集》，金善姬译，中国社会科学出版社 1997 年版，第 154 页。
③ 《仁祖实录》，二月己亥即二日。
④ 《李朝仁祖实录》，五年三月庚午。
⑤ 《清史稿》卷 526，《朝鲜传》。

行为废除。① 其中，第（1）和第（3）种情况属于同盟的正常终结。而在第（2）种情况中，同盟的结束并不是由于盟约任何一方的故意破坏，而是由外力导致。第（4）种情况则与其他三种情况明显不同，造成同盟结束的原因是盟约方在同盟存续期间内的有意破坏。从这个意义上，同盟结束可以分为两类：一是同盟的自动终止，二是同盟的背弃（alliance violation）。

对于自动终止的三种情形，同盟结束的时间分别是盟约规定的到期日、盟国被吞并之日和新盟约的签订日。对于背弃同盟的情形，则盟约一方明确对外宣布中断双方关系、不再遵守条约义务的日期即为同盟结束之日。不过，现实中国家更多的是通过行动来宣示其退出同盟的决定。在古代东亚，这种背弃同盟的行为主要表现为盟约一方故意违反同盟义务，侵犯盟约另一方领土或是主动放弃使用对方的年号。在这种情况下，首次违反同盟义务行为之日即为同盟结束的时间。

例如，994 年高丽臣服于辽，奉行辽"统和"年号，"告行正朔"，② 双方遂建立同盟关系。1010 年 11 月，辽圣宗以"问前王之故"为由，率四十万大军进犯高丽，③ 1018 年 12 月，辽再率十万大军进攻高丽，直至 1020 年战争结束。④ 虽然高丽于 1022 年"复行辽年号"，双方关系稳定下来，⑤ 但自 1010 年至 1020 年的这段时期，辽丽之间不存在同盟关系，因为双方于 994 年建立的同盟关系已因 1010 年辽对高丽的征伐而自动结束。再如，在辽末期的 1116 年 4 月，高丽自行停用宗主国辽的年号，⑥ 1116 年 4 月即可视为辽丽此前同盟关系的结束日期。

在古代朝贡体系下，关于同盟的结束还有两种较为模糊的情形。如前所述，作为同盟关系的一种实现方式，朝贡关系存在的一种直接

---

① Brett Leeds and Burcu Savun, "Terminating Alliances: Why Do States Abrogate Agreements?" *The Journal of Politics*, Vol. 69, No. 4, November 2007, pp. 1118–1119.

② 《高丽史节要》卷 2，成宗十三年二月。

③ 《辽史》卷 15，统和二十八年十一月、统和二十九年春正月乙亥朔；《高丽史》卷 4，显宗元年、显宗二年。

④ 《高丽史》卷 4，显宗九年、显宗十年、显宗十一年。

⑤ 《高丽史》卷 4，显宗十三年。

⑥ 《高丽史》卷 14，睿宗十一年。

表现是藩属国使用宗主国年号并向其朝贡，那么，如果没有使用某大国年号，或者不再定期向其朝贡，是否就意味着朝贡（同盟）关系结束了呢？我们认为这两种情况都不是同盟结束的判断依据。首先，年号的使用具有排他性，一国同时使用两个年号在客观上是无法做到的，以此作为判定同盟存续与否的标准没有意义。① 其次，在古代，受交通技术的限制，小国因地理阻隔或战乱等原因无法按期朝贡的情况经常发生。例如，1029 年至 1030 年，辽国内部曾发生叛乱，辽东京舍利军详稳大延琳囚禁了东京留守自立为王，建兴辽。由于兴辽阻隔，导致这一时期高丽与辽使路不通，朝贡中断。② 因此，仅以朝贡行为是否如期发生来判断朝贡关系的存续与否并不准确。

（三）本文结构安排

本文共分六个部分。除本部分外，第二部分将简要回顾现有同盟理论以及古代朝鲜半岛国家外交史的相关研究。第三部分论述小国"两面结盟"的一般原理和古代朝鲜半岛国家"两面结盟"的具体机制。第四、五部分分别对高丽和朝鲜"两面结盟"的历史案例进行过程追踪，以检验第三部分提出的理论机制是否与经验一致。第六部分分析高丽时期"两面结盟"的两个反例，以展示大国满足小国需求的能力以及大国间的战略僵持两个因素对小国"两面结盟"行为的重要影响。最后是结论。

二　文献回顾

鉴于本文研究的问题既涉及国际关系学的同盟理论，又涉及高丽和朝鲜的外交历史，因此有必要对这两个领域的相关研究分别做出梳理，以明确本研究的出发点和创新点。

（一）有关同盟形成的已有理论解释

古代朝鲜半岛国家"两面结盟"这种现象是如此之奇特和罕见，

---

①　本文只以小国在已经选择使用了某大国年号的情况下又放弃使用该大国的年号作为判断同盟结束的标志之一。

②　蒋非非等：《中韩关系史》（古代卷），社会科学文献出版社 1998 年版，第 169 页。

以至于几乎还没有现成的国际关系理论能够对这一现象做出解释。不仅如此，"两面结盟"现象还对已有的同盟形成理论提出了严肃的挑战。

已有的同盟形成理论大致可以分为两种视角：一是制衡（balancing）视角，认为制衡权力或者制衡威胁是国家选择结盟的主要动因；二是追随（bandwagoning）视角，认为追求自身利益的最大化是国家选择结盟的主要动因。①

制衡视角具体包括权力制衡论（balance of power）和威胁制衡论（balance of threat）两种理论。这两种理论都认为国家选择结盟的直接动机是维护自身安全。不同的是，权力制衡说将某个国家的实力优势直接等同于该国对其他国家安全威胁的大小，因此认为在盟友的选择上，国家"倾向于加入两个联盟中较弱的一方"②。通过与弱国结盟制衡强国，均势可以发挥"维持国际稳定和国家独立的功能"③。而威胁平衡说则认为，实力分配仅是影响威胁大小的诸多因素之一，"威胁的水平也受到地缘的毗邻性、进攻能力和被认知的意图的影响"，国家结盟的根本目的是制衡威胁而非制衡权力。④ 国家通常选择与威胁较小的一方结盟以制衡威胁较大的一方。两种理论对何为"追随"也有不同的界定。权力制衡说认为追随是指与实力较强的一方结盟，而威胁平衡说则认为是与威胁更大的一方结盟。⑤

追随视角的代表性理论是利益平衡（balance of interest）论。该理论认为，与实力较强者结盟——亦即权力制衡论意义上的追随——在现实中更普遍；大多数的结盟行为是国家为扩大利益主动选择的结

---

① 更系统的梳理参见周建仁《联盟形成理论：评估及对中国的政策启示》，《当代亚太》2012 年第 3 期；宋伟：《联盟的起源：理性主义研究新进展》，《国际安全研究》2013 年第 6 期。

② ［美］肯尼思·华尔兹：《国际政治理论》，信强译，上海人民出版社 2008 年版，第 134 页。

③ ［美］汉斯·摩根索：《国家间政争——权力斗争与和平》（第七版），徐昕等译，北京大学出版社 2006 年版，第 211 页。

④ ［美］斯蒂芬·沃尔特：《联盟的起源》，周丕启译，北京大学出版社 2007 年版，第 5 页。

⑤ 同上书，第 17 页。

果，而不只是国家受到威胁不得已而为之。[①] 利益平衡论认为同盟形成的主要机制是：其一，国家的结盟行为与国家的其他行为一样，都是受各种利益的驱动；其二，国家利益包括了安全利益和非安全利益，对于小国来说，与强者结盟往往能够在这两个领域都受益；其三，对于大国来说，由于大多数时候都不存在生存之虞，因此其结盟对象的选择空间更大，可以出于扩大利益的目的而放心地与小国结盟。[②]

总之，在结盟对象的选择上，权力制衡论认为国家会与实力较弱的一方结盟以制衡实力强的一方；威胁制衡论认为国家倾向于和威胁较小的一方结盟以制衡威胁较大的一方；利益平衡论则认为国家会依据自己的利益偏好选择结盟对象，因此常常出现弱国与强国结盟的追随现象。除此之外，还有研究指出，政体、意识形态和国家声誉等也是影响国家选择结盟对象的重要因素。国家更倾向于与具有相同政体和意识形态、有良好国家声誉的国家结盟。[③]

已有的同盟形成理论究竟哪一种更符合现实，学界尚无定论，但

① Randall Schweller, "Bandwagoning for Profit: Bringing the Revisionist State Back in," *International Security*, Vol. 19, No. 1, Summer 1994, pp. 88 – 92.

② Kevin Sweeney and Paul Fritz, "Jumping on the Bandwagon: An Interest – Based Explanation for Great Power Alliances," *The Journal of Politics*, Vol. 66, No. 2, May 2004, p. 437.

③ 关于政体与结盟关系的研究，参见 Brett Ashley Leeds, "Domestic Political Institutions, Credible Commitments, and International Cooperation," *American Journal of Political Science*, Vol. 43, No. 4, October 1999, pp. 979 – 1002; Colin H. Kahl, "Constructing a Separate Peace: Constructivism, Collective Liberal Identity, and Democratic Peace," *Security Studies*, Vol. 8, No. 2 – 3, 1998, pp. 94 – 144; Kurt Taylor Gaubatz, "Democratic States and Commitment in International Relations," *International Organization*, Vol. 50, No. 1, Winter 1996, pp. 109 – 139; Brian Lai and Dan Reiter, "Democracy, Political Similarity, and International Alliances, 1816 – 1992," *Journal of Conflict Resolution*, Vol. 44, No. 2, April 2000, pp. 205 – 224。意识形态与结盟关系的研究，参见 John M. Owen, Ⅳ, "When do Ideologies Produce Alliances? The Holy Roman Empire, 1517 – 1555," *International Studies Quarterly*, Vol. 49, No. 1, March 2005, pp. 73 – 99; Mark L. Haas, "Ideology and Alliances: British and French External Balancing Decisions in the 1930s," *Security Studies*, Vol. 12, No. 4, Summer 2003, pp. 34 – 79。国家声誉与结盟关系的研究，参见 Gregory D. Miller, "Hypotheses on Reputation: Alliance Choices and the Shadow of the Past," *Security Studies*, Vol. 12, No. 3, March 2003, pp. 40 – 78; Mark J. C. Crescenzi and Jacob D. Kathman, "Reliability, Reputation and Alliance Formation," paper for 2009 Annual Meeting of the American Political Science Association, Toronto, CA。

至少对于古代朝鲜半岛国家"两面结盟"这种现象来说，上述理论都面临解释上的困境。根据已有理论，国家如果与二号强国结盟，那就可能遵循的是权力制衡或威胁制衡原则；如果与头号强国结盟，则可能遵循的是威胁制衡或利益平衡原则。但高丽和朝鲜却曾与头号和二号强国同时结盟，已有理论显然无法解释这种既追随又制衡的结盟行为。如果说结盟是为了制衡权力，可高丽和朝鲜却均曾与当时的头号强国结盟；如果说结盟是为了制衡威胁，可高丽和朝鲜均曾长期与对其生存构成最大威胁的辽和后金结盟；如果说结盟对象的选择会受政体和意识形态等因素的影响，可高丽和朝鲜却曾同时与意识形态相近和相异的国家结盟。总之，要想完满地解释这种"两面结盟"现象，我们必须实现对已有同盟形成理论的超越。

（二）"两面结盟"与两面下注的区别

古代朝鲜半岛国家"两面结盟"的做法，很容易让人联想到国际安全理论研究中的"两面下注"（hedging）概念。"两面结盟"与两面下注的确具有形式上的相似性，却存在性质上的不同。

帕萃西娅·魏茨曼（Patricia A. Weitsman）从一般意义上界定了两面下注，认为这是一国在面临较低威胁水平时所采取的一种应对威胁的方法，即"与潜在的竞争者和朋友同时建立低水平承诺的协定"[1]，这意味着既不对潜在朋友做出过高的承诺以避免过度刺激潜在竞争者，也不对潜在竞争者做出过高的承诺以避免立即失去眼前的朋友。布洛克·特斯曼（Brock F. Tessman）进而将两面下注视为中小国家应对单极霸权的一种具体策略。他指出，在单极霸权开始衰落但竞争者和替代者尚不明确的情况下，两面下注战略可以帮助那些有潜力竞标霸权的二等大国（secondary power）在避免与霸权国发生直接战争的同时，赢得积累自身实力的时间，以增加自己在未来可能发生的与霸权国的直接战争中获胜的概率；[2] 同时也可以帮助小国降低

---

① Patricia A. Weitsman, "Alliance Cohesion and Coalition Warfare: The Central Powers and Triple Entente," *Security Studies*, Vol. 12, No. 3, March 2003, p. 82.

② 例如，在不刺激霸权国的前提下，实现能源供给的多元化，发展和提升军事能力和技术等。

对霸权国提供的公共物品的依赖，降低自身的脆弱性。①

　　从表现形式上看，本文所研究的"两面结盟"现象与两面下注的确有相似之处。首先，二者都强调对不同的互动对象同时保持较好的关系，都力图在不同交往对象之间保持一种战略平衡。其次，二者都认可对不同交往对象同时保持一定水平的承诺。只不过两面下注要求对各方所做的承诺均不宜太高，而"两面结盟"则要求对各方所做的承诺均须达到同盟水平。② 尽管如此，"两面结盟"并不等同于两面下注，两面下注理论无法解释本文所研究的"两面结盟"现象。

　　首先，根据魏茨曼的理论，两面下注只是当一国面临较低威胁水平时所采取的一种应对威胁的策略。随着威胁水平的上升，国家会转而采取其他相对应的策略。威胁升高后，国家一开始会采取绑定（tethering）策略，即通过某种协议拉近自己与竞争者的关系。当绑定策略无法有效管控竞争者时，国家会倾向于选择制衡策略。而如果威胁水平大到一定程度，追随会成为国家的首选策略。③ 换言之，随着威胁水平的升高，国家选择两面下注策略的意愿会降低。但在古代东亚，威胁程度的变化并没有明显影响朝鲜半岛国家两面结盟的意愿。例如，1627 年后金入侵并大败朝鲜，但就在如此巨大的国家生存威胁面前，朝鲜虽然被迫与后金结为兄弟之盟，但仍然与后金的竞争者——明朝——继续保持同盟关系。

　　其次，根据特斯曼的理论，两面下注是单极体系下中小国家为应对单极霸权国未来的衰落而采取的一种应对策略。之所以采取两面下注，是因为国际权力分配的走势尚不明确，因而需要"做两手准备"。那么反推可知，大国权力竞争的胜负形势越明朗，中小国家选择两面下注的必要性就会越低。如果大国权力竞争的结果已经非常明确，那些无力制衡大国的小国应该会很快倒向胜利的一方。但古代朝鲜半岛国家的实际做法并非如此。例如，在辽和北宋的霸权竞争中，

---

　　① 例如，在当前继续保持与霸权国良好关系的同时，积极推动建立区域性的合作组织，提高本国某方面实力等。

　　② 承诺水平的不同其实也是"两面结盟"和两面下注的一个重要区别。

　　③ Patricia A. Weitsman, "Alliance Cohesion and Coalition Warfare: The Central Powers and Triple Entente," pp. 82 – 83.

北宋长期处于劣势一方，但高丽仍然在相当一段时期倾向于与北宋和辽同时维持同盟关系。甚至在辽击败北宋并强迫高丽与北宋断绝关系后的很长时间里，高丽依然有强烈的动机在不破坏辽丽同盟关系的同时与北宋恢复同盟关系。

（三）对朝鲜半岛国家外交行为的历史学诠释

与国际关系学关注结盟的一般性规律不同，历史学家对高丽和朝鲜外交行为的研究更侧重对历史进程本身的还原和诠释，更关注历史现象的特殊性。

1. 高丽外交政策的历史学研究

史学界分别论述了高丽向北宋和辽朝贡的原因。关于高丽向北宋朝贡的原因，学者们看法不一。部分学者认为是出于文化和经济方面的考虑。例如，宋元时期的历史学家马端临在其编撰的《文献通考》中认为，高丽与宋朝建立朝贡关系是"慕华风而利岁赐耳"①。全海宗虽不赞同"利岁赐"，但认为"慕华风"是高丽不顾与辽、金、元的朝贡关系，而仍然与这些国家所厌嫌的宋朝保持朝贡关系的原因。②另一些学者则强调政治和军事方面的原因。如朴金海认为，高丽向北宋称臣纳贡一方面是为了输入中原进步的文化，另一方面则是为了牵制北方"夷狄"辽和女真。③郑起燉和杨昭全等也认为，高丽与北宋建立和维持朝贡关系的根本目的与北宋一样，都是为了牵制北方民族，是出于政治和军事方面的考虑。④

关于高丽向辽朝贡的原因，杨昭全认为主要源于辽的军事威迫。慑于辽国的强大军事实力，为求自保，高丽不仅不敢出兵助宋，反而还被迫向辽朝贡，与北宋断绝关系。⑤朴金海则强调，在分析辽丽关

① 马端临编撰：《文献通考》卷 325，四裔考二。

② 全海宗：《韩中朝贡关系概观》，载全海宗《中韩关系史论集》，第 152 页。

③ 朴金海：《试述中世纪高丽与辽、宋之间的关系——以公元 10 世纪末—12 世纪初为中心》，《延边大学学报》1998 年第 4 期。

④ 郑起燉等：《丽宋关系史研究·以性格为中心》，载［韩］《忠南大学人文科学研究所论文集》1985 年，第 68 页；杨昭全、何彤梅：《中国——朝鲜·韩国关系史》（上册），天津人民出版社 2001 年版，第 221 页。

⑤ 杨昭全、何彤梅：《中国——朝鲜·韩国关系史》（上册），天津人民出版社 2001 年版，第 219 页。

系时，还应注意高丽方面的"利己"动机。高丽事实上并非一味地顺从辽朝，而是始终从自己的利害关系出发，巧妙地利用辽宋两巨头之间的矛盾推行实利主义外交。①

史学研究注意到高丽与北宋和辽结盟是出于不同的动机，这一点对于我们准确理解朝鲜半岛国家"两面结盟"的行为无疑具有重要启示，但仍存在缺陷。首先，对高丽向北宋和辽同时朝贡的时间划定尚不准确。杨昭全等认为："自994年至1116年，在这120余年间，高丽保持对北宋、辽的'二元'朝贡体制。"②但据宋史记载，自1030年至1031年高丽遣使入宋后，"（高丽）绝不通中国者四十三年"③。而在此之前的994年至1022年，辽曾几次大规模入侵高丽，这段时期高丽与辽同样不存在同盟关系。其次，史学研究未能充分解释"两面结盟"得以存续的原因。既然高丽迫于辽的军事压力而不得不向其臣服，它为何又会甘愿顶着巨大的生存安全压力而保持与北宋的朝贡关系？军事上处于优势的辽又为何会听任这一切的发生？这些问题都是历史研究所不关注的。

2. 朝鲜外交政策的历史学研究

史学界对明清更替之际李氏朝鲜外交政策的研究，大多是从文化差异的角度来解释朝鲜对明和后金（清）政策的不同。如张存武认为，在清朝征服朝鲜的过程中，朝鲜始终不改对明朝的忠心，支配朝鲜行动的是春秋义理思想。④孙卫国在探讨朝鲜尊周思明的原因时也指出，这是由于其有着强烈的慕华观和事大观。朝鲜认为汉族才是文明的种族，而只有遵循汉族儒家文明，夷才可以变为华。⑤当然，也有学者注意到了朝鲜在文化上忠于明朝和在现实中不得不服从于后金

① 朴金海：《试述中世纪高丽与辽、宋之间的关系——以公元10世纪末—12世纪初为中心》，《延边大学学报》1998年第4期。

② 杨昭全、何彤梅：《中国——朝鲜·韩国关系史》（上册），第218—219页。

③ 《宋史》卷487，《高丽传》。

④ 张存武：《清韩宗藩贸易》（1637—1894），"中央院"近代史研究所1978年版，第2页。

⑤ 孙卫国：《试论朝鲜王朝之慕华思想》，载陈尚胜主编《儒家文明与中韩传统关系》，山东大学出版社2008年版，第48—65页；孙卫国：《大明旗号与小中华意识》，商务印书馆2007年版，第34—63页。

（清）的两难。如全海宗认为，以中国为中心的对外观和以中国文化
为中心的文化观是朝鲜的主导思想。在满族代替汉族掌握中国统治权
以后，朝鲜在思想上受中国华夷观的影响而蔑视满族，但在现实中却
又不得不建立"与对明关系无多大差异的对清关系"①。蒋非非也指
出，对清朝的鄙视仇恨与恪遵朝贡制度同时并存，以追求实利为标准
的外交传统始终在朝鲜起作用。②

　　已有研究从文化和安全两个视角来分析朝鲜对明和清政策的差异
以及清朝取代明朝后对朝鲜的策略选择，无疑是一种直观的诠释路
径。但文化和安全因素何以会影响到朝鲜的对外决策，其中的具体作
用机制尚不明确。特别是文化因素为何会在朝鲜的结盟行为中产生如
此显著的影响，以至于在其生存面临后金严峻威胁的情况下依然试图
保持或恢复与明的朝贡关系，这些都有待更深入的探究。

　　此外，历史学家也注意到了明清交替时期朝鲜在两个大国间的
"骑墙"举动，并由此提出了"两端外交"的概念，并认为朝鲜的这
种"两端外交"集中体现在光海君执政时期。其核心内容是：在不
背明，即不脱离明朝宗藩体系的前提下与明朝适当拉远距离，同时又
不与后金相冲突，但也不与其建立实质性的外交关系。③ 萨尔浒战役
中，明朝要求朝鲜"加紧哨备，整练兵马"，"俊剿奴之日"，"合兵
征剿"④，光海君对此消极配合，"密教帅臣弘立观势向背，使虏勿为
移兵先击之"⑤。面对后金提出的将避居在朝鲜的明朝将领毛文龙送
交后金的要求，光海君则一方面尽力弥缝敷衍，另一方面又供给毛文
龙以军粮物资，并力劝其由鸭绿江处"入处海岛"，以免进一步刺激
后金。⑥ 这些都是朝鲜"两端外交"的具体表现。

---

① 全海宗：《历史上韩国人的对外观》，载《中韩关系史论集》，第73页。
② 蒋非非等：《中韩关系史》（古代卷），第326页。
③ 李善洪：《从十七世纪初朝鲜内外局势看光海君的"两端外交"》，《松辽学刊》
1996年第1期；王燕杰：《朝鲜光海君时期对明、后金"两端外交"政策探析》，山东大
学，2008年，硕士学位论文，第15页。
④ 《光海君日记》，十年闰四月庚午。
⑤ 李善洪：《从十七世纪初朝鲜内外局势看光海君的"两端外交"》，《松辽学刊》
1996年第1期。
⑥ 同上书，第77—78页。

光海君时期的朝鲜之所以会对明和后金采取"两端外交",很显然是受到了来自明的宗藩义务和来自后金的军事威胁的两方面压力。这种压力对朝鲜外交产生了重要影响,也为其后来做出"两面结盟"埋下了伏笔。但"两端外交"本身并不等于"两面结盟",前者只是在维持与原朝贡国同盟关系的前提下,与另一大国取得并维持一种良好的非同盟关系,其本质仍是一种两面下注。事实上,面对朝鲜在明与后金之间的首鼠两端,努尔哈赤曾致信光海君,要求双方正式结盟:"今国王……要与孤断然同机,则我两国当写盟言之书……焚香盟誓,方为可信矣。"① 光海君尽管非常不愿惹怒后金,但仍然回绝了后金的结盟要求,表示"明与我国,犹如父子……盖大义所在,不可拒也"②。由此可见,"两端外交"其实是反对"两面结盟"的。

综上所述,对于高丽和朝鲜"两面结盟"现象产生的原因,国际关系学界和历史学界现有的研究成果虽然不乏一定的启发性,但距做出完整而自洽的理论解释还相去甚远。以下笔者将首先探讨小国"两面结盟"的一般原理,然后结合高丽和朝鲜的历史经验提出古代朝鲜半岛国家"两面结盟"的具体机制。

三 "两面结盟"的产生机制

(一) 小国"两面结盟"的一般原理

小国与大国的同盟是一种非对称性同盟。在此类同盟中,大国与小国的结盟动机是不同且互补的。一般而言,小国的动机主要是获得大国的安全保证,包括积极保证和消极保证,前者指大国承诺帮助小国抵御来自第三方的安全威胁,后者指大国承诺自己不威胁小国安全。③ 为此,小国须牺牲一定程度的自主性。而大国与小国结盟则会

---

① 《光海君日记》,十一年七月己未。

② 《清太祖高皇帝实录》卷6,天命四年五月庚戌。

③ 也有学者注意到小国结盟的经济动机,即小国可以通过与大国结盟而获取其所需的经济资源。参见 Michael N. Barnett and Jack S. Levy, "Domestic Sources of Alliances and Alignments: The Case of Egypt, 1962 – 1973," *International Organization*, Vol. 45, No. 3, 1991, pp. 369 – 395。

因为自己对小国的安全承诺而牺牲一定程度的安全，但可以以此换取小国的让步从而提高自己决策的自主性。① 对于大国而言，非对称同盟更多的是一种对小国施加控制的工具。从这个意义上讲，小国与大国结盟是为了实现一种利益的交换，即小国将自己的一部分自主权让渡给大国，以此换取大国对其提供的某种好处（如安全保证）；而大国则通过提供该好处换取小国的臣服和追随。②

如果同时有两个大国有实力也有意愿与某小国结盟，那么通常的结果是该小国会倒向其中的某一个大国，而不会"两面结盟"。原因在于：首先，相比只臣服于一个大国，小国同时臣服两个大国的成本与收益更加不对称。如前所述，小国与大国结盟的一个主要目的是获取大国的正面或负面安全保证。在已经有一个大国愿意并能够为其提供安全保证的情况下，新增一个大国的保证不会明显增加小国的安全效用，③ 反而会使小国承担双倍的臣服义务。④ 因此，小国缺乏同时与两个大国结盟的动机。其次，出于权力竞争的目的，两个大国都有独占对小国领导权的机会主义动机。只要其中的一个大国认为自己有把握击败对方，它就会选择用战争等强制方式从另一个大国手中抢夺对小国的垄断领导权。⑤

明确了小国"两面结盟"难以出现的原因，就能相应地从理论上推导出"两面结盟"出现的条件。首先，小国与两个大国同时结盟

---

① James D. Morrow, "Alliances and Asymmetry: An Alternative to the Capability Aggregation Model for Alliances," *American Journal of Political Science*, Vol. 35, No. 4, November 1991, pp. 904–933.

② 关于大国与小国的利益交换问题，参见杨原《武力胁迫还是利益交换？——大国无战争时代大国提高国际影响力的核心路径》，《外交评论》2011 年第 4 期。

③ 如果将"外部安全保障"视作大国给小国提供的一种"商品"，那么由于在无政府状态下小国单靠自己很难确保自身的安全，因此对小国来说，"外部安全保障"这个"商品"的可替代性低。而商品的低可替代性决定了对该商品的需求缺乏弹性。需求越缺乏弹性，增加供给对提高需求的拉动作用就越不明显。参见［美］罗宾·巴德、迈克尔·帕金《微观经济学原理》，张伟等译，中国人民大学出版社 2010 年版，第 130—132 页。

④ 在古代东亚的朝贡体系中，这意味着小国必须同时向两个大国朝觐进贡。在现代国际体系中，这意味着小国必须在军事上同时承担对两个大国的同盟义务，在政治上同时支持和服从两个大国，这对于小国来说无疑会增加额外的负担。

⑤ John J. Mearsheimer, *The Tragedy of Great Power Politics*, New York: W. W. Norton & Company, 2001; Richard Ned Lebow, *Why Nations Fight: Past and Future Motives for War*, New York: Cambridge University Press, 2010.

的收益须能够与成本相匹配。从供给与需求的角度看，要满足这个条件，小国须至少有两种重要且仅靠自身无法满足的需求，而两个大国（主观或客观上）分别只能满足其中的某一项需求。小国出于满足自身需求的目的，才会有意愿同时与两个大国结盟。① 其次，两个大国之间必须形成一种互有顾忌、彼此均无必胜对方把握的僵持状态。只有如此，才能抑制两个大国通过战争等强制手段独占对小国领导权的机会主义动机，小国也才能因此而获得相对宽松的行动自由，得以同时保持与两个对立大国的同盟关系而（在一定程度上）避免遭到其中某个大国的阻挠和破坏。

（二）古代朝鲜半岛国家"两面结盟"的具体产生机制

审视高丽和朝鲜两国各自的对外关系史可以发现，图1所示的小国"两面结盟"所需的各种条件在两国的某些特定历史时期恰好得到满足，从而触发了"两面结盟"机制的运转。

1. 高丽和朝鲜除了关注本国的国家生存安全外，还对自身的政权安全异常重视。更为特殊的是，两国的政权安全与其政权的正统性密切相关，正统性并不取决于自身，而是源于中原汉族王朝的确认。②

受儒家文化的影响，朝鲜半岛国家认为只有汉族建立的政权才具有正统性。如前文所述，有学者已经指出，朝鲜半岛国家对中原文化的向往是影响其外交政策的重要因素。不过尚未清楚地指出原因与结果之间的具体传导机制。实际上，缺失的传导机制就是朝鲜半岛国家的政权正统性来源问题。高丽虽以佛教为国教，但儒学极为兴盛。其在建国伊始就设立了科举制度，营造出一个庞大的深受儒学影响的士大夫阶层。③

---

① 从功能主义的视角看，此时的两个大国对该小国的"功能"就出现了分异。有关国家对外功能的分异，参见 Barry Buzan and Mathias Albert, "Differentiation: A Sociological Approach to International Relations Theory," *European Journal of International Relations*, Vol. 16, No. 3, September 2010, pp. 315 – 337; 杨原：《体系层次的国家功能理论——基于对结构现实主义国家功能假定的批判》，《世界经济与政治》2010 年第 11 期。

② Michael C. Rogers, "The Chinese World Order in the Trans – mural Extension: The Cast of Chin and Koryo," *Korean Studies Forum*, Vol. 4, Spring – Summer 1978, pp. 1 – 22. 两国还十分关心作为政权正统性来源的"中国王朝的正统性问题"，参见孙卫国《大明旗号与小中华意识》，第 32 页。

③ 李春虎等编：《朝鲜通史》（第 2 卷），延边大学出版社 2006 年版，第 171、282—286 页。

儒家文化所倡导的正统观是汉民族的正统观，认为只有汉民族建立的政权才具有正统性。[1] 这种将中原汉族王朝视为正统的观念深刻影响了高丽的政治认同。随着程朱理学的进一步传播，到朝鲜王朝时期，朝鲜半岛文人甚至发展出了坚持汉民族正统观的性理学。

这种正统观所造成的直接影响就是，"作为藩国，韩国的正统性来源于宗主国中国王朝的确认"[2]。朝鲜半岛国家自身的定位是"夷"，而"中国为盛名之会，礼义之所宗也"[3]。对于朝鲜半岛国家来说，如果中原王朝具有正统性，亦即其由汉族建立，那么通过朝贡获得中原王朝的认可，作为"夷"的朝鲜半岛政权就相应地具有了正统性。如果中国王朝不是汉族政权因而缺乏正统性，朝鲜半岛国家则可通过对具有正统性的汉族政权的尊崇等行为证明自身的政权正统性。受这种汉民族正统观的影响，高丽和朝鲜在外交中总是表现出对少数民族政权极强的排斥性。总之，高丽和朝鲜在学习中原文化的过程中，逐渐接受并内化了其汉族正统性的观念，将受到汉族政权的认可视为本国获得政权正统性的来源，并进而决定了对外政策上"亲汉排异"的主基调。

正是由于朝鲜半岛国家政权的正统性取决于中原汉族王朝的承认，因此相较于中国王朝，朝鲜半岛王朝的存续时间普遍更长。根据全海宗的统计，中国自秦汉以来有近 70 个王朝，除唐、明、清勉强维持近三百年外，仅七八个王朝延续一百年至两百年，大部分王朝的存续期间只有十年至五十年。与之形成鲜明对比的是，在朝鲜半岛近 2000 年的历史里，仅有 9 个王朝，高句丽、新罗和朝鲜等国都延续五百年至七百年，高丽王朝延续也将近五百年。[4] 之所以中国王朝普遍短命而朝鲜半岛王朝存续时间长久，一个很重要的原因就是王朝合

---

① 孙卫国：《大明旗号与小中华意识》，第 24—27 页。

② Michael C. Rogers, "The Chinese World Order in the Trans – mural Extension: the Cast of Chin and Koryo," pp. 1 – 22.

③ 吴庆元：《小华外史总要通论·序》，朝鲜研究会 1914 年版，第 208 页。韩国所认同的中国文化专指中原汉民族而非统治过中原的所有民族的文化，对此，韩国历史学家全海宗有过详细的论述，参见全海宗《中国与韩国》，载全海宗《中韩关系史论集》，金善姬译，第 8—10 页。

④ 全海宗：《中国与韩国的王朝交替初探——王朝交替原因的比较》，载全海宗《中韩关系史论集》，第 75—91 页。

法性的来源存在区别。中国王朝的合法性来源于自身，执政者稍有不慎触犯众怒，政权就容易被颠覆。而朝鲜半岛国家的合法性大多来自外部，即中原王朝的认可，因此国内的政治斗争最多只上升到派别斗争的层面，很难影响到政权本身的存亡和更替。

　　例如，政变上台的李成桂为了获得其政权的合法性和正统性，在政变后不久就以"权知国事"的名义上奏明朝以获得册封。诚如全海宗所言，"李氏王朝统治者的交替受到某种意义上的外部制约。于是，李氏王朝内部的权力斗争对象并非王权，而是仅次于王权的权力斗争，极可能发展为具体的党派斗争"[1]。"对韩国统治者来说，与中国的统治阶层建立朝贡关系可以帮助国内统治阶级强化其支配者的地位。"[2]

　　2. 由于高丽和朝鲜对生存安全和政权安全都非常重视，且这两种安全均需依赖大国，因此，如果提供安全保障的大国和提供政权正统性的大国不是同一个国家，高丽和朝鲜就有动机与这两个大国同时保持同盟关系，以保证两种需求均得到满足。

　　如果只存在一个大一统的中原汉族王朝，则安全保障的提供者和政权正统性的提供者是重合的，此时高丽和朝鲜无疑会非常坚定地与该大国保持同盟关系。而如果北方少数民族政权崛起并足够强大，由于地理位置的临近性和游牧民族在军事上的先天优势等因素，其往往比中原汉族王朝更能在军事上控制朝鲜半岛国家。在生存安全受到直接威胁的情况下，高丽和朝鲜须通过向北方少数民族政权表示臣服而获得其负面的安全保证。[3] 但同时，少数民族政权在文化上存在先天的劣势，它们无法满足高丽和朝鲜对政权正统性和政权安全的需要。这意味着，当北方少数民族政权崛起后，朝鲜半岛国家安全保障的提

---

　　① 全海宗：《中国与韩国的王朝交替初探——王朝交替原因的比较》，载全海宗《中韩关系史论集》，第91页。

　　② 全海宗：《中国与韩国》，载全海宗《中韩关系史论集》，第21页。

　　③ 少数民族政权军事威胁朝鲜半岛国家，是触发朝鲜半岛国家选择"两面结盟"的导火线。如果少数民族政权没有威胁朝鲜半岛国家的生存安全，此时朝鲜半岛国家生存安全需求不迫切，受政权正统性的考虑，其仍会选择只与中原汉族王朝结盟。例如，在北宋和辽已形成对峙的979年至985年，以及1618年后金正式向明宣战到1626年间，高丽和朝鲜没有采取"两面结盟"政策，原因就在于在此期间，高丽和朝鲜未受到来自辽和后金的入侵或是紧迫的入侵威胁。

供者和政权正统性的提供者会出现分离。当高丽和朝鲜对生存安全和政权正统性两者都不愿舍弃时,它们就不得不选择同时向中原汉族王朝和北方少数民族政权臣服。

在古代东亚朝贡体系下,小国要想表达自己对大国的臣服从而获得大国的安全保证或政权正统性支持,与大国建立朝贡关系或者"兄弟之盟"是必由之路。如前所述,朝贡关系和兄弟之盟都是结盟在古代东亚的具体实现形式。对小国来说,同盟关系承载着两种重要功能:一是为其提供安全保障,二是为其提供政权正统性来源。换言之,高丽和朝鲜同时与两个大国结盟,是其分别从两个大国那里获得生存安全和政权安全保障的一种必要途径。

3. 中原汉族王朝与北方少数民族政权的势均力敌和战略僵持,在客观上为高丽和朝鲜的同时结盟提供了行动的自由。

上述两方面因素只是导致了高丽和朝鲜有"两面结盟"的意愿,但小国仅有做某事的意愿并不一定就能做成某事,而还需得到大国的支持或者至少是默许。如前所述,两个大国出于权力竞争的目的,都有独占某个小国的机会主义动机,从而会对臣服于自己而又与另一大国接近的小国加以阻挠。但在古代东亚,当北方少数民族政权力量崛起到一定程度,而中原汉族王朝又尚未完全衰落时,两个大国有可能都不具备将对方完全征服或者一举打垮的能力。在这种势均力敌且互有顾忌的战略僵持中,作为小国的高丽和朝鲜在(主动或被动地)与某个大国接近时,另一大国就可能没有足够的能力和精力予以制止,从而使高丽和朝鲜在一定时期内获得某种程度的行动自由,这种行动自由是高丽和朝鲜"两面结盟"得以实现的外部条件。

上述三种因素结合在一起,构成了解释古代朝鲜半岛国家"两面结盟"现象的具体机制。在这一机制中,朝鲜半岛国家出现"两面结盟"现象有两个根本性原因:一是"两面结盟"能够保证本国的两种重要需求——生存安全和政权安全——都得到满足;二是两个大国的战略僵持使"两面结盟"在客观上能够得以实现。这两个条件缺一,朝鲜半岛国家都将只会与某一个大国结盟。

四　高丽与北宋、辽的"两面结盟"

在北宋与辽对峙时期，高丽曾先后两次与两国同时结盟，分别发生于986—993年和1071—1116年。为探究高丽"两面结盟"现象的产生机制并检验本文的理论解释，以下将追踪这两次"两面结盟"现象发生前后宋、辽、丽三国的战略关系以及高丽对宋、辽两国的战略态度。

（一）高丽第一次"两面结盟"（986—993）

1. 高丽在政治正统性上对北宋的依赖

北宋建国伊始，高丽就表现出了极强的依附意愿。公元960年北宋建立，962年，高丽国王王昭即遣广评侍郎李兴佑等入宋朝贡，成为第一个向宋朝朝贡的国家。① 963年，高丽改用宋太祖乾德年号②，自此两国正式建立朝贡关系。

这种朝贡关系在很大程度上是由高丽对北宋文化的尊崇所维系的。在高丽使用北宋年号后的30年间，高丽曾向北宋派遣使团26次，北宋也向高丽派遣使团10次。高丽希望通过与北宋的政治往来，为吸收汉文化创造必要的条件。976年，高丽主动派遣留学生到北宋国子监学习中国文化。③ 982年，高丽成宗发诏书求建言，高丽著名儒学学者崔承老提出《时务论》28条，其中第11条称："华夏之制，不可不遵……其礼乐诗书之教，君臣父子之道，宜法中华，以革卑陋。"④

在这种文化认同的影响下，高丽将北宋的政治承认视为本国政权正统性的重要来源。981年，高丽国王病重，禅位于其堂弟治。国王治随即派使者向北宋报告即位的原委，请求册封，在得到册封之前，只以摄位者自居，自称"知国事"。⑤ 这种在政权正统性上对北宋的

---

① 《高丽史节要》卷2，光宗十三年冬。
② 《高丽史节要》卷2，光宗十四年十二月。
③ 陈尚胜：《中韩交流三千年》，中华书局1997年版，第25页。
④ 《高丽史》卷93，《列传六，崔承老》。
⑤ 蒋非非等：《中韩关系史》（古代卷），第159页。

依赖甚至在辽通过军事手段完全主导高丽之后依然存在。994年2月，高丽在遭遇辽大规模入侵的情况下被迫向辽称臣，第一次“两面结盟”宣告终结。依据辽丽双方的议和条件，高丽应断绝与北宋的关系。但高丽却于同年6月遣使赴北宋，“诉以契丹寇境”，“乞师以报前年之役”①。

997年，高丽国王治卒，弟诵立。此时高丽已奉辽为正朔，并“受制于契丹”而中断对北宋的朝贡，但仍然“遣兵校徐远来候朝廷（指北宋）德音”，无奈“远久不至”②。1000年10月，高丽又遣吏部侍郎朱仁绍到北宋，表达高丽思慕宋朝以及“为契丹羁制之状”，宋真宗“乃赐诵函诏一道，令仁绍赍还”③。1003年，高丽派遣户部郎中李宣古到北宋谢恩，并言“晋割燕蓟以属契丹，遂有路趣玄菟，屡来攻伐，求取不已，乞王师屯境上为之牵制”④。从使用“王师”这一称谓看，高丽内心无疑仍视北宋为“正统”。

1010年辽第二次入侵高丽后，高丽又数次遣使赴宋。1014年，高丽遣内史舍人尹徵古入宋，献金线织成的龙凤鞍和绣龙凤鞍幞各二副、良马二十匹，“仍请归附如旧”⑤，并“请降皇帝尊号、正朔”，北宋也予以允准。⑥但在与辽已签订“澶渊之盟”的情况下，北宋并未因此介入辽丽间的争端。即便如此，高丽仍于1015年再派民官侍郎郭元入宋献方物，仍告“连岁来侵”，希望“借以圣威，示其睿略，或至倾危之际，预垂救急之恩”⑦。虽然北宋对此反应冷淡，但高丽仍于1016年恢复使用宋朝大中祥符年号纪年。⑧

高丽向北宋主动表达臣属意愿，固然有借助北宋抗衡辽国的安全

① 《高丽史》卷3，成宗十三年；《宋史》卷487，《高丽传》。
② 《宋史》卷487，《高丽传》。
③ 《宋史》卷487，《高丽传》。此处年份《宋史》记载为咸平三年，即1000年，而《高丽史》记载为999年。
④ 《宋史》卷487，《高丽传》。
⑤ 《高丽史》卷4，显宗五年八月；《宋史》卷487，《高丽传》。
⑥ 《续资治通鉴长编》卷83，大中祥符七年十月。
⑦ 《高丽史》卷4，《世家》显宗六年。
⑧ 《高丽史》卷4，显宗七年。

方面的考虑，① 但在北宋始终没有任何实质性的积极回应的情况下，高丽仍然多次主动寻求接近，这种"执着"的背后显然有政治正统性的考虑。正是由于高丽视北宋为"上国"，才会向其屡告辽侵情况，并乞"上国"来助，甚至主动恢复使用北宋的年号。这体现出保持与中原汉族王朝的同盟（朝贡）关系对高丽政权的重要意义。

　　与对北宋由衷认同形成鲜明对比的是，高丽对由少数民族建国的辽国从一开始就持鄙视的态度。高丽建国不久，曾主动与当时的后唐、吴、越等政权建立政治上的宗藩关系，后来又相继与后晋、后汉、后周等政权保持外交往来和宗藩关系。而对于同一时期兴起于中国东北的契丹政权，高丽不仅一开始低估了其实力，并未在战略上给予重视，而且还以儒家文化的华夷观标准对其采取公然的蔑视态度。② 高丽开国之主王建在给后世子孙的《训要十条》中明确宣示，"惟我东方，旧慕唐风，文物礼乐，悉尊其制。殊方异土，人性各异，不必苟同。契丹是禽兽之国，风俗不同，言语亦异，衣冠制度，慎勿效焉"③。高丽太祖的这种感情与政策，直接影响了当时乃至以后的丽辽关系。④

　　高丽对北宋和辽在政治认同上的这种亲疏差异，北宋十分清楚。曾任宋使随员的徐兢在其《宣和奉使高丽图经》中曾回顾宋丽的友好关系以及高丽与辽的关系："本朝之于高丽，如彼之远，北虏（指辽）之于高丽，如此其近。然（高丽）附北虏者，常以困于兵力，伺其稍弛，则辄拒之。至于尊事圣朝，则始终如一，拳拳倾戴，虽或时有牵制，不能如愿，而诚意所向，坚如金石。"⑤

　　2. 辽在军事上控制高丽的优势

　　正如徐兢所说，高丽距辽近而距宋远。高丽与辽陆路相邻，壤土

---

　　① 参见蒋非非等《中韩关系史》（古代卷），第 16—168 页。此外，杨昭全也持类似的观点，他认为："无论是北宋，还是高丽，两者建立朝贡关系之着眼点均是友好相待以共御强敌。"参见杨昭全、何彤梅《中国——朝鲜·韩国关系史》（上册），第 221 页。

　　② 陈尚胜：《中韩交流三千年》，第 24 页。

　　③ 《高丽史》卷 2，太祖二十六年。

　　④ 杨昭全、何彤梅：《中国——朝鲜·韩国关系史》（上册），第 352 页。

　　⑤ 徐兢：《宣和奉使高丽图经》卷 40，正朔。

相接。而自从后晋割弃燕云之后，高丽和中原王朝陆路就不再接壤。① 两国隔海相望，只能靠海上交通维系交往。② 受此影响，辽虽然在文化和政治上不占优势，但在军事上却能更容易地对高丽施加控制，这是高丽在军事上不得不臣服于辽的重要原因。

986 年，北宋为收复燕云十六州，出师征伐契丹，史称"雍熙北伐"。③ 为配合伐辽，宋派监察御史韩国华赍诏书到高丽，要求高丽出兵，"可申戒师徒，迭相犄角，协比邻国，同力荡平"④。但高丽却一再拖延，"迁延不发兵"⑤。经宋使"（韩）国华谕以威德，（高丽）王始许发兵西会"⑥。但因辽国此前的军事威胁，高丽军队事实上并未与契丹军队交战。983 年，辽国开始制订讨伐高丽的计划。⑦ 985 年7 月，辽圣宗诏令诸道修缮兵甲，"以备东征高丽"，只是因 8 月"辽泽沮洳"而罢师。⑧ 但辽仍然一举扫荡了鸭绿江下游一带的女真部落，不仅为后来的伐丽扫清了障碍，而且向高丽充分展示了其军事实力，从而对高丽形成了有效的威慑，使高丽最终选择了在随后的辽宋战争中保持中立。⑨

自 993 年起，辽曾先后三次大规模入侵高丽。993 年的入侵直接导致了高丽第一次"两面结盟"的结束。随后的 1010 年和 1018 年辽又发动了两次伐丽战争。除此之外，1014—1017 年，辽几乎每年都对高丽所占据的鸭绿江下游东岸的"江东六州"发动军事侵袭。正是这些军事进攻，最终迫使高丽于 1020 年 2 月遣使奉表至契丹，"请称藩，纳贡如故"⑩。1022 年，高丽最终放弃北宋年号，改用契丹纪

① 蒋非非等：《中韩关系史》（古代卷），第 156—157 页。

② 杨昭全、何彤梅：《中国——朝鲜·韩国关系史》（上册），第 218 页。

③ 魏志江：《中韩关系史研究》，中山大学出版社 2006 年版，第 14 页。

④ 《高丽史》卷 3，成宗四年。

⑤ 同上。

⑥ 同上。

⑦ 《辽史》，圣宗统和元年。

⑧ 《辽史》卷 115，《高丽传》。

⑨ Jing - shen Tao, *Two Sons of Heaven*: *Studies in Sung - Liao Relations*, Tucson: University of Arizona Press, 1988, p. 80.

⑩ 《高丽史》卷 4，显宗十一年。

年，以这种全面倒向契丹的方式获取辽的负面安全保证。① 辽之所以能如此频繁和有效地对高丽施加武力胁迫，显然与其地理上的临近性有直接关系。

对于高丽对辽所提供的消极安全保证的需要，正如有学者所总结的那样，"高丽慑于辽之威，恐遭侵掠，不仅不敢出兵助北宋作战，甚至被迫向辽朝贡，与北宋断绝外交关系，以求自存"②。"其后，（高丽）绝不通中国者四十三年。"③ 1058 年，高丽文宗下令在耽罗、灵岩伐木造大船，欲通使于宋，但内史门下省官员认为，"国家结好北朝（指辽），边无急警，民乐其生，以此保邦，上策也。……其于中国，实无所资。如非永绝契丹，不宜通使宋朝"。最终，文宗放弃了与宋通使的想法。④

3. 宋辽战略僵持使高丽"两面结盟"成为可能

960 年北宋建立。虽号称统一全国，但其势力并未到达长城以北，华北一部分地区和整个东北为辽朝所统治。⑤ 也就是说，自北宋建立开始，宋与辽就形成了南北对峙的局面。975 年，宋辽曾一度建立外交关系。⑥ 但到 979 年，宋太宗发兵亲征北汉，宋辽断交。⑦ 宋灭北汉后，决定乘胜北伐，收复燕云之地，辽宋间的直接对抗由此开始，并影响到了高丽的行为。在宋辽对抗之前，高丽与北宋为宗藩关系，而与辽的官方关系则处于中断状态。

如前所述，为消除与北宋作战时腹背受敌的隐患，更为了建立以本国为中心的宗藩关系，辽自 983 年起开始计划东征高丽。985 年，辽圣宗欲亲征高丽，却因"辽泽沮洳"而罢师。尽管如此，辽在辽

---

① 杨通方：《中韩古代关系史论》，中国社会科学出版社 1996 年版，第 76 页；Jing-shen Tao, *Two Sons of Heaven*: *Studies in Sung – Liao Relations*, Tucson: University of Arizona Press, 1988, pp. 80 – 81.

② 杨昭全、何彤梅：《中国——朝鲜·韩国关系史》（上册），第 219 页。

③ 《宋史》卷 487，《高丽传》。

④ 《高丽史》卷 8，文宗十二年八月乙巳。

⑤ 杨昭全、何彤梅：《中国——朝鲜·韩国关系史》（上册），第 218 页。

⑥ 《续资治通鉴长编》卷 16，开宝八年三月己亥。

⑦ 此时辽应北汉之请派兵援助北汉，结果大败，宋辽因此断交。参见蒋非非等《中韩关系史》（古代卷），第 157 页。

丽边境大肆用兵讨伐女真的行为，已经使高丽清楚地感受到了辽对其国家存亡的威胁。于是，在986年春"契丹遣厥烈来请和"时，① 高丽就在宋辽对峙、胜负不明，而自身国家安全又受契丹极大威胁的情况下，接受了辽的提议，与辽国结盟。②

而此时的北宋对此却没有能力阻止。为了笼络高丽，北宋不仅未对这种违背藩属国义务的行为加以责难，两国来往一如从前，而且在公元988年，宋帝甚至还加封高丽成宗为"检校太尉"。③ 公元990年，又加封成宗"推诚顺化功臣，食邑一千户，食实封四百余户"④。两国朝贡关系继续存在。这意味着，从986年辽丽议和到993年辽国第一次征伐高丽的8年时间中，高丽处于与北宋和辽同时结盟的状态。

在986年"雍熙北伐"失败后，北宋的对辽战略由进攻转为防御。⑤ 989年，辽国攻陷易州，宋太宗决定采纳主和派意见，遣使向辽请和。⑥ 至此，宋辽进入短暂的和平期，但两国军事实力的高下已然清晰，辽国占有相对明显的优势。在此情况下，辽开始考虑彻底解

---

① 《高丽史》卷3，成宗五年。

② 虽然986年春辽丽和议的内容《高丽史》和《辽史》中并无详细的记载，但根据一些线索不难判断此次和议至少在事实上确立了辽丽间的（兄弟）同盟关系。首先，993年辽第一次征伐高丽时给出的征伐理由是："汝国兴新罗地，高句丽之地我所有也，而汝侵蚀之，又与我连壤而越海事宋，故有今日之师，如割地以献而修朝聘，可无事矣。"换言之，高丽"越海事宋"是辽此次对其讨伐的依据之一。如果在986年的和议中辽丽两国没有对彼此的同盟关系做出相关的约定，便无法解释辽为何以这条理由来论证其征伐高丽的正当性。对于辽的征伐理由，高丽使臣也仅对其第一条进行了反驳："若论地界，'上国'之东京皆在我境，何得谓之侵蚀乎？"而回避了第二条有关"越海事宋"的指责。同时，高丽使臣称辽为"上国"，也意味着当时辽丽两国已经明确了彼此的从属关系和地位差异。其次，在993年辽入侵高丽前，同年5月，高丽就接到了女真人递送的辽将入侵高丽的情报，但高丽朝议却颇不以为然，未做任何应战准备，"夏五月，西北界女真报契丹谋举兵来侵。朝议谓其绐我，不以为备"。有学者认为，高丽的这种故意无备表明，986年辽丽之间可能达成了互不侵犯的协议。最后，986年"请和"后，宋"雍熙北伐"攻打辽国并要求高丽出兵予以配合，但高丽事实上没有配合北宋对辽用兵，也可印证此时辽丽间的同盟状态。上述内容参见《高丽史节要》卷2，成宗十二年；《高丽史》卷94，《徐熙传》；《高丽史》卷3，《世家》成宗十二年；蒋非非等：《中韩关系史》（古代卷），第161页。

③ 《宋史》卷487，《高丽传》。

④ 《高丽史》卷3，成宗九年。

⑤ 杨昭全、何彤梅：《中国——朝鲜·韩国关系史》（上册），第224页。

⑥ 《宋史纪事本末》卷13，《契丹和战》。

决高丽问题。如果说辽在 985 年还没有足够的实力要求高丽脱离北宋的话，此时则已具备了独占高丽的可能性。993 年，辽大规模入侵高丽并获得大胜，高丽于 994 年 2 月被迫向辽称臣，改用辽"统和"年号，并遣侍中朴良柔赴辽"告行正朔，乞还俘口"①。如果说 986 年由于宋辽的战略僵持，高丽尚有可能"两面结盟"的话，那么到 993 年，在辽实力优于北宋、而高丽又面临来自辽的生存威胁的情况下，高丽只能选择彻底倒向辽国一边。

（二）高丽第二次"两面结盟"（1071—1116）

1. 高丽在政治正统性上对北宋的依赖

自 993 年高丽完全臣服于辽到 1071 年宋丽正式恢复朝贡关系，尽管高丽臣服辽国已有近 80 年的时间，但它对北宋的尊崇和对辽少数民族政权的鄙夷仍未改变。1068—1069 年，宋神宗令福建转运使罗拯派人赴高丽商议复交，高丽礼宾省向北宋呈递的牒文就明确表达了这种态度："当国僻居旸谷，邈恋天朝，顷从祖祢以来，素愿梯航相继……屡卜云祥，虽美圣辰于中国；空知日远，如迷旧路于长安。运属垂鸿，礼稽展庆。大朝化覃无外，度豁包荒，山不谢乎纤埃，海不辞于支派。谨当遵寻通道，遄赴稿街。"②

而在恢复与北宋的朝贡关系后，1078 年北宋首派安寿为使赴高丽，高丽文宗闻讯，"一喜一惊"，下令"凡百执事，各扬尔职，馆待之事，罔有阙遗"③。宋使"既至，国人欢呼出迎。徽（高丽文宗）具袍笏玉带拜受诏"④。由此可见高丽王室对北宋政治承认的看重。高丽文宗感动地说："（宋）远遣大臣，特示优赐，荣感虽极，兢惭实多。"⑤ 高丽也对宋使厚待，"除例赠衣带鞍马外，所赠金银宝货米谷杂物无算，将还，舟不胜载"⑥。从高丽国王对于北宋赐诏最高规格的拜受以及对宋使的厚待，可见当时高丽对中原汉族王朝正统性的

① 《高丽史》卷 3，成宗十三年。
② 《宋史》卷 487，《高丽传》。
③ 《高丽史》卷 9，文宗三十二年。
④ 《宋史》卷 487，《高丽传》。
⑤ 《高丽史》卷 9，文宗三十二年。
⑥ 同上。

认可和依赖依然十分强烈。

2. 辽在军事上控制高丽的优势

辽因地理邻近性而拥有在军事上影响和控制高丽的优势，这一点早已被这一时期的高丽所充分意识到。在 1069 年高丽礼宾省回复北宋复交的文牒中就明确指出："蕞尔平壤，迩于大辽，附之则为睦邻，疏之则为勍敌。虑边骚之弗息，蓄陆訾以麾遑。久困羁縻，难图携贰，故违述职，致有积年。屡卜云祥，虽美圣辰于中国；空知日远，如迷旧路于长安。"① 辽在地理上的这种便利条件使其能够相对容易地操控高丽的生存安全，而这也正是辽能在此前相当长一段时间独占对高丽的领导权的重要原因。

3. 宋辽战略僵持使高丽"两面结盟"成为可能

在高丽第二次"两面结盟"的案例中，高丽政权正统性上依赖北宋、军事上受制于辽这两个因素已经成为常量，真正决定高丽能否重新"两面结盟"的关键因素就在于宋辽两国的实力对比。

1046 年，刚刚即位的高丽文宗就急于谋求与北宋恢复朝贡关系。此时的北宋也有联合高丽的战略需求。1045 年，辽乘北宋对西夏战争失败，提出增加岁币和索还土地的要求，逼迫北宋签下"关南誓书"。当时北宋宰相富弼就提出要联合高丽，"高丽虽事契丹而契丹惮之……朝廷若得高丽，不必俟契丹动而来助，臣料契丹必疑高丽为后患，卒未敢尽众而南，只此已为中国大利也"②。但当时辽强宋弱的格局并未发生明显改变，无论是北宋还是高丽，均不敢轻易改变现状刺激辽国。因此，尽管高丽慕华而对辽"臣而不服"，北宋有"联丽制辽"的期待，但北宋和高丽的同盟关系依然没有恢复。

11 世纪五六十年代以后，辽宋两国的国内政治和实力对比开始发生变化。公元 1055 年辽道宗继位后，辽统治集团内部矛盾进一步激化，皇后、太子先后被杀，契丹国势日渐衰弱。同时辽境各族人民纷纷起义，使辽政权更加岌岌可危。③ 与此同时，宋神宗用王安石变

---

① 《宋史》卷487，《高丽传》。

② 《续资治通鉴长编》卷150，庆历四年六月戊午。

③ 杨昭全、何彤梅：《中国——朝鲜·韩国关系史》（上册），第358页。

法，国库收入增加，边防能力逐渐加强。受实力对比变化的影响，北宋在对外政策上开始一改过去对辽国的退避态度，积极主张"联丽制辽"的外交政策。而对高丽而言，它也再次获得了自主选择盟友的机会。事实也的确如此，迫于辽国压力而中断的宋丽关系在这一时期得到了恢复。①

1068 年，宋神宗命福建转运使罗拯派人赴高丽商议复交。高丽"王（文宗）悦，馆待优厚"②。1069 年，高丽礼宾省移牒福建转运使罗拯："仅以公状附真、万西还，俟得报音，即备礼朝贡。"③ 1070年，罗拯将高丽同意复交朝贡之事上报朝廷，朝廷以为"可结之以谋契丹"④，"神宗许之，命拯谕以供拟腆厚之意"⑤。1071 年，高丽遣民官侍郎金悌等 110 人来北宋，并献方物。宋神宗"诏待之如夏国使"⑥。由此，高丽与北宋的朝贡关系正式恢复，两国使节又开始不断往来。⑦

面对宋丽朝贡关系的恢复，辽并未采取实质性的干涉行动，仅以口头形式表达对北宋和高丽的不满："高丽乃我奴耳，南朝何以厚待之？"并就高丽通好北宋诘难高丽使臣。高丽国王上表辩白："中国，三甲子方得一朝；大邦，一周天每修六贡。"⑧ 随后，高丽仍奉辽为正朔，保持辽丽关系现状不变，但在与北宋的交往文书中使用甲子纪年。⑨ 由此，在辽实力下降，无力独占高丽，也无法干预宋丽结盟的

---

① 李春虎等编：《朝鲜通史》（第 2 卷），第 96 页。
② 《高丽史》卷 8，文宗二十二年。
③ 《宋史》卷 487，《高丽传》。
④ 同上。
⑤ 同上。
⑥ 同上。
⑦ 杨昭全、何彤梅：《中国——朝鲜·韩国关系史》（上册），第 229 页。
⑧ 蒋非非等：《中韩关系史》（古代卷），第 178 页。
⑨ 有学者认为，这一时期宋丽恢复关系而辽未干涉的原因除高丽仍接受辽的册封外，也缘于北宋对高丽采取灵活而现实的外交政策，即北宋认可辽对高丽册封的正当性和合法性。参见魏志江《论辽宋丽三国关系与东亚国际秩序》，载陈尚胜主编《儒家文明与中韩传统关系》，山东大学出版社 2008 年版，第 77—78 页。但北宋早在 994 年辽第一次册封高丽时就已经认可辽对高丽的册封和高丽向辽的朝贡了，在 1071 年宋丽恢复朝贡关系时，北宋这种灵活政策是一个常量而非变量。

情况下，出现了第二次高丽"两面结盟"的局面。到1116年，辽国进一步衰落，高丽遂停止奉辽为正朔，弃用辽年号。在1071—1116年，辽、宋、丽三国间形成了高丽向辽、北宋同时朝贡的"二元"朝贡体制。①

对于1071年北宋和高丽所恢复的朝贡关系，不少学者认为其不具备军事同盟性质，只是一种文化和经济往来。主要理由是高丽并没有在此后配合北宋对辽采取实际的军事行动。② 但实际上，我们判断同盟关系的存在与否往往都是以在事前有关国家是否承认彼此负有军事援助的义务为依据，而不是在事后根据相关国家是否实际做出了军事援助行动来进行反推。③ 1125年北宋为金所侵，遂向高丽求援，虽被高丽婉拒，但高丽却在之后遣使入宋奉表谢罪。④ 由此可见高丽对自己所负有的军事义务的承认。1101年8月，高丽国王在一封诏书中表示："朕自御神器，居常小心，北交大辽，南事大宋。"⑤ 这反映了当时高丽"两面结盟"的态势。

五　朝鲜与明、后金的"两面结盟"

后金崛起于明朝末年，⑥ 在明朝为后金所灭之前，双方曾有过一

---

① 魏志江：《论辽宋丽三国关系与东亚国际秩序》，第78页。

② 有关宋丽经济、文化关系的研究，参见金渭显《丽宋关系与其航路考》，《关东大论文集》第6辑；金庠基：《丽宋贸易小考》，《东方文化交流试论考》，乙酉文化社1984年版，转引自魏志江《论辽宋丽三国关系与东亚国际秩序》，第78页。

③ 例如，1882年，德国、奥匈帝国和意大利建立三国同盟，而到1915年一战开始后，意大利并未履行同盟义务反而倒向协约国，但我们并不因此而否认1882—1915年意大利与德、奥两国同盟关系的存在。相似的，986年北宋伐辽时曾多次要求高丽协助出兵对辽开战，而高丽只是口头答应却并未与辽实际交火；明朝末期萨尔浒之战时，明朝要求朝鲜出兵共同剿灭后金，朝鲜同样没有对后金采取实际的军事行动。但这两个事件中，北宋和高丽、明和朝鲜之间的军事同盟关系显然是存在的，因为高丽、朝鲜均承认北宋、明对其提出的军事协作要求的正当性，亦即承认自己所负的军事协作义务。

④ 《宋史》卷487，《高丽传》。

⑤ 《高丽史》卷11，肃宗六年。

⑥ 建州女真部落首领努尔哈赤于1616年建立大金政权，史称后金。1636年其子皇太极改国号为清。本案例的时间范围跨越了这两个阶段，为表述简单起见，除特别注明外，本文一律笼统以"后金"指代。

段战略对峙时期。在这期间，朝鲜曾于 1627—1636 年同时与明和后金结盟。本部分将追踪和展示朝鲜"两面结盟"行为发生前后明、后金和朝鲜三方的战略关系和朝鲜的战略心态，以检验前述理论机制。

1. 朝鲜在政治正统性上对明朝的依赖

与高丽一样，朝鲜对明朝的依附也首先体现在文化领域，其一直以汉字作为官方文书的专用文字。世宗时期曾创制朝鲜文字谚文，但随即受到朝鲜士人的批评和抵制。① 1444 年，集贤殿副提学崔万理等上书，力言谚文之不妥，"自古九州之内，风土虽异，未有因方言而别为文字者。唯蒙古、西夏、女真、日本、西蕃之类，各有其字。是皆夷狄事耳，无足道者。《传》曰：用夏变夷，未闻变于夷者也"②。在接受汉字和汉文化的过程中，朝鲜国内形成了强烈的正统性思潮，这种思潮深受朱熹理学的影响，并在朝鲜王朝内部发展出了坚持汉族正统观的性理学。正统性思潮将朝鲜的政权正统性和合法性完全植根于对中原汉族王朝（明朝）的归附，深刻地影响了朝鲜执政者的决策。

朝鲜建国伊始，就主动与明朝建立朝贡关系，③ 还以"权知国事"的名义，向明朝请赐国号，朱元璋赐国号为朝鲜。明亡后，朝鲜将明朝为其赐名一事视为"大造之恩"。正如有学者所分析的那样，朝鲜之所以要向明朝请求赐予国名，是出于对王朝正统性的考虑，通过箕子朝鲜接受周武王册封的传统争取明朝天子的册封，从而获取宗主国的认同，以确立其政权的正统性。④ 自此之后，朝鲜国王或世子要获得真正的名义，都必须经明朝册封。燕山君和光海君因政变被废，未得明朝赐谥，因此只能称为"君"，不能称"王"，也无庙号。⑤

---

① 孙卫国：《大明旗号与小中华意识》，第 43 页。

② 《李朝世宗实录》，二十六年二月。

③ 杨昭全、何彤梅：《中国——朝鲜·韩国关系史》（下册），天津人民出版社 2001 年版，第 462—463 页。

④ 陈尚胜：《论朝鲜王朝对明朝的事大观》，《第三节韩国传统文化国际学会研讨会论文集》，山东大学出版社 1999 年版，第 924 页。

⑤ 孙卫国：《大明旗号与小中华意识》，第 61 页。

政治上归附明朝对朝鲜政权合法性和稳定性的重要影响，可以从光海君被废和仁祖反正这一案例中得到很好的体现。光海君（1608—1623）在位时期，明朝逐渐衰落，后金不断崛起。后金于1616年建国，1618年正式向明宣战。与后金毗邻的明朝盟国朝鲜，此时不得不在事明和事金中做出抉择。① 最终光海君采取了既不背明、也不怒金的"两端外交"。② 这种"两端外交"明显违背了明朝"谨守法度，以绝私交，恪秉忠诚，以全令誉"③ 的要求，脱离了朝鲜传统的对明"事大"的外交政策，引发了朝鲜统治阶层的强烈不满。1623年3月，仁穆大妃之孙、绫阳君李倧在西人党人的拥戴下发动政变，废黜了光海君，史称"仁祖反正"。

王大妃在废黜光海君后颁发的《教书》中说："我国服事天朝二百余载，义即君臣，恩犹父子。壬辰再造之惠，万世不可忘也。先王临御四十年，至诚事大，平生未尝背西而坐。光海君忘恩背德，罔畏天命，阴怀二心，输款奴夷……使我三韩礼义之邦，不免夷狄禽兽之归，痛心疾首，胡可胜言。夫灭天理，斁人伦，上以得罪于宗社，下以结怨于万姓，罪恶至此，其何以君国子民，居祖宗之天位，奉宗社之神灵乎？兹以废之，量宜居住。"④ 从上述激烈言辞中可以看出，朝鲜统治阶层认为对明"事大"具有不容置疑的政治正确性。

"反正"后，仁祖立即上疏明朝，呈送光海君"背德""通奴"的材料，解释发动政变的原因在于光海君不忠心事明，私通后金，从而打消了明朝声讨其弑君篡位的想法。最终明朝表示，"朝鲜废立之事，以纲常名义讨论之绝之，此一定之正体也。以冀戴天朝论则二心

---

① 有学者认为，朝鲜由于与辽东壤地相接，故辽东局势的变动势必为朝鲜君臣所高度关注。不过，由于明朝宗藩体制的制约和朝鲜对明朝"壬辰拯救之恩"的感恩心理，在明金战争中，虽然明军节节溃败，但朝鲜仍不废事大之礼，这表明自元朝开始传入朝鲜的程朱理学中关于"君臣大义"的观念已束缚着朝鲜君臣的外交理念。参见魏志江《试论17世纪初的中韩交涉与东北亚国际格局》，《社会科学战线》2007年第5期，第136页。

② 李善洪：《从十七世纪初朝鲜内外局势看光海君的"两端外交"》，《松辽学刊》1996年第1期，第76—78页；王燕杰：《朝鲜光海君对明朝与后金"两端外交"政策探析》，载陈尚胜主编《儒家文明与中韩传统关系》，第209—219页。

③ 《明英宗实录》卷302，天顺三年夏四月庚辰。

④ 《李朝仁祖实录》，元年三月。

通奴者是为我梗也，同心灭奴者是为我用也"①，并很快颁敕谕旨，册封仁祖。与此同时，仁祖在朝鲜国内也极力标榜"亲明"外交，猛烈批判光海君的"两端外交"，以"与怒贼私通"等罪处决大北派人士，宣称"当与天朝协心一力，期灭此贼（指后金）"②。而面对后金对明朝的军事威胁，朝鲜士大夫阶层也认为，即使明朝没有壬辰战争中的拯救之恩，朝鲜于明朝也是"既定君臣之分，则何可坐视而不救乎！"③ 在这种情况下，由政变而篡位的仁祖政权得以很快稳定下来。

从光海君被废和仁祖政变成功这一典型案例可以看出，朝鲜政权的合法性和稳定性并不取决于权力继承的程序和方式，甚至不取决于执政者政策是否有利于本国的利益，④ 而几乎完全取决于其政策是否符合正统性原则，是否亲明并获得明的承认。光海君被废也对此后历代朝鲜国王的对外政策产生了重要影响。

1627 年后金第一次攻打朝鲜（即"丁卯之役"），在自身生存安全受到严重威胁的情况下，朝鲜被迫与后金议和。但在议和谈判中，朝鲜毅然拒绝了后金提出的"不必仍事南朝，绝其交往，而我国为兄，贵国为弟"⑤ 的要求，表示"此则君臣天地，大义截然，有以国弊，不敢从也"⑥。1636 年清第二次入侵朝鲜（即"丙子之役"），⑦ 其时清鲜两国实力相差愈发悬殊，但即便如此，在朝鲜战败与后金议和的过程中，其内部仍有极为强大的斥和势力，朝臣称："明天下，

---

① 《明熹宗实录》卷42，天启三年十二月癸巳。

② 《李朝仁祖实录》，元年三月甲辰，四月丁卯。

③ 《李朝仁祖实录》，元年四月辛酉；参见石少颖《朝鲜仁祖"反正"之初的"协力讨虏"设想与实际政策》，载陈尚胜主编《儒家文明与中韩传统关系》，第230页。

④ 近年来史学家对光海君的评价颇为正面。多数学者认为，在当时的情况下，光海君所采取的"两端外交"对延迟后金的侵略起到了重要作用，有效地维护了朝鲜的国家利益。然而，这位有效保护了朝鲜国家安全的统治者却无法坐稳其王位，愈发凸显出朝鲜政权合法性来源的特殊性和重要性。

⑤ 《李朝仁祖实录》，五年二月己亥。

⑥ 《李朝仁祖实录》，五年二月辛丑。

⑦ 1636 年，皇太极将国号"大金"改为"大清"。

民之父母也。虏，父母之仇也。属国之义，故不可连和于虏也。"①
在这两次事关国家生死存亡的战役中，朝鲜并未因顾忌自身的生存安
全而轻易地断绝与明朝的同盟关系，足见朝鲜对自身政权安全的看重
以及明朝对其政权安全的重要意义。

　　1637 年，朝鲜被迫接受了清的城下之盟，"向清行君臣之礼，奉
大清为正朔，并同时废除明年号，断绝与明朝的交往，在清攻明时，
出兵助清"②。尽管此时朝鲜慑于清朝的武力，"忍痛含冤，迫不得
已"③ 与其结为君臣之盟，但暗中却仍继续奉行尊明反清的政策。作
为清藩属的重要表征，朝鲜应去明年号、行用大清年号。但除了与清
的交往中使用清年号外，朝鲜国内仍暗中使用明崇祯年号，一直到
1644 年明亡为止。④ 不仅如此，当清攻打明朝时，朝鲜也故意拖延派
兵，消极助清抗明。⑤ 在明朝已无力给予朝鲜任何安全保障的情况下，
朝鲜仍愿尽其藩属的义务，这显然不能用国家安全动机来解释，而只
能从政权正统性的角度才能理解。

　　明朝对朝鲜政权安全的影响甚至在明朝亡国后依然存在。自仁祖
开始，孝宗、显宗、肃宗、英祖和正祖等皆以反清复明作为其重要的
政治纲领。⑥ 承继仁祖的孝宗甚至一度计划北伐为明朝复仇，称"大
义即明，则覆亡何愧，益有光于天下万世也"⑦，"虏，予仇也，誓不

　　① 黄景源：《汉江集》卷 27，《尹集传》，载韩国民族文化推进会编《标点影印韩国
文集丛刊》，民族文化出版社 1999 年版，第 225 册，第 81 页。
　　② 《清太宗实录》，崇德二年。
　　③ 《李朝英祖实录》，二十五年二月己酉。
　　④ 例如，1643 年，李朝国王仁祖"密教于政院曰：祭文及祝帖不书清国年号，虽出
于不忍之心，似涉出欺瞒神祇，至明年，并令直书。是时，我国犹不忍背弃大明，凡祭祝
之文及公家藏置文书，皆书崇祯年号。至是，上有是教"。《李朝仁祖实录》，十六年一月。
　　⑤ 1638 年清军攻明，所调朝鲜军失期晚至。1640 年清军围攻锦州，调朝鲜水师五千，
运粮万石听用，但朝鲜所遣船只大都淹没，未至军前。参见杨昭全、何彤梅《中国——朝
鲜·韩国关系史》（下册），第 585—592 页；李澍田主编：《清实录东北史料全辑》（二），
吉林文史出版社 1990 年版，第 205、343 页；蒋非非等：《中韩关系史》（古代卷），第
307—308 页。
　　⑥ 朝鲜几代国王都曾先后试图同明亡后的南明王朝、唐王政权、郑氏集团以及以吴三
桂为代表的三藩割据势力等联络，反清复明。参见姜龙范等《清代中朝日关系史》，吉林文
史出版社 2006 年版，第 64—76 页；蒋非非等：《中韩关系史》（古代卷），第 322—326 页。
　　⑦ 《李朝孝宗实录》，八年十月癸亥。

忍共戴一天"①。随着反清复明前景的日益渺茫,"为了寻求正统的来源、缓解内部的矛盾,并寻求心灵上的平衡",朝鲜国王又"将思明的感情化作崇祀的行动"②。明亡60年后,朝鲜在昌德宫后苑建大报坛,祭奠明朝三位皇帝(明太祖、明神宗、崇祯帝),直至1908年。③

与此同时,朝鲜素以中华文化之唯一继承者自诩,对女真族建立的后金政权一直持鄙视态度,其官方史书、个人文集常以"虏贼""虏酋""胡贼"等充满蔑视的词语来贬称后金。④ 朝鲜史籍通常将女真人称为"夷狄""藩胡""贼胡",认为他们"非我族类""贪而多诈""饥来饱去,见利忘耻",是"犬豕之辈""凶丑之徒""狗鼠之辈""人面兽心"。⑤ 对后金首领努尔哈赤,朝鲜史籍多称其为"老酋"或"老贼"。⑥ 即使是1627年丁卯之役中朝鲜为后金所侵且大败之后,朝鲜内部在讨论与后金议和事宜时,仍称后金为"贼"。如《李朝仁祖实录》中所记,"贼以和字愚弄至此,尚何言哉!""闻贼欲得木棉四万匹、牛四千头、绵绸四千匹、布四千匹"等。⑦

而在被迫与后金结为兄弟之盟后,朝鲜在与后金的交往中依然表现出明显的厌恶和鄙夷态度。1636年皇太极称帝,通报朝鲜时,朝鲜大臣对此予以痛斥:"臣附地之初,只闻有大明天子耳……我国素以礼义闻天下,称之以小中华看……今乃服事胡虏,偷安仅存,纵延暑刻,其于祖宗何!其于天下何!"而当皇太极派来的使团怒而离开时,朝鲜百姓"观者塞路,群童或掷瓦砾以辱之"⑧。如韩国历史学家全海宗所论,"李氏王朝从理念上根据中国的华夷观,蔑视着满族"⑨。

---

① 黄景源:《汉江集》卷32,《宋时烈传》,载韩国民族文化推进会编《标点影印韩国文集丛刊》第225册,第30页。

② 孙卫国:《大明旗号与小中华意识》,第11页。

③ 同上书,第12页。

④ 石少颖:《朝鲜仁祖"反正"之初的"协力讨虏"设想与实际政策》,载陈尚胜主编《儒家文明与中韩传统关系》,第230页。

⑤ 姜龙范等:《清代中朝日关系史》,第12—13页。

⑥ 蒋非非等:《中韩关系史》(古代卷),第299页。

⑦ 《李朝仁祖实录》,二月癸亥、丙午。

⑧ 蒋非非等:《中韩关系史》(古代卷),第305—306页。

⑨ 全海宗:《历史上韩国人的对外观》,载全海宗《中韩关系史论集》,第73页。

2. 后金在军事上控制朝鲜的优势

朝鲜对于距其仅一江之隔的建州女真的崛起从一开始就保持着警惕。早在努尔哈赤统一建州女真之前，宣祖就曾几次出兵，视建州女真为最大的忧患："观其所为，殊非寻常之乎""此贼最可虑也"①。而且朝鲜也意识到女真在地理上的临近性对朝鲜的巨大潜在威胁："与此贼相连，无渤海之隔，虏骑飙乎，数日可至。"② 1607 年，努尔哈赤与海西女真部在朝鲜钟城附近展开大战，建州军队"穿过我（指朝鲜）境，如入无人之地"③，进一步加深了朝鲜的安全忧虑。1616 年努尔哈赤统一女真各部建立后金政权后，出于军事安全的考虑，朝鲜不得不更加重视并防范努尔哈赤的扩张。④

1618 年，努尔哈赤发表"告天七大恨"，正式向明朝宣战，作为明朝盟友的朝鲜异常担忧，"朝鲜两界列镇，士兵尽散，沿江一带，荡然无备。若使伊贼不得志于上国，而怨我国应援天兵，移兵于我，则将何兵力，可以抵挡?"⑤ 这种惧怕因触怒后金而招致报复的顾虑，直接影响了朝鲜的对外行为。选择"两端外交"的光海君虽最终勉强派兵助明，但采取了敷衍、拖延之策，建议明军"但当陈兵扬武，以作虎豹在山之势，更观伊贼之所为，相机而动"，反对"轻行进剿"，并曾一度只承诺将军队开至义州等边境地区，"以为犄角声援"⑥。朝鲜对后金的畏惧，正是后金军事上压倒性优势的直接反映。

后金两次征讨朝鲜的决策本身则更加直观地展示了这种优势。1627 年，后金决定攻打明将毛文龙，但同时又将朝鲜作为次要进攻目标："朝鲜屡世获罪我国，理宜声讨。然此行非专伐朝鲜也，明毛文龙近彼海岛，倚恃披猖，纳我叛民，故整旅徂征。若朝鲜可取，则并取之。"⑦ 在攻打毛文龙未果的情况下，后金遂转而进攻朝鲜，即

---

① 《李朝宣祖实录》，三十七年九月丁卯，三十八年八月丙午。

② 转引自王燕杰《朝鲜光海君对明朝与后金"两端外交"政策探析》，载陈尚胜主编《儒家文明与中韩传统关系》，第 220 页。

③ 《李朝宣祖实录》，四十年二月己亥。

④ 《光海君日记》，二年庚戌十月。

⑤ 《光海君日记》，十年闰四月乙亥。

⑥ 《光海君日记》，十年闰四月癸酉，五月戊子。

⑦ 《清太宗实录》，天聪元年正月丙子。

"丁卯之役"。结果朝鲜大败，仁祖避难江华岛，最终与后金签订兄弟之盟。这场战争也迫使朝鲜与明朝和后金同时结盟。后金之所以能如此迅速地调整作战目标并取得胜利，一个重要原因就是"李朝与后金仅一江之隔"，后金无须过多军事上的准备即可征伐朝鲜。[①] 1637年，后金因发觉李朝并不忠心于己，未发兵助其攻打明朝，旋即对朝鲜进行了第二次征伐，仅月余就攻至朝鲜都城，最终使朝鲜（至少在形式上）彻底臣服于自己。

3. 明金战略僵持使朝鲜"两面结盟"成为可能

努尔哈赤统一建州后，由于自身实力尚弱，曾几度致书朝鲜，请求通好，还请求朝鲜授职，"请如北方藩胡例，上京师受职"[②]。但朝鲜因明朝规定其与女真各部不能私相往来，担心明朝责备，同时认为女真人"其心所在，为难测度"，从而拒绝了努尔哈赤的要求。[③]

在1618年后金攻打明朝抚顺前夕，努尔哈赤又致书朝鲜国王光海君，希望得到朝鲜的军事支持，但朝鲜"坚决站在明之一方，反对后金"[④]。在1619年的萨尔浒之战前，努尔哈赤再次提出与朝鲜结盟，"当写盟言之书，杀白马祭天，乌牛祭地，当天歃血，焚香盟誓"[⑤]，希望朝鲜在后金与明的战争中保持中立。而此时主政朝鲜的光海君自己虽然对明朝并无多少好感，[⑥] 但仍然对后金的结盟要求予以回绝，"明与我国，犹如父子……盖大义所在，不可拒也"[⑦]，并劝后金与明"同归于善"。

囿于自身实力尚未构成对明朝的优势，因此面对朝鲜助明抗金的举动，努尔哈赤反而致书朝鲜国王："尔朝鲜以兵助明，吾知非尔意

① 杨昭全、何彤梅：《中国——朝鲜·韩国关系史》（下册），第500页。
② 《李朝宣祖实录》，三十四年十月。
③ 参见姜龙范等《清代中朝日关系史》，第19—21页；蒋非非等：《中韩关系史》（古代卷），第300页。
④ 杨昭全、何彤梅：《中国——朝鲜·韩国关系史》（下册），第500页。
⑤ 《光海君日记》，十一年七月乙未。
⑥ 光海君为宣祖次子，宣祖打算越过长子临海君立光海君为世子，但明朝坚持"立长"之议，一直不予批准。直到宣祖去世，光海君以"署国事"身份向明朝告表，明朝才勉强表示"姑从其便"，准予继承王位。参见《明史》卷320，《朝鲜传》；《明神宗实录》卷451，万历三十六年十月庚辰。
⑦ 《清太祖实录》，天命四年四月庚戌。

也，迫于其势，有不得已。且明曾救尔倭难，故报其恩而来耳。"①
对朝鲜不得已参战表示谅解。② 对于朝鲜而言，此时明金两国实力对
比尚不明朗，且后金的战略重点是与明朝作战，因此朝鲜寻求获得后
金负面安全保证的需求尚不十分迫切，因此选择继续站在明朝一方。

萨尔浒战役之后，"明在辽东之主力尽失，元气大伤"③，从而奠定
了金盛明衰的基础。④ 随着明朝的接连败退，后金相继攻占了沈阳、辽
阳等辽东重镇。到 1621 年，后金已取得在辽东的绝对优势。随着明金
实力的消长，朝鲜的心态也开始发生变化。在此期间，明朝曾多次要求
朝鲜出兵助明，但皆被其婉言谢绝，始终未遣一兵一卒。⑤ 而主政朝鲜
的光海君基于"此贼（指后金）累胜强盛，桀骜难当，则虽以天朝兵
力难必其一鼓荡灭矣"⑥ 的认识，执行对明朝"事大"和与后金"交
邻"的"两端外交"，朝鲜的对外战略开始由此前坚定的对明朝一边倒
逐渐转变为在明朝与后金之间寻求某种程度的战略平衡。

1626 年皇太极继位，后金国力进一步增强，于是调整了努尔哈
赤时期的对朝战略，于 1627 年发动"丁卯之役"攻打朝鲜。由于当
时的明朝已无力及时救援，朝鲜很快被后金征服。在议和谈判中，朝
鲜拒绝了后金提出的"不必仍事南朝，绝其交往，而我国为兄，贵国
为弟"的要求，⑦ 表示"此则君臣天地，大义截然，有以国弊，不敢
从也"⑧。最终后金也作了让步，"答以朝鲜不背天朝，亦好意思，任
从之"⑨，双方约为"兄弟之国"。虽然没有上升到宗藩朝贡关系，但
却使得"两国处于一种近乎于宗藩关系的状态"⑩。自此至 1637 年后

---

① 《清太祖实录》，天命四年三月甲辰。
② 朱亚非、王玉杰：《清入关前明、清、朝鲜三方关系探析》，载陈尚胜主编《儒家
文明与中韩传统关系》，第 204 页。
③ 杨昭全、何彤梅：《中国——朝鲜·韩国关系史》（下册），第 501 页。
④ 魏志江：《试论 17 世纪初的中韩交涉与东北亚国际格局》，第 132 页。
⑤ 姜龙范等：《清代中朝日关系史》，第 33 页。
⑥ 《光海君日记》，十一年四月辛巳。
⑦ 《李朝仁祖实录》，五年二月己亥。
⑧ 《李朝仁祖实录》，五年二月辛丑。
⑨ 蒋非非等：《中韩关系史》（古代卷），第 304 页。
⑩ 朱亚非、王玉杰：《清入关前明、清、朝鲜三方关系探析》，载陈尚胜主编《儒家
文明与中韩传统关系》，第 205 页。

金第二次征伐朝鲜间的十年时间里，朝鲜同时与明朝和后金保持着结盟状态，向这两个大国同时表示臣服。

如前所述，朝鲜保持与明朝的同盟关系是出于政权安全的考虑，与后金结盟是为了获得其负面安全保证。而朝鲜在这段时期之所以能够保持与明金两国同时结盟的状态，则是缘于当时明朝与后金的战略僵持形势。对于朝鲜与后金的结盟举动，当时已内忧外患的明朝只能表示谅解，认为是"权宜缓急，本非王意"，同时还表彰朝鲜"君臣大义，皎然日星"，要求继续合作对付后金，"彼此协心，冀收桑榆"①。而此时的后金同样也对明朝颇有顾虑，不敢全力压服朝鲜。正如丁卯之役后后金将领对主将阿敏所说，"吾等来此，事已成矣。我国中御前禁军甚少，蒙古与明皆我敌国，或有边疆之事，不当思预备乎！……宜令朝鲜国王盟誓即可班师"②。

1636年，清再次征伐朝鲜。朝鲜在答清使书中辩称："当约和之初，我国以不被中朝为第一义，而贵国乃谓朝鲜不背南朝，自是善意，遂定交邻之契。今者每以向南朝接汉人责我，此岂约和之本意也。以臣向君，乃穷天地、亘古今之大义也。以此为罪，则我国岂不乐闻而顺受乎！"③ 但当时清在与明的对峙中已占据明显优势，因此这一次完全无视朝鲜的"春秋义理"，在丙子之役后与朝鲜缔结盟约的第一条即规定"去明国之年号，绝明国之交往，献纳明国所与之诰命册印"④。"丙子之役"也标志着明朝和朝鲜宗藩关系的结束和清朝与朝鲜宗藩关系的开始。

六 "两面结盟"机制的反面案例

如本文第四部分所述，古代朝鲜半岛国家之所以会在某些时期出现"两面结盟"现象，归根结底是出于两方面的原因：第一，这么做能够保证本国的两种重要需求——生存安全和政权安全——都得到

---

① 《崇祯长编》卷2，天启七年九月乙亥。
② 《清太宗实录》，天聪元年三月戊辰。
③ 《李朝仁祖实录》，十四年六月庚寅。
④ 《清太宗实录》，崇德二年正月戊辰。

满足；第二，两个大国的战略僵持使其客观上能够这么做。本部分的两个反面案例将展示这两个原因在导致朝鲜半岛国家"两面结盟"行为产生过程中的必要性：如果对峙的两个大国都是少数民族王朝从而均无法满足朝鲜半岛国家的政权安全需求，或者其中一个大国拥有明显的实力优势从而使朝鲜半岛国家不具备足够的行动自由，则"两面结盟"现象均不会产生。

（一）高丽在辽金之间的选择

1115 年，女真部族首领完颜阿骨打即皇位，建国号为大金，正式建立女真族政权。在此之前，女真主要分为两部分。一部分生活在今辽阳一带的女真部落被编入辽的户籍，称为"熟女真"；另一部分生活在今松花江以北、宁江以东的女真诸部，被称为"生女真"。生女真向辽纳贡，接受辽朝的册封，受到辽朝贵族的压迫和勒索。① 建立金政权的完颜女真即为生女真。与对辽国一样，高丽对于同属少数民族政权的女真部族及后来的金国同样有着深深的鄙夷，称其为"贼"。

女真族完颜部与高丽本来并不接壤。完颜部的发祥地在按出虎水（今黑龙江哈尔滨东南阿什河）流域。为实现统一女真各部的宏愿，完颜部不断向东南扩展，与高丽发生冲突在所难免。12 世纪初，正在发展的女真势力逐渐成为高丽东北边境的最大安全隐患。② 从 1104 年起，高丽和女真为争夺曷懒甸地区，开始了长达 6 年的战争。战争最初阶段，高丽大败，完颜部将曷懒甸地区女真诸部置于自己的控制之下。紧接着，高丽反扑，再度控制了曷懒甸大部分地区，并在此筑了九座城。到 1109 年，女真与高丽虽互有胜负，但高丽损失更为惨重。1109 年，女真遣使请和，条件是高丽归还九城之地。最终，高丽许还九城，女真告誓于天："而今已后至于九父之世，无有恶心，连连朝贡。有逾此盟，藩土灭亡。"③ 在此次和议中，表面上看是女真乞求丽廷议和，并称臣修贡，但女真却获得了重要的战略要地，自

① 蒋非非等：《中韩关系史》（古代卷），第 179 页。
② 同上。
③ 《高丽史》卷 13，《世家》睿宗四年。

此曷懒甸及其周围地区归入女真势力范围。此时距女真建国还有 6 年的时间，但其扩张的意图和势力已非高丽所能阻挡。

　　金的崛起使得高丽在北方开始同时面对辽和金两个强国。而在辽金对峙和冲突的过程中，高丽的战略动向却表现出了在辽宋对峙时十分不同的特点。1114 年 10 月，辽金之间开启战事。辽向高丽发出求援要求。高丽方面非但没有采取行动配合辽人进击女真，① 而且还伺机而动，趁势夺回了跟辽朝争夺已久的鸭绿江桥城。② 如前所述，在北宋与辽、明与后金发生战争时，当时的高丽和朝鲜虽然也未能应北宋和明的要求实际出兵救援，但那更多的是出于惧怕遭到战争另一方报复的无奈之选，而且做出不援助决定的过程是犹豫和艰难的。而在辽金战争中，高丽不仅很果断地做出了不出兵援辽的决定，而且趁火打劫，从自己的宗主国那里趁机抢夺土地。③

　　更为重要的是，在辽金冲突形势尚未明朗的情况下，高丽就很快倒向了金一方。在辽金战事仅仅开始一年多后，高丽内部就开始讨论废行正朔一事。1116 年 4 月，高丽中书门下奏曰："辽为女真所侵，有危亡之势。所禀正朔不可行，自今公私文字，宜除去天庆年号。但用甲子。"④ 高丽国王从之，不复行辽正朔。事实上，此时辽金战事并未分出胜负，辽国也还没有出现所谓的"危亡之势"。直到 1118 年，北宋才开始与金谈判共谋灭辽之事。对此，1119 年高丽国王曾向宋朝提出忠告："闻朝廷将用兵伐辽。辽兄弟治国，存之足为捍边；女真虎狼也，不可交也。宜早为备。"⑤ 由此可以看出，直到 1119 年时，高丽仍不认为辽即将灭亡。

　　1116 年正月，高丽遣使向金贺捷。1116 年 4 月，金遣使赴高丽，两国通交。1117 年 3 月，金太祖完颜阿骨打致书高丽国王，"兄大女

---

　　① 蒋非非等：《中韩关系史》（古代卷），第 183 页。

　　② 李春虎等编：《朝鲜通史》（第二卷），第 89—91 页。

　　③ 有学者认为，辽要求高丽发兵而高丽迟迟没有行动的主要原因在于，高丽虽臣服于辽，但辽丽关系是建立在武力压迫基础上的，高丽对辽殊无好感。参见蒋非非等《中韩关系史》（古代卷），第 184 页。

　　④ 《高丽史》卷 14，《世家》睿宗十一年。

　　⑤ 《宋史》卷 487，《高丽传》。

真国皇帝致书于弟高丽国王……惟王许我和亲，结为兄弟，以成世世无穷之好"①。自此金丽结成兄弟之盟，两国通使不断。高丽选择与金结为兄弟之盟的做法，与其当初选择与辽结盟，以及后来的朝鲜选择与后金结盟有本质的不同。首先，高丽与辽结盟、朝鲜与后金结盟都是在面对后者大举军事入侵的情况下，为求生存而被迫做出的选择。而高丽与金结盟，则是在金尚未直接威胁高丽安全的情况下高丽的主动接近。其次，高丽与辽、朝鲜与后金结盟后的一段时期里，高丽和朝鲜均曾继续保持与宋和明的朝贡关系，继续奉其为正朔，而高丽则早在辽金交战期间就主动废止了与原宗主国辽的关系。

依据本文的理论，"两大国处于战略僵持阶段、孰胜孰负尚不明确"是小国选择"两面结盟"的一个重要条件。但在本案例中，虽然这个条件具备，但高丽却并未选择与辽金同时结盟，而是在很早的时候就开始选择倒向处于对峙中的其中一方，这显然是与对峙两国均为少数民族政权、均无法满足高丽政权合法性方面的需要有关。高丽臣服辽的原因在于辽的武力入侵，一旦辽势弱，高丽就会毫不犹豫地放弃辽。

（二）高丽在宋金之间的选择

1004 年，宋辽签订"澶渊之盟"，双方约为兄弟之国，北宋向辽交纳岁币。澶渊之盟确立了辽宋两极格局，双方大致保持了百余年的和平。12 世纪初金崛起后，率先将矛头指向了体系中最强大的国家辽。北宋则选择与金结盟共同对抗辽。1125 年，在金宋的合击下，辽国灭亡，体系中再次出现了少数民族政权与中原汉族王朝并立的局面，只不过少数民族政权由辽变为了金。但是这次金很快取得了战场的优势，同年 10 月金军大举攻宋。两年后北宋灭亡。

此时高丽所面对的，一个是刚刚灭掉辽国的金，另一个则是行将覆亡的北宋，两个大国的实力对比很显然已经出现明显的倾斜。与之相应的是，高丽这一次并没有选择"两面结盟"，尽管其中一方是能够为其提供政权合法性的北宋。1126 年 7 月，宋遣使赴高丽求援。

---

① 《高丽史》卷14，《世家》睿宗十一年。

高丽虽然友好地接待了宋使，但却拒绝出兵。① 事实上，在北宋求救之前，高丽眼见辽国被金所灭，而北宋又正被金大举进攻，于是早在当年3月就开始"议事金可否"。朝臣上奏："金昔为小国，事辽及我，今既暴兴，灭辽与宋，政修兵强，日以强大。又与我境壤相连，势不得不事，且以小事大，先王之道，宜先遣使聘问。"② 高丽国王"从之"，4月即遣使如金称臣。③ 可以看到，在金毗邻高丽拥有地缘军事优势且宋与金实力差距明显的情况下，高丽很快就做出了"以小事大""如金称臣"的决定。

不过值得注意的是，高丽此时并未向金上誓书，也未奉行金朝年号。上誓书标志着正式成为金的属国。这意味着，在金宋交战而北宋明显处于弱势时，高丽一方面很快做出了向金臣服的战略选择，但另一方面也在一定程度上采取了观望政策，通过保持与各方适度的距离与友好，使自身在外交上获得更大的回旋余地。④

1127年4月，北宋灭亡。1127年5月，宋康王赵构在商丘即位，建立南宋，偏安江南。高丽随即于1129年11月遣使入金进奉誓表，正式成为金的藩属国。而对于作为中原正统汉族王朝的南宋，高丽则从其建国起便没有多少意愿与其建立同盟关系。在金军大举攻打南宋之际，南宋曾几次向高丽遣使求援，都被高丽拒绝。⑤ 与此同时，高丽静观金宋战事，几次派遣使臣入宋探听虚实。1130年，南宋在刘光世、韩世忠和岳飞等人的指挥下，寻找战机邀击金军，取得了一系列胜利。次年2月，高丽就派礼部员外郎崔惟清等入宋。⑥ 但是随着南宋战败，1141年宋金达成"绍兴和议"，宋向金称臣，金的盟主地位确定，高丽也就结束观望，于1142年7月起奉行金皇统年号。⑦

正如有学者所总结的：偏安江南的南宋，长期处于被金和其后的

① 《高丽史》卷15，《世家》仁宗四年。
② 同上。
③ 同上。
④ 这种观望政策亦即现代国际关系理论所谓的"两面下注"战略（hedging strategy）。
⑤ 蒋非非等：《中韩关系史》（古代卷），第200页。
⑥ 《高丽史》卷15，《世家》仁宗九年。
⑦ 《高丽史》卷17，《世家》仁宗二十年。

蒙古的侵略之中，自然无力积极从事与高丽过多的交往，虽有结交高丽以牵制金的意图，但客观上难以实现。而此时的高丽也长期处于金和其后的蒙古的欺压之下，并向金称臣纳贡。在此情况下，高丽也不敢过多与南宋交往，更不敢因此而交恶于金朝。正因如此，南宋与高丽政治交往很少且关系疏远。[①] 由此可见，汉族王朝是否有足够的抗衡少数民族政权的实力，是朝鲜半岛国家能否选择与其保持同盟关系的一个重要条件。

如前所述，如果对峙的两个大国都是少数民族政权，高丽会很快结束观望而理性地倒向实力相对更占优势且距离更接近自己的一方。而如果对峙的两个大国中有一个是汉族王朝，而汉族王朝又明显虚弱，此时的高丽则会在倒向实力更占优势的少数民族政权的同时，保持较长时间的观望政策。如前所述，高丽于 1116 年就停用了辽的年号，而在此之后直到 1142 年奉行金国年号之间的二十多年里，其都使用的是宋朝的甲子纪年。而宋朝此时已无暇也无力提出这种要求，因此这是高丽的自愿选择。高丽之所以会采取这种观望政策，很显然是出于政权正统性的考虑，而之所以这种观望政策未能最终转变为实际的（两面）结盟行为，最主要的原因显然是北宋末和南宋时期都未能展示出足够的抗衡金国的实力。在残酷的现实面前，高丽只能优先顾全自己的生存安全，从而不再选择"两面结盟"。

七　结论

盟国的敌人还是盟国，这种有悖常理的情形即使不是完全不可能的，也是令人难以想象的。正因如此，现有的国际关系理论完全省略了对"一国与两个敌对国家同时结盟"这一问题的研究。然而，在古代东亚，高丽和朝鲜这两个朝鲜半岛国家却都曾与当时体系内相互对峙的头号和二号强国同时结盟。面对这一经验困惑，本文从需求和供给的角度给出了小国与两个彼此竞争的大国同时结盟的一般机制：首先，小国必须至少有两种必不可缺的需求，这些需求仅靠小国自己

---

① 杨昭全、何彤梅：《中国——朝鲜·韩国关系史》（上册），第 219 页。

无法满足，而必须依靠大国提供，而两个大国（主观或客观上）分别只能满足其中的一种需求。只有如此，小国才会有同时保持与两个大国结盟的动机。其次，两个大国之间必须处于一种互有顾忌、彼此均无必胜对方把握的僵持状态。只有如此，才能抑制两个大国通过战争等强制手段独占对小国领导权的机会主义动机，"两面结盟"的状态才能真正出现并得以维持。在这种"两面结盟"的产生机制中，同盟的本质是一种供大国和小国进行利益交换的工具：小国通过同盟获得大国提供的某种好处，而大国则通过同盟实现对小国的控制和领导。

"两面结盟"这种现象在历史和现实中之所以罕见，原因就在于上述机制所要求的各种条件很难同时具备。在无政府状态下，生存通常是小国最基本且经常无法得到保障的需求，而即使小国除了生存需求外还存在其他同样无法放弃的需求，对于那些实力要素发展比较平衡的大国来说，往往都能独力满足这些需求。另外，即使小国有超过一个的重要需求，且两个大国均只能满足其中的一种需求，但只要两个大国中的任何一个相信自己有把握击败对方，它就会选择用战争等强制方式从对方手中抢夺对该小国的垄断领导权。"两面结盟"现象之所以会在古代东亚的某些时期出现，就是因为当时恰好同时满足了上述这三个条件。

本项研究的启示是：首先，应正视和重视国家行为和国家互动进程的多样性。受物理学和经济学研究范式的影响，国际关系理论研究长期以来都追求理论解释的时空普适性。但理论普适性的前提是，理论所解释的每个具体对象彼此具有内在的一致性或相似性。可是，人类社会的一个本质属性就是多样性，任何一个特定时空下的特定社会现象都无法完全代表或者涵盖另一时空环境下的其他社会现象，因此，所有的社会科学理论都具有时空局限性。[1] 本文所探讨的古代东亚小国的"两面结盟"现象，就是这种多样性的一种体现。依据近现代历史经验所发展出的各种理论模型，不仅完全无法解释这种现

---

[1]　有关社会科学在本体论和认识论上与自然科学的差异，参见谢宇《社会学方法与定量研究》，社会科学文献出版社 2006 年版，第 29—39 页。

象，甚至从一开始就排除了这种现象存在的可能性，但这种现象的确客观存在过。这启发我们，要想更充分和深刻地理解国家的结盟行为，乃至更准确地认识国际政治，我们需要对特殊性予以更多的关注。因此，我们应当对包括古代东亚历史在内的其他非近代欧洲历史予以更多的关注。

其次，受古代朝鲜半岛国家"两面结盟"现象的启发，大国间的权力竞争可能存在更加温和的模式。大国间的权力竞争之所以存在零和性，一个很重要的原因就在于大国所争夺的对象存在零和性。在很长时期里，大国权力竞争的核心就在于对领土的争夺。① 第二次世界大战以后，随着主权规范的强化和兼并领土成本的上升，大国开始转而竞争势力范围，美国和苏联就因此建立了各自的联盟阵营。在这种传统的权力竞争模式下，一个小国或地区是某个大国的势力范围就不是另一个大国的势力范围。这种以地域划分权力范围的权力竞争模式势必存在高度的零和性和对抗性。然而，本研究却启示我们，大国间的权力范围并不必然是泾渭分明的，因为古代高丽和朝鲜"两面结盟"的实质就是两个彼此竞争的大国共享对同一个（乃至同一批）小国的领导权。这种不以地理空间划分权力范围的大国"共治"模式是否还会在其他时空环境下存在？与传统的"分治"模式相比有何优势？这些问题都值得进一步的研究。②

---

① 参见 Paul R. Hensel, "Territory: Theory and Evidence on Geography and Conflict," in John A. Vasquez, ed., *What Do We Know About War?* Lanham, MD: Rowman & Littlefield, 2000, pp. 57 – 84; Paul K. Huth, "Territory: Why are Territorial Disputes between States a Central Cause of International Conflict?" in John A. Vasquez, ed., *What Do We Know About War?* pp. 85 – 110; Dominic D. P. Johnson and Monica Duffy Toft, "Grounds for War: The Evolution of Territorial Conflict," *International Security*, Vol. 38, No. 3, 2013/2014, pp. 7 – 38。

② 笔者初步探讨了两极体系下大国"共治"模式的产生机制和主要特点，参见杨原、曹玮《大国无战争、功能分异与两极体系下的大国共治》，《世界经济与政治》2015 年第 8 期。

战略分歧、自助能力与同盟解体[*]

周建仁

一 前言

冷战后，国际关系学界特别是现实主义学派因无法预见冷战的突然结束而备受责难。[①] 国际关系学界在冷战之后面临的重大挑战之一就是如何解释北约（NATO）在华约（Warsaw Pact）解散、苏联解体后继续存在。现实主义学者预测说，因缺乏清晰的现实威胁，冷战后北约将很难得到维持。[②] 这显然与事实不相一致。这种新反例的出现，

* 本文原刊于《世界经济与政治》2013 年第 1 期。文章为"北京语言大学青年自主科研支持计划资助项目（中央高校基本科研业务费专项资金）"（项目编号：11JBG15）成果。作者感谢《世界经济与政治》杂志匿名评审专家提出的富有启发意义的修改意见，感谢阎学通教授的指导以及史志钦教授、吴大辉教授、孙学峰副教授、徐进副研究员、吴日强副教授、杨原、曹金绪、张旭东等提出的宝贵意见，感谢漆海霞博士和张传杰博士在方法论上所给予的帮助。文责由笔者自负。

① John Lewis Gaddis, "International Relations Theory and the End of the Cold War," *International Security*, Vol. 17, No. 3, 1992 – 1993, pp. 5 – 58; Richard Ned Lebow, "The Long Peace, the End of the Cold War, and the Future of Realism," *International Organization*, Vol. 48, No. 2, 1994, pp. 249 – 277.

② 很多学者比如［美］斯蒂芬·沃尔特、［美］肯尼思·华尔兹、［美］约翰·米尔斯海默都认为北约不可能得以维持，早晚都会解体，参见［美］斯蒂芬·沃尔特《联盟的起源》，周丕启译，北京大学出版社 2007 年版，新版序言，第 2 页；John Mearsheimer, "Back to the Future," *International Security*, Vol. 15, No. 1, 1990, pp. 5 – 56; Malcolm Chalmers, "Beyond the Alliance System," *World Policy Journal*, Vol. 7, No. 2, 1990, pp. 215 – 250; Pierre Hassner, "Europe beyond Partition and Unity: Disintegration or Reconstitution?" *International Affairs*, Vol. 66, No. 3, 1990, pp. 461 – 475; Hugh De Santis, "The Graying of NATO," *Washington Quarterly*, Vol. 14, No. 4, 1991, pp. 51 – 54; Gunther Hellmann and Reinhard Wolf, "Neorealism, Neoliberal Institutionalism, and the Future of NATO," *Security Studies*, Vol. 3, No. 1, 1993, pp. 3 – 43; Kenneth Waltz, "The Emerging Structure of International Politics," *International Security*, Vol. 18, No. 2, 1993, pp. 44 – 79; John Mearsheimer, "The False Promise of International Institutions," *International Security*, Vol. 19, No. 3, 1994/1995, pp. 5 – 49。

说明了国际关系学界对于同盟这一国际政治核心现象的研究还不够充分。现有研究往往建立在一些直觉常识的基础上，而这些直觉常识虽然符合逻辑，但却未必正确。比如，国家在面临外部威胁时就会形成同盟加以制衡，一旦威胁消失，同盟就会解体。但如果深入研究，就会发现有时共同威胁消失了，同盟却并未解体，比如刚才所说的北约在苏联解体后仍然继续存在；而有时共同威胁还在，同盟却解体了，比如 20 世纪 60 年代中苏同盟，虽然其共同面临的美国威胁仍在，但却解体了。

冷战后，关于北约在外部共同威胁消失的情况下为什么能够继续存在，已经有许多学者在研究。① 而对于冷战期间，中苏同盟为什么在共同威胁还在的情况下解体，几乎没有学者从国际关系理论角度尤其是从同盟理论角度对此加以研究，只有冷战史学者从史学角度对此进行分析，试图还原历史原貌。因此，本文将研究焦点放在同盟解体上面，提出的核心问题或要解开的核心之谜（puzzle）是，为什么有些同盟在共同威胁仍然存在的情况下却解体了？按照斯蒂芬·沃尔特（Stephen M. Walt）的"威胁均衡"理论，存在共同外部威胁情况下，国家会组成同盟予以制衡。② 如果是这样，针对该共同威胁建立起的同盟更应该持续下去，因为维持一个同盟的成本显然比建立一个同盟要低得多。③

笔者关注的是不对称同盟的解体，因为绝对对称的同盟是不存在的。在不对称同盟中，无论是强国还是弱国选择退出同盟，同盟就解体了。因此，从逻辑上讲，要解释不对称同盟的解体，不但需要解释

---

① 有关冷战后北约为什么能够继续存在，参见钟振明《冷战后北约何以继续存在》，《国际政治科学》2005 年第 4 期；Celeste Wallander and Robert Keohane，"An Institutional Approach to Alliance Theory," *Center for International Affairs Working Paper Series*，No. 2，Cambridge：Harvard University，1995；Robert B. McCalla，"NATO's Persistence after the Cold War," *International Organization*，Vol. 50，No. 3，1996，pp. 445 – 475。

② 威胁均衡理论参见［兰］斯蒂芬·沃尔特《联盟的起源》，2007 年版。

③ 罗伯特·基欧汉有类似的论断，他认为维持既有国际机制所需要的条件不如创设这些机制时的条件那么苛刻和强烈，参见 Robert Keohane，*After Hegemony：Cooperation and Discord in the World Political Economy*，Princeton，New Jersey：Princeton University Press，1984，p. 50；中文版本参见［美］罗伯特·基欧汉《霸权之后：世界政治经济中的合作与纷争》，苏长和等译，上海世纪出版集团 2001 年版，第 61 页。

同盟中弱国为什么要退出同盟，而且也要分析强国为什么退出同盟。但是，首先，在不对称同盟的历史案例中，强国先行退出同盟的案例很少。其次，在不对称同盟中如果存在同盟收益和成本的不平等分配，按照戴维·伊斯顿（David Easton）关于政治是价值的权威性分配过程的界定，[①] 我们可以合理推断，权力较大的强国相对于其承担的成本获得更多的收益，而权力较小的弱国相对于其承担的成本获得更少的收益，因此，弱国比强国更可能对同盟不满，从而率先退出同盟。依据竞争风险模型（competing risks model），同盟解体的确来源于许多风险，包括弱国退出风险和强国退出风险，但哪个风险更早发生，哪个风险就起作用，后面的风险就可以忽略不计。总之，由于强国退出案例很少，弱国更可能率先退出，本文将把问题进一步聚焦于共同威胁存在情况下弱国为什么退出不对称同盟。由于弱国对于同盟的安全依赖程度比强国要大，因此对这个问题的回答在理论上更具有挑战性。

本文以下内容共分五部分：第一，简要回顾批评同盟解体的现有研究。第二，界定本文的核心概念。第三，建立一个有关同盟解体的双变量理性解释框架并引出待验证的研究假设。第四，对本文所建立的理论及其推导出来的研究假设进行统计验证。最后是结论。

二 同盟解体：现有研究及其不足

传统同盟文献，针对同盟解体的叙述只有只言片语，比如，乔治·利斯卡（George F. Liska）在其著作中提到成本不平衡分摊和收益不平衡分配会导致同盟解体。[②] 到目前为止，专门研究同盟解体的文献仍屈指可数。在已有文献中，学者给出了许多同盟解体的具体原因，概括起来，主要包括"目标实现说""同盟类型说""国内政治

---

① David Easton, *The Political System* (New York：Knopf, 1959), pp. 129 – 131, 转引自 [美] 詹姆斯·多尔蒂、[美] 小罗伯特·普法尔茨格拉夫《争论中的国际关系理论》（第五版），阎学通、陈寒溪等译，世界知识出版社 2003 年版，第 38 页。

② George F. Liska, *Nations in Alliance：The Limits of Interdependence*, Baltimore：Johns Hopkins Press, 1962, p. 190.

说"以及"军备同盟效用比较说"[①]。

(一) 目标实现说

现实主义学者认为，国家形成集团在于实现成员国某一共同目标，成立时确定的目标一旦实现，这些集团就会解散。比如，乔治·利斯卡和威廉·赖克（William H. Riker）就认为，一旦目标实现，联盟就会自行解散。[②] 这里实现目标不但包括防御性目标还包括进攻性目标。

首先，目标实现说显然把建立同盟和维持同盟混为一谈，而从无到有建立一个同盟所需要的外部条件应该比维持一个同盟的条件要严苛，因为建立一个同盟所花费的成本和所需要的战略决心显然比维持一个同盟要大得多，所以认为威胁消失了或者变化了，同盟就会解体太过武断。其次，现有系统性实证研究成果没有支持威胁变化和同盟解体存在相关关系。最后，目标实现说无法解释为什么随着苏联解体与华约解散，北约不但没有分裂，反而扩大了；更无法解释 20 世纪 60 年代中苏同盟在美国威胁还存在的情况下却解体了。

(二) 同盟类型说

同盟类型说的核心观点在于同盟是否解体与同盟的类型有关。首先，进攻性同盟比防御性同盟更容易解体。其次，对称同盟比不对称

---

① 有关现有同盟解体研究的更详细讨论，参见周建仁《同盟解体的研究：回顾与评析》，《国际论坛》2012 年第 4 期。当前直接研究同盟解体的文献主要有 D. Scott Bennett, "Testing Alternative Models of Alliance Duration, 1816 – 1984," *American Journal of Political Science*, Vol. 41, No. 3, 1997, pp. 846 – 878; Brett Leeds and Burcu Savun, "Terminating Alliances: Why Do States Abrogate Agreements?" *The Journal of Politics*, Vol. 69, No. 4, 2007, pp. 1118 – 1132; Stephen Walt, "Why Alliances Endure or Collapse," *Survival*, vol. 39, No. 1, 1997, pp. 156 – 179; 刘丰、董柞壮：《联盟为何走向瓦解》，《世界经济与政治》2012 年第 10 期。与同盟解体相关的文献主要有 Michael F. Altfeld, "The Decision to Ally: A Theory and Test", *The Western Political Quarterly*, Vol. 37, No. 4, 1984, pp. 523 – 544; James D. Morrow, "Alliances and Asymmetry: An Alternative to the Capability Aggregation Model of Alliances," *American Journal of Political Science*, Vol. 35, No. 4, 1991, pp. 904 – 933; James D. Morrow, "Arms versus Allies: Tradeoffs in the Search for Security," *International Organization*, Vol. 47, No. 2, 1993, pp. 207 – 233; 苏若林、唐世平：《相互制约：联盟管理的核心机制》，《当代亚太》2012 年第 3 期。

② George F. Liska, *Nations in Alliance: The Limits of Interdependence*, p. 112; William H. Riker, *The Theory of Political Coalitions*, New Haven: Yale University Press, 1962, pp. 132 – 176.

同盟（asymmetrical alliance）更容易解体。最后，非制度化同盟更容易解体。

同盟类型说的有关假设要么没有得到系统的实证验证，要么没有在实证验证中得到证实。实力不对称同盟更不容易解体虽然得到了统计分析结果的支持，但是它解释不了为什么有些不对称同盟会解体，而有些却得到维持，比如，20世纪60年代，中苏不对称同盟解体了，而21世纪初美韩不对称同盟却得以维持。它也解释不了为什么一些不对称性更低的同盟比不对称性更高的同盟还要稳定，比如，21世纪初美韩同盟不如美日同盟稳定。它更解释不了在外部威胁存在的情况下，为什么有些不对称同盟会解体。

（三）国内政治说

国内政治说认为民主国家组成的同盟更不容易解体，[①] 而国内体制发生变化则会导致同盟解体。此外，一个国家发生的人口代际更替也可能会影响同盟是否得以维持。国内政治说还认为意识形态分歧会导致同盟的解体。[②]

首先，民主国家逻辑只能解释威胁消失后同盟仍得以维持，而不能解释威胁存在时同盟却解体了。其次，国内体制变化说也没能解释有些同盟在经历了国内体制的剧烈变迁后仍然维持，比如，中国和巴基斯坦的非正式同盟。而意识形态分歧说同样存在明显反例，比如，存在巨大意识形态分歧的美沙同盟并未解体。

（四）军备同盟效用比较说

军备同盟效用比较说的核心观点是，同盟存续和解体依赖于军备

① 有关民主制度和同盟持续的关系参见 Kurt Gaubatz, "Democratic States and Commitment in International Relations," *International Organization*, Vol. 50, No. 1, 1996, pp. 109 – 139; William Reed, "Alliance Duration and Democracy: An Extension and Cross – Validation of 'Democratic States and Commitment in International Relations'", *American Journal of Political Science*, Vol. 41, No. 3, 1997, pp. 1072 – 1078; Brett Ashley Leeds, "Alliance Reliability in Times of War: Explaining State Decisions to Violate Treaties," *International Organization*, Vol. 57, No. 4, 2003, pp. 801 – 827。

② 沃尔特认为当意识形态要求成员形成服从单一权威领导的集中化运动时，成员之间冲突的可能性就会增加，从而导致同盟的解体，参见［美］斯蒂芬·沃尔特《联盟的起源》，第33—35页；Stephen Walt, "Why Alliances Endure or Collapse," pp. 162 – 163。

和同盟两种获得安全手段的成本收益比较。但是实际上国家选择结盟与否与其说是依据军备和同盟之间的比较，不如说是依据自身实力和面临威胁之间的比较。正如汉斯·J. 摩根索（Hans J. Morgenthau）所说，如果一国相信自己的力量强大到不需要外援就足以自保时，它就会避免结盟。① 在冷战时期，日本之所以坚持和美国结盟，不是因为建立同盟比发展军备在经济上更加经济，而是因为依靠自身实力根本无法抵御苏联威胁。最后，军备同盟效用比较说提出的许多假设因为变量无法测量而没能进行严格系统的验证。

三　核心概念界定

在构建一个有关同盟解体的双变量解释框架之前，先界定一下本文所涉及的核心概念。

（一）同盟和不对称同盟的定义

阿诺德·沃尔弗斯（Arnold Wolfers）认为，"同盟"一词表示两个或者两个以上主权国家之间所做出的关于相互间进行军事援助的承诺，这种承诺与那些松散的合作协定不同，一旦签订包含这种承诺的军事协定，国家便正式承诺和他国一起与共同的敌人战斗。② 斯蒂芬·沃尔特则认为同盟是两个或两个以上主权国家之间在安全合作方面所做出的正式和非正式安排。③ 格伦·斯奈德（Glenn Snyder）则认为同盟是为了维护成员国安全或增强其力量而组成的关于使用或者不使用武力的正式国家联合，这种联合针对特定的其他国家，不论这些国家是否予以确认。④

本文将采取严格定义，即只包含正式签订盟约的同盟，这样虽然

---

① Hans J. Morgenthau, *Politics among Nations: The Struggle for Power and Peace*, Beijing: Peking University Press, 2005, p. 201.

② Arnold Wolfers, "Alliances," in David L. Sills, ed., *International Encyclopedia of Social Science*, New York: Macmillan, 1968, pp. 268 – 269.

③ Stephen Walt, *The Origins of Alliances*, Ithaca: Cornell University Press, 1987, p. 12.

④ Glenn Snyder, "Alliance Theory: A Neorealist First Cut," *Journal of International Affairs*, Vol. 44, No. 1, 1990, p. 104.

会忽略像美以同盟这样个别未签署正式协议的紧密同盟，但同样能涵盖绝大多数国家之间的安全合作，能进行大样本统计分析，而且在做同盟实证编码时不会存在争议，此外，现有的同盟数据库采取的同盟定义也只限于正式的同盟。[①]

已有同盟文献中不对称同盟包含两个含义：一是指行为主体不对称，即国家行为体和非国家行为体同盟；[②] 二是指成员国实力不对称，即强国和弱国同盟。[③] 根据詹姆斯·莫罗（James D. Morrow）的理论，不对称同盟中不但存在实力不对称，而且存在目的不对称，比如，强国结盟为了提高自主性，因得到较弱盟友支持而提高了推行自身属意政策的能力，而弱国结盟为了安全，即通过得到强国保护而使自身变得更安全。[④] 本文所指的不对称同盟是指强国和弱国同盟，即接受实力不对称的界定，而且这种实力不对称导致了双方在安全上对对方的不对称依赖。但是，笔者不接受目的不对称的观点，因为很难确定说强国结盟主要不是为了增加它的安全。

（二）战略分歧的定义

战略概念本身难以界定[⑤]决定了战略分歧的界定也是困难重重。但无论如何，战略一词代表了重大事项，而分歧一词则代表了不同意见，这种不同意见隐含着利益冲突。据此，笔者把战略分歧界定为同盟成员国在同盟运行相关重大事项上的不同意见。战略分歧具有两个维度，一是零和性战略分歧，即成员国存在对同盟主导权的争夺；二是分配性战略分歧，即成员国在如何应对同盟所针对的主要敌人上存在根本战略分歧。零和性战略分歧具有零和性质，一方所得即另一方

---

① 比如说 COW 和 ATOP 数据库的同盟只限定于正式的签订的同盟，但是其同盟种类包含了中立、协约和防御同盟，比较广泛，此外有些学者在做研究时会加入一些明显具有同盟特征的关系组合，比如美国和以色列的关系，虽然双方从未签订正式的同盟条约。

② T. V. Paul, James J. Wirtz and Michel Fortmann, eds., *Balance of Power: Theory and Practice in the 21st Century*, Stanford: Stanford University Press, 2004, p. 3.

③ James D. Morrow, "Alliances and Asymmetry: An Alternative to the Capability Aggregation Model of Alliances," pp. 904 – 933.

④ Ibid., pp. 907 – 916.

⑤ ［美］威廉森·默里、马克·格利姆斯利:《论战略》，载阎学通、徐进编《国际安全理论经典导读》，北京大学出版社 2009 年版，第 118 页。

所失，因此冲突性较强。而分配性战略分歧对应的是一些策略性的分歧，同样具有利益冲突，但这种冲突来源于对于共同利益的分配，与零和性分歧相比较，其冲突性相对较弱。

（三）自助能力的定义

现实主义学者认为，在无政府体系下，国家追求自身安全有两个根本途径：一是发展军备，即所谓内部均衡；二是建立同盟，即所谓外部均衡。发展军备就是增强自身的自助能力。所谓自助能力，就是一个国家在不依赖外援情况下保卫自己国家生存的能力，或一个国家在不依赖外援情况下能够给具有侵略意图国家造成不可忍受损失的能力。而军事实力是一国实力的核心要素，① 因此军事实力是衡量一国自助能力的首要指标，它代表着一国应对突发的、紧迫的、短期的威胁或者侵略的能力。军事实力同样包含许多要素包括军队规模、武器装备、军费开支等，但最核心的实力等级标志是有无核武器。一国如果拥有核武器，则其自助能力将得到质的飞跃。自助能力的第二个衡量指标是综合实力，它代表着一国应对长期的、持久的威胁或者侵略的能力。也就是说，一国能够对另一个国家发起的侵略战争进行持久抵抗的能力。按照肯尼斯·华尔兹（Kenneth N. Waltz）的标准，综合国力除了军事实力之外，还包括人口规模、国土面积、资源禀赋、经济实力、政治稳定和政治实力等共七个要素。② 因此，自助能力同样拥有两个维度：一是紧迫性自助能力，二是持久性自助能力。

（四）同盟解体的定义

同盟解体（alliance dissolution）同样是一个不好界定的概念，一个同盟解体意味着这个同盟不存在了，但是一个同盟不存在了并不一定是有意识的分裂导致的。同盟终止（alliance termination）可能来源于各种各样的原因，而不单单是同盟内部的分裂。根据布雷特·利兹（Brett Leeds）和布尔久·萨文（Burcu Savun）的统计，在同盟终止中，只有34%源于成员国机会主义违约行为，另有16%是实现目标

---

① ［美］布鲁斯·拉西特、哈维·斯塔尔：《世界政治》，王玉珍等译，华夏出版社2001年版，第123页。

② Kenneth N. Waltz, *Theory of International Politics*, Beijing: Pekking University Press, 2004, p. 131.

后同盟到期自动终止，11%是因成员国被征服丧失独立地位，25%是因双方同意重新谈判订立新条约而终止。因此同盟终止不等于背弃同盟（alliance violation）。[1] 本文关注的是上述第一种同盟终止的情况，因此本文把同盟解体界定为因为同盟内部分裂，成员国采取的有意识的不再遵守盟约的行为。

四　同盟解体：理性的分析框架

本文尝试建立一种纯粹理性的同盟解体分析框架，因为引入非理性的因素可能会损害社会科学本来就已经脆弱的科学性。首先，非理性因素的引入使得社会科学逻辑产生不确定性，因为理性只有一种，而非理性则有很多种。其次，非理性因素的引入很容易使得人们把暂时无法解释的现象都简单归因于非理性因素，而不去仔细探究其本来具有但尚未被发现的理性逻辑。

实际上，大多数研究同盟的国际关系学者都是采用理性主义的研究范式。比如，摩根索就提出，当一个国家在联盟内由于承担义务而带来的负担超过预期收益时，它不会采取联盟政策。联盟能否维系取决于基本利益是否一致。[2] 利斯卡也认为，同盟的内聚性最终"取决于内外压力之间的关系，取决于每个盟国应得利益与应负责任的比率"[3]。他们的基本逻辑都是当同盟成本大于同盟收益时，同盟就会走向解体。可同盟收益是一种安全收益，而付出的成本是经济或政治成本，因此很难比较谁大谁小。虽然摩根索、利斯卡及其后许多国际关系学者的同盟解体论述似乎有道理，但是实际上无法进行实证验证，因为这种比较如果不是不可能的，至少也是难度极大的。因此，本文建立的同盟解体的宏观分析框架如下：

$$同盟解体的可能性 = \frac{同盟成本}{同盟收益}$$

---

① Brett Leeds and Burcu Savun, "Terminating Alliances: Why Do States Abrogate Agreements?" pp. 1118 – 1119.

② Hans J. Morgenthau, *Politics among Nations: The Struggle for Power and Peace*, pp. 201 – 206.

③ George Liska, *Nations in Alliance: The Limits of Interdependence*, p. 175.

依据这个分析框架，我们无须把同盟成本与同盟收益进行直接比较，就能推断出同盟成本越高，同盟解体可能性越大，而同盟收益越小，同盟解体可能性也越大。虽然大概是这样一个关系，但不能简单地认为同盟解体和同盟成本或同盟收益是线性的相关关系。

下面依据这个框架来解释为什么同盟威胁仍存在时，同盟却解体了。

（一）战略分歧与同盟成本

容忍或弥合同盟之间存在的战略分歧需要付出成本，这种成本是维护同盟的成本之一，分歧越重大，维护同盟的成本就越高，而同盟成本越高，同盟解体的可能性就越大。我们用一维空间模型来分析同盟中两个国家之间的战略分歧大小与其同盟成本的关系。空间模型最早由安东尼·唐斯（Anthony Downs）提出,[1] 其逻辑起点是假设所有的国家都有一个理想偏好值，这个值都可以用一维或多维政策空间（policy space）中的一个点来表示，政策结果离行为体的理想偏好值越近，效用越高。假设同盟中两个国家的理想偏好值分别为 P_i 和 P_j，现状所对应的理想偏好值为 SQ。依据这个模型能够分析战略分歧的冲突烈度和差异强度。战略分歧差异强度可以用 $\sqrt{(P_i - P_j)^2}$ 来表示，即两个国家理想偏好值之间的距离来表示，理论上同盟成本 AC $\propto (P_i - P_j)^2$，即战略分歧差异强度越大，同盟成本越高。战略分歧冲突烈度则与 P_i 和 P_j 以及 SQ 相对位置有关。

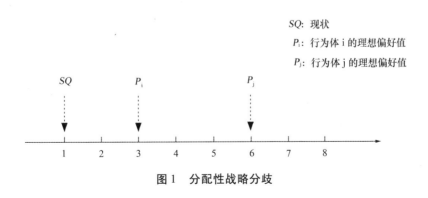

SQ: 现状

P_i: 行为体 i 的理想偏好值

P_j: 行为体 j 的理想偏好值

图 1　分配性战略分歧

① Anthony Downs，"An Economic Theory of Political Action in a Democracy," *The Journal of Political Economy*, Vol. 65, No. 2, 1957, pp. 135 – 150.

图 1 表示的是分配性战略分歧，在这种战略分歧中，同盟双方在改变现状上拥有共同利益，但是在分配共同利益时存在着利益冲突。这种分歧的冲突性相对不那么强烈。行为体 i 希望结果为其理想偏好值 3，至多不能到 5，因为若结果超过 5，其收益将会比维持现状还差。而行为体 j 希望结果至少为 5，如果 j 足够强大，在可能的时候它会以损害 i 的利益为代价把结果变为其理想偏好值 6。这种战略分歧和上述所讲的同盟在针对主要敌人的根本战略上存在分歧有些类似。双方都能从同盟合作中获益，但是为了自己利益，都希望采取自己所偏好的策略。比如，20 世纪 20 年代至 50 年代末中苏同盟在对抗美国上利益一致，苏联为了自身的利益希望与美国和平竞赛，搞"三和"路线，而中国则希望强化中苏同盟的对美立场，要求对美国采取更强烈的对抗策略。

图 2 和图 3 表示的是两种更具对抗性的分歧，在这种分歧中，任何一方的获益都会以损害对方的利益为代价。图 2 中现状和行为体 i 的理想偏好值一致，因此 i 会坚持维持现状，而 j 则希望改变现状以更符合自己的理想偏好。在这种情况中，两个行为体中有一个对现状不满，因此这种冲突只能算作较强烈。零和性战略分歧类似上文所说的争夺主导权的博弈，比如，戴高乐时期北约中的美法同盟，现状应该是比较符合美国的意愿，戴高乐则希望改变现状，以提高法国在北约中的地位。这种情况非常类似图 2 所表示的情况。

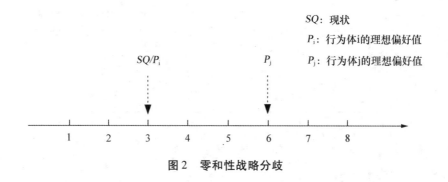

图 2   零和性战略分歧

而在图 3 中，双方都对现状不满，但是双方希望改变的方向却相反，因此这种冲突是最强烈的。这种情况类似 1958 年后的中苏同盟关系。1956 年 10 月爆发波兰、匈牙利事件后，在苏共请求下，中共出面协助处理波匈事件，中共在社会主义阵营中的地位空前提高。这种情况在赫鲁晓夫党内地位未稳时似乎还能接受，在 1957 年 6 月赫鲁晓夫处理了马林科夫、卡冈诺维奇、莫洛托夫"反党集团"、巩固了自身权力之后，苏联就表现出了重新确立对社会主义阵营绝对控制的姿态，典型的表现如于 1958 年要求在中国设立长波电台以及和中国建立共同舰队。[1]

　　以上运用一维空间模型分析了同盟战略分歧的冲突烈度和差异强度。同盟战略分歧对同盟维持所造成的影响是因为同盟战略分歧的冲突烈度和差异强度越高，同盟成员国为了维持同盟而弥合分歧所要付出的成本越大，尤其是不对称同盟中的弱国，因为处于从属的地位，在存在战略分歧时，往往要做出让步，承受更多由同盟战略分歧所带来的同盟成本。也就是说，同盟战略分歧越大，带来的同盟成本越高，同盟越有可能解体。

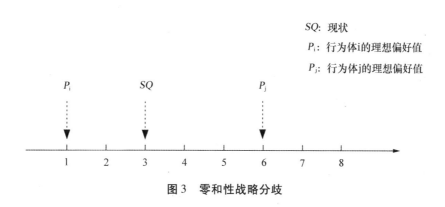

SQ: 现状
P_i: 行为体i的理想偏好值
P_j: 行为体j的理想偏好值

图 3　零和性战略分歧

（二）自助能力与同盟收益

　　但是我们会发现许多同盟即使存在重大战略分歧也未必解体，比

---

[1]　参见沈志华主编《中苏关系史纲——1917—1991 年中苏关系若干问题再探讨》，社会科学文献出版社 2011 年版，第二篇第四章、第六章以及第三篇第一章；杨公素、张植荣：《当代中国外交理论与实践》，北京大学出版社 2009 年版，第十章。

如，1998—2008 年的美韩同盟，双方在对朝战略上存在根本分歧，但并没有导致同盟解体。因此，同盟战略分歧只能算是同盟解体的必要条件而非充分条件。在此引入另一个变量，即不对称同盟中弱国自助能力。自助能力会影响同盟收益，从而能够决定同盟必要性大小，继而影响到同盟存续。

关于自助能力对弱国同盟收益的影响，主要依据三个假定，这三个假定在已有同盟文献中都能找到充分依据。

假定一：加入同盟的弱国基本目标是为了维护自身安全，防止敌对国家或同盟侵略，即通过同盟来威慑潜在侵略行为。

假定二：制衡一个潜在霸权或威慑一个潜在侵略者，需要达到一定实力门槛，[①] 用 C_0 表示。很显然 C_0 的大小与被制衡或威慑对象的实力 C_t 有关，对方实力越强，则 C_0 越大，实力越弱，C_0 越小，即：

$$C_0 = f(C_t)$$

当一个联盟或者国家的实力达不到 C_0，则无法威慑敌对国家侵略；达到 C_0 以上，则能够威慑敌对国家侵略，其超过 C_0 的实力部分定义为安全余量（security margin）SM，[②] 即：

$$SM = C - C_0$$

假定三：国家在应对威胁时的主要策略包括结盟或者不结盟即自助策略，结盟策略用 A 表示，不结盟策略用 $\overline{A}$ 表示，则结盟和不结盟效用可以分别用 U_A 和 $U_{\overline{A}}$ 表示。用 D 表示威慑（deterrence）效用，结盟和不结盟的威慑效用可以分别用 D_A 和 $D_{\overline{A}}$ 表示。如果采取策略 A 能够威慑敌对国家侵略，则其威慑效用为 1，否则为 0；同样，如果采取策略 $\overline{A}$ 能够威慑敌对国家侵略，则其效用为 1，否则为 0。即：

$$D = \begin{cases} 1, & \text{当 } C \geqslant C_0 \\ 0, & \text{当 } C < C_0 \end{cases}$$

---

① 这个概念是从单极门槛引申出来的，有关单极门槛的论述参见［美］威廉·沃尔福思《单极世界中的美国战略》，载［美］约翰·伊肯伯里主编《美国无敌：均势的未来》，韩召颖译，北京大学出版社 2005 年版，第 104—107 页；刘丰：《均势为何难以生成？——从结构变迁的视角解释制衡难题》，《世界经济与政治》2006 年第 9 期。

② 安全余量概念借用了工程里边的安全余量（safety margin）概念，比如说高铁的安全余量。把安全余量纳入模型之中，得益于阎学通教授的指导，在讨论北约为什么东扩时，他曾提出北约东扩是为了提高安全系数。

　　用 F 代表收益函数（function），则通过以上分析，我们可以得出同盟的收益 F_A 就是结盟效用 U_A 和不结盟效用 $U_{\bar{A}}$ 之差，包括两部分：一是同盟的威慑效应，即结盟威慑效用 D_A 和不结盟威慑效用 $D_{\bar{A}}$ 之差；二是同盟的安全余量效应，即结盟安全余量 SM_A 和不结盟安全余量 $SM_{\bar{A}}$ 之差，即：

$$F_A = U_A - U_{\bar{A}} + SM_A - SM_{\bar{A}}$$

　　在以上两部分同盟收益中，威慑效应是同盟的主要收益，而安全余量效应则是同盟的次要收益。

$$F_A = U_A - U_{\bar{A}} + SM_A - SM_{\bar{A}} = 1 - 1 + SM_A - SM_{\bar{A}} = SM_A - SM_{\bar{A}}$$

　　当一个国家自助能力强大到足以威慑敌对国家或敌对同盟时，结盟威慑效用 D_A 和不结盟威慑效用 $D_{\bar{A}}$ 的值都为 1，那么它加入同盟时，获得同盟威慑效应就为 0，而仅仅获得同盟安全余量效应，即：

　　当一个国家自助能力不足以威慑敌对国家或敌对同盟，这样在不加入同盟时，其威慑效用 $D_{\bar{A}}$ 为 0，而且其安全余量 $SM_{\bar{A}}$ 也为 0，而加入同盟后，若同盟实力足以威慑敌对国家或同盟时，其加入同盟获得的同盟收益就不仅包括威慑效应，而且也包括安全余量效应，即：

$$F_A = U_A - U_{\bar{A}} + SM_A^{'} - SM_{\bar{A}} = 1 - 0 + SM_A - 0 = 2 + SM_{\bar{A}}$$

　　当一个国家自助能力不足以威慑敌对国家或敌对同盟，加入同盟后同盟实力仍然不足以威慑敌对国家时，这样加入同盟前后其威慑效用和安全余量都为 0，加入同盟后不会有任何同盟收益，即：

$$F_A = U_A - U_{\bar{A}} + SM_A - SM_{\bar{A}} = 0 - 0 + 0 - 0 = 0$$

　　综合以上分析，当一个国家的自助能力足够强大、能够独自应对所面临的威胁时，其加入同盟只能获得一些额外的安全余量，同盟对其来说就不是生死攸关的，因此，同盟对其效用就比较低；当其自助能力不足时，加入同盟后，如果同盟实力达到制衡门槛 C_0，则同盟对其来说不但是生死攸关的，而且在与其结盟国家实力不变的情况下，结盟带来的安全余量效应 SM_A 也大于第一种情况中的安全余量效应 $SM_A - SM_{\bar{A}}$；而当其自助能力不足时，加入同盟后，同盟实力仍然达不到制衡门槛 C_0，则同盟对其来说就是毫无价值的，因为加入同盟既不能有效威慑对方的侵略，也不会给其带来额外的安全余量，这种情况在此不加以讨论。由此，可以比较清晰地理解，国家自助能力强弱导致国家从同盟中获得的收益发生变化，同盟对于国家的重要性以及国家对于同盟的依赖程度也发生改变，其对同盟愿意付出的成本包括对战略分歧的容忍程度也会发生改变，这就是为什么在国家自助能力比较强时，如果双方存在无法解决的重大战略分歧，同盟将趋于解体。

（三）因果机制：战略分歧、自助能力与同盟的解体

在这里首先有必要交代一下为什么只选择战略分歧、自助能力这两个变量作为本文理论模型的核心解释变量。维持同盟需要付出各种各样的成本，同时也会有各种不同的收益，我们不可能将每一种成本和收益都纳入进来分析，所以应该选择最重要的因素进行专门分析，这种简化对于理论研究来说是必要的，而且是适当的。在以上理论论述中，只选择战略分歧作为影响同盟成本的根本要素，因为弥合重大战略分歧意味着强国要求弱国需做出重大战略妥协，付出重大战略牺牲，比如说赫鲁晓夫为了推行"三和"路线而要求中国在台湾问题和中印领土争端上做出妥协，[①] 这种妥协关系到中国领土主权这样的核心利益，因此它对同盟维持的伤害不是其他同盟成本（比如军费分摊等）所能比拟的。同样，笔者只选择自助能力作为影响同盟收益的根本要素。严格来说，同盟收益也会受到敌对威胁大小的影响，但是到目前为止，所有学者有关威胁与同盟解体相关关系的统计验证结果要么是不相关要么是相关关系的可靠性很值得怀疑，造成这种结果的原因，可能是到现在为止还没有一个比较好的衡量方法来测量威胁的大小，所以有关威胁和同盟解体相关关系统计验证的结果可能都是不可靠的，故而暂不引入这个不确定的影响因素，而只考虑自助能力对同盟收益的影响。当然同盟收益可能还包含经济或政治收益，但是所有同盟的核心收益都是战略安全收益，特别是同盟的威慑效应收益。而如上文分析，自助能力能够影响到同盟的战略安全收益，特别是威慑效应收益，而其他包括经济贸易等因素不会对同盟的战略安全收益

---

① 杨公素、张植荣：《当代中国外交理论与实践》，北京大学出版社 2009 年版，第196 页；《赫鲁晓夫与毛泽东会谈记录（1959 年 10 月 2 日）》，载沈志华《冷战的再转型：中苏同盟的内在分歧及其结局》，九州出版社 2013 年版，第 272、274 页。

特别是威慑效应收益产生影响，因此在此不考虑其他无关紧要的因素。[1] 这种简化如上文所述，同样是合理的。

其次，简要总结战略分歧、自助能力与同盟解体之间的因果链条。同盟内部的战略分歧大小决定了同盟成本的高低，而弱国的自助能力强弱决定了其同盟收益的大小。当同盟内部存在重大战略分歧时，维持同盟需要弱国做出重大战略牺牲，即其必须为维持同盟付出巨大的成本，如果弱国的自助能力足够强大，则同盟对其来说就不是生死攸关的，其愿意为维持同盟付出的成本会大大降低，因此在存在重大战略分歧的情况下，弱国拥有足够自助能力就很可能选择退出同盟，从而导致同盟解体。具体机制如图4所示。

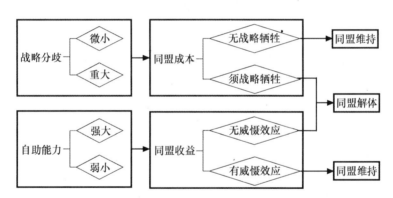

图4　战略分歧、自助能力与同盟解体的因果机制

（四）研究假设

以上理论部分建立了一个解释同盟解体的双变量分析框架，自变量为战略分歧和自助能力，因变量为同盟解体。依据以上的理论分析，引出本文的研究假设（参见表1）：

H1－1：在自助能力强大的情况下，战略分歧与同盟解体正相

① 根据现有有关联盟理论，诸如军事同盟等战略合作的基础一定是双方共同的战略需求，参见周建仁《联盟形成理论：评估及对中国的政策启示》，《当代亚太》2012年第3期。因此，诸如双边贸易、是否拥有共同宗教、语言和种族背景等无关紧要因素显然与同盟形成和解体不相关，这也得到最新研究成果的支持，参见刘丰、董柞壮《联盟为何走向瓦解》，《世界经济与政治》2012年第10期。

关，即战略分歧越大，同盟越可能解体。

H2-1：在自助能力弱小的情况下，战略分歧与同盟解体不相关。

H3-1：在战略分歧重大的情况下，自助能力与同盟解体正相关，即自助能力越大，同盟越可能解体。

H4-1：在战略分歧微小的情况下，自助能力与同盟解体不相关。

表 1   统计分析研究假设的推导战略分歧

		重大	微小	统计分析假设
自助能力	强大	同盟解体	同盟维持	→战略分歧对同盟解体有影响
	弱小	同盟维持	同盟维持	→战略分歧对同盟解体无影响
	统计分析假设	↓ 自助能力对同盟解体有影响	↓ 自助能力对同盟解体无影响	

五　统计验证

本部分首先详细交代各个变量的数据来源及其赋值，[①] 然后建立一个 Cox 比例风险回归模型，对四个统计分析假设进行经验验证。

本文建立的 Cox 比例风险回归模型包含同盟解体、弱国自助能力、战略分歧、体系大国数量、民主国家和国内体制变化等几个变量，其中同盟解体为因变量，弱国自助能力和战略分歧是本文关注的自变量，体系大国数量、国内体制变化、民主国家等为控制变量，这些变量要么和同盟形成理论密切相关（比如，体系大国数量），要么在一定程度上得到已有的实证验证的支持（比如，国内体制变化和民主国家）。因此，如果不纳入这些控制变量，则其影响效应可能会错误反映在两个自变量上。在分析过程中，为了方便，首先把弱国自助能力转换成实力不对称，弱国自助能力越强，实力不对称越低；把战略

---

① 国内外同仁若需要，可联系笔者索要本文统计分析所用数据。

分歧转化为战略一致性，战略分歧越大，战略一致性越小。把弱国自助能力转化为实力不对称可能会引起怀疑：是不是弱国自助能力变得越强，双方的实力不对称就一定越低？虽然不能保证一定是这种情况，但是基本上可以假定不对称同盟中，强国是相对发达的经济体，其实力增长速度会低于弱国，因此弱国实力增长后，双方的实力不对称程度降低，也就是说，弱国自助能力越强，它与强国之间的实力不对称越低。这样就可以把上一部分中的四个统计分析假设转换为如下假设：

H1－2：在实力不对称低的情况下，战略一致性与同盟解体负相关，即战略一致性越小，同盟越可能解体。

H2－2：在实力不对称高的情况下，战略一致性与同盟解体不相关。

H3－2：在战略一致性小的情况下，实力不对称与同盟解体负相关，即实力不对称越低，同盟越可能解体。

H4－2：在战略一致性大的情况下，实力不对称与同盟解体不相关。

为了一次性对四个统计假设进行实证验证，笔者构建以下统计分析模型：

$$LN\left(\frac{h(t)}{h_0(t)}\right) = B_1 \times 实力不对称 + B_2 \times 战略一致性 + B_3 \times 实力$$

$$不对称 * 战略一致性 + \sum_{i=4}^{n} B_i \times 控制变量_i \tag{1}$$

模型中 $h_0(t)$ 表示各变量取值为 0 时，在 t 时刻同盟解体风险，而 $h(t)$ 表示同盟在 t 时刻的瞬时解体概率，B_1、B_2、B_3 和 B_i 是各个自变量的系数。实力不对称的赋值范围为 $[0, +\infty)$，当实力不对称为 0 时，则表示双方实力完全相等；战略一致性的取值范围是 $[0, 1]$，当战略一致性取值为 0 时，表示双方战略利益完全不一致。如果以上四个假设得到支持，那么不但同盟解体和实力不对称、战略一致性以及交互项实力不对称×战略一致性具有相关关系，而且 B_1、B_2 应该都为负，B_3 则为正。也就是说，当实力不对称取值为 0 时，即弱国的自助能力强大时，同盟解体和战略一致性负相关，即和战略分歧正相关；而当实力不对称取值大于 0 时，即弱国的自助能力弱小时，由于同盟解体和战略一致性的相关系数变为 $B_2 + B_3 \times$ 实力不对称，

而 B_2 和 B_3 符号相反，因此相关系数趋向于 0，同盟解体和战略一致性趋向于不相关。同样的道理，当战略一致性取值为 0 时，即同盟内部战略分歧微小时，同盟解体和实力不对称负相关，和弱国的自助能力正相关；而当战略一致性取值大于 0 时，也就是同盟内部战略分歧重大时，由于同盟解体和实力不对称的相关系数变为 $B_1 + B_3 \times$ 战略一致性，由于 B_1 和 B_3 符号相反，因此相关系数趋向于 0，同盟解体和实力不对称倾向于不相关。

（一）变量及其赋值

本文采用的基本分析单位为同盟/年，不同同盟的有关变量赋值不同，同一同盟不同年份的变量赋值也会不同。本文将分析影响 545 个双边同盟维持和解体情况的有关因素。以下对统计分析模型中的因变量、自变量和控制变量的数据来源和赋值计算方法进行详细叙述。

1. 同盟解体

本文之所以仅限于分析双边同盟，是因为双边同盟的解体和维持比较能够清晰界定。双边同盟中只要有一方退出同盟，就能确定该同盟不复存在，而多边同盟中的某一成员国退出同盟之后，不好判断该同盟到底应该算结束还是算持续。① 笔者利用同盟条约义务与条款数据库（The Alliance Treaty Obligations and Provisions Project，ATOP）中有关同盟终止（alliance termination）的数据来进行编码。②

在数据库中，同盟终止有四个赋值。由于该数据库涵盖时间为 1815 年到 2003 年 12 月 31 日，因此如果在 2003 年 12 月 31 日还存在的同盟，其同盟终止赋值为 0；此外如果同盟成员国不是因为其他盟

---

① 对于多边同盟，有学者把其打开，以对/年（dyad - years）为分析单位，比如说三边同盟，就会打开为三个对/年分析单位，而四边同盟则会增加为六个对/年分析单位，这样固然可以把不同规模的同盟放在一起进行分析，但会扭曲同盟内部矛盾与同盟解体之间的相关关系。比如说，法国 1966 年 2 月 21 日退出北约军事一体化组织，实际上是因为与美国之间的战略矛盾，但是按照以上处理方法，则法国与美国之间的同盟以及法国与其他北约成员国之间的同盟也都解体了，这样导致的统计分析可能结果是战略矛盾与同盟解体没有关系，因为不管它们之间有没有战略矛盾，它们之间的同盟都解体了。

② Brett Ashley Leeds, et al. , "Alliance Treaty Obligations and Provisions, 1815 - 1944," *International Interactions*, Vol. 28, No. 3, 2002, pp. 237 - 260。该数据库包含 1815—2003 年所有正式同盟的有关信息，包括建立时间、同盟成员国、同盟条款、是否变更、同盟是否终止，终止时间等非常详尽的相关数据，数据库网址为 http：//atop. rice. edu/data。

国行动而丧失独立国家地位，那么该同盟即使因为成员国丧失独立国家地位而终止，仍然赋值为 0。如果同盟因为到期或者因为实现了预定目标而终止，则赋值为 1。如果同盟因为成员国有意识违反盟约或者在条约到期之前主动退出同盟而终止，则赋值为 2。如果同盟因为成员国谈判新盟约替代而终止，则赋值为 3。综上，同盟终止共有 0、1、2、3 四个赋值，因为本文关注的是国家有意识违约或者提前退出同盟行为，所以只把同盟终止取值为 2 的认定为同盟解体，赋值为 1，其他的赋值为 0。这样，在本文所要研究分析的 545 个双边同盟中，有 126 个解体，占总数的 23%。

2. 弱国自助能力与实力不对称

弱国自助能力将直接利用战争相关因素数据库（Correlates of War，COW）中国家实力综合指标（Composite Indicator of National Capability，CINC）来表征。[①] 而实力不对称则是通过强国国家实力综合指标除以弱国国家实力综合指标来得出。为了能够利用公式 1 中的 Cox 比例风险模型一次性检验四个研究假设，当两个国家实力完全相等，也就是实力完全对称时，应该保证实力不对称取值为 0，因此需要在上述除法计算之后再减去 1，这样就可得出如下计算公式：

$$实力不对称 = \frac{强国国家实力综合指标}{弱国国家实力综合指标} - 1 \tag{2}$$

实力不对称指标可能存在较大的偏斜程度，为了消除该变量的偏斜程度可能对回归分析造成的不利影响，对实力不对称进行 log 转换，引入 LN（实力不对称）变量，为了保证仍然能够利用公式 1 中的 Cox 比例风险模型一次性检验四个研究假设，在两个国家实力完全对称时，LN（实力不对称）应该等于 0，因此通过以下公式进行计算：

$$LN（实力不对称） = LN \left(\frac{强国国家实力综合指标}{弱国国家实力综合指标} \right) \tag{3}$$

3. 战略一致性与战略分歧

如何衡量两个国家之间的战略一致性，学者之间同样没有共识。

---

① 该数据包含有 1816—2007 年的战争、国家间军事争端、正式同盟、国家实力综合指标等 11 个数据库，数据库网址为 http://correlatesofwar.org/。

有人采用国家在联合国的投票模式的相似程度来表征战略一致性的高低，[1] 但是这种处理方法存在重大缺陷：它只能用于分析二战后的有关行为，因为联合国是 1945 年二战结束后才成立的，有关数据至多只能涵盖 1945 年到现在，无法满足本文的研究需要。

所以，本文将利用柯蒂斯·西格诺里诺（Curtis S. Signorino）和杰弗里·里特（Jeffrey M. Ritter）在 1999 年发展的相似性分值 S（similarity score）来计算战略一致性。[2] 相似性分值是通过比较两个国家之间的同盟组合差异来计算的，A 国和 B 国之间的相似性分值计算公式如下：[3]

$$S_{AB} = 1 - 2V_{AB} = 1 - 2\frac{\sum_{i=1}^{n} \mid C_{Ai} - C_{Bi} \mid}{nD_{max}} \tag{4}$$

如果两个国家的同盟组合完全不同，则其差异分值（variance score）V_{AB} 为 1，而若其同盟组合完全相同，则差异分值 V_{AB} 为 0，差异分值 V_{AB} 的取值范围为 [0, 1]。西格诺里诺和里特通过公式 4 把相似性分值的取值范围转换成 [-1, 1]，当相似性分值为 -1 时，表示双方同盟组合完全不同；当相似性分值为 1 时，则表示双方同盟组合完全相同。

为了能够利用公式 1 中的 Cox 比例风险模型一次性检验四个研究假设，当两个同盟组合完全不同时，战略完全不一致时，应该保证战略一致性取值为 0，而完全一致时，则战略一致性取值为 1，因此需要对相似性分值 S 如下转换：

$$战略一致性 = 1 - V_{AB} = \frac{1 + S_{AB}}{2} \tag{5}$$

① David H. Bearce, Kristen M. Flanagan and Katharine M. Floros, "Alliances, Internal Information, and Military Conflict among Member - States," *International Organization*, Vol. 60, No. 3, 2006, p. 600; Erik Gartzke, "Kant We All Just Get Along? Opportunity, Willingness, and the Origins of the Democratic Peace," *American Journal of Political Science*, Vol. 42, No. 1, 1998, pp. 1 - 27.

② Curtis S. Signorino and Jeffrey M. Ritter, "Tau - b or Not Tau - b: Measuring the Similarity of Foreign Policy Positions," *International Studies Quarterly*, Vol. 43, No. 1, 1999, pp. 115 - 144.

③ Bruce Bueno de Mesquita, *Principles of International Politics: People's Power, Preferences, and Perception*, Washington, D. C.: CQ Press, 2000, pp. 414 - 418.

　　而当两个国家战略完全一致，即战略一致性取值为 1 时，则表示双方之间完全没有分歧，双方之间的战略分歧取值应该为 0；当双方战略一致性取值为 0 时，则表示双方战略完全不一致，战略分歧应该为 1。因此可以通过如下公式计算战略分歧：

$$战略分歧 = 1 - 战略一致性 = V_{AB} = \frac{1 - S_{AB}}{2} \tag{6}$$

　　由以上分析可以看出，战略一致性和战略分歧都需要通过相似性分值 S 来计算，而相似性分值 S 可以通过预期效用生成及数据管理项目（Expected Utility Generation and data management program，EUGene）数据库来获取。[①]

　　4. 体系大国数量

　　本文采用体系大国数量这一相对清晰的变量，而不是用体系极性（polarity），是因为极性越来越成为一个含义模糊不清的术语，学界对于什么是极、什么样的国家算一极有着许多分歧，比如，中国学者对于冷战后世界格局是什么产生了重大争论，争论之一就在于对极的界定上。体系大国数量的有关数据通过 EUGene 数据库直接获取。

　　5. 民主国家与国内体制变化

　　民主国家指的是同盟的成员国是否为民主国家，本文将利用政体 IV 项目数据库（Polity IV Project：Political Regime Characteristics and Transitions，1800—2010），[②] 确定同盟成员国的政体分值。按照政体 IV 项目数据库，政体分值为负的定性为非民主国家，而政体分值为正的定性为民主国家。如果同盟的两个成员国都为民主国家，则民主

---

　　① 该项目综合了不同来源的数据库，通过一个客户端软件进行数据自动生成和管理，数据库包含的数据非常丰富，包括前文 COW 项目的有关数据、后文将会提到的政体项目（Polity）数据库、不同学者建立的有关战争和武装冲突数据库以及验证梅斯奎塔战争预期效用理论的有关数据等，唯一的缺点是它所提供的数据相对较老，因此除非不能直接从有关数据库中获得，比如说相似性分值 S，一般不通过 EUGene 软件来生成相关数据。EUGene 数据库的网址是 http：//eugenesoftware. org/。

　　② 这个数据库从 1975 年建立以来，现在已经推出了第四个版本的国家政体数据，其数据包含了 1800—2010 年世界各国的政体演变，用 -10 表示极端专制，10 表示成熟民主，因此它不是简单地进行 0、1 二元赋值，而是更加细致地考察和编码。这个数据库与本研究中所需要的国内制度变化和民主制度数据相关。其网址是 http：//www. systemicpeace. org/polity/polity4. htm。

国家赋值为2；如果同盟中的两个成员国中一个是民主国家，另一个为非民主国家，则赋值为1；如果没有任何成员国为民主国家，则赋值为0。

国内体制变化指的是同盟成员国有没有发生比较重大国内制度方面的变化，比如，从专制政体转向民主政体，从民主政体倒退为专制政体等。本文将同盟成员国当年的政体分值减去前一年的政体分值，作为该成员国当年是否发生国内体制变化的指标，如果其变化绝对值大于等于2，则表示该成员国当年发生了国内体制变化；绝对值小于2，则表示国内体制未发生变化。两个同盟成员国中只要有一个国家发生国内体制变化，国内体制变化就赋值为1；如果两个成员国都未发生国内体制变化，则国内体制变化赋值为0。

（二）Cox 比例风险模型回归分析

Cox 比例风险模型由英国统计学家戴维·考克斯（David R. Cox）于1972年提出，[1] 该模型对于数据要求比一般回归分析要宽松，比如，不要求因变量即生存时间符合正态分布假定，更重要的是，它允许所分析的数据包括删失（censoring）和截尾（truncation）情况[2]，而本文所要分析的同盟解体数据中就包含删失和截尾数据，而且同盟的持续时间一般很难符合正态分布，因此选择利用 Cox 比例风险模型进行回归分析。

以下的回归分析分为两部分。首先利用公式1所建立的 Cox 比例风险模型，来验证上文所提出的四个假设；由于公式1把弱国自助能力转换为实力不对称可能会引起一些质疑，因此，文章将在其后利用弱国自助能力和战略分歧数据进行直接验证分析。

1. 以实力不对称和战略一致性构建的模型分析

在该部分回归分析中，自变量是实力不对称和战略一致性，笔者将构建不同的模型，然后进行比较。首先比较分析引入体系大国数量之后对模型的回归系数的影响，其次比较分析引入实力不对称和战略

---

① D. R. Cox, "Regression Models and Life – Tables," *Journal of the Royal Statistical Society*, Series B (Methodological), Vol. 34, No. 2, 1972, pp. 187 – 220.

② 彭非、王伟：《生存分析》，中国人民大学出版社2004年版，第一、二章。

一致性交互项对模型回归系数的影响，最后进行一致性检验，验证比较模型回归系数符号是否与理论预测得一致。

表2　　　　　　　实力不对称、战略一致性构建的回归模型分析

	模型1.1	模型1.2	模型1.3	模型1.4	模型1.5	模型1.6
（LN）实力不对称	-0.006*** (0.002)	-0.006*** (0.002)	-0.015 (0.015)	-0.172*** (0.058)	-0.170*** (0.058)	-0.796** (0.362)
战略一致性	-1.965*** (0.633)	-1.722*** (0.633)	-1.934*** (0.696)	-2.046*** (0.644)	-1.793*** (0.648)	-3.102*** (0.926)
民主国家	-0.953*** (0.146)	-1.034*** (0.153)	-1.041*** (0.154)	-0.943*** (0.147)	-1.017*** (0.153)	-1.030*** (0.154)
国内体制变化	1.069*** (0.199)	1.054*** (0.199)	1.057*** (0.200)	1.061*** (0.199)	1.045*** (0.199)	1.058*** (0.200)
体系大国数量		0.179* (0.098)	0.18* (0.098)		0.168* (0.098)	0.165* (0.099)
（LN）实力不对称*战略一致性			0.011 (0.017)			0.724* (0.408)
χ^2	80.045***	83.582***	83.887***	82.050***	85.532***	87.783***
-2倍对数似然值	1883.759	1880.514	1879.954	1890.317	1887.448	1883.971
备注				LN（实力不对称）	LN（实力不对称）	LN（实力不对称）

注：N = 7175；* * *$p < 0.01$（双尾检验）；* *$p < 0.05$（双尾检验）；*$p < 0.10$（双尾检验）。

　　表2中是用Cox比例风险模型得出的回归系数，括号中的数据为回归系数的标准误。模型1.1只包含实力不对称、战略一致性两个自变量以及民主国家和国内体制变化两个控制变量，所有的解释变量都具有统计显著性。而且如前文理论所预测的，实力不对称和战略一致性的回归系数都为负数，即实力越不对称，同盟越不可能解体；战略越一致，同盟越不可能解体。模型1.2中加入了体系大国数量，对各变量回归系数的统计显著性没有影响，实力不对称和战略一致性的回归系数仍然为负数。模型1.3中加入了实力不对称和战略一致性的交互项，战略一致性的回归系数仍是负数，而且具有统计显著性，而实力不对称和实力不对称×战略一致性可能因为多重共线性和自变量偏斜程度问题，其回归系

数变得不显著，但是其回归系数的符号则仍然与理论预测的一致，即实力不对称回归系数为负数，而交互项的回归系数为正数。

模型 1.4、模型 1.5 和模型 1.6 中用实力不对称的自然对数来替代了模型 1.1、模型 1.2 和模型 1.3 中的实力不对称，因为实力不对称具有非常高的右偏斜程度，通过 log 转换后，LN（实力不对称）的偏态系数由转换前的 19.06 大大降低为转换后的 0.91，这样可以消除由于自变量的偏斜程度给回归分析带来的不利影响。比较表 2 中的回归结果可以发现，模型 1.4 的回归系数及其显著性与模型 1.1 几乎一致，而模型 1.5 则和模型 1.2 几乎一致。模型 1.6 与模型 1.3 的回归结果具有较为明显的差别，模型 1.3 中实力不对称、战略一致性及其交互项的回归系数符号虽然与理论预测一致，但实力不对称以及交互项的回归系数不具有统计显著性，而经过 log 转换之后，由于消除了自变量偏斜程度的消极影响，LN（实力不对称）、战略一致性以及交互项 LN（实力不对称）×战略一致性不但回归系数与理论预测的一致，即 LN（实力不对称）、战略一致性回归系数为负，而 LN（实力不对称）×战略一致性系数为正，而且它们的回归系数都具有统计显著性。

2. 以弱国自助能力和战略分歧构建的模型分析

由于把弱国自助能力转换为实力不对称可能会引起一些质疑，因此在以下的回归分析中，笔者把自变量转回弱国自助能力和战略分歧数据进行直接验证分析。但是转回弱国自助能力后，就无法应用公式 1 中的模型一次性验证四个假设，因为弱国自助实力及其对数都不太能够进行归零处理，所以将利用以下公式进行分析：

$$LN\left[\frac{h(t)}{h_0(t)}\right] = B_1 \times 弱国自助能力 + B_2 \times 战略分歧 + \sum_{i=4}^{n} B_i \times 控制变量_i \tag{7}$$

通过构建包含不同变量的模型，首先，比较分析引入体系大国数量变量之后对模型的回归系数的影响。其次，分别考察战略分歧与同盟解体在弱国自助能力强大和弱小情况下的相关关系，以及弱国自助能力与同盟解体在战略分歧重大和微小情况下的相关关系。最后进行一致性检验，验证比较模型回归系数符号是否与理论预测的一致。

表 3 是利用全部样本数据，依据公式 7 构建的 Cox 比例风险模型

得出的回归系数。模型 2.1 只包含弱国自助能力、战略分歧两个自变量以及民主国家和国内体制变化两个控制变量,所有的解释变量都具有统计显著性。而且弱国自助能力和战略分歧的回归系数都为正数,即弱国自助能力越强,战略分歧越大,同盟越可能解体,这与以上以实力不对称和战略一致性为自变量构建模型的回归分析结果一致。模型 2.2 中加入了体系大国数量,对各变量回归系数的统计显著性没有影响,弱国自助能力和战略分歧的回归系数仍然为负数。

　　模型 2.3、模型 2.4 中则把模型 2.1 和模型 2.2 中的弱国自助能力用其自然对数来替代,因为弱国自助能力具有比较高的右偏斜程度。通过 log 转换后,LN(弱国自助能力)的偏态系数由转换前的 3.86 大大降低为转换后的 -0.01。比较表 3 中的回归结果可以发现,模型 2.3、模型 2.4 的回归系数及其显著性与模型 2.1、模型 2.2 几乎一致,只不过模型 2.3、模型 2.4 中战略分歧回归系数统计显著性比模型 2.1、模型 2.2 中的提高了一个档次。

表3　　　　　　　弱国自助能力、战略分歧构建的回归模型分析

	模型 2.1	模型 2.2	模型 2.3	模型 2.4
(LN)弱国自助能力	19.185 *** (2.837)	19.474 *** (2.852)	0.325 *** (0.060)	0.325 *** (0.060)
战略分歧	1.265 * (0.667)	1.126 * (0.654)	1.502 ** (0.660)	1.376 ** (0.648)
民主国家	-0.826 *** (0.144)	-0.925 *** (0.153)	-0.900 *** (0.144)	-0.985 *** (0.151)
国内体制变化	1.187 *** (0.201)	1.170 *** (0.201)	1.126 *** (0.199)	1.115 *** (0.199)
体系大国数量		0.184 * (0.094)		0.171 * (0.093)
χ^2	131.038 ***	133.989 ***	100.133 ***	104.137 ***
-2 倍对数似然值	1868.152	1864.477	1871.208	1867.924
备注			LN(弱国自助能力)	LN(弱国自助能力)

　　注:N = 7175;＊＊＊p < 0.01(双尾检验);＊＊p < 0.05(双尾检验);＊p < 0.10(双尾检验)。

　　下面考察战略分歧与同盟解体在弱国自助能力强大和弱小情况下的相关关系，以及弱国自助能力与同盟解体在战略分歧重大和微小情况下的相关关系。首先，需要界定弱国自助能力何为强大、何为弱小，而战略分歧又何为重大、何为微小。笔者以两者的上四分位数与下四分位数为判断的可操作性标准，即弱国的自助能力如果小于下四分位数，则自助能力弱小，而大于上四分位数，则自助能力强大。以该标准界定之后，弱国自助能力弱小和强大的样本容量（sample size）都一样，控制住因为样本容量对统计显著性的影响。[①] 按照以上标准，弱国自助能力小于 0.000793 时为弱小，大于 0.007291 为强大。同样，战略分歧小于 0.01604 时为微小，而大于 0.15152 时为重大。

表4　　　　　　　　　弱国自助能力强大和弱小的回归模型比较

	模型3.1 自助能力强大	模型3.2 自助能力弱小	模型3.3 自助能力强大	模型3.4 自助能力弱小
(LN) 弱国自助能力	16.824 *** (4.151)	-33.599 (1348.904)	0.665 *** (0.162)	-0.238 (0.431)
战略分歧	2.181 ** (1.033)	2.045 (1.997)	2.045 ** (1.044)	2.000 (2.004)
民主国家	-1.055 *** (0.233)	-1.726 *** (0.600)	-1.102 *** (0.232)	-1.835 *** (0.630)
国内体制变化	1.888 *** (0.292)	0.561 (0.558)	1.871 *** (0.290)	0.563 (0.599)
体系大国数量	0.609 *** (0.129)	-0.385 (0.313)	0.548 *** (0.129)	-0.369 (0.312)
N	1776	1779	1776	1779
χ^2	94.201 ***	19.084 ***	96.298 ***	18.908 ***
-2倍对数似然值	618.380	269.585	616.368	269.294
备注			LN（弱国 自助能力）	LN（弱国 自助能力）

注：＊＊＊ $p < 0.01$（双尾检验）；＊＊ $p < 0.05$（双尾检验）。

---

　　① 如果以中位数为判断标准，同样也可控制住样本容量的影响，但是这样就使得弱国自助能力强大与弱小、战略分歧重大与微小的区分度不够高，因此笔者在这里采用上下四分位数为判断标准。

其次，考察弱国自助能力强大或弱小情况下，同盟解体和战略分歧之间的相关关系。表4是用 Cox 比例风险模型得出的回归系数。比较表中模型 3.1 和模型 3.2 可以看出，弱国自助能力强大时，战略分歧的回归系数是 2.181，而且具有统计显著性，而在弱国自助能力弱小时，则战略分歧的回归系数不具有统计显著性，支持了前文中的 H1 – 1 和 H2 – 1 假设。模型 3.3 和 3.4 则是用 LN（弱国自助能力）替代弱国自助能力，结果同样证明了 H1 – 1 和 H2 – 1 假设。

表5 　　　　　　　　**战略分歧重大和微小的回归模型比较**

	模型 4.1 战略分歧重大	模型 4.2 战略分歧微小	模型 4.3 战略分歧重大	模型 4.4 战略分歧微小
（LN）弱国自助能力	14.382 ** (5.691)	14.858 (26.988)	0.261 *** (0.098)	– 0.188 (0.183)
战略分歧	– 5.937 *** (1.883)	– 21.863 (47.486)	– 5.835 *** (1.896)	– 13.257 (48.859)
民主国家	– 1.199 *** (0.273)	– 0.952 ** (0.416)	– 1.241 *** (0.264)	– 0.966 ** (0.412)
国内体制变化	1.124 *** (0.367)	1.345 *** (0.495)	1.039 *** (0.367)	1.184 ** (0.490)
体系大国数量	0.013 (0.190)	0.151 (0.281)	0.320 (0.188)	0.219 (0.273)
N	1772	1737	1772	1737
χ^2	75.117 ***	13.647 **	73.121 ***	14.664 **
– 2 倍对数似然值	474.160	245.003	472.399	244.208
备注			LN（弱国 自助能力）	LN（弱国 自助能力）

注：＊＊＊p＜0.01（双尾检验）；＊＊p＜0.05（双尾检验）。

最后，分析战略分歧重大或弱小情况下，同盟解体和弱国自助能力的相关关系。表5同样是用 Cox 比例风险模型得出的回归系数。比较表中模型 4.1 和模型 4.2 可以看出，战略分歧重大时，弱国自助能力的回归系数是 14.382，而且具有统计显著性，而在战略分歧微小时，其回归系数不具有统计显著性，支持了 H3 – 1 和 H4 – 1 假设。模型 4.3 和模型 4.4 则是用 LN（弱国自助能力）替代弱国自助能力，结果也证明了 H3 – 1 和 H4 – 1 假设。

六 结论

本文以弱国自助能力与战略分歧构建了简约的同盟解体双变量解释框架，并由此推导出了四个可供检验的统计分析研究假设，然后运用 Cox 比例风险回归模型，对这四个统计分析假设进行经验验证。首先，通过把弱国自助能力转换为实力不对称，把战略分歧转换为战略一致性，构建公式 1 中的模型，同时验证四个统计假设。依据研究假设，实力不对称和 LN（实力不对称）应该和同盟解体负相关，战略一致性和同盟解体也是负相关，而实力不对称和战略一致性的交互项以及 LN（实力不对称）和战略一致性的交互项应该与同盟解体正相关，而回归的结果除了实力不对称×战略一致性因为可能多重共线性不具有统计显著性之外，其他的与研究假设完全符合。这说明本文的研究假设通过了实证检验。

表6　　实力不对称和战略一致性回归模型相关关系的一致性检验

变量	假设	结果
（LN）实力不对称	负相关	负相关
战略一致性	负相关	负相关
（LN）实力不对称×战略一致性	正相关	正相关

由于上述的变量转换可能会引起一些质疑，因此，笔者在最后利用弱国自助能力和战略分歧数据进行直接验证分析，考察战略分歧与同盟解体在弱国自助能力强大和弱小情况下的相关关系，同时，分析弱国自助能力与同盟解体在战略分歧重大与微小情况下的相关关系。回归分析的结果与假设完全相符，因此，本文提出的四个统计分析研究假设得到了进一步证实。

表7　　弱国自助能力和战略分歧回归模型相关关系的一致性检验

样本	变量	假设	结果
全部	弱国自助能力	正相关	正相关
全部	战略分歧	正相关	正相关
弱国自助能力强大	战略分歧	正相关	正相关
弱国自助能力弱小	战略分歧	不相关	不相关
战略分歧重大	弱国自助能力	正相关	正相关
战略分歧微小	弱国自助能力	不相关	不相关

综上，弱国自助能力和战略分歧在对同盟解体发挥影响上是互为条件的，在弱国自助能力强的情况下，战略分歧对同盟解体有影响，战略分歧越大，同盟越可能解体；而在自助能力弱的情况下，战略分歧对同盟解体无影响。在战略分歧重大的情况下，自助能力强弱对同盟解体有影响，自助能力越强，同盟越容易解体；而在战略分歧微小的情况下，自助能力强弱对同盟解体无影响。

联盟内部管理

联盟类型、机制设置与联盟可靠性[*]

董柞壮

在国际政治中，联盟的主要作用是提供额外的安全，包括有效威慑对手和有效维持联盟承诺。从联盟安全功能的角度来考察联盟可以发现，联盟的核心在于可靠性而非持久性。在联盟层面上，与联盟可靠性直接相关的是联盟的设计。国家会通过联盟条约设定不同程度的军事合作机制，以达到提高联盟可靠性的目的。考虑到联盟的设计在特定条件下会对联盟的可靠性发挥作用，本文试图研究的问题是：联盟的机制设计和联盟的类型如何影响联盟的可靠性？

在理论上，米谢拉·马特斯（Michaela Mattes）最新的研究发现，在实力对比存在差异的联盟内部，成员国出于提高联盟可靠性的考虑，会设置相应的联盟机制。[①] 但是，高度机制化的军事合作却并不一定带来更高的联盟可靠性。布雷特·阿什利·利兹（Brett Ashley Leeds）和塞兹·安纳奇（Sezi Anac）的研究认为，联盟的机制化程度与联盟的可靠性之间并没有显著的联系。[②] 在现实中，美国在东亚

* 本文原刊于《当代亚太》2014 年第 1 期。刘丰、陈冲、李金潼、任娟、权贤美等在写作过程中提供了有益的修改意见，范德堡大学（Vanderbilt University）的米谢拉·马特斯（Michaela Mattes）教授对本文的设计和数据问题提供了耐心的帮助，笔者在此一并表示感谢；同时也感谢《当代亚太》杂志约请的匿名评审专家提出的宝贵修改意见，文中存在的疏漏由笔者负责。

① Michaela Mattes, "Reputation, Symmetry, and Alliance Design," *International Organization*, Vol. 66, No. 4, Fall 2012, pp. 679 – 707.

② Brett Ashley Leeds and Sezi Anac, "Alliance Institutionalization and Alliance Performance," *International Interactions*, Vol. 31, No. 3, July – September 2005, pp. 183 – 202.

保持了高度机制化的联盟体系，中国周边的领土争端也多与美国的盟友有关，理解其联盟发挥作用的条件有助于中国适当应对周边争端。此外，中国的崛起离不开与更多国家保持密切的安全合作和战略互助，在与他国合作时采取更为可靠的合作形式也值得学界关注。

本文将采用定量研究与案例研究结合的方法来探讨联盟类型、联盟设计与联盟可靠性之间的关系。本文的第一部分对现有文献进行回顾和评析；第二部分从理论上探讨联盟设计与联盟可靠性的关系；第三部分是研究设计，在对变量进行操作化的基础上设定 Logit 模型；第四部分分析经验结果，并利用案例进行验证；最后是结论，同时将揭示本研究的政策启示。

一　文献回顾

现有文献对联盟的机制设置与可靠性进行了探讨，但是并没有深入研究二者之间的关系。本部分将对相关的文献进行回顾，并在批判和吸收的基础上进行深化。根据研究视角的不同，现有与联盟机制设计和可靠性相关的研究可以分为三类：国内政治视角、有效性视角与合法性视角。

第一，从国内政治视角出发的研究认为，联盟的机制设置、可靠性与国内政治制度存在密切联系。相应地，此类研究关注国内政治制度性质与变迁对联盟机制设置和可靠性的影响。马特斯发现，尽管民主国家面临定期的选举和领导人频繁更换，但是民主国家作为盟友依然是可靠和稳定的。她认为原因之一是前任政府会通过联盟机制设置的方式对其后的政府行为进行限制，在本届政府即将届满到期的时候，如果继任政府与本届政府对现有联盟的认识存在较大差异，则本届政府会通过设置更高层次的联盟机制来约束继任政府，这也反映出联盟的建立和机制设置并非完全由外生性因素所决定。[①]　与此类似，

---

① Michaela Mattes, "Democratic Reliability, Precommitment of Successor Governments, and the Choice of Alliance Commitment," *International Organization*, Vol. 66, No. 1, Winter 2012, pp. 153 – 172.

利兹、马特斯和沃格尔（Jeremy S. Vogel）将联盟视为国际承诺，通过考察1919—2000年双边联盟成员国内政治联合（coalition）的变化，他们发现国内政治对国家的联盟行为有显著影响，但是对民主国家的影响要相对缓和。[①] 利兹将联盟视为国际合作的研究则发现，不同政治制度国家的领导人在建立联盟机制时面临的困难是不同的，研究的结果表明，完全由民主国家或威权国家组成的双边联盟更容易建立，且更加稳定。[②] 此类研究有助于解释特定国家组成的联盟为何能够延续，以及政体对国家在联盟中行为的影响，却无法解释联盟在面临考验时是否可靠。

此外，伦道夫·西沃森（Randolph M. Siverson）和哈维·斯塔尔（Harvey Starr）通过对1816—1965年欧洲国内政治变迁与联盟变化之间的关系进行研究，发现无论国内政治变迁是由于外部强加、国内革命还是国内政治危机所导致，都会对该国重新构建联盟造成显著影响，[③] 这反映出在1816—1965年的欧洲，统治者或统治集团对本国外部安全环境的认识能够很大程度上影响该国的行为。[④] 可见，从国内政治视角出发的研究主要通过国内因素解释联盟的变动，关注联盟国家的属性，认为民主国家在联盟中之所以可靠，是其国内政治决定的。总体而言，此类研究探讨联盟成员国国内政治与其对外行为的互动。因为国家作为国际政治最基本的单元，其特性必然会影响其行为。联盟政治中的民主成员由于受到国内政治的影响，导致其在联盟中行为不同于威权国家。但是这类讨论忽视了联盟本身的因素，这也是本文所重点讨论的。

第二，从有效性视角研究联盟机制设置的文献认为，联盟机制的

[①] Brett Ashley Leeds, Michaela Mattes, and Jeremy S. Vogel, "Interests, Institutions, and the Reliability of International Commitments," *American Journal of Political Science*, Vol. 53, No. 2, April 2009, pp. 461–476.

[②] Brett Ashley Leeds, "Domestic Political Institutions, Credible Commitments, and International Cooperation," *American Journal of Political Science*, Vol. 43, No. 4, October 1999, pp. 979–1002.

[③] Randolph M. Siverson and Harvey Starr, "Regime Change and the Restructuring of Alliances," *American Journal of Political Science*, Vol. 38, No. 1, February 1994, pp. 145–161.

[④] James D. Morrow, "Alliances and Asymmetry, An Alternative to the Capability Aggregation Model of Alliances," *American Journal of Political Science*, Vol. 35, No. 4, November 1991, pp. 904–933。该结果支持了莫罗（Morrow）提出的论断。

设置是决定联盟威慑效果的重要变量。对于成员国而言，不同的机制其成本和收益存在很大差别。方松英等人研究了危机过程中联盟机制对国家的作用。危机的结果对国家而言非常重要，国家可以通过创设联盟机制来影响冲突结果，包括干涉冲突或者约束盟友，即联盟机制的作用包括"威慑"对手和"约束"盟友。① 杰西·约翰逊（Jesse C. Johnson）等人的研究发现，联盟机制的设置以及联盟的类型能够在很大程度上影响联盟的威慑效果。② 同样，利兹的研究结果表明，联盟机制的存在给潜在挑战者传达盟友可能干涉的信息，从而能够威慑对手发起军事冲突的可能性，而不同的联盟机制能够传达不同的信息，国家则会选择不同的机制设置来发挥其影响。③

此外，部分文献讨论联盟机制设置对国家军事战略选择和对外干涉的影响。因为联盟机制的存在为国家的军事战略提供了更多的选项。杰弗里·华莱士（Geoffrey P. R. Wallace）发现，机制化程度更高的联盟对于国家的战略选择影响更大，因为机制化程度越高意味着成员国之间对彼此战略选择施加影响的渠道越多，并且能够在军事战略上进行更多的合作。④ 同样，联盟机制的设置也会影响国家进行对外干涉的决策。阿拉斯泰尔·史密斯（Alastair Smith）发现，联盟的存在能增加第三方进行干涉的可能性。⑤ 可见，联盟的机制设置会对国家行为会产生影响，这有助于理解联盟机制设置发挥作用的路径。但

---

① Songying Fang, Jesse C. Johnson and Brett Ashley Leeds, "To Concede or To Resist? The Restraining Effect of Military Alliances," working paper, http://polisci. fsu. edu/csdp/documents/FangJohnsonLeeds061512_ plus_ appendix. pdf.

② Johnson, Jesse, Leeds, Brett Ashley and Wu, Ahra, "Alliance Characteristics and Extended General Deterrence (2012)," *APSA* 2012 *Annual Meeting Paper*. Available at SSRN, http://ssrn. com/abstract = 2107207.

③ Brett Ashley Leeds, "Do Alliances Deter Aggression? The Influence of Military Alliances on the Initiation of Militarized Interstate Disputes," *American Journal of Political Science*, Vol. 47, No. 3, July 2003, pp. 427 – 439.

④ Geoffrey P. R. Wallace, "Alliances, Institutional Design, and the Determinants of Military Strategy," *Conflict Management and Peace Science*, Vol. 25, No. 3, September 2008, pp. 224 – 243.

⑤ Alastair Smith, "To Intervene or Not to Intervene, A Biased Decision," *The Journal of Conflict Resolution*, Vol. 40, No. 1, March 1996, pp. 16 – 40.

是此类研究并没有深入探讨特定的机制如何影响联盟的可靠性，也没有区分联盟机制对国家行为影响的类型，比如，国家如何发出有效信号威慑对手以及为何坚持联盟条约，这是进行深化研究所必需的。

第三，以规范为视角的研究将联盟条约视为国际机制，认为国家会选择通过设定国际机制的形式来管理双边关系，而国际机制的设定需要国内和国际上的合法性，因此合法性基础是联盟机制设置的必要条件。艾米莉亚·鲍威尔（Emilia Justyna Powell）通过社会合法性的视角来研究联盟机制的设置，在她看来，拥有共同合法性语言（legal language）的双方能够更准确理解彼此所提出的概念，因此国内法律体系和背景能够影响国家缔结联盟的意愿和进程，进而影响联盟机制的设置。① 肯尼斯·阿博特（Kenneth W. Abbott）和邓肯·斯奈德（Duncan Snidal）则通过比较国际法和国内法，以及国际法的两种类型来探讨合法性对国际机制的影响，结果发现尽管国际法的严谨程度无法达到先进民主国家国内法的严谨程度，但是基于国际法的国际机制依然有助于国家解决不同类型的问题。② 该视角认为联盟机制发挥作用的前提是具有合法性，因此合法性基础相似的国家之间组成的联盟更加可靠。但是该视角无法解释机制发挥作用的内在逻辑。

综上，可以发现既有文献对于联盟机制与联盟可靠性的关系进行了初步讨论。但是还存在以下可以改进之处：首先，国家会为了提高联盟的可靠性而设置相应的机制，但是机制的设置如何影响联盟可靠性却需要进一步讨论；其次，现有对可靠性的研究主要集中于如何提高违背联盟承诺的成本，但是缺乏对成本的分配、降低成本的因素考察；最后，现有文献考察了联盟在战争期间的援助情况，并没有对联盟可靠进行更加细致的讨论。目前对联盟可靠性的考察都是依据战时义务的履行情况，但是联盟除了提供战时援助之外，还有威慑对手的功能。因此，对联盟的可靠性需要进行更加深入讨论，并在此基础上分析影响联盟可靠性的联盟层面和成员国层面的因素。

---

① Emilia Justyna Powell, "Negotiating Military Alliances, Legal Systems and Alliance Formation," *International Interactions*, Vol. 36, No. 1, January 2010, pp. 28 – 59.

② Kenneth W. Abbott and Duncan Snidal, "Hard and Soft Law in International Governance," *International Organization*, Vol. 54, No. 3, Summer 2000, pp. 421 – 456.

本文的主要创新之处包括：第一，从联盟成员国层面考察联盟的可靠性，从联盟对于国家的安全功能视角讨论联盟的可靠性；第二，将联盟成员对联盟成本与收益的核算、实力对比对联盟成本与收益的分配，以及对外政策相似降低联盟成本这三项纳入统一分析框架，避免了单一的国家对成本与收益核算的依赖，有助于更好地解释联盟可靠性的问题；第三，通过将联盟可靠性划分为威慑对手和维持盟友关系，进一步扩展了对联盟可靠性的研究议题和路径。

二 联盟可靠性：一种功能的视角

联盟的类型、机制设置与联盟可靠性之间的关系并没有得到充分的讨论。有学者总结道，"有两个和军事联盟有关的基础问题：哪些因素导致国家决定结盟？哪些因素导致国家选择特定的盟友？"[1] 本文将在此基础上进一步探究，哪些因素会让联盟更加可靠，从而为联盟成员国带来更多的安全收益。与联盟可靠性相关的因素有很多，包括成员国政治制度、是否是大国、联盟类型、成员国权力的变化、成员国国内政治的变化以及成员国在战争中的角色等[2]。

（一）联盟的安全功能：威慑与援助

联盟的可靠性在于能够发挥相应的作用，在条约适用的情况下发挥特定的功能。莫罗认为联盟的可靠性是"联盟的可靠性与盟友受到攻击的情形密切相关，此时，国家决定是否干涉战争，并选择结成新联盟、维持联盟还是抛弃联盟"[3]。现有的研究从信号与可靠承诺的角度

---

① Emilia Justyna Powell, "Negotiating Military Alliances, Legal Systems and Alliance Formation," p. 30.

② 相关参见 Brett Ashley Leeds, "Alliance Reliability in Times of War, Explaining State Decisions to Violate Treaties," *International Organization*, Vol. 57, No. 4, Autumn 2003, pp. 801 – 827；Erik Gartzke and Kristian Skrede Gleditsch, "Why Democracies May Actually Be Less Reliable Allies," *American Journal of Political Science*, vol. 48, No. 4, October 2004, pp. 775 – 795；杨银厂：《同盟援助可靠性的再检验——同盟国家得分与同盟得分相结合的方法》，《外交评论》2008 年第 12 期。

③ James D. Morrow, "Alliances, Why write them down?" *Annual Review of Political Science*, Vol. 3, June 2000, pp. 63 – 83.

讨论联盟为何可靠,从国际机制设置的角度讨论如何使联盟更为可靠。

进一步讨论联盟的可靠性需要对联盟功能的类型进行划分。利兹的研究从联盟的存在与战争发生的角度,将联盟的功能划分为"威慑对手"和"鼓励盟友"两种,前者可以防止战争,后者则会导致战争。① 方松英等人的研究则关注联盟对危机管理的作用,将其作用划分为"威慑对手"和"约束盟友"。②

但是从联盟对国家安全所发挥的作用看,联盟最重要的作用在于增加国家的安全。增加安全的方式包括两类:对手受到威慑和盟友坚持承诺。在这两种情形下,联盟成员之间互动的逻辑并不相同,同一个联盟在战时和非战时的承诺水平也可能不尽相同。③ 综上可以认为,联盟对于成员国有两种安全功能类型:威慑对手与援助盟友。④

联盟的威慑功能在于传递可靠的信号。联盟条约作为国际机制对于签署国有约束作用,国家加入联盟实际上向其他国家传达在战争和冲突中支持盟友的信号。在联盟国家互动过程中,盟友之间通过密切的外交、安全与经济合作表明其密切关系,通过联合军事演习、在外交政策上协调立场、联合研制开发武器、建立军事基地,甚至是联合指挥等行为,明确传达双方对外坚定一致的信号。⑤ 这样的信号更可

---

① Brett Ashley Leeds, "Do Alliances Deter Aggression? The Influence of Military Alliances on the Initiation of Militarized Interstate Disputes," *American Journal of Political Science*, Vol. 47, No. 3, July 2003, pp. 427 – 439.

② Songying Fang, Jesse C. Johnson and Brett Ashley Leeds, "To Concede or To Resist? The Restraining Effect of Military Alliances," Working paper.

③ Ajin Choi, "Fighting to the Finish, Democracy and Commitment in Coalition War," *Security Studies*, Vol. 21, No. 4, October 2012, pp. 624 – 653; Patricia Weitsman, "Alliance Cohesion and Coalition Warfare," *Security Studies*, Vol. 12, No. 3, Spring 2003, pp. 79 – 113.

④ 当然,这两个类型并不是互斥的,有可能在一个联盟阶段内共存,本文划分的依据在于联盟给国家带来的安全形式。

⑤ 对信号理论的解释见 James D. Fearon, "Signaling Foreign Policy Interests, Tying Hands versus Sinking Costs," *Journal Of Conflict Resolution*, Vol. 41, No. 1, February 1997, pp. 68 – 90; James D. Fearon, "Signaling versus the Balance of Power and Interests, An Empirical Test of a Crisis Bargaining Model," *Journal Of Conflicrte Solution*, Vol. 38, No. 2, June 1994, pp. 236 – 269; James D. Morrow, "Alliance, Reliability, and Peacetime Costs," *Journal of Conflict Resolution*, Vol. 38, No. 2, June 1994, pp. 270 – 297; Smith, Alastair, "Extended Deterrence and Alliance Formation," *International Interactions*, Vol. 24, No. 4, 1998, pp. 315 – 343。

能被对手视为可靠的。正如美国所领导的北约，其他国家毫不怀疑如果北约成员国遭受攻击，美国和北约其他成员干涉的可能性。如果信号传达出现问题或者不可靠，那么国家受到攻击的可能性就会提高。当然，在联盟形成、维持和瓦解过程中，决定威慑有效的因素并不仅仅是盟友之间的合作，还包括对手强弱、国家声誉等。比如，尽管盟友之间联系密切，但是如果其中一方有过抛弃联盟的历史，那么在其他国家看来，该联盟的可靠性就会大打折扣。①

联盟的援助功能在于成员国存在共同利益。国家结盟的主要目的是应对共同的敌人。在盟友受到攻击时，不仅盟友的安全利益遭受损害，本国的利益和声誉也受到考验。无论在战争期间还是非战争期间，信守承诺并支持盟友，在安全上和国家声誉上都符合成员国的利益。但是如果双方面临的威胁升高，两国历史上有过冲突关系，其中一方为超级大国，一方为 1945 年之后的非民主国家以及国际背景发生变化，由此导致的联盟成本与收益比降低，那么联盟瓦解的可能性就会增加。② 此外，如果盟友国内政治发生变化，如非民主国家内部政权的更迭等，同样会导致国家抛弃联盟承诺。③

（二）威慑与援助：基于成本与收益的分析

联盟的威慑功能和援助功能内在逻辑类似，这两种功能发挥作用的基础是，联盟带来的安全收益超过国家维持联盟的成本。联盟机制的存在不是国家援助盟友的充分条件，尽管 A 国与 B 国签订了联盟条约，但是 B 国未必能够让 A 国必然遵守承诺。联盟条约的签订只是在很大程度上提高了盟友干涉或援助的可能性，并不意味着援助必然发生。与此类似，联盟也不是威慑对手的充分条件，有效威慑需要给对手传达明确而坚定的信息：联盟成员国的利益高度一致，且有干

---

① 对国家声誉在联盟中的讨论见 Mark J. C. Crescenzi, Jacob D. Kathman, Katja B. Kleinberg and Reed M. Wood, "Reliability, Reputation, and Alliance Formation," pp. 259 – 274; Neil Narang and Brad L. LeVeck, "How International Reputation Matters, Linking Alliance Violations to the Formation and Design of Future Alliance Contracts," Paper presented at the 105th Annual Meeting of the American Political Science.

② 刘丰、董柞壮：《联盟为何走向瓦解？》，《世界经济与政治》2012 年第 10 期。

③ Brett Ashley Leeds, Michaela Mattes and Jeremy S. Vogel, "Interests, Institutions, and the Reliability of International Commitments," pp. 461 – 476.

涉的能力和意愿。在信号理论中，需要付出代价的信号才可信。① 所以，从成本与收益的角度来考察，联盟的可靠性在于：联盟通过提高违约成本确保成员国承诺有效，对外部威胁传达需要付出成本的信号，以达到威慑对手的效果，从而获得额外的安全。

乔纳森·默瑟（Jonathan Mercer）总结信号理论时认为，增加信号可信程度的两个因素是信号成本与国家声誉。② 但是，国家声誉对于结盟可靠性来说并不是一个理想的标准。在特定联盟中，国家声誉主要来源于过去的结盟经历，包括与本国的结盟经历以及与他国结盟的经历。③ 但是联盟的维持和终止并不是随机的，而是国家经过审慎的战略考虑做出的选择。因此，国家声誉代表国家过去遵守联盟承诺的状况。如果假设国家是理性行为体，当维持联盟的成本超过其获得的收益的时候，国家选择抛弃承诺有利于其国家利益的实现。在联盟有效期内，国家应该考虑的不是如何惩罚背叛的盟友，而应该在缔结联盟时考虑如何通过审慎地选择盟友从而提高联盟的可靠性。

联盟对外释放信号以及对内确保承诺有效虽然会提高联盟的可靠性，为联盟成员国带来安全等收益，但是在联盟可靠性提高的同时也意味着维持联盟的成本上升，比如，联盟设定合作机构、组织军演等。因此，国家在建立联盟的时候，需要考虑联盟的收益以及代价，在两者之间达到平衡，从而实现联盟效用的最大化。据此，莫罗提出了联盟成本与收益理论，即越紧密的联盟越有可能援助盟友，但是也会造成更高的成本。④

威慑的成本在于使信号有效。"通过增加联盟成本可以使得联盟

① James D. Morrow, "Alliances, Why write them down?" *Annual Review of Political Science*, Vol. 3, June 2000, pp. 63 – 83.

② Jonathan Mercer, "Emotion and Strategy in the Korean War," *International Organization*, Vol. 67, No. 2, April 2013, pp. 221 – 252.

③ 相关见 Mark J. C. Crescenzi, Jacob D. Kathman, Katja B. Kleinberg and Reed M. Wood, "Reliability, Reputation, and Alliance Formation," *International Studies Quarterly*, Vol. 56, No. 2, June 2012, pp. 259 – 274。

④ James D. Morrow, "Alliance, Reliability, and Peacetime Costs," *Journal of Conflict Resolution*, Vol. 38, No. 2, June 1994, pp. 270 – 297.

信号更加有效，尽管联盟不一定经过危机的检验。"① 首先，盟友之间的对外政策可能并非完全一致，缔结联盟条约的两个国家为表现两国利益的一致性，会对本国的外交政策进行调整，在改变或牺牲部分国家利益的情况下，尽可能缩小两国外交政策的差异，从而体现两国合作的紧密程度。其次，盟国间密切的军事合作会增加国家成本，双方军事协调需要特定机构、人员，且本国单独使用武力时可能会受到盟友的制约，对于实力不对称联盟尤其如此，比如，从美韩同盟看，韩国军队战时指挥权目前仍在美国手中。但是，国家通过对外驻军等方式对外发出有效信号使威慑可信，可以减少卷入战争的代价。②

援助的成本则包括国内观众成本和国家行动的成本。事实上，无论国家履行联盟义务对盟友进行援助，还是国家违背联盟义务，都可能面临国内反对派和部分民众的反对。比如，西班牙阿斯纳尔政府由于在伊拉克战争期间紧密追随美国，招致国内大规模反对导致政府下台。在战争之前，国家援助的成本与威慑的成本类似，在战争期间则意味着国家需要投入人力、物力来支持盟友赢得战争。

因此，联盟最终是否可靠，取决于国家对联盟所能够带来的安全收益，以及维持联盟的成本的判断。同时，对成本与收益的衡量受到联盟成员国实力对比、联盟类型等因素的制约，即联盟的维持和管理也会产生相应成本，并且不同类型的联盟管理成本不尽相同。③

无论威慑对手还是援助盟友的成本和收益，都与联盟实际面临的情况密切相关，长远利益与当前利益、意识形态利益与物质利益等很难统一衡量。但总体而言，当国家援助盟友带来的利益高于成本时，国家会援助盟友；当维持联盟有效的收益大于威慑的成本时，国家会选择保持联盟关系。

（三）成本与收益的决定因素

两个国家有了充分的结盟理由后，它们需要设定联盟的军事合作

---

① James D. Morrow, "Alliances, Why write them down?" pp. 63 – 83.

② James D. Fearon, "Signaling Foreign Policy Interests, Tying Hands versus Sinking Costs," *Journal Of Conflict Resolution*, Vol. 41, No. 1, February 1997, pp. 68 – 90.

③ 参见苏若林、唐世平《相互制约：联盟管理的核心机制》，《当代亚太》2012 年第3 期。

形式和层次。联盟成员履行联盟义务的基础是联盟条约。联盟条约对成员国的地位与义务、联盟本身的程序和机构做出规定，核心内容是联盟条约适用于何种情况，在此情况下，成员国采取何种行为。联盟条约的这种特征，不仅会对国家的自主性甚至主权构成限制，也会使国家付出物质的代价。对联盟成员国而言，联盟的功能也是由条约所定义，包括军事功能与非军事功能。然而，联盟的形式、条约内容多种多样，不同的联盟条约增加安全的功能不尽相同。

在此基础上，国家会考虑对安全的需求程度以及可以接受的成本付出。在权衡这二者的基础上，国家会选择特定的盟友，在条约中规定双方军事合作的程度。在需要的时候国家是否能获得安全取决于盟友是否履行承诺。实现此目标的途径是提高盟友违背承诺的成本，对外发出更加有效的信号，可行的方式是采用约束力更强的机制。

国家可以设定联盟的"松紧度"，联盟的约束力越强，联盟越可靠，维持联盟所要付出的成本越高。① 从现实主义理论考虑，安全是国家首要的利益，因此国家会倾向于使盟友的承诺更可靠，进而让安全的可获得性越高。在非战争期间，联盟的机制化程度越高，国家发出有效信号的成本越高，信号也更加可信；而在战争期间，联盟机制化程度越高，意味着国家越可能提供援助。此外，联盟军事合作的水平也是联盟精确程度的指标之一，"模糊或模棱两可的条约会导致国家被抛弃的恐惧最大化，而精确的条约会减少此恐惧"②，联盟军事合作水平越高，盟友对于被抛弃的恐惧越小，维持联盟有效的成本也越低。然而，由于两国军事合作程度太高，也会极大增加对手的敌意，如德国和奥匈帝国的联盟增加了法国和英国的敌意。正如格伦·斯奈德（Glenn Snyder）所言，"对盟友较强的承诺会增加对对手的威胁，进而导致对手联盟的强化"③，从而导致国家被攻击的可能性提高。据此，本文提出假设1：

假设1：联盟军事合作程度越高，联盟越不可靠；

国家为提高联盟威慑和援助的可靠性，会通过机制设置来提高违

---

① James D. Morrow, "Alliance, Reliability, and Peacetime Costs," pp. 270 – 297.

② Glenn Snyder, "The Security Dilemma in Alliance Politics," pp. 461 – 495.

③ Glenn Snyder, "The Security Dilemma in Alliance Politics," pp. 461 – 495.

约的成本。马特斯认为在对称性联盟中，国家为了提高违背联盟的成本，会设置复杂的机制来降低盟友违约的可能性。而在非对称联盟中大国对小国有足够的控制力，因此不需要复杂的机制来约束盟友和自己。[①] 另一方面，复杂的机制在提高联盟可靠性的同时也会对国家的行为造成更多的束缚，削弱国家的自主性。在莫罗的"安全—自主性交易"模型中，自主性是国家从联盟中获得的重要收益之一，即具有对外行为自由，当国家面对议题的现状时，能够不受约束地做出改变，并到达议题的理想状态。[②]

国家结成联盟有其特定的目标，包括增加安全和自主性。在联盟机制的设置中，除了国家的实力之外，国家还会考虑其他的因素来降低违约的成本，其中可行的途径之一是选择目标相似的国家结盟。当两个国家面临的国际环境相似，其对外政策目标重合度较高，这两个国家结成的联盟对外发出威慑信号、在战时进行援助的可能性就会提高。目标的重合度反映的是国家利益交叉的程度。据此，本文提出假设2：

假设2：联盟国家目标重合度越高，联盟越可靠。

三　研究设计

对于联盟的概念，本文采用"联盟条约与义务条款"（Alliance Treaty Obligations and Provisions，ATOP）数据库的定义，即"联盟是由至少两个独立主权国家的官方代表签订的书面协议，内容包括承诺在军事冲突事件中对盟国进行援助，在冲突中保持中立，制止与他国的军事冲突，或者在能够造成潜在军事冲突的国际危机中保持合作与协商"[③]。

本文的研究对象是1815—2001年的双边联盟，包括进攻型条约、

---

① Michaela Mattes, "Reputation, Symmetry, and Alliance Design," pp. 679 – 707.

② James D. Morrow, "Alliances and Asymmetry, An Alternative to the Capability Aggregation Model of Alliances," pp. 904 – 933.

③ Brett Ashley Leeds, Jeffrey M. Ritter, Sara Mclaughlin Mitchell, and Andrew g. Long, "Alliance Treaty Obligations And Provisions, 1815 – 1944," *International Interactions*, Vol. 68, No. 3, January 2002, pp. 237 –260.

防御型条约和中立条约，排除了互不侵犯条约。[①] 其中，1815 年之前就已经存在的联盟属于"左删截"（left - censored），研究的时间从 1815 年开始，之前的记录不纳入分析。[②] 2001 年之后的数据属于"右删截"（right - censored），研究的统计截至 2001 年，之后的记录并不纳入分析。分析单位是"国家—年"数据，即联盟中每一个成员国在每一年的情况。联盟的功能主要在于对国家安全的影响，联盟的机制化程度越高，成员国越不容易成为战争的目标，且在战争中更可能获得援助。本文的主要数据来源是"联盟条约与义务条款数据库"中的"国家—年"数据。[③] 符合条件的记录共有 11435 条。

（一）因变量操作化

本文的因变量是联盟可靠性。现有研究讨论联盟可靠性大多关注盟友在战争期间的行为，这是考察机制的设置对国家是否决定介入战争的影响。事实上，当联盟中的一方卷入战争，另一方需要决定是否援助的时候，已经表明联盟的威慑功能失败，"只有联盟更加不可靠的时候才更可能被挑战"[④]。因此对联盟可靠性的操作化包括两部分——威慑的操作化与援助盟友的操作化。但是直接测量联盟威慑的效果和援助盟友的效果无法实现。[⑤] 借鉴既有研究，测量这两种效果的反面：被攻击与被抛弃更具可行性。

---

① 利兹、马特斯和沃格尔认为互不侵犯条约不需要国家做出积极救助，故互不侵犯条约既没有威慑功能，也不具备援助功能，因此不适合在本文中进行讨论；而多边联盟由于双边关系的操作以及内部决策复杂性，更重要的是双边联盟与多边联盟的逻辑存在不同，因此也不适合在本文讨论，比如，马特斯认为在双边联盟中国家只有一个盟友，因此对可靠性的要求较高，而在多边联盟中，国家可以不仅仅依赖于某一个特定的盟友，因此对可靠性的要求相对较低，Michaela Mattes，"Reputation, Symmetry, and Alliance Design,"*International Organization*, pp. 679 - 707。

② 之所以选取此时间段，是因为 1815 年之前的联盟信息不全，难以进行较全面统计。

③ ATOP 数据可以从 http：//atop. rice. edu/ 下载获取。

④ Michaela Mattes，"Reputation, Symmetry, and Alliance Design,"*International Organization*, Vol. 66, No. 4, Fall 2012, pp. 679 - 707；Gibler, Douglas M. , "The Costs of Reneging, Reputation and Alliance Formation,"*Journal of Conflict Resolution*, Vol. 52, No, 3, June 2008, pp. 426 - 454。

⑤ 这一问题的原因是联盟条约中的义务履行情况无法得知，对这一问题的讨论详见 Geoffrey P. R. Wallace，"Alliances, Institutional Design, and the Determinants of Military Strategy,"pp. 224 - 243。

对于被攻击，如果双边联盟中一方或双方在联盟有效期内被第三方攻击，那么该种情况被视为威慑失败。"战争相关因素"（Correlates of War，COW）数据库中的"国家间战争数据"（Inter – state War Data set）可以用来确定国家是否在战争中被攻击。① 如果国家被攻击，则赋值为 1，否则赋值为 0。② 在该组数据中，排除了战争发生后的记录，有效记录数为 8686 条。

对于被抛弃而言，"联盟条约与义务条款数据库"中对联盟终结的界定是"如果一个联盟由于其中一个或多个成员破坏条款，包括故意在联盟规定终结日期之前废除联盟条约"③，将联盟中由于盟友放弃联盟承诺而导致国家利益受损的情况视为被抛弃。④ 在成员国层面，国家退出联盟的方式包括：（1）在联盟条约有效期结束后没有续签；（2）盟友之间成立了新的联盟取代旧的联盟；（3）联盟在条约规定的有效期内破裂；（4）一个或多个成员国丧失了独立地位或者不再被认定为国际体系的成员；（5）条约规定的特定条款不再存在导致联盟形同虚设；（6）联盟由于战争而瓦解。⑤ 第（3）（5）（6）类情形可以被视为被抛弃。该数据有效记录数为 1370 条。

（二）自变量操作化

国际机制的理性设计理论认为，国家利用制度的设计来实现其国家目标，在此过程中国家会对机制的诸多要素进行分析。国际机制设计有五个关键维度：成员规则（Membership Rules）、议题覆盖范围（Scope of Issues Covered）、议题集中度（Centralization of Tasks）、机制

---

① COW 国家间战争数据可以从 http：//www. correlatesofwar. org/COW2% 20Data/WarData_ NEW/WarList_ NEW. html 下载获取。

② 对此种衡量的详细描述，可见 Johnson, Jesse, Leeds, Brett Ashley and Wu, Ahra, "Alliance Characteristics and Extended General Deterrence（2012），" *APSA* 2012 *Annual Meeting Paper*, Available at SSRN, http：//ssrn. com/abstract = 2107207；Brett Ashley Leeds, "Do Alliances Deter Aggression? The Influence of Military Alliances on the Initiation of Militarized Interstate Disputes," pp. 427 – 439。

③ http：//atop. rice. edu/download/ATOPcdbk. pdf, p. 38.

④ 双边联盟中很难确定哪一方首先抛弃联盟，因为一方抛弃意味着联盟不复存在，因此联盟破裂可能是国家被抛弃，也可能是国家主动抛弃。国家主动抛弃盟友说明联盟的价值不存在了，本文将此类情况也视为联盟对于国家来说不可靠。

⑤ http：//atop. rice. edu/download/ATOPcdbk. pdf, p. 19.

管控规则（Rules for Controlling the Institution）和安排灵活性（Flexibility of Arrangements）。[①] 其中与联盟设计相关的维度是议题覆盖范围和议题集中度，即军事合作水平和成员目标一致性。

联盟的军事合作水平的赋值规则如下：

利兹和安纳奇、马特斯、华莱士将军事合作水平划分为高、中、低三种程度[②]，在此可以简化为两种，满足如下任一条件的联盟可以视为军事合作程度较高的联盟：（1）在战时和平时有共同的军事指挥；（2）要求成员国执行共同的防御政策，包括军事计划、训练和采购等；（3）提供给盟国共同使用的军事驻地，互换军事基地，或者一方在另一方领土上建立军事基地；（4）成员国军事官员在平时就军事计划与合作进行官方交流；（5）联盟创立共同的军事组织来协调军事计划和行动；（6）需要一方为另一方提供军事训练或者技术支持；（7）在冲突中一方的军队置于另一方领导之下，或者规定了冲突中成员承担的军事义务水平。满足以上任一条件赋值为 1。联盟军事合作水平高，即机制化水平较高，违背联盟的成本越高，国家可能从中获得更多的安全。当然，这同时也意味着国家卷入战争的风险越大。[③] 但是，现有研究认为，在实际中国家因为联盟"卷入"战争的情形并不多见，"通过限定联盟义务的类型和适用条件，联盟条约能够降低国家卷入战争的可能性"[④]。不满足以上任何条件的则视为军事合作水平较低，赋值为 0。

总体而言，国家通过联盟设置增加了盟友援助的可能性，提高了威慑的效度，同时降低了本国卷入战争的可能性，国家从联盟中获得的安全收益越多，因而更倾向于设置高度机制化的机制，降低战争风险并增加安全。

---

① Barbara Koremenos, Charles Lipson and Duncan Snidal, "The Rational Design of International Institutions," *International Organization*, Vol. 54, No. 4, Autumn 2001, pp. 761 – 799.

② 详见 Brett Ashley Leeds and Sezi Anac, "Alliance Institutionalization and Alliance Performance," *International Interactions*, Vol. 31, No. 3, July – September 2005, pp. 183 – 202。

③ 对联盟成员国"被牵连"（entrapment）的经典研究见 Glenn Snyder, "The Security Dilemma in Alliance Politics," *World Politics*, Vol. 36, No. 4, July 1984, pp. 461 – 495。

④ Tongfi Kim, "Why Alliances Entangle But Seldom Entrap States," *Security Studies*, Vol. 20, No. 3, July 2011, pp. 350 – 377.

对外政策相似程度可以用来测量联盟目标的重合程度。参考现有研究[1]，"预期效用生成和数据管理项目"（Expected Utility Generation and Data Management Program, EUGene)[2] 中柯蒂斯·西格诺里诺（Curtis S. Signorino）和杰弗里·瑞特（Jeffrey M. Ritter）相似性分值 S（Similarity Score）可以用来衡量国家对外政策的相似程度。[3] 该分值克服了传统上对国家间外交政策相似性测量的不足，在外交政策数据有限或者过于庞杂的情况下，可以用议题加权的方式有效地测量外交政策相似程度。两个联盟成员国目标完全一致的情形将赋值为1，否则赋值为0。

（三）控制变量赋值

为使研究结果更加精确，设置控制变量对联盟类型进行进一步划分很有必要。控制变量包括联盟成员国国内政治制度、联盟的类型和联盟成员实力对比。由于分析所用的数据是"国家—年"数据，每一条记录在时间上相关，为消除这一问题可能带来的误差，参考卡特（Carter）和西格诺里诺（Signorino）的做法，时间（年）这一变量将被加入模型当中。[4]

现有研究表明，国家的政体和民主化程度对国家的对外行为有显著影响，其中决策程序和国内观众成本是重要影响因素。[5] 这一变量

---

① 周建仁：《战略分歧、自助能力与同盟解体》，《世界经济与政治》2013 年第 1 期；Mark J. C. Crescenzi, Jacob D. Kathman, Katja B. Kleinberg and Reed M. Wood, "Reliability, Reputation, and Alliance Formation," *International Studies Quarterly*, Vol. 56, No. 2, June 2012, pp. 259 - 274。

② 数据可以在 http：//www. eugenesoftware. org/ 下载获取。

③ Curtis S. Signorino and Jeffrey M. Ritter, "Tau - b or Not Tau - b, Measuring the Similarity of Foreign Policy Positions," *International Studies Quarterly*, Vol. 43, No. 1, March 1999, pp. 115 - 144.

④ 转引自 Carter, David B. , and Curtis S. Signorino, "Back to the Future, Modeling Time Dependence in Binary Data." University of Rochester. Working Paper. http：//www. rochester. edu/ college/psc/signorino/。

⑤ 相关见 Sarah Kreps, "Elite Consensus as a Determinant of Alliance Cohesion, Why Public Opinion Hardly Matters for NATO - led Operations in Afghanistan," *Foreign Policy Analysis*, Vol. 6, No. 3, July 2010, pp. 191 - 215；Brett Ashley Leeds, "Domestic Political Institutions, Credible Commitments, and International Cooperation," pp. 979 - 1002；Ajin Choi, "Fighting to the Finish, Democracy and Commitment in Coalition War," *Security Studies*, Vol. 21, No. 4, October 2012, pp. 624 - 653。

可以用"政体（四）"（Polity Ⅳ）① 数据库的数据来衡量，按照惯例分值在 5 以上的国家被认定为民主国家，6 以下的则赋值为非民主国家。根据这一判断，国内政治制度这一变量为虚拟变量，如果两国都是民主国家，则将该项记录赋值为 1，否则赋值为 0。

国家缔结不同类型的联盟，其目标和设置机制的考虑是不同的，因此联盟类型将作为控制变量纳入分析。参考"联盟条约与义务条款数据库"的划分，需要积极援助的联盟即进攻型联盟和防御型联盟需要单独进行赋值。② 如果联盟类型是进攻型联盟，则该项赋值为 1，反之赋值为 0。防御型联盟赋值与此规则相同。

对联盟成员国成本收益能够造成影响的重要因素之一是实力对比，联盟中国家实力的分配相应引起成本与收益分配的变化。比如，由于"搭便车"的存在，大国在联盟中可能付出更多的物质力量来提供安全保障，获得对小国更多的支配，而小国在联盟中获得的安全收益则大于大国。因此联盟中国家的实力对比可以设置为控制变量。根据"战争相关因素"数据中对大国行为体的划分③，大国与小国之间的联盟可以定义为非对称型联盟，赋值为 1，大国与小国之间的联盟可以定义为对称型联盟，赋值为 0。

此外，对于维持联盟有效，是否经历战争可以作为控制变量，因为经历战争是导致联盟破裂的重要因素。根据"战争相关因素"的国家间战争数据，如果国家在联盟有效期内经历过战争，则赋值为 1，否则赋值为 0。

对于非对称联盟，是否为大国可以作为控制变量，以检验联盟对大国安全的影响。其赋值方式与实力分布类似，将大国赋值为 1，其他赋值为 0。

---

① 数据可以在 http：//www. systemicpeace. org/polity/polity4. Htm 下载获取。

② 对进攻型和防御型联盟的界定见 http：//atop. rice. edu/download/ATOPcdbk. pdf，p. 9。

③ 见 http：//www. correlatesofwar. org/COW2% 20Data/SystemMembership/2011/System2011. html。

四 经验结果与案例验证

鉴于本文的因变量是二分变量，因此本研究的主要统计方法为 Logit 回归分析，分析软件为 STATA 12.0。

Logit 回归模型公式是：

$$\text{prob (event)} = \frac{1}{1 + e^{-z}}$$

其中 $z = B_0 + B_1X_1 + \cdots\cdots + B_pX_p$（P 为自变量个数）。某一事件不发生的概率为 Prob (no event) = 1 − Prob (event)。

本文设定了四组模型用以检验不同类型联盟的可靠性。模型一用来检验对称联盟被攻击时的可靠性，模型二用于检验对称联盟被抛弃时的可靠性，模型三用于检验非对称联盟被攻击时的可靠性，模型四用于检验非对称联盟被抛弃时的可靠性。

（一）经验结果

通过对 Logit 模型进行稳健（robust）分析[1]，统计结果如表 1 所示。

经验研究发现，在对称型联盟中，联盟军事合作程度与联盟可靠性无关，在非对称型联盟中，军事合作程度越高，反而可能导致联盟更不可靠。这验证了莫罗和利兹的论断[2]，即联盟机制的存在本身并不能保证国家不被攻击，也不能保证盟友进行援助。尤其是在非对称联盟中，因为大国从其非大国盟友处所获得的额外安全有限，同时联盟同时增加了对手对大国和小国的敌意，导致联盟更可能被攻击。此外，尽管非对称联盟的军事合作机制程度较高，但是小国对大国违约的惩罚手段并没有相应增加或强化。因此对于模型三和模型四的非对称联盟，假设 1 得到支持。

对于联盟成员国的对外政策目标，结果显示在非对称联盟中，两国的对外目标相似度越高，联盟越可靠，而在对称联盟中，成员国目

---

① 经过测验，数据并没有多重共线性问题。

② Brett Ashley Leeds and Sezi Anac, "Alliance Institutionalization and Alliance Performance," *International Interactions*, Vol. 31, No. 3, July – September 2005, pp. 183 – 202; James D. Morrow, "Alliance, Reliability, and Peacetime Costs," *Journal of Conflict Resolution*, pp. 270 – 297.

标对于联盟的可靠性没有影响。在非对称联盟中，联盟成员对外政策目标一致意味着小国追随大国，搭大国的安全便车，在大国的安全保护下更不容易受到攻击，不可能抛弃大国，也不容易被大国抛弃。这意味着对于非对称联盟，假设2得到支持。

有趣的是，无论对于对称型联盟还是非对称型联盟，民主国家之间更不可能被盟友抛弃，但是却更可能被攻击。并且成员国制度这一变量对于对称联盟的影响大于对非对称联盟的影响，即对称联盟中的民主成员更可能被攻击，更不可能被抛弃。原因在于，民主国家结成联盟后，成员国出于本国观众成本的考虑，更可能支持受到攻击的盟友。但是，此类联盟对外发出的威慑信号效果却不比其他类型联盟更明显。

表1　　　　　　　　对联盟可靠性的 Logit 回归分析结果

变量名	模型一 对称—被攻击	模型二 对称—被抛弃	模型三 非对称—被攻击	模型四 非对称—被抛弃
军事合作水平	- 0.241 (0.305)	0.466 (0.404)	0.954 (0.176) ***	0.832 (0.189) ***
成员国目标	1.785 (1.197)	0.921 (1.292)	- 0.703 (0.326) **	- 0.669 (0.295) **
成员国制度	0.617 (0.334) *	- 0.969 (0.51) *	0.312 (0.182) *	- 0.538 (0.259) **
防御型条约	2.045 (1.034) **	1.080 (0.623) *	0.395 (0.342)	0.415 (0.345)
进攻型条约	1.218 (0.37) ***	- 0.739 (0.45)	1.475 (0.265) ***	1.071 (0.259) ***
时间（年）	- 0.002 (0.004)	- 0.013 (0.005) ***	- 0.003 (0.002)	- 0.011 (0.002) ***
是否经历战争		0.792 (0.343) **		1.476 (0.238) ***
是否大国			1.263 (0.198) ***	0.119 (0.231)
Log likelihood	- 191.256	- 139.443	- 666.319	- 599.071
Wald chi^2	39.65 ***	35.74 ***	228.65 ***	319.72 ***
Pseudo R^2	0.084	0.082	0.128	0.159
N	1,220 (67)	1,370 (67)	8,190 (378)	8,686 (378)

注：1. 括号内为稳健回归标准误，样本数 N 所在行括号内为涉及联盟数量；
　　2. ＊＊＊ p<0.01，＊＊ p<0.05，＊ p<0.1（双尾检验）。

此外，经历过战争的联盟成员更容易被抛弃，因为援助处于战争中的国家盟友需要付出更多成本，也可能是因为攻击的一方是盟友更为密切的伙伴，比如，美国在马岛战争中的角色。在非对称联盟中，大国更容易受到攻击。因为在非对称联盟中，大国的盟友能够给大国提供的潜在支持有限，因此对于对手的威慑力有限。但是小国的盟友却能够提供更多的支持和安全保护，因此反而更不容易受到攻击。

对于控制变量，对称的防御型联盟比非对称类型更不可靠，进攻型条约则无论联盟是否对称都更加不可靠。约翰逊和利兹的研究在一定程度上解释了这个现象，因为防御型联盟虽然能够遏制冲突的发生，但是攻击的一方未必因为本方联盟的存在而更容易挑起冲突，而作为被攻击的一方也不会因为有防御型联盟而减少被攻击的可能性。①防御型联盟和进攻型联盟对于联盟成员国安全虽然会造成影响，但是其影响是不确定的。利兹的解释是"联盟同时影响盟友与对手双方的决策，并且因为联盟条约中可能包含有多种类型的承诺，不同的承诺对于联盟和成员国有不同的效应"②。因此考察联盟类型对联盟的影响需要分析联盟成员国之间、联盟与对手之间的互动。与此类似，联盟与战争发生之间的关系无法测量，"如果挑战者不愿发动他们认为不能赢的战争，或者他们认为在多边冲突中比在双边冲突中更不利，或者害怕对手的联盟是有效的，因而没有发动战争，但是无法用经验来证明这种关系"③。史密斯认为，联盟对对手和盟友都会发出信号，因此可能既容易引起战争，又可能遏制战争。④联盟的机制设置、可靠性与战争发生的关系是未来可行的研究议题。

（二）案例验证

为进一步验证经验的结果，通过对案例发生过程的跟踪，揭示机

①　Jesse C. Johnson and Brett Ashley Leeds，"Defense Pacts，A Prescription for Peace?" Foreign Policy Analysis，Vol. 7，No. 1，January 2011，pp. 45 – 65.

②　Brett Ashley Leeds，"Do Alliances Deter Aggression? The Influence of Military Alliances on the Initiation of Militarized Interstate Disputes，" American Journal of Political Science，Vol. 47，No. 3，July 2003，pp. 427 –439.

③　Brett Ashley Leeds，"Alliance Reliability in Times of War，Explaining State Decisions to Violate Treaties，" International Organization，Vol. 57，No. 4，Autumn 2003，pp. 801 – 827.

④　Smith，Alastair，"Alliance Formation and War，" International Studies Quarterly，Vol. 39，No. 4，December 1995，pp. 405 – 425.

制发挥作用的内在逻辑，将使经验结果更加可信。根据自变量军事合作水平和成员国目标一致程度，同时参考控制变量的分类，本文选取四个不同时段、不同类型的案例进行研究：苏越同盟（1978 年）、埃约同盟（1967 年）、德意同盟（1939 年）、法波同盟（1925 年），[①]如表 2 所示。限于篇幅的限制，本文将主要对苏越同盟进行详细分析，其他三个案例则用来进行对比，并不做详细的讨论。

1978 年 11 月 3 日，越南与苏联签订《苏越友好合作条约》，同年 12 月 13 日生效。条约规定"一旦双方中之一方成为进攻或进攻威胁的目标，缔约双方将立即进行协商以消除这种威胁，并采取相应的有效措施保障两国的和平与安全"[②]，条约签订后苏联取得了在越南金兰湾和岘港建立海空基地的权利。此外，苏联给予越南大量军事援助，提供越南战机和军舰，派遣军事顾问和军事人员进入越南[③]，"建立针对中国的雷达、导弹、海军基地等军事设施"[④]，紧密开展军事合作。

表 2　　　　　　　　　　　　　案例分析

	苏越同盟	埃约同盟	德意同盟	法波同盟
条约名称	《苏越友好合作条约》	《埃约军事协定》	《德意同盟条约》	《洛迦诺公约》
军事合作水平	高	高	一般	一般
成员国目标	不一致	一致	一致	不一致
防御型条约	防御	防御	进攻	进攻
是否对称	不对称	对称	对称	不对称
是否经历战争	是	是	是	是
联盟可靠性	威慑失败、援助失败	威慑失败	联盟可靠	威慑失败

然而越南与苏联的结盟并没有使其免受攻击。1979 年 2 月 17 日，

---

　　① 对于联盟与同盟，本文认为联盟表示同盟一类的军事关系，而同盟则表示具体的军事关系。

　　② 黄文欢：《越中友好与黎笋的背叛》，人民出版社 1982 年版，第 44 页。

　　③ 见张岷《苏联与中越、中印边境战争》，《历史教学问题》1992 年第 5 期。

　　④ 刘德斌：《国际关系史》，高等教育出版社 2003 年版，第 455 页。

中国对越自卫反击战爆发。作为越南所倚靠的盟友苏联除继续提供军事援助外，并没有采取有效的措施来应对中国，听凭中国军队占领谅山，直指河内。当然，中国迅速从越南撤军原因之一是苏联增兵中苏边境，迫使中国保持北京军区、沈阳军区和兰州军区战备状态，客观上给中国造成了安全和经济压力。除此之外，苏联在金兰湾和岘港的海空基地除派军舰示威外，并没有实质性参与战争。苏联政府曾发表声明，指责中国"侵略"越南和推行"霸权主义"，声称苏联将根据苏越同盟条约履行其义务。① 根据本文的界定，越南没有得到苏联应有的有效支持，"事实证明，越南靠苏联是靠不住的"②。总之，越南在苏越同盟中可以视为被攻击且被抛弃。

究其原因，本文认为虽然苏联和越南军事合作水平较高，但是这种合作显然增加了中国对越南的敌意，使得中国更加倾向于对越南发动攻击，"1975 年美国从越南撤军后，苏联和越南便趁此机会，填补了美国撤军留下的空白……加剧了对中国利益的威胁"③。此外，苏联援助越南的动机与越南的目标并不一致。苏联拉拢越南的目的是将越南作为桥头堡实现其南进战略，控制印度洋和西太平洋；越南的目标是控制东南亚，建立"印支联邦"。由于实力不对称，越南对苏联高度依赖，两者在控制与反对控制、在老挝和柬埔寨的主导权上存在很大分歧。在对待中国的态度上，苏联希望扶植越南，实现其包围和遏制中国的意图；越南则对中国的领土存在诉求。因此两国在对华开战方面也存在分歧。

埃约同盟是埃及和约旦针对以色列成立的军事协定，1967 年 5 月签署并生效，条约规定"以色列对任何一国停战线的侵犯也被认为是对另一国的侵犯，两国军队应紧密合作击退侵略者"④，埃约两国建立最高委员会和联合司令部。同年第三次中东战争爆发，以色列对埃及和约旦发动攻击。虽然埃及和约旦结盟目标明确且一致，进行了有效的军事合作，但是依然没有避免被攻击。这表明威慑的效果不仅与

---

① 宫力：《峰谷间的震荡》，中国青年出版社 1996 年版，第 27 页。
② 宫力：《1979 年中越边境冲突中的美中苏三角关系》，《国际观察》2004 年第 3 期。
③ 傅高义：《邓小平时代》，生活·读书·新知三联书店 2013 年版，第 9 章。
④ http://baike.zhige.net/doc-view-8894.

联盟发出的信号有关，还与联盟和对手的互动有关：联盟特别明确地针对一个国家会引发敌意和先发制人的攻击。

1937 年德国与意大利签署《德意同盟条约》，将英法美视为主要威胁。条约规定"一旦发生国际性危险，两国立即进行协商"[1]，两国之间的在军事和军事经济上进心合作，并协调两国的宣传，在付出成本的基础上体现两国目标的一致性。在二战早期，德意两国始终保持合作，直到墨索里尼政府被巴多里奥政府取代。该进攻型条约总体而言是可靠的。因为保持联盟关系对德意两国都是有利的，不至于在国际上受到孤立。

1925 年，法国与波兰在洛迦诺会议签订《保障条约》，规定"值一方因为它们与德国在同日订立之协定被违反而受到侵略时，相互给予及时的援助"[2]。该条约清晰界定了发挥作用的条件，即德国侵犯德波边界会受到法国的干预，体现了法国和波兰的共同目标。此项保证并没有解决德波边界问题，1939 年德国突袭波兰，标志着该联盟被攻击。原因在于在慕尼黑会议后，由于英法对德国的绥靖政策，使得德国的野心膨胀。相应，法国与波兰的同盟关系威慑能力也大大降低。

通过案例分析发现，联盟的军事合作水平并不一定能够提高联盟的可靠性。相反，军事合作水平越高、对威胁界定越明确，更容易引起敌意，甚至招致先发制人的打击或制裁。军事合作水平只是有助于向外部对手发出信号，但是对手如何解读信号并做出反应则是另外的逻辑。盟友的目标相似度与此类似，目标相似的盟友可能引起对手的敌意，但是基本上不会被抛弃。

以上可以发现，联盟机制中部分变量对盟友发挥作用，部分则对对手发挥作用。联盟的机制设置目的是使联盟更加可靠，但是其效果却并不能完全满足这个目的。因为联盟机制之所以能够发挥作用，是通过对其他国家和成员国内部发出信号，让对手与本国民众相信双方

---

[1] ［法］让·巴蒂斯特·迪罗塞尔：《外交史》（1919—1978），李仓人等译，上海译文出版社 1982 年版，第 243 页。

[2] 周鲠生：《近代欧洲外交史》，武汉大学出版社 2007 年版，第 306 页。

合作的诚意与援助的可能性。盟友目标的相似程度补充了这一逻辑。

联盟的形成、机制设置和维持，反映的是国家对国际环境与自身安全的判断，从而做出相关的决策。本文认为在国家是理性的前提下，联盟从产生到终结的过程都是对成本与收益的核算。并且在此过程中，国家对成本与收益的核算、成本与收益的分配、降低成本的措施等共同发挥作用。

五　结论

本文认为，联盟是否可靠是成员国之间、成员国与对手之间以及联盟机制设计复杂互动的过程。联盟的可靠性受到联盟设计的影响，但是其影响是有限且有条件的。在联盟维持的过程中，由于成员国实力对比和成员国属性导致的利益和成本分配会发挥显著的影响，降低联盟维持成本的联盟设置也会发挥积极的影响。通过研究可以发现，非对称的联盟军事合作程度越高，反而会使得联盟成员国更容易被攻击，也更容易被抛弃。民主国家更容易维持联盟，但是其威慑效果却更差。非对称联盟成员国目标越相似，联盟更可靠。在非对称联盟中，大国更容易被攻击，但是不一定更容易被抛弃。成员国经历过战争更容易导致联盟被抛弃。

当前，联盟政治也是中国战略研究界讨论的重要问题，其中美国面临的亚太联盟体系以及中国自身在联盟问题上的战略选择尤为受到关注。[1] 本文的研究成果对于理解这两个政策问题都有一定的价值。目前美国在东亚保持着高度机制化的双边联盟体系，而且这一联盟呈现出强化和网络化的趋势。虽然美国官方并未明确表态其联盟体系针对中国，但是由于美国对外发出联盟可靠的有效信号，其对盟国提供的安全保障承诺会被一些盟国和安全伙伴利用，作为在一些政治和安

---

[1]　关于美国亚太联盟体系的讨论参见杨毅《美国亚太联盟体系与中国周边战略》，《国际安全研究》2013年第3期，第127—138页；关于中国是否需要调整不结盟战略的讨论可参见唐世平《联盟政治和中国的安全战略》，《领导者》总第36期（2010年10月）；阎学通：《俄罗斯可靠吗?》，《国际经济评论》2012年第3期；刘丰：《国际政治中的联合阵线》，《外交评论》2012年第5期。

全问题上抗衡中国的筹码。① 当然，尽管美国的联盟体系对中国造成了安全压力，但是一些盟友的目标与美国存在明显分歧，如果在这些问题上挑起冲突，未必会获得美国的有力支持。目前，美国在中国周边积极构建军事合作水平较高的联盟体系，以此来应对中国崛起为地区性强国。以菲律宾为例，美国与菲律宾建立了美菲安全合作委员会（Security Engagement Board）、菲美共同防御委员会（Philippine – U. S. Mutual Defense Board）、年度"肩并肩"（Balikatan）军演、军事后勤支援协定（The Military Logistic Support Arrangement）、部署"联合特战特遣队——菲律宾分队"（Joint Special Operation Task Force – Philippines）、酝酿年度双边安全对话等军事合作机制。② 美国希望通过强化与菲律宾的安全关系来巩固美国在该地区的战略利益，保持地区战略平衡。根据本文的结果，菲律宾与美国高度的军事合作关系并不能为其带来可靠的安全保障。这也意味着，在中国对南海争端的考量中，美菲军事合作并不一定会发挥作用。

　　与此同时，在讨论中国是否需要调整不结盟政策，或者中国与其他国家建立高水平的军事合作时，不仅需要考虑它对增进彼此的安全能够发挥的作用，还要考虑对手的反应。在盟友的缺乏可能会对中国的国家安全造成不利影响的情况下，本文的研究有助于理解选择何种盟友、进行怎样的军事合作更有利。如果进行较高水平的军事合作，对外政策目标相似的国家是可行的选择。中国可以选择安全目标较为一致的伙伴，根据需要设定相应的军事合作水平，从而在增加本国安全的同时降低他国的敌意。而在缺乏合适的盟友、尚不具备结盟的条件，或者结盟容易激发他国敌意从而恶化中国周边安全环境的条件下，选择任务明确但形式松散的安全合作安排则更为可取。无论是正式的联盟还是灵活的安全合作，军事合作需要提高伙伴抛弃承诺的成本，中国作为崛起中的大国，与潜在盟友的军事合作中极有可能处于主导地位，这能够给予中国设计合作机制的主导权，从而提高合作的可靠程度。

---

① 刘丰：《安全预期、经济收益与东亚安全秩序》，《当代亚太》2011 年第 3 期。

② 见 Renato Cruz De Castro, "Territorial Disputes, Realpolitik, and Alliance Transformation: The Case of Twenty – first Century Philippine – U. S. Security Relations," *Issues & Studies*, Vol. 49, No. 1, March 2013, pp. 141 – 177。

联盟信任的生成机制

尹继武

  信任是国际关系中的一个重要问题，然而国际关系中却没有成熟的信任理论。信任概念构成了诸多主流国际关系概念的基础，比如，联盟、和谐、安全困境和声誉等。由于关于信任的研究尚不成熟，国际关系学界对于联盟形成中的信任问题并未提供十分有效的理论工具、分析架构。尤其是，现有的联盟形成理论很难说提出了针对信任形成进行研究这一十分重要的学术命题，更遑论提供系统的学理解释。① 鉴于现有研究的不足，本文拟对如下问题做出回答：联盟形成过程中，联盟信任是何时以及如何形成的？盟友间的信任可信吗？联盟信任是一种理性选择的产物，还是一种情感与态度需求？考虑到联盟信任的重要意义——信任是联盟形成、管理与崩溃的微观基础，笔者将从理性选择理论、社会认知理论出发，综合既有的国际关系联盟形成理论和信任研究，建构两种联盟信任形成的解释模式：弱式理性主义和社会认知理论的解释框架。在建构两种解释模式后，本文将运用北约形成的基本史实对上述两种联盟信任解释模式加以说明。最后，在比较的基础上，笔者对两种模式的解释力做出初步的总结。

---

  ① 对联盟形成理论与国际关系信任研究的评述，请参阅尹继武《国际关系中的联盟信任形成研究：一项基本评估》，《外交评论》2008 年第 2 期。理性主义者一般将信任定义为"对方倾向于相互合作而不是从利益的角度利用自己的合作信念"，见 Andrew Kydd, *Trust and Mistrust in International Relations*, Princeton, N. J.：Princeton University Press, 2005, p. 6。笔者对信任的概念的界定和分类与此不同，具体请参阅尹继武《国际关系中的信任概念与联盟信任类型》，《国际论坛》2008 年第 2 期。

一　联盟信任生成机制的弱式理性主义解释

鉴于目前国际关系学界尚无系统的联盟信任形成理论，笔者先从理性假定出发，建构一种理性主义联盟信任形成假说；继而，从有限理性假定出发，建构一种社会认知的联盟信任形成假说。[①] 本文对联盟信任形成的理性主义解释立基于理性假定，分析理性、有限理性与联盟信任形成之间的相关关系，亦即弱式理性主义解释模式。这一解释模式假定国家行为是理性的，但国家的理性又是有限的。具体来说，国家联盟是一种理性选择的结果，国家知道自己的联盟偏好及其优先顺序。所以，联盟信任是一种建立于"战略联盟"基础上的"商品"，[②] 是盟友之间理性计算的结果与产物。[③]

在演绎理性主义解释时，我们可借鉴交易成本学说、社会交换理论以及威胁知觉论三种理论工具。从交易成本学说来说，如果联盟形成中交易成本越低，则越倾向于形成情绪性的信任，联盟组织的制度化水平也就越高。在这种情况下，我们的研究任务就在于分析交易成本与信任形成之间的关系，因而这是一种理性选择理论。把信任视为联盟盟友之间相互交换的"商品"，由此可建立起社会交换的具体"数量"（如交易频率、人员往来以及对外援助等因素）与信任形成的关系。我们假设社会交换的"数量"与信任的形成为相关关系，则盟友之间对外援助越多，就越有可能形成情绪性的信任。而从威胁知觉论

---

① 　在交易成本经济学那里，国家间交易成本的存在使得国家间信任难以确立。但是，我们似乎很难确定，到底交易成本减少到何种程度国家间的信任才得以形成。分析国家间交易成本的升降，是解释联盟信任形成的一种方式，但它不能具体确定联盟信任何时形成。关于交易成本经济学运用于国际关系分析的著作，请参阅［美］奥利弗·E. 威廉姆森《资本主义经济制度》，段毅才等译，商务印书馆 2002 年版；Katja Weber, "Hierarchy amidst Anarchy: A Transaction Costs Approach to International Security Cooperation," *International Studies Quarterly*, Vol. 41, No. 2, June 1997, pp. 321 – 340；田野：《国际关系中的制度选择：一种交易成本的视角》，上海人民出版社 2006 年版。

② 　［印度］帕萨·达斯古普塔：《作为商品的信任》，载郑也夫编《信任：合作关系的建立与破坏》，杨玉明等译，中国城市出版社 2003 年版，第 57—88 页。

③ 　Oliver E. Williamson, "Calculativeness, Trust, and Economic Organization," *Journal of Law and Economics*, Vol. 36, No. 1, April 1993, pp. 453 – 486.

来看，相关决策者威胁知觉大小与联盟形成具有内在联系。如果联盟形成过程中威胁知觉程度越高，表明联盟的动机为战略性的认知反应，联盟成为应对外在威胁的手段，即外在威胁维系和增强了群体认同。所以，如果威胁知觉程度越高，那么联盟信任不仅仅是认知性的，更有可能产生更高程度的群体认同，也更倾向于产生情绪性的信任。

在制度形式选择的分析模型中，田野把交易成本区分为缔约成本和治理成本两种类型，并提出了问题领域敏感性、国家同质性、透明度、资产专用性、不确定性以及交易频率等影响交易成本的六个因素与国家制度形式选择之间的相关关系。[①] 在此，笔者把分析的重点放在国家同质性和不确定性这两个变量上。之所以选择这两个变量，主要基于两方面的考虑：其一，其他影响变量（比如，问题领域敏感性、透明度、资产专用性等）对于分析联盟形成及联盟信任形成时的区分度不大；其二，国家同质性和不确定性两个变量分别对应单位国家属性与结构环境分析层次，由此，我们可以从单位和体系层次的理性变量出发，分析它们与信任形成、选择之间的相关关系。从而，在弱式理性主义解释框架中，四个自变量分别是国家同质性、不确定性、社会交换程度和共有威胁知觉。

（一）国家同质性

国家同质性是指相关国家政治、经济、文化以及宗教价值等多方面单位属性的相似程度。"国家同质性表明的是不同国家在政治制度、经济体制、意识形态、法律体系、文化传统、宗教信仰以及语言等方面的一致性或相似性程度。一般来说，在其他因素给定的条件下，缔约国在某个方面的一致性或相似性程度越高，国家间缔约成本也就越低，国家间合作也就越容易达成。"[②] 国家属性的一致性程度与合作的形成紧密相关，这是因为，如果国家间同质性越高，国家间的信任就越容易达成。在联盟形成时，相关缔约国国家同质性越高，国家群体间的积极情绪就越容易产生。所以，我们可以假设在相关其他变量不变的前提下，缔约国之间同质性越高就越可能形成情绪性信任。

---

① 田野：《国际关系中的制度选择：一种交易成本的视角》，第61—175页。
② 田野：《国际关系中的制度选择：一种交易成本的视角》，第93页。

卡尔·多伊奇（Karl Deutsch）等学者通过比较历史上不同的政治共同体发现，价值观念的包容性是一种多元安全共同体形成的必要条件，也是核心条件与充分条件之一。他们总结认为，种族、语言上的差异往往导致政治共同体的瓦解。多元安全共同体的维系在于一种认同，一种基于"我们的"情感联系，从而使得国家同质性成为共同体内部信任形成的核心要素。① 对此，建构主义学者亚历山大·温特也认为，国家同质性是集体身份形成的三个重要因素之一。所谓集体身份，其核心是成员对共同体的认同，即一种"我们的"内群体身份的形成。换言之，同质性有助于情绪性信任的形成。

国家同质性可以由政治、经济以及文化等多个角度的指标来体现。为了简化指标以便于分析，我们将政治模式、文化价值的相似程度作为比较联盟缔约国同质性程度的两个指标。② 这是因为，安全领域的联盟需求与政治、文化上的相似性紧密相连。在西欧国际关系史上，曾出现很多宗教价值观念相似的军事政治联盟。冷战结束后，亨廷顿所谓的文明冲突实际上也将文明同质性作为不同群体的边界以及冲突的来源之一。反之，相关缔约国单位属性的同质性程度越高，所形成联盟的信任程度就越高，缔约国之间的相互吸引、认同也就越高，从而就越有可能形成情绪性的信任。

但是，缔约国的同质性程度与联盟信任程度之间的相关性并不必然是因果关系。比如，阿拉伯地区建立在高度文化、宗教相似性基础上的联盟往往是一种临时战略联盟。缔约国一定程度的国家同质性是联盟情绪性信任形成的必要条件，而非充分条件。如果缔约国同质性相差太大，则很难形成情绪性的信任，更多的是战略性或工具性的信任。一般而言，相关国家同质性程度越高，在特定联盟形成与选择时，缔结联盟的可能性就越高。政治制度与意识形态相似性的功能在1945

---

① Karl Deutsch, et al. , *Political Community and the North Atlantic Area*, Princeton：Princeton University Press, 1957, pp. 123－133.

② 如果将同质性看作理性变量，那么我们是以观察者的身份考察相关缔约国的同质性大小；如果以当事者——联盟缔约国的身份来观察同质性大小，那么不同成员国对于同质性的信念存在分歧。如A国认为与B国的同质性很高，但B国不一定就认同A国的同质性。这是联盟信任的非对称性来源之一。

年后的国际关系史中表现尤其明显。① 卡赞斯坦（Peter J. Katzenstein）等学者对东亚安全结构与北约形成的对比研究也表明，东亚地区国家间存在着同质性差距过大、缺乏共同的历史认同，从而可以解释为什么二战后东亚安全结构的特征为安全困境。②

总之，从理性主义和认同身份两个角度推理，国家同质性与联盟信任形成之间呈现正相关关系，而交易成本的降低与身份认同的形成发挥着干预变量的作用。

假设 1 - 1：在其他变量给定的情况下，缔约国家之间同质性越大，联盟形成时就越可能产生情绪性信任。

（二）不确定性

理性选择理论认为，"不确定性是缺乏有关过去、现在、将来或假想事件的过程的确切知识。就一具体决策而言，不确定性可能在强度、相关性以及可能排除性上存在着差异"③。我们可运用不确定性来分析联盟选择与形成时的"政策选择结构"问题，包括联盟政策选择偏好的变化、信息沟通不灵所引起的结构性不对称问题，以及由于行为体机会主义倾向所造成政策行为上的不确定性。

从制度选择的交易成本而言，如果在其他条件给定的情况下，不确定性越大、国家间交易成本越高，那么相关缔约国越有可能选择制度化水平高的国际制度形式；反之亦然。信任其实是国家间降低交易成本的一种工具；因此，如果不确定性越大，那将导致国家间交易成本增大，所以相关国家会理性地选择"制度化"水平较高的信任类型作为缔约联盟的基础。从上述逻辑推论，我们可以认为，如果相关缔约国面临的不确定性越大，那么越有可能形成情绪性的信任。因为

---

① Brian Lai and Dan Reiter, "Democracy, Political Similarity, and International Alliances, 1816 - 1992," *Journal of Conflict Resolution*, Vol. 44, No. 2, April 2000, pp. 203 - 227.

② Christopher Hemmer and Peter J. Katzenstein, "Why is There No NATO in Asia?" *International Organization*, Vol. 56, No. 3, Summer 2002, pp. 575 - 607.

③ ［美］安东尼·唐斯：《民主的经济理论》，姚洋等译，上海世纪出版集团 2005 年版，第 71 页。理性选择理论承认决策时的不确定性及其对决策的影响，但社会心理学家的研究也是从不确定性出发并认为人们决策中偏差的存在。参见 Daniel Kahneman, Paul Slovic and Amos Tversky, eds., *Judgment under Uncertainty: Heuristics and Biases*, Cambridge; New York: Cambridge University Press, 1982。

相比较而言，情绪性信任更有助于降低相关国家的治理成本。

　　国家做出结盟选择时，如果面临的选择机会越少，即不确定性越少，那么联盟国家的选择机会就越小，自身的选择动机也受到很大的局限。在这种情况下，理性国家缔约而成的联盟组织更有可能形成工具性信任。反之，在不确定性更大的结构环境下，相关缔约国所形成的信任更可能是情绪性的。比如，在关于联盟困境的研究中，格伦·斯奈德（Glenn H. Snyder）指出多极体系中联盟困境比两极体系中更为严重，联盟国家更有可能遭到盟友背叛。[1] 这与上述信任形成的理性选择预期不太一致。从理性选择理论而言，不确定性越大（多极）比不确定性小（两极）结构下的联盟更为稳定，[2] 因为基于情绪性信任的联盟比基于工具性信任的联盟更为稳定。对此，我们先遵循从理性/有限理性假定出发的理论推演逻辑，进一步确定如何去衡量与比较不确定性的大小问题。[3]

　　如何确定联盟选择时的不确定性呢？在本文中，笔者借鉴了现有的交易成本分析所创建的指标体系。"由于导致不确定性的因素很多，我们在现有的研究技术下不可能为其确立一套非常严密的评估指标。但是，如果给定具体的情境，我们可以在比较的意义上大致说出不确定性的大小。"[4] 判定与比较不确定性大小的第一种路径，就是观察在具体情境下联盟缔约国所面临的联盟对象与潜在联盟对象。如果联

---

　　① Glenn H. Snyder, "The Security Dilemma in Alliance Politics," *World Politics*, Vol. 36, No. 4, July 1984, pp. 461–495.

　　② 笔者这一论断建立在缔约国之间均形成情绪性信任的前提下，所以不确定性越大，联盟就越稳定。但是，联盟信任存在非对称性的特性，即单方面的情绪性信任容易诱发信任风险。不确定大小也能反映联盟选择时的动机选择，这一假说的解释效力仍需要在国际关系经验事实中加以证实。

　　③ 这里的一个问题是，"谁之不确定性？联盟缔约国的不确定性，还是分析家的不确定性"？不同认知主体间的信念差异，导致各自推论存在差别。斯奈德从分析者身份出发，认为联盟困境的可能性，这是结构层次的判定。笔者从不确定性的现实出发，强调缔约国倾向于选择情绪性信任，作为克服不确定性的理性手段。这是从缔约国的"愿望"出发，建立在对缔约国的一个基本动机预设之上：缔约国的联盟动机的"向善"性，即联盟缔约国希望缔造一种稳定的、充满温暖感觉的联盟大家庭——情绪性信任。反之，如果缔约国的动机相反，就无从谈论"情绪性信任"的生成。

　　④ 田野：《国际关系中的制度选择：一种交易成本的视角》，第101页。

盟缔约国家所面临的联盟对象以及潜在对象越多，那么联盟形成的不确定性就越大。

第二种路径为观察相关行为体的接发信号，在信息不对称的条件下，信号传递在政策制定过程中发挥重要作用。杰维斯（Robert Jervis）认为，对于信号的解读在国家如何判定潜在盟友是否会帮助自己等相关战略互动中至关重要；信号的解读方式取决于我们的需要、理论与预期等。[1] 对于如何分析与比较信号情况从而揭示不确定性的大小，有学者指出，"我们可以从信号的清晰性、一致性和传递成本来判断不确定性的大小"[2]。

第三种指标为外生震动，即外部环境中发生的急剧变化，如世界大战、经济危机、局部战争、军事政变等。[3] 冷战的结束、两极体系的终结这种国际体系大环境的改变为国家联盟选择带来了新的不确定性。由于外生震动一般是相关缔约国没有预期到的，因此它的发生必然会对行为体的偏好、信息以及政策环境产生很大影响。因此，基于理性/有限理性假定，以交易成本分析者对不确定性的研究为基础，笔者认为不确定性结构环境与联盟信任形成与选择之间具有相关关系，从而可以得出弱式理性主义解释的第二个假设：

假设 1 - 2：在其他变量给定的情况下，缔约国所面临的不确定性越大，联盟形成时就越可能产生情绪性信任。

（三）社会交换程度

如果把联盟信任当作一种交换的"礼品"，那么就进入了社会交换论视角下的联盟形成理论探讨。社会交换视角认为联盟的形成是社会交换的产物，这在力量非对称性联盟形成中尤为明显，因为联盟可以产生两种基本的利益，即自主和安全。[4] 在社会交换理论的逻辑中，

---

① Robert Jervis, "Signaling and Perception," in Kristen Monroe, ed., *Political Psychology*, Mahwah, NJ: L. Erlbaum, 2002, pp. 293 - 312.

② 田野：《国际关系中的制度选择：一种交易成本的视角》，第 103 页。

③ 田野：《国际关系中的制度选择：一种交易成本的视角》，第 103 页。

④ James D. Morrow, "Alliances and Asymmetry: An Alternative to the Capability Aggregation Models of Alliances," *American Journal of Political Science*, Vol. 35, No. 4, November 1991, p. 905.

信任是社会交换的产物，也是社会交换的基础与手段。美国社会学家彼德·布劳（Peter M. Blau）指出："因为信任对稳定的社会关系非常重要，又因为交换义务可促进信任，所以就有特殊的机制使义务永存并因此加强了感激和信任的纽带。"① 社会交换建立在交换者一方对另一方的期望与信任之上，尽管这只可能是微不足道的信任，因为对方能够接受自己的交换并给予回报，显然是属于互惠的交换关系。但是，社会交换需要以信任为基础，并促进交换双方的相互信任发展。②

这种建立于逐步交换的信任增长机制类似于阿克塞尔罗德（Robert Axelrod）的"一报还一报"的博弈策略。③ 阿克塞尔罗德发现，在重复囚徒困境博弈中，"一报还一报"的博弈策略是最佳的合作方式，能达到最好的互惠结果。作为社会交换的基础与产物的信任演进观，体现了理性交换视角下的乐观态度。这种利他主义的进化论思想已有生物学、经济学和进化心理学等学科研究的支持。美国经济学家亚历山大·J. 菲尔德（Alexander J. Field）认为，不仅在个体层次，在群体层次也能形成人类互惠互利的合作（组织）。④ 信任既是一种商品，也是一种再生道德资源，其再生性在于其用则进、退则废。⑤ 与传统理性社会交换论不同的是，现代社会交换论中的情绪作用越来越受到关注。⑥ 良性的社会交换能产生积极的情绪，因为互惠的结果会进一步刺激积极情绪的产生。也就是说，社会交换程度的上升，可能带来情绪性信任的增加。此外，社会交换过程中，交换行为体的知觉、归因因素也日益得到重视。比如，情感与公平合理两个概念也被

---

① ［美］彼德·布劳：《社会生活中的交换与权力》，张非、张黎勤译，华夏出版社1987年版，第116页。

② ［美］彼德·布劳：《社会生活中的交换与权力》，第110—111页；［美］乔纳森·H. 特纳：《社会学理论的结构》，邱泽奇、张茂元等译，华夏出版社2006年版，第278—289页。

③ ［美］罗伯特·阿克塞尔罗德：《合作的进化：对策中的制胜之道》，吴坚忠译，上海人民出版社2007年版，第104页。值得注意的是，阿克塞尔罗德否认信任的重要性。

④ 参见［美］亚历山大·J. 菲尔德《利他主义倾向：行为科学、进化理论与互惠的起源》，赵培等译，长春出版社2005年版。

⑤ ［印度］帕萨·达斯古普塔：《作为商品的信任》，第66页。

⑥ Edward J. Lawler and Shane R. Thye, "Bringing Emotions into Social Exchange Theory," *Annual Review of Sociology*, Vol. 25, August 1999, pp. 217 – 244.

引入交换理论。当交换者感受到交换过程及结果的公平性时，将会体验到积极情感；反之，则为消极情感。当交换符合主体的预期时，人们体验到积极情感；反之，则为消极情感体验。①

观察社会交换的指标体系具体包括对外援助、文化交往与人员往来，以及经济贸易数额等。为了简化指标体系，以及与联盟形成的具体情境相结合，笔者以联盟缔约国当中对外援助的具体数量为分析指标。如果缔约国之间对外援助的数额越大，则联盟形成过程中或者在盟友之间越有可能形成情绪性的信任。这符合"情绪来源之一为理性行为"的预设。

假设1-3：在其他变量给定的情况下，缔约国间社会交换程度越高，联盟形成时就越可能产生情绪性信任。

（四）共有威胁知觉

防御性军事联盟建立的直接原因与功能在于应对外部与内部的威胁（不管这种威胁是客观存在，还是一种主观上的建构）。从群体凝聚力的角度来看，群体共同外部威胁的存在，客观上会促进群体的内部团结与认同。所以，如果缔约国之间共有威胁知觉越大，那么联盟形成时就越有可能形成情绪性的信任。因为共有威胁知觉越大，联盟群体中诸如友爱、忠诚等积极情绪就会越多，从而更容易产生情绪性信任。

沃尔特（Stephen M. Walt）的威胁制衡论认为，如果国家受到威胁的知觉越大，就越可能寻求联盟的方式以制衡威胁，联盟产生于国家制衡威胁的过程当中。② 沃尔特提出了衡量威胁知觉程度的四个指标，即总体实力、地理相近性、攻击能力和侵略意图。③ 在这四个变量中，前三者的衡量与评价较为便利；第四个变量（侵略意图）是影响威胁知觉最为重要的因素。④ 但是，如何判定意图/信念是一个复杂的问题。杰维斯认为，首先我们很难确定和把握别人的真正信念与

---

① ［美］乔纳森·特纳、简·斯戴兹：《情感社会学》，孙俊才、文军译，上海人民出版社2007年版，第148、163页。

② Stephen M. Walt, *The Origins of Alliances*, Ithaca and London: Cornell University Press, 1987.

③ Stephen M. Walt, *The Origins of Alliances*, p. 5.

④ Stephan Haggard, "Structuralism and Its Critics: Recent Progress in International Theory," in Emanuel Adler and Beverly Crawford eds., *Progress in Postwar International Relations*, New York: Columbia University Press, 1991, pp. 421 - 422.

意图；其次由于信念因素本身具有的复杂性，难以建立一套客观衡量指标。因此，他提出"理解信念"的命题。① 对于如何度量知觉，杰维斯并不赞同建立"科学化"模型，而是认为尽量采用有大量历史证据且得到历史学界共识的案例，并且注意对个案的不同解释，同时将这些个案看作可能性和假设性的例子。②

另有学者从威胁知觉的"表征过程"提出四个衡量指标，具体包括决策者的自我表述、旁观者的表述、决策者应对威胁的替代方案准备以及决策者应对威胁的动员过程。③ 因此，我们可以沃尔特的衡量指标为基础，结合其他学者的论述，具体分析决策情境中的表述与应对过程，尽量采取在历史研究中已"定性"的个案。从这个角度看，在联盟缔造过程中，如果缔约各方的共有威胁知觉程度越高，那么形成的积极情绪就越多，由此更可能形成情绪性信任。

不过，我们必须区分不同缔约国威胁知觉之间的相似性与缔约国威胁知觉的程度。前者的前提是不同缔约国关于威胁的认知存在差别，而后者在基本认可缔约国为一个统一整体的情况下，分析它们共同威胁知觉的程度问题。如果缔约国具有一致的威胁知觉，那么这种联盟所形成的信任情绪水平比未形成一致威胁知觉的联盟要高。再次，笔者主要比较共有威胁知觉的程度，这种比较更适合于多个案例或同一案例不同时段比较。

假设1-4：在其他变量给定的情况下，缔约国间共有威胁知觉程度越高，联盟形成时就越可能产生情绪性信任。

二　联盟信任生成机制的社会归因理论解释

大部分联盟信任是在工具性信任与情绪性信任的连续谱上选择。

---

① Robert Jervis, "Understanding Beliefs," *Political Psychology*, Vol. 27, No. 5, October 2006, pp. 641-663.

② [美]罗伯特·杰维斯：《国际政治中的知觉与错误知觉》，秦亚青译，世界知识出版社2003年版，导言，第34页。

③ Raymond Cohen, *Threat Perception in International Crisis*, Madison, Wisconsin: The University of Wisconsin Press, 1979, p.24.

那么，我们如何确定联盟信任何时产生？以及产生的是倾向于哪种信任类型？这些问题构成了社会认知理论视角下的联盟信任形成问题。理性选择理论只能揭示哪些理性变量有助于情绪性信任的产生，而并没有继续探究为什么产生、如何产生以及何时产生的问题。

要理解联盟信任如何在盟友当中产生，就必须了解在联盟群体和盟友个体层次，盟友之间以及盟友与对手之间（观察者和行为者）是如何互相解释相关行为、如何进行因果推论的。[①] 如果我们把某一行为及事件结果归因为对方的属性因素，那么会产生人际间的情绪，包括积极情绪与消极情绪；如果我们归因为情境因素，即任何行为者在这种情境中都会表现出这种行为，那么这种归因就很难产生积极情绪。情绪性信任的核心在于我们对盟友的可信性以及内在属性的一种安全信念，[②] 而这种安全信念的基础在于盟友间积极情绪的产生与维系。因此，行为体的内在属性归因是情绪性联盟信任产生的必要条件。情绪性信任与决策者关于声誉的知觉紧密相关。因此，盟友之间良好的声誉是情绪性信任形成的必要条件。如果盟友间形成了良好的声誉，那就有可能产生情绪性信任。我们运用归因理论解释情绪性信任形成的途径之一就是观测声誉的形成。

盟友间情绪性信任的产生，必须满足两个基本条件。第一，观察者（决策者、联盟成员或盟友）必须将盟友的行为及结果，或者联盟的结果归因为内在属性，而不是外在情境（当然，如果我们把消极结果归因为情境因素，同样也可以产生积极情绪，或至少不会产生消极情绪）；第二，观察者（决策者、联盟成员或盟友）必须运用这种解释去预测和解释盟友或联盟组织的未来行为或事件结果。

情绪性信任包含了对于信任方可信性、可依赖性的"安全信念"，其实就是对未来的"可重复积极行为"的信心。默瑟（Jonathan Mercer）认为，声誉只能由观察者的属性归因而产生。这是因为，属性

---

①　J. Mark Weber, Deepak Malhotra and J. Keith Murnighan, "Normal Acts of Irrational Trust: Motivated Attributions and the Trust Development Process," in Barry M. Staw & Roderick M. Kramer, eds., *Research in Organizational Behavior*, Vol. 27, 2005, p. 17.

②　D. Harrison Mcknight, Larry L. Cummings and Norman L. Chervany, "Trust Formation in New Organizational Relationships," www. misrc. umn. edu/wpaper/WorkingPapers/9601. pdf, p. 31.

归因可以确保行为者在不同情境中仍会做出相同的行为反应，比如，即使自己的盟友将来实力下降，但它仍会信守承诺。但是，情境归因无法产生声誉。因为情境归因并不具有跨情境性，即在不同的情境中，由于外在情境的压力不同，行为者的行为反应会大相径庭。① 属性归因对于声誉产生的必要性使我们进一步认识到，联盟信任的产生可以不需要属性归因，但是情绪性信任的产生必然要建立于属性归因的基础之上，因为情绪性信任内在包含着一种"安全信念"。

工具性联盟信任仅仅包括认知的维度，并没有情绪性的安全信念。因此工具性信任仅仅是战略性与计算性的认知，并不能保证盟友间的承诺的可预测性和跨情境性。所以，与情绪性信任产生相反，如果我们运用的是情境归因机制，那么联盟组织内部形成的是一种工具性的信任。总之，联盟信任的产生归因机制可简要表述如下：

将（潜在）盟友的行为归因为内在属性→产生情绪性信任

将（潜在）盟友的行为归因为外部情境→产生工具性信任

（一）期望、合意与联盟信任

归因是一种事件与行为的因果解释，包括知觉与判断（推理）的心理学过程。人的知觉过程往往是由理论主导的，而不是由事实主导。观察者的认知结构对于其知觉过程起着重要的影响作用。② 因此，在讨论决策者因果归因时，必须分析预期或已有信念对行为或事件归因的作用。

首先，显著性因素影响着人们的归因方式。而在"证实归因模式"看来③，人们倾向于将预期之外的行为归因为情境因素，将预期

---

① Jonathan Mercer, *Reputation and International Politics*, Ithaca and London：Cornell University Press, 1996, p. 46.

② ［美］罗伯特·杰维斯：《国际政治中的知觉与错误知觉》，第 143 页。

③ James Kulik, "Confirmatory Attribution and the Perpetuation of Social Beliefs," *Journal of Personality and Social Psychology*, Vol. 44, No. 6, June 1983, pp. 1171 – 1181；Jennifer Crocker, Darlene Hannah, and Renee Weber, "Person Memory and Causal Attributions," *Journal of Personality and Social Psychology*, Vol. 44, No. 1, January 1983, pp. 55 – 66.

的行为归因为属性因素。在此，预期实际上起着显著性因素的作用，因为"我们所注意的就是我们所归因的"。在相应推断理论的归因逻辑中，人们对行为直接进行属性归因。比如，玛丽将自己的钱捐献给公共事业，那她就被看作一个大方、慷慨的人。但是，"证实归因模式"中将归因条件进一步限定为：当且仅当行为是人们所期望时，才会进行属性归因；相反，如果行为在人们期望之外或与期望相悖，那么我们就将这种行为归因为情境因素。只有当我们认为玛丽是一个慷慨的人时，这才将她的捐赠行为归因为她是一个慷慨的人；如果玛丽并没有捐赠，那么我们就会寻求情境的原因。因此，期望因素成为"证实归因模式"的核心变量与条件[1]：

> 预料的行为→属性归因
>
> 意外的行为→情境归因

那么，期望归因与联盟信任形成具有何种关系呢？首先，如果以实际联盟条约缔约为标志，联盟形成过程中盟友与对手是一个逐步显现与形成的过程。其次，我们必须进一步确定观察者如何确定潜在盟友的期望，换言之，观察者对潜在盟友的期望是什么？"预料的行为"是什么？一般而论，联盟组织的软力量在于军事互助承诺的存在。所以我们可以确定观察者对于（潜在）盟友的期望是对方会做出积极的行为，或者说令人满意的行为。"如果两个国家有着共同的利益和共同的盟友，那么，其中一个国家的决策者不用太多信息就会相信对方是潜在的忠实盟友。"[2] 这种"远亲"盟友关系的国家会对潜在盟友产生积极的期望，更不用说联盟形成过程中的准盟友。

在确定盟友归因中的期望后，我们可以得出基于期望的联盟信任归因假设：当潜在盟友符合我们的期望，即做出积极的行为时，我们把这种行为归因为属性因素；当潜在盟友不符合我们的期望，即做出消极的行为时，我们把这种行为归因为情境因素。如果遵循这种逻

---

[1]　Jonathan Mercer, *Reputation and International Politics*, p. 54.

[2]　［美］罗伯特·杰维斯：《国际政治中的知觉与错误知觉》，第 144 页。

辑，联盟形成时盟友的信任形成应倾向于情绪性信任。因为积极行为
归因为属性是情绪性信任产生的必要条件之一。基于期望的联盟信任
归因逻辑上没有问题，但与经验现实存在矛盾。盟友间经常将消极行
为归因为对方的内在属性，由此导致联盟内部疑虑情绪重重。当然，
这种归因假设对于解释对手之间不信任来源，却比较贴切和有力。当
对手符合我们的期望，即做出消极行为时，我们把这种行为归因为属
性因素；当对手不符合我们的期望，即做出积极行为时，我们把这种
行为归因为情境因素。这种解释逻辑可以解释为什么对手之间的信任
（不论是工具性信任还是情绪性信任）很难形成。

　　遵循默瑟关于声誉归因的解释逻辑，我们可以发现期望在联盟归
因时的局限。因为对声誉的认识影响人们关于盟友的期望，而期望又
反过来影响声誉的形成。我们把声誉看作盟友间的一种情绪，而盟友
间的情绪性信任也是一种情绪。如此，我们的分析对象可以抽象化为
联盟归因如何产生联盟情绪。如何化解期望作为自变量的局限，默瑟
进一步提出了将行为的合意性作为归因的决定因素：

　　　　正因为这种可能性，以及将期望假设推演到盟友时的问题，
　　我将行为的合意性作为归因的决定因素。这种从期望到愿望的转
　　化，使我能够运用证实归因的一般发现，而不至于陷入同义反复
　　的危险。
　　　　通过将政策的成功与失败，亦即愿望/合意程度作为我的自
　　变量，我就避免了循环论证的风险。我通过决策者政策的成功来
　　判定合意。政策成功亦即合意；政策失败亦即不合意。由于以政
　　策成功（或者合意与不合意的结果）作为我的自变量，我的因果
　　变量进一步消除了基于期望的声誉模式的不当之处。①

　　基于合意/愿望的归因模式是既强调认知因素又立基于动机的信
任归因。情感因素也会影响归因的方式，包括积极情感和消极情感，
诸如喜欢与不喜欢等，都能影响人们的知觉与推断。通过转化为合意

---

① Jonathan Mercer, *Reputation and International Politics*, p. 60.

变量，我们可以认为，对于决策者而言，最为显著的因素是政策的成功与否。① 基于合意的归因方式，与诸如"自我服务"以及"自我中心"归因偏差的论述逻辑一致。"自我服务"归因偏差是指个体倾向于接受成功的努力，将成功归因为个体的内在属性，而不愿意承担失败的责任。诸如错误的期望、对成功的渴望以及保护自尊等，促使了"自我服务"偏差的产生。② "自我中心"归因偏差是指对于共同完成的事件或结果，个体倾向于高估自身的因素，即认为自己承担了更多的责任。③ 综合上述各种归因偏差，我们从期望转化为合意/愿望归因方式，这种基于合意的归因方式认为：人们倾向于把不合意的结果归因为他者的属性因素，而将合意的结果归因为情境使然④：

> 不合意的行为→属性归因
> 合意的行为→情境归因

（二）社会认同与联盟信任：从人际归因到群际归因

联盟关系是一种群体关系，所以我们运用归因理论必须进入"社会情境"的归因分析，即从人际归因到群际归因或群体内归因的转化。"群际归因是指，不同社会群体的成员如何解释他们自己和其他社会群体成员的行为（以及行为的结果与后果）时，所采用的方式和路径。"⑤

群际归因及误差的心理来源机制可以分为知觉因素与动机因素。在知觉层次，内群体成员将显著因素进行社会分类，这将有意无意影响到归因方式。当然，建立于认知基础之上的预期也会影响到群际归

---

① Jonathan Mercer, *Reputation and International Politics*, p. 61.

② Joop Van der Plight and J. Richard Eiser, "Actors' and Observers' Attributions, Self-serving Bias and Positivity Bias," *European Journal of Social Psychology*, Vol. 13, No. 1, January/March 1983, pp. 95 – 104; Philip E. Tetlock and Ariel Levi, "Attribution Bias: On the Inconclusiveness of the Cognition – Motivation Debate," *Journal of Experimental Social Psychology*, Vol. 18, No. 1, January 1982, pp. 68 – 88.

③ Michael Ross and Fiore Sicoly, "Egocentric Biases in Availability and Attribution," *Journal of Personality and Social Psychology*, Vol. 37, No. 3, March 1979, pp. 322 – 336.

④ Jonathan Mercer, *Reputation and International Politics*, p. 63.

⑤ Miles Hewstone, *Causal Attribution: From Cognitive Processes to Collective Beliefs*, Cambridge, Massachusetts: Basil Blackwell Inc., 1990, p. 166.

因的方式。在动机层次，"最为明显的群际归因动机基础是正面看待自己群体的愿望，由此进一步获得、保持以及维护个体的自尊。所以，归因的群际偏差能够被看作更大过程的一部分——对积极社会认同（或群体自尊）的追求。"① 这种动机偏差，来源于多方面的因素。比如，"群体服务偏差"，即在群际归因中，内群体成员倾向于对内群体成员的合意行动进行内部归因，而对不合意行动进行外部归因；外群体成员则恰恰相反。② 由于群体间这种归因偏差的存在，因此相伴而来的是不同群体间冲突与竞争，进一步的发展则为种族中心主义。③

群体关系中的内群体偏爱，已为大部分社会心理实验所证实。如一些尊重性的社会行为更倾向于归因为内群体成员，而不是外群体成员。④ 这与托马斯·佩蒂格鲁（Thomas F. Pettigrew）对偏见与归因关系的研究逻辑如出一辙。在对偏见的研究基础上，他进一步将群体偏见与归因方式联系起来，提出了偏见群体归因的"最终归因偏差"⑤。这种归因偏差认为，内群体成员倾向于将外群体成员的负面行动归因为内在属性原因，内群体行为则相反；而对于外群体的正面行动，他们倾向于归因为情境因素。我们假定联盟形成是一种外群体的形成，所以，在这种外群体分类的基础上，潜在盟友的归因假设为：观察者倾向于把潜在盟友的合意行为归因为情境因素，而把不合意行为归因为属性因素。

以社会认同程度为区分标准，国际关系中的正式军事联盟可分为

① Miles Hewstone, *Causal Attribution: From Cognitive Processes to Collective Beliefs*, Cambridge, Massachusetts: Basil Blackwell Inc. , 1990, p. 195.

② Miles Hewstone, *Causal Attribution: From Cognitive Processes to Collective Beliefs*, p. 171.

③ Marilynn B. Brewer, "The Role of Ethnocentrism in Intergroup Conflict," in Stephen Worchel and William G. Austin, eds. , *Psychology of Intergroup Relations*, Chicago: Nelson – Hall Publishes, 1986, pp. 88 – 102.

④ Martin G. Beaupré and Ursula Hess, "In My Mind, We all Smile: A Case of In – group Favoritism," *Journal of Experimental Social Psychology*, Vol. 39, No. 4, July 2003, pp. 371 – 377; Ruth Gaunt, Jacques – Philippe Leyens, and Stéphanie Demoulin, "Intergroup Relations and the Attribution of Emotions: Control over Memory for Secondary Emotions Associated with the Ingroup and Outgroup," *Journal of Experimental Social Psychology*, Vol. 38, No. 1, September 2002, pp. 508 – 514.

⑤ Thomas F. Pettigrew, "The Ultimate Attribution Error: Extending Allport's Cognitive Analysis of Prejudice," *Personality and Social Psychology Bulletin*, Vol. 5, No. 4, October 1979, pp. 461 – 476.

倾向于战略性或认同性的联盟，由此可以区分出社会认同程度的大小。联盟的直接目的与功能在于安全合作与互助，所以绝大部分军事联盟倾向于战略性联盟一端，这就是我们对联盟形成外群体形成的假定。但是，认同性联盟也不可忽视，同一联盟不同时期战略性与认同性偏重也可能不同。不同的联盟社会认同及潜在盟友社会分类，导致不同的联盟归因方式。如果联盟形成时，联盟的认同转化为内群体，那么我们将发现盟友间积极情绪程度很高，外在表现为盟友既不会因负面行为受到谴责，又因积极作为而深受盟友的感恩。由此这种联盟是一种"我们"的联盟（表1）。为何有的联盟形成是一种外群体的形成，有的联盟形成是一种内群体的形成？同一联盟又如何实现社会认同的变化，即由外群体演进为内群体，或与之相反？这就是我们所要探讨的外群体向内群体"演化"的条件问题。

表1   社会分类与联盟归因方式

结果类型	认同性联盟 内群体	战略性联盟 外群体
合意 （成功、正面）	属性 （内部、稳定、不可控制）	情境 努力（内部、不稳定、可控制） 运气（外部、不稳定、不可控制） 任务（外部、稳定、不可控制）
不合意 （失败、负面）	情境 努力（内部、不稳定、可控制） 运气（外部、不稳定、不可控制） 任务（外部、稳定、不可控制）	属性 （内部、稳定、不可控制）

资料来源：Miles Hewstone，*Causal Attribution*：*From Cognitive Processes to Collective Beliefs*，p. 174. 笔者做了部分调整。

关于社会认同或分类的演进问题，社会心理学与政治心理学没有具体的阐述。[①] 国际关系学者一般倾向于将联盟看作战略性合作的一

① Rupert Brown, "Social Identity Theory：Past Achievements, Current Problems and Future Challenges," *European Journal of Social Psychology*, Vol. 30, No. 6, November/December 2000, pp. 745 – 778. Leonie Huddy, "Group Identity and Political Cohesion," in David O. Sears, Leonie Huddy and Robert Jervis, eds. , *Oxford Handbook of Political Psychology* , New York：Oxford University Press, 2003, pp. 511 – 558.

种形式，现实主义国际关系理论更是如此。因此，现实主义的均势理论、威慑理论均认为情绪对于联盟的形成、稳定与变迁无重要意义。在社会心理学、人类学等关于群体认同的讨论中，大部分文献在外群体与内群体区分的基础上，讨论这种区分的后果，而很少讨论这种认同区分是如何形成的，又是如何相互转化的。有鉴于此，从行为者属性和外在环境压力两个层次，我们可以提出联盟外群体向内群体演进的两个相关条件：高度的国家同质性和高度的共有外在威胁知觉。

在理性主义模式中，笔者主要从理性观察者的角度，阐述上述两个变量与信任形成的相关关系，同时也指出它们作为认知变量的意义。在此，笔者以行为体的社会认知角度分析同质性与威胁知觉两个变量与群体分类演进的相关关系。简言之，前者是以第三者的角度分析，而这里是以当事者的认知角度分析。群体的区分必然包含着社会比较的过程，而比较的立足点是对相关行为体同质性的认知。因而，社会比较、相似性与内群体偏差是相互连接与促进的关系。[①] 社会心理学家谢里夫（Muzafer Sherif）的现实主义利益冲突论认为，共同的经济利益目标促成了内群体的团结和外群体的敌视。[②] 这种论证逻辑与笔者关于同质性的假说一致，都强调一致性对于群体分类的影响。本文所说的高度同质性，是指潜在盟友对相关行为体相似性的认识，这种知觉建立于客观的同质性基础上，但并不必然反映现实的相似性情况。所以，在北约国家内部，加拿大人认为与美国人很相似，同质性很高，但美国人却并不怎么认同加拿大人。[③] 高度国家同质性与其说是客观情况，毋宁说是主体间的信念。由此，联盟内部成员的同质性信念存在着不对等的情况。在本文中，衡量"高度国家同质性"

---

① J. Turner, "Social Comparison, Similarity and Ingroup Favouritism," in Henri Tajfel, ed., *Differentiation between Social Groups: Studies in the Social Psychology of Intergroup Relations*, New York: Academic Press, 1978, pp. 235 – 250.

② Michael A. Hogg and Dominic Abrams, *Social Identifications: A Social Psychology of Intergroup Relations and Group Process*, London and New York: Routledge, 1988, pp. 42 – 48.

③ 默瑟在与笔者的通信中指出了这种同质性的不同含义或分歧，这也是客观与主观标准的区分。受此启发，笔者认为国家同质性既可以作为理性变量，又可以作为认知变量。在上一节的理性主义解释模式中，笔者将同质性作为理性变量；而在此则把同质性作为认知变量。

的指标包括两部分，其一为不同行为者同质性信念的绝对大小，其二是不同行为者之间信念的分歧大小。如果行为者之间分歧越大，国家同质性作为认知变量的取值就越小。

联盟的外在威胁，包括符号威胁与现实威胁都能促进群体认同的发展。威胁压力产生内群体团结和群际冲突，这犹如一枚硬币的两面，不可分割。[①] 共有威胁知觉的强度与群体分类的演进具有相关性。联盟成员或潜在盟友之间共有威胁知觉的程度越大，就越可能向内群体认同/分类转化。关于这种认知变量，我们需要进一步研究的问题是，如何确定共有威胁知觉到什么程度，才能形成内群体的认同？本文仅仅回答了盟友间共有威胁知觉程度与群体认同演进的相关性，而对于具体的转化时点，现有研究与理论很难提供准确的预测。[②] 其实，群体认同程度的增加可以带来群体情绪与凝聚力的增强，反过来，群体情绪也可以增强对群体的认同。[③]

通过分析同质性与共有威胁知觉两个基本条件，我们可以解释盟友间信任程度的非对称特性。不同联盟组织内部信任程度不同，同一联盟组织或联盟形成过程中，不同的行为体之间形成的信任也不是对等的。国家同质性是一个认知变量，所以不同行为体对于同质性的强度存在认识差别，这种认知分歧直接影响群体分类，进而影响群体归因方式。所以，就盟友单方面而言，认知变量和群体分类等方面的差别是盟友间信任程度不对称的重要来源。在这种意义上，认知变量的解释力要强于理性变量。

总之，我们可以对联盟信任的形成做出如下假设：根据群体认同

---

① Leonie Huddy, "Group Identity and Political Cohesion," pp. 539 – 542; John Duckitt, "Prejudice and Intergroup Hostility," in David O. Sears, Leonie Huddy and Robert Jervis, eds., *Oxford Handbook of Political Psychology*, 2003, pp. 559 – 600.

② 这一理论上的困难可以通过转化为经验层次而加以解决，即可以在具体的个案分析中追踪威胁知觉与认同转化之间的关系。对于认同转化时点的研究当中，最为重要的是，如何确定一种认同分类与衡量的标准，测定外群体向内群体的转化。对此问题，存在两种解决路径，即理论分析与经验实证。我倾向于经验测定的路径，因为抽象理论层次很难提供确切回答。

③ Thomas Kessler and Susan Hollbach, "Group – based Emotions as Determinants of Ingroup Identification," *Journal of Experimental Social Psychology*, Vol. 41, No. 6, November 2005, pp. 677 – 685.

的不同，可以分为两种情况或阶段。

当联盟形成过程中形成的是外群体身份时（这也是本文的基本研究假定，亦即大部分战略性联盟的缔造都是外群体的形成），观察者将合意的结果归因为外在情境，则可能或倾向于产生工具性信任；观察者将不合意结果归因为内在属性，则可能或倾向于产生工具性信任。这种解释机制的一个重要结论是，联盟信任基本是工具性、战略性和计算性的，这似乎为现实主义理论描绘了一幅微观图景。换言之，我们永远不要永远相信我们的盟友！

假设2-1：联盟形成过程中，观察者（决策者）将合意的结果归因为外在情境，则可能产生工具性信任。

假设2-2：联盟形成过程中，观察者（决策者）将不合意的结果归因为内在属性，则可能产生工具性信任。

但是，当联盟群体成员之间关于国家同质性和威胁知觉的信念强度增加时，联盟形成过程中可能产生群体身份的变化，或者不同的行为者关于群体身份的认知会发生变化。具体来说，就是外群体身份向内群体身份的演进。由于群体身份的转化，这时社会归因的方式也随之改变，即内群体的身份明显会产生内群体偏好的结果。所以，当联盟群体内部内群体身份/认同产生后，联盟信任形成的假说则随之变化，亦即观察者将合意的结果归因为内在属性，则可能或倾向于产生情绪性信任；观察者将不合意结果归因为外在情境，则可能或倾向于产生情绪性信任。这种解释机制说明了"我们"的共同体的真正产生。

假设2-3：联盟形成过程中，观察者（决策者）将合意的结果归因为内在属性，则可能产生情绪性信任。

假设2-4：联盟形成过程中，观察者（决策者）将不合意的结果归因为外在情境，则可能产生情绪性信任。

三　理性主义与北约联盟信任形成

二战后，美国在西欧安全关系中发挥着主导的作用，但美国对西欧国家的意图一直存在怀疑、猜疑的一面。换言之，美国对西欧的联盟信任是逐步形成的。随着信任的建立，美国才与西欧国家共同缔造了其在和平时期的第一个正式军事联盟。① 以下我们将以北约为案例，比较分析不同信任主体的信任形成过程。

（一）国家同质性

在本文中，考察跨大西洋联盟内国家同质性的两个指标为：共产党人参与政权的情况，以及法国对德国疑惧的弱化。二战结束前后，东欧国家相继建立起了共产党执政或联合执政的政权；法国、意大利以及比利时等国家的共产党声望大增，均在各自政府中占据一定的席位和要职。共产党力量的参政议政，成为美国担心自由世界受到威胁的依据，阻碍着美国对西欧安全做出承诺。所以，在北约联盟缔约谈判过程中，国家基本的政治经济与文化体制，其至是地理位置上的相关性②，都成为联盟缔约国以及吸收成员国的标准。如在 1948 年 7 月至 9 月的七国大使委员会会议当中，"成员国应不应有不同类型"这一条款成为各方讨论的重点，而且会议结束时也未达成共识。③ 就此而论，如果西欧法、意等主要大国的政府体制内共产党人仍然十分活跃，美欧之间的安全合作将无法实现，即美国无法与共产党参政或执政的西欧国家形成联盟信任。④

---

① 联盟的意义在于正式或非正式的军事互助承诺与义务，这可从联盟条文中反映出来。条约的存在并不能保证盟友不背叛，非正式联盟不需要条文约束。前者如美国独立初期的法美联盟，后者如美以非正式联盟。北约的军事承诺与义务主要体现在《北大西洋公约》第五条："各缔约国同意对于欧洲或北美之一个或数个缔约国之武装攻击，应视为对缔约国全体之攻击。因此，缔约国同意如此种武装攻击发生，每一缔约国按照联合国宪章第五十一条所承认之单独或集体自卫权利之行使，应单独并会同其他缔约国采取视之为必要之行动，包括武力之使用，协助被攻击之一国或数国以恢复并维持北大西洋区域之安全。此等武装攻击及因此而采取之一切措施，均应立即呈报联合国安全理事会，在安全理事会采取恢复并维持国际和平及安全之必要措施时，此项措施应即终止。"参阅《国际条约集》（1948—1949），世界知识出版社 1959 年版，第 193 页。

② 从地理位置来看，由于意大利不属于大西洋地区，法国坚持反对意大利加入北约。最后基于政治与地缘战略考虑，意大利问题得到解决。

③ ［英］民古拉斯·亨整森：《北约的诞生：一个筹备者的记实》，龚维新译，载上海市国际关系学会编印《战后国际关系史料》（四），1983 年，第 16—28 页。

④ 西欧各国共产党被排除出政权的具体时间为：1945 年 11 月，奥地利大选中共产党失利；荷兰战后政府中没有共产党人参与；1947 年 3 月 11 日，比利时担任部长的共产党人辞职；在卢森堡，因试图执行早期联合政策失败后，1947 年 3 月 1 日组成了没有共产党人参加的政府。以上共产党人相继在西欧行政体制中出局，在一定程度上与美国因恐惧而干预有关。随着共产党人在西欧各国的"失利"，我们可以认为西欧各国进一步向美国所主张的自由民主国家迈进。如此增加了美欧国家同质性，美国倾向于进一步对欧安全做出军事承诺与义务。

　　美国对法国国内政治走向极为关心，为此美国政府对法国施加了很大的压力。1947 年 2 月 27 日，美国副国务卿艾奇逊在白宫秘密会议上，对法国的共产党力量危言耸听。他说："在法国，有四五名共产党部长，其中一名是国防部长；共产党控制着最大的工会并在政府各部、工厂、部队中安插大量人员；法国选民将近 1/3 投共产党的票；法国经济情况非常糟糕。在这种情况下，俄国人随时都可以下手。"① 1947 年 4 月下旬，驻法大使向法国拉马迪埃暗示，如果法国政府内共产党力量不再参政，那么法美关系将会顺利很多。随后不久，1947 年 5 月 4 日，法国拉马迪埃内阁中有五位共产党阁员因拒绝辞职而被总统免去职务。到年底，法国共产党在行政政局中的影响日渐式微。②

　　1947 年年初，美国正式开始采取敌视欧洲共产党人的政策，杜鲁门主义、马歇尔计划相继出台，欧洲盟友丘吉尔也发表了铁幕演说。此后，整个西欧共产党人均受到排挤。在驻意大使的建议下，马歇尔提出以经济援助换取共产党人离开政府。5 月 20 日，马歇尔正式表态支持意大利，同英法商谈，修改和平条约。由此美意贸易谈判、军事援助开始，意"动用宣传工具制造舆论宣传美国重视意大利，支持意大利"③。受外部力量的干扰，意共在接下来 1948 年 4 月的选举中失利。原因很简单，"人们知道，若是共产党人胜利了，必将出现一个危机时期，到那时，什么西方联盟，美国的经济援助可能会付诸东流"④。因此，在西欧各国共产党力量离开政权组织后，北约联盟形成过程中更容易地形成了情绪性信任。

　　化解法德矛盾与历史宿怨是西欧国家安全、经济一体化的先决条件。尽管西德至 1955 年才加入北约组织，但我们认为法国对德国疑

---

　　① 转引自张锡昌、周剑卿《战后法国外交史》（1944—1992），世界知识出版社 1993 年版，第 33 页。

　　② ［英］彼得·卡尔沃科雷西编：《国际事务概览》（1947—1948 年），徐先鳞等译，上海译文出版社 1990 年版，第 130—131 页。

　　③ ［意］乔治·博卡：《意大利共和国史话：从法西斯垮台到现在》，李文西译，东方出版社 1987 年版，第 31 页。

　　④ ［意］乔治·博卡：《意大利共和国史话：从法西斯垮台到现在》，第 33 页。

虑的消除，可以反映出北约缔造国之间同质性增大的事实。1945 年
之后，法国对外政策的核心目标之一就是促使英国和美国承担欧洲大
陆的军事承诺。① 在这种对外政策的指导下，法国先是与英国于 1947
年缔结了《敦克尔克条约》，应对苏联威胁。② 而后，法国欢迎美国
加入并参与缔造美欧安全合作组织。但是，根据 1947 年的调查，北大
西洋诸国的公众舆论中，法国人对德国人的戒备心与疑虑最重（图1）。

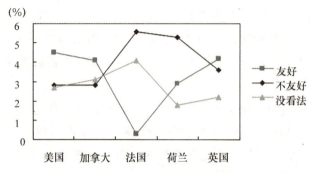

图 1   跨大西洋主要国家公众对德态度调查（1947 年）

资料来源：John English，"'Who Could Ask for Anything More?' North American Perspectives on NATO's Origins," in Gustav Schmidt, ed., *A History of NATO：The First Fifty Years*, Vol. 2（London：Palgrave，2001），p. 313。

　　法国普通民众以及决策者认为，"法国的民族利益需要一个衰弱
的德国"，战后初期法国有两种可永远改变法德力量对比的办法。一
是通过分割或有效的管制，永远削弱德国；二是建立法国发挥欧洲大
陆平衡手作用的欧洲秩序。③ 由于冷战危机凸显，苏联威胁上升，德
国威胁逐步淡化。随着外在威胁感的转变，法国决策者对德政策理念
也发生了微妙的变化。对于这种政策选择变化，美国学者迈克尔·克

---

　　① Michael Creswell，"'With a Little Help from our Friends'：How France Secured an Anglo - American Continental Commitment，1945 - 1954," *Cold War History*，Vol. 3，No. 1，October 2002, p. 1.

　　② Michael Creswell，"With a Little Help from our Friends," p. 4.

　　③ ［美］W. F. 汉里德、G. P. 奥顿：《西德、法国和英国的外交政策》，徐宗士等译，商务印书馆 1989 年版，第 128 页。

雷斯韦尔（Michael Creswell）和马克·特拉亨伯格（Marc Trachtenberg）指出："机敏的法国决策者较早地认识到，苛刻的对德政策并非唯一选择，或许也不是问题解决的最佳方案。已经有可兹利用的替代方案，亦即美国人和英国人的前进方向：将西德纳入西方世界的政策。"①

苏联威胁的逐步升级冲淡了德国问题。德国不再是主要威胁，而且可能成为法国及西方世界的伙伴，因此要将西德全面纳入西方体系。此后，法国对德国的疑忌与不安大为缓解，北大西洋缔约国之间产生了情绪性信任。

（二）不确定性

二战后，对于西欧大国来说，"在安全战略上要么站在美国一边，要么站在苏联一边，在中间采取骑墙态度即使不是不可能的，也是充满危险的"②。从力量对比来看，战后美国的政治经济与军事实力优势十分明显，正好可以弥补西欧微弱的安全防御力量。基于当时的战略形势以及国家利益，法国和英国等西欧大国主动邀请美国入主西欧安全义务。③ 英国外交大臣贝文（Ernest Bevin）成为这一进程的主要推动力量。

战后初期传统的孤立主义在美国仍然有着广泛的影响，大大制约美国对欧洲安全做出承诺。从潜在的合作伙伴来说，美国的政策选择也存在很大的余地，即可以在西欧与苏联之间选择信任对象。尽管英美在战争期间已形成一种"特殊关系"，但战后不久美国的种种信号表明，英国在欧洲安全事务上面临着巨大的不确定性。④ 战后初期法国的基本目标也在于寻求美国的经济与军事援助。1947—1948 年，

①　Michael Creswell and Marc Trachtenberg， "France and the German Question， 1945 – 1955," *Journal of Cold War Studies*， Vol. 5， No. 3， Summer 2003， p. 8.

②　田野：《国际关系中的制度选择：一种交易成本的视角》，第 204 页。

③　John English， " 'Who Could Ask for Anything More?' North American Perspectives on NATO's Origins," p. 306； Geir Lundestad， "Empire by Invitation? The United States and Western Europe， 1945 –1952," *Journal of Peace Research*， Vol. 23， No. 3， September 1986， pp. 263 – 277.

④　［美］W. F. 汉里德、G. P. 奥顿：《西德、法国和英国的外交政策》，第 239—240 页。

"当时大多数法国人不仅关切苏联军事侵略的可能性，而且还关切在法国本身的共产党接管的问题"，所以为了应对威胁，法国的求援信号自然发向了美国。①

从信号传接过程来考察，欧洲也面临着更大的不确定性。其一是西欧需要美国军事力量继续维护欧洲安全；其二是战后初期美国国内关于是否承担欧洲安全义务的辩论与争吵，让西欧大国忧心忡忡；其三是西欧大国也积极进行安全合作，同时向美国发出求援信号。② 经历过两次世界大战，美国均向西欧国家展现了强大的军事实力。所以，1945 年之后，美国在西欧的军事、政治、经济以及文化等方面的影响力迅速上升，尤其是在文化方面具有强大的吸引力。③ 此外，美国拥有核武器，这可以让西欧大国在安全上略感欣慰，所以问题的关键在于美国自身的意愿如何，以及欧洲是否需要美国的保护。

美国和西欧在关于防务问题上一直存在分歧，美国倾向于欧洲先建立自身防御力量，而西欧倾向于美国时刻保证承担军事承诺与义务。在讨论北大西洋公约条文草案期间，美欧对于条文性质的态度迥然不同。美国倾向于以《里约热内卢条约》为模本，而西欧国家倾向于以《布鲁塞尔条约》的规定为基准。④ 美国立场的不明朗和不坚

---

① ［美］W. F. 汉里德、G. P. 奥顿：《西德、法国和英国的外交政策》，第 131—132 页。

② 田野：《国际关系中的制度选择：一种交易成本的视角》，第 206—209 页。

③ Geir Lundestad, "Empire by Invitation? The United States and Western Europe, 1945 – 1952," p. 267.

④ Don Cook, *Forging the Alliance: NATO, 1945 – 1950*, New York: Arbor House/William Morrow, 1989, pp. 204 – 207.《里约热内卢条约》第五条规定："缔约国应依照联合国宪章第五十一条及五十四条立即将关于其已从事的或在拟议中的为行使自卫权利的或以维持美洲国家间和平和安全为目的的各项活动之全面报告送交联合国安全理事会。"第六条规定："如果任何一个美洲国家的领土的不可侵犯性或完整或其主权或政治独立遭受到非武装攻击的侵略的影响，或遭受到大陆以外或大陆以内的冲突的影响，或遭受到可能危及美洲和平的任何其他事件或情势的影响时，协商机关应立即召集会议以便商定在侵略状况下必须采取以援助受侵略的被难者的措施，或无论如何，应该商定为大陆的共同防御和维持其和平和安全所应采取的措施。"《国际条约集》（1945—1947），世界知识出版社 1959 年版，第 521 页。《布鲁塞尔条约》第四条规定："倘任何一缔约国在欧洲成为武装攻击的目标，其他缔约国应依照联合国宪章第五十一条的规定向受攻击的缔约国提供它们能力所及的一切军事的或者其他的援助。"《国际条约集》（1948—1949），世界知识出版社 1959 年版，第 50 页。

决，使西欧国家决心在防御问题上自决自立。1948 年 3 月 3 日，在西欧国家签订布鲁塞尔条约之前，美国副国务卿罗伯特·洛维特（Robert Lovett）否认曾通知五国华盛顿打算对它们提供军事保证。他说美国国务院正在考虑美国对西欧承担义务，但在五国同意建立某种形式的西方联盟之前，还不能明确地提出一项政策。① 从这个意义上来说，布鲁塞尔条约组织的建立是北大西洋公约组织形成过程中关键的一步。尽管我们不能肯定《布鲁塞尔条约》签订后，美国是否确定将对西欧安全做出坚定的承诺。② 美国国内政治对此也是纷争不断。以罗伯特·塔夫托（Robert Taft）为首的一批共和党人对行政当局的欧洲政策进行批评，认为应重点关注美国在亚洲的军事与利益所在，这种信念在中国共产党获得全国胜利后更为突出。③

战后初期美欧安全结构中，从潜在合作伙伴、具体的信号接发等多方面来看，西欧国家比美国面临更大的不确定性。如果不确定性越大，那么行为体就有可能选择情绪性信任，以此作为克服不确定性、降低交易成本从而实现高制度化合作的途径。如此而言，西欧国家为了达成与美国的军事联盟合作，则倾向于形成情绪性的信任。这也是西欧国家所表现出来的积极争取美国加入欧洲大陆军事承诺的原因。也就是说，北大西洋联盟形成过程中，西欧国家比美国更有可能形成情绪性信任。

不确定性的第三个指标是出现外部冲击。在北大西洋联盟形成过程中，这种外部冲击主要是苏联加强了对东欧和西欧的攻势，由此引发西欧和美国的政治和安全恐惧上升。毫无疑问，北大西洋公约组织成立时的安全防范对象就是苏联。联盟形成的动力来源之一也在于各缔造国之间的安全恐惧。如果恐惧越大，那么联盟就越容易形成，内

① ［英］彼得·卡尔沃科雷西编：《国际事务概览》（1947—1948 年），第 147 页。

② John Baylis，"Britain，The Brussels Pact and the Continent Commitment，"*International Affairs*，Vol. 60，No. 4，Autumn 1984，p. 627.

③ 对于同样是"多头政体"的西欧国家来说，它们可以很好地理解美国国内政治中关于对外政策重点的辩论。所以，国会所带来的信号并没有混淆西欧国家的视听，而是这种不确定性增添西欧国家的担心。关于信号传递与接受的较为详细的说明，请参阅田野《国际关系中的制度选择：一种交易成本的视角》，第 206—209 页。

部团结和凝聚力也就越强。同理，我们可以推知，联盟信任的情绪化水平也就越高。从这个角度来说，苏联威胁所造成的外部冲击，以及由此带来的不确定性的增加，都成为联盟形成时情绪性信任形成与加强的催化剂。所以，当苏联的对抗行动进一步升级，加强对欧洲进行社会主义"改造"时，北约各缔约国之间更倾向于形成情绪性信任。

（三）社会交换程度

二战结束后的欧洲，经济崩溃，百业待兴。到1947年年初，"除了少数几个国家之外，整个西欧都滑到了深渊的边缘"①。英国政府于1947年2月21日发表"1947年经济概览"白皮书，承认1946年英国财政赤字超过预计的三亿两千八百万英镑，达到四亿五千万英镑。② 经济低迷不仅预示着整个欧洲经济总崩溃的可能，而且由此带来的社会危机——共产党人力量的壮大，成为西欧各大国以及美国的"政治心病"。在这个转折时刻，美国国务卿马歇尔推行的欧洲复兴计划拯救了整个西欧政治经济。

1947年3月17日，苏、美、英、法四国外长聚首莫斯科召开四国外长会议，讨论德国和奥地利问题，但会议不欢而散。4月26日从莫斯科会议返回华盛顿后，马歇尔意识到"战后复兴并没有像预期的那样正在实现，战后国际合作也遭到失败"，欧洲政治和经济可能面临崩溃的危险。③ 4月28日，他就莫斯科外长会议发表广播讲话，"病人已经奄奄一息，而医生还在踌躇"。此时的美苏合作关系尽管没有全面破灭，但莫斯科四国外长会议的无果而终，进一步确证了战后美苏之间的合作已是穷途末路。所以，"真正放下铁幕的是莫斯科会议"，西方国家和苏联之间合作的希望再一次被扑灭了。④ 这种合作希望的破灭，使美国加快了有关援助欧洲的讨论并着手制定相关政

---

① ［法］皮埃尔·莱昂主编：《世界经济与社会史：二十世纪后半期》（1947年至今），谢荣康等译，上海译文出版社1985年版，第286页。

② 刘同舜等编：《战后世界历史长编》（1947），上海人民出版社1977年版，第97页。

③ ［英］彼得·卡尔沃科雷西编：《国际事务概览》（1947—1948年），第26页。

④ ［美］福雷斯特·C. 波格：《马歇尔传》（1945—1959），施旅译，世界知识出版社1991年版，第203页。

策。1947 年 6 月 5 日，马歇尔在哈佛大学发表演说，提出援助欧洲计划，马歇尔计划正式出台。1948 年 4 月 2 日，美国国会正式通过了"1948 年对外援助法"，并于次日正式执行。从 1948 年 4 月 3 日至 1951 年 12 月 31 日，马歇尔计划执行的援助总额超过了 120 亿美元。在美国的援助下，20 世纪 50 年代的欧洲经济开始进入新的时代。

强调马歇尔计划政治动因的观点认为，如果没有"苏联共产主义的威胁"，国会就不会批准这一援助预算，马歇尔计划也就无法实施。而经济决定论的观点强调，无论是否存在共产主义的威胁，美国都会实施援助西欧复兴计划，达到控制西欧的目的。马歇尔等美国决策者从欧洲返回后，与苏联合作及欧洲复兴的意念已破灭。而面对苏联共产主义日益凸显的政治与军事威胁，美国显得异常担忧。美国总统杜鲁门指出，共产主义威胁的增大，进一步促进美国出台了对欧洲的经济援助计划。①

凯南认为共产主义并不是欧洲经济危机的根源，但共产主义会利用这种危机，因此会威胁到美国的安全。② 在这种观察下，他认为"最重要和最迫切的因素是在西欧恢复希望和信心，在那个地区及早复兴经济"。③ 1947 年 3 月初，在马歇尔即将赴莫斯科参加外长会议时，负责经济事务的副国务卿就提醒国务院相关部门，美国即将对欧洲进行援助，因为一些欧洲国家内部的饥饿和贫困已危及民主国家的稳定。④ 美国对欧洲的经济援助是以经济手段恢复西欧经济，同时又能达到政治效果：防止苏联共产主义向西欧推进，消除西欧国家内部的共产党势力，进一步巩固西方自由民主国家联盟。自由民主国家的巩固增大了跨大西洋国家间的同质性。而美国对欧洲的经济援助增强了大西洋地区国家的内部凝聚力和情感联系。

---

① ［美］哈里·杜鲁门：《杜鲁门回忆录：考验和希望的年代》（第二卷），李石译，生活·读书·新知三联书店 1974 年版，第 127—128 页。
② 《国务院政策设计委员会文件：关于美国援助西欧的政策》（1947 年 5 月 23 日），载刘同舜编《"冷战"、"遏制"和大西洋联盟：1945—1950 年美国战略决策资料选编》，复旦大学出版社 1993 年版，第 116 页。
③ ［美］福雷斯特·C. 波格：《马歇尔传》（1945—1959），第 211 页。
④ 同上书，第 209 页。

但是，马歇尔计划的实施进一步加剧了美苏在欧洲的对抗行动。最为直接的后果就是 1948 年布拉格的红色政变，以及欧洲地区的政治经济分裂扩大。这种"双刃剑"效应与群体分类与群体积极情绪的消极后果如出一辙。换言之，美国通过马歇尔计划帮助西欧国家恢复自信和能力，这种理性行为带来了美欧关系的进一步密切，亦即美国投之以"援助"，西欧报之以"信任"。同时，其代价是欧洲的分裂和"悲剧"。西欧对于马歇尔计划的感激之情溢于言表。在"1948 年对外援助法"签署后，英国外交大臣贝文"立即赞扬马歇尔的政治家风度以及美国对欧洲的信任"。伦敦《经济学家》杂志也充满了对美国行政当局领导的感谢，"向马歇尔和艾奇逊最初提出计划时的胆略和勇气致敬，向范登堡、道格拉斯以及其他人在推动两院通过法案时所表现出来的技巧、耐心和干脆利落致敬"[1]。

综上，情绪性信任作为一种"商品"，是西欧国家对美国经济援助的社会交换产品，因此当美国强化推行马歇尔经济援助计划后，西欧国家倾向于形成情绪性信任。

（四）共有威胁知觉

在北大西洋联盟成立的过程中，美欧盟友双方的共有威胁知觉包括欧洲部分国家政权中的共产党人威胁和苏联威胁。我们在此着重探讨苏联威胁知觉的升级及其后果。

在联盟缔造双方中，西欧国家的威胁知觉要大于美国，当二者的威胁感基本相近时，美欧之间的联盟信任初步形成，北大西洋联盟组织正式成立。西欧国家在地理/地缘上紧邻苏联，加之欧洲历史上连绵征战的记忆，以及美国尚处于孤立主义与国际主义争吵之际[2]，西欧主要大国的苏联威胁知觉要比美国严重得多。只有当美国认为苏联的一系列行为意在扩张共产主义，威胁美国所称的自由民主世界时，美国对苏联威胁知觉才会逐步增大。

1946 年至 1947 年年初希腊和土耳其危机凸显，杜鲁门认为希土

---

① ［美］福雷斯特·C. 波格：《马歇尔传》（1945—1959），第 261 页。

② Lawrence S. Kaplan, *The United States and NATO: The Formative Years*, Lexington, Kentucky: The University Press of Kentucky, 1984, pp. 30 – 48.

危机实质上反映了苏联意欲控制这两个地区的企图。① 他大肆渲染共产主义的威胁，宣称这两个国家内外都受到共产主义的威胁。"美国不能也不应该让这些国家孤立无援。这样做将在中东、意大利、德国和法国树立一个鲜明的榜样"，"现在我们所面临的新威胁似乎与纳粹德国及它的同盟者所造成的威胁同样严重"②。因此，希土危机最为直接的结果是 1947 年 3 月 12 日 "杜鲁门主义" 的出台。

随后，美国推行了恢复欧洲经济自信的马歇尔计划。在美国看来，最为严重和直接的反弹就是 1948 年 2 月布拉格的 "红色政变"。美国国务卿艾奇逊认为，"这一事件使欧洲日益紧张的局势达到了顶点，突出了欧洲的不安全"③。捷克政变反过来又强化了西欧各国对苏联威胁的认知。"当法国共产党政治局在《人道报》赞扬'捷克斯洛伐克民主对遵从外国帝国主义者指示行动的反动势力赢得辉煌胜利'时，欧洲其他的政治势力则把布拉格政变看作预示苏联对它们安全的直接威胁。"④ 西欧各国对苏联恐惧的增大促使英国、法国和比、荷、卢三国的谈判增加了军事条款。1948 年 3 月 17 日，五国签订了《布鲁塞尔条约》，其中规定："倘任何一缔约国在欧洲成为武装攻击的目标，其他缔约国应依照联合国宪章第五十一条的规定向受攻击的缔约国提供它们能力所及的一切军事的或者其他的援助。"⑤ 德国威胁在条约中大大弱化，直接针对的对象便成了苏联。如此而言，布拉格政变直接引发了西欧的军事防务联合，促使西欧进一步呼吁美国承担欧洲安全义务。此时，美国仍处于孤立主义思潮的笼罩下，国内政

---

① 根据冷战史学者的研究，在希腊和土耳其问题上，苏联没有采取主动进攻的态势。当时苏联对中国的政策也是如此。有学者指出，新中国成立前后的苏联与中国共产党在意识形态上都很难以说是一体或一致的。相关的研究可参阅 Artiom A. Ulunian, "Soviet Cold War Perceptions of Turkey and Greece, 1945 – 1958," *Cold War History*, Vol. 3, No. 2, January 2003, pp. 35 – 52。

② [美] 哈里·杜鲁门：《杜鲁门回忆录：考验和希望的年代》（第二卷），第 115、116 页。

③ [美] 迪安·艾奇逊：《艾奇逊回忆录》（上册），上海《国际问题资料》编辑组、伍协力合译，上海译文出版社 1978 年版，第 119 页。

④ [法] 阿尔弗雷德·格罗塞：《战后欧美关系》，刘其中等译，上海译文出版社 1986 年版，第 115—116 页。

⑤ 《国际条约集》（1948—1949），世界知识出版社 1959 年版，第 50 页。

治的争吵阻碍了美国在和平时期向欧洲做出军事承诺。不过，6 月 11
日美国参议院通过的《范登堡决议》为美国排除了最后的障碍。

　　美苏柏林对抗促使美国改变了其对欧洲安全的态度。6 月 23 日，
在苏联下令封锁柏林的当天，美国助理国务卿约翰·希克森（John
Hickerson）把约翰·贝尔福（John Balfour）请至国务院，告诉了一个
让他感到欣慰和满意的消息，即美国将正式开始跨大西洋安全事宜的
谈判，因为《范登堡决议》的通过扫除了障碍。① 柏林危机所引发的
美欧对苏恐惧，直接促使了北大西洋公约的形成。"西方各国虽然通过
空中走廊粉碎了历时三百二十天的封锁，但是为了饿死二百五十万市民
而对一个大城市进行残酷封锁这件事，却成了西方共同防御迅猛向前发
展的最终动力。"② 美国总统杜鲁门也指出："俄国在柏林问题上所表现
出来的粗暴和野蛮，使得许多欧洲人认识到，西方国家之间必须建立密
切的军事支援，而这一点又导致最后讨论北大西洋公约组织"，"从政
治上来说，对柏林进行空运使欧洲各国人民更加靠拢我们"③。

　　柏林危机促进了美欧之间的团结，包括德美之间的团结。先前的
战争对手经过"一番抗击共同敌人"的考验，"从此以后，任何不基
于赢得美国人信任以使他们继续对柏林和西德对外政策都似乎是不能
接受的"④。1948 年《布鲁塞尔条约》前后，欧洲另外两个事件同样
改变美国对欧洲安全体系的态度：苏芬条约的签订，以及斯大林对挪
威的进一步渗透。这两个事件进一步凸显了苏联的进攻意图，驱使美
国开始考虑美欧之间成立军事联盟的具体问题。⑤ 1949 年 4 月 4 日，
美欧签订《北大西洋公约》，北约军事联盟协议正式成立。

　　1949—1950 年，北大西洋公约组织实体并未相应成立，仍缺少
统一有效的武装部队。"由于缺乏思想感情的融洽一致，北大西洋联

---

　　① Don Cook, *Forging the Alliance: NATO, 1945 – 1950*, p. 154.

　　② ［西德］约翰内斯·施泰因霍夫：《北大西洋公约组织向何处去？》，张连根等译，商务印书馆 1977 年版，第 7 页。

　　③ ［美］哈里·杜鲁门：《杜鲁门回忆录：考验和希望的年代》（第二卷），第 150、151 页。

　　④ ［法］阿尔弗雷德·格罗塞：《战后欧美关系》，第 114 页。

　　⑤ Lawrence S. Kaplan, *The United States and NATO: The Formative Years*, p. 62.

盟仍是软弱无力的。"① 一些成员国不想承担更多的义务，联盟经常处于紧张状态。1950 年 6 月 25 日朝鲜战争爆发后，苏联的"侵略意图"引起了美欧的巨大恐慌。西欧认为这是苏联即将进攻欧洲的先兆。美国总统杜鲁门认为朝鲜战争关乎美国对盟友的声誉以及自由世界对抗苏联侵略的决心，所以把苏联类比为"希特勒、墨索里尼以及日本侵略者。②"

此时美国对苏联威胁的知觉不仅仅停留于具体的物质目标和领土威胁，而且扩展至对美国权力地位及联盟声誉的威胁。正因为如此，美国一方面向欧洲增派地面部队、建立完整的北约军事联盟组织机构，同时组织西方联合军准备进入朝鲜。美国的担心在艾奇逊的话中表露无遗："几乎可以确定，进攻是由苏联发动、支援和怂恿的。非用武力不能加以制止。如果朝鲜军队担当不了这个任务——这点看来十分可能——只有美国军事干预才能做到。……鉴于我们的应战能力，回避这个挑战将使美国的权力和威信受到极大损失。我认为威信的意义是权力投下的影子，那是具有巨大的威慑上的重要性的。"③ 此时的欧洲人陷入了舆论恐慌之中，苏联主导的朝鲜战争被认为是苏联下一步指向柏林的前奏④。北约组织实体与军事一体化建设进一步得以强化。随着朝鲜战争的升级，美欧之间关于苏联威胁的共同知觉上升到新的高度，这解释了为什么当美欧共同的苏联威胁知觉上升时，北约形成过程中美国更有可能形成情绪性信任；以及当美欧共同的苏联威胁知觉上升时，北约形成过程中西欧国家更有可能形成情绪性信任。

四　社会认知与北约联盟信任形成

在运用社会认知理论解释信任形成时，我们必须确定几个关于联

① ［英］彼得·卡尔沃科雷西编：《国际事务概览》（1949—1950），王希荣等译，上海译文出版社 1991 年版，第 37 页。

② ［美］哈里·杜鲁门：《杜鲁门回忆录：考验和希望的年代》（第二卷），第 394 页。

③ ［美］迪安·艾奇逊：《艾奇逊回忆录》（上册），第 265—266 页。

④ Ronald E. Powaski, *The Entangling Alliance: The United States and European Security, 1950 – 1993*, London: Greenwood Press, 1994, pp. 4 – 5.

盟信任形成的问题。首先，联盟信任形成是否有一个合适的时点？要回答这一问题，必须做出系列假定。联盟信任是一个逐渐形成的过程。在这一过程中，联盟信任形成于联盟形成的前后时期，因为信任形成是联盟形成的一个必要条件。从反事实推理来看，如果联盟形成时没有联盟信任的存在，联盟则无法形成。由此，联盟形成的前后阶段为联盟信任形成的具体时段。接下来的工作就是如何从联盟形成前后的时段，选取我们分析联盟信任形成的具体个案。

其次，联盟信任在什么事件、时段中形成，或可以具体观测？联盟信任为什么如此重要？为什么我们需要联盟信任？联盟信任不仅成为维系联盟存在的必要软力量，同时也是盟友在"问题解决"中所依赖的"力量"。所以，在国际危机中，联盟信任表现最为明显，盟友也最需要联盟信任，换言之，国际危机是分析联盟信任的最佳个案。基于上述分析，笔者选取北约形成前后的两次国际危机（冲突），作为分析与解释北约联盟信任形成的具体个案：1948—1949 年的第一次柏林危机和1950—1953 年的朝鲜战争。

（一）北约形成：外群体还是内群体

在联盟信任形成的社会归因解释模式中，笔者详细阐述了联盟形成时，外群体身份向内群体身份演进的机制与条件：高度的国家同质性与高度的共有威胁知觉。随着西欧主要国家共产党人离开政权中心，西欧国家及其与美国之间的国家同质性进一步增大；法德矛盾的消解也增大了北约缔约国的同质性。

北约一方面是战略军事联盟，甚至有学者认为北约根本就不是总体规划而成的产物，更多的是针对急剧变化的形式采取实用主义政策的结果[1]；另一方面，北约还是高度国家同质性国家形成的多元安全共同体。多伊奇等学者认为，维系北约存在与发展的内部基础在于北大西洋国家当中已经形成了"我们"的情感。根据多伊奇的论述，在这种多元安全共同体当中，"共同体感觉"是"相互的同情与忠诚；具有'我们的'情感，相互信任以及体谅；在自我意象和利益

---

① John Baylis, *The Diplomacy of Pragmatism: Britain and the Formation of NATO*, 1942 - 1949, London: The Macmillan Press Ltd. , 1993, p. 123.

上至少具有部分的认同；具有预测相互行为的能力，以及根据这种预测行动的能力。总之，这是一种永久的注意、沟通、对于需要的知觉以及反映的问题。它不是静止协议的状况，而是动态的过程——即社会学习的过程"①。

美欧缔造北约时，政治威胁主要来源于苏联对"自由民主世界"的威胁，亦即西欧国家内部共产党人以及苏联外在"进攻行为"的威胁。而军事威胁直接源自第一次柏林危机以及朝鲜战争。不管真实意图如何，斯大林在东欧和其他地区的所作所为都加剧了美国民众和政府中的苏联威胁观念。② 北约是两种不同国际与国内秩序观、世界观对立的产物。"苏联和斯大林下的国际共产主义似乎构成了一种空前的威胁，比希特勒的威胁更严重"，"冷战反映出西方世界的国家和价值观受到威胁，实质上是自由世界与极权主义共产主义世界之间的冲突"③。因此，北约形成过程中，外群体向内群体认同演进的基本条件均已出现。我们可以预期，随着相关缔约国家同质性的增大，北约形成时更有可能形成内群体的身份；同时随着相关缔约国共同威胁知觉的增大，北约形成时更可能形成内群体的身份。

笔者之所以认为北约的形成是内群体身份的形成，还有其他几个方面的原因。首先，北约既是应对苏联政治与军事威胁的战略联盟，更是建立在西方价值观与生活方式之上的共同体。从安全角度来看，北约很大程度上是多元安全共同体的典型形态。"北大西洋公约不仅是组织和反击侵略的军事联盟基础，而且也是各缔约国全面合作的条规。"④ 其次，北约的成立不仅仅是军事战略资源的形成，更是道德资源的形成。基辛格所指出，"大西洋同盟实质上不是同盟，而是具有道德的普遍性……总之，美国为了大西洋同盟可以赴汤蹈火，但是

---

① Karl Deutsch, et al. , *Political Community and the North Atlantic Area*, p. 129.

② Thomas Risse – Kappen, "Collective Identity in a Democratic Community: The Case of NATO," in Peter Katzenstein, ed. , *The Culture of National Security*, New York: Columbia University Press, 1996, p. 374.

③ ［美］雷蒙德·加特霍夫：《冷战史：遏制与共存备忘录》，伍牛、王薇译，新华出版社 2003 年版，第 7 页。

④ ［西德］约翰内斯·施泰因霍夫：《北大西洋公约组织向何处去？》，第 8 页。

绝对不能称它是同盟"①。这种道德的载体意味着它不仅仅是工具性联盟,而是有着内在情感联系的共同体。最后,北约是安全合作多边主义的制度形式。这种多边主义制度形式的出现与跨大西洋地区共有的历史文化联系、语言、历史集体记忆以及种族宗教等因素相关。②所以,北约只出现于二战结束后的美欧安全合作领域,或者说它仅仅是个个案,不具有普遍意义。

(二)信任形成:第一次柏林危机(1948—1949)

柏林成为冷战期间美苏对峙的桥头堡,1948—1949 年的第一次柏林危机成为东西方两大军事集团在冷战中的第一次对抗。这次危机也成为美苏为首的政治与意识形态共同体互相试探对方决心与声誉的一次实验,或者说是一场意志的较量战。③ 1948 年 3 月 20 日,苏联代表退出了盟国管制委员会,接着从 4 月 1 日起,苏联命令封锁了所有通向柏林的公路、铁路和水路交通。至 6 月 24 日,苏联对柏林进行全面封锁,掀起了第一次柏林危机的高潮。此后,西方国家与苏联在柏林的对抗有张有弛,但都保持着克制与谨慎,直至 1949 年 5 月 12 日苏联宣告柏林封锁结束。我们着重考察的是西方盟友如何看待、解释美国的应对行为,以及如何解释这次危机的结束。

1948 年美国实施马歇尔计划,西欧国家对此欢呼有余。但苏联却拒绝了美国的经济援助计划请求。杜鲁门指出,苏联对于马歇尔计划的经济反应是开始建设经互会,而政治与军事上的反应是柏林对峙的加剧。苏联"第二个更富于挑衅性的行动是在柏林发动一次军事冒险事件,目的在试探我们的决心和耐心④"。美国把苏联的挑衅行动

---

① [美]亨利·基辛格:《大外交》,顾淑馨、林添贵译,海南出版社 1998 年,第 413 页。

② Christopher Hemmer and Peter J. Katzenstein, "Why is There No NATO in Asia? Collective Identity, Regionalism, and the Origins of Multilateralism," *International Organization*, Vol. 56, No. 3, Summer 2002, pp. 575 – 607;斯蒂夫·韦伯:《构建战后均势:北约中的多边主义》,载约翰·鲁杰主编《多边主义》,苏长和译,浙江人民出版社 2003 年版,第 266—336 页。

③ 关于第一次柏林危机,请参阅 Michael D. Haydock, *City under Siege: the Berlin Blockade and Airlift*, 1948 – 1949, Washington: Brassey's, 1999; Robert E. Griffin and D. M. Giangreco, *Airbridge to Berlin: The Berlin Crisis of 1948, Its Origins and Aftermath*, Novato: Presidio Press, 1988。

④ [美]哈里·杜鲁门:《杜鲁门回忆录:考验和希望的年代》(第二卷),第 138 页。

看作对自身以及西方决心的挑战，认为美国及西方的反映直接影响到美国及西方世界的声誉问题。

西方国家面对封锁将有三种选择，首先是武力突破封锁，其次是被逼无奈而灰溜溜地撤退，最后是接受苏联的条件，以保柏林无恙。① 杜鲁门意识到："克里姆林宫所选定的目标——德国的故都柏林——也许是欧洲最敏感的地方，因为它过去是、现在也是德国人的象征。如果我们不能保持在柏林的地位，共产主义就会在德国人中间扩展势力。我们在柏林的地位是风雨飘摇的。如果我们想要留在那里，我们就必须显示一下力量。"② 6 月 28 日，杜鲁门在讨论柏林形势时，态度坚决地表态："这个问题无须讨论。我们留守柏林，就这样。"③ 7 月 23 日，美国国家安全委员会会议上，克莱（Lucius Clay）将军对杜鲁门总统分析了苏联的意图。他认为苏联只在于将西方赶出柏林，并没有迹象表明将会发动一场战争。出于降低危险性的考虑，杜鲁门最终采纳了空运的方式。

美国应对柏林封锁态度坚定，但行动谨慎小心，避免与苏联发生直接对抗。出于对苏联威胁的恐惧，英法等西欧大国希望美国驻军欧洲，以保欧洲免于斯大林的"侵略"。因此，美国的态度坚定十分符合西欧各国需要美军保护的意愿。但是，英法与美国的态度也存在差别，更倾向于通过长期的外交谈判解决问题。4 月 27 日，英国转告美国，"假如俄国人挑起战争，英国将迎战，但英国还不准备'采取在任何情况下都为留在柏林而战的明确立场'"④。在接下来与苏联人的谈判中，英法同样持较为缓和的态度。"英国和法国则态度较和缓，愿意在日复一日地执行令人瞩目的艰巨的空运任务期间继续谈判。"⑤ 尽管西欧国家与美国的态度程度存在差异，但美国对柏林的承诺是西

① Alan Bullock, *Ernest Bevin, Foreign Secretary*, 1945 – 1951, New York: Oxford University Press, 1983, p. 572.

② ［美］哈里·杜鲁门：《杜鲁门回忆录：考验和希望的年代》（第二卷），第 142 页。

③ Michael D. Haydock, *City under Siege*, p. 152.

④ ［美］福雷斯特·C. 波格：《马歇尔传》（1945—1959），第 308 页。

⑤ 同上书，第 310 页。

欧大国所希望看到的结果（图2）。①

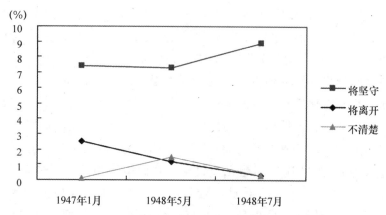

图2 柏林人对"美国是否坚守柏林"的期望调查（1947—1948）

资料来源：W. Phililps Davison, *The Berlin Blockade: A Study in Cold War Politics* (Princeton, New Jersey: Princeton University Press, 1958), p. 144。

对于美国的军事承诺与决心，贝文心怀感激，"众所周知，西方盟国中能够提供最大空中运输力量的是美国。为了我们的共同事业，它确实投入了巨大的人力和物质资源"②。美国的合意行为最终产生了合意的结果，即苏联的态度逐步松动，向美国发出了降低封锁条件的信号。1949 年 5 月 12 日，苏联宣布柏林封锁结束。这在西方世界看来，无疑是一种合意的结果，因为柏林封锁的结束亦即意味着苏联的进攻行动遭受重大挫折，西方坚持反封锁斗争取得了胜利。

西方盟友对于柏林封锁解除的合意结果如何进行归因，是盟友间信任类型产生的认知机制。首先，美国将柏林危机的合意结果主要归因于自身的坚定决心与努力。也就是说，美国倾向于把西方盟

---

① 苏联封锁柏林，并不出乎西方盟友的意外，但是美欧一开始对于如何应对封锁，也是众说纷纭。法国认为柏林坚持不了几周，美国政府也是"陷入不确定性与恐惧的瘫痪中"，而发挥主心骨作用的是贝文。David Williamson, "Berlin: The Flash - Point of the Cold War, 1948 - 1989," *History Review*, No. 47, December 2003, p. 4。

② 《英国外交大臣贝文就柏林封锁问题在下院的演说》（1948 年 6 月 30 日），载上海市国际关系学会编印《战后国际关系史料》（二），1983 年，第 151 页。

友对抗苏联的合意结果归因于自己的内在决心与意志，事实上，美国在战后西欧安全问题上确实发挥了主导作用。杜鲁门在评价柏林危机时说：

> 当我们拒绝被赶出柏林的时候，我们向欧洲人民证明了，当他们的自由受到威胁时，我们就会在他们的合作下行动起来，而且是坚决地行动起来。从政治上来说，对柏林进行空运使欧洲各国人民更加靠拢我们。
>
> 封锁柏林事件是试探我们进行抵抗的能力和决心的一种行动。这一行动和他们过去想夺取希腊和土耳其的企图，都是俄国人刺探在他们周围的西方盟国阵地弱点的计划的一部分。①

其次，对于身处封锁之中的当事者即德国来说，这次反封锁的成功主要归功于柏林人民的勇敢和决心。"由于柏林居民决心抵抗和建立空中桥梁，苏联想用饥饿对柏林进行讹诈的企图失败了。"② 阿登纳在回忆录中也对德国人的优秀品质大加赞扬：

> 过去在暴力的统治下表现得很英勇的西柏林人在这次也没有软化，而是更顽强，更坚定。在这几个月中，他们令人钦佩地经受了精神和物质上的压力……德国和每个热爱自由的人都感谢全体柏林人民，感谢他们的沉着无畏、意志旺盛、坚忍不拔和英勇顽强，感谢他们为整个德国，为自由事业建立了历史性的功勋。③

从以上各自的解释可以看出，"自我服务"与"自我中心"归因

---

① ［美］哈里·杜鲁门：《杜鲁门回忆录：考验和希望的年代》（第二卷），第151页。
② ［联邦德国］卡尔·迪特利希·埃尔德曼：《德意志史：世界大战期间，1914—1950》（第四卷　下），华明等译，商务印书馆1986年版，第311页。
③ ［联邦德国］康纳德·阿登纳：《阿登纳回忆录》（第1卷），上海外国语学院德法语系德语组等译，上海人民出版社1973年版，第196—197页。

偏差成为西方盟友对于合意结果归因的普遍特征。[1] 也就是说，各方都强调自身对于正性或合意结果的重要性。但是，综合考察我们可以发现，他们都将合意结果归因于内在属性，但还很少归因于盟友的属性，这是一种"群体自我服务"归因。此外，如果我们将西方世界看作整体的话，不少归因对象均集中于"西方自由世界"对"极权主义"的胜利。贝文于1949年5月在国会下议院发表演说，认为苏联的行动对象是针对西方自由世界。[2] 如此，在第一次柏林危机中，我们可以大致判断西方盟友之间的信任形成过程：北约缔造国将柏林封锁的合意行为与结果归因于内在属性，因而产生的是情绪性信任。必须指出的是，在柏林危机期间，美国的合意行为并没有得到广泛的属性归因，各方"自我服务"偏差较为普遍。但美国在这次危机中的领导与主导作用，还是无须置疑的。[3] 这一阶段所产生信任是倾向于情绪性信任（而不是完全是情绪性信任）。[4]

（三）信任形成：朝鲜战争（1950—1953）

1950年6月25日朝鲜战争爆发，延续三年有余，直到1953年7月26日美国艾森豪威尔政府签订《朝鲜停战协定》。[5] 就西方盟友（主要是北约组织成员国）而言，不同国家对于这次战争的态度与行动，成

---

[1] 这一点在贝文身上也表现很明显。艾伦·布洛克（Alan Bullock）认为，贝文成为危机当中欧洲利益的代表，因为法国政府遭受挫折，德国尚无政府存在，这明显地突出了英国的作用，而降低了法德的作用。Alan Bullock, *Ernest Bevin, Foreign Secretary*, 1945 – 1951, p. 584。

[2] Alan Bullock, *Ernest Bevin, Foreign Secretary*, 1945 – 1951, pp. 685 – 689.

[3] Avi Shlaim, "Britain, the Berlin Blockade and the Cold War," *International Affairs*, Vol. 60, No. 1, Winter 1983/84, p. 1.

[4] 就如上文德国对柏林危机的合意结果归因来看，阿登纳将柏林危机的成功解除归因为柏林人的勇敢、决心，或者倾向于归因为群体内的内在属性。这似乎偏向于"群体服务"归因偏差。这种归因方式促进了德美之间的团结，但不完全是情绪性信任，其中存有很大的工具性成分。笔者认为，正是这种社会归因为20世纪50年代德美（跨大西洋）之间矛盾迭起、利益纷争不断埋下了伏笔。德美关系在第二次柏林危机中并非如我们想象的那么团结和谐，其根源在于冷战对峙高峰时期美欧关系仍未达到完全的内群体认同，所以双方归因解释仍是在"自我服务"偏差与内群体之间。尽管美欧双方对于对方是否承担军事承诺与义务具有安全感，但仍存有疑虑与矛盾之处。Thomas A. Schwartz, "The Berlin Crisis and the Cold War," *Diplomatic History*, Vol. 21, No. 1, Winter 1997, p. 145。

[5] 关于朝鲜战争的冲突进展，以及相关各方的具体决策、利益矛盾冲突等的分析，可以参阅沈志华、杨奎松等历史学者运用冷战后一些公开档案的研究。

为各自捍卫"自由世界"、实践盟友军事承诺的试金石。下文将考察西欧与美国如何看待和解释相互的行为，以及如何解释这次战争的结果。

尽管朝鲜战场不属于地理意义上北大西洋国家的安全势力范围，但美欧依然十分关注，所以朝鲜战争仍可作为观测北约联盟信任形成的个案。与第一次柏林危机相比，这场战争呈现不同的特点：战争爆发时西方世界态度同样坚定，但是战争的结果并没有符合西方的意愿；柏林危机发生于美苏对峙的欧洲前沿，而朝鲜战争发生于东北亚。两次事件在时间上相隔较近，由此可以反映出北约联盟信任的连续性与变化。笔者选取考察北约联盟信任如何形成的具体时点有两个，一是分析朝鲜战争爆发时美国的态度与行动，二是战争结束时美欧对战争结果的分析。

朝鲜战争爆发后，美国非常担心。这种担心不仅来自于对共产主义世界及其"进攻性"行动的恐惧，同时战争的爆发还涉及美国作为盟友保护者的声誉与威信问题，而这些问题可以进一步影响到盟友对美国的军事承诺与义务的信任，亦即联盟信任问题。美国国务卿艾奇逊直言不讳地指出了这种影响："这是一次公开的、赤裸裸的对我们国际公认的韩国保护者的地位的挑战。……我们不能让一个苏联傀儡就在我们的防线火力圈内征服这个重要地区，不能仅仅在安理会中说几句话，表一下态而不作更多的反击。看来我们必须下定决心使用武力。"[1] "事情关系到我们的抵抗决心是否经得住考验，关系到杜鲁门主义中我们所做的准备迎击共产主义对自由国家侵略的声明是否坚定不移。"[2]

朝鲜战争中美国的态度是不惜动用武力来支持盟友，维护美国自身利益。但是，西欧盟友的态度稍微不同。以英国的考虑为典型：其一，美国过度在朝鲜战场投入力量，可能会影响美国对西欧的保护义务与军事承诺；其二，美国在朝鲜战争中的升级战略，有可能会刺激苏联在欧洲发动攻势，而西欧处于欧洲军事对抗的前沿。1950 年 11

---

① ［美］迪安·艾奇逊：《艾奇逊回忆录》（上册），第 266 页。

② ［美］玛格丽特·杜鲁门：《哈里·杜鲁门》，南京大学历史系近现代史英美对外关系研究室译，生活·读书·新知三联书店 1976 年版，第 201 页。

月，杜鲁门曾表示，美国不惜在朝鲜战场使用核武器。① 这种论调经媒体渲染，在英国引发了政治"地震"。首相艾德礼随即赴美展开协商。尽管存在这种区别，美国的决心与积极行动于西欧盟友来说基本是合意行为。对于美国的合意行为，西欧盟友对此抱持感激之情。6月28日，当哈里曼从欧洲回到美国，坚定支持杜鲁门总统的决心与决定，然后以亲身见闻向杜鲁门总统描述，"当欧洲人获知美国岿然不屈时，宽慰之情席卷了欧洲各国的首都"。美国驻汉城大使也发回电报，大加赞赏杜鲁门总统的决定。②

　　作为美国最为亲密的盟友，英国在朝鲜战争爆发时认为，苏联是战争的幕后操纵者，朝鲜战争是共产主义全球战略的组成部分，如果战争成功的话，会大大打击"自由世界"的威望和声誉，因此必须采取一切手段制止"侵略行动"。英国支持美国及联合国做出的对朝决议。③ 德国人十分担心苏联的行动，认为朝鲜战争是苏联对德行动的前奏，因为德国与朝鲜极为相似。阿登纳期望西方盟友能加强对德军事义务与承诺，他认为应"由这些占领国发表一项声明，让人家看到为了保卫包括柏林在内的德意志联邦共和国的决心和坚定意志，是绝对必要的。声明之后，必须继之以看得见的，显示这种保卫决心的迹象"④。当然，德国对于战争初期美国在朝鲜的军事不利局面甚为不满。"由于朝鲜事件，他们对美国的实力的信心已经丧失殆尽。"⑤

---

　　① 赵学功：《朝鲜战争与英美关系》，《史学辑刊》2004 年第 2 期。英国的看法代表了当时欧洲对于朝鲜战争的看法，即一方面需要美国的坚定决心与承诺，另一方面又害怕美国在亚洲战场的"重视"，从而影响到欧洲作为第一承诺的地位。Lawrence S. Kaplan, *The United States and NATO: The Formative Years*, pp. 150 – 151。

　　② ［美］玛格丽特·杜鲁门：《哈里·杜鲁门》，第 207—208 页。

　　③ 赵学功：《英国、美国与朝鲜战争》，第 2—3 页；Alan Bullock, *Ernest Bevin, Foreign Secretary*, 1945 – 1951, pp. 790 – 802。朝鲜战争期间，英国政府的基本政策是努力运用其对美国的影响，防止冲突的扩大和升级，谋求并推动朝鲜问题的政治解决。其原因在于，战后英国的战略重点在欧洲和中东地区；英美关于对华政策存在较大分歧；英国政府担心战争升级会影响其在东南亚的利益；英联盟国家印度和加拿大一直反对战争扩大化。尽管存在众多分歧和争夺，美国仍认为英国是战后"唯一可以真正信赖的朋友"。具体分析见赵学功《英国、美国与朝鲜战争》，第 31—33 页。

　　④ ［联邦德国］康纳德·阿登纳：《阿登纳回忆录》（第 1 卷），第 396 页。

　　⑤ 同上书，第 399 页。

对于这种不合意的结果，德国的归因为情境归因。因为实力并非是美国的内在属性，而是外在情境，换言之，并非美国缺乏意愿，而是实力不够所致。

1952年，艾森豪威尔当选美国总统。上任六个月后，艾森豪威尔结束了朝鲜战争。在停战广播中，艾森豪威尔称："我们仅在一个战场上赢得停战——而不是世界和平。我们现在不能放松警惕，也不能停止我们对和平的追求。"① 接下来，我们将考察西方世界是如何解释这种不合意的战争结果的。

艾森豪威尔将朝鲜战争的不合意结果归因于韩国的软弱无能。在关于停战的公开演说中，出于维护整个西方世界团结以及盟友面子的考虑，艾森豪威尔对参与战争的盟友表示了衷心感谢，对韩国更是大加赞扬。② 但在日记中，他大发牢骚："要不是因为从韩国撤退会严重影响到日本安全，在那里作战的多数联合国国家早就想撤兵了。"③ 接着，他直言战争的沮丧结果是韩国的内在属性使然：

> 李承晚完全不善于合作，甚至独行其是……由于李承晚和共产党人双方的原因，事态发展中充满着踌躇、犹豫和挫折。因此我怀疑即使达成了停战协议，到底有什么巨大意义。……但是李承晚这位盟友，也实在太不争气了，确实非得严词训斥他一番不可。④

艾森豪威尔对朝鲜战争的归因是一种典型的"负面归因"，将不合意、负面的结果归因为情境因素，而不是自身属性，因为韩国的无能之于美国是一种外在情境，是美国所无法控制的。英国对于朝鲜战

① ［美］斯蒂芬·安布罗斯：《艾森豪威尔传》，徐门铨等译，中国社会科学出版社1989年版，第101页。

② ［美］德怀特·D. 艾森豪威尔：《艾森豪威尔回忆录——白宫岁月：受命变革》（1953—1956），复旦大学资本主义国家经济研究所译，生活·读书·新知三联书店1978年版，第223页。

③ ［美］罗伯特·H. 费雷尔：《艾森豪威尔日记》，陈子思等译，新华出版社1987年版，第328—329页。

④ 同上书，第329页。

争结局总体上持维护美国立场的态度，尽量避免做出任何伤害美国感情的事情。① 对于美国领导的这场捍卫自由世界声誉之战，英国并无直接利害与利益关系，但还是支持美国的决心（不包括战争扩大化）。② 英国并没有指责美国的意愿和能力，相反，丘吉尔等领导人认为，在停战谈判期间，英国并没有充分理解美国领导的联合国军的困难。"他们不仅要对付共产党人的固执态度，而且要对付李承晚总统为首的韩国政府的态度。……他们两人不得不考虑强大的韩国军队可能会做出的反应，尽管这支军队是他们自己花了大力建立的。温斯顿爵士说，他本人没有意识到他们在这方面所遇困难的程度。"③ 停战协定签订后，英国国务大臣在下院发表演说，大力赞扬美国主导的集体抵抗行动，认为联合行动是有成效的。④ 由此，我们可以看出，英国并未将朝鲜战争的不合意结果归因为美国的内在属性，而是强调一些客观困难情况等。这种将不合意结果归因为盟友的外在情境，所形成的联盟信任倾向于情绪性信任。但是，英国对朝鲜停战协定当中所取得的各种"进展"，都归功于丘吉尔和艾登减缓东西方紧张的努力。这里体现出英国的"自我服务"及"正面归因"偏差。⑤ 正如华庆昭所言，朝鲜战争中"美国主要的得分是在盟友面前建立了信任：

———————————

① 英国对韩国李政权其实是"痛恨不已"，它反对在李维持政权的情况下实施停战协定。但是出于维护与美国合作的大前提下，英国并未将这种想法付诸实践。

② 关于北约盟友的归因偏差考察，笔者重点分析的是美国和英国，而并没有考察法德等国。这是因为，由于英美特殊关系的背景，如果英国存在归因偏差，其他盟友则一定存在偏差。所以，英国成为本文考察北约盟友对美国及北约行为及结果归因方式与偏差的"最极端个案"。具体来说，只要英国存在归因偏差，其他盟友则一定也存在归因偏差；而如果其他国家存在归因偏差，我们无法直接得出英国是否存在归因偏差。下文的分析表明，朝鲜战争期间北约尚未完全达到内群体认同。

③ ［英］彼得·卡尔沃科雷西编：《国际事务概览（1953 年)》，季国兴、刘士箴译，上海译文出版社 1989 年版，第 259 页。

④ 同上书，第 272—273 页。

⑤ Peter Lowe, "The Settlement of the Korean War," in John W. Young, ed., *The Foreign Policy of Churchill's Peacetime Administration*, 1951 – 1955, Leicester: Leicester University Press, 1988, p. 228. 令人惊讶的是，在朝鲜战争停战期间艾森豪威尔与丘吉尔的通信中，双方并未认真讨论这次战争成败的原因。当然，两人出于"亲密朋友"的身份，还是体现出体谅、理解和宽容等心情。Peter G. Boyle, *The Churchill Eisenhower Correspondence*, 1953 – 1955, Chapel Hill and London: The University of North Carolina Press, 1990, pp. 59 – 89。

它不会抛弃朋友。北约组织及其军事司令部得以顺利建成，其他地区性集体安全组织也逐渐建立起来"[1]。

总之，朝鲜战争中大西洋盟友之间的社会认知方式，可以印证北约联盟信任的产生过程：在朝鲜战争期间，北约成员国将合意行为与结果归因为内在属性，如此美欧之间倾向于形成情绪性信任；北约成员国将不合意行为与结果归因为外在情境，如此美欧之间倾向于形成情绪性信任。

五　结论

北约联盟首先是战略性的联盟，同时也是民主国家的安全共同体。在历次危机中，我们也可以看到，"西方主义"的民主国家认同深刻地影响着北约的战略功能。一般而言，认同性的联盟往往以血缘文化、宗教信仰以及单位价值属性的高度相似与认同为基础。

三个问题值得探讨，首先是联盟认同/身份形成问题。在前述案例分析中，我们可以看到在北约形成时期（1948—1953），北约并不是完全的内群体身份。从反事实推理来说，假设北约在上述时期已初步形成完全的内群体身份，我们将观测到北约联盟信任形成的社会归因为内群体归因，即将合意的结果完全归因为内在属性、不合意的结果归因于外在情境。根据笔者的简要分析，北约联盟信任形成的社会归因并不完全是内群体归因，北约盟友存在大量其他的归因偏差，诸如自我服务、正面归因等。如此将北约联盟信任定义为情绪性工具信任或许更为合适。这一判断也与北约联盟组织内部的信任类型以及各方利益争吵的现实相一致。

其次，信任程度与联盟制度化的问题。如果联盟信任程度越高，则这种信任的积极情绪水平越高，盟友之间对于相互信守军事承诺与义务的"安全系数"也就越高。[2] 如果联盟信任程度越高，联盟组织

---

[1]　华庆昭：《从雅尔塔到板门店：美国与中、苏、英，1945—1953》，中国社会科学出版社1992年版，第232—233页。

[2]　本文理论部分对情绪性信任的分析指出了它的本质特征是一种"安全信念"。

的内部制度化建设以及联盟组织的内部团结与凝聚力就越强，群体之中"我们"的感觉就越强烈。① 柏林危机促使了北大西洋公约的签订，而朝鲜战争的爆发和升级又促进了北约的完善。其具体表现是：1951年4月北约欧洲盟军最高司令部成立；美国相继增强在欧洲的军事力量；1952年，北约联盟的大西洋盟军司令部和海峡司令部相继成立；2月，北约理事会总部和国际秘书部在巴黎成立。

在这两个案例中，朝鲜战争中形成的联盟信任程度更高。这是我们由制度化建设反观信任程度变化所得出的结论。加强联盟组织的制度化建设，是否可以增强联盟信任的程度呢？在非对称性联盟关系当中，力量强势的盟友加强制度化建设，有可能会形成"制度霸权"，这将直接导致联盟内部工具性因素的增长，而并不会直接产生情绪性信任。需要注意的是，尽管朝鲜战争中西欧盟友对苏联的威胁知觉要强烈得多，但反对朝鲜战争升级，担忧升级的后果是欧洲成为苏联的进攻对象。这表明共同威胁知觉的程度非常重要。朝鲜战争中美欧盟友对苏联威胁的认知存在差异，所以欧洲对美国的军事承诺与能力产生了怀疑，担心美国在东亚战场投入过多，影响其在欧洲的军事承诺与义务。

再次，国家同质性与群体身份的关系问题。高度的国家同质性是外群体向内群体演进的重要条件。这一论断产生了两个具体的问题，其一是意识形态在冷战时期的作用②，其二是为何同样建立在意识形态一致基础上的社会主义国家联盟与北约的历史命运迥然不同？解释这一问题，需要仔细考察这两种同质性的特性差异。里斯－卡朋（Thomas Risse – Kappen）强调自由民主国家所形成的认同的作用；③ 卡赞斯坦等学者的分析强调多边主义的重要意义，以及美欧

---

① 这里或许要考虑一个特例，即非正式联盟的制度形式问题。所以，笔者认为更为恰当的表述应为，情绪性信任有助于联盟的制度化建设。这二者是一种相关关系，而不是因果关系，或者说不是充要条件。

② Nigel Gould – Davies, "Rethinking the Role of Ideology in International Politics during the Cold War," *Journal of Cold War Studies*, Vol. 1, No. 1, Winter 1999, pp. 90 – 109.

③ Thomas Risse – Kappen, "Collective Identity in a Democratic Community: The Case of NATO," *In The Culture of National Security: Norms and Identity in World Politics*, New York: Columbia University Press, 1996, pp. 357 – 399.

之间共有的历史血缘、宗教文化与文明等软性因素对于跨大西洋共同体形成的重要意义。① 这表明我们需进一步深入认识国家同质性的作用及机制。

笔者关于群体身份演进的两个条件，可能会遇到其他的质疑。比如，既然高度的同质性与共有外在威胁是群体身份转变的条件，这两个条件消失后，群体是否会发生变化？甚至联盟走向解体？对此，笔者给出的推测是，联盟是群体组织，群体形成之后会形成群体认同、利益以及群体动力，因此组织利益学说和群体动力学能更好解释联盟身份以及组织形态的变迁问题。②

最后，关于理性解释与认知解释的比较问题。这两种不同的理论解释模式并不相互排斥，而是相互补充的，因此笔者试图综合有限理性变量来发展弱式理性主义解释模式。在解释北约联盟信任的形成时，笔者发现两种解释模式各有所长。理性主义解释的优势在于其变量的易于操作性，以及分析数据的易得性，并能解释和预测联盟信任程度的变化趋势以及信任的非对称性。社会认知解释的优势在于能具体分析信任产生的时点，即盟友之间的社会归因成为关节点。在两种解释模式的预期中，北约联盟信任的形成都倾向于形成情绪性信任。但问题是，理性变量一定能产生情绪吗？换言之，理性与有限理性变量是否是情绪性信任形成的必要/充分条件？比如，在中苏同盟形成过程中，从国家同质性、社会交换程度、不确定性以及威胁知觉四个条件都具备，但中苏同盟只是战略性联盟，是工具性信任。因此，中苏联盟成立后矛盾重重，名存实亡并最终解体。

这些反例表明，理性变量在联盟形成过程中并不必然产生情绪，

---

① Christopher Hemmer and Peter J. Katzenstein, "Why is There No NATO in Asia? Collective Identity, Regionalism, and the Origins of Multilateralism," *International Organization*, Vol. 56, No. 3, Summer 2002, pp. 575 – 607.

② 关于联盟的稳定和变迁，可参见［美］罗伯特·杰维斯《系统效应：政治与社会生活中的复杂性》，李少军等译，上海世纪出版集团 2008 年版，第 40 页；Robert B. McCalla, "NATO's Persistence after the Cold War," *International Organization*, Vol. 50, No. 3, Summer 1996, pp. 445 – 475。

社会认知中介变量的作用变得攸关重要。① 如果联盟是外群体身份，则理性变量并不能产生情绪。因此，通过对不同社会制度联盟的国家同质性比较，我们可以确立同质性事实上是"认知信念"的观点。具体来说，比较北约与华约联盟国家的同质性，或许发现差别并不是很大；但如果从具体联盟缔约国对于同质性的信念出发，就可以发现同质性信念的巨大差异。这表明，在理性主义与社会认知两种解释模式之间，走一条中间道路是可能、必要且合理的。

---

① 基于此，笔者认为理性变量可以作为情绪产生与形成的基础变量，但认知中介变量是必要条件。具体来说，如果我们对群体外的成员或外群体运用理性主义的手段，那么很难产生情绪以及情绪性信任，这也说明了群体身份的演进成为情绪产生的关键因素。进一步而言，同质性与威胁知觉程度对于联盟身份来说是决定性的因素。特别是同质性因素，如何界定与认知是解释群体身份变化的重要环节。

相互制约：联盟管理的核心机制[*]

苏若林　唐世平

　　作为世界上最古老的安全战略之一，联盟一直是国际政治的一个核心议题。其中，联盟的建立和联盟与战争之间的关系是学者们最关心的两个方面。相比而言，联盟管理，特别是盟友为管理联盟而进行的互动，却较少被谈及。实际上，联盟管理研究具有重大的理论、现实意义。

　　一方面，如果我们将联盟的建立作为联盟政治的起点，那么联盟管理就是起点之后的整个过程，是联盟成员国做出系统决策时不得不考虑的方面。换言之，联盟与战争的关系、联盟的行为、联盟对国际格局的影响等问题都是发生在联盟管理的背景下。只有理解了联盟管理，才能理解联盟政治的全过程。另一方面，盟友围绕管理联盟而进行的互动会影响其与联盟外国家的交往，并最终影响整个国际政治大环境。例如，中国与苏联在联盟关系中失败的互动迫使中国与美国缓和关系，从而直接改变了东北亚的冷战对抗格局。此外，联盟的破裂源于盟友之间管理联盟互动的失败，而联盟的破裂和重组又会对国际格局产生重大的影响。从这个意义上来说，联盟管理应该成为联盟研究的核心议题之一。[①]

　　为此，本文将着重分析联盟管理过程中盟友的互动机制。本文主要包括五个部分：第一部分是对现有研究的总结；在此基础上，第二

　　[*] 本文原刊于《当代亚太》2012 年第 3 期。
　　[①] 尽管"同盟"也是我们习惯的用法之一，为了保持文章中用词的一致性，除引文外，本文一律使用"联盟"。

部分将引入后文理论分析的前提条件、厘清重要概念的含义；第三部分是文章的理论部分，文章先按照实力对比和意图两个变量将联盟划分成不同的类型，随后讨论了各类联盟内具体的盟友互动过程；第四部分是案例研究，文章选取了一战前的法俄联盟和二战后的中苏联盟、美日联盟作为案例。

一　国内外研究现状

现有的联盟理论主要关注三个方面的问题。首先是联盟的建立。以现实主义为代表的主流联盟建立理论认为，联盟的建立是为了应对出现的威胁或者平衡其他国家的权力或利益；① 还有些学者将目光转向其他可能导致联盟建立的因素，如相同的意识形态②、共同的国内政治体制③等。但是，这些关于联盟建立的理论尝试大多是基于"联盟（一定）是防御性的"这一假设，很少涉及"进攻性联盟"（具体含义见下文）。④ 其次是关于联盟与战争的关系。对该问题的研究，总的来说存在两种观点，有些学者认为联盟容易产生战争，而有些则持相反的观点，认为联盟不倾向于产生战争。⑤ 例如，权力转移理论（power transition theory）强调联盟成立与战争虽然没有直接必然联系，

① Jack S. Levy, "Alliance Formation and War Behavior: An Analysis of the Great Powers, 1495 – 1975", *The Journal of Conflict Resolution*, Vol. 25, No. 4, Dec. , 1981, pp. 581 – 613; Stephen M. Walt, "Alliance Formation and the Balance of World Power", *International Security*, Vol. 9, No. 4, Spring, 1985, pp. 3 – 43; Stephen M. Walt, The Origins of Alliances, Cornell University Press (Ithaca and London), 1987; [美] 肯尼思·沃尔兹：《国际政治理论》，上海人民出版社 2008 年版；宋伟：《现代国际关系中的同盟政治：理论与实践的考察》，《国际论坛》2002 年第 5 期；于铁军：《国际政治中的同盟理论：进展与争论》，《欧洲》1999 年第 5 期。

② John M. Owen, IV, "When Do Ideologies Produce Alliances? The Holy Roman Empire, 1517 – 1555", *International Studies Quarterly*, Vol. 49, No. 1, Mar. , 2005, pp. 73 – 99.

③ Ajin Choi, "The Power of Democratic Cooperation", *International Security*, Vol. 28, No. 1, Summer, 2003, pp. 142 – 153.

④ 需要特别强调的是，本文中，无论是"防御性"还是"进攻性"均没有任何的道义判定，它们仅仅是描述联盟性质的两个形容词。

⑤ Jack S. Levy, "Alliance Formation and War Behavior: An Analysis of the Great Powers, 1495 – 1975", *The Journal of Conflict Resolution*, Vol. 25, No. 4, Dec. , 1981, pp. 581 – 613.

但联盟促进了权力平衡，当权力大体平衡时就会引发战争；而均势理论（balance - of - power theory）则认为，权力大体平衡时战争不易爆发，联盟在这一过程中起了很重要的作用。此外，还有些学者根据联盟内部盟友的数量来探讨联盟与战争的关系，他们通过定量方法得出联盟越大、越容易卷入战争的结论。[1] 然而，这些研究共同的缺失就是将联盟一视同仁，没有进行基本的类型学区分。事实上，不同类型的联盟与战争之间的关系是不同的，而上述观点都只是看到了联盟与战争关系的不同侧面。最后，联盟内政治的研究。对联盟内政治的研究是联盟理论中最为欠缺的部分，也是本文试图解决的问题。

具体来说，现有的对联盟维持（alliance maintenance）和管理（alliance management）的研究，存在以下特点：

第一，着重分析某个联盟内盟友之间的互动及其联盟管理。总的来说，三个联盟获得了普遍的关注，即美欧联盟（以 NATO 为代表）、[2] 美国在东亚的双边联盟（以美日联盟为代表）[3] 和苏联的社会主义联盟（以中苏联盟为代表）。[4] 受到研究题目的局限，这些分析

[1]　Ido Oren, "The War Proneness of Alliances", *The Journal of Conflict Resolution*, Vol. 34, No. 2, Jun., 1990, pp. 208 - 233.

[2]　Raymond Dawson, Richard Rosecrance, "Theory and Reality in the Anglo - American Alliance", *World Politics*, Vol. 19, No. 1, Oct., 1966, pp. 21 - 51; Jean Klein, "France, NATO, and European Security", *International Security*, Vol. 1, No. 3, Winter, 1977, pp. 21 - 41; Stanley Hoffmann, "The Western Alliance: Drift or Harmony?" *International Security*, Vol. 6, No. 2, Autumn, 1981, pp. 105 - 125; Stanley Hoffmann, "New Variations on Old Themes", *International Security*, Vol. 4, No. 1, Summer, 1979, pp. 88 - 107; Edward A. Kolodziej, "Europe: The PartialPartner", *International Security*, Vol. 5, No. 3, Winter, 1980 - 1981, pp. 104 - 131; Victor D. Cha, "Abandonment, Entrapment, and Neoclassical Realism in Asia: The United States, Japan, and Korea", *International Studies Quarterly*, Vol. 44, No. 2, Jun., 2000, pp. 261 - 291.

[3]　Chang Jin Park, "The Influence of Small States Upon the Superpowers: United States - South Korean Relations as a Case Study, 1950 - 1953", *World Politics*, Vol. 28, No. 1, Oct., 1975, pp. 97 - 117; Taketsugu Tsurutani, "Old Habits, New Times: Challenges to Japanese - American Security Relations", *International Security*, Vol. 7, No. 2 (Autumn, 1982), pp. 175 - 187.

[4]　Nish Jamgotch, Jr., "Alliance Management in Eastern Europe: The New Type of International Relations", *World Politics*, Vol. 27, No. 3, Apr., 1975, pp. 405 - 429; Jonathan D. Pollack, "The Implications of Sino - American Normalization", *International Security*, Vol. 3, No. 4, Spring, 1979, pp. 37 - 57; 牛军：《论中苏同盟的起源》，《中国社会科学》1996 年第 2 期；沈志华主编：《中苏关系史纲：1917—1991 年中苏关系若干问题再探讨》，社会科学文献出版社 2011 年版。

所得出的结论大多只限于解决单一联盟的问题，不具有广泛的适用性。例如，斯坦利·霍夫曼（Stanley Hoffmann）认为，在西方阵营中，美国和西欧存在着五个方面的分歧（如对世界的看法等），他进一步指出，上述分歧主要是由地理、历史、国内政治要求和政治文化四个方面的差异造成的。[①]诸如，霍夫曼这样的讨论一方面只是进行简单的原因罗列，并没有给出一个完整的美欧互动机制；另一方面，正如其文章标题所示，这个结论仅限于西方阵营，显然无法为我们理解其他联盟提供普遍的借鉴意义。

第二，倾向于研究联盟管理的某个侧面。例如，某些研究利用公共产品理论（collective – goods approach）等经济理论来解释联盟内部的搭便车现象；[②]或者，将联盟管理等同于盟友间为了维护自身利益而进行的讨价还价；[③]又或者着重讨论某个或某几个因素对联盟管理的重要作用，如外部威胁[④]等；此外，还有学者从意识形态或成员国国内政治制度的角度来理解联盟管理。[⑤]

特别是自从 1984 年格林·斯奈德（Glenn H. Snyder）的《联盟政治中的安全困境》这篇重要论文发表之后，[⑥]将联盟内政治作为一

① Stanley Hoffmann, "The Western Alliance: Drift or Harmony?" *International Security*, Vol. 6, No. 2, Autumn, 1981, pp. 105 – 125.

② Glenn Palmer, "Corralling the Free Rider: Deterrence and the Western Alliance", *International Studies Quarterly*, Vol. 34, No. 2, Jun., 1990, pp. 147 – 164; William R. Gates, Katsuaki L. Terasawa, "Commitment, Threat Perceptions, and Expenditures in a Defense Alliance", *International Studies Quarterly*, Vol. 36, No. 1, Mar., 1992, pp. 101 – 118.

③ Paul A. Papayoanou, "Intra – Alliance Bargaining and U. S. Bosnia Policy", *The Journal of Conflict Resolution*, Vol. 41, No. 1, New Games: Modeling Domestic – International Linkages, Feb., 1997, pp. 91 – 116.

④ Patricia A. Weitsman, "Alliance Cohesion and Coalition Warfare: The Central Powers and Triple Entente", *Security Studies*, Vol. 12, No. 3, Spring 2003, pp. 79 – 113.

⑤ Ajin Choi, "The Power of Democratic Cooperation, International Security", Vol. 28, No. 1, Summer, 2003, pp. 142 – 153; Anton Bebler, "Conflicts between Socialist States", *Journal of Peace Research*, Vol. 24, No. 1, Mar., 1987, pp. 31 – 46.

⑥ Glenn H. Snyder, "The Security Dilemma in Alliance Politics", *World Politics*, Vol. 36, No. 4, Jul., 1984, pp. 461 – 495; Glenn H. Snyder, *Alliance Politics*, Ithaca and London: Cornell University Press, 1997。对 Snyder 的讨论的应用，见 Victor D. Cha, "Abandonment, Entrapment, and Neoclassical Realism in Asia: The United States, Japan, and Korea", *International Studies Quarterly*, Vol. 44, No. 2, Jun., 2000, pp. 261 – 291。

个整体所做的讨论大多都集中在"抛弃"（abandonment）和"牵连"（entrapment）这两个上。这些讨论认为，对上述两个结果的惧怕是联盟的核心动力机制，盟友间的互动都是围绕这两个机制展开的。此外，另一个众多学者关注的焦点是盟友在战争中的承诺问题，这基本上也可视为"抛弃"和"牵连"问题的延伸。在冷战时期，承诺问题又与"延展性威慑（extended deterrence）"紧密相连。①

事实上，斯奈德的讨论并不能为我们理解联盟内政治提供一个全面的图景。首先，将害怕"被抛弃"和"被牵连"视为机制性的解释其实是一个误区。"被抛弃"和"被牵连"是失败的联盟管理的两个可能结果。换言之，如果联盟管理不佳，可能的结果就是"被抛弃"或"被牵连"。而对这两者的恐惧只是影响联盟管理的因素之一，并非机制。它并不满足机制的定义（详见下文）。具体来说，这种恐惧尽管在联盟内部产生变化，但是它既不是一个过程，也无法将可能影响联盟管理的各个因素串联起来，故而这种恐惧不能被视为联盟管理的核心动力机制。其次，斯奈德将他的联盟理论直接建构在对"被抛弃"和"被牵连"的恐惧基础上，却未发现在各类联盟中盟友对这两者的惧怕程度是不同的，并且不同的恐惧会对联盟管理产生不同的影响。同时，他也没有解释何种因素会导致或左右这种恐惧，而是将其作为一个恒定的变量。换言之，他认为所有的联盟都会通过同样的恐惧路径来进行管理。然而，正如下文将展示的那样，联盟由于自身特性的不同，会存在不同程度的恐惧，最终导致联盟管理方式产生较大差异。

总而言之，尽管前人为我们理解盟友管理联盟时的某些行为提供了一些可借鉴的解释，但是他们并没有给出一个普遍的联盟管理的核

① Fred Chernoff, "Stability and Alliance Cohesion: The Effects of Strategic Arms Reductions on Targeting and Extended Deterrence", *The Journal of Conflict Resolution*, Vol. 34, No. 1, Mar., 1990, pp. 92 – 101; James D. Morrow, "Alliances, Credibility, and Peacetime Costs", *The Journal of Conflict Resolution*, Vol. 38, No. 2, Jun., 1994, pp. 270 – 297; Brett Ashley Leeds, Andrew G. Long, Sara McLaughlin Mitchell, "Reevaluating Alliance Reliability: Specific Threats, Specific Promises", *The Journal of Conflict Resolution*, Vol. 44, No. 5, Oct., 2000, pp. 686 – 699.

心动态——一个既不专属于某个联盟，也不局限于联盟内部某类问题的动力机制。这样的核心动力机制必须根植于联盟内部，需由联盟本身的一些特性所决定。而对联盟内部动力机制的忽视或误解将不利于我们全面地理解联盟管理。

要想理解联盟破裂或维持这一普遍的现象，就必须寻找到一个机制。对于联盟内政治核心动力机制的探讨，一方面可以在理论上填补相应的空白，完善联盟管理理论；另一方面也可以帮助我们理解联盟维持和破裂这一重要事实。

二   概念与前提条件

在进一步探讨联盟管理机制之前，我们要先厘清一些核心概念。

（一）分析背景

这里要特别强调以下四点。（1）联盟政治在和平与战争的框架中会有不同的运作模式。[①] 战争状态下，由于存在迫切需要应对的共同敌人，[②] 一般来说，盟友之间的协作会相对紧密，彼此之间的协调也相对容易。[③] 而在非战争状态下，外在压力较小，盟友间的互动更为复杂，同时也更能够反映普通情况下盟邦围绕联盟管理的交往过程。故而，下文分析的都是非战争状态下的联盟管理。（2）联盟维持是本文讨论联盟管理的动力机制的前提。尽管联盟管理过程中盟友互动妥协的失败必然导致联盟的破裂，但是联盟的破裂并非单纯源于盟友之间互动的失败，它可能还由其他一些原因所导致，例如，联盟建立之初所设定的任务的完成（如共同敌人的消失）、盟友自身政治状况

---

① Patricia A. Weitsman, "Alliance Cohesion and Coalition Warfare: The Central Powers and Triple Entente", *Security Studies*, Vol. 12, No. 3, Spring 2003, pp. 79 – 113.

② 正如一些学者所讨论的，不可否认，外部威胁是影响联盟凝聚力或者联盟管理的一个很重要的因素，但是，本文意欲在抛却一切外部因素的前提下，来探讨由联盟本身特性而导致的盟友互动过程。故而，为了便于研究，如共同威胁、联盟外国家等外部因素将不再纳入考虑。

③ 但是也不尽然，具体还要视盟友成立联盟的初衷、战争结果等因素，参见 Patricia A. Weitsman, "Alliance Cohesion and Coalition Warfare: The CentralPowers and Triple Entente", *Security Studies*, Vol. 12, No. 3, Spring 2003, pp. 79 – 113。

的改变（如国内政权更迭）等。因而，除失败的盟友互动外，下文
的讨论将不再考虑其他可能导致联盟终结的因素。（3）对联盟崩溃
的一个显而易见的解释是国家利益（或者目标）的不同或者冲突。
但是，恰恰因为这一解释太"显而易见"，所以它事实上是乏力的。
一方面，由于没有两个国家的目标是完全一致的，因此，国家目标的
不同作为一个常态并不能解释联盟的不同命运，至少还需要说明利益
在多大程度上的不同才能导致联盟的崩溃。另一方面——也是更重要
的是，建构主义早就告诉我们，国家目标并不是一个独立的变量，因
此，用国家目标的不同来解释联盟的崩溃是不够的，甚至是偷懒的做
法。[①] 最后，对于国际政治来说，意图要比目标更为关键。[②]（4）联
盟成员之间权力分配的变化无疑也是一个影响联盟稳定性的一个重要
因素（比如，盟友之间的权力分配从原来的大致相当变成了非常不平
衡）。但是，在下文讨论的联盟中，这一因素不太重要，所以本文将
不再详加讨论。以美日同盟为例，20 世纪七八十年代日本的经济腾
飞（和泡沫）确实给美日联盟的管理带来了一定的调整，但是因为
美国在联盟中的超强控制力（美国在日本的驻军），美日联盟在这一
时期并没有经历太多的动荡。在我们考察的时段，法俄两国在法俄联
盟中的力量对比大体稳定。类似的，中苏两国的力量对比在中苏联盟
裂痕出现的时段也没有大的变化。

（二）机制

本文采用经唐世平修正过的马里奥·邦格（Mario Bunge）的机制
（mechanism）定义，即"机制是存在于实际系统中的一个过程，它可
以引发或者阻止整个系统或者其子系统的某些变化。[③]"具体来说，
机制具有如下三个特点：首先，机制是一个过程；其次，机制能够引发

---

① 更加详细的讨论见 Shiping Tang，"Dimensions of Uncertainty and Their Cognitive Chal-
lenges：Toward a Better Framework of Attribution in IR"，Unpublished。

② Shiping Tang，*A Theory of Security Strategy for Our Time：Defensive Realism*，chaps. 1 & 4.

③ Mario Bunge，"Mechanism and Explanation"，*Philosophy of the Social Sciences*，Vol. 27
No. 4，Dec. 1997，p. 414。邦格更强调前两点，而唐世平强调了第三点，并且指出这一点对
于寻找机制具有重要意义。参见唐世平正在进行的研究"Contrasting Cases，Counterfactuals，
and Mechanisms"。

或者阻止变化；最后，机制能够将某些因素串联起来，从而驱动变化或阻止变化（反过来说，因素只能通过机制才能驱动变化或阻止变化）。

（三）进攻性联盟和防御性联盟

进攻性联盟和防御性联盟的区分主要视其成员国的战略意图而定。如果一个联盟中进攻性现实主义国家占据优势地位，则该联盟为进攻性联盟；反之，若防御性现实主义国家占优，则该联盟为防御性联盟。而优势地位的评判主要考虑该类国家的数目和整体实力等方面。

意图是一个国家实现其目标的战略偏好（preference over strategy）。[1] 按照意图的不同，我们可以将国家分为两类：进攻性现实主义国家（下文简称进攻性国家）和防御性现实主义国家（下文简称防御性国家）。进攻性国家通过故意损害他国的利益或安全来实现自身安全；而防御性国家则除极端状况外，一般不会通过故意损害他国利益或安全来实现自身的安全。[2]

对于进攻性和防御性的分类，有两点值得注意。首先，一个国家的战略偏好并非一成不变，在一定国内外条件下，国家的意图可能会发生改变。一方面，一个国家有可能一开始是进攻性国家，但随着国际环境的变化，逐渐转变为防御性国家。另一方面，不同的领导人有不同的执政风格，他们对国家的定位以及战略选择也不尽相同。因此，在具体操作过程中，本文通过考察不同领导人执政时的战略偏好来确定该国的意图。[3] 正是由于成员国意图的可变性，联盟性质也不是固定的，它会随着成员国性质的变化而变化。其次，随着时代的发

---

① Shiping Tang， "Outline of a New Theory of Attribution in IR： Dimensions of Uncertainty and Their Cognitive Challenges"， *Chinese Journal of International Politics*， Vol. 5 No. 3， Sept. ， 2012， pp. 299 – 338.

② Shiping Tang， *A Theory of Security Strategy for Our Time： Defensive Realism*， Palgrave Macmillan， 2010， p. 31.

③ 这样的操作在定性的案例研究中是可行的，但在大样本的研究中则相对困难，而且容易出现主观判定失误。因此，在定量部分的研究中，我们对意图的操作将有所不同，不过其基础逻辑是一致的。定量部分将在我们之后的研究成果中具体论及。我们的讨论将表明，目前对进攻性和防御性联盟的编码（coding）的办法（比如，Leeds 的讨论）都是有一定问题的。

展，特别是第二次世界大战以后全球化程度的加深，国家之间的关系变得复杂起来，国家的战略意图也相应变得更为复杂。各国可能会在不同议题上存在不同的战略偏好。例如，朝鲜战争以后，美国在朝鲜问题上表现出进攻性的意图，而在处理与其他国家关系上则比较倾向于防御性。为了方便研究，下文将从整体把握国家的意图，除非特别提出，否则将不再考虑特例问题。

（四）对称性联盟和非对称性联盟

联盟的对称性主要考察的是盟友之间的实力对比是否悬殊。如果成员国中有一方物质力量明显得强于其他国家，则该联盟为非对称性联盟；而如果成员国之间物质力量不分伯仲，则该联盟则为对称性联盟。这里我们沿用唐世平和龙世瑞发展的一个相对更加简洁而有效的指标来度量：① 当一国的 GDP 总量（total GDP，百万 1990 年国际元）与该国的人均 GDP 的积（1990 年国际元）是另一国的两倍或以上时，联盟是非对称的；而如果低于两倍，则联盟是对称的。从表 1 可以看出，法俄联盟是对称性联盟，而美日联盟建立则是一个实力不对称的联盟。

相对困难的情况是对于多边联盟的对称性划分。在一个多边联盟中，国家的实力对比可能出现以下两种情况：（1）有一个国家的实力远远超过其他成员国，这种情况下我们将其划分为非对称性联盟；（2）有两个或两个以上的国家实力远远超过其他国家，而这几个国家的实力基本相当。在这种情况下我们很难断定它的对称性。一方面它具有非对称性的特点——大国和小国之间有较大的实力差距，但是另一方面，由于存在两个或两个以上的大国，该类联盟也具有对称性的特点。针对第二种情况，为了便于研究，下文将它们简化为对称性联盟来考虑。这是因为在这类联盟中，大国与小国的互动虽然存在，但其在联盟管理中的重要性要远远弱于实力雄厚的盟友之间的互动。对于大国来说，与实力相当的盟友处理好关系更为重要，只要处理好与它们之间的关系，联盟就能够持续下去，即便有些实力弱小的国家对某些问题不

① 唐世平、龙世瑞：《美国军事干涉主义：一个社会进化的诠释》，《世界经济与政治》2011 年第 9 期。这个指标不仅容易操作，而且数据来源更广。该指标尤其适合考察国际冲突，因为人均 GDP 大致可以度量技术水平（石油国家除外）。

满，但限于自身的实力，它们也很难做出根本性的改变。①

表1　　对称性联盟（法俄联盟）与非对称性联盟（美日联盟）

法俄联盟：实力对比

	法国		俄罗斯	
	GDP 总量（百万1990 年国际元）	人均 GDP（1990 年国际元）	GDP 总量（百万1990 年国际元）	人均 GDP（1990 年国际元）
1900 年②	116747	2876	154049	1237
1913 年	134230	3845	232351	1488
实力对比1900 年	法国 GDP 总量×人均 GDP/俄罗斯 GDP 总量×人均 GDP = 1. 76			
实力对比1913 年	法国 GDP 总量×人均 GDP/俄罗斯 GDP 总量×人均 GDP = 1. 50			

美日联盟：实力对比

	美国		日本	
	GDP 总量（百万1990 年国际元）	人均 GDP（1990 年国际元）	GDP 总量（百万1990 年国际元）	人均 GDP（1990 年国际元）
1951 年	1566784	10116	181025	2126
2001 年	7965795	27948	2624523	20683
实力对比1951 年	美国 GDP 总量×人均 GDP/日本 GDP 总量×人均 GDP = 41. 18			
实力对比2001 年	美国 GDP 总量×人均 GDP/日本 GDP 总量×人均 GDP = 4. 10			

（五）"被抛弃"和"被牵连"

"被抛弃"简单来说就是遭受到盟友的背叛，"被抛弃可能有许多具体形式：盟友转而与敌人结盟；盟友脱离联盟，废除联盟条约；或者盟友未能很好地履行其明确的承诺；抑或未能在意外事件中提供自己所期望获得的支持或援助"。"被牵连是指一方因维护盟友的利

---

① 这在一定程度上解释了为什么在多边联盟中小国更容易出现"搭便车"的现象。

② 我们的数据均来自 Angus Maddison，*The World Economy：Historical Statistics*，OECD，2003。之所以我们没有用 1891 年的数据是因为 Maddison 2003 没有俄罗斯在 1891 年的数据。

益而被卷入一场冲突，并且该利益多与此国无关或只部分相关。"①

"被抛弃"和"被牵连"两者的关系并不是静态的，这种关系的动态性体现在以下两个方面。首先，正如斯奈德所提到的，"被抛弃"和"被牵连"是此消彼长的关系，"削弱其中一个就会助长另一个"②。一方如果不想"被抛弃"，则需要采取合作的策略，严守联盟承诺，那么该国降低被盟友抛弃的风险的同时，也会增加自己被盟友牵连的危险。反之，如果该成员国不想"被牵连"、采取相对疏离的联盟策略，那么其被盟友抛弃的风险就会增加。

其次，对于"被抛弃"和"被牵连"这两种结果的恐惧也有自身的动态关系。这两种惧怕按其内在逻辑其实体现了联盟的两个特性——帮助与束缚。"被抛弃的代价大小大多视该国自身对联盟的依赖程度而定；而被抛弃的可能性则主要看盟友对联盟的依赖和承诺的程度"；"被牵连的代价大小取决于盟友间利益的不协调程度以及预计的战争成本大小；而被牵连的可能性则赖于盟友与其对手冲突的激烈程度、其独立承担冲突的信心及其对联盟的承诺程度"③。因此，惧怕"被抛弃"一定程度上反映了联盟本身对该国的重要性，而惧怕"被牵连"则反映了联盟对该国的束缚。"当对'被牵连'的惧怕胜于对'被抛弃'的惧怕时，联盟成员国要么会放松他们的整体联盟承诺，要么会在后来盟友与其对手的具体争端中减少支持。"④

三　联盟管理的机制

我们认为，联盟管理的机制是相互制约（mutual binding/constraining）。原因如下：首先，相互制约是个过程。众所周知，联盟之所以能够维持就是因为盟友们在面对问题时可以相互协调和妥协，而这

---

① Glenn H. Snyder, "The Security Dilemma in Alliance Politics", *World Politics*, Vol. 36, No. 4, Jul., 1984, pp. 466 – 467.

② Ibid.

③ Glenn H. Snyder, *Alliance Politics*, Ithaca and London: Cornell University Press, 1997, p. 308.

④ Ibid., p. 315.

个妥协过程就是盟邦之间的相互制约。其次，相互制约能引发变化。相互制约是指在联盟内部一方约束另一方行为的同时，自己的行为也受盟友约束的过程。具体来说，如果盟友间能够相互制约——这意味着各方行为时都还忌惮于他国，则盟友们能够就所面临的问题进行妥协，那么联盟关系就能继续；而若盟友间相互制约失败——即各方均按自己的想法行事，盟友间无法通过和平方式解决问题，那么联盟就难逃破裂的命运。简言之，相互制约能够对整个联盟体系引发变化。最后，相互制约这个过程能够很好地将影响联盟管理的因素（如对"被抛弃"和"被牵连"的恐惧等）串联起来（详见下文分析）。综上所述，相互制约符合既有对机制的定义，满足成为机制的条件，故而可视为联盟管理的机制。

　　然而，具体到联盟管理的过程，就并非单纯的相互制约机制所能解释，我们还需要找到影响这一机制发挥作用的因素。通过对诸多联盟历史的考察，我们认为直接影响相互制约机制的浅层因素有二：一方是否有能力强制约束另一方；一方是否有意愿被制约。而影响这两个浅层因素的深层因素则是实力对比和盟友意图的匹配程度这两个变量。实力对比是指在联盟中盟友实力大小的分布结构。而盟友意图的匹配程度则指盟友是否具有相同或相近的战略意图，这有三种可能：同为进攻性或同为防御性或者分属不同的意图。实力对比和意图匹配程度之所以能够成为影响相互制约机制的深层因素，是因为实力对比决定了一方是否有能力强制约束另一方，而意图匹配程度则更多地决定了一方是否有意愿去和盟友妥协。然而，与盟友妥协的意愿并非仅仅受制于意图匹配程度一个变量，在某些条件下，实力对比也能够对其产生影响（见图1）。

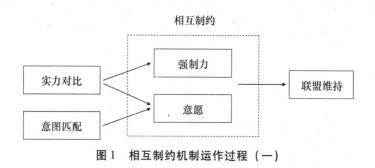

图1　相互制约机制运作过程（一）

　　一方对盟友的强制约束能力可谓相互制约机制中的"物质力量"，其相对客观、不易变更，而与盟友妥协的意愿则可被视为该机制中的"精神力量"抑或"心理力量"，它相对主观，不同条件下可能有不同的结果。我们很容易理解强制约束力是如何影响相互制约机制的，但是受制意愿却并非与相互制约机制直接相关，它是通过控制联盟成员国的恐惧而起作用的。正如前文所述，对于"被牵连"和"被抛弃"这两种结果的恐惧一直贯穿盟友互动过程的始终。这种恐惧会因盟友不同的实力、意图状况而存在差异。具体来说，可能有些国家更惧怕"被牵连"，而有些国家却更害怕"被抛弃"。实力对比和意图匹配程度两个变量正是通过影响成员国的恐惧，来制约其管理联盟意愿的。按照实力对比和意图情况将联盟进行分类，不同类型的联盟存在着不同的恐惧模式，这种恐惧模式与实力对比、意图匹配程度的互动决定了在该类联盟中盟友之间是否能够成功地进行相互制约（见图2）。综上所述，我们可以概括出实力对比和意图匹配在相互制约机制中起作用的具体过程（见图3）。下文笔者将按照实力对比和意图匹配程度两个因素把联盟进行归类，并结合恐惧、强制能力来详细分析各类联盟中盟友之间的互动过程。

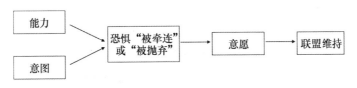

图2　相互制约机制"心理力量"的运作过程

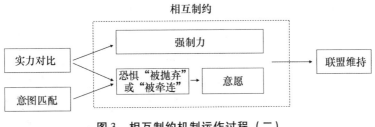

图3　相互制约机制运作过程（二）

（一）对称性联盟

在对称性联盟中，盟友之间的实力较为接近，这就意味着盟友在彼此的安全保障上所能贡献的力量大致相同，因此不存在一方更依赖于另一方的情况。换言之，盟友间的权利和义务是比较对称的，彼此相互制约的能力不分伯仲，这使得各盟邦对"被牵连"和"被抛弃"的恐惧也是相对对称的，所以单纯从实力角度无法判断哪一方更为恐惧哪一种结果。

此时，我们可以加入第二个变量，即意图的匹配程度。进攻性国家希望通过损害他国利益来维护自身安全，而防御性国家则倾向于不损害他国利益的同时实现自身安全。因此，对于进攻性国家来说"被抛弃"比"被牵连"更可怕，因为一旦"被抛弃"，进攻性国家损害他国利益来实现自己安全的能力将大大降低，并且还有可能存在盟友变成敌人的风险。此外，鉴于进攻性国家损人而利己的战略偏好，"被牵连"从另一个角度来看也是有利于该国的长远安全。换言之，进攻性国家因其进攻性的战略偏好更容易拖盟友下水。而对于防御性国家来说，对"被牵连"的恐惧要甚于对"被抛弃"的恐惧，这是由于"被牵连"意味着与无关的第三方发生本可避免的冲突，这严重有悖于防御性国家的战略偏好。反观"被抛弃"，如若盟友间战略偏好相似，则该风险较低，而如果战略偏好相左，那么"被抛弃"对防御性国家来说未尝不是一种解脱。因此，从施动的角度，防御性国家在忽略其他条件的前提下更容易抛弃进攻性盟友。

正如上文所述，在对称性联盟中，由于盟友间实力大体均衡，因此，影响相互制约成败的是盟友间的意图匹配程度。在盟邦同为进攻性国家（即进攻性联盟）的情况下，"被抛弃"的可能性极低，盟友对于"被抛弃"和"被牵连"的恐惧也很小，彼此之间协调的意愿很高，从而相互制约比较容易；而在盟邦同为防御性国家（即防御性联盟）的情况下，"被牵连"和"被抛弃"的可能性都很低，它们对此类结果的恐惧也很小，最终相互制约更可能成功。但是在盟邦意图不一致时，若发生"被抛弃"的结果，则多为防御性国家"抛弃"进攻性国家，而若发生"被牵连"的结果，除防御性国家被动应战外，也多为进攻性国家牵连防御性国家。换言之，进攻性国家对"被抛弃"的恐惧极大，而防御性国家对"被牵连"也有极大的恐惧，这使得各国被盟友约束的意愿较低（见表2）。另外，加上盟友间大抵相近的实力状况，很难出现一方强制另一方改变意图的情形，因此相互制约比较难以成功，联盟破裂的可能性较高。

表2　　　　　　对"被抛弃""被牵连"的恐惧与意图的关系

	进攻性国家	防御性国家
惧怕"被抛弃"	○	
惧怕"被牵连"		○

（二）非对称性联盟

相较于对称性联盟，非对称性联盟成员国间相互制约的互动过程更为复杂，这是由于盟友实力的非对称性使得"实力对比"这个变量在相互制约过程中开始起作用。正如前文所述，实力对比对相互制约机制有两方面的影响：一是决定了一方在意图不一致的情况下是否有能力强制约束盟友；二是影响成员国对"被抛弃"和"被牵连"的恐惧，从而改变其为维持联盟而被盟友制约的意愿。

在第一种影响中，强国的实力越强，与弱国盟友之间的差距越大，该国就越有可能约束盟友，从而成功地维持联盟。其原因在于：一方越强大，弱小一方脱离联盟所要付出的代价就越大，强国对弱盟友的控制力就越强，故而遇到问题时多以小国妥协而告终。在该类联盟中，相互制约机制在运作时也是非对称的，主要体现为强国对弱国的制约。第二次世界大战之后出现了一种较为新颖的非对称性联盟的组织形式，即一方在另一方领土驻军，如美日联盟和美韩联盟。这种联盟形式的新颖之处在于其用驻军的方式体现出了强国对弱盟友的强大约束能力。在这种联盟中，盟友间尽管仍有摩擦，但是不会影响联盟的维持。这主要源于强国驻军的两层意义：一是驻军表明了强国保障盟友安全的承诺，降低了弱国对"被抛弃"的恐惧；二是驻军证明了强国有实力控制盟友。在驻军的条件下，弱国一般不会与强国在重大问题上发生冲突，即便有，强国的驻军也能在第一时间威慑弱国。

在第二种影响中，强国因其更胜一筹的实力，在联盟中承担更多的责任，也必然有更多的自由。因此，一般情况下，[①] 对于强国来说，"被抛弃"远没有"被牵连"可怕。一方面，由于强国在联盟中承担了主要的安全责任，因此失去一个实力较小的盟友对强国的安全所带来的危险也相对较小。另一方面，正是由于强国在联盟中的优势地位导致其不愿意因为弱国的安全而影响自身的权益，所以强国不希望被弱国拉入一场于己无益甚至有害的冲突中，这就使得强国比较惧怕被弱小盟友牵连。而对弱国来说，情况却恰恰相反，它们对"被抛弃"的恐惧远大于对"被牵连"的惧怕。由于弱国相对依赖强国盟友来保障自身安全，故而"被抛弃"对弱国的安全来说可谓致命的一击；而强国自身的冲突若在自己的解决范围内多不会拖盟友下水，即便真的牵连盟友，强国也会因盟友实力有限而不将其作为主要对敌力量。

在盟友意图一致的情况下，非对称性联盟成员国对"被抛弃"和"被牵连"恐惧的差异主要来源于实力差别（见表3）。因此，此类联盟维持相对容易，其互动过程为：意图一致性使得各成员国维持联盟的意愿较高，存在一定差距的实力对比也有利于强国运用强制力来约束盟友行为，最终实现联盟的正常运行。

表3　　　对"被抛弃""被牵连"的恐惧与实力对比的关系

	实力强大的盟友	实力弱小的盟友
惧怕"被抛弃"		○
惧怕"被牵连"	○	

　　而在盟友意图不一致的情况下，[②] 我们需要综合实力对比和意图

① 之所以强调一般情况，是因为存在两极世界这样的特例。在冷战时期，即便是小国的倒戈也可能影响整体的势力均衡，因此，美苏双方在一定程度上仍然会十分恐惧"被抛弃"。

② 在这种情况下，为简化研究，我们之后的讨论将以双边联盟为例，这是因为主要影响该类联盟内部互动的是实力对比和战略意图这两个变量，而不是盟友的数量。此外，如定义所示，在这类联盟中只有一个强国，因此主要互动是发生在强国和其弱盟友之间的。从这两个角度来说，都可以得出：这类多边联盟和双边联盟的关键互动过程是相似的。

两个变量来考察盟友的恐惧。正如在对称性联盟的讨论中所提到的，进攻性国家更恐惧"被抛弃"，而防御性国家则对"被牵连"更加惧怕。若将实力对比和意图两个变量的情况简单叠加，我们可以得到下面的结论（见表4）。

表4 非对称联盟中盟友意图不一致时对
"被抛弃""被牵连"的恐惧情况（一）

	非对称性联盟 A		非对称性联盟 B	
	强国为进攻性国家	弱国为防御性国家	强国为防御性国家	弱国为进攻性国家
惧怕"被抛弃"	○	○		○
惧怕"被牵连"	○	○	○	

1. 如表4所示，如果强国为进攻性国家、弱国为防御性国家，那么盟友们对两种结果都会惧怕。但是很显然，这样的结论太过粗糙，并没有说明在这种情况下，哪种结果更为可怕。因此，在分析此类联盟时，我们需要引入实力对比和意图这两个变量的互动，以此来解释盟友具体的恐惧状况。实力对比和意图并非分别对恐惧产生影响，而是共处在一个系统中，所以就存在这两个变量共同影响恐惧模式的情况。因此，我们要首先来看一下这两个变量之间的互动。

在这类联盟中，对进攻性的强国来说，其对"被牵连"的惧怕相对较小。一方面，弱国为防御性国家，一般不会主动卷入战争；另一方面，如若防御性国家被动应战，那么此举也是对强国的挑战，而强国加入冲突之中也是承担联盟条约所规定的责任。而对防御性的弱国来说，则十分惧怕"被牵连"，这种惧怕大到一定程度有可能使其愿意通过抛弃强大盟友来脱离联盟，这也从另一个角度证明了强国在这类联盟中更惧怕"被抛弃"。首先，强国因其实力强大，故而利益点相对弱国来说更为广泛，这就意味着强国的大多数利益点与弱国无关。而强国的进攻性特性，使其很容易卷入与他国的冲突中，那么此时弱国被卷入与己无关的冲突的风险会很大。其次，弱国实力屡弱，一场冲突可能对其国内造成巨大的负面影响，尤其是在卷入他国的利益纠葛的情况下，其国内政治、经济等难免受到重创，这是弱国难以承受的。此外，进攻性的强国为实现自己的安全，不太可能抛弃盟友，尽管对方可能实力有限。故而对于弱国来说，相较"被抛弃"，"被牵连"更为可怕。综合以上考虑，我们可以重新得出更为精确的结论：在进攻性强国与防御性弱国组成的联盟中，强国更惧怕"被抛弃"，而弱国更惧怕"被牵连"（见表5）。

表5　　　　　　　　　非对称联盟中盟友意图不一致时对
"被抛弃""被牵连"的恐惧情况（二）

	非对称性联盟 A		非对称性联盟 B	
	强国为 进攻性国家	弱国为 防御性国家	强国为 防御性国家	弱国为 进攻性国家
惧怕"被抛弃"	○			○
惧怕"被牵连"		○	○	

　　从上文的论述我们可以发现，该类联盟的互动过程尤为复杂。在解决了实力对比与意图两个变量共同影响恐惧状况之后，此类联盟的互动过程仍然不是十分清晰。这是因为联盟管理和相互制约的过程是受强制力和意愿共同的影响，因此，考察最终联盟互动过程时我们还要引入强制力和受强制意愿（具体来说就是恐惧状况）两个因素的互动。正如我们在概念分析中所提到的，对"被抛弃"的恐惧其实反过来证明了联盟对该国的重要性，而对"被牵连"的恐惧则反映了联盟对成员国来说可能成为负担。具体到这类联盟，强国惧怕"被抛弃"，证明强国不仅不会轻易放弃联盟，反而会运用自己强大的实力给予弱国压力，从而维持联盟。而弱国惧怕"被牵连"主要是因为承受不了无谓冲突带来的严重后果，但是弱国也要考虑自己是否承受得住抛弃联盟后面临的强国的打击。因此，这类联盟中盟友的互动过程为强国因惧怕被"抛弃"，故而制约弱国的意愿变强，加上自身的实力状况，强国制约弱国成功的可能性会与双方实力差距成正比，

即差距越大，制约越可能成功。反观弱国，尽管害怕被"牵连"，但是与强国的实力差距越大，使其脱离联盟所要承担的后果越严重，因而越可能被成功制约。因此，此类联盟的管理相对容易，并且盟友实力差距越大越容易管理。

2. 如果强国为防御性国家、弱国为进攻性国家，那么通过实力对比和意图两个变量对恐惧的影响，我们可以得出如下结论：此时防御性的强国更惧怕"被牵连"，而进攻性的弱国更惧怕"被抛弃"（见表5）。对于强国来说，其实力强、防御性等特点都使其惧怕"被牵连"；而弱国的实力弱、进攻性特点导致其更害怕"被抛弃"。这就意味着，与其他由单一因素引起的恐惧相比，这种联盟中双方各自的恐惧程度更深，更难解除。

要理解这一类联盟，我们仍然需要讨论实力对比的第一种影响与恐惧这对变量的互动。如上文所述，惧怕"被牵连"意味着联盟是一种束缚，会产生一定的离心力，如果能像前一种联盟那样得到有效的控制，这种离心力不至于破坏联盟。但是在此类情形下，强国怕"被牵连"，需要制约该离心力的重担就压在了弱国肩上。然而鉴于弱国较逊的实力，制约强国变得很难。尽管惧怕"被抛弃"体现了联盟的重要性，能产生联盟维持的向心力，但是这种向心力来源于弱国，问题仍旧落到了弱国的实力不足以制约强国上来。

因此，其互动过程为：通过实力对比、意图两个变量，得出强盟友惧怕"被牵连"，弱盟友惧怕"被抛弃"。弱国因自身实力有限，很难控制强国惧怕"被牵连"这一离心力，也无法将自己惧怕"被抛弃"这一向心力转化为对盟友的实际制约能力。故而，这类联盟相对难以管理。

综上所述，在不考虑其他因素的前提下，我们可以得出关于联盟管理难易的结论：对称性联盟中，若盟友意图一致，则彼此相互制约易于成功，联盟容易管理；反之，则不易管理。非对称性联盟中，只有当强国为防御性国家、弱国为进攻性国家时，相互制约难以实现，联盟才较难管理；其他情况下，联盟管理相对容易（见表6）。

表6   各类联盟相互制约成功的可能性

	意图一致	意图不一致	
对称性联盟	高	低	
非对称性联盟	高	强国进攻性，弱国防御性 高	强国防御性，弱国进攻性 低

四 案例分析

本文选取了三个案例来进行分析，它们分别是第一次世界大战前的法俄联盟、20世纪中叶的中苏联盟以及20世纪50年代之后的美日联盟。之所以选择这三个案例是因为它们存在一定的内在优点：（1）这三个联盟在地理位置上分属于不同的区域，因此整体背景非常不同。盟友之间的制度安排、文化、意识形态等方面存在着巨大差异。只有通过这样差别较大的案例，我们才能排除更多的干扰变量，从而更有效地验证前文提出的联盟管理理论。[①]（2）这三个联盟时间范畴上分属不同的时段，一个是第一次世界大战之前，一个是冷战时期，还有一个一直持续到现在，按照国际政治时代的划分，[②] 前者属于进攻性现实主义时代，而后两者则属于防御性现实主义时代，因此这三个案例的国际格局背景十分不同。在初始条件如此不同的情况下，若仍然能够验证现有的理论，将大大提高理论的可信度。（3）这三个案例可以有效地考察前文提出的两个变量是如何在相互制约中起作用的。一方面，中苏联盟和美日联盟在建立之初是一个非对称性联盟，而法俄联盟则是一个对称性联盟，故而对这三个案例的选取可以使我们对实力对比这个变量进行深入且有效的考察。另一方面，从后文的分析

① 尽管关于案例的选择有很多讨论，但是我们大致认为目前最好也最全面的讨论是 John Gerring, *Case Study Approach*: *Principles and Practices*, Cambridge: Cambridge University Press, 2006。我们这里选取的案例可以理解为 Gerring 所说的 "pathway case"。

② Shiping Tang, "Social Evolution of International Politics: From Mearsheimer to Jervis", *European Journal of International Relations*, Vol. 16, No. 1, Mar., 2010, pp. 31–55.

中可以看出，中苏联盟、美日联盟存在着意图不匹配的问题，而法俄联盟则没有，因此这三个案例还能够对意图匹配这个变量进行验证。此外，中苏联盟和美日联盟还分别代表了两类不同情况的非对称联盟。（4）中苏联盟最终破裂，而法俄联盟、美日联盟却维持了下来，采用这样三个结果不同的案例，才能从正反两面更好地验证上述的理论分析。

（一）法俄联盟

法俄联盟始于1891年8月27日。当时，俄国驻法大使与法国外交部长里博（A. F. J. Ribot）达成一项政治协定，决定两国"相互给予外交支持。[①]"此协定为法、俄结盟奠定了基础。1892年8月17日，法、俄两国进一步签订军事协定，协定规定：当法国遭到德国或意大利攻击时，或俄国遭到德国或奥匈帝国攻击时，双方都以全部兵力相互支援；如果三国联盟或其中一国动员兵力，法、俄一经得知，无须任何事先协议，应立即将兵力调到边境。协定原定有效期限与三国联盟相同，但自1899年以后就无限延期，一直存在到1917年俄国国内爆发十月革命。协定经1893年12月27日和1894年1月4日俄、法互换批准函件开始生效。至此，法俄联盟使欧洲大陆形成了两个实力大致相当的对峙集团，即三国联盟与法俄联盟。

从成立之初到联盟1914年参加一战，法俄联盟大致是一个对称性联盟（见表1）。从国家实力看，法国和俄罗斯大体相当。另一方面，法、俄两国一个是欧洲大陆的老牌霸主，一个是横跨亚欧大陆的庞大帝国，两国的政治地位也不相上下。

尽管法俄联盟是以防御德国为目标的，但是法俄联盟并不是一个防御性联盟。这是因为，（1）法、俄两国也期望通过损害德国的安全来实现自己的安全。正如亨利·基辛格（Henry Kissinger）在《大外交》（Diplomacy）中所述："不论法俄的目标多么不同，两国即有必须结合在一起的现实需要，因为要想达到它们各自的战略目标，其先决条件便是要击败德国或至少削弱德国。法国是为了不打仗德国是决不会放弃阿尔萨斯—洛林而必须借重俄国，俄罗斯则心知肚明不打

---

① ［美］亨利·基辛格：《大外交》，中译本，海南出版社1998年版，第173页。

败奥地利，休想接收奥匈帝国的斯拉夫部分，而德国拒绝延长再保险条约便明白表示不会坐视俄国攻打奥国。若无法国相助，俄罗斯绝无可能对抗德国。"① （2）对于其他国家，法、俄两国也都有损害其安全和利益来实现自身安全及利益的行为。例如，摩洛哥危机体现出了法国对摩洛哥主权的蚕食，最终摩洛哥沦为法国的保护国；而俄国在日俄战争前在远东的扩张，以及 1907 年与英国共同瓜分波斯等都表明俄国也是一个进攻性国家。综上所述，法俄联盟是一个对称的进攻性联盟。

按照前文的理论分析，在法俄联盟中，法国和俄国由于不分伯仲的实力水平，使得双方都不可能在对方不情愿的情况下强行逼迫其改变原有的想法；并且，相近的军事实力意味着两国对联盟的依赖程度差不多，使得法俄两国对于"被牵连"和"被抛弃"的恐惧程度十分相近，不存在一国更加恐惧的状况。事实上，法俄联盟的现实状况也恰好验证了这种分析。尽管斯奈德认为："俄国比较不担心被抛弃，很显然是因为他认识到了法国对联盟的高度依赖，"② 但其实这种观点是有失公允的。斯奈德的结论是基于"俄国与德国的直接冲突较少，俄国有可能对法德冲突作壁上观"这一判断之上的。然而，事实上，这种思考太过线性。首先，俄国对联盟在反德问题上也有很高的依赖。纵然俄国与德国的直接冲突相对较少，但并不意味着俄国会在对盟友这么重要的议题上奉行不支持的态度。这是因为法俄联盟尽管建立之初有个反英条款，但是其主要目标是反德的。正如我在前文所分析的那样，俄国的直接利益点在巴尔干地区，而只有通过对抗德国才有可能实现自身的利益；加之德国 20 世纪初一再表现出的支持奥匈帝国的姿态已经严重损害了俄国的利益，这使得德国扩张之于俄国也有切肤之痛。其次，俄国也同样担心被法国抛弃。斯奈德在后文也提到了，法国国内局势的发展使得俄国领导人都会担心法国有可能走向与德国和解的道路。因此，从这个角度来说，法、俄两国在惧怕

---

① ［美］亨利·基辛格：《大外交》，第 173 页。

② Glenn H. Snyder, *Alliance Politics*, Ithaca and London：Cornell University Press, 1997, p. 308.

"被抛弃"的程度上是相当的。此外，斯奈德在对惧怕"被牵连"的探讨中，认为"对'被牵连'的恐惧尽管出于系统原因而不可避免，但是在 1914 年之前的欧洲政治家看来远没有对'被抛弃'的恐惧来得显著"①。基辛格在《大外交》中也有类似的描述："欧洲这两个联盟（法俄联盟与德奥联盟——笔者注②）相互对峙，彼此猜忌的鸿沟越来越大。不过当时与冷战时期不同，这两个联盟不畏战；它们更在乎如何维持内部的团结，对双方可能摊牌却不在意。"③ 这种恐惧状况在实力对称的法俄联盟中不可能是由实力产生的，因此，这从另一个角度证明了我们对法俄联盟是一个进攻性联盟的判断。

综合上面的分析，按照之前的理论推断，如果法俄之间的意图不匹配，那么这个联盟很难维持。但是，历史告诉我们，法俄之间有相当高的意图匹配程度，这成为维系法俄联盟的关键。

上文在讨论法俄的恐惧问题时我们已经提及了，法俄在反德立场上是一致的。对于法国来说，德国是其安全和利益的最大障碍，因此，如何最大限度地防御德国、削弱德国是其安全战略的重中之重。而相对法国而言，俄国在巴尔干地区的利益受到德国的严重阻挠和挑衅，这使得俄德矛盾逐渐不可调和。加之，法俄联盟比起"被牵连"更加惧怕被盟友抛弃。所以，只要两者能够在容易引发"被抛弃"危险的议题上进行有效的相互制约，那么联盟就很容易管理，而法俄联盟意图的一致性保证了两国就此进行沟通的顺畅。于是，法、俄两国分别 1899 年、1902 年、1902 年、1912 年接连提高彼此对于联盟的承诺范围，来消除盟友间对于被抛弃的恐惧，如法国和俄国于 1899 年 8 月 9 日互换函件，将军事协定的期限与三国联盟相同改为无限期以维持"欧洲均势"。"这就意味着法国将支持俄国的巴尔干政策，俄国也将考虑法国在莱茵地区的要求。"④ 此外，"伦敦会议后，各国突然之间都恐慌起来，唯恐采取和解的立场会被视为软弱、不可

---

① Glenn H. Snyder, *Alliance Politics*, Ithaca and London：Cornell University Press，1997，p. 315.

② 顺便提一下，德奥联盟则是一个非对称性的进攻性联盟。

③ ［美］亨利·基辛格：《大外交》，第 186 页。

④ 吴机鹏：《试论法俄同盟的矛头指向》，《中山大学学报》1985 年第 2 期。

靠，盟邦会离它而去，剩下自己单独一国面对敌对的联盟"①。为此，各国愿冒更大的风险来加强对盟友的支持和承诺。这些都表明了法俄两国战略意图的高匹配度所导致的对联盟维持的强烈意愿。因而，法俄联盟得以成功地维持，直至俄国十月社会主义革命造成俄国国内政权的更迭。

（二）中苏联盟

中苏联盟作为冷战格局下重要的战略联盟一直饱受关注。但是中苏联盟的管理却远没有法俄联盟来得轻松。中苏联盟（1950—1971年）大致可以分为四个阶段。1950—1956年，中、苏两国经历了一段"兄弟+同志"的蜜月期；但是从1956年赫鲁晓夫的秘密报告对斯大林进行批判开始，中苏联盟出现了裂痕，直到1961年以中印边境冲突为标志，中苏联盟名存实亡，或至少濒临破裂；之后的1961—1969年中苏开始了冷战；而珍宝岛冲突则标志着中苏冷战转为热战，1971年基辛格访华确定了中美联合抗苏的共同立场，中苏联盟彻底破裂。

中苏联盟建立之初是一个非对称的进攻性联盟。其中，非对称体现在中国历经战争摧残，百废待兴，整体实力与苏联相比有较大差距。而联盟的进攻性则体现在双方当时较强的革命性上，期望通过对外援助或输出革命思想，帮助他国的无产阶级实现解放。但是这种组合本身就存在一些问题，随着时间的推移，这种问题逐渐显现出来。

首先，中苏联盟尽管是非对称联盟，但是这种非对称关系并不是一种绝对的、小国对大国的依附。一方面，中国仍具有较强的自主性。无论在中国领导人看来还是在外国人眼中，中国纵然实力稍逊，却仍然是不可小觑的地区大国。这就注定了中国不可能完全受控于苏联，事事妥协。另一方面，中国领导人对于中国实力和地位的判断逐渐发生了变化。新中国成立初期，国内百废待兴，实力弱小，并且面临着新政权随时被颠覆的危险，此时中国急需苏联的各方面支持，故而在很多问题上采取了相对隐忍的做法。但是，随着政权的稳固、经

_____

① ［美］亨利·基辛格：《大外交》，第191页。

济的复苏、朝鲜战争胜利对声誉的提升，中国的自主性逐渐增强，苏联之于中国的强制约束力相对减弱，这就意味着在出现冲突时，苏联很难有能力绝对强制中国的行为。

其次，中苏联盟的进攻性也并非一成不变的。随着冷战格局的确立，苏联的战略偏好发生了一定的改变。苏联是当时世界第二大国，在冷战背景下既对体系的稳定负有重大责任，又是冷战结构的受益者，因而向外输出革命的意愿降低，而是期望通过一种防御性的战略来实现自身的安全。因此，赫鲁晓夫在权力稳固后，就提出准备与西方阵营"和平共处"的口号，并且做出了一些实际的举动，特别是于 1955 年签署了《奥地利中立条约》。①

与之相反，中国则继续保持了强烈的革命诉求，期望通过改变现有国际政治格局来获得安全。中、苏的战略偏好出现了分歧。这导致苏联更惧怕"被牵连"，而中国更惧怕"被抛弃"。这种战略意图的不匹配增加了中苏双方相互制约的难度，使得联盟管理格外困难。另一方面，这种意图的不匹配根源于中苏不同的权力结构地位，因此很难从根本上得以解决，从而为中苏联盟的平稳发展增添了许多障碍。

综上两点，由于联盟本身性质的变化，中苏联盟在发展过程中其联盟纽带已经受到了较大的削弱，原本的非对称的进攻性联盟在盟友间逐渐丧失共同战略偏好的同时，实力差距进一步缩小。在这种情况下，如若缺乏有效的沟通和管理，中苏联盟必然破裂。然而，历史告诉我们，中、苏两国面对裂痕时的确做过一些努力进行弥补，但是它们修补联盟裂痕的努力非但没有阻止联盟的破裂，甚至驱动了彼此的恐惧，在一定程度上还加速了联盟的破裂。

翻阅中、苏交往的历史，我们不难发现，中、苏两国大都选择了两类方式来修复与盟友的关系，即让对方改变来适应自己和自我改变来适应对方。而鉴于中、苏在联盟中实力和地位的差异，两国选择的具体措施是有所区别的。

让对方改变来适应自己这一类方式具体体现在中、苏意识形态辩

---

① Deborah Larson, *Anatomy of Distrust*, chap. 2 and chap. 3, Ithaca: Cornell University Press, 1997.

论和向对方施加压力上。在中、苏意识形态辩论中，中国试图通过宣扬自己的革命理念将苏联拉回到原来的革命轨道上来。而苏联则希望中国不要那么激进以免破坏美、苏缓和进程。1957 年在莫斯科会议上，毛泽东提出了"东风压倒西风"① 的论断，公开宣布社会主义阵营的力量已经超过西方的判断，以此来规劝苏联改变对美缓和的外交路线。1960 年伊始，双方便开始在报刊上发表文章，阐述各自的观点和主张，开始中苏大辩论，意在规劝和说服对方改变既有的政策。至于向对方施加压力这一方式，受制于中苏联盟的非对称性特点，主要表现为苏联向中国施加压力劝说和迫使中国改变政策。例如，赫鲁晓夫在台湾问题、中印边界冲突问题上，指责中国采取"冒险主义"的政策，试图说服毛追随苏联的缓和政策。此外，中印边界冲突发生后，苏共中央致函中共中央，对此事表示严重的关注，实际上也就是向中国施加压力。

而自我改变来适应对方这类方式则具体体现在双方调整自己的政策、做出一定的让步。中国方面，中印边界冲突之后，中国领导人不仅下定决心避免联盟破裂，甚至要争取"达到新的基础上的团结"，"赖着跟他（赫鲁晓夫——作者注）搞团结，赖着不分裂②"。正是这个决定使得在中苏大论战之后，中国领导人仍于 1960 年年底参加了莫斯科八十一国共产党和工人党会议，并在会上与苏联领导人达成谅解，即"有什么事情一起来商量，避免冲突③"。苏联方面也做到了在一些不触及原则的问题上予以让步。如苏联关于建立"长波电台"和"联合舰队"的建议遭到毛泽东的强烈反对之后，赫鲁晓夫只好作罢。1958 年，苏联确定把"研究制定出缓解国际紧张局势的新的共同措施"作为华沙条约国家政治协商会议的目的，这些与毛泽东马上要采取的行动南辕北辙，毛泽东大发雷霆，而赫鲁晓夫则容忍了毛

---

① 毛泽东：《在莫斯科共产党和工人党代表会议上的讲话》，1957 年 11 月 14、16、18 日，《建国以来毛泽东文稿》，第 6 册，第 631 页。

② 吴冷西：《十年论战：中苏关系回忆录，1956—1966》（上），中央文献出版社 1999 年版，第 241 页。

③ 牛军：《1962：中国对外政策"左"转的前夜》，《历史研究》2003 年第 3 期。

泽东的愤怒，没有使之产生恶果。①

　　然而，中苏两国采取的具体措施都没能成功地修补和维持中苏联盟。究其原因，一方面是因为前面讨论的中苏联盟的两个自身特点限制了中苏两国采取更为积极有效的措施来维系联盟；另一方面则是由于中苏弥补裂痕的具体措施进一步加深了彼此对于"被抛弃"和"被牵连"的恐惧。

　　在第一类方式中，作为联盟中的弱国，中国面对裂痕，尤其是由苏联一方造成的裂痕（如单方面同美国缓和）时，往往会反应比较激烈，采用的中苏辩论的方式实际将矛盾表面化和公开化。众所周知，意识形态对于社会主义国家来说意义重大，反映了国家的某些关键利益（例如，如何看待国际形势以及如何建设社会主义），而随着争吵的加剧，双方更难采取妥协的政策。此外，由于中国在联盟中处于弱势，主动发动这样一场辩论并不能带来什么实际效果，对苏联的行为约束力很小。而争论中中国表现出来的革命性则使苏联更加惧怕被中国牵连而被迫与美国为敌。所以，这样的做法可以说不仅不能缓和矛盾，反而在争吵中影响双方的互信并将两国关系推向破裂的边缘。

　　作为联盟中的强国，苏联的措施是与其实力相匹配的。苏联在联盟中拥有对对方较大的约束力，具有一定的采用劝说和压力政策所需要的实力后盾。尽管这是强国常用的方法，不过苏联的做法却并未带来很好的效果，这是因为苏联选择的时机和目标不对。当时的中国革命性较强，领导人对于世界的认识和危机意识使得中国比较敏感，害怕被抛弃。而苏联需要中国所做的调整恰恰集中在一些触及中国核心利益的方面，如希望中国在中印边界问题上做出相应的让步、收敛对美国的敌意等，这些做法进一步加重了中国的不安全感。

　　因此，总体来看，第一类方式的失败主要源于盟友战略意图的不匹配。转向防御性的苏联很难继续容忍中国高度的革命要求，并惧怕被其拖入与美国的对抗中。而继续保持进攻性的中国则将苏联战略意图的转变视为抛弃和背叛，不信任感陡增。这使双方逐渐开始认识到尽管自己会从联盟中受益，但这未必能够抵消对方带来的风险。虽然

苏联实力占优，但是苏联并没有强大到足以改变中国的战略意图。因此，第一类方式宣告失败。

第二类方式原本是对维持联盟最有益的，因为双方的让步可以一定程度上安抚盟友间的恐惧和疑心，但是这类方式对中苏联盟仍没有挽救成功，只是暂时掩盖了双方的矛盾。中国做出对外政策调整的决定是一个一时之选，不具有长期性和本质性。中国的调整是基于中国周边环境恶化的现实，并为"大跃进"创造国际条件，而看似以联盟为重的决定仅仅是一个口号，具体操作时，中国还是坚持自己的原则，没有在分歧问题上做出让步。随着 1961 年苏阿冲突和 1962 年中苏新疆边境紧张、"大跃进"失败，中国重新改变了对苏政策，使得这种转变没有长期地持续下去。

反观苏联，其做出的让步只体现在单独涉及中国的一些细小问题上，所以无伤苏联的总体原则和方针，这就使得中苏双方的裂痕无法得到根本解决。苏联依旧自行其是，加深了中国对"被抛弃"的不安全感。中国仍然表现激进，让苏联更加认识到被中国牵连的可能性。

中苏联盟的第二类修补方法并没有涉及关键分歧，而这恰恰也是由于联盟自身的两大特点决定的。从中国的角度看，新生政权的孱弱、悬而未决的台湾问题使其很难主动相信以美国为首的西方阵营，因此中国不可能在这个问题上做出过多的改变和妥协。从苏联的角度来看，身为联盟中的强国，苏联容易低估盟友的实力、忽视盟友的利益，更不可能为了维持联盟而做出严重损害自身战略利益的让步。所有这些导致了原本最有可能挽救联盟的第二类修补方式的失败。

综上所述，随着苏联的战略偏好转向防御性，中苏的意图不对称性增强，双方的战略利益越发难以调和。与此同时，中国领导人认为自身综合国力和世界地位有大幅提升，不愿继续对苏联亦步亦趋，苏联越来越难迫使中国配合自己的步伐。此外，苏联对"被牵连"的惧怕使其刻意疏远与中国的关系，而中国由于惧怕"被抛弃"又无力强制约束苏联而陷入对联盟的悲观情绪。因此，中苏两国渐行渐远，中苏联盟在发展过程中意图不匹配程度逐渐增强，实力不对称性大大减弱，这降低了苏联维持联盟的意愿同时，又使得中国无力强制苏联，最终导致了中苏相互制约的失败。

（三）美日联盟

1951 年 9 月 8 日，日本首相吉田茂和美国国务卿迪安·艾奇逊（Dean Acheson）签署了《日本国和美利坚合众国之间的安全保障条约》（简称《日美安全保障条约》或《日美安保条约》），标志着美日联盟正式成立。1952 年 2 月 28 日，美日两国在东京又签订了关于实施安保条约的《日美行政协定》。该协定与安保条约详细规定了驻日美军的地位及特权，如日本优先向美军提供航空管理、铁路、劳务及设施，承认美国使用、管理和保卫这些基地及设施的权利，美国军人及其家属在基地内外享有治外法权等。

美日联盟建立之初是非对称的进攻性联盟。从《日美安保条约》和《行政协定》的内容我们就可以看出，美日联盟从建立之初就带有明显的不平等和不对称的烙印。美国以防止日本法西斯主义死灰复燃并为日本提供安全保护之名牢牢地控制住了日本，特别是《安保条约》的"内乱"条款①将美国的这种绝对权力用条约形式确立下来。尽管随后的五十年的时间里，美日两国进行了四次正式的条约修改，但是都没有实现美军基地的撤销。以驻日军事基地为代表的联盟安排充分显示出美日两国不对称的实力状况，因此，美日联盟是典型的非对称性联盟。

而联盟的进攻性则主要表现为当时的杜鲁门政府的进攻性战略偏好。1947 年 3 月 12 日，杜鲁门发表国情咨文，提出苏联已经成为美国的敌人，美国需要支持各"自由民族"来抵抗"企图征服他们的掌握武装的少数人或外来的压力"，杜鲁门主义诞生。随后，杜鲁门政府对以苏联为首的共产主义阵营实行"遏制战略"。尽管许多学者或政治家认为这种选择是出于防御的目的，② 然而杜鲁门政府的战略偏好却具有赤裸裸的进攻性色彩。当年乔治·凯南提出遏制战略时，

---

① 《日美安保条约》第一条规定："在和平条约和本条约生效之时，日本国授权美利坚合众国的陆、海、空军配备在日本国内及附近，美利坚合众国予以接受。这种军队将有利于维持远东的国际和平与安全，并可用于镇压由于一个或两个以上的外部国家的教唆或干涉而引起的日本国内的大规模的内乱和骚乱。"

② ［美］理查德·尼克松：《1999 不战而胜》，中译本，中国人民公安大学出版社 1988 年版，第 55 页。

他认为遏制共产主义最有效的方法是帮助其他国家建立政治上和经济上的稳定性，而非扩充军备、对苏联进行军事遏制。杜鲁门政府的战略选择却与凯南的本意背道而驰。① 1950 年 6 月，美国国家安全委员会向杜鲁门提交了一份反共色彩浓厚的第 68 号文件，建议杜鲁门采用军事遏制政策，大规模建设美国军队的同时，扩大美国的核装备。之后，杜鲁门借由朝鲜战争的契机，迅速获得国会同意，大力进行军队建设，进行反共反苏准备。

反观日本，日本在二战后即被美国占领，《对日和约》和《安保条约》签订之后便由美国为其提供安全保障。日本彼时缺乏自卫手段，其思考的重点仍是如何拥有本土防御能力，故而当时的吉田茂内阁采取的是较为防御性战略偏好。在这种情况下，虽然日本也怕被美国拖入与其他国家的战争中，但是美国在美日联盟成立之初的绝对优势使得日本很难拥有独立的外交决策，因此，美日联盟仍具有进攻性色彩，此时的美日联盟是非对称的进攻性联盟。

伴随着领导人的数度更迭，美日两国的战略偏好在联盟建立之后也发生了一些变化。美国方面，从 20 世纪 50 年代中期到 60 年代中期，杜鲁门的继任者们尽管仍然敌视苏联为首的共产主义阵营并实行遏制政策，但是他们不再持有一贯的强硬态度，美苏之间的关系紧张中也有缓和。特别是美国肯尼迪政府对于古巴导弹危机的处理方式可以看出，在核威慑下，美国的进攻性意图大大减弱，开始寻求与苏联共同管理国际局势。60 年代中期到 70 年代末这段时间内，美国处于守势，战略偏好更加倾向于防御。但是在 20 世纪 80 年代初，里根任内美国又重拾进攻性意图。1981 年里根上台，确立了以赢得冷战为最终目标的对苏政策，具体表现为扩充军备、实行"星球大战"计划、压制苏联的经济发展等。冷战结束后的二十多年中，美国的战略偏好除在小布什政府时期表现出进攻性外，都倾向于防御性。小布什推出了所谓的"无赖国家"清单，号召其他国家一起抵制，而阿富

---

① John Lewis Gaddis, *The Strategy of Containment*, Oxford University Press, 2005.

汗战争和伊拉克战争便是其进攻性战略意图的有力例证。①

　　日本方面，吉田茂之后的日本历任内阁尽管在具体的对外政策方针上不尽相同，但是除小泉纯一郎内阁外都采取了一种相对防御性的战略偏好。例如，鸠山一郎内阁倡导自主外交，在坚持日美合作路线的同时，也更加重视中日、中苏关系。1955 年 8 月，重光葵外相与杜勒斯国务卿会谈中虽提及日本将为自卫而使用军队，② 但是在海外派兵问题上仍十分谨慎。受到宪法第九条的制约，日本不但不能向海外派兵，就连军事援助也不能提供。1977 年 8 月，福田赳夫首相在马尼拉发表著名的"福田主义"，承诺日本不做军事大国。1990 年 5 月 1 日，日本外务省完成了题为《日美安全条约今日之意义》的文件，提出保证日本不走军事大国道路。③ 与之相反，小泉纯一郎一改前任们在海外派兵上的谨慎态度，积极支持日本自卫队前往伊拉克，并且对中、韩实行强硬的外交政策，表现出了战略偏好上的进攻性，而这恰好和同时期小布什政府的进攻性意图匹配。而小泉之后的历任内阁尽管维持时间都比较短，但是战略偏好却相对温和，例如，福田康夫就主张发展与亚洲国家的良性关系，支持建立新的战争纪念场所使之与靖国神社区别开来。

　　由上述分析中可以看出，美日两国意图不一致的状况主要存在于两个阶段：一是联盟成立之初，二是里根政府时期。联盟成立之初的情况前文已论及，此处不再赘言。至于里根政府时期，这种不一致也未在美日联盟内部产生巨大的分歧。首先，这段时期处于冷战大背景下，里根政府的进攻性战略是针对苏联设置的。对日本来说，苏联也是其主要的敌人，尽管战略偏好上倾向于防御性，但是其防御对象也主要是苏联为首的共产主义阵营。此外，苏联问题涉及美国的核心利益，即便日本怕美国的进攻性偏好会将日本拖入无关的对抗，但在日本仍存在美国驻军的前提下，日本也无力摆脱美国对其的控制。因

---

　　① Shiping Tang, *A Theory of Security Strategy for Our Time*, appendix 2, Palgrave Macmillan, 2010, pp. 186 – 187.

　　② 美国国务院编：《美国对外关系文件》，1955—1957 年，第 23 卷，第一部分，日本，第 97—102 页。

　　③ 刘世龙：《美日关系》（1791—2001），世界知识出版社 2003 年版，第 628 页。

此，美日两国短暂的意图不一致状况并没有危及美日联盟的维系。

除了总体意图变化外，美日联盟的管理还受实力对比结构变化的影响，但是这种影响并没有根本颠覆美国的绝对优势地位，因此对联盟维持没有产生致命的打击。随着日本经济实力的增长和自卫能力的增强，日本对《安保条约》不对等规定的不满情绪越发强烈，修改条约的呼声也越来越高。例如，岸信介曾明确表示："安全条约是在日本没有自卫能力的时候缔结的，现在日本已经逐渐具备了相应的自卫能力。日美之间已经相互承认了对等的原则，迎来了新时代。而且从条约的内容看，在期限、美军基地以及同联合国宪章的关系等方面，日本对很多地方都不满意。"① 与联盟成立之初相比，日本开始有自己的利益考虑以及战略偏好，并且试图脱离美国的羽翼，美日安保条约历经四次②正式修改正体现了这一点。

1960 年的《美日相互合作与安全保障条约》明显地扩大了日本防卫的范围，扩展了美日地区军事合作，因而增加了日本卷入战争的风险，日本国内发起反美、反安保运动，迫使岸信介内阁倒台。为此，尽管美国顺应日本国内政治要求归还了冲绳，但通过租用的方式保留了基地的使用权，同时要求日本应该担负起本国国防的"主要责任"，对联盟维系承担更主要的义务。③ 1991 年 12 月 8 日，宫泽喜一郎首相发表施政演说，其中提出日本要加强外交独立性，与美国拉开距离，减轻对美国的依赖。但是伴随美国承诺将保持维护亚太和平与稳定的美军力量，日本也承诺继续向美国提供国内的设施和基地，并承担更高比例的军事费用。④ 这些都证明，日本尽管试图走向一条独立自主的道路，但目前仍无法摆脱美国的控制。

总之，美日联盟尽管存在一些裂痕，但是由于美国对盟友的强大

① ［日］田尻育三：《岸信介》，吉林人民出版社 1980 年版，第 158—159 页。
② 即后来签署或发表的 1960 年《美日相互合作与安全保障条约》，1978 年《美日防卫合作指针》，1996 年《美日新安保宣言》，1999 年《美日防卫合作指针》。
③ 张玉国：《同盟困境与美日同盟——日本的同盟政策分析》，《日本学论坛》2004 年第 1 期。
④ 汪伟民：《联盟理论与美国的联盟战略——以美日、美韩联盟研究为例》，世界知识出版社 2007 年版，第 188—189 页。

控制力，使得美国对日本的制约比较轻松，联盟管理相对容易。

通过对法俄联盟、中苏联盟以及美日联盟的分析，我们大体可以得出如下结论：对称性联盟中，如果盟友之间的意图匹配程度较高，则联盟相对容易维持；而非对称性联盟中，如果防御性国家为强国而进攻性国家为弱国，则联盟很难存续（见表7）。

表7　　　　法俄联盟、中苏联盟、美日联盟管理过程中各影响因素

	法俄联盟	中苏联盟	美日联盟
盟友实力对比状况	实力差距不大	实力差距较大	实力差距很大（一方有驻军）
强国对盟友的强制力程度	低	中	高
盟友意图匹配程度	高	低	中
盟友间的恐惧状况	恐惧的结果及程度都比较相似	恐惧的结果及程度都存在差异	恐惧的结果及程度都存在差异
盟友间维持联盟的意愿	高	低（尽管中国在联盟破裂初期在一定程度上仍愿意维持联盟，但是中国缺乏将自己的意愿强加给苏联的强制力）	中（日本有时会希望脱离美国的保护，但是美国有维系联盟的强大约束力）
联盟管理难易程度	易	难	易

五　结语

本文通过对盟友间实力对比与意图匹配程度两个变量如何影响相互制约机制过程的阐述，试图提出一个涵盖更多社会事实的联盟维持和管理的理论，借此来解释何种联盟更容易管理、何种联盟更难管理。联盟管理并非一个机械线性的过程，而是各种因素在相互制约机制中起作用的系统过程。以斯奈德为代表的学者对惧怕"被抛弃"与"被牵连"的研究丰富了我们对联盟管理的理解，但是他们错误地将其视为联盟管理的机制，严重简化了联盟管理的复杂性。本文提出了联盟管理的机制，即相互制约，它既满足成为机制的三个条件，也相较于其他可能的机制更为动态、更加系统。

　　通过对各种联盟的考察，我们的研究表明，联盟本身的特性就暗含了影响联盟管理的一些因素。其中，盟友间的权力对比及其意图匹配程度是最为重要的两个因素。而盟友间相互制约的联盟管理行为就是通过由这两个因素引发的两条线来实现的。第一条线是联盟管理的物质力量，即权力对比直接决定一方是否有实力强制约束盟友的意愿和行为，使其配合自己，来实现联盟的维持；第二条线是联盟管理的精神力量，即盟友间的权力对比和盟友的意图导致各盟邦产生对"被抛弃"和"被牵连"不同程度的恐惧，这种恐惧会影响盟友对于继续维持联盟的意愿，从而制约联盟管理的成败。值得注意的是，本文提出联盟管理理论一方面纳入了对"被抛弃"和"被牵连"恐惧的讨论，将其明确为影响相互制约机制的因素；另一方面，又将这些因素和相互制约机制置于一个相对复杂的系统中。具体来说，联盟管理的这两条线并非割裂的，而是共同起作用的，两条线相互作用之后共同影响联盟管理的成败。

　　由于不同的联盟盟友间的实力对比以及意图存在偏差，这就使得每种类型的联盟会有自身特有的联盟管理过程。为此，本文分别考察了对称性联盟和非对称性联盟在不同的成员国意图状况下的盟友互动过程，以此来进一步研究什么样的联盟更容易管理。通过细致分析，我们可以得出如下结论：对称性联盟中，若盟友意图一致，则彼此相互制约易于成功，联盟容易管理；反之，则不易管理。非对称性联盟中，只有当强国为防御性国家、弱国为进攻性国家时，相互制约难以实现，联盟才较难管理；其他情况下，联盟管理相对容易。

　　本文的三个案例很好地证明了这一结论。法俄联盟作为一个对称的进攻性联盟，意图匹配程度成为决定相互制约难易、联盟管理成败的关键，而高度的意图一致性促成了两国强烈的联盟维系意愿，最终实现了联盟的有效管理。相较之下，中苏联盟则命途多舛，复杂得多。尽管在联盟建立之初，中苏联盟是一个非对称的进攻性联盟，维系相对容易。但是随着时间的推移，联盟本身的特性发生了变化。一方面中国的国际地位有所提升；另一方面国内政权逐渐稳固，这使得中国领导人认为中、苏之间的实力差距逐渐缩小，与此同时两国的意图也变得不再一致。这样的变化引发了上述所谓的联盟管理的两条线运作的偏差，最终导致了中苏联盟的破裂。美日联盟的例子则更好地验证了在关键时刻一方拥有绝对强制力的作用。法俄联盟、美日联盟的维系以及中苏联盟的破裂这三个案例从正、反两个方面验证了上文提出的联盟管理理论，为我们理解联盟管理过程提供了直观的历史支持。

联盟管理是一个极其复杂的过程，上文的理论只能在尽可能囊括更多社会事实的基础上对这一过程进行简化。此外，现实中的联盟管理并非存在于一个独立的、割裂的联盟系统内，其运行也会受到其他联盟或者其他国家行为的影响，例如，蒂莫西·克劳福（Timothy W. Crawford）提到的"楔子战略"（Wedge Strategy）[1]。尽管未来的研究有可能将联盟外国家的行为纳入考虑的范围内，但是本文目前的研究就是试图在一个相对独立的联盟系统内给出一个较为完善的联盟管理理论，从而有助于我们加深对于联盟维持和管理过程的理解。

最后，我们希望本文能够对中国国际政治和安全战略学界正视中国的联盟战略，并且进行深入研究起到一点推动作用。自古以来，中国的政治行为体在生存竞争中都意识到了联盟的作用，传说的炎帝和黄帝结盟共同对抗蚩尤恐怕是历史上最早的联盟之一。从古代到现代，中国的领导人（如孙中山、毛泽东）和战略学者（如苏秦、张仪）都发展出了相当丰富的联盟思想。如果我们不理解联盟政治，我们就无法理解古代和现代中国的命运。而新政权建立之初，中国就选择了和苏联及社会主义阵营结盟的"一边倒"政策。中苏联盟破裂后，中国也尝试过"光荣孤立""团结第三世界"的"不结盟"政策，实际上，"团结第三世界"本身就是一种松散的联盟政策。后来，"光荣孤立"加"团结第三世界"的政策被证明是行不通的，因此中国选择加入了美国为首的西方联盟。中国在1972—1989年这段时间维持了与美国、日本的"准盟友"（quasi‑ally）关系。此外，中国与巴基斯坦还保留了"全天候朋友"的联盟关系。因此，为了放宽中国的安全战略思维，为了中国安全战略的长远发展，我们应该更加重视联盟的作用。

---

[1]　Timothy W. Crawford, "Preventing Enemy Coalitions: How Wedge Strategies Shape Power Politics", *International Security*, Vol. 35, No. 4, Spring 2011, pp. 155 – 189.

约束盟国的逻辑与困境[*]

节大磊

国际政治当中常常出现的一个现象是盟国之间的博弈和倾轧，其激烈和复杂程度常常不逊于敌对国家之间的斗争。正如乔治·凯南（George F. Kennan）所言："只有敌人的人体会不了什么叫作复杂；唯有有朋友的人方能理解。"[①] 本文研究的是在涉及双方重大安全利益的问题上约束盟国的成败。[②] 即使是关系最为紧密的盟国，其安全利益也只是部分重合，那么在安全利益相左的时候，其中一方常常需要约束另一方的行为。这种约束并不容易成功。事实上，并不鲜见的情况是，即使是同盟中较为强大的一方，也对相对弱小的盟友无视其利益和要求的行为无可奈何。约束盟国如何才能成功？本文认为，在事关双方重大安全利益的事项上，约束一方需要传递两种可信的信息：一是约束一方认同被约束一方的战略目标；二是约束一方反对被约束一方的策略手段。两种信息的可信性较易相互削弱，这也正是约

---

　　[*] 本文原刊于《世界经济与政治》2016 年第 3 期。

　　[①] George F. Kennan, *Russia and the West Under Lenin and Stalin*, Boston: Little Brown, 1961, 转引自 Timothy W. Crawford, "The Strategic Consequences of Alliance Discord," *Journal of Strategic Studies*, Vol. 36, No. 1, 2013, p. 153。

　　[②] 多纳德·纽契特莱（Donald Nuechterlein）区分了四种不同程度的利益：生存利益（survival interests）、重大利益（vital interests）、重要利益（major interests）以及边缘利益（peripheral interests）。本文探讨的是在生存利益或重大利益受到威胁的情况下，约束盟国的成败。参见 Donald E. Nuechterlein, "National Interests and Foreign Policy: A Framework for Analysis and Decision – Making," *British Journal of International Studies*, Vol. 2, No. 3, 1976, pp. 246 – 266。

束盟国的困境所在。下文先进行文献回顾并指出约束联盟的困境之本质，再以美国试图约束以色列和格鲁吉亚的案例来初步验证论点，结论部分进行总结并指出未来研究的方向。

一 对现有研究的文献回顾

结盟行为向来被国际关系学者——尤其是现实主义学者——看作一种抗衡行为，亦即为了自身的安全进行的所谓"外部抗衡"。[1] 其原因在于，在安全和生存受到威胁时，处于国际关系无政府状态下的国家需要借助他国的力量来弥补自身的不足。[2] 近些年来，越来越多的国际关系文献指出，国家之间的结盟动机其实多种多样，而"外部抗衡"可能只是其中之一。比如，有的时候国家非但不抗衡可能对自己造成威胁的强国，反而与其结盟，其目的可能是分享战争果实（比如，日本和意大利在一战中加入协约国的行为）。[3] 此外，国家也可能是为了改善与一个潜在对手的关系而结盟（比如，一战前"三皇同盟"中的俄奥关系以及英法、英俄协约）。[4] 有时，国家还可能是为了更好地控制盟友而与其结盟（比如，冷战期间美国与日本、韩国

---

① 扩充军备等措施属于"内部抗衡"。参见 Kenneth N. Waltz, *Theory of International Politics*, New York: Random House, 1979; Hans J. Morgenthau, *Politics Among Nations: The Struggle for Power and Peace*, New York: Mc Graw - Hill, 1985; Stephen M. Walt, *The Origins of Alliances*, Ithaca: Cornell University Press, 1987。

② 这种把结盟看作增强自身实力的观点被称作所谓"能力叠加模型"（capability - aggregation model）。参见 James Morrow, "Alliances and Asymmetry: An Alternative to the Capability Aggregation Model," *American Journal of Political Science*, Vol. 35, No. 4, 1991, pp. 904 - 933; D. Scott Bennett, "Testing Alternative Models of Alliance Duration, 1816 - 1984," *American Journal of Political Science*, Vol. 41, No. 3, 1997, pp. 846 - 878。另外，丹·赖特也认为外来威胁是结盟的主要原因，但是他更强调"学习"对威胁认知的影响，参见 Dan Reiter, "Learning, Realism, and Alliances: The Weight of the Shadow of the Past," *World Politics*, Vol. 46, No. 4, 1994, pp. 490 - 526。当然，在无政府状态下，结盟对于维护自身生存和安全并不完全可靠，参见 Avery Goldstein, "Discounting the Free Ride: Alliances and Security in the Postwar World," *International Organization*, Vol. 49, No. 1, 1995, pp. 39 - 71。

③ 参见 Randall L. Schweller, "Bandwagoning for Profit: Bringing the Revisionist State Back In," *International Security*, Vol. 19, No. 1, 1994, pp. 72 - 107。

④ 参见 Patricia A. Weitsman, *Dangerous Alliance: Proponents of Peace, Weapons of War*, Stanford: Stanford University Press, 2004。

和台湾的同盟关系）。① 事实上，国家结盟的内在动机以及盟国之间的互动之复杂性不逊于同盟间政治，因此同盟内政治也获得了越来越多的关注。②

　　约束盟国是同盟内政治的一个重要方面，约束的任务之一是如何劝阻盟国采取损害自己安全利益的政策。约束盟国无外乎施压和安抚两条路径。大多数的学者把重点放在如何对约束对象进行有效的施压。格林·施奈德（Glenn H. Snyder）在其经典著作中，认为三个因素决定了约束盟国的成败：一是约束者威胁施压的可信度；二是被约束者与第三方敌国利益冲突的程度；三是被约束者对同盟的依赖程度。③ 简单来说，施奈德认为约束盟国的关键所在是约束国对被约束国有多少压力杠杆可资利用。杰瑞米·普莱斯曼（Jeremy Pressman）进一步提出，只有约束者真正愿意动用其权力资源，约束才能成功。④ 这种看法与施奈德的观点一脉相承，都是把重点放在威胁和施压，迫使被约束者放弃其既定政策。

　　另一方面，也有一些研究国际关系的文献强调安抚在国际政治中的

---

　　① 参见 Victor D. Cha, "Powerplay: Origins of the U. S. Alliance System in Asia," *International Security*, Vol. 34, No. 3, 2010, pp. 158 – 196; Paul W. Schroeder, "Alliances, 1815 – 1945: Weapons of Power and Tools of Management," in Klaus Knorr, ed., *Historical Dimensions of National Security Problems*, Lawrence: University Press of Kansas, 1976, pp. 227 – 263; Jeremy Pressman, *Warring Friends: Alliance Restraint in International Politics*, Ithaca: Cornell University Press, 2008; Christopher F. Gelpi, "Alliances as Instruments of Intra – Allied Control or Restraint," in Helga Haftendorn, Robert Keohane and Celeste Wallande, eds., *Imperfect Unions: Security Institutions over Time and Space*, New York: Oxford University Press, 1999, pp. 107 – 139。当然，"控制盟友"和"外部抗衡"两种动机并不相互矛盾，因此一项结盟行为可能同时实现几种不同目标。

　　② 也有越来越多的中文文献开始关注同盟内政治和"同盟管理"。参见苏若林、唐世平《相互制约：联盟管理的核心机制》，《当代亚太》2012 年第 3 期；刘丰：《美国的联盟管理及其对中国的影响》，《外交评论》2014 年第 6 期。当然，同盟内政治和同盟间政治是相互影响的。格林·施奈德的"复合型安全困境"（composite security dilemma）描述了这种互动关系，参见 Glenn H. Snyder, *Alliance Politic*, pp. 194 – 198。柯庆生把对这种互动关系的探讨应用到了冷战中的东亚地区，参见 Thomas J. Christensen, *Worse Than a Monolith: Alliance Politics and Problems of Coercive Diplomacy in Asia*, Princeton: Princeton University Press, 2011。

　　③ Glenn H. Snyder, *Alliance Politic*, p. 326.

　　④ Jeremy Pressman, *Warring Friends: Alliance Restraint in International Politics*.

重要性。很多时候这些文献探讨的是敌对国家之间的关系，但是对于约束盟国也很有启发性。无论是采用"正向制裁""绥靖"，还是"承诺"等不同名称，这些研究都表明，在某些情况下，它们比威胁施压更能影响他国的战略选择。① 就约束盟国来说，安抚的重点在于让被约束者相信，有其他策略手段可以实现维护其安全利益的战略目标。

约束盟国的困难在于，无论是施压还是安抚，其效果都有不确定性，都有可能导致大相径庭的结果。有效地施压固然可以让被约束国有所顾忌，甚至停止可能损害约束国安全利益的行为；但是也完全有可能形成另一个相反效果，亦即被约束国认为约束国作为盟国无法依靠，自己别无选择必须继续其既定政策，导致约束失败。另一方面，安抚固然也可以让被约束国感到自己的安全有所依托，不必追求既定政策也能维护其安全利益，进而改弦易辙；但是也完全有可能使得被约束国认为，无论在何种情况下，约束国都会站在自己一边，进而继续采取冒险政策，导致约束失败。也就是说，施压和安抚都有可能带来成功，也都有可能导致失败。这两种约束手段效果的不确定性，就是约束盟国的困境。

那么，一个显而易见的推论是，把施压和安抚结合起来可能是约束盟国的最佳手段。但是关键问题在于，施压和安抚所传递的信息常常是相互矛盾、相互抵消的，如何才能有效结合两种手段？本文认为，两种手段需要体现在不同层面：战略上安抚、策略上施压。换句话说，约束国需要传递两种具有可信度的信息：一是认同被约束国的战略目标；二是反对被约束国的既定策略。需要指出的是，战略安抚和策略施压的结合，只能缓解而并不能从根本上消除约束盟国的困境，因为如果控制不好二者的平衡，还是会滑向失败。

所谓战略安抚，是指约束国采取的有助于被约束国实现其战略目标的政策宣示和具体措施，而策略施压是指约束国采取的明确反对被约束国策略手段的政策宣示和具体措施。战略和策略都具有相对性，需要具体议题具体分析：某一个层面的战略可能在另一个更高层面上属

---

① David A. Baldwin, "The Power of Positive Sanctions," *World Politics*, Vol. 24, No. 1, 1971, pp. 19 - 38; Stephen R. Rock, *Appeasement in International Politics*, Lexington: University Press of Kentucky, 2000; James Davis, *Threats and Promises: The Pursuit of International Influence*, Baltimore: Johns Hopkins University Press, 2000.

于策略范畴,而某一个层面的策略可能在另一个更低层面上属于战略范畴。① 约束盟国的成功即意味着被约束国放弃了其既定的策略手段。就本文的两个案例来说,以色列在伊朗核问题上的战略目标是阻止伊朗获得核武器,其策略手段是预防性军事打击,而格鲁吉亚在南奥塞梯和阿布哈兹问题上的战略目标是解决领土问题,其策略手段是使用武力。对于美国来说,约束盟国的成功意味着以色列放弃军事打击伊朗核设施的策略手段、格鲁吉亚放弃武力解决领土问题的策略手段。

以色列和格鲁吉亚均不是与美国有条约关系的正式盟国,但是在很大程度上可以被看作美国的非正式盟国。② 同盟关系从根本上来说就是一种既有或潜在的安全合作关系,而是否以条约的形式固定下来既不是其本质特征,也不决定这种合作关系的紧密程度。③ 美国和以色列虽然没有正式的同盟条约,但是两国之间有一系列的协定、备忘录以及其他有关安全合作的安排,美以关系的紧密程度也超出了美国与不少正式盟国的关系。美国与格鲁吉亚的安全合作关系历史较短,但是发展迅速。首先,美国大力支持格鲁吉亚加入北约。2008 年 4 月的北约峰会虽然没有给出具体的时间表,但是声明格鲁吉亚将最终加入北约。其次,美国为格鲁吉亚提供军事援助,帮助其训练军队并举行联合军事演习。最后,如后文所述,在俄格战争爆发后,美国政府内部的确有官员建议采取有限军事行动帮助格鲁吉亚,而格鲁吉亚方面最初更是对美国及北约抱有很大期待。④ 总之,美国和以色列以

---

① 以美国于 2015 年出台的四个文件(《国家安全战略》《国家军事战略》《二十一世纪海上力量合作战略》和《亚太海上安全战略》)为例,前者相对于后者都属于战略范畴,而后者相对于前者都属于策略范畴。

② 在这个意义上来说,本文对"同盟"的使用更接近于英文的 "alignment" 而非 "alliance"。后者具有条约化和正式化的特征,只是前者的一种特殊形态。关于"同盟"定义的讨论,参见 Glenn H. Snyder, *Alliance Politics*, pp. 6 – 16; Thomas S. Wilkins, "'Alignment', not 'Alliance'—The Shifting Paradigm of International Security Cooperation: Toward a Conceptual Taxonomy of Alignment," *Review of International Studies*, No. 38, 2012, pp. 53 – 76。

③ 有无正式条约虽然不具有决定性作用,但是会对同盟关系产生一定的影响,参见 James D. Morrow, "Alliances: Why Write Them Down?" *Annual Review of Political Science*, No. 3, 2000, pp. 63 – 83。

④ 当然,美国对格鲁吉亚的安全承诺存在很大程度的不确定性,但是这种不确定性的根源不是缺乏正式条约,而是国际政治的无政府状态。

及格鲁吉亚之间虽然没有正式盟约，但是其互动关系完全可以放在同盟政治的框架下进行分析。

本文选取美国和以色列在伊朗核问题上以及美国和格鲁吉亚在南奥塞梯问题上的博弈来验证理论假设。两个案例固然不可能对理论假设进行全面系统的验证，但是两者均是方法论上的所谓"困难案例"（hard case）。[①] 也就是说，按照常规的理解，美国约束以色列的困难程度要远远大于约束格鲁吉亚，然而事实却是前者成功而后者失败，这就恰恰凸显了本文所提出的战略安抚和策略施压相结合的理论假设的解释力。具体来说，至少有三方面的因素说明美国约束以色列的难度要远远大于约束格鲁吉亚。首先，就相对实力而言，尽管无论是以色列还是格鲁吉亚都无法与超级大国美国相提并论，但是前者的军事实力和核武库是后者难以企及的，因此以色列更具备单边行动的能力。事实上，在涉及核武器的问题上，以色列常常采取单边行动并且无视美国的警告和反对。[②] 其次，美国国内存在着强大的亲以色列势力和游说集团，对美国行政部门的对以政策构成了实质性的限制，[③]而这是格鲁吉亚所缺乏的。最后，从面临的可能对手来看，尽管以色列的对手伊朗实力不容小觑，但是格鲁吉亚想要挑战站在南奥塞梯背后的俄罗斯则显然是不可能的任务。因此，以上三方面因素都显示，美国约束以色列可能会失败而约束格鲁吉亚应当成功，但是事实恰恰相反。换句话说，无论是被约束国对约束国的依赖程度（同盟的非对称性）、被约束国与敌对国家的相对实力还是约束国的国内政治，都无法很好地解释美国在这两个案例中的成败。这样，战略安抚与策略施压能否有效结合成为另一个解释路径。

---

① 有些学者把"困难案例"称为"最不可能发生的案例"（least – likely cases），参见 Alexander L. George, & Andrew Bennett, *Case Studies and Theory Development in the Social Sciences*, Cambridge：MIT Press, 2005, pp. 120 – 123。

② 在冷战期间，以色列在美国政府的持续反对下，依然实现了发展核武器的目标。参见 Avner Cohen, *Israel and the Bomb*, New York：Columbia University Press, 1998。此外，以色列分别在1981年和2007年采取单边的"预防性打击"，摧毁了伊拉克和叙利亚的核设施。

③ John J. Mearsheimer, and Stephen M. Walt, *The Israel Lobby and U. S. Foreign Policy*, New York：Farrar, Straus, and Giroux, 2007。这本书的出版在美国国内引起的广泛争议也在某种程度上说明了亲以势力的影响力。

二 美国约束以色列

自从 2002 年伊朗的地下核项目曝光之后，以色列就一直在表达高度担忧，因为一个拥有核武器的伊朗对于以色列的安全和生存都是极大的威胁。[①] 以色列政府的"战争二人组"——总理本雅明·内塔尼亚胡（Benjamin Netanyahu）和国防部长埃胡德·巴拉克（Ehud Barak）自 2011 年年底开始利用各种场合明示或暗示以色列有可能会对伊朗使用武力，使得战争的风险急剧增高。以色列对伊朗核设施的"预防性打击"似乎箭在弦上。巴拉克宣称，伊朗的核设施很快就会进入"免打击区"（zone of immunity），也就是说，由于伊朗核设施的增加、隐蔽以及加固，对其进行有效的军事打击将会越来越困难。其言下之意是，如果不尽早打击伊朗核设施，以色列或将永远失去这个机会。[②] 与此同时，内塔尼亚胡也在数个场合不无夸张地把拥有核武器的伊朗与纳粹德国相提并论，并且宣称，为了避免针对犹太人的第二次"种族灭绝"，以色列也许只能尽早诉诸武力。[③] 基于以色列领导人的密集言战，时任美国国防部长的莱昂·帕内塔（Leon Panetta）也认为，以色列或许会在 2012 年的 4 月、5 月或 6 月对伊朗实施军事打击。[④]

以色列对伊朗核项目的担忧自然不是空穴来风。事实上，以色列领导人在 2011 年年底突然升高战争调门的导火索是国际原子能机构的一份重要报告。在这份发布于 2011 年 11 月 8 日的报告中，国际原

---

① Jeffrey Goldberg, "The Point of No Return," *The Atlantic*, September 2010, http://www.theatlantic.com/magazine/archive/2010/09/the-point-of-no-return/308186/.

② Ehud Barak, Transcript of remarks on CNN's *Fareed Zakaria's GPS*, November 20, 2011, http://archives.cnn.com/TRANSCRIPTS/1111/20/fzgps.01.html.

③ Jonathan Lis, "Netanyahu: World Must Stop Iran from Conducting Second Holocaust," *Haaretz*, January 25, 2012; Joel Greenberg, "After Years of Sounding the Alarm, Israel's Netanyahu Focuses World Attention on Iran," *Washington Post*, February 29, 2012; Jonathan Lis, "Netanyahu: Strike on Iran's Nuclear Facilities Possible Within Months," *Haaretz*, March 9, 2012; Ari Rabinovitch, & Mark Heinrich, "Netanyahu Defends Comparison of Iran, Nazi Holocaust," *Reuters*, April 18, 2012.

④ David Ignatious, "Is Israel Preparing to Attack Iran?" *Washington Post*, February 2, 2012.

子能机构不仅表达了对伊朗核项目可能的军事用途的"严重担忧"，还认为伊朗可能在制造一个"核爆装置"。该报告还首次增设了一个附录，详细描述了伊朗核项目中可能被用作军事用途的部分。① 其中最为引人注目的是之前不为人知的福尔多（Fordow）铀浓缩工厂，该工厂隐蔽在大山深处、防卫极端严密并且即将投入运行。②

奥巴马政府同样对伊朗核项目忧心忡忡并且一直强调不排除以军事手段阻止伊朗发展核武器。但是，与以色列政府显著不同的是，奥巴马政府认为军事手段只能是最后选择，并且时机尚未成熟。美以之间的分歧源于双方对军事打击的门槛、有效性、风险以及非军事手段的可行性等方面的不同认知。对于美国来说，伊朗的所有作为只是在累积制造核武器的材料和技术，而唯有当伊朗真正做出了发展核武器的关键决定时，才是认真考虑军事打击的时候；而对以色列来说，仅仅是拥有制造核武器的能力的伊朗，已然是一个无法容忍的威胁。③换句话说，美国无法接受伊朗成为一个"有核"国家，而以色列无法接受伊朗成为一个"核门槛"国家。一个拥有核武库的伊朗，固然有损于美国在中东的重大战略利益，但是对以色列来说则是一个所谓"生存性威胁"（existential threat），亦即危及以色列作为一个国家的生死存亡。④ 因此，尽管奥巴马政府一再重申要"阻止"伊朗发展核武器，以色列领导人还是担心，一旦阻止失败，美国则会转向"遏

① IAEA Report by the Director General, "Implementation of the NPT Safeguards Agreement and Relevant Provisions of Security Council Resolutions in the Islamic Republic of Iran," November 8, 2011.

② Fredrik Dahl, "Iran Ready to Start Nuclear Work in Bunker: Sources," *Reuters*, December 14, 2011.

③ Mark Landler, "U. S. Backers of Israel Pressure Obama over Policy on Iran," *New York Times*, March 3, 2012; Mark Landler, "Obama Presses Netanyahu to Resist Strikes on Iran," *New York Times*, March 5, 2012.

④ Jim Zanotti, Kenneth Katzman, Jeremiah Gertler and Steven A. Hildreth, "Israel: Possible Military Strike Against Iran's Nuclear Facilities," Report for Congress, Congressional Research Service, September 28, 2012, pp. 17-19。拥有核武器的伊朗构成对以色列的"生存性威胁"有以下两个可能的原因：一是伊朗用核武器攻击以色列；二是大量犹太人出于对伊朗核武器的恐惧而选择离开以色列，从而葬送犹太复国的梦想，参见 Leslie Susser, "Spy vs. Spy," *Jerusalem Post*, March 7, 2012; Leonard Weiss, "Israel's Future and Iran's Nuclear Program," *Middle East Policy*, Vol. 16, No. 3, 2009, pp. 79-88。

制"政策——也就是说，接受伊朗成为有核国家的事实，政策目标随之调整为"遏制"其消极影响。[1]

与上述分歧相关，以色列也对非军事手段的有效性表达了强烈的质疑。以色列认为，美国的所谓外交谈判和经济制裁的"双轨"政策取得的效果非常有限：外交谈判时聚时散，反而成了伊朗缓解国际压力的一种途径，而经济制裁虽然伤害了伊朗经济，但是却无法阻止伊朗在发展核武器的道路上越走越远。以色列领导人承认军事打击风险巨大并且伊朗笃定会实施报复，但是坚持认为，其代价还是小于无所作为。[2] 美以在伊朗核问题上的争执，加上双方之前在阿以和谈中的龃龉以及奥巴马和内塔尼亚胡并不热络的个人关系，使得这一时期的双边关系相当紧张。[3]

总之，奥巴马政府在 2012 年年初面临一个巨大挑战：如何成功

① 尽管奥巴马政府的官方政策是"阻止"伊朗发展核武器，但是在非官方的政策讨论中，关于"遏制"一个有核伊朗的可行性和可取性的争论一度相当激烈，参见 James M. Lindsay and Ray Takeyh, "After Iran Gets the Bomb," *Foreign Affairs*, Vol. 89, No. 2, 2010, pp. 33 – 49; Barry R. Posen, Barry Rubin, James M. Lindsay and Ray Takeyh, "The Containment Conundrum," *Foreign Affairs*, Vol. 89, No. 4, 2010, pp. 160 – 168; Eric S. Edelman, Andrew F. Krepinevich and Evan Braden Montgomery, "The Dangers of a Nuclear Iran: The Limits of Containment," *Foreign Affairs*, Vol. 90, No. 1, 2011, pp. 66 – 81; Dima Adamsky, Karim Sadjadpour, Diane de Gramont, Shahram Chubin and Eric S. Edelman, "The War Over Containing Iran: Can a Nuclear Iran Be Stopped?" *Foreign Affairs*, Vol. 90, No. 2, 2011, pp. 155 – 168; Colin H. Kahl, Raj Pattani and Jacob Stokes, "If All Else Fails: The Challenge of Containing a Nuclear – Armed Iran," Center for New American Security, May 2013, http://www.cnas.org/files/documents/publications/CNAS_ IfAllElseFails. pdf, 登录时间：2016 年 3 月 2 日。关于"遏制"政策的争论双方虽然各执一词，但是都认为一个有核伊朗不利于地区稳定以及美国的战略利益。少数人如肯尼斯·沃尔兹则持相反意见，参见 Kenneth N. Waltz, "Why Iran Should Get the Bomb," *Foreign Affairs*, Vol. 91, No. 4, 2012, pp. 2 – 5。
② Benjamin Netanyahu, Speech at the AIPAC (American Israel Public Affairs Committee) 2012 Policy Conference, March 5, 2012, AIPAC 即 "美国以色列公共事务委员会"，是美国国内最大的亲以色列游说集团。
③ 关于伊朗核项目、阿以和谈以及奥巴马的中东政策之间的关系，参见 Dana H. Allin and Steven Simon, *The Sixth Crisis: Iran, Israel, America and the Rumors of War*, New York: Oxford University Press, 2010; Dov Waxman, "The Real Problem in U. S. – Israeli Relations," *The Washington Quarterly*, Vol. 35, No. 2, 2012, pp. 71 – 87。关于奥巴马和内塔尼亚胡的个人关系，参见 Geoff Dyer, Tobias Buck and Hugh Carnegy, "Sarkozy Calls Netanyahu 'Liar' in Remarks to Obama," *Financial Times*, November 8, 2011; Aaron David Miller, "Bibi and Barack: The Israeli Prime Minister and the U. S. President Neither Like or Trust Each Other," *Los Angeles Times*, January 2, 2012。

约束盟国以色列，使之放弃发动对伊朗核设施的"预防性打击"。鉴于以色列并未对伊朗实施军事打击，美国的努力可以说获得了成功。2012 年 9 月，内塔尼亚胡在联合国大会发言时声称伊朗会在 2013 年上半年获得制造核武器的能力。这个时间表比以色列领导人之前所言推迟了不少，这也就意味着，以色列基本排除了在 2012 年采取军事行动的可能性。[①] 2013 年 1 月以色列举行了议会选举，内塔尼亚胡遭到小幅挫败，其新的"安全内阁"在打击伊朗核设施问题上显得更为谨慎。[②] 在随后的数月里，以色列领导人依然不时渲染伊朗的核威胁并且强调其自卫的权利，但是关于军事打击的言论显著减少，转而更多地强调与美国的政策协调。[③] 随着以色列立场的调整，伴随着 2012 年大部分时间的战争风险也逐渐消散。[④]

[①] Dan Williams, "Israelis See No Iran War This Year after Netanyahu's Speech," *Reuters*, September 28, 2012.

[②] 以色列的"安全内阁"由总理召集部分阁员组成，是在国家安全议题上的决策机构，参见 Dan Williams, "Netanyahu's New Security Cabinet May Hesitate on Any Iran War," *Reuters*, March 19, 2013。

[③] Isabel Kershner, "Officials in Israel Stress Readiness for a Lone Strike on Iran," *New York Times*, April 18, 2013; Moshe Yaalon, "Israel's Security Policy in a Changing Middle East," The Washington Institute for Near East Policy, June 14, 2013, http://www.washingtoninstitute.org/uploads/Documents/other/20130614YaalonTranscriptv2.pdf.

[④] 有一种可能性，即是内塔尼亚胡和巴拉克从一开始就没有真正打算对伊朗核设施进行军事打击，而仅仅是利用武力威胁迫使美国和国际社会对伊朗采取更加严格的措施。如果是这样的话，那么讨论美国约束以色列就意义不大了，因为以色列并没有使用武力的意图。这个问题在讨论威慑理论的时候也常常遇到，因为很难确切地证明威慑的成功到底是因为"成功"还是因为对手本来就缺乏挑战现状的意图，参见 Christopher H. Achen and Duncan Snidal, "Rational Deterrence Theory and Comparative Case Studies," *World Politics*, Vol. 41, No. 2, 1989, pp. 143–169。尽管我们可能永远无法百分之百地确定以色列领导人当时的"真正"想法，但是有足够多的证据证明在 2012 年的大部分时间，以色列军事打击伊朗的可能性是真实存在的。首先，据以色列媒体在 2012 年 3 月报道，以色列"安全内阁"支持军事打击的成员占据微弱多数。参见 Jim Zanotti, Kenneth Katzman, Jeremiah Gertler, and Steven A. Hildreth, "Israel: Possible Military Strike against Iran's Nuclear Facilities," Report for Congress, Congressional Research Service, September 28, 2012, pp. 26–27。其次，以色列一位著名记者在访谈了许多以色列政府和军方领导人之后，认为"以色列的确会在 2012 年对伊朗实施军事打击"，参见 Ronen Bergman, "Will Israel Attack Iran?" *New York Times Magazine*, January 25, 2012。再次，美国 52 位受访的国际安全专家中的三分之二认为以色列会打击伊朗，尽管他们在具体的时间点上意见不一，参见 Sara Sorcher, "Insider: Israeli Will Attack Iran," *National Journal*, October 9, 2012。退一步讲，即使内塔尼亚胡和巴拉克最初并没有军事打击伊朗的意图，如果美国对他们的战争言论坐视不理，他们还是有可能被自己的言论逼到墙角而不得不诉诸武力。

如前所述，奥巴马政府之所以能够成功约束以色列的单边军事行动，得益于其策略施压和战略安抚。一方面，奥巴马总统及其国安团队持续、清晰、反复地向以色列领导人表明美国反对当下对伊朗使用武力并且暗示如果以色列一意孤行，可能会严重冲击美以关系。另一方面，奥巴马政府也一再强调，美国阻止伊朗发展核武器的立场和决心十分坚定并且加强了在外交、经济和军事上针对伊朗的压力。

奥巴马政府不断重申，针对伊朗核问题的外交谈判和经济制裁仍有"时间和空间"，而贸然采取军事行动很有可能适得其反。在2012年3月的一次访谈中，奥巴马总统指出，"永久性"解决伊朗核问题的方法是让对方相信发展核武器并不符合其自身利益，而军事打击无法做到这一点。① 不仅如此，奥巴马总统还利用其参加"美国以色列公共事务委员会"和联合国大会、访问以色列以及媒体访谈等场合和机会重申美国立场。奥巴马政府国家安全团队的其他成员也不失时机地一再表明美国的立场，在公开场合亦不讳言与以色列之间的分歧。②

美国明确反对贸然打击伊朗的立场对以色列产生了多重影响。首先，如果没有美国的参与，以色列的单边军事行动将面临巨大的困难。为了打击伊朗，以色列空军必须"动用至少一百架飞机，飞越一千多英里的他国领空，在中途进行空中加油，挫败伊朗的防空力量，同时打击多个地下目标"③。即使是对于能力出众、善于突袭的以色

---

① Jeffrey Goldberg, "Obama to Iran and Israel: 'As President of the United States, I Don't Bluff'," *The Atlantic*, March 2, 2012, http://www.theatlantic.com/international/archive/2012/03/obama-to-iran-and-israel-as-president-of-the-united-states-i-dont-bluff/253875/。关于"预防性打击"能否有效地防止核扩散，参见 Malfrid Braut-Hegghammer, "Revisiting Osirak: Preventive Attacks and Nuclear Proliferation Risks," *International Security*, Vol. 36, No. 1, 2011, pp. 101-132; Dan Reiter, "Preventive Attacks against Nuclear Program and the 'Success' at Osirak," *Nonproliferation Review*, Vol. 12, No. 2, 2005, pp. 355-371。

② Joel Greenberg, "Israel, U. S. at Odds Over 'Red Line' for Iran," *Washington Post*, September 10, 2012.

③ Elisabeth Bumiller, "Iran Raid Seen as a Huge Task for Israeli Jets," *New York Times*, February 19, 2012. 从理论上来说，以色列也还有空袭之外的其他选项。首先，使用小当量的战术核武器打击地下目标，但是由于以色列并不想公开其有核国的身份以及二战后对使用核武器的禁忌，这种情况基本不太可能，参见 Anthony H. Cordesman, and Abdullah Toukan, "Analyzing the Impact of Preventive Strikes Against Iran's Nuclear Facilities," Center for Strategic and International Studies, September 10, 2012. 其次，以色列也可以依靠其特种部队对伊朗核设施进行突袭，但这同样风险巨大，参见 Mark Perry, "The Entebbe Options," *Foreign Policy*, September 27, 2012, http://foreignpolicy.com/2012/09/28/the-entebbe-option/。

列军队来说，这样的任务也挑战重重、风险巨大。相比之下，以色列在 1981 年和 2007 年对伊拉克和叙利亚核设施的成功摧毁仅仅是针对单个的地上目标并且距离较近，亦无须经过他国领空。尽管以色列领导人因为军事行动的敏感性而很少公开讨论其中的细节，但是大部分以色列和美国的军事专家都认为，即使只是把伊朗的核项目推迟一两年，以色列的单边军事打击可能都很难做到。[①] 如果要彻底摧毁伊朗的核项目，则很可能需要不止一次的军事打击，这些都使得美国的军事合作和外交支持显得尤为重要。

其次，美国的强烈反对表明，如果以色列一意孤行，将会对美以关系产生严重的冲击。自以色列诞生之日起，美国就一直是其最重要的盟友，也是其在中东地区安全和生存的重要保障。[②] 对美国来说，以色列如果对伊朗实施军事打击，必然招致伊朗对以色列和美国的报复，极大地削弱美国试图解决伊朗核问题的外交努力，并且可能会引发中东地区大范围的冲突和动荡。对于罔顾美国关切的后果，以色列学者也承认，如果以色列置美国的利益和关切于不顾，后果将会"极为负面"。[③]

再次，美国的反对也在很大程度上影响了以色列国内针对伊朗核问题的争论。尽管内塔尼亚胡和巴拉克主导了国内在伊朗核问题上的话语权，以色列内部并不乏对两人强硬路线的激烈批评者。在两人不断发出战争讯号之后，数位以色列前任和现任军方和情报部门的领导

---

① Elisabeth Bumiller, "Iran Raid Seen as a Huge Task for Israeli Jets," *New York Times*, February 19, 2012; Karl Vick, "Can Israel Stop Iran's Nuke Effort?" *Time International* (South Pacific Edition), Vol. 179, No. 5, 2012, pp. 18 - 20; Anthony H. Cordesman and Abdullah Toukan, "Analyzing the Impact of Preventive Strikes Against Iran's Nuclear Facilities," Center for Strategic and International Studies, September 10, 2012。另一方面，也有学者对以色列军事打击伊朗核设施的能力较为乐观，参见 Whitney Raas and Austin Long, "Osirak Redux? Assessing Israeli Capabilities to Destroy Iranian Nuclear Facilities," *International Security*, Vol. 31, No. 4, 2007, pp. 7 - 33。

② 参见 Jeremy M. Sharp, "U. S. Foreign Aid to Israel," Report for Congress, Congressional Research Service, April 11, 2013。

③ Shai Feldman, Shlomo Brom and Shimon Stein, "What to Do About Nuclearizing Iran? The Israeli Debate," *Middle East Brief*, No. 59, Crown Center for Middle East Studies, Brandeis University, 2012, p. 6.

人挺身而出，公开表示反对贸然打击伊朗。① 在批评者所列举的反对原因中，美以关系都是其中重要一环。即使是作为虚位元首的以色列总统西蒙·佩雷斯（Shimon Peres）也在 2012 年 8 月表示，如果没有美国的理解和支持，单边打击伊朗绝非明智。②

纵使奥巴马政府反对贸然军事打击的立场清晰而又一贯，但是如果没有相应的战略安抚，以色列为了自身的生存和安全依然有可能选择铤而走险，导致美国约束盟国的努力归于失败。奥巴马政府的成功之处在于很好地结合了策略施压和战略安抚。其战略安抚体现在很多方面，既包括政策宣示，也包括外交、经济和军事上的具体措施。首先，奥巴马政府不断强调美以两国针对伊朗核项目的战略目标的一致性，亦即美国的政策是"阻止"其发展核武器，而不是接受并"遏制"一个有核伊朗。奥巴马总统指出，伊朗核问题并不单单是以色列的事情，也是美国和国际社会的共同问题，因为"阻止"伊朗发展核武器符合美国和国际社会的共同利益。③ 换句话说，既然美国并不只是对以色列施以援手，也是在竭力维护自身利益，那么其可信度自然无可置疑。一位美国著名国际关系学者认为，奥巴马政府"阻止"伊朗发展核武器的承诺如同"铭于石上"。④

最后，在这段时期，奥巴马政府外交谈判加经济制裁的双轨政策也渐显成效。2012 年 4 月，伊核谈判在中断 15 个月之后在伊斯坦布尔重新启动，并在 5 月和 6 月分别在巴格达和莫斯科进行了两轮谈

① Shai Feldman, Shlomo Brom, and Shimon Stein, "What to Do About Nuclearizing Iran? The Israeli Debate," pp. 1 - 7; Charles D. Freilich, "Striking Iran: The Debate in Israel," *Survival*, Vol. 54, No. 6, 2013, pp. 93 - 106; David Remnick, "The Vegetarian," *New Yorker*, September 3, 2012.

② Shai Feldman, "The Israeli Debate on Attacking Iran Is Over," *Foreign Policy*, August 20, 2012, http://foreignpolicy.com/2012/08/20/the - israeli - debate - on - attacking - iran - is - over/.

③ Jeffrey Goldberg, "Obama to Iran and Israel: 'As President of the United States, I Don't Bluff'," *The Atlantic*, March 2, 2012, http://www.theatlantic.com/international/archive/2012/03/obama - to - iran - and - israel - as - president - of - the - united - states - i - dont - bluff/253875/.

④ Richard K. Betts, "The Lost Logic of Deterrence: What the Strategy That Won the Cold War Can - and - Can't - Do Now," *Foreign Affairs*, Vol. 91, No. 2, 2013, p. 93.

判。2013 年年初，哈萨克斯坦又主办了新的一轮谈判。尽管以色列
对伊核问题的外交谈判常常嗤之以鼻，认为伊朗仅仅是利用谈判机会
实施拖延战术，为自己发展核武器争取更多时间，但是多边谈判展示
了国际社会对伊朗核问题的态度和立场，对伊朗来说也是愈来愈强的
外交压力。① 另一方面，针对伊朗的单边和多边经济制裁更加全面，
也愈发严苛。制裁使得伊朗的能源和金融产业受到巨大打击，其货币
开始大幅贬值，通货膨胀也更加严峻。② 即使是以色列领导人，也承
认经济制裁对伊朗经济有明显的负面影响。③

在军事上，奥巴马政府在海湾地区不动声色地进行了军事集结，
其规模为 2003 年伊拉克战争之后所未见。④ 2012 年 9 月，美国更是
与 30 个国家在海湾地区进行了一场大规模军事演习，意在同时提醒
以色列和伊朗，使用武力依然是美国的选项之一。2013 年年初，美
国决定出售一批先进武器给以色列、沙特阿拉伯和阿联酋。其中出售
给以色列的反辐射导弹、空中加油机以及雷达设备等正是打击伊朗核
设施之所需。⑤ 除了军事上的准备之外，事实上美以两国还早已针对
伊朗开展了一场"影子战争"，亦即一系列的包括破坏、暗杀和网络
攻击在内的秘密行动。虽然这些行动很难从根本上消除伊朗的核威

———————

① 关于伊核问题谈判的争论，参见 James K. Sebenius, and Michael K. Singh, "Is a Nuclear Deal with Iran Possible? An Analytical Framework for the Iran Nuclear Negotiations," *International Security*, Vol. 37, No. 3, 2012, pp. 52 – 91; Paul R. Pillar, Robert Reardon, James K. Sebenius, and Michael K. Singh, "Correspondence: Nuclear Negotiations with Iran," *International Security*, Vol. 38, No. 1, 2013, pp. 174 –192。

② Kenneth Katzman, "Iran Sanctions," Report for Congress, Congressional Research Service, July 26, 2013。关于美国增强对伊朗制裁的外交努力，参见 Hillary R. Clinton, *Hard Choices*, New York: Simon & Schuster, 2014, Chapter 18。

③ Tobias Buck, "Israeli Debate on Iran Strike Gains Currency," *Financial Times*, February 3, 2012.

④ Massimo Calabresi, "The Path to War," *Time*, March 11, 2013; Dan Williams, "Israel Sees New U. S. Poise, Including Military, to Curb Iran," *Reuters*, December 18, 2012; David E. Sanger, and Eric Schmitt, "To Calm Israel, U. S. Offers Ways to Restrain Iran," *New York Times*, September 2, 2012; Thom Shanker, Eric Schmitt, and David E. Sanger, "U. S. Adds Force in Persian Gulf, a Signal to Iran," *New York Times*, July 3, 2012.

⑤ Thom Shanker, "U. S. Arms Deal With Israel and 2 Arab Nations Is Near," *New York Times*, April 18, 2013.

胁，但是它们使得伊朗核项目的发展遭遇不少挫折，同时也展现了美国反对伊朗发展核武器的决心。[①] 奥巴马政府的战略安抚和策略施压最终使得以色列在军事打击问题上选择了克制。

三　美国约束格鲁吉亚

2008 年 8 月 7 日，就在全世界的目光聚焦于即将开幕的北京奥运会时，格鲁吉亚和俄罗斯之间爆发了一场短暂的战争。格鲁吉亚对其境内追求独立的南奥塞梯实施了军事打击，俄罗斯军队迅速做出反应，不仅将格军逐出了南奥塞梯，并且将战火烧到了格鲁吉亚西部另一个追求独立的地区——阿布哈兹。在法国总统尼古拉·萨科齐（Nicolas Sarkozy）的斡旋下，俄格双方在 8 月 12 日达成了停火协议，结束了这场五日战争。俄罗斯政府则在 8 月 26 日正式承认了南奥塞梯和阿布哈兹的独立。俄格战争震惊了以美国为首的西方社会，不少人认为俄罗斯的帝国主义习性未改，不仅不愿放弃传统的势力范围，并且不惜为此悍然动用武力。[②]

在战争中以及停火后，俄罗斯和格鲁吉亚双方针对是谁挑起了这场战争进行了激烈的争辩。一方面，时任俄罗斯总统德米特里·梅德韦杰夫（Dmitry Medvedev）认为，格鲁吉亚军队率先攻击了南奥塞梯境内的俄罗斯公民和维和人员，因此俄罗斯不得不进行干预。另一方面，格鲁吉亚总统米哈伊尔·萨卡什维利（Mikhail Saakashvili）则指责南奥塞梯的分裂主义分子挑起了冲突，而俄罗斯军队也早在格鲁吉亚采取军事行动之前就已经越过了俄格边界。最初格鲁吉亚的说辞似乎更为国际社会所接受，但是随着时间的推移，越来越多的证据表

---

① Yossi Melman, "The War Against Iran's Nuclear Program Has Already Begun," *Haaretz*, December 2, 2011; Daniel Klaidman, Eli Lake, and Dan Ephron, "Obama's Dangerous Game with Iran," *Newsweek*, February 13, 2012; David E. Sanger, *Confront and Conceal: Obama's Secrete Wars and Surprising Use of American Power*, New York: Crown Publishers, 2012.

② John McCain, "We Are All Georgians," *Wall Street Journal*, August 14, 2008; Richard Holbrooke, "What the West Can Do," *Washington Post*, August 22, 2008; Ronald D. Asmus, *A Little War that Shook the World: Georgia, Russia and the Future of the West*, New York: Palgrave Macmillan, 2010.

明：事实上格鲁吉亚方面对于战争的爆发负有极大的责任。[①] 在战争爆发之前，俄格双方固然互有挑衅，而在战争爆发后，俄罗斯将战争扩大化以及单方面承认南奥塞梯和阿布哈兹的独立也有可指摘之处，但是格鲁吉亚在 8 月 7 日傍晚对南奥塞梯的首府茨欣瓦利的密集攻击似乎是导致战争全面爆发的最直接原因。

格鲁吉亚的军事行动及其领导人的轻率鲁莽出乎乔治·沃克·布什（George Walker Bush）政府的意料。作为格鲁吉亚关系紧密的政治和安全伙伴，美国政府不止一次地警告萨卡什维利不要对南奥塞梯轻言武力。[②] 正如当时负责欧洲和欧亚事务的助理国务卿丹尼尔·弗里德（Daniel Fried）在国会做证时所言："我们在之前的数星期和数日多次警告格鲁吉亚不要使用武力，并且在 8 月 7 日当天也是如此。我们指出，即便面临挑衅，诉诸武力也会导致灾难性的后果。我们在传达这些意见的时候并没有含糊其辞，而是直言不讳。我们的立场清

---

① Ian Traynor, "Plucky Little Georgia: Saakashvili's PR Agency Wins on Second Front," *The Guardian*, August 15, 2008; Gordon Hahn, "Georgia's Propaganda War," September 5, 2008, http://www.russiaotherpointsofview.com/2008/09/georgias - misinf.html; C. J. Chivers and Ellen Barry, "Georgia Claims on Russia War Called Into Question," *New York Times*, November 7, 2008; Brian Rohan, "Saakashvili 'Planned S. Ossetia Invasion': Ex - Minister," *Reuters*, September 14, 2008; Olesya Vartanyan and Ellen Barry, "Ex - Diplomat Says Georgia Started War With Russia," *New York Times*, November 25, 2008; Spiegel Online International, "Did Saakashvili Lie? The West Begins to Doubt Georgian Leaders," September 15, 2008, http://www.spiegel.de/international/world/did - saakashvili - lie - the - west - begins - to - doubt - georgian - leader - a - 578273.html。战争结束一年之后，欧盟发布了一个关于俄格战争的独立调查报告，其结论对于格鲁吉亚的说辞也十分不利。参见 http://news.bbc.co.uk/2/shared/bsp/hi/pdfs/30_09_09_iiffmgc_report.pdf。

② Uwe Klussmann, "'Terrible Losses Overnight': Cable Track U. S. Diplomatic Efforts to Avert Russian - Georgian Conflict," *Spiegel Online International*, December 1, 2010, http://www.spiegel.de/international/world/terrible - losses - overnight - cables - track - us - diplomatic - efforts - to - avert - russian - georgian - conflict - a - 732294.html Helene Cooper and Thom Shanker, "After Mixed U. S. Messages, a War Erupted in Georgia," *New York Times*, August 12, 2008; Daniel Fried, Assistant Secretary of State for European and Eurasian Affairs, "The Current Situation in Georgia and Implications for U. S. Policy," Testimony before the Senate Committee on Armed Services, Washington, DC, September 9, 2008.

晰了然。"① 那么问题就在于，格鲁吉亚的领导人为何完全不听从美国的善意警告呢？或者换句话说，美国约束其弱小盟国的努力为何归于失败？事实上，冰冻三尺非一日之寒，美国和格鲁吉亚在此前数年的互动已经让格鲁吉亚的领导人坚信，一旦有战事发生，美国应该不会对其坐视不管。简言之，美国政府长期的安抚和支持使其最后的约束显得苍白无力，而格鲁吉亚领导人无视警告、执意一战也就不难理解了。

格鲁吉亚与其境内的南奥塞梯和阿布哈兹之间的冲突由来已久。20世纪80年代末，苏联日渐式微，格鲁吉亚走上独立之路。但是格鲁吉亚领导人所宣扬的狭隘的格鲁吉亚民族主义使得南奥塞梯和阿布哈兹感到不安，因此这两个地区都希望留在苏联。在苏联解体之后，南奥塞梯和阿布哈兹则与俄罗斯建立了紧密的关系。90年代初期，格鲁吉亚与这两个地区的武装冲突爆发，随后在国际斡旋下签订了停火协议，并且部署了由俄罗斯主导的国际维和部队，冲突暂时被"冻结"，实现了一种脆弱的稳定。

2003年格鲁吉亚爆发了所谓的"玫瑰革命"，曾在美国接受教育的律师萨卡什维利成功当选总统。② 萨氏有着强烈的雄心，他力图实现格鲁吉亚的现代化，彻底融入西方阵营，并且解决南奥塞梯和阿布哈兹问题。对于萨卡什维利来说，这些目标之间是有内在联系的：现代化和解决领土问题是加入北约的前提，而与北约和西方的紧密关系又有助于格鲁吉亚的现代化和领土问题的解决。事实上，在俄格战争爆发前的数年间，萨卡什维利已然动作不断：2004年5月，格鲁吉亚成功收复了另一个对抗中央政府的自治地区阿卡拉；2004年夏天，格鲁吉亚在南奥塞梯境内的以反走私为名的行动引发了20世纪90年

① Daniel Fried, Assistant Secretary of State for European and Eurasian Affairs, "The Current Situation in Georgia and Implications for U. S. Policy," Testimony before the Senate Committee on Armed Services, Washington, DC, September 9, 2008.

② 有关"玫瑰革命"的讨论，参见 Cory Welt, "Georgia's Rose Revolution: From Regime Weakness to Regime Collapse," in Valerie Bunce, Michael A. McFaul and Kathryn Stoner - Weiss, eds., *Democracy and Authoritarianism in the Post - Communist World*, Cambridge: Cambridge University Press, 2010, pp. 155 – 188; Lincoln Mitchell, "Georgia's Rose Revolution," *Current History*, Vol. 103, No. 675, 2004, pp. 342 – 348。

代停火以来最严重的冲突；2006 年，格鲁吉亚又占领了阿布哈兹地区荒无人烟的科多里峡谷。与此同时，从 2003 年的"玫瑰革命"以来，格鲁吉亚的军事开支增长了 40 倍，并且在接近南奥塞梯和阿布哈兹的地方建立了两个军事基地。①

　　格鲁吉亚在 2001 年"9·11"恐怖袭击后积极参与美国领导的反恐战争，美格关系得到一定程度的提升，但是 2003 年的"玫瑰革命"则使得双边关系有了全方位的飞跃。格鲁吉亚迎来了大量的美国经援以及政治、经济和军事等方面的顾问。2005 年 9 月，格鲁吉亚获得了美国政府将近 4 亿美元的援助用于基础设施建设和推动经济发展。②从 2002 年到 2007 年，美国还帮助格鲁吉亚训练装备了三个旅的部队，以加强其反恐能力和用于在伊拉克的部署。③在很大程度上，美国对于"玫瑰革命"后的格鲁吉亚政府的热情支持源自于布什政府推广民主的全球战略。除了波罗的海三国以外，格鲁吉亚是苏联加盟共和国里面第一个在民主化上取得突破的国家，因此在布什政府眼中获得了远远高于其实际战略价值的重要性。④

　　布什总统于 2005 年 5 月对格鲁吉亚的高调访问可以说将双边关系推至一个新的高峰。布什对民主化仅仅 18 个月的格鲁吉亚不吝溢美之词，称其为"这个地区乃至世界的自由灯塔"，并且宣称"美国人民将和你们站在一起"。⑤另一方面，萨卡什维利从 2004—2008 年六次访问美国，并与布什政府的若干政府官员建立了密切的个人关系。正如一些美国学者所言，美格之间的关系逐渐有了一种个人化的色彩，萨卡什维利政府的利益也在不经意间披上了美国国家利益的外

---

　　①　Vicken Cheterian, "Georgia's Arms Race," July 4, 2007, https: //www. opendemocracy. net/georgia_ s_ arms_ race.

　　②　Ministry of Foreign Affairs of Georgia, "Relations Between Georgia and the United States of America," http: //usa. mfa. gov. ge/index. php? lang_ id = ENG&sec_ id = 130.

　　③　Eric S. Edelman, Under Secretary of Defense for Policy, "Georgia – Russia Crisis, Implications and U. S. Response," Testimony before the Senate Committee on Armed Services, Washington, DC, September 9, 2008.

　　④　Alexander Cooley and Daniel Nexon, "'We Are All Georgians Now': Symbolic Capital, Trust and Authority Under Hierarchy," 2012, 未出版文稿, 作者赐稿。

　　⑤　BBC News, "Text: Bush's Speech in Georgia," May 10, 2005, http: //news. bbc. co. uk/2/hi/europe/4534267. stm.

衣，这无论对于美国利益还是双边关系来说都是极为不健康的。在南奥塞梯和阿布哈兹问题上，布什政府一再重申要尊重格鲁吉亚的领土完整，但是对于南奥塞梯、阿布哈兹和俄罗斯的利益和关切却漠然视之。①

另一方面，美国还是格鲁吉亚加入北约的最坚定支持者。格鲁吉亚于 1994 年加入了北约的"和平伙伴关系计划"，并于 2002 年 11 月的北约布拉格峰会上表达了最终加入北约的愿望。萨卡什维利上台之后，格鲁吉亚大大加快了加入北约的步伐：2004 年 10 月，格鲁吉亚成为第一个加入北约"单独伙伴行动计划"的国家；2006 年 9 月，格鲁吉亚又开始了和北约的所谓"成员资格问题的加强对话"，从与北约的伙伴关系向成员国身份转变迈出了重要一步。② 与此同时，萨卡什维利政府也不遗余力地改革政治体制、建立市场经济、进行军事现代化，以满足加入北约的前提条件。作为一个尚未正式加入北约的小国，格鲁吉亚却是向阿富汗和伊拉克派遣军队最多的国家之一。2007 年 9 月，格鲁吉亚将其在伊拉克的军事人员增加到 2000 人，仅次于美英，也由此成了美国反恐战争最忠实的支持者和追随者之一。③

格鲁吉亚与美国以及北约的紧密关系似乎让其领导人感觉到他们已然是西方阵营的一员。2006 年 3 月，格鲁吉亚国防部第一副部长马穆卡·库达瓦（Mamuka Kudava）在访问华盛顿的时候宣称，鉴于格鲁吉亚在国防改革方面的进步以及对国际安全的贡献，它已经是"北约事实上的盟国"。④ 在 2008 年 4 月北约的布加勒斯特峰会上，布什总统极力推动格鲁吉亚和乌克兰加入北约"成员国行动计划"，

---

① Alexander Cooley, and Lincoln A. Mitchell, "No Way to Treat Our Friends: Recasting Recent U. S. – Georgian Relations," *The Washington Quarterly*, Vol. 32, No. 1, 2009, pp. 27 – 41; Alexander Cooley, and Daniel Nexon, " 'We Are All Georgians Now': Symbolic Capital, Trust and Authority Under Hierarchy," 2012.

② Office of the State Minister of Georgia on European and Euro – Atlantic Integration, "NATO – Georgia Relations," http: //www. eu – nato. gov. ge/en/nato/relations/summits.

③ Eric S. Edelman, Under Secretary of Defense for Policy, "Georgia – Russia Crisis, Implications and U. S. Response," Testimony before the Senate Committee on Armed Services, Washington, DC, September 9, 2008.

④ Mamuka Kudava, "Georgian – NATO Relations and Georgian Security," Center for Strategic and International Studies, Washington, DC, March 21, 2006.

以完成成为正式成员国前的最后一步。由于一些欧洲盟国的反对，最终格鲁吉亚和乌克兰未能获准加入"成员国行动计划"，但是峰会声明依然宣称两国"将会加入北约"。① 这也就意味着，格鲁吉亚加入北约的进程似乎不可逆转，只是时间问题而已。

总之，自从2003年"玫瑰革命"以来，美国对于格鲁吉亚几乎无条件和全方位地支持事实上已经使得美格关系蕴含着危机。换句话说，美国的对格政策在战略安抚和策略施压之间由于过于偏向前者而严重失衡，因此格鲁吉亚领导人有理由相信，无论是战略目标还是策略手段，美国都是坚定地在自己一边的。格鲁吉亚对于同盟关系的这种期待是在与美国数年的互动过程中逐渐形成的，因此布什政府官员在战争爆发前几个星期的所谓警告很难轻易地瓦解这种期待。事实上，在2008年春夏之际，当格鲁吉亚与南奥塞梯和阿布哈兹之间的脆弱关系再度紧张的时候，美国政府的言行再度加强了格鲁吉亚对于美格关系的信心。

首先，尽管布什政府对于推广民主念兹在兹，但是却对于萨卡什维利治下的民主倒退不置一词。比如，2007年11月格鲁吉亚爆发了针对政府的游行示威，萨卡什维利政府不仅强力镇压，而且宣布全国进入紧急状态；2008年1月和5月格鲁吉亚的总统和议会选举也被指出有舞弊嫌疑，然而习惯于对他国内政有所指摘的美国政府此时却毫无表示。2008年3月，格鲁吉亚反对派因为宪改争议进行了绝食抗议。与此形成鲜明对比的是，此时萨卡什维利正在华盛顿高调访问，美国官员依然对格鲁吉亚民主转型大加赞美，并且表达对于其成为北约成员国的坚定支持。②

其次，时任布什政府国务卿的康多莉扎·赖斯（Condoleezza

---

① NATO, "Bucharest Summit Declaration," April 3, 2008, http：//www. nato. int/cps/ en/natolive/official_ texts_ 8443. htm. 亦参见 Steven Erlanger, and Steven Lee Myers, "NATO Allies Oppose Bush On Georgia and Ukraine," *New York Times*, April 3, 2008。

② Miriam Lanskoy and Giorgi Areshidze, "Georgia's Year of Turmoil," *Journal of Democracy*, Vol. 19, No. 14, 2008, pp. 164 – 165；Embassy of Georgia to the United States of America, "The President of Georgia Mikheil Saakashvili Met His Counterpart President of the United States of America Georgia Bush," March 19, 2008, http：//usa. mfa. gov. ge/index. php? lang_ id = ENG&sec_ id = 595&info_ id = 64.

Rice）的访问以及美格的联合军事演习也给格鲁吉亚领导人发出了错误的信号。在南奥塞梯和阿布哈兹局势恶化的背景下，赖斯于 7 月 9 日抵达第比利斯访问。尽管美国官员表示赖斯在私下里曾告诉萨卡什维利要避免与俄罗斯的冲突，但是赖斯在公开场合再次强调要维护格鲁吉亚的领土完整，并且告诫俄罗斯"成为解决问题的一部分，而不是成为问题的一部分"。在谈到格鲁吉亚加入北约的问题时，赖斯说道，"我们一直为朋友而战"。[①] 在 7 月中下旬的时候，以美格两国为主的代号为"迅速反应 2008"的联合军事演习在格鲁吉亚的一个军事基地进行。与此同时，俄罗斯也在举行一场大规模的"高加索 2008"军事演习。尽管美格军事演习的初始目的是在伊拉克的反恐战争而并非直接针对俄罗斯，但是这场演习的微妙时机以及美格军事合作的升级不可避免地会升高格鲁吉亚对于美国安全承诺的期待。

事后萨卡什维利自然不会承认格鲁吉亚领导人是因为美国的支持而有恃无恐地挑起与南奥塞梯、阿布哈兹和俄罗斯的冲突，但是事实表明这恰恰是他们当时的心态。据当时的美国驻格鲁吉亚大使透露，格鲁吉亚军方对于美国等西方国家的反应大失所望，他们本认为如果"国际社会"及时干预，格军可以成功夺取并占领南奥塞梯首府茨欣瓦利。[②] 换句话说，萨卡什维利并不期待美国帮助其夺取南奥塞梯，因为这尚在格鲁吉亚的能力范围之内，但是一旦俄罗斯大规模干预，格鲁吉亚领导人很难相信美国会坐视不理。事实上，当时布什政府内部的确有官员建议针对俄罗斯的干预采取有限军事行动，只不过这项建议最终未被采纳。[③] 美国仅仅对格鲁吉亚提供了人道主义援助，并

---

① Condoleezza Rice, "Remarks With Georgian President Mikheil Saakashvili," Tbilisi, Georgia, July 10, 2008, http: //2001 - 2009. state. gov/secretary/rm/2008/07/106912. htm; Helene Cooper, and Thom Shanker, "After Mixed Messages, a War Erupted in Georgia," *New York Times*, August 12, 2008.

② Uwe Klussmann, "'Terrible Losses Overnight': Cable Track U. S. Diplomatic Efforts to A-vert Russian - Georgian Conflict," Spiegel Online International, December 1, 2010, http: // www. spiegel. de/international/world/terrible - losses - overnight - cables - track - us - diplomatic - efforts - to - avert - russian - georgian - conflict - a - 732294. html.

③ Ronald D. Asmus, *A Little War that Shook the World*: *Georgia*, *Russia*, *and the Future of the West*, pp. 186 - 188; Jim Hoagland, "Rice's Not - Quite - Shining - Moment," *Washington Post*, August 24, 2008.

且把格鲁吉亚部署在伊拉克的军队空运回国。

另一方面，萨卡什维利等格鲁吉亚领导人几乎完全没有预料到俄罗斯会进行大规模的直接军事干预，当然更没有对此进行认真的军事准备。格鲁吉亚于 2007 年发布的历史上第一份《战略防御检讨》认为，"大规模军事干预"的可能性"很低"，并且在将来会"更低"。[①] 战争结束之后，格鲁吉亚国家安全委员会秘书长和国防部副部长也都坦承，格鲁吉亚认为最坏的情形不过是与俄罗斯支持的南奥塞梯分离武装的代理人战争，他们的确没有料到与俄罗斯的直接军事对抗。[②] 鉴于俄格关系的迅速恶化以及俄罗斯的种种威胁性举动，格鲁吉亚对此缺乏预期和应对令人十分不解。

事实上，自从 2008 年春天以来，俄罗斯不仅加强了在南奥塞梯和阿布哈兹的维和人员部署，在阿布哈兹击落了一架格鲁吉亚无人机并且曾经侵入了格鲁吉亚领空。俄罗斯在 2008 年 7 月举行的大规模军事演习"高加索 2008"甚至被格鲁吉亚外交部指责为"侵略威胁"。[③] 尤有甚者，在"高加索 2008"的军事演习结束之后，俄罗斯军队并没有返回原驻地，而是留在紧靠南奥塞梯地区的俄罗斯边界，说明俄罗斯的确在准备应对某种战争局面。事实上，格鲁吉亚政府也一直宣称，俄罗斯对于战争蓄谋已久，只是在等待一个合适的借口和时机。这样，格鲁吉亚政府的行为逻辑就十分诡异：他们知道俄罗斯在积极筹划战争，但是却没有为这种可能性进行任何准备。唯一合理的解释是，格鲁吉亚认为俄罗斯会忌惮于格鲁吉亚与美国和北约紧密的准同盟关系而不敢采取直接军事行动。萨卡什维利政府的国防部长

---

① Ministry of Defense of Georgia, *Strategic Defense Review* (Final Report, Unclassified), 2007, p. 76.

② Giorgi Lomsadze, "Georgia: Flaws Found in Tbilisi's War Planning and Operations," September 14, 2008, http://www. eurasianet. org/departments/insight/articles/eav091508. shtml; Jan Cienski, "Tbilisi Admits It Miscalculated Russian Reaction," *Financial Times*, August 22, 2008.

③ Jim Nichol, "Russia – Georgia Conflict in South Ossetia: Context and Implications for U. S. Interests," Report for Congress, Congressional Research Service, October 24, 2008, p. 4.

事后披露，萨氏认为"美国将会通过外交途径阻止俄罗斯进行干预。"①

因此，萨卡什维利的整个逻辑似乎是：尽管不断发出威胁信号，俄罗斯还是不太可能进行直接军事干预；而一旦俄罗斯冒险进行干预，美国等西方国家则不会袖手旁观。显而易见，格鲁吉亚领导人低估了俄罗斯的决心，同时高估了美国的承诺。但是，萨氏的逻辑并非完全站不住脚，因为美国自"玫瑰革命"以来的几乎无条件地支持、两国政府官员个人化的关系以及对格鲁吉亚的任何政策极少公开批评的态度使得格鲁吉亚领导人对于美国的期待水涨船高。因此，布什政府官员在战争爆发前的所谓警告也自然而然被格鲁吉亚大打折扣。换句话说，美国对于格鲁吉亚的战略安抚——认同并支持其建立一个现代化国家、加入北约以及维护领土完整等战略目标——完全压倒了策略施压，让格鲁吉亚领导人相信，无论其采取什么样的策略手段，美国都会站在自己一边。所有这些导致美国这次约束盟国的努力归于失败。

四　结论

综上所述，美国约束以色列和格鲁吉亚的成败在于是否成功地结合了战略安抚和策略施压。从 2011 年年底到 2012 年，在以色列领导人不断抛出打击伊朗核设施的言论之后，海湾地区战争的风险急剧升高。美国固然认同阻止伊朗发展核武器的目标，但是反对以色列贸然采取军事行动，于是如何约束盟国以色列成了美国的棘手问题。奥巴马政府巧妙地利用战略安抚和策略施压，成功地使以色列政府暂时放弃了军事打击的计划。然而，美国对于"玫瑰革命"后的格鲁吉亚几乎是无条件和全方位地支持使得俄格战争前布什政府的警告未能起到实质作用。换句话说，布什政府的策略施压来得太晚，做得太少，因此未能成功劝阻格鲁吉亚政府挑起战争。

---

① Brian Rohan, "Saakashvili 'Planned S. Ossetia Invasion': Ex – Minister," *Reuters*, September 14, 2008.

　　从以上两个案例来看，在涉及重大安全利益的时候，约束盟国绝非易事。这主要是因为，战略安抚和策略施压很容易相互削弱，以至于被约束对象获得矛盾和混乱的信息而产生误判。即使是在美国约束以色列的成功案例中，美国在策略上反对以色列的立场也使得以色列领导人一度认为美国的战略目标可能并非是"阻止"伊朗发展核武器，而是"遏制"一个有核伊朗。奥巴马政府的成功之处在于，战略安抚和策略施压的信息都是清晰、一贯和统一的，并且通过不断的政策宣示和具体行动分别加以强化。而在约束格鲁吉亚的案例中，美国对格鲁吉亚进行现代化、融入西方和解决领土问题等战略目标的强烈认同和大力支持使得后者认为，尽管美国可能并不欣赏某些实现这些战略目标的策略手段，最终还是会选择站在自己一边。战略安抚和策略施压之间的失衡导致了约束盟国的失败。

　　那么什么样的因素有助于成功地结合战略安抚和策略施压，从而实现约束盟国的目标呢？实际上，并不存在一个能够保证成功约束盟国的"清单"，因为盟国之间的互动是一个动态的过程，安抚和施压之间的平衡也相当微妙，需要决策者在实践中审慎拿捏。但是，从上述案例分析来看，可以得出几点初步的观察结论。首先，约束国与被约束国战略利益的一致性会左右约束盟国的成败。美国和以色列在伊朗核问题上的战略利益还是高度一致的，亦即阻止伊朗发展核武器，这一点对于战略安抚的可信性至关重要。试想如果美国的政策并不是竭尽全力阻止伊朗获得核武器，而是以色列所担心的"遏制"伊朗的政策，那么要想成功地对以色列进行战略安抚则要困难得多。相形之下，美国和格鲁吉亚战略利益的一致性略逊一筹，这从俄格战争爆发后美国的反应即可看出。但是问题在于，美格之间先前的互动使得格鲁吉亚领导人误以为，双方的战略利益高度一致。其次，有效的沟通对于避免相互误判、准确传达信息也十分关键。这样的沟通既包括单边的公开政策宣示和双边的秘密对话，也包括通过具体行动所传递的信息。美以之间长期的政策协调、情报分享乃至龃龉摩擦都为双方积累了丰富宝贵的互动经验；而美格之间短短数年的双边关系和相对较少的互动经验意味着误判的可能性较大。最后，领导人之间的个人关系也会产生一定的影响。奥巴马和内塔尼亚胡之间并不热络的个人关系事实上反而可能有助于双方更加客观冷静地评估各自的安全利益，并且对对方的反应秉持比较现实的预期；而萨卡什维利与布什政府的官员刻意建立的密切的个人关系影响了双方对各自利益和同盟关系的客观评估，进而也影响到美国约束格鲁吉亚的成败。

本文的研究还留有很大的空间有待以后继续开拓。首先，本文研究的一个基本条件是，争端事项涉及同盟双方的重大安全利益，也就是说，这些利益在很大程度上会影响双方的生存和安全，几乎没有妥协的余地。除此之外，同盟政治还包括很多仅仅涉及一般利益或者边缘利益的互动，而这些互动的模式和结果与本文所阐述的约束盟国的机制并不一定相同。其次，虽然美国约束以色列以及美国约束格鲁吉亚的两个案例都是方法论上的"困难案例"并因此有助于理论检验，但是以后的研究需要发掘更多的案例去检验理论的适用性以及进行可能的修正。鉴于同盟政治对于国际安全尤其是东亚地区和平稳定的重要性，对此进行更多的研究恰逢其时。①

---

① 关于同盟政治对于东亚和平稳定的重要性，参见 Sheena Chestnut Greitens, "U. S. - China Relations and America's Allies in Asia," the Brookings Institution, June 11, 2013, http://www. brookings. edu/research/opinions/2013/06/11 - us - china - relations - asia - alliances - greitens; Ja Ian Chong and Todd H. Hall, "The Lessons of 1914 for East Asia Today: Missing the Trees for the Forest," *International Security*, Vol. 39, No. 1, 2014, pp. 7 - 43。

成本与困境：同盟理论的新探索[*]

张景全　刘丽莉

同盟是国际关系理论与实践中的一个重要概念和现象，其功能发挥与同盟成本、同盟困境存在紧密联系。随着国际关系实践的推进，我们有必要对同盟成本与同盟困境展开新的探讨。

笔者认为，同盟成本包括同盟硬成本与同盟软成本，前者指同盟的组织成本及同盟行动成本，后者指同盟的声誉与可信性。同盟困境包括传统同盟困境与新同盟困境，前者指的是传统的牵连与抛弃困境，后者指的是同盟针对对象与同盟经济伙伴的同一性困境，以及在同一同盟体系内各个同盟之间存在猜疑与纷争的同盟间困境。同盟成本与同盟困境相互作用，对同盟运行构成影响。本文将结合美国亚太同盟体系尝试对这些问题进行分析，以求裨益于同盟理论的推进。

一　同盟成本

国际关系的现实告诉我们，任何国际行为都会存在成本，国际行为体需要进行精确的成本与收益计算，据此做出理性选择。同盟作为国际关系中的普遍现象，作为关乎国家安全与国际安全的军事机制，同盟成本问题引起了学者们的注意。"在同盟建立时期，国家领导人承担谈判和制定条约的成本。在同盟运行时期，国家领导人都承担着政策协调和相应的自治损失的成本。在同盟行履约时期，国家领导人

---

* 本文原刊于《东北亚论坛》2016 年第 2 期。

必须既接受履行义务的成本，这包括可能卷入实际的作战；也包括不遵守义务的成本。"① 笔者认为，同盟成本包括同盟硬成本与同盟软成本，前者指同盟的组织成本及同盟行动成本，后者指同盟的声誉与可信性。

冷战以来至今，任何严格意义上的同盟，均以一整套机制的运行以保证其存在、以发挥其功能。同盟随着国际关系的发展而变化，同盟在当代演化的特征之一是同盟的强化，同盟强化的背后是同盟越来越机制化。同盟机制化一方面体现在同盟赖以运行的法制框架、磋商机制、管理体制的复杂化，也体现在依赖同盟运行而谋求生计与收益的官僚、职员体系的复杂化。同盟成员在运行这些同盟所需的法制框架、磋商机制、管理体制以及调动维持同盟运转的官僚、职员时，都要付出实实在在的成本，这些成本都是可计算的，因此，这些成本是同盟硬成本。

任何组织的运行都需要成本，同盟运行中仅行政协调一项便需要同盟成员付出可观的支出。美国运行亚太同盟体系已经长达半个多世纪，协调机构包括首脑会谈、部长级会议（外长、防长）、各种具体工作组会议，等等。其中，一个主要的磋商组织是国防部长与外交部长会议，即"2+2"会议。我们注意到，这个同盟磋商组织在迅速扩张。1990 年以来，美日外长与防长会谈（SCC）一直不定期召开。但美国实施亚太再平衡战略以来，从 2010 年至 2014 年美日外长与防长会谈每年举行一次。美澳同盟之间的部长级会议也持续密集召开，2014 年 8 月 12 日，第 29 届澳美部长级磋商（AUSMIN）举行，美澳外长与防长均参加其中。随着美国亚太再平衡战略的演进，美日、美澳外长与防长会谈密度增加，美韩、美菲同盟的外长与防长会议诞生。2010 年 7 月 21 日，美韩在首尔举行首次外长与防长会议。2012 年 6 月 14 日，美韩两国外长及防长在美国华盛顿召开第二次外长与防长会议。2012 年 4 月 30 日，美菲在华盛顿举行首次外长与防长会议。可见，外长与防长会议作为美国运行同盟体系的一个重要机制，

---

① Brett Ashley Leeds, "Alliance Reliability in Times of War: Explaining State Decisions to Violate Treaties," *International Organization*, Vol. 57, No. 4, Autumn 2003, p. 805.

在美国宣布实施亚太再平衡战略以来，其举行频率与举行国家越来越多，如果再考虑到同盟其他庞杂的合作机制，同盟组织热络运转的背后，无疑是巨额的财政消耗。2013 年，总统奥巴马因为联邦财政问题而无法参加在东南亚举行的定期会议，是国际关系领域机制成本的一个典型案例。

任何意欲发挥功能的机制，都需要以行动来证明其存在，机制的行动会带来成本，当这个机制是军事同盟时情况尤其如此。同盟的行动成本包括情报搜集与军事指挥、装备技术合作与军事演习、海外基地部署与调整，等等。

军事演习历来都是耗资巨大的军事行动，频繁的军事演习意味着持续的成本投入。以 2011 年为例，美国宣布亚太再平衡战略后，开始频繁举行大规模军事演习，其中西太平洋地区可谓重中之重。美国裹挟同盟参与其中，在西太平洋地区实施高强度、大密度军演，其成本付出颇为可观。事实上，如果将情报搜集、军事指挥、基地部署等成本纳入其中，其数量更是惊人。而为了维持高频度、大规模的军事演习，同盟成员不得不为此付出财政上的投入。例如，韩国自 1991 年起依据《特别措施协议》（*special measures agreement*）向驻韩美军提供财政支持。2014 年 4 月，韩国政府批准韩国支持补偿/分担朝鲜半岛联合防御成本的《新特别措施协议》（*new special measures agreement*），《新特别措施协议》为驻韩美军提供补偿成本，这个 2014—2018 年成本分担协定（The 2014 – 2018 cost – sharing agreement）就韩国继续在后勤、劳动力、建筑等方面提供支持。[①] 日本依据《东道国支持计划》向驻日美军提供财政支持。美国有超过 5 万名军事和非军事人员在日本驻扎，日本为美国驻军提供相应设施和区域，日本政府每年提供超过 20 亿美元的资金来供给美军驻日的开支。[②]

同盟硬成本是困扰同盟的一个重要因素，同盟成员之间一直存在

---

① American Forces Press Service，"Hagel Welcomes New ROK Defense Cost – sharing Agreement，" http：//www. defense. gov/news/newsarticle. aspx？ id = 122072.

② Daniel R. Russel，"Opportunities and Challenges in the U. S. – Japan and U. S. – Republic of Korea Alliances，Testimony，Before the Senate Committee on Foreign Relations Subcommittee on Asia and the Pacific，" http：//www. state. gov/p/eap/rls/rm/2014/03/222903. htm.

谁应该承担更多成本的争议，美国也一直对如何让同盟硬成本在同盟成员内部进行分担加以谋划。冷战结束后，"美国比过去更加强调这样的观点，即在分享安全利益的防卫方面，繁荣的盟国应该承担更多的军事和财政义务。对美国官员来说其中一个主要的挑战是，如何劝说美国的盟国承担更多的防务负担，而与此同时美国在同盟决策中的影响力并没有相应地减少。"①

美国通过分担同盟硬成本来维持美国在各个区域的影响力。以美军地面部队为例，随着国防预算的削减，美方认为一个有效保持地面部队战斗力的办法是：一方面更积极地调动盟国的地面力量，另一方面让美军地面部队与盟国部队进行更为紧密的结合。"面对财政紧张，美国保持地面部队扩张的、有能力的和训练有素的方法之一是：强化与核心盟友的伙伴关系。美军拓展地面部队补给最迅速的方式是说服盟友们在行动中贡献部队。""因此，美国几乎总是更愿意与盟友采取一致行动。""即使在和平时期，在接触和构建世界各地友军时，地面部队也是一座关键性的桥梁。因此，通过谈判以进入军事基地，预先部署装备储存，进行指挥官交换计划，训练和装备伙伴，等等，美国应该继续强化与核心盟友的伙伴关系，尤其是在亚太地区和中东地区的盟友。"② 这也解释了为什么在财政紧张的条件下，美国依然强化同盟机制签署美菲《强化防御合作协定》及修改《美日防卫合作指针》，依然展开大规模盟国之间的军事演习、谋求进入盟国澳大利亚、菲律宾基地。通过紧密化同盟机制、展开无缝化同盟行动既促使同盟成员分担同盟硬成本，又调动同盟成员参与同盟行动放大同盟功能，从而在财政压力下继续维持美国的影响力。

进入 21 世纪后，持续的财政紧张开始困扰美国的对外战略。事实上，美国抛出亚太再平衡战略，一方面是为了应对同盟硬成本的分担，美国"在安全方面，既包括再次确认历史上的安全盟友日本、韩国及澳大利亚的重要性，也包括对军事基地安排的多样化，以期在面

① David S. Yost, "U. S. Military Power and Alliance Relations," *Annuals of American Academy of Political and Social Science*, Vol. 517, No. 1, September 1991, p. 85.

② David W. Barno, Nora Bensahel and Travis Sharp, "Pivot but Hedge: A Strategy for Pivoting to Asia While Hedging in the Middle East," *Orbis*, Vol. 56, No. 2, Spring 2012, p. 175.

临迫在眉睫的预算削减情况下，为美国西太平洋的存在发展长期的、财政上可持续的方法和战略。"① 另一方面，美国亚太再平衡战略在某种程度上也对同盟硬成本的分担问题构成更大挑战，因为这会促使同盟硬成本在各个同盟之间及同一同盟内各个同盟成员之间引发新的争议与新的分配。在这种形势下，即使主导盟国美国也叫苦不迭："美国的同盟政策鼓励在亚洲和北约的盟友'搭便车'，美国纳税人就必须提升军费。尽管与朝鲜接壤，但韩国国防费用占 GDP 的 2.7%。尽管安倍对中国言辞强硬，但日本国防开支是令人惊讶的占 GDP 的 0.88%。再平衡几乎可以确定鼓励亚洲盟友继续以美国为代价在国防上少支出。但是，美国的国防支出已经与国家老龄化人口、大量基础设施投资不足以及茶党小政府的主张相互对抗。"②

　　与同盟硬成本相对应的是同盟软成本，主要指的是同盟的声誉及可信性。为了获得同盟的声誉、可信性，同盟成员需要为此进行付出，如果不能有效投入，同盟就会为此付出更大的代价。同盟软成本的投入方式主要包括：履行同盟承诺，国家领导人、精英集团、媒体关乎同盟的积极性声明及评价，以及同盟行动的道义性。

　　同盟声誉（reputation）指的是同盟作为军事组织的社会评价，主要涉及同盟的威望、同盟的合法性以及同盟的合理性。同盟声誉来自两个方面，一方面是同盟在同盟成员中的评价，另一方面是同盟在非同盟成员中的评价。冷战时期，尽管同盟与战争、威胁紧密相关，但彼时同盟声誉在同盟成员民众中的评价尚可，因为在冷战激烈对立的时代，多数有影响力的国家都被迫选边站队，国家间结盟相向，同盟成为一种不得不选择的安全防护机制。在这种情况下，同盟声誉作为同盟的软成本，同盟的威望、合法性及合理性往往会得到同盟成员的

---

① James B. Steinberg, "2012 – A Watershed Year for East Asia？" in James B. Steinberg, Thomas Fargo, Aaron L. Friedberg, J. Stapleton Roy, David M. Lampton and Wallace "Chip" Gregson, eds., "Turning to the Pacific: U. S. Strategic Rebalancing toward Asia," *Asia Policy*, No. 14, July 2012, http：//nbr. org/publications/asia_ policy/free/10312012/AP14_ C_ Balance. pdf.

② Robert E. Kelly, "Unintended consequences of US alliances in Asia," http：//csis. org/publication/pacnet – 32a – unintended – consequences – us – alliances – asia.

集体维持和辩护。唯一不同的是，贴有不同标签的同盟其声誉在对立同盟成员的评价中截然相反。

冷战结束后，同盟并没有如学者预言的那样随着集团对立的瓦解而衰落，同盟声誉出现了较大的波动，即同盟声誉形成了递增与递减并存悖论。同盟声誉递增主要出现在美国、苏联的东欧地区及部分身为美国盟友的亚太国家。美国以冷战胜利者自居，对冷战"法宝"同盟自然宠爱有加。冷战结束并没有使美国将同盟束之高阁，相反，美国再次驱动同盟这枚利器在欧亚大陆两侧展开行动，于是我们看到了北约东扩与亚太同盟体系强化：一些东欧国家纷纷加入北约，日本、韩国、菲律宾及澳大利亚强化与美国的同盟关系。此次美国亚太再平衡战略高度依赖同盟，也堪称同盟声誉递增的写照。与此相对应，同盟声誉递减同时存在。韩国民间持续不断的"反美主义"，美国在没有联合国授权的情况下纠结帮派式"志愿同盟"入侵伊拉克，亚太再平衡战略严重依赖军事安全组织同盟而罔顾充满潜能的亚太区域合作现实，这一切在滋养同盟声誉递减的同时，也严重侵蚀了同盟的威望、合法性及合理性。高度依赖同盟的亚太再平衡战略，同时制造了同盟声誉递增与同盟声誉递减的对冲，削减了同盟声誉，从而大量消耗了同盟软成本。

同盟可信性（credibility）是另一种同盟软成本。同盟的可信性是指，同盟是否被同盟成员和同盟对手确信在危机时刻同盟会采取实际而有效的行动。同盟是指两个或者两个以上的主权国家基于共同的威胁承诺采取共同的军事行动，因此，同盟的可信性在于同盟成员和同盟对手是否相信同盟真的能够在威胁迫近时采取联合军事行动。

作为同盟软成本，同盟的可信性取决于两个方面。一方面，同盟的可信性受同盟硬成本的影响，同盟硬成本高，同盟的可信性可能越高；同盟硬成本低，同盟的可信性可能也低。对此，布雷特·阿什利·利兹（Brett Ashley Leeds）进行了详细的分析。"因为同盟是代价高昂的，因此潜在的对手有理由认为大多数建立同盟的国家会认真地履行它们的同盟义务。""成本高昂的同盟可能提高（同盟的）威慑能力和可靠性。""国家领导人在何种情况下会选择进行投机呢？"一是，建立同盟的成本相当低；二是，如果同盟国遭到进攻时违反同盟义务的成本被认为是低的。可见，"同盟建立和同盟维持的巨大成本产生了一个阻止欺诈的防护程序"。"因此，低成本的同盟和违背协定的成本低可能鼓励欺诈。""同时，在对手的眼中这些同样的因素可能减少同盟的可信性。""同盟只有让对手相信同盟成员会履行他们的义务从而改变对手的行为之时才会成功。减少同盟建立的成本和减少同盟违反以往承诺的成本将增加欺诈的动机并减少同盟承诺的可信性，同样，这些因素将减少同盟威慑对手的可信性，对于同盟成员而言同盟的价值也随之减少了。"①

另一方面，同盟的可信性也取决于国内的观众成本。如果国内的观众成本高，则国家遵守同盟承诺的可能性就高，同盟的可信性就可能会高。如果国内的观众成本低，则国家遵守同盟承诺的可能性就低，同盟的可信性就可能会低。国家领导人加入同盟这个特殊的国际组织，也就意味着国家领导人做出了一个国际承诺。如果国家领导人违背其承诺，国内民众就会降低对其支持或者将其抛弃，这便造成很高的观众成本，因此，国家领导人一般不会轻易违反同盟约定，从而增加同盟的可信性。反之，如果国家领导人即使违反国际约定也不会遭受国内民众大的反对或抛弃，那么，国家领导人就可能不遵守同盟约定，从而减少同盟的可信性。

可见，同盟硬成本是同盟软成本的基础，同盟硬成本对同盟软成本具有重要影响。但同时，同盟软成本也反作用于同盟硬成本。如果同盟声誉及可信性等软成本存量降低，同盟成员国对同盟的组织成本及行动成本等硬成本的投入热情就会降低。反之，如果同盟声誉及可信性等软成本存量增加，同盟成员国对同盟的组织成本及行动成本等硬成本的投入热情就会增加。

二　同盟困境

同盟困境包括传统同盟困境与新同盟困境，前者指的是传统的牵

---

① Brett Ashley Leeds, "Alliance Reliability in Times of War: Explaining State Decisions to Violate Treaties." *International Organization*, Vol. 57, No. 4, Autumn 2003, pp. 805 – 806.

连与抛弃困境，后者指的是同盟对手与同盟经济伙伴的同一性困境，以及同一同盟体系内各个同盟之间的同盟间困境。

传统的同盟困境，指的是抛弃与牵连。提出同盟存在"抛弃恐惧"与"牵连恐惧"的是迈克尔·曼德鲍姆（Michael Mandelbaum）。[1] 所谓牵连困境指的是在同盟内部，如果一方成员与另一方成员走得过近，可能出现被另一成员拖进一场与己方利益并不直接相关的战争或冲突中的风险；所谓抛弃困境指的是如果一方成员与另一方成员的距离过于松散，可能出现被另一成员放弃的风险。因此，同盟成员便面临着牵连与抛弃的两难。该概念提出后，即引起广大学者的重视，学者们运用同盟抛弃与牵连困境来解析国际关系中的同盟现象。例如，美日同盟便经历着抛弃与牵连的同盟困境。有学者指出，日本经历的是"同盟困境"，美国经历的是"繁荣困境"（prosperity dilemma）。具体而言，对日本来说，美日同盟的第一个二十年，日本持有"牵连恐惧"。20 世纪 70 年代，随着尼克松—基辛格外交政策的变化，日本的同盟困境由"牵连恐惧"转变为"抛弃恐惧"。冷战结束后，日本的"抛弃恐惧"在增加。对美国来说，部分美国人认为持续的美日同盟对美国经济是一种负担却有利于日本。如果美国民众认为日本增加经济福利的措施将损害美国的经济福利，那么，"繁荣困境"就会出现在美日同盟关系之中。反之，如果同盟减弱，美国失去控制的担心将增强。[2]

可见，随着传统同盟困境概念的提出，学者们在用它解析同盟现象之时，也在不断发展同盟困境概念的内涵。其中，较引人注目的是，格伦·斯奈德（Glenn Snyder）提出了同盟困境的"对手困境"（the adversary dilemma）概念。同盟的"对手困境"指的是，"为了减少被抛弃的风险，一方可能会增强同盟承诺。但这不仅会增加被牵

---

[1]　Michael Mandelbaum, *The Nuclear Revolution: International Politics before and after Hiroshima*, Landon: Cambridge University Press, 1981, pp. 151 – 152.

[2]　Jitsuo Tsuchiyama, "The End of Alliances?: Dilemmas in The U. S. – Japan Relations," in Peter Gourevitch, Takashi Inoguchi, and Courtney Purrington, eds., *United States – Japan Relations and International Institutions after The Cold War*, San Diego: Graduate School of International Relations and Pacific Studies, University of California, 1995, pp. 2 – 4.

连的风险，而且会增加自身与对手之间的安全困境。尤其当对手存在战略性敏感，那么强硬的同盟会刺激不安全，从而使双方更加感到不安全，使安全困境螺旋上升。因此，一个紧密的同盟可能弱化参与方在同盟博弈和与对手博弈中的战略地位。相反，如果一方减弱同盟承诺以减少牵连风险，这可能减少与对手的紧张，但是这也可能激励对手向其提出进一步要求。"①

从传统的抛弃与牵连困境到"对手困境"，表明同盟困境的内涵由同盟内部成员向同盟对手扩散。随着同盟实践与国际关系实践的发展，同盟困境的内涵也在逐步拓展。因此，笔者提出新同盟困境，即同盟对手与同盟经济伙伴同一性困境以及同盟间困境，其概念的建构方向在继续关注同盟对手的同时，将同盟之间的关系纳入分析视野。

同盟对手与同盟经济伙伴同一性困境，指的是同盟针对对象与同盟经济伙伴是同一的。众所周知，安全分为传统安全与非传统安全，目前，两者的渗透与互动已经达到历史最高峰值。在此背景下，经济安全与军事安全的界限已经被跨越，例如，很少有人质疑最近中美在经济规制领域博弈的安全意义。因此，经济博弈的安全意义已经成为同盟研究的一个时代特征和全新领域。当下，同盟针对对象与同盟经济伙伴的同一性导致了同盟对外政策的两难：如果同盟针对对手采取过于激烈和严酷的对抗措施，那么由于同盟成员与对手在经济上的紧密联系，最终同盟成员也将因为自己的对抗措施而在经济等收益上受到损失，即由于同盟对手与同盟经济伙伴的同一性，出现同盟与同盟对手收益共损。如果同盟针对对手采取过于温和或者过于合作的政策，那么，同盟成员与对手本已紧密的经济合作将进一步发展，同盟会因为考量经济收益而减弱与同盟对手的对抗性，但众所周知，同盟存在是以明示或者非明示的对手存在而存在的，如果对手界定在同盟成员中出现模糊化，同盟的存在意义又在哪里呢？即由于同盟对手与同盟经济伙伴的同一性，出现同盟存在意义弱化。另外，如果同盟成

① Jitsuo Tsuchiyama, "The End of Alliances?: Dilemmas in The U. S. - Japan Relations," in Peter Gourevitch, Takashi Inoguchi, and Courtney Purrington, eds., *United States - Japan Relations and International Institutions after The Cold War*, pp. 5 - 6.

员出于各自的利益而与同盟对手在经济上采取不同的对策措施，将会导致同盟整体对外政策的不同步，从而给同盟带来困境，即由于同盟对手与同盟经济伙伴的同一性，出现同盟对外政策紊乱。保罗·帕帕约诺（Paul Papayoanou）认为，同盟内部以及同盟与对手之间经济联系的强度影响了各种平衡努力的可信性，进而对和平的前景产生影响。①

同盟对手与同盟经济伙伴同一性困境普遍出现在美国亚太同盟体系与中国的关系之中。目前，亚太同盟体系的美日同盟、美韩同盟、美菲同盟、美澳同盟，其同盟成员美、日、韩、菲、澳，均与中国存在极为紧密的经济合作。例如，在2001—2007年，美韩双边贸易额在韩国GDP的比重已经从2001年的11.9%降低到2007年的8.6%。而在此期间韩国与中国的贸易增长了4倍，中国成为这一时期韩国最大的贸易伙伴。尽管美国及部分同盟成员对亚太再平衡战略利用同盟威慑与围堵中国的战略意图要么直接明示、要么百般掩盖、要么讳莫如深，但长期的区域经济一体化、经济全球化以及中国持久而旺盛的经济发展，已经使中国这个同盟对手的角色模糊化而经济伙伴的角色清晰化，从而制造出一个新的同盟对手与同盟经济伙伴同一性困境，这是与冷战时期同盟对手与同盟经济伙伴角色清晰对立所迥然不同的现象。事实上，美国亚太再平衡战略越是依赖同盟针对中国，新同盟困境就会愈加显现，对手与经济伙伴的同一性使对手与经济伙伴角色双向强化，促使同盟成员面临真切的两难。

以美日同盟与中国的关系为例，日本便深切地感知到了同盟对手与同盟经济伙伴角色的同一性困境。"地区的发展为日本的战略家带来了困境"，"该困境的第一个问题是颇为人所熟悉的。依赖美国的安全使日本容易受到'抛弃'，因为未来的某时，美国将没有能力或者没有意愿去保证日本的直接安全需求。日本的分析家也注意到，仅仅与过去5年相比，美国现在的经济实力与国内财政状况相对较弱，而且与中国在相关经济和金融领域的依存度加深。因而日本对美国为

---

① Papayoanou, Paul A, "Interdependence, Institutions, and the Balance of Power," *International Security*, Vol. 20, No. 42, Spring 1996, p. 76.

该地区所做的军事承诺的可持续性产生了质疑"。"日本 2010 年防卫计划大纲（NDPG）也指出了前文提到的问题，即担心美国在地区的主导权问题，甚至认为，'在面对像中国、俄罗斯这样崛起的大国，美国有些弱化'。该困境的第二个问题鲜有讨论，即日本为了自身的经济和政治福祉而尤其过度依赖中国，在该地区有可能发生军事与经济的交叉高压时，日本的战略自主将会受到侵蚀，这不仅仅只是一个理论问题。"①

　　上述分析为人们展现了这样的困境：随着美、日与中国经济合作的加深，中美、中日均为重要的经济伙伴；与此同时，尽管并非明示，美、日均把美日同盟的对手设定为中国。既是同盟对手又是同盟经济伙伴现象的出现，促使美、日对盟友、对手以及同盟的战略意图与战略能力的判断出现动摇和怀疑。2015 年 5 月，美国学者埃文·A. 费根鲍姆（Evan A. Feigenbaum）在《外交事务》（Foreign Affairs）上载文指出：东京当然是美国的亲密盟友，并且在泛太平洋范围内有着很强的身份认同。因此，美、日两国国内的一部分人士建议双方应该主导一个地区性的，针对中国所谓的"新"亚洲主义的反制措施。但是，两国却又都对北京的意图有着很深的矛盾心理。而这种心理又重新唤起了日本政府长久以来思想中所孕育的、一个迥然不同的泛亚洲理念和意识形态，尤其是对货币一体化的重视。日本官方在 1997 年就倡议建立一个亚洲货币基金，而这个基金旨在帮助包括东南亚和东北亚亚洲国家进行双边货币交换。② 笔者认为，《跨太平洋伙伴关系》（TPP）是美国为克服同盟对手与同盟经济伙伴角色同一性困境的一种努力，暂时将中国排斥在 TPP 之外，TPP 可以在经济层面协调各个同盟成员的利益与政策，其安全意义是不言而喻的。2015 年 10 月 5 日，TPP 谈判在 12 个成员国之间达成历史性协议，美国国防部长阿什·卡特（Ash Carter）就此表示，"正如奥巴马总统所说，也正

① Corey J. Wallace, *Japan's Strategic Pivot South: Diversifying the Dual Hedge*, Oxford: Oxford University Press, 2013, pp. 39–40.

② Evan A. Feigenbaum, "The New Asian Order and How the United States Fits In," *Foreign Affairs*, February 2, 2015, https://www.foreignaffairs.com/articles/east–asia/2015–02–02/new–asian–order.

如我反复所说，TPP作为我们再平衡亚太的关键部分具有重要战略意义"。"我们的战略是促进每一个国家都增长与繁荣的亚太地区安全结构，TPP有助于减少地区不稳定并增强美国在这一世界增长最快地区的影响力和领导力。"①

同盟间困境，指的是在一个主导盟国管控的同盟体系内，同盟之间在成本分担、防区作战以及调整强化等方面存在猜疑和纷争，这些猜疑和纷争引发同盟之间一方强化与另一方弱化之间的两难，引发同盟之间紧密合作与疏离分立之间的两难，亦引发绝对收益与相对收益权衡的两难，无疑这些两难都直接关乎安全，于是，同盟间困境出现，这种情况在具有地理临近性的一些同盟之间尤其如此。事实上，美国亚太同盟体系在建立之初，就埋下了同盟间困境的种子：美澳同盟、美菲同盟是为了安抚因美日同盟建立而引发的安全忧虑，因为彼时澳大利亚、菲律宾对日本以及新建立的美日同盟充满恐惧。

成本分担与同盟间困境。在以一个主导盟国控制的轴辐式（hub - spoke）同盟体系内，主导盟国会向各个同盟提供公共产品并投入成本，但是，由于主导盟国所能提供的公共产品和成本总数固定和有限，并且这种供给和投入水平会随着主导盟国的能力与国际环境变化而变化，因此，面对众多同盟，对一个或几个同盟投入的增加就必然意味着对其他同盟投入的相对减少，随之也意味着可能带来一些同盟成员需要承担相对较多的同盟成本，于是，不同同盟之间的猜疑与纷争所引发的同盟间一方强化与一方弱化的两难出现。当美国开启亚太再平衡战略后，引起北约广泛的担忧，北约成员认为美国的战略东移和强化亚太同盟体系会引发北约成本投入及同盟功能的弱化。随着欧洲乌克兰危机的爆发以及中东"伊斯兰国"（ISIS）的崛起，北约与亚太同盟体系的同盟间困境正在显现。

防区作战与同盟间困境。出于主导盟国的利益，利用次级盟国的诉求，主导盟国会对不同的同盟视野进行界定，对不同的同盟军事行动进

---

① DoD News, Defense Media Activity, Carter, "Asia - Pacific Trade Agreement Makes 'Strong Strategic Sense'," October 5, 2015, http: //www. defense. gov/News - Article - View/Article/621928/carter - asia - pacific - trade - agreement - makes - strong - strategic - sense.

行分工。但是，随着主导盟国或者随着不同次级盟国同盟视野的调整或者扩大，不同同盟的防御区域会出现不断地调整和交叉，分属于不同同盟的次级盟国会出于各自的利益而对变化中的防御区域和军事行动采取或者积极合作或者消极合作甚至对抗的态度，于是不同同盟之间的猜疑与纷争所引发的同盟间紧密合作抑或疏离分立的两难出现。

调整强化与同盟间困境。针对变动的区域和全球安全形势，主导盟国会协调主导盟国与次级盟国之间的利益、协调不同同盟之间的政策。然而，在调整或强化同盟的过程中，这种调整或强化不仅仅会带来同盟对手的紧张和焦虑，也会带来同盟之间的紧张和焦虑，因为分属于不同同盟之间的次级盟国会有不同的利益诉求，不同的同盟纠结于谁在调整中的绝对收益中获得的相对收益会最多。因此，同盟调整或强化期间同盟之间的猜疑和纷争极易滋生，从而促使同盟之间在绝对利益与相对利益的权衡中陷入两难，这种同盟间困境在相互依赖程度增强、历史与主权纷争激烈而多个同盟并存的区域出现尤为可能。

例如，在东北亚地区的美韩同盟与美日同盟存在着同盟间困境。美韩同盟的次级盟国韩国对受到美国支持的解禁日本集体自卫权及修改美日防卫合作指针存在疑虑，对美日同盟尤其是日本在朝鲜半岛的军事行动持极为敏感的态度。

2014 年 7 月，日本首相安倍晋三（Shinzo Abe）对在朝鲜半岛突发事件中使用驻日美军基地评价道："美国海军陆战队支援韩国将从日本展开行动。很明显，这需要事先协商，因此如果他们要去向韩国提供援助，日本需要同意他们去。"韩国对安倍的言论采取了激烈的反对。一位韩国军官表示："日本政府对在朝鲜半岛突发事件中派遣驻日美军的介入没有依据。"[①] 罗伯特·凯利（Robert E. Kelly）甚至认为，恰恰是"驻韩美军和驻日美军提供的再保证冻结了日韩冲突并鼓励双方反对妥协者和狂热者（maximalists and zealots）不进行妥协。"[②] 亦即美韩同盟与美日同盟的存在让韩、日之间更加疏离，这

①　Narushige Michishita, "Changing Security Relationship between Japan and South Korea: Frictions and Hopes," *Asia - Pacific Review*, Vol. 21, No. 2, July 2014, p. 22.

②　Robert E. Kelly, "Unintended consequences of US alliances in Asia," http://csis.org/publication/pacnet - 32a - unintended - consequences - us - alliances - asia.

与美国政府希望通过美日同盟与美韩同盟促使韩、日之间的合作适得其反，足见同盟间困境的影响。

可见，传统同盟困境关注同盟成员内部，新同盟困境关注同盟对手及同盟间。传统同盟困境是新同盟困境衍生的基础，新同盟困境强化了传统同盟困境进而强化并拓展了同盟困境的内涵。

三　同盟成本与同盟困境的内外互动

通过以上分析，我们看到同盟成本及同盟困境概念随着同盟实践及国际关系实践逐渐清晰地呈现出来。在同盟运行中，同盟硬成本与同盟软成本相互影响，传统同盟困境与新同盟困境相互作用，同盟成本与同盟困境相互制约。

首先，同盟硬成本与同盟软成本相互影响。同盟硬成本高，往往导致可信性这一同盟软成本的提升；但是，同盟硬成本高，不必然导致声誉这一同盟软成本高。同盟软成本高，则往往便于同盟硬成本的提升；同盟软成本减弱，则不利于同盟硬成本投入。

如前文所述，高昂的同盟成本投入往往会增强同盟在成员内部及在对手中的可信性，从而也有助于激发同盟成员更多地投入同盟声誉及可信性等同盟软成本。但是，同盟硬成本高，往往并不必然导致同盟软成本高。

一方面，如果一个同盟在同盟组织成本及行动成本上投入很大，其国家领导人、利益集团就会既担心庞大的同盟硬成本投入，也会格外谨慎地加大对同盟声誉和同盟可信性等同盟软成本的投入。但是，也存在这样的现象，由于同盟成员对同盟硬成本进行了高额的投入，从而不再在意对同盟威望、合理性及合法性的投入，恃强凌弱，采取非法的行动，为了履行同盟的可信性而不顾同盟行动的道义，在不合时宜的区域展开不合时宜的行动和发布不合时宜的宣言，这均会导致同盟声誉这一同盟软成本的投入不足。不断强化的美日同盟及美韩同盟长期威压和制裁朝鲜，在美日、美韩同盟与朝鲜之间形成了严重的非对称性。亚太再平衡战略与东亚岛屿争端的同步性表明，高度依赖同盟的亚太再平衡战略在一定程度上破坏了亚太地区和平与发展的良好局面。同盟的这些行为表明同盟软成本投入存在严重不足，同盟的威望、合法性及合理性受损。

另一方面，如果同盟在同盟声誉及同盟可信性投入很大，其中包括领导人、政治家、精英以及媒体关涉同盟的支持性言辞、宣言，以及履行同盟承诺的国际记录，这样，同盟往往会在同盟成员的国内民众中得到更多的认同和支持，从而便于国家领导人及利益集团向同盟输入更多的资源，以充盈同盟组织成本及行动成本等同盟硬成本。然而，一旦同盟软成本出现赤字，同盟声誉及可信性降低，从长期来看国家资源向同盟硬成本的投入就会受到质疑。

其次，传统同盟困境与新同盟困境相互作用。抛弃与牵连这一对传统同盟困境内生于同盟之中，随着传统同盟困境的持续释放以及同盟运行的长期化、轴辐式同盟体系的复杂化以及同盟生存外在环境的权力转移，同盟困境的内部生态也在生长和相互作用。目前活跃于亚太的同盟均诞生于冷战时期，已经运行良久。这种美国主导的轴辐式同盟体系也在不断调整、强化，同盟内涵由军事向囊括经济要素拓展。同盟生存区域出现新兴工业国家的不断崛起，权力转移与经济相互依赖正在深刻地改写着区域及全球地缘政治、地缘经济的结构和样式。

在上述因素催涌之下，一方面，同盟对手与同盟经济伙伴同一性越来越强，同盟成员与既是对手又是重要经济伙伴的利益捆绑越来越紧密，同盟成员被另一同盟成员牵连的恐惧也就越强，因为一旦被牵连付出的代价将更大；同时，如果一个同盟成员与既是对手又是重要经济伙伴的利益捆绑持续紧密，会引发另一同盟成员对前两者紧密合作造成自己可能被抛弃的恐惧，尤其在区域一体化趋势明显的地区，被抛弃的恐惧会更强烈。美国对中日日益紧密的经济关系、日本加入"东亚共同体"以及融入东亚区域一体化充满焦虑，担心日本抛弃美国，完全走向"亚洲的日本"，于是手段频出，阻击"东亚共同体"，抛出亚太再平衡战略，对中国与日本一打一拉。同时，日本对中美紧密的经济合作、"中美新型大国关系"的提出，也充满疑虑，担心新版"越顶外交"，被美国抛弃，于是日本一方面对美国亚太再平衡战略表现出异乎寻常的高度兴奋和积极响应，一方面则向东南亚、南亚、中亚及欧洲国家伸出橄榄枝，当我们关注日本存在对抗中国的战略设计的同时，也应看到日本缓冲可能被美国抛弃的意图亦不乏其中。

另一方面，同盟间困境与传统同盟困境也在彼此释放影响。由于亚太同盟体系的轴辐样式，多个同盟存在唯一的同一主导盟国，众多次级盟国与唯一主导同盟之间形成了轴辐式、非对称性的权利与义务传导模式，通过主导盟国这一唯一共用中枢，多个同盟的愿望与利益发生汇聚与冲突，任何一个同盟在成本分担、防区作战以及调整强化方面的变化都可能会把影响传导给其他同盟。目前，随着主导盟国美国削减大量的国防预算，美国在亚太及中东、欧洲地缘平台的"再平衡"与"再再平衡"的反复调整、解禁日本集体自卫权并重新修订美日防卫合作指针以增强美日同盟威慑力、美菲重新缔结新的防卫协定、美在澳及在日军事基地的变化与调整，猜忌与纷争在同盟间显现出来，同盟间困境与牵连、抛弃困境纠缠其间。

诚如前文所示，强化的美日同盟引起美韩同盟的一方韩国的警觉和猜疑，然而，这只是同盟间困境的一个方面。我们还应注意到，韩国对美韩同盟与美日同盟的接近或者形成所谓的美、日、韩三边同盟一直持谨慎的态度，其中除了韩、日之间因历史及领土问题存在深深的不信任之外，也包括韩国担心美韩同盟与美日同盟走得过近，可能被美日同盟牵连进与中国的激烈对抗之中。当美韩同盟与美日同盟纠结于同盟间困境之时，同盟间困境开始进一步把影响释放给传统同盟困境，并影响了同盟的演化轨迹。"日本认为，改善和韩国关系的可能会成为东北亚潜在的战略亮点，但似乎这还没有取得任何成果。"而且在独岛（竹岛）问题，"不仅导致两国外交上的隔阂，而且也暗示两国不一定会在东北亚紧迫的安全问题上形成类似的战略意识。因此，对地区威胁认识的加深，导致自 2010 年后的日本重回美国轨道，迎合同盟关系的进一步加深。"①在这里我们看到，由于受困于美日同盟与美韩同盟的同盟间困境，日本与韩国接近的可能性降低促发日本担心被美国抛弃的恐惧增高。

---

①　Corey J. Wallace, *Japan's Strategic Pivot South*：*Diversifying the Dual Hedge*, p. 39.

尽管目前因日本、菲律宾与中国存在岛屿争端，美日同盟与美菲同盟在同盟视野方面存在前者向南推进、后者向北发展，谋求两个同盟合流联动的意愿和趋势。[①] 但是，一方面，当形势发生变化例如中日或中菲一方岛屿争端缓和、日本或菲律宾一方政权内部更迭而开始执行不同的对外政策，都将导致美日同盟与美菲同盟的猜忌和不同步，两者看似热络的关系会因为同盟间困境而动摇，同盟间的牵连恐惧会释放出来。另一方面，目前虽然美澳同盟也表现出强化趋势，但如果美日同盟或者美菲同盟持续激化地区安全形势，将地区安全激化至战争边缘，美澳同盟的次级盟国澳大利亚就可能出现动摇，担心美日同盟或美菲同盟的过激行为会最终将美澳同盟牵连进去，因为澳大利亚在亚太地区更多的是和平与稳定欲求而非主权领土的诉求。

最后，同盟成本与同盟困境相互制约。同盟成本高，在一定程度上可缓解传统同盟困境的抛弃；但是，同盟成本的提高，却很难缓解传统同盟困境的牵连以及新同盟困境，相反会增加同盟困境的牵连以及强化新同盟困境。由于同盟成员在同盟硬成本及软成本上进行了高额的投入，在某种程度上就意味着增加了同盟成员之间相互背离的成本，因此，高的同盟成本可以缓解部分传统同盟困境抛弃。但是，高的同盟成本却增加了牵连的风险，因为由于同盟成员之间已经进行了大量的成本投入，可能会鼓励一个同盟成员采取大胆的行为，并且自认为其他同盟成员考虑到高额同盟成本而进行跟进和支持，而这无疑增加了牵连的风险。

同盟成本的增加，也会强化新同盟困境。首先，同盟成本的增加，意味着同盟成员对同盟投入的增加，而同盟对手与同盟经济伙伴同一性的强化在某种程度上意味着同盟成员收益的增加。可见，一方面是投入增加，另一方面是收益增加，同盟成本增加会进一步强化同

① 2015 年 1 月，美国第七舰队司令海军中将罗伯特·托马斯（Vice Admiral Robert Thomas）提及了日本海军航空兵在南海巡逻的可能性。2015 年 6 月，美国战略与国际问题研究中心（CSIS）发布了一份《东南亚地缘政治重心与美日同盟》的报告，探讨美日在南海联合行动。Ernest Z. Bower, Murray Hiebert, Gregory B. Poling and Phuong Nguyen, "Southeast Asia's Geopolitical Centrality and the U. S. – Japan Alliance," Jun. 11, 2015, http：//csis. org/files/publication/150609_ Bower_ SoutheastAsiaCentrality_ Web. pdf。

盟对手与同盟经济伙伴同一性所带来的困境：为什么要付出高昂的代价来降低自己主要经济伙伴给自己带来的收益？曾经的同盟对手究竟是同盟成员的朋友还是敌人？这样，无疑强化了同盟对手与同盟经济伙伴同一性这一新同盟困境。

其次，同盟成本的增加，意味着同盟成员对同盟运行及同盟收益的预期更加关注和敏感。因此，在一个轴辐式同盟体系内，各个同盟之间的成本分担、防区作战以及调整强化将被视为更加敏感和谨慎的话题与行为，对成本分担孰多孰少的争论、对"搭便车"的担心、对防区作战关联度大小与必要性的纷争以及同盟调整强化获益方与损失方的猜忌，都会进一步复杂化，同盟成本增加带来了同盟间困境的增加。

一般而言，同盟困境制约同盟成本投入。由于同盟成员深陷牵连与抛弃的恐惧、深受同盟对手与同盟经济伙伴同一性困境以及同盟间困境的干扰，对同盟成本的投入一直持谨慎态度。然而，随着同盟困境的增加，如果增加同盟成本，从短期来看可能增强克服同盟困境的信心，因为持续增加同盟成本意味同盟的强化，同盟的强化反过来会增加同盟成员背离的成本。但是从长期来看，随着同盟困境的蔓延，如果持续增加同盟成本，增加的同盟成本在短期掩盖或缓解同盟困境之后，开始滋养同盟困境，因为持续的成本投入会将同盟抛弃与牵连推向更为危险的境地，即成本越高抛弃与牵连的代价越大。与此同时，新同盟困境会刺激传统同盟困境，同盟对手与同盟经济伙伴同一性困境以及同盟间困境等新同盟困境会强化抛弃与牵连这对传统同盟困境，同盟困境的爆发期最终会出现，从而使同盟陷入危机。

联盟与战略行为

分化对手联盟：战略、机制与案例[*]

刘　丰

在联盟政治研究领域，对于联盟为何缔结、持续和瓦解的问题已经多有探讨。然而，关于一个国家在面对对手联盟时的政策反应和战略选择的研究并不充分。当面对一个针对自己的联盟时，一个国家可以考虑削弱或瓦解对手联盟（分化对手联盟）的可能性。也就是说，一个国家可以考虑阻止某中立国成为对手的盟友，让对手联盟中的某些国家不参与针对自己的对抗而保持中立，甚至让对手联盟中的某些国家退出联盟后成为自己的盟友。由于分化对手联盟问题具有重要战略意义，在本文中，我们将试图从学理角度探讨分化对手联盟的含义、战略和机制，并辅之以现实案例的剖析，以便深化我们对这一重要国际关系现象和国家行为的理解。

一　关于分化对手联盟问题的既有研究

分化瓦解对手联盟的观念与实践早已有之，可以追溯到军事和外

[*] 本文原刊于《世界经济与政治》2014 年第 1 期。文章曾先后在 2011 年 12 月 2 日外交学院博士生课堂讲座、2012 年 5 月 12 日中国社科院亚太与全球战略研究院"联盟理论与东亚秩序"研讨会和 2012 年 12 月 8 日清华大学当代国际关系研究院"联盟理论与中国联盟战略"研讨会上宣读，林民旺、宋伟、孙学峰、徐进、周方银和其他与会学者提出了的宝贵意见，节大磊、王薇、左希迎在后续修改过程中提出了有价值的建议，另外陈永、董柞壮、迟永和刘志等给予了研究协助，笔者在此一并对他们表示感谢。感谢《世界经济与政治》杂志匿名审稿专家提出的宝贵意见和建议，文中疏漏之处由笔者负责。

交战略的悠久历史中去。比如，中国古代军事著作《孙子兵法》中就提出了"亲而离之"的战术，其核心思想是，当敌人内部团结时，就对其进行离间，使敌人从内部瓦解。在国际关系理论界，一些现实主义学者也对这种理念有所论述，比如，肯尼思·沃尔兹（Kenneth N. Waltz）指出，当一个国家进行外部制衡时，既可以增强和扩大自身的联盟，也可以"削弱和缩小敌对联盟"。[①] 基于联盟可信性（credibility）的研究也表明，许多联盟在面临内部纷争和外部压力时可能出现联盟承诺不可靠的问题，一些联盟中的盟友在危机和战争发生时会因为各种原因而违背承诺。[②] 然而，无论是在军事战略研究还是国际关系理论研究中，对于一国应采取哪些手段分化对手联盟以及需要怎样的条件确保其成功这些问题，都缺乏系统的论述，这一点可从联盟政治领域的文献积累中得到反映。

在国际关系领域，如何应对甚至分化对手联盟的问题属于联盟理论研究的范畴。传统上，有关联盟政治的研究主要关注三类问题。第一类研究关注的是结盟的动力，尤其是联盟从产生、维持到瓦解的原因和机制。比如，国际关系学界对于制衡（balancing）还是追随（bandwagoning）是联盟形成的主要原因存在长期的争论，并且至今尚无定论。第二类研究涉及联盟的内部管理，即联盟如何维系以及盟友之间的关系如何处理。比如，近年来一些代表性研究考察了影响联盟凝聚力的因素以及联盟内部困境对联盟行为的影响等。第三类研究考察的是联盟的后果，也就是联盟如何影响国家行为以及国际政治的总体后果，其中关于联盟是否有利于体系的稳定性以及是否会促成战争等问题尤为受到关注。[③] 尽管这些研究或多或少能够为我们理解分

---

① Kenneth N. Waltz, *Theory of International Politics*, Reading, MA: Addison - Wesley, 1979, p. 118.

② Brett Ashley Leeds, Andrew G. Long and Sara McLaughlin Mitchell, "Reevaluating Alliance Reliability: Specific Threats, Specific Promises," *Journal of Conflict Resolution*, Vol. 44, No. 5, 2000, pp. 686 - 699; Brett Ashley Leeds, "Alliance Reliability in Times of War: Explaining State Decisions to Violate Treaties," *International Organization*, Vol. 57, No. 4, 2003, pp. 801 - 827.

③ 有关联盟政治研究发展的最新评述文章可参见 Patricia A. Weitsman, "Alliances and War," in Robert A. Denemark, ed., *The International Studies Encyclopedia*, Oxford: Blackwell Publishing, 2010。

化对手联盟提供一些基础知识，但其中的论述是零散的、间接的，而不是系统的、直接的。尽管一些研究者也关注了联盟的瓦解和破裂，但是他们主要从集体行动、国内政治、意识形态等方面来考察联盟瓦解的原因，而很少注意到联盟的对手可能采取分化联盟的战略。①

　　当然，我们还是可以从大量的联盟政治文献中找到少数几项与分化对手联盟有关的研究。在《联盟政治》一书中，格伦·斯奈德（Glenn H. Snyder）对"分而治之"（divide and rule）战略有所论述。他认为历史上的德国是这一战略最积极的推行者，主要措施是向对手联盟中的某个成员施加压力来表明该联盟的弱点，或者向对手联盟中的某个国家发出与之结盟的邀请。不过，斯奈德认为这样的努力大多以失败告终。② 泉川康弘（Yasuhiro Izumikawa）在其 2001 年完成的博士学位论文中研究了一个国家运用所谓的"联盟制衡战略"（alliance balancing strategy）来分化对手联盟、团结己方联盟的行为。泉川认为，"联盟制衡战略"是对奖励（reward）和强制（coercive）两种手段的运用，而一国到底是选择使用奖励还是使用强制主要取决于其奖励能力（reward power）和联盟内的安全依赖程度。③ 在研究春秋战国时期秦国统一中国的过程时，许田波注意到了秦国使用"分而治之"战略瓦解反秦联盟的实践，她指出"秦国制定了'连横'战略，通过威胁和贿赂的方式使其他诸侯国相互攻击，以阻止或拆散'合纵'联盟，并进而以压倒性的力量各个击破。④"斯坦茜·戈达德（Stacie E. Goddard）研究了俾斯麦时期普鲁士规避制衡联盟形成的历史经验，

---

　　① 有关联盟瓦解原因的研究见 Stephen M. Walt，"Why Alliances Endure or Collapse，" *Survival*，Vol. 39，No. 1，1997，pp. 156 – 179；Brett Ashley Leeds and Burcu Savun，"Terminating Alliances：Why Do States Abrogate Agreements？" *The Journal of Politics*，Vol. 69，No. 4，2007，pp. 1118 – 1132。

　　② Glenn H. Snyder，*Alliance Politics*，Ithaca：Cornell University Press，1997，pp. 337 – 338.

　　③ Yasuhiro Izumikawa，"United We Stand，Divided They Fall：Use of Coercion and Rewards as Alliance Balancing Strategy，" Ph. D. dissertation，Georgetown University，2001，pp. 2 – 25；Yasuhiro Izumikawa，"To Coerce or Reward？Theorizing Wedge Strategies in Alliance Politics，" *Security Studies*，Vol. 22，No. 3，2013，pp. 498 – 531.

　　④ Victoria Tin – bor Hui，*War and State Formation in Ancient China and Early Modern Europe*，New York：Cambridge University Press，2005，pp. 67 – 68。也可参见许田波《战争与国家形成：春秋战国与近代早期欧洲之比较》，徐进译，上海人民出版社 2009 年版，第 63 页。

她认为普鲁士的成功是因为它采取了所谓的"合法化战略"（legitimation strategy），即在言辞上利用公认的规范和规则来为自己的行为辩护。① 蒂莫西·克劳福德（Timothy W. Crawford）在最近的研究中指出，一个国家可以采取所谓的"楔子战略"（wedge strategies）破坏针对自己的潜在或实际联盟。② 楔子战略的目的是让对手联盟中的某个或某些成员加入自己一方、保持中立或者不直接与自己发生冲突。克劳福德认为楔子战略主要通过选择性安抚（selective accommodation）的手段实施，具体有绥靖（appeasement）、补偿（compensation）和背书（endorsement）三种方式。当然，也有一些学者（主要是历史学者）并不致力于提出分化对手联盟的理论，而是着重对一些具体历史事件进行研究。比如，冷战史专家约翰·刘易斯·加迪斯（John Lewis Gaddis）曾对美国在杜鲁门和艾森豪威尔时期分化中苏同盟的"楔子战略"有过专门分析。③

　　既有研究虽少，但是给我们提供了极大的启发。这些研究表明，分化对手联盟不仅在实践上是可能的，而且具有重大的理论意义，它可以在一定程度上纠正当前联盟政治研究领域忽视既定联盟可能遭到对手分化瓦解的现象。当然，从以上概述我们可以发现，在已有的数量有限的研究中，研究者对待这一问题的切入角度、研究方法、核心概念和案例使用都存在很大的差异。与此同时，上述研究存在以下三个问题，只有加以解决才能推进分化对手联盟问题的研究：

---

　　① Stacie E. Goddard，"When Right Makes Might: How Prussia Overturned the European Balance of Power," *International Security*, Vol. 33, No. 3, 2008/2009, pp. 110 – 142.

　　② 参见 Timothy W. Crawford, "Preventing Enemy Coalitions: How Wedge Strategies Shape Power Politics," *International Security*, Vol. 35, No. 4, 2011, pp. 155 – 189; 也可参见 Timothy W. Crawford, "Wedge Strategy, Balancing, and the Deviant Case of Spain, 1940 – 1941," *Security Studies*, Vol. 17, No. 1, 2008, pp. 1 – 38。

　　③ John Lewis Gaddis, "Dividing Adversaries: the United States and International Communism, 1945 – 1958," in *The Long Peace: Inquiries into the History of the Cold War*, New York: Oxford University Press, 1989, pp. 147 – 194; John Lewis Gaddis, "The American 'Wedge' Strategy, 1949 – 1955," in Harry Harding and Yuan Ming, eds., *Sino – American Relations*, 1945 – 1955: *A Joint Reassessment of a Critical Decade*, Wilmington: SR Books, 1989, pp. 157 – 183。也可参见此书中文版 [美] 约翰·刘易斯·加迪斯：《长和平：冷战史考察》，潘亚玲译，上海人民出版社 2011 年版，第六章。

第一，既有研究提出了分化对手联盟的一些战略，但是这些战略缺乏必要的类型化，因此既不完整也不准确。比如，斯奈德所说的"分而治之"只是分化对手联盟的手段之一，而且如果考虑到欧洲国家体系以外的历史经验，其成效远比斯奈德的论述要乐观。泉川康弘将一国使用的战略区分为奖励和强制两类，这一分类在理论上非常粗略，在实践中也缺乏必要的操作性。克劳福德区分了选择性安抚和对抗两种战略，尽管他将前者具体化为绥靖、补偿和背书三种方式，但是基本否定了使用对抗手段（或强制性手段）的作用，由此使得他的研究忽略了许多重要的战略类型，比如，颠覆和征服，而这些战略在历史上有大量的成功案例。①

第二，上述研究没有厘清分化对手联盟战略成功的条件，因此无助于我们比较这些战略的优劣及其作用机制。泉川康弘讨论的问题是一国倾向于使用何种战略，而非何种战略更有可能成功。由于研究主题的限制，许田波主要对战国末期秦国分化瓦解反秦联盟的过程进行了描述，并没有分析这些战略成功的原因和条件。戈达德指出了合法化战略发挥作用的三个条件，但是这些与其说是战略成功的条件，不如说是战略实施的表现。而且，她的研究关注的是使用言语层面的自我辩护来规避制衡的战略，没有考虑俾斯麦采取的具体军事和外交实践的作用。② 克劳福德的研究简单地认为选择性安抚战略更容易成功，但是没有揭示这些战略为何成功以及成功需要怎样的内部和外部条件。

第三，上述学者的研究大多依据近代以来以西方为中心的民族国家体系的经验，然而，由于这一体系在时间和空间上的局限性，本身能够为我们展示的联盟政治经验并不丰富。近年来，国际关系学界出

---

① 克劳福德认为强制性手段的效果总是适得其反的，即不仅无法将某一个国家从对手联盟中分化出来，反而会使它更加依赖于对手联盟。参见 Timothy W. Crawford, "Preventing Enemy Coalitions: How Wedge Strategies Shape Power Politics," pp. 161–162. 本文认为将强制性手段排除在考察范围之外，在逻辑和经验上看都是不可取的。

② 戈达德指出了合法化战略发挥作用的三个条件：释放自我约束的信号、让敌对国家陷入言辞圈套（rhetorically traps）、利用敌对国家的核心原则和规范为自己辩护。参见 Stacie E. Goddard, "When Right Makes Might: How Prussia Overturned the European Balance of Power," pp. 123–126。

现了摆脱西方中心、扩展历史视野的呼声，[①] 但是在联盟政治研究领域这种努力还没有促成系统性的研究出现。实际上，在历史上的东亚、拉美和非洲等地区性体系中，出现了大量的国家（或准国家）间联盟，它们为我们提供了许多分化对手联盟的实例。因此，我们有必要在更为宽广的历史范围内考察分化对手联盟现象，丰富联盟政治的案例库。

从上述回顾和评论可以看出，当我们在关注分化对手联盟这一现象时，需要回答几个方面的问题：首先，一个国家主要通过哪些战略来分化对手联盟？其次，这些战略为什么会发挥作用？再次，这些战略在怎样的条件下最有可能成功？最后，这些战略在怎样的情况下最有可能失败？因此，我们首先需要对一国分化对手联盟的战略行为进行类型化，并在此基础上提供一个比较完善的解释框架；与此同时为了验证这一解释框架的效力，我们既要考察分化对手联盟的成功案例，也需要考察分化对手联盟的失败案例。

二　分化对手联盟的战略和机制

面对对手联盟可能造成的安全威胁，一个国家可以采取主动措施，削弱、阻碍和分化针对自己的实际或潜在联盟，我们将这种战略称为"分化战略"（strategy of division）。那么，一个国家可以采取哪些战略分化对手联盟呢？在国际政治现实中，一个国家为了实现其战略目标，在大多数情况下会综合运用各种战略资源、手段和行动。不

---

① 一些学者做出了借鉴非西方历史经验来补充、修正或否定主流国际关系理论的初步努力。比如，康灿雄（David C. Kang）有关古代东亚体系的研究，可参见 David C. Kang, "Getting Asia Wrong: The Need for New Analytic Frameworks," *International Security*, Vol. 27, No. 4, 2003, pp. 57 - 85; David C. Kang, "Hierarchy, Balancing, and Empirical Puzzles in Asian International Relations," *International Security*, Vol. 28, No. 3, 2003/2004, pp. 165 - 180。威廉·沃尔福思（William C. Wohlforth）等利用古代历史经验对均势理论进行检验的研究可参见 William C. Wohlforth, et al., "Testing Balance - of - Power Theory in World History," *European Journal of International Relations*, Vol. 13, No. 2, 2007, pp. 155 - 185; Stuart Kaufman, Richard Little and William C. Wohlforth, eds., *The Balance of Power in World History*, New York: Palgrave Macmillan, 2007。

过，从分析的角度考虑，我们在分析国家的战略行为时必须将一种战略与另一种战略区分开来。区分意味着建立类型化（typology），即根据一定的标准对国家战略进行必要的分类。我们首先需要考虑逻辑上可能的战略类型，也要根据现实加以选择和缩减。[①]

（一）分化对手联盟的战略类型

当面对对手联盟对自身生存、安全和发展构成的挑战时，一个国家为了避免陷入孤立、最大限度地削弱主要对手，可能希望运用战略手段达到以下战略效果：第一，阻止对手的潜在结盟者加入对手联盟；第二，促使对手联盟的成员在对抗时保持中立；第三，吸引对手联盟的成员在对抗时转而支持自己；第四，吸引对手联盟的成员加入自己领导的联盟。正如上文所提到的，一个国家采取积极的分化战略可以实现上述目标中的某一项，最低目标是阻止对手联盟因为吸纳新成员而变得更强大，最高目标则是削弱对手联盟的同时扩大自己的联盟，使得力量对比的天平向己方倾斜。

那么，分化战略究竟由哪些具体的战略手段构成？回顾泉川康弘和克劳福德所做的研究可以发现，他们倾向于采取两分法来描述对手联盟的战略：强制与奖励、威逼与利诱、胁迫与许诺，简言之，大棒与胡萝卜。这样的概括简洁而清晰，然而国家在分化对手联盟过程中所施展的具体战略手段远比这种概括更加丰富。在此，我们先接受这一两分法，并且分别用合作性战略（cooperative strategies）和对抗性战略（confrontational strategies）来重新表述。但是，仅仅这两组战略并不足够，因为它不能涵盖第三种在逻辑上可能、在现实中的确出现过的战略形态，即观望（wait-and-see）战略，也可以称为"不作为"（doing-nothing）战略。无论是泉川康弘还是克劳福德，包括其他研究联盟政治的学者，都没有意识到这种战略的存在及其作用，因此我们先对这一新增战略加以论述。

观望/不作为意味着暂时缓解向对手联盟中的各方施加压力，等

---

① 关于类型化的要求和操作程序的研究可参见 Colin Elman, "Explanatory Typologies in Qualitative Studies of International Politics," *International Organization*, Vol. 59, No. 2, 2005, pp. 293 – 326。

待该联盟因内部矛盾而削弱、破裂。观望/不作为是介于合作性战略与对抗性战略之间的一种战略形态，然而，观望并不意味着消极被动地等待，而是一种积极的、有意识的战略。之所以采取这一战略，是因为外部安全威胁的凸显是联盟缔结和维系的基础，联盟内的国家虽然原本存在利益矛盾和冲突，但会因为外部威胁的显现而弥合彼此之间的分歧；但是，当外部威胁消失或者显著削弱时，联盟存在的价值会大大减弱，而原本存在的利益冲突和矛盾会让联盟变得难以持续，至少让联盟义务变得脆弱。如果一个国家明白自己施加的安全压力是对手联盟保持团结的原因，而且又希望让对手联盟内部本来就很脆弱的凝聚力降低，那么它的理性选择应该是缓解向对手联盟中的两个或多个成员施加的安全压力，或者完全停止具有挑衅性的行为，或者将战略重心转向对手联盟之外的第三国，让对手联盟的内部矛盾爆发出来。简言之，脆弱的对手联盟只是因为一个更加强大而紧迫的敌人联合在一起，面对这样的联盟，与其施加更大的压力，不如放松对它们的逼迫。

在中国历史和古典战略思想中，我们可以找到对观望这一战略类型在分化对手中的直接论述和运用。公元202—203年，中国正处在东汉末年军阀混战、豪强争霸的时期，曹操在歼灭主要对手袁绍之后企图乘胜追击，因此谋划对付他的两个儿子袁谭和袁尚。当时，曹操的谋士郭嘉向他提出"隔岸观火"的无为之策。郭嘉给出的理由是，"急之则相持，缓之而后争心生。[1]"也就是说，如果进攻太急，他们就会团结一致对付我们；如果暂缓攻击，他们之间就会相互争斗。曹操采纳了郭嘉的建议，佯装进攻其他对手，而后来的结果也如郭嘉所料，袁谭和袁尚之间发生争斗，而曹操也利用这一契机分别消灭了他们。第二次世界大战之前，希特勒德国首先在边缘地带进行扩张，而没有直接对英国、法国及其势力范围发起进攻，并且与苏联签订《互不侵犯条约》，促成了英国和法国的绥靖政策，避免它们受到刺激而变得团结、形成及时有效的制衡联盟。直至希特勒入侵波兰之前，无论是英国还是法国，国内政治精英和大众都难以对希特勒多大程度上

---

[1]   《三国志》，卷14魏书14。

是一个威胁达成共识，更难以形成一致的应对方案。

除了增加观望/不作为这一既有研究所注意的战略类型之外，本文还试图对合作性战略和对抗性战略进行更细致的类型化，试图为分化对手联盟战略的讨论增加新的知识。笔者认为，合作性战略和对抗性战略还可以根据战略实施和资源投入的程度分别划分为三种子战略（sub‑strategies）：前者包括安全保证（security guarantee）、缓和（rapprochement）和利诱（bribery）三种子战略，后者则包括威逼（compellence）、颠覆（subversion）、征服（conquest）三种子战略。

安全保证意味着满足次要对手的安全需求，保障其基本安全，具体实施方式可能是签订互不侵犯条约或协议，也可以是以联盟的形势稳定双方关系。一国与他国缔结联盟的基本目的是满足自身的安全需求，对于那些中小国家而言尤为如此，在以大国竞争为主要特征的国际体系中，中小国家只能在安全上依靠某一大国，它们要么倒向一个大国，要么倒向另一个大国。因此，当某个国家希望分化对手联盟中的较小国家时，可以尝试使用通过提供安全保证的方式将它分化出来，使其在自己与主要对手的竞争中保持中立或倒向自己一方。当然，安全保证战略能够成功的前提在于，自己与次要对手之间的利害冲突仅仅局限于安全，而通过提供安全保证能够完全满足对手的安全预期。如果次要对手加入对手联盟是为了获取安全之外的目标，比如，领土和势力范围等，那么安全保证不一定能够将其分化出来。通过提供安全保证战略分化对手联盟的典型案例是，战国时期秦国远交近攻的战略，对离秦国较远的国家实行拉拢，承诺不进行侵略，并且秦昭王派遣使者与齐国结盟，对周围国家却积极打击。

缓和是指与敌对一方达成谅解，具体表现为军事上采取消除敌对行动的措施（临时或长久的），政治上相互承认对方、解决领土争端和历史问题等，从而削弱其继续留在对手联盟中的动机。缓和可能是一方主动采取的单方面措施的结果，可能是双方共同协商和谈判实现的，也可能是在第三方的斡旋和调解之下达成的。缓和潜在地包含着利益的让与和补偿，[1] 希望缓和关系、将他国争取到自己一方的国家

---

[1] 克劳福德关于选择性安抚的论述中包含了补偿（compensation）。

尤其需要主动采取补偿措施。当然，补偿只是缓和关系的努力的一部分，因为缓和的措施包括政治、经济、军事甚至心理等多个维度，比如，高水平的缓和意味着承认对方的存在，不再将对方视为敌人。公元前287年，苏秦召集齐、燕、韩、魏、赵等国联合攻秦，秦国为瓦解联军，答应废除帝号，将以往侵占的领土归还给魏、赵，从而导致攻秦联盟的夭折。20世纪70年代末，埃及和以色列在美国的调解下缓和关系，从而使埃及退出了反对以色列的阿拉伯联盟，这是通过第三方调解达到缓和关系，使某一国家不再加入反对本国的联盟的当代案例。[1]

利诱是指针对对手联盟中的次要对手进行让步和妥协，满足其利益诉求，包括给予领土、经济和政治上的利益，以便使其暂时放弃与本国的对抗。如果说缓和包含着敌对关系的缓解，那么利诱仅仅是敌对关系的维持（如果不是继续升级的话）。利诱意味着安抚潜在和实际对手，使其暂时在与本国的对抗中保持中立，比如，二战之前德国通过与苏联签订互不侵犯条约，分化了可能针对自己的潜在联盟。一战爆发初期，协约国答应满足意大利"收复故土"（Italia irredenta）的要求，于1915年4月签订《伦敦条约》，从而促使意大利加入英法俄一方。战国末期，秦国经常通过贿赂和收买方式瓦解合纵联盟。公元前247年，秦国不断大规模兼并魏、赵、韩三国的土地，秦的边界已近魏都大梁。在这种形势下，魏信陵君以个人的威望竭力发动一次合纵抗秦的活动，各国派兵救魏，击败秦将蒙骜，追至函谷关。公元前246年，秦国以万金行间于魏，魏安僖王解除了信陵君的兵权，合纵抗秦随之破产。

威逼是指通过威胁或者实施制裁来迫使次要对手退出对手联盟。使用威逼手段意味着用武力或制裁相威胁，以便使对手联盟的某一成员退出该联盟，或者至少在与自己的对抗中保持中立。这不是一种实际使用武力的战略。在对手联盟可能针对自己的情况下，向其中的参与者发出明确的信号，表明由此可能导致的后果和承受的代价，使之

---

[1]　Avi Kober, *Coalition Defection*: *The Dissolution of Arab Anti – Israeli Coalitions in War and Peace*, Westport CT: Praeger Publishers, 2002.

退出对手联盟，或至少在冲突中保持中立。泉川康弘所说的强制性离间（coercive wedging）和克劳福德所说的对抗都是指使用制裁与威逼的手段进行分化。尽管克劳福德认为强制或对抗手段作用甚微，但是历史还是为我们提供了一些成功的案例。公元前293年，秦大胜韩、魏的伊阙之战后，秦昭王写信给楚顷襄王，对楚国进行威胁。信中说："楚背秦，秦且率诸侯伐楚，争一旦之命，愿王之饬士卒，得一乐战。"① 楚顷襄王担心秦国攻打楚国，于是与秦谋和，与其结为姻亲之国，使得秦在军事上屡攻韩、魏而无后顾之忧。

　　颠覆是指分化某一对手的国内政治联合（domestic coalitions），支持与自身友好的力量上台，从而使其在竞争中站在自己一边。兰德尔·施韦勒（Randall Schweller）关于国家无法及时有效地制衡严峻的外部威胁的研究表明，任何国家的国内政治都不可能是铁板一块的，即使是在面对外部威胁和强大压力的情况下也是如此。② 一般而言，强弱国家组成的联盟中，处于持久安全威胁中的弱国国内政权的合法性可能取决于与该强国的联盟关系，强国可以支持倾向于对自己友好或可以维持联盟关系的政权，反对与自己疏远的政权。颠覆这种分化瓦解战略针对的是目标国的国内政治联盟，它们可能是掌权派中主张与自己保持友好的力量，也可能是试图借助外部力量上台的政治反对派。美国无疑是使用这种手段最为熟练的国家，从冷战到后冷战时代，美国提供了通过颠覆手段扶植亲美政权、瓦解反美联盟的众多案例，这些案例显示出实现目标的手段可谓多种多样：根据从隐蔽到公开、从间接到直接的程度排列，资助非政府组织和精英团体进行渗透活动、为对象国反对派赢得选举提供资金和培训、扶植和策动对象国反对派进行颠覆以及美国中情局采取秘密行动等。21世纪以来，美国和欧洲多次在幕后支持的颜色革命，包括格鲁吉亚的"玫瑰革命"和乌克兰的"橙色革命"等，推翻了目标国国内的亲俄政权，建立了亲西方的政权，进一步削弱了独联体的力量。当然，正如下文

① 《史记·楚世家》。
② Randall Schweller, *Unanswered Threats: Political Constraints on the Balance of Power*, Princeton, NJ: Princeton University Press, 2006.

的案例研究所表明的，俄罗斯面对美国的分化措施时也试图采取反措施，通过支持独联体国家的国内亲俄力量重新获得对这些国家的影响。

征服是指在对手联盟对自己发动整体进攻之前用武力解除该联盟中的某个国家对自己的威胁，这是一种成本高昂、危险性大的手段，因为它意味着对可以争取的对手使用武力，如果不能使其立刻屈服，反而会促使其与对手联盟的主要对手更紧密地联合在一起。不能排除的可能性是，主要对手会对次要对手进行支持，因此，成功地征服应该是在主要对手对次要对手提供支援之前进行。拿破仑战争时期，面对拿破仑·波拿巴（Napoléon Bonaparte，1769－1821）的法国，英国曾经领导七次反法同盟，但是前六次都以失败告终。之所以反法同盟屡遭失败，是因为拿破仑通过战争手段实现了对反法同盟中的一些国家的征服和兼并，从而消除了部分国家留在反法同盟中的可能性。比如，在第三次反法同盟期间中，拿破仑很快打败了俄国和奥地利联军，从而迫使普鲁士与法国签订联盟条约，并向之前的盟友英国宣战。

至此，本文提出了分化对手联盟的主要战略类型，根据它们从合作到对抗的程度差异进行细分，如图1所示。在这些战略中，安全保证、缓和及利诱是合作性政策，而威逼、颠覆及征服是对抗性政策，观望则是一种中间选择。与此同时，上文的论述也表明这些战略在现实世界中都有着成功的案例与之对应。

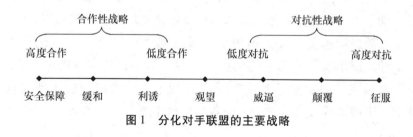

图1   分化对手联盟的主要战略

需要明确的是，任何手段的使用都可能不是孤立的，在具体的历史事件中，国家为了达到战略目的可以综合使用多种手段，比如，在分化对手联盟中针对主次对手采取不同方法，一紧一松、一打一拉。在此，我们可以假设一个最简单的联盟情形，其中，一国面对的是由一个主要对手和一个次要对手组成的联盟。为了离间其中的次要对手，该国可以表面上寻求与主要对手缓和关系，造成次要对手对联盟可靠性的疑虑，从而起到离间对手联盟的效果；或者，该国可以针对主要对手进行武力上的胁迫，间接地给次要对手造成压力。当然，更常见的情况是，该国直接针对次要对手进行威逼利诱，它既可以给对手联盟中的次要对手提供安全保证或经济援助，也可以利用经济制裁和军事压力等手段迫使次要对手在冲突中保持中立。在具体实践中，一国可以同时针对主要对手和次要对手综合运用两种手段，比如，在对次要对手进行利诱的同时，对主要对手进行威逼。

（二）分化对手联盟战略成功的机制

区分分化战略的类型仅仅解决了研究问题的一部分，从理论和实践两方面考虑，问题的关键还在于厘清这些战略成功的条件和机制。因此，我们还需要回答的问题包括：为什么一些战略成功了，而另一些战略则失败了？为什么一些战略在有些情况下成功了，但是在另一些情况下则失败了？只有解决这些问题，分化对手联盟战略才具有实践意义和政策价值。

为了便于讨论，我们还是假设一种简单的情景——A 国面对的是 B 国与 C 国结成的联盟，其中，B 国是主要对手，C 国是次要对手。在竞争和对抗中，A 国的优先考虑是将 C 国从对手联盟中分化出来，以集中精力应付主要对手 B 国。正如国家之间的双边关系一样，有许多因素可能影响到 A 国实施分化对手联盟战略的效果，比如，实力对比、地理位置、政权类型、联盟的凝聚力等。

我们可以从逻辑上将影响分化对手联盟战略成败的因素分为三个方面：第一，对手联盟的属性；第二，战略实施国与对象国之间的关系；第三，对象国的自身属性。从对手联盟的属性角度考虑，最有可能影响战略实施效果的是对手联盟的内部关系，即对手联盟是对称性联盟还是非对称性联盟，因为这种内部关系决定了次要对手退出该联盟的能力和意愿。如果是双方实力差距较小的对称性联盟，双方都是相对自助和独立的行为体，安全依赖程度会比较低，在这种情况下，使用合作性手段分化的成功率会高于使用强制性手段的成功率。与此同时，联盟内部的政策一致性也会影响到成员之间的关系，一致性较高的联盟的内部关系更为紧密，而对于一致性较低的联盟，其内部矛盾更可能为对手的分化战略所利用。

如果战略实施国与其对手联盟中的对象国之间关系的核心性质是利害冲突，尤其是涉及核心利益的冲突，比如，存在领土争端、威胁到彼此的政权生存等，那么分化对手联盟的可能性较小；而双方关系不涉及核心利益冲突，则分化的可能性较大。实施国与对象国之间的利害冲突主要由双方实力对比（power parity）、地理邻近性（geographic proximity）以及历史上的敌对程度决定的。

与分化对手联盟战略最相关的对象国的属性是国内凝聚力（domestic cohesion），通常凝聚力低的国家比凝聚力高的国家更容易分化。国家凝聚力是由许多条件决定的，比如，政权脆弱性（regime vulnerability）、政权类型（regime type）、国家能力（state power）等①，考虑到分化瓦解对手联盟主要涉及领导人对国际国内形势的判断，尤其是领导人获得的国内支持以及领导集团的凝聚力，我们可以考察对象国的国内政治联合之间的关系来考察国内凝聚力的强弱，无论是在民主国家还是非民主国家，不同国内政治势力之间的较量通常决定了国家的政策走向。通常凝聚力较低的国家存在多个竞争性的国内政治联合，利用这些国内政治联合之间的分歧和冲突，争取其中一些政治势力并且帮助他们上台是分化对手联盟的常用手段，这也属于利诱的一部分，只是针对的对象不是一国政府，而是该国的国内政治行为体。

需要说明的是，上述联盟内部关系、实施国与对象国之间利害冲突和对象国国内凝聚力三个变量都取决于其他因素，比如，对手联盟的内部关系取决于双方实力强弱，实施国与对象国之间的利害冲突可能是由双方实力对比、地理邻近性以及历史上的敌对程度决定的，而

---

① 为了简化讨论，这里也借鉴兰德尔·施韦勒在关于制衡不足（underbalancing）的新古典现实主义解释，施韦勒将国内政治变量归结为国家一致性（state coherence），本文则认为使用国内凝聚力这一概念更适合。施韦勒对制衡不足的理论解释可参见 Randall Schweller, *Unanswered Threats: Political Constraints on the Balance of Power*, 2006。

国内凝聚力则取决于政权脆弱性、政权类型、国家能力等诸多因素，但是纳入过多变量只会使研究变得复杂而难以把握。从本文研究主题出发，我们只考察这些与分化对手联盟直接相关的因素，而对于这些因素本身的决定因素，则会在具体的案例研究中进行论述。

　　以上对影响分化战略的主要因素进行了简要分析，由于这些因素之间本身也具有相互作用的关系，我们需要对这些相互作用进行更加细致的讨论，以便区分其中的主要因素和次要因素，或者将它们整合到一个连贯的逻辑链条上。在上文中，我们列举了每种战略类型的相应案例，然而，对于这些案例中联盟瓦解或失效的具体原因，仍然存在着不同的争论，比如，在一战前意大利退出与德国组建的轴心国联盟的案例中，意大利退出该联盟的主要原因到底是其本身不愿卷入战争还是英法对其进行利诱拉拢本身就存在争议。① 因此，从案例本身来讨论我们很难判断该案例中分化战略是否发挥了主导作用，也难以判断哪些因素在影响战略实施的成败中发挥决定性作用。

　　在之前的一项研究中，笔者对 1816 年至 1989 年的双边联盟瓦解的原因进行了定量分析。② 联盟瓦解的原因被区分为三类：第一，联盟维持条件，包括威胁程度、文化背景和冲突历史；第二，抛弃联盟的成本，包括贸易水平、领导人声誉、联盟中是否包含超级大国以及政权类型；第三，背景因素，包括国际结构、地理位置、战争经历、冲突经历以及违约记录。依靠"联盟条约与义务条款数据库"（Alliance Treaty Obligations And Provisions，ATOP）的统计数据进行的定量检验发现，最可能导致瓦解的因素有外部威胁上升、盟友中不存在超级大国、联盟在存续期间经历了战争或冲突等。这些因素综合起来表明，当联盟无法给其中的国家（尤其是中小国家）带来额外的安全，反而使这些国家在潜在或实际的冲突中担负较高的成本时，联盟最有可能分崩离析。

---

　　① Francesco L. Galassi and Mark Harrison, "Italy at War, 1915 – 1918," in Stephen Broadberry and Mark Harrison, eds., *The Economics of World War* Ⅰ, Cambridge: Cambridge University Press, 2005, pp. 276 – 309.

　　② 刘丰、董柞壮：《联盟为何走向瓦解?》，《世界经济与政治》2012 年第 10 期。

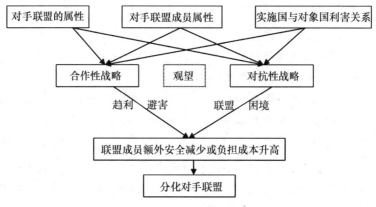

图 2   分化对手联盟的机制

　　尽管分化战略仅仅涉及联盟瓦解的一个方面，不过对联盟瓦解的普遍原因的考察还是有助于我们理解分化对手联盟战略发挥作用的原因和机制。从理论角度考虑，之所以分化战略能够成功，有两项重要的机制（如图 2 所示）：一方面，国家具有趋利避害的倾向（disposition of gain seeking and risk aversion），也就是说国家通常会选择带来收益、规避损失的战略，在损失不可避免的情况下，也会两害相权取其轻；另一方面，联盟困境（alliance dilemma）的存在加剧了这些国家的风险平衡意识，由于一些国家担心卷入不必要的冲突中，或者在冲突中遭到较强盟友的抛弃，因此对联盟的可靠性产生怀疑。这两个方面的原因都会导致联盟在部分成员受到外部压力或诱惑时会变得松散甚至走向瓦解。

三　分化对手联盟的当代案例：俄罗斯阻止周边国家加入北约的实践

　　纵观国际关系史，我们的确能够发现不少分化对手联盟的实例。中国古代战国时期的秦国成功分化瓦解抗秦联盟的经验是人们所熟知的经典案例，此外，既有研究也考察了其他一些案例，包括一战期间意大利退出轴心国集团、英日同盟破裂、冷战时期美国分化中苏同盟的楔子战略等。案例研究的目的主要是展示分化对手联盟的战略类型及其战略成效。考虑到分化对手联盟在当今时代的重要意义，本文试图寻找当下现实中的经验，以便表明这一战略的现实性及其成功的要素。之所以强调案例选择的现实性和当代性，是因为冷战后我们面对着一个由美国主导的单极体系，美国是体系中盟友最多的国家，也是最有能力吸纳盟友的国家。在这种情况下，分化对手联盟的难度极大，且成功的案例非常少见。不过，俄罗斯在冷战后阻止苏联成员国及其势力范围内的国家加入北约的经验不仅提供了反面案例（分化战略失败的案例），也提供了少量但重要的正面案例（分化战略成功的案例）。

（一）北约扩张与俄罗斯的安全压力

冷战结束后，亚欧大陆政治版图发生了重大变化，最为重要的是俄罗斯的传统势力范围瓦解，中东欧地区出现巨大的权力真空。面对这一机遇，美国很快试图填补权力真空，在俄罗斯传统势力范围内扩展自己的影响。在这一进程中，北约东扩无疑是最为重要的战略手段。

在国际关系理论界，有关北约是否应该继续存在曾经引起过争论，学者们也提出了不少有关北约为何得以维持的解释。① 无论从学术上可以提供多少种有关北约为何延续和扩大的解释，美国维护和扩张霸权的战略考量无疑是难以排除的重要原因。当冷战结束之初北约何去何从的问题出现之后，美国为北约设定了基本的发展方向，即从原来的军事同盟逐渐转变为军事政治同盟，扩大其任务范围并且吸纳新的成员国。② 1994 年北约推出了"和平伙伴关系"（The Partnership for Peace）计划，核心内容是制定北约东扩时间表，启动北约东扩进程。1999 年，波兰、捷克和匈牙利三国加入北约。2004 年，保加利

---

① Gunther Hellmann and Reinhard Wolf, "Neorealism, Neoliberal Institutionalism, and the Future of NATO," *Security Studies*, Vol. 3, No. 1, 1993, pp. 3 – 43; John S. Duffield, "NATO's Functions after the Cold War," *Political Science Quarterly*, Vol. 109, No. 5, 1994/95, pp. 763 – 787; Robert B. McCalla, "NATO's Persistence after the Cold War," *International Organization*, Vol. 50, No. 3, 1996, pp. 445 – 475.

② Richard E. Rupp, "NATO Enlargement: All Aboard? Destination Unknown," *East European Quarterly*, Vol. 36, No. 3, 2002, pp. 341 – 362.

亚、爱沙尼亚、拉脱维亚、立陶宛、罗马尼亚、斯洛文尼亚和斯洛伐克七国随后加入。2009 年，克罗地亚和阿尔巴尼亚加入，北约成员国增加至 28 个。

防范俄罗斯重新崛起以及扩展对中东欧国家的影响是美国力推北约东扩的主要原因。① 显然，北约东扩对俄罗斯造成了极大的安全压力。在推进到波罗的海三国之后，北约与俄罗斯之间的缓冲地带已经荡然无存，俄罗斯的后院成为北约的前线，这使得俄罗斯的战略空间被大大挤压。北约东扩使得俄罗斯丧失了近千公里的战略纵深，恶化了俄罗斯的地缘政治环境。与此同时，北约东扩也削弱了俄罗斯对欧洲安全事务的影响，北约在欧洲安全事务中占据了主导地位。2009年以来，北约并没有停下东扩的脚步，而是将目光瞄准了俄罗斯的后院——独联体。对俄罗斯来说，只有守住独联体这个最后的屏障，才能阻止北约对它的战略包围。在这种情况下，美俄对独联体国家的争夺愈发激烈；俄罗斯分化美国、北约与独联体国家潜在联盟的任务也非常紧迫。

俄罗斯为了阻止周边国家加入北约，针对不同国家采取了多种措施。首先，俄罗斯在外交上始终对北约东扩持强烈的批评立场，声称北约东扩威胁到本国安全;② 其次，俄罗斯也积极重整军备，加强军事威慑，提高战备级别。③ 最后，俄罗斯也试图加强对独联体国家的拉拢，大力发展与独联体"核心国家"的战略关系，推动集体安全条约组织（Collective Security Treaty Organization）向军事政治同盟的方向发展。与此同时，俄罗斯对具有离心倾向的"古阿姆"集团

———————

① 国内外学者对北约东扩原因的阐述有以下几种：一是克林顿政府想要获得国内东欧裔选民的支持，二是北约需要新的使命来维持继续存在的理由，三是东欧国家的安全需求，四是为了防止俄罗斯的再次崛起。参见 Robert H. Donaldson, "The Enlargement of NATO: Issues for Russia's Security," paper for presentation at the 2010 convention of the "International Studies Association," New Orleans, LA, February 20, 2010; Michael MccGwire, "NATO Expansion: 'A Policy Error of Historic Importance'," *Review of International Studies*, Vol. 84, No. 6, 2008, pp. 1281 – 1301。

② R. G. Gidadhubli, "Expansion of NATO: Russia's Dilemma," *Economic and Political Weekly*, Vol. 39, No. 19, 2004, pp. 1885 – 1887。

③ 刘桂玲：《俄罗斯应对北约东扩举措及俄美关系前景》，《现代国际关系》1999 年第 6 期。

（GUAM，格鲁吉亚、乌克兰、阿塞拜疆和摩尔多瓦组成的区域集团）实施打压政策，积极推动"欧亚经济空间"，给独联体国家经济输血。在大国外交上，俄罗斯从"一边倒"转向全方位外交，积极改善与美、欧的关系，同时加快构建同中国的战略伙伴关系，利用上海合作组织防止西方势力对中亚的渗透。① 除了上述战略布局外，针对美国极力拉拢的格鲁吉亚、乌克兰，俄罗斯更是采取合作与对抗相结合的战略，中止了两国加入北约的进程，成了重要的单极体系下分化对手联盟战略施展和取得成效的成功案例。

（二）俄罗斯阻止格鲁吉亚和乌克兰加入北约的努力

在格鲁吉亚的案例中，俄罗斯主要运用对抗性手段来达到迫使格鲁吉亚放弃加入北约的诉求，同时这一手段改变了美国及其北约盟国对格鲁吉亚加入北约风险判断。

格鲁吉亚位于高加索与黑海接合部，战略地位非常重要。独立后，俄格关系受到阿塞拜疆、亚美尼亚和格鲁吉亚等高加索三国领土争端、俄格领土争端以及俄格经济矛盾等问题的影响。2003 年格鲁吉亚爆发"玫瑰革命"，亲美的萨卡什维利（Mikhail Saakashvili）成为新一任总统。萨卡什维利对俄罗斯采取了强硬态度，两国就撤军问题、经贸问题、"间谍"问题等进行了持续交锋。同时他极力促成格鲁吉亚加入北约，这与美国继续推进北约东扩的战略目标不谋而合。美国和北约在政治上支持萨卡什维利政府，鼓励其抗拒俄罗斯的压力，同时通过军事互访、反恐合作、军队训练和财政援助提供具体支持。由此，格鲁吉亚加入北约的步伐也日益加快：1999 年，格鲁吉亚提出了加入北约的要求，并于 2002 年 11 月正式申请加入北约；2006 年 9 月底，北约决定将格鲁吉亚提升为"密切对话"伙伴国。萨卡什维利还表示格鲁吉亚将于 2008 年加入北约。

2008 年 7 月，南奥塞梯的形势急剧恶化，同年 8 月格鲁吉亚试图采取武力统一南奥塞梯，结果导致俄罗斯的军事介入，引发了俄格"五天战争"。最终格鲁吉亚惨败，俄罗斯承认阿布哈兹和南奥塞梯独立。这种结果是格鲁吉亚没有预料到的，为了报复，格鲁吉亚于 8 月 18 日退出独

---

① 　Robert H. Donaldson，"The Enlargement of NATO：Issues for Russia's Security，" 2010.

联体，并于 9 月 2 日宣布与俄罗斯断交。俄格冲突后，北约重申了吸收格鲁吉亚加入北约的承诺，并敦促俄罗斯立即从冲突地区撤军。

但是，俄格战争在很大程度上终结了格鲁吉亚加入北约的可能性。在这次战争之后，一些美国的俄罗斯问题专家也指出，俄罗斯军事打击格鲁吉亚具有阻止其加入北约的强烈动机，而且也达到了这一效果。① 这主要是因为，俄格冲突使两国领土争端激化，这与北约成员国不存在领土争端的规定冲突，而且俄格冲突使格鲁吉亚很大程度上变成了一个安全的纯粹"消费者"而非"生产者"②。与此同时，俄罗斯早已设定了禁止格鲁吉亚加入北约的红线，一旦接纳格鲁吉亚，势必会引起俄罗斯的强烈反应，对中东欧地区的安全局势以及美俄关系造成重大影响。这也是俄罗斯表达成为战略上的独立一极和保护自身势力范围的行动表示。在这样的背景下，北约内部对格鲁吉亚加入北约也产生了分歧，导致这一问题至此搁置下来。

与格鲁吉亚的案例相比，在乌克兰的案例中俄罗斯既运用了合作性手段进行拉拢，也运用了对抗性手段施加压力。这一案例还突出反映了在分化对手联盟以及国家间关系变化中国内政治力量的变化因素所起的作用，因为乌克兰最终选择放弃加入北约的重要原因在于亲俄力量在乌克兰国内再次占据上风。

乌克兰位于亚欧大陆的交界处、南邻黑海，有着非常重要的地缘政治意义，被视为五个"战略支轴"国家之一。③ 库奇马（Leonid Kuchma）执政期间，乌克兰实施东西方平衡外交，同北约的关系稳步发展。1994 年，乌克兰成为独联体中第一个参加"和平伙伴关系"计划的国家。1995 年乌克兰与北约宣布双方关系进入"深化和扩大合作"阶段。1997 年，北约在基辅成立全球首家信息中心。同年 7

---

① Brevy Cannon, "Politics Department Russia Experts: Russia's Attack on Georgia Was a 'Judo Move' Against NATO Expansion," February 3, 2009, http://news. clas. virginia. edu/politics/x15049. xml，登录时间：2013 年 10 月 8 日。

② Travis L. Bounds and Ryan C. Hendrickson, "Georgian Membership in NATO: Policy Implications of the Bucharest Summit," *Journal of Slavic Military Studies*, Vol. 22, No. 1, 2009, pp. 20 – 30.

③ ［美］布热津斯基：《大棋局》，中国国际问题研究所译，上海人民出版社 1998 年版，第 55—56 页。

月，乌克兰与北约签署了《特殊伙伴关系宪章》。1999 年，北约正式指定乌克兰的亚沃里夫为"和平伙伴关系计划训练中心"。2004 年乌克兰总统大选中，亲美的尤先科（Viktor Yushchenko）通过"橙色革命"最终当选总统。在尤先科担任总统的六年期间，乌克兰加入北约的步伐越来越快。仅在 2005 年乌克兰与北约就进行了三次高层会晤。2006 年，北约秘书长称乌克兰可能于 2008 年加入北约。乌克兰对此回应称，乌克兰将在三年内做好加入北约的准备。2007 年 2 月，北约提出，两年后格鲁吉亚、塞尔维亚、乌克兰加入北约是可能的。同年 3 月，美国参议院通过议案同意支持格鲁吉亚与乌克兰加入北约。2008 年，乌向北约正式提出加入"成员国行动计划"（Membership Action Plan）的申请。尽管 2008 年北约峰会没能使乌加入北约，但北约表示审议这一申请。

面对美国和北约的积极拉拢，俄罗斯一开始采取了打压政策。俄罗斯利用能源和电力供应上的绝对优势，迫使库奇马在 2000 年解除了亲西方的外长塔拉修克（Borys Tarasyuk）的职务。在 2004 年的总统选举中，普京先后两次在总统选举前访问乌克兰，公开支持亚努科维奇（Viktor Yanukovich）。2006 年，普京导演了"断气危机"。2007 年更是在乌克兰议会与总统权力之争中与美国对抗。2008 年俄罗斯警告乌克兰如果加入北约，俄可能不得不将战略核导弹对准乌克兰。而俄格冲突也被看作俄罗斯警告乌克兰的方式之一。① 俄罗斯更将着力点放在 2010 年的总统大选中，希望反对派能够战胜尤先科上台执政。2010 年乌克兰总统大选，亚努科维奇战胜季莫申科（Yulia Ty-moshenko）成为新一任总统，他上任伊始就宣布乌克兰将继续与北约合作，但会奉行不结盟政策。同年 7 月 15 日，他签署了议会通过的《对内对外政策原则法》，以法律形式确立本国的不结盟地位，从而排除加入北约等军事集团的可能性。

（三）俄罗斯的分化战略为何取得成功

尽管在北约东扩进程中，多数时候俄罗斯的处境显得非常被动，

---

① Stephen Blank，"What Comes After the Russo-Georgian War? What's at Stake in the CIS,"*American Foreign Policy Interests*，Vol. 30，No. 6，2008，pp. 379 – 391.

未能阻止大多数苏联加盟共和国加入北约，但目前来看确实中止了格鲁吉亚和乌克兰加入北约的进程。考虑到单极体系下美国及其盟友具有的强大实力和吸引力，俄罗斯在结构压力下能够取得些许成功也显得殊为不易。

在阻止格鲁吉亚加入北约的过程中，俄罗斯更多地采用了对抗性战略，并最终通过军事进攻的强制战略取得成功。当然，俄罗斯也采取过合作性战略，希望将格鲁吉亚纳入自身的战略轨道，包括在南奥塞梯和阿布哈兹问题上同格鲁吉亚签署了安全协议，在格鲁吉亚境内建立军事基地，并且促使格鲁吉亚加入了独联体和《独联体集体安全条约》。[①] 俄罗斯也曾使用经济手段利诱格鲁吉亚，但是收效甚微。最终俄通过军事手段"迫使格鲁吉亚变得老实"。[②] 相比之下，俄罗斯较为轻易地分化了乌克兰同北约的潜在联盟。

通过对以上两个案例进行比较，并且从上文所述分化对手联盟机制的角度考虑，我们可以发现俄罗斯成功阻止两国加入北约的主要原因包括以下三个方面：第一，美国和北约的安全并不依赖于格鲁吉亚和乌克兰，双方关系是一种不对称关系，将这些国家纳入北约并不是出于防御性目的，而是扩大既有联盟的势力范围和影响力。在这样的情况下，美国和北约并不愿意在与俄罗斯的正面冲突中提供实质性的军事援助。因此，当俄格战争爆发之后，"北约并没有为格鲁吉亚提供集体防卫的意愿。"[③] 甚至，北约认为这些可能成为俄罗斯打击目标的国家可能增加其卷入冲突的风险，因此北约内部也对是否吸纳格鲁吉亚产生了分歧。第二，俄罗斯与格鲁吉亚之间存在着重大利害冲突，但双方实力对比悬殊且地理上临近，因此俄罗斯可以非常容易地运用军事手段对其施加强制性压力。当然，乌克兰与俄罗斯之间并不存在核心利益冲突，加上两国在地理上毗邻，在文化传统上渊源甚

①   毕洪业：《俄罗斯地缘外交中的格鲁吉亚》，《俄罗斯中亚东欧研究》2005 年第 3 期。

②   Roy Allison，"Russia Resurgent? Moscow's Campaign to 'Coerce Georgia to Peace'，" *International Affairs*，Vol. 84，No. 6，2008，pp. 1145 – 1171.

③   Travis L. Bounds and Ryan C. Hendrickson，"Georgian Membership in NATO：Policy Implications of the Bucharest Summit，" pp. 20 – 30.

深，因此乌克兰公民加入北约的愿望并不迫切，反对的声音反而日益高涨。① 第三，从对象国的国内政治看，萨卡什维利任期间在内政和外交上均遇到极大的麻烦，国内支持度不高，因此很难凝聚民心并与俄罗斯作坚决的斗争。就乌克兰而言，其国内不同地区之间的政治对立非常严重，加上尤先科政府政绩惨淡，亲西方派在国内的支持日益减弱，这为后来亲俄力量重新上台提供了条件。② 此外，乌克兰国内对摇摆于北约和俄罗斯之间的外交政策进行了反思，认为通过地区安全合作、中立化或者"新欧洲—大西洋主义"都可以更好地维护国家安全。③

俄罗斯分化北约与东欧、独联体国家潜在联盟的时间长达二十多年，而且过程复杂曲折。在这期间，俄罗斯既有成功的经历，也有失败的教训，这为我们研究联盟分化问题提供了丰富的经验和启示。无论是格鲁吉亚案例还是乌克兰案例都清楚地表明，影响国内政治是分化对手的重要手段，只有在对方国内形成支持自己的强有力政治势力，对方才会坚定地站在自己的一方，或者至少不会轻易转投到对立的阵营中。总之，要想成功分化对手联盟，需要根据双方战略利益和战略关系综合使用不同类型的手段的组合。

四 结语

在国际政治中，导致联盟破裂、瓦解或失效的原因是多方面的，比如，共同威胁的消失导致联盟失去了继续存在的价值，盟友之间的利益冲突加剧导致内部分歧难以弥合而陷入争斗。同时，从大量历史事实中我们也可以发现，联盟本身所针对的国家也具有相当的能动

---

① 顾志红：《普京安邦之道：俄罗斯近邻外交》，中国社会科学出版社 2006 年版，第407 页。

② 朱适：《试析两次乌克兰总统选举与乌国内政治危机》，《国际论坛》2010 年第 5期。

③ Mykola Kapitonenko, "Between NATO & Russia: Ukraine's Foreign Policy Crossroads Revisited," *Caucasian Review of International Affairs*, Vol. 3, No. 4, 2009, pp. 435 – 444; Sergei Glebov, "Concerning 'Strange' Relations," *Russian Politics and Law*, Vol. 47, No. 5, 2009, pp. 52 – 65.

性，会综合使用合作、对抗和观望等不同手段加以应对，从而影响联盟的内部团结和凝聚力，使自身在与该联盟的竞争中获得优势。本文揭示了分化对手联盟战略的基本类型、实施条件以及作用机制，对于从理论角度深入理解一国在面临对手联盟的情况下如何积极主动地阻止、破坏和削弱对手联盟显然是有帮助的。考虑到联盟政治研究领域的文献较多关注联盟形成、维持和瓦解的外在因素，而对联盟/反联盟战略的具体手段及其成效缺乏重视，本文希望在这一问题上激发更多的学理探讨。

与此同时，本文的研究无疑也对思考当前中国的对外战略具有重要意义。近年来，在中国崛起所面临的国际和地区环境发生变化的形势下，中国学者对于中国外交战略转型提出了各种理论思考。其中，有关中国是否需要缔结联盟的讨论尤为热烈。一些学者认为，中国应该改变长期奉行的不结盟战略，转向积极地提供安全保障和缔结联盟；另一些学者则认为，中国应该继续韬光养晦，避免卷入结盟。长期以来中国政府明确表示坚持不结盟的政策，在国际形势没有发生根本性变化的情况下，中国政府不大可能完全抛弃既有的政策宣示，也不太可能公开宣布与他国结成军事安全联盟。因此，关于中国是否应该放弃不结盟战略的讨论的政策操作价值比较有限。当然，中国崛起面临美国所主导的联盟体系（尤其是其亚太联盟体系）的压力，也需要考虑如何应对一个美国领导的联盟体系的束缚乃至遏制。尽管本文关于战略类型和机制的理论研究不一定可以转换为具体的政策建议，但是学理讨论与政策处方之间的距离可以通过进一步的研究加以弥合。

谈判能力与联盟转型[*]

黄宇兴

一 引言

  第二次世界大战结束以来，美国在亚太地区的联盟始终是美国对华政策的一部分。冷战结束后，中国崛起使得美国更为重视在亚太地区联盟的作用。中国学者对此有较为普遍的共识。然而，中国学者争论的一个问题是：美国将目前的多个双边联盟转型成为一个多边联盟的可能性有多大？有学者认为，美国试图在美日联盟的基础上加强与其他盟国的合作。目前，美国已在三边合作机制化和安全合作的深化方面取得了重要进展。美国在亚太地区的联盟已呈现出"网络化"的特点。[①] 另一些学者认为，虽然美国强化了在亚太地区的双边联盟，但是实现双边联盟向多边联盟转型的可能性较低。[②] 这两种判断对中

---

  * 本文原刊于《世界经济与政治》2017年第6期。论文写作得到"清华大学引进人才启动经费"支持，特此致谢。感谢《世界经济与政治》杂志匿名审稿专家的意见和建议，文中错漏由笔者负责。

  ① 孙茹：《美国的同盟体系及其功效》，《现代国际关系》2011年第7期；孙茹：《美国亚太同盟体系的网络化及前景》，《国际问题研究》2012年第4期；吴心伯：《论奥巴马政府的亚太战略》，《国际问题研究》2012年第2期；周方银：《美国的亚太同盟体系与中国的应对》，《世界经济与政治》2013年第11期；左希迎：《承诺难题与美国亚太联盟转型》，《当代亚太》2015年第3期。

  ② 王帆：《冷战后美国亚太联盟战略的调整》，《外交学院学报》2002年第2期；陈寒溪：《多边主义与亚太安全合作》，《世界经济与政治》2003年第2期；凌胜利：《美国亚太联盟转型：在中美权力与信任之间》，《当代亚太》2012年第5期；刘丰：《美国的联盟管理及其对中国的影响》，《外交评论》2014年第6期；石源华：《淡化同盟体系，培育共同而非排他的"朋友圈"》，《世界知识》2016年第13期。

国应对美国在亚太地区的联盟的政策建议不尽相同。如果美国成功实现联盟转型的可能性较高，那么中国应当与更多的美国联盟之外的国家结盟，以便巩固现有影响并增强抵御外部风险的能力。如果美国成功实现联盟转型的可能性较低，那么中国应当继续谋求与美国的盟国发展各种形式的合作，以便迟滞美国联盟转型的进程。因此，中国对美国实现联盟转型成败的判断是一个重要的现实问题。

现有国际关系理论指出，联盟成员共享安全利益的程度和联盟成员共享价值规范的程度是解释产生双边联盟或多边联盟的主要因素。现有理论为解答中国面临的问题提供了有益的思路。然而，现有理论讨论了产生不同联盟类型的主要因素，但并未讨论联盟转型成败的主要条件。此外，现有理论也未讨论给出的两个基本因素的交互作用对联盟转型的影响。因此，现有理论存在一定的局限性。在肯定现有理论解释力的基础上，笔者将讨论强盟主推动双边不对称联盟转型为多边不对称联盟的成败条件。笔者提出，在不对称联盟中，强盟主对弱盟友的谈判能力是解释联盟转型成败的必要条件。

本文分为八个部分。第二部分讨论关于大国、联盟、联盟转型的定义，并给出不对称联盟的类型。第三部分讨论现有理论提出的安全利益、价值规范与联盟类型的关系。第四部分利用现有理论的思路，预测联盟转型的结果，提出强盟主对弱盟友的谈判能力作为解释不对称联盟转型成败的必要条件。第五部分讨论案例选择的依据。笔者选择1936—1937年法国在东欧的联盟转型失败和1940—1941年德国在东欧的联盟转型成功作为检验理论的案例。第六和第七部分依据英国、德国、意大利和苏联的档案，以上述两个案例检验理论的效力。①第八部分简要论述理论观点的现实意义。本文试图在三个方面做出贡献。第一，试图讨论现有理论不能完全解释的经验现象，即不对称联

---

① 本文所利用的英国档案主要包括 Documents on British Foreign Policy，1919 – 1939[DBFP]。本文所利用的德国档案主要包括 Documents on German Foreign Policy，1918 – 1945[DGFP]。本文所利用的意大利档案主要包括 Ciano's Diplomatic Papers，London：Odhams Press，1948；加莱阿佐·齐亚诺：《齐亚诺日记（1939—1943年）》，武汉大学外文系译，商务印书馆1983年版。本文所使用的苏联档案主要包括《第二次世界大战前夜的文件和材料 第二卷》，狄克逊存件，苏联外交部公布，莫斯科：外国文书籍出版局1948年版。

盟转型的成败。第二，基于现有理论，提出了解释联盟转型成败的必要条件，即强盟主对弱盟友的谈判能力。第三，选取对国际关系产生持久和重大影响的案例，以多国档案为基础，发展一个关于不对称联盟转型成败的新理论。

二　不对称联盟的类型

国际关系学者对大国的定义侧重不同。然而，多数学者强调，一个大国的基本特征是它拥有比其他国家更为强大的军事实力。在无政府的国际体系中，国家面临卷入武装冲突的风险。因此，强大的军事实力不但可以维护国家生存，还可以扩大国家的影响。[1] 相比而言，中等国家或者小国的军事能力较弱。它们不得不依赖外部援助保证生存。[2] 考虑到一个国家的军事投射能力深受地理环境的影响，笔者将大国定义为在某个地区具有强大的军事能力的国家。"联盟"或"同盟"（alliance）指两国或多国在安全事务方面的合作关系。联盟成员彼此做出安全承诺，期望在与某个国家发生武装冲突时可以得到盟国的支持。[3] 因此，联盟定义了潜在的朋友和对手。[4] 对称联盟指联盟成员全部为大国或者联盟成员全部为小国的联盟。例如，第一次世界大战爆发之前，德国、奥匈帝国、意大利结成了大国的对称联盟。第二次世界大战爆发之前，捷克斯洛伐克、罗马尼亚、南斯拉夫结成了小国的对称联盟。

不对称联盟指大国与小国结成的联盟。如表—1所示，不对称联

---

① Raymond Aron, *Peace and War: A Theory of International Relations*, Garden City: Doubleday & Company, 1966, p. 83; Hedley Bull, *The Anarchical Society: A Study of Order in World Politics*, New York: Palgrave, 2002, pp. 194 – 196; Jack S. Levy, *War in the Modern Great Power System*, 1495 – 1975, Lexington: University Press of Kentucky, 1983, p. 16; John J. Mearsheimer, *The Tragedy of Great Power Politics*, New York: Norton, 2001, p. 30.

② Arnold Wolfers, *The Small Powers and the Enforcement of Peace*, New Haven: Yale Institute of International Studies, 1943, p. 3; Robert Rothstein, *Alliances and Small Powers*, New York: Columbia University Press 1968, p. 24.

③ Glenn H. Snyder, "Alliance Theory: A Neorealist First Cut," *Journal of International Affairs*, Vol. 44, No. 1, 1990, pp. 104 – 105.

④ Glenn H. Snyder, *Alliance Politics*, Ithaca: Cornell University Press, 1997, p. 6.

盟存在四种情形。多个大国与一个小国的联盟（情形1）、多个大国与多个小国的联盟（情形2）、一个大国与一个小国的联盟（情形3）、一个大国与多个小国的联盟（情形4）。情形1是对称联盟的副产品。若存在多个大国与一个小国的联盟，则大国之间的联盟关系决定了大国与小国的联盟关系。例如，20世纪20年代，法国与捷克斯洛伐克结成同盟。20世纪30年代，法国与苏联结成同盟后，捷克斯洛伐克加入了法苏同盟。在法—苏—捷同盟中，法苏关系决定法捷关系和苏捷关系。情形1涉及的不对称联盟从属于对称联盟。因此，情形1不在本文分析之列。情形2是情形3和情形4的综合。在情形2中，结盟大国一般会划分彼此负责的区域，以发挥各自的比较优势。例如，20世纪50年代，苏联与东欧小国、中国与亚洲小国分别结盟。苏联与中国结盟后，苏联负责欧洲地区，中国负责亚洲地区。[①]因此，在欧洲和亚洲分别形成了以苏联和以中国为核心的不对称联盟。因此，笔者将不单独讨论情形2的原理。情形3和情形4的共同点是，联盟中只存在一个大国。因此，笔者将该大国称为"强盟主"，将联盟中的小国称为"弱盟友"。情形3可以参考美国在亚太地区的"轮毂—轮辐（hub–and–spoke）"联盟。作为强盟主，美国与亚太地区的弱盟友之间存在安全承诺，而这些弱盟友之间不存在安全承诺。情形4可以参考北大西洋公约组织（以下称北约）。作为强盟主，美国与欧洲地区的弱盟友之间存在安全承诺，而这些弱盟友之间也存在安全承诺。笔者将情形3称为"双边不对称联盟"，将情形4称为"多边不对称联盟"。

不对称联盟"转型"存在多种主要含义。首先，联盟的成员可能发生变化。例如，冷战结束之后，北约在东欧吸纳新的成员，将联盟的边界从中欧扩大到波罗的海国家。其次，联盟的功能可能发生变化。例如，冷战结束后，在继承原有职能的基础上，北约开始强调联

---

① 1949年7月，苏联最高领导人斯大林会见中共中央副主席刘少奇时指出，苏联和中国应当"分工合作"。中国要多做东方和殖民地、半殖民地国家的工作，而苏联要对西方多承担些义务。1951年5月初，斯大林会见中共中央对外联络部部长王稼祥时再次指出："亚洲情况，东方问题，你们比我们清楚，主要靠你们去解决那边的问题。我们只对欧洲、西方了解得多一些。"参见师哲：《在历史巨人身边：师哲回忆录》，中央文献出版社1991年版，第412页；林利：《往事琐忆》，中央文献出版社2006年版，第134页。

盟应对非传统安全对缔约国的挑战。2010 年 8 月，北约总部增设
"新安全挑战部（Emerging Security Challenges Division）"。① 这两种转
型对理解国际关系现实具有重要意义。然而，本文并不试图解释这两
种转型。

　　除了上述两种含义外，联盟转型意味着联盟的结构可能发生变
化。在不对称联盟的四种类型中，情形 1 是对称联盟的副产品。因
此，其余 3 种情形之间的相互转化涉及联盟结构的的变化。情形 2 是
情形 3 和情形 4 的综合。因此，基本的结构变化为两种，即情形 3 转
型为情形 4 或情形 4 转型为情形 3。情形 3 为双边不对称联盟。弱盟
友之间无安全承诺。情形 4 为多边不对称联盟。弱盟友之间有安全承
诺。在下文中，笔者将讨论强盟主与弱盟友之间的不同需求。对强盟
主来说，建立双边不对称联盟难度较低，建立多边不对称联盟的难度
较高。因此，情形 3 转型为情形 4 更容易发生。考虑到这种情况，笔
者将讨论强盟主克服联盟转型困难的条件，即强盟主将双边不对称联
盟转型为多边不对称联盟的成败条件。

表1　　　　　　　　　　　　　　**不对称联盟的分类**

		大国数量	
		多个	一个
小国数量	一个	情形 1（对称联盟的副产品）	情形 3（双边不对称联盟）
	多个	情形 2（情形 3 + 情形 4）	情形 4（多边不对称联盟）

　　资料来源：笔者自制。

三　安全利益、价值规范与联盟类型

　　不对称联盟中，强盟主与弱盟友之间存在较大权力差距。因此，
讨论不对称联盟转型的前提条件是强盟主有意愿推动联盟转型。在这

---

　　① "The Structure of the International Staff", http：//www. nato. int/cps/en/natolive/topics_
58110. htm，访问时间：2017 年 5 月 4 日。

一前提下，现有国际关系理论指出，联盟成员共享安全利益的程度以及联盟成员共享价值规范的程度是形成双边不对称联盟（情形 3）或多边不对称联盟（情形 4）的基本条件。冷战爆发后，美国在亚洲和欧洲地区分别形成了双边不对称联盟和多边不对称联盟。而这两个联盟自形成至今发挥了重大的国际影响。因此，学者们试图通过回答"为什么亚洲没有出现北约"来理解为什么以美国为核心的联盟出现不同类型。这不仅是理论研究的应有题中之意，也是促进相关的实证研究和政策讨论的突破口。

普莱斯—巴纳森（Galia Press - Barnathan）、车维德（Victor Cha）和罗伯特·麦克马洪（Robert McMahon）等人强调联盟成员共享安全利益的程度对联盟类型的影响。普莱斯—巴纳森分析了一个大国为何采取"双边合作策略"、"地区合作策略"或"全球多边合作策略"。笔者定义的"双边不对称联盟"非常类似于她定义的"双边合作策略"。而笔者定义的"多边不对称联盟"是她定义的"地区合作策略"的一种。她指出，大国能否推行地区合作战略取决于两个必要条件：大国与地区国家之间是否有共同利益、地区国家是否愿意支持地区合作战略。如果大国与地区国家之间存在共同利益并且地区国家支持地区合作战略，那么地区合作战略更容易出现。[1] 与普莱斯—巴纳森的观点类似，车维德讨论了美国在东北亚联盟的历史经验。他指出，美国与盟国的安全利益差异决定了美国在东北亚采取双边联盟政策。与欧洲的情况不同，美国在东北亚面临如何应对潜在的所谓"流氓盟友（Rogue Allies）"的挑战。亚洲的反共独裁者可能因为内部政治因素挑起对外冲突，而美国不想卷入这类冲突。因此，美国试图通过双边联盟直接控制盟国。美国的决策者正确地意识到，他们不可能在一个更大的多边框架内施加类似程度的控制性影响。[2] 麦克马洪则讨论了美国在东南亚联盟的历史经验。他指出，以美国为核心的双边联盟掩盖了美国与盟国对地区内威胁评估的差异。然而，美国与盟国

---

[1]　Galia Press - Barnathan, *Organizing the World: The United States and Regional Cooperation in Asia and Europe*, New York: Routledge, 2003, p. 33.

[2]　Victor D. Cha, "Powerplay: Origins of the U. S. Alliance System in Asia," *International Security*, Vol. 34, No. 3, 2009/2010, pp. 158 - 196.

之间对"中国威胁"的不同估计使得联盟从形成时就是不稳定的。①
在安全利益严重分歧的情况下，美国很难在东南亚地区形成多边
联盟。

在承认联盟成员共享安全利益重要性的前提下，克里斯托弗·哈
默尔（Christopher Hemmer）、彼得·卡赞斯坦（Peter Katzenstein）和
阿米塔夫·阿查亚（Amitav Acharya）等人着重强调联盟成员共享价
值规范的程度对联盟类型的影响。哈默尔和卡赞斯坦指出，联盟成员
对集体身份的不同认知导致了不同的联盟类型。受种族、历史、政治
和文化的影响，美国决策者认为，潜在的欧洲盟国是一个共同体中相
对平等的伙伴。然而，美国却将在亚洲的盟国视为与自己差异很大
的、次级的群体。在欧洲，美国和盟国的共有认同促进了多边联盟；
而在亚洲，美国和盟国缺少共有认同导致了一系列双边联盟，而无法
形成多边联盟。② 阿查亚赞同哈默尔和卡赞斯坦的分析思路。然而，
阿查亚将视线聚焦于地区内小国的作用。他指出，东南亚国家的历史
和国内政治因素使得它们缺少对集体性的防务身份认同。英国试图以
东南亚条约组织（SEATO）作为亚洲"地区性"防务安排。这一倡
议得到了美国的支持。然而，亚洲国家之间的互动破坏了英美的努
力。这不仅使得东南亚条约组织建立时就比较脆弱，而且参加该组织
的东南亚国家（泰国和菲律宾）对其主权和亚洲身份非常敏感。当
出现了地区主义的规范后，泰国和菲律宾很快抛弃了东南亚条约组织
并加入了东南亚国家联盟（ASEAN）。东南亚国家反对集体防务安排
的规范，不仅削弱了东南亚条约组织，而且也使得类似的安排或者通
过间接和秘密的渠道（即"后门的方式"）形成新的类似的组织成为
不可能。换言之，亚洲国家之间的互动使得集体防务安排被"去合法
化"。亚洲的独特规范解释了东盟的建立和成功，也体现了亚洲国家

---

① Robert J. McMahon, "Fragile Alliances: America's Security Relationships in Cold War Asia," in Vojtech Mastny and Zhu Liqun, eds., *The Legacy of the Cold War: Perspectives on Security, Cooperation, and Conflict*, Lanham: Lexington Books, 2014, pp. 234 – 235.

② Christopher Hemmer and Peter J. Katzenstein, "Why Is There No NATO in Asia? Collective Identity, Regionalism, and the Origins of Multilateralism," *International Organization*, Vol. 56, No. 3, 2002, pp. 575 – 607.

对国际秩序的独特贡献。①

　　现有理论以联盟成员共享安全利益的程度和联盟成员共享价值规范的程度解释联盟的不同类型。现有理论对理解联盟转型提供了基本思路和有益启示。然而，现有理论并未直接讨论联盟转型成败的条件。鉴于现有理论的重要意义，笔者将首先按现有理论的思路预测联盟转型的成败。对现有理论给出的两个基本因素的界定如下：联盟成员共享安全利益的程度指联盟成员对主要威胁来源判断的一致程度。联盟成员共享安全利益程度较高，意味着联盟成员对主要威胁来源的判断具有一致性。联盟成员共享安全利益程度较低，意味着联盟成员对主要威胁来源的判断缺少一致性。联盟成员共享价值规范的程度指联盟成员政治体制、意识形态的一致性程度。联盟成员共享价值规范的程度较高，意味着联盟成员共享某种政治体制或者意识形态。联盟成员共享价值规范的程度较低，意味着联盟成员既不共享某种政治体制，也不共享某种意识形态。在检验现有理论的效力后，本文将讨论强盟主对弱盟友的谈判能力与联盟转型之间的关系。

四　谈判能力与联盟转型

　　根据现有理论的思路，当联盟成员共享安全利益的程度较高并且联盟成员共享价值规范的程度较高时，双边不对称联盟转型为多边不对称联盟较容易成功。联盟转型成功意味着联盟内的每个成员与其他成员之间形成了互助性的安全承诺。这有利于发挥每个联盟成员在军事能力、领土区位、自然资源和情报收集等方面的特长。转型成功不仅可以提高联盟对潜在敌国的竞争优势，而且还可以增强联盟成员国内政治的基础。例如，1948 年，苏联先后与匈牙利、保加利亚等国签订双边友好合作互助条约。苏联与这些东欧盟国都认为美国在西欧的军事存在是其主要威胁。此外，苏联与东欧盟国同为共产党领导的

　　① Amitav Acharya, "'Why Is There No NATO in Asia?' The Normative Origins of Asian Multilateralism," Weatherhead Center for International Affairs Working Paper Series, Paper No. 05 - 05, Harvard University, 2005.

社会主义国家。提升联盟成员的安全合作水平，不仅有利于联盟成员应对外部威胁，而且有助于巩固联盟成员的国内政治基础。因此，随着美国强化在西欧的存在，苏联将双边不对称联盟成功地转型为多边不对称联盟。1955 年联邦德国加入北约后，苏联建立了华沙条约组织。

相反，当联盟成员共享安全利益的程度较低并且联盟成员共享价值规范的程度较低时，双边不对称联盟转型为多边不对称联盟较容易失败。联盟转型将导致弱盟友对与之安全利益不一致的弱盟友给予安全承诺。这将增加本国在和平时期与新盟国协调政策的成本，增大本国卷入不必要的武装冲突的可能性，并可能削弱本国的国内政治基础。例如，20 世纪 20 年代，法国与波兰和捷克斯洛伐克分别缔结了联盟条约。然而，波兰和捷克斯洛伐克的安全利益不同。波兰虽然维护《凡尔赛和约》（*Treaty of Versailles*）中关于"波兰走廊（The Polish Corridor）"的规定，但却反对和约中关于特申地区（Teschen）的条款。相比而言，捷克斯洛伐克维护《凡尔赛条约》的各项条款。波兰和捷克斯洛伐克不仅存在对特申地区的争端，而且两国之间也缺少共同的价值规范。例如，身为波兰军事独裁者和"复国元勋"的约瑟夫·毕苏斯基厌恶捷克斯洛伐克的民主制度。因此，20 世纪 30 年代法国试图推动波捷结盟以实现联盟转型的努力注定是徒劳的。①

如表 2 所示，虽然现有理论并未直接讨论联盟转型成败的条件，但当两个自变量取极值时，现有理论对联盟转型的成败给出了有力的解释和清晰的预测。然而，现有理论未解释两个自变量交互作用时联盟转型的结果。鉴于这种情况，在肯定现有理论解释力的基础上，笔者拟分析强盟主对弱盟友的谈判能力。笔者将这种能力作为不对称联盟转型的必要条件。

---

① 关于法国—波兰、法国—捷克斯洛伐克、波兰—捷克斯洛伐克的相互关系，参见 Piotr Stefan Wandycz, *France and Her Eastern Allies*, 1919 - 1925, Minneapolis：University of Minnesota Press, 1962；Piotr Stefan Wandycz, *The Twilight of French Eastern Alliances*, 1926 - 1936：*French - Czechoslovak - Polish Relations from Locarno to the Remilitarization of the Rhineland*, Princeton：Princeton University Press, 1988.

表2　　　　　　　　　　现有理论关于不对称联盟转型的预测

		联盟成员共享安全利益的程度	
		高	低
联盟成员共享 价值规范的程度	高	联盟转型成功（例子：1955年苏联建立华沙条约组织）	？
	低	？	联盟转型失败（例子：1930年代法国推动波兰和捷克斯洛伐克结盟）

资料来源：笔者自制。

　　不对称联盟体现了强盟主与弱盟友之间的不同需求。强盟主与弱盟友结盟，强盟主得到了弱盟友让渡的对外政策自主性，从而扩大了强盟主施加自身影响的物质基础。弱盟友得到了强盟主提供的安全保障，从而提高了在无政府体系中生存的概率。[1] 若一个强盟主与若干个弱盟友建立了双边不对称联盟关系，则强盟主与每个弱盟友之间都存在这种各取所需的关系。然而，弱盟友之间不存在上述各取所需的特点。联盟转型意味着联盟成员在与潜在敌方发生冲突时，联盟整体效益和效率的提高。这对强盟主和弱盟友都有利。但是，强盟主不需要承担弱盟友之间的安全承诺带来的成本；而弱盟友则要承担这种成本。对一个弱盟友来说，联盟转型意味着它对潜在敌方获得新的收益，但它相对于其他弱盟友则需承担新的成本。如果这个弱盟友认为新的联盟体系带来的收益小于成本，那么它将利用与强盟主的相互依赖关系抵制联盟转型。肯尼思·沃尔兹（Kenneth N. Waltz）指出，在不对称联盟中，弱盟友对联盟的贡献相对不重要。在不对称的国家组成的联盟中，强盟主无需担心弱盟友的忠诚，因为弱盟友基本上没有选择。[2] 这种看法解释了权力差距对强盟主的优势，但它忽视了强盟主所面临的来自弱盟友的制约。在很多情况下，弱盟友在地理区位、

---

　　[1]　James D. Morrow, "Alliances and Asymmetry: An Alternative to the Capability Aggregation Model of Alliances," *American Journal of Political Science*, Vol. 35, No. 4, 1991, pp. 903 – 933.

　　[2]　Kenneth N. Waltz, "The Origins of War in Neorealist Theory," in Robert I. Rotberg and Theodore K. Rabb eds, *The Origins and Prevention of Major Wars*, Cambridge: Cambridge University Press, 1989, p. 45.

自然资源、情报收集等方面对强盟主构成了有力的约束。因此，除非强盟主对弱盟友具备较强的谈判能力，否则强盟主很难将联盟成功转型。

强盟主可通过直接或间接的方式激励或惩罚弱盟友。强盟主对弱盟友的谈判能力体现在以下四个方面。（1）强盟主对弱盟友的援助能力：强盟主对弱盟友的援助是否具有不可替代性？如果强盟主对弱盟友的援助具有不可替代性，那么强盟主对弱盟友的谈判能力较高。反之，强盟主对弱盟友的谈判能力较低。（2）强盟主对弱盟友的干涉能力：强盟主对弱盟友可能采取的干涉方式的强制程度如何？如果强盟主可在弱盟友的主权范围内进行军事占领或政权更迭，那么强盟主对弱盟友的谈判能力较高。反之，强盟主对弱盟友的谈判能力较低。（3）强盟主对弱盟友的补偿能力：强盟主以第三国补偿弱盟友的能力如何？如果强盟主可以第三国为代价增进弱盟友的安全，那么强盟主对弱盟友的谈判能力较高。反之，强盟主对弱盟友的谈判能力较低。（4）强盟主对弱盟友的损耗能力：强盟主以弱盟友补偿第三国的能力如何？如果强盟主可以弱盟友为代价增进与第三国的合作，那么强盟主对弱盟友的谈判能力较高。反之，强盟主对弱盟友的谈判能力较低。

表3 强盟主对弱盟友的谈判能力

	直接方式	间接方式
激励机制	援助能力	补偿能力
惩罚机制	干涉能力	损耗能力

资料来源：笔者自制。

强盟主对弱盟友的谈判能力如表3所示。强盟主对弱盟友的谈判能力越强，则强盟主促使或迫使一个弱盟友承担对其他弱盟友的安全承诺的能力越强，联盟转型越容易成功。强盟主对弱盟友的谈判能力越弱，则强盟主促使或迫使一个弱盟友承担对其他弱盟友的安全承诺的能力越弱，联盟转型越容易失败。在谈判能力四个组成部分中，取正值的指标越多，联盟转型成功的可能性越高。取负值的指标越多，联盟转型的可能性越低。需要特别指出的是，现有理论分析强国影响弱国时，往往强调强国应实行"自我约束"，引导弱国自愿追随强国，以政策协调促进国际合作。① 这种看法有合理性。然而，"自我约束"不等于"自废武功"。不对称联盟转型意味着弱盟友需增强对联盟的安全承诺。因此，若强盟主对弱盟友仅提供激励机制而无法以惩罚机制做保障，则强盟主对弱盟友的谈判能力将被削弱。这会降低联盟转型成功的可能性。

五　案例选择

为了检验谈判能力对联盟转型的影响，本文拟选取以下两个案例：（1）1936—1937 年法国在东欧的联盟转型失败；（2）1940—1941 年德国在东欧的联盟转型成功。这两个案例符合讨论不对称联盟转型的前提条件。法国和德国是欧洲大陆的强国，两国分别在东欧拥有多个弱小盟国，并且两国都试图推动联盟转型。在此基础上，笔者选择这两个案例，主要考虑到以下三个原因。

第一，如表 4 所示，联盟成员共享安全利益的程度及其共享价值规范之间存在显著的不匹配。20 世纪 20 年代，法国分别对捷克斯洛伐克和罗马尼亚做出安全承诺。② 同时，捷克斯洛伐克和罗马尼亚之间有针对匈牙利的联盟。20 世纪 30 年代，法、捷、罗共同面对德国的威胁。法国希望在捷—罗之间建立新的针对德国的安全承诺，以便捷—罗联盟与法—捷、法—罗联盟对接。然而，法、捷、罗三国的政治体制和意识形态迥异。法、捷两国实行资本主义民主制度，而罗马尼亚的卡罗尔国王（Carol II）对议会民主制度并无好感。相反，他

---

① G. John Ikenberry, "The Future of International Leadership," *Political Science Quarterly*, Vol. 111. No. 3. 1996, p. 388; Charles A. Kupchan, "After Pax Americana: Benign Power, Regional Integration, and the Sources of a Stable Multipolarity," *International Security*, Vol. 23, No. 2, 1998, pp. 47 – 48.

② 除捷克斯洛伐克和罗马尼亚外，1927 年 11 月法国与南斯拉夫缔结了友好条约。然而，法国与南斯拉夫的条约不涉及法国与南斯拉夫彼此的安全承诺。相关讨论参见 Jacob B. Hoptner, *Yugoslavia in Crisis*, 1934 – 1941, New York: Columbia University Press, 1962, p. 14.

不遗余力地加强王权并推动个人崇拜。法国的联盟转型将有助于增强罗马尼亚的安全，但会对罗马尼亚的政权产生负面影响。类似地，1939—1940年，德国分别对匈牙利和罗马尼亚做出安全承诺。三国的独裁者希特勒、米克罗斯·霍尔蒂（Miklós Horthy）、扬·安东内斯库（Ion V. Antonescu）对专制政体的认同推动了三国的接近。然而，三国的安全利益并不一致。特兰西瓦尼亚（Transylvania）争端导致匈牙利和罗马尼亚将彼此视为威胁。1940—1941年，德国试图将匈牙利和罗马尼亚变为对苏作战中并肩战斗的盟友，但匈罗争端对德国构成了挑战。在这两个案例中，联盟成员面临的共同安全利益及其共享价值规范之间存在显著的不匹配。因此，现有理论不能完全预测联盟转型的结果。选择这两个例子可以使笔者控制安全利益和价值规范对联盟转型的影响，集中观察谈判能力对联盟转型的影响。

表4　　　　　　　　　**现有理论对联盟转型的不完全预测**

		联盟成员共享安全利益的程度	
		高	低
联盟成员共享价值规范的程度	高	现有理论已预测	现有理论未预测（例子：1941年德国能否建立德—匈—罗多边联盟？）
	低	现有理论未预测（例子：1937年法国能否建立法—捷—罗多边联盟？）	现有理论已预测

资料来源：笔者自制。

　　第二，在控制共同安全利益和共享价值规范的基础上，笔者希望观察谈判能力如何影响联盟转型的结果。因此，笔者应选择谈判能力不同和联盟转型结果不同的案例，以便讨论两者之间的因果关系。法国和德国谈判能力的取值参见表5。这两个案例中，自变量的四个指标存在明显差异。因此，自变量取极值。同时，这两个案例中，因变量也取极值（转型失败 vs. 转型成功）。因此，以这两个案例为依据有利于笔者讨论自变量和因变量之间的因果关系。在案例部分，笔者将对谈判能力和联盟转型的关系做详细讨论。

表5 案例变量取值

	1936—1937 年法国的 联盟转型	1940—1941 年德国的 联盟转型
(自变量) 强盟主对弱盟友的谈判能力	(低)	(高)
(指标1) 强盟主对弱盟友的援助能力	(低) 援助可以被替代	(高) 援助难以被替代
(指标2) 强盟主对弱盟友的干涉能力	(低) 难以占领盟国或更迭盟国政权	(高) 可以占领盟国或更迭盟国政权
(指标3) 强盟主对弱盟友的补偿能力	(低) 法国以德国补偿盟国困难	(高) 德国以苏联、南斯拉夫补偿盟国容易
(指标4) 强盟主对弱盟友的损耗能力	(低) 法国以德国损耗盟国困难	(高) 德国以苏联损耗盟国容易
(因变量) 转型结果	(失败)	(成功)

资料来源：笔者自制。

　　第三，两个联盟转型对国际关系的发展产生了持久、重大的影响，使得这两个案例具备检验理论必要条件的潜力。若 1937 年法国实现了联盟转型，则罗马尼亚有义务对面临德国威胁的捷克斯洛伐克提供援助。考虑到法、苏、捷已经结盟，罗马尼亚可能会允许苏联武装力量利用罗马尼亚的领土和领空支援捷克斯洛伐克。若法国、苏联和罗马尼亚同时支持捷克斯洛伐克，则捷克斯洛伐克将可以控制苏台德地区（Sudetenland）。退一步说，即使德国能够在遭到强烈抵抗的情况下占领苏台德地区，考虑到波兰和罗马尼亚已经结盟，波兰也很难参与肢解捷克斯洛伐克的进程。捷克斯洛伐克的存在将从地缘政治、军事装备和工业潜力三方面迟滞德国的战争准备，进而推迟世界大战的爆发。[①] 类似地，若 1941 年夏德国仍无法实现联盟转型，则匈

————————

　　① 捷克斯洛伐克发达的军事工业使得它成为当时世界上人均武器数量最多的国家。1939 年 3 月，德国肢解了捷克斯洛伐克。据当时德国的不完全统计，德国缴获了 190 万支步枪，4.4 万挺机枪，2400 门大炮，1000 架飞机和 12 万吨弹药。相关数据参见 "Hitler's Talk with Attolico," 20 March 1939, *DGFP*, Series D, Vol. 6, No. 52, p. 61.

牙利与罗马尼亚的争端可能导致匈牙利为防备罗马尼亚而对德国要求借道匈牙利进攻南斯拉夫和苏联抱有疑虑。同时，持续的争端将影响罗马尼亚对德国提供石油的前景。没有匈牙利领土和罗马尼亚石油的支持，德国军队将很难在东部战场迅速展开。上述两个联盟转型涉及世界大战演变的进程，而现有理论却不能充分解释这两个案例。因此，检验这两个案例不仅有助于检验和发展关于联盟转型的理论，而且有助于理解世界大战的进程。

六　1936—1937 年法国联盟转型的失败

20 世纪 20 年代，捷克斯洛伐克和罗马尼亚成为法国在东欧的重要盟国。然而，法国与两国结盟的动力并不完全相同。法国担心德国重新成为军事大国，而捷克斯洛伐克担心德国以其境内的德裔少数民族对其提出领土要求。因此，法捷联盟主要是针对德国的。相较而言，法罗联盟最初是针对苏联的。法国将苏维埃政权视为"瘟疫"，试图将罗马尼亚作为"反共防疫线"的前哨。而罗马尼亚则担心苏联依据帝俄时代的边界对罗马尼亚提出领土要求。20 世纪 30 年代，上述情况发生了变化。德国很可能再次成为军事大国，而德苏关系的冷淡和恶化意味着法苏合作的增强。因此，法捷联盟针对德国的属性并未改变。然而，在苏罗未解决领土争端的情况下，法国同苏联缔结了《互不侵犯条约》，法罗关系出现紧张。

1933 年 1 月，希特勒就任德国总理为法捷、法罗关系的发展提供了新的动力。希特勒在《我的奋斗》（*Mein Kampf*）中宣扬的重整军备和种族政策引起了法国、捷克斯洛伐克和罗马尼亚的不安。法国的经济实力和人口资源逊于德国。若德国推行重整军备的政策，则德国将在几年内改变法德军力平衡。德国谋求修改《凡尔赛和约》，而该条约是捷克斯洛伐克和罗马尼亚疆域的主要依据。德国谋求将全体德意志人纳入"大德意志国家"中，而捷克斯洛伐克和罗马尼亚境内分别有 300 多万和 50 万—60 万德裔少数民族。德国对世界各国的法西斯主义运动提供物质和道义支持，而捷克斯洛伐克和罗马尼亚政府镇压本国境内的法西斯组织。换言之，希特勒就任德国总理使得法国、捷克斯洛伐克和罗马尼亚获得了强化联盟的动力。如果说德国为法国在东欧的联盟转型提供了动力，那么匈牙利则为联盟转型提供了可能。《特里亚农条约》（Treaty of Trianon）以匈牙利为代价增加了捷克斯洛伐克和罗马尼亚的领土。早在 20 世纪 20 年代，捷克斯洛伐克和罗马尼亚即形成了反对匈牙利的联盟。只要法国在既存的捷—罗针对匈牙利的安全承诺的基础上增加针对德国的安全承诺，那么法国就可以实现联盟转型。

然而，法国对盟国的谈判能力不足最终导致联盟转型失败。法国对盟国的援助能力是有限的。自法捷、法罗联盟形成以来，法国的援助方式仅限于提供经济或军事援助。1931 年春，为鼓励盟国反对德奥关税同盟计划，法国向捷克斯洛伐克和罗马尼亚分别提供了 5000 万和 4200 万美元的贷款。1932 年 1 月 22 日，法国再次向捷克斯洛伐克提供了 3000 万美元的贷款。[①] 然而，自 1932 年初至 1939 年初，法国未向捷克斯洛伐克提供新的大规模援助。与对捷克斯洛伐克援助相比，法国对罗马尼亚援助更是"口惠而实不至"。1934 年，由于不能生产自动化的小武器、摩托化设备、坦克和大炮，罗马尼亚迫切需要法国武器提高国防能力。1934 年 6 月，法国外长路易斯·巴都（Louis Barthou）访问罗马尼亚为增进两国关系提供了契机。巴都声称，只要有一平方厘米的罗马尼亚土地被改变，那么法国将站在罗马尼亚一边。虽然巴都的演讲得到了雷鸣般的掌声，但他却对援助罗马尼亚虚与委蛇。6 月 21 日，罗马尼亚强烈要求法国提供军事装备。巴都表示法国将考虑这一建议，但是法国的援助不可能是无偿的。罗马尼亚表示愿意支付报酬或者石油。几个月之后，法国发现罗马尼亚无法支付购买武器的款项。因此，法国给了罗马尼亚一些旧式武器。这些武器属于法国政府，但是罗马尼亚可以在紧急的情况下使用。1934 年法国情报部门估计，罗马尼亚有 10—80 架可以在战争中使用的飞机。1934 年 9 月，罗马尼亚向法国提出购买飞行器材和弹药的要求。拖

---

① Felix John Vondracek, *The Foreign Policy of Czechoslovakia*, 1918 – 1935, New York: Columbia University Press, 1937, pp. 337 – 338.

了两个月之后，法国予以拒绝。① 在这种情况下，罗马尼亚只好利用其与德国的经济互补性从德国进口武器。表 6 显示了 1930—1937 年罗马尼亚从法国、捷克斯洛伐克和德国进口武器所占比例。德国和罗马尼亚的安全关系紧张，但德国却成为罗马尼亚武器主要供给国之一，这反映了法国对罗马尼亚援助的可替代性。

表 6　　　　　　1930—1937 年罗马尼亚武器进口比例　　　　　（%）

来源国/年份	1930	1931	1932	1933	1934	1935	1936	1937
法国	..	10.5	93.1	63.1	1.0	0.1	..	..
捷克斯洛伐克	60.5	31.9	0.6	25.7	..	4.6	16.1	35.4
德国	0.1	35.1	3.5	4.7	52.1	39.8	37.6	22.3

资料来源：Milan Hauner, "Military Budgets and the Armaments Industry," in Michael Charles Kaser and E. A. Radice, eds., *The Economic History of Eastern Europe*, 1919 – 1975, Vol. 2, Oxford：Oxford University Press, 1986, p. 64。

除此之外，法国与捷克斯洛伐克和罗马尼亚之间无共同边界。这同时降低了法国对盟国的援助能力和干涉能力。一旦法国的盟国面临武装冲突，法国不能直接出兵援助盟国；一旦法国的盟国试图抛弃法国，法国不能占领盟国或更迭盟国政权。1936 年 3 月 14 日，法国总参谋长莫里斯·甘末林（Maurice Gamelin）对英国武官详细分析了地理条件对法国的东欧政策的限制。"假设德国在建立（西线）防御工事之后决定向东发展，攻击奥地利、捷克斯洛伐克和波兰。在这种情况下，法国将发现其道路被堵塞，并且不可能迅速强化中东欧盟友。"甘末林总结说，"（援助）办法取决于法国无法直接控制的条件"。

---

① William Evans Scott, *Alliance Against Hitler：The Origins of the Franco – Soviet Pact*, Durham：Duke University Press, 1962, p. 174；Dov B. Lungu, *Romania and the Great Powers*, 1933 – 1940, Durham：Duke University Press, 1989, p. 42；Martin Thomas, "To Arm an Ally：French Arms Sales to Romania, 1926 – 1940," *Journal of Strategic Studies*, Vol. 19, No. 2, 1996, pp. 239 – 241；Jean – Baptiste Duroselle, *France and the Nazi Threat：The Collapse of French Diplomacy 1932 – 1939*, New York：Enigma Books, 2004, p. 68.

"法国直接帮助盟国或者对德国施加足够大的压力缺少直接的通道。"①关于地理条件对法国援助盟国的限制，甘末林的分析是正确的。

但是，甘末林夸大了地理因素的影响。作为德国的邻国，法国有条件直接进攻德国。然而，法国的军事和政治战略使它很难用德国的损失补偿法国在东欧的盟国。20 世纪 30 年代，法国奉行静态防御战略，并修筑了"马奇诺防线（The Maginot Line）"。同时，法国奉行"绥靖"战略以避免同德国发生武装冲突。法国对意大利、苏联和英国的政策体现了法国对东欧盟国缺乏足够的补偿能力。1935 年 1 月 5 日，法国外长皮埃尔·赖伐尔（Pierre Laval）与意大利独裁者墨索里尼会谈。法国和意大利都反对德国重整军备的政策。墨索里尼指出，要想摧毁德国的军备只有一条道路，那就是通过战争消灭德国的军备。赖伐尔明确拒绝了这个提议，强调"现在没有人想打仗"。② 在拒绝意大利倡议的同时，法国谋求与苏联结盟。然而，法国对承担"自动地"援助苏联的义务有所保留。法国要求法苏同盟条约应与国际联盟宪章相一致，以便法国协调对英国的政策。③当德国占领莱茵兰非军事区后，法国的政策不是与苏联合作制裁德国，而是谋求英国对法国提供保障并承认德国出兵的既成事实。④ 德国占领非军事区后，便开始构筑"齐格菲防线（The Siegfried Line）"。这进一步降低了法国进攻德国的可能性，从而降低了法国对盟国的谈判能力。

最后，法国损耗盟国的能力较低。法德关系难以和解导致法国的盟国并不担心自己成为法国对德政策的牺牲品。法国很难以法德关系

---

① "Clerk to Eden," 15 March 1936, *DBFP*, Second Series, Vol. 16, No. 112, pp. 143 – 145.

② "Minute, Mussolini's Talk with Laval," 5 January 1935, 10：00 – 11：45, in G. Bruce Strang, "Imperial Dreams：The Mussolini – Laval Accords of January 1935," *Historical Journal*, Vol. 44, No. 3, 2001, p. 803.

③ Lisanne Radice, *Prelude to Appeasement：East Central European Diplomacy in the Early 1930's*, New York：Columbia University Press, 1981, p. 129; Geoffrey Roberts, *The Unholy Alliance：Stalin's Pact with Hitler*, Bloomington：Indiana University Press, 1990, pp. 68 – 70.

④ "Eden to Clerk," March 18, 1936, *DBFP*, Second Series, Vol. 16, No. 131, pp. 167 – 168; James Thomas Emmerson, *The Rhineland Crisis*, 7 March 1936：*A Study in Multilateral Diplomacy*, London：M. Temple Smith, 1977, p. 193.

的变化影响东欧盟国。在法国看来，法苏结盟是应对德国挑战的措施。而在德国看来，法苏同盟是包围德国的措施。因此，法苏结盟后，德国决策者将法国谋求与德国和解的措施视为空洞的姿态而予以拒绝。1935 年 6 月 25 日，德国外长康斯坦丁·冯·牛赖特（Konstantin von Neurath）对法国大使明确指出，赖伐尔只是为了选举才高喊"法德和解"的口号。[①] 1935 年 11 月 21 日，希特勒毫不客气地抨击法国大使。法苏条约形成了一个专门针对德国的军事同盟。在法苏条约基础上实现法德和解是不可能的。[②] 只要法德关系和解的可能性不高，那么法国在东欧的盟国就不必担心法国抛弃它们。因此，它们缺乏足够的动力满足法国的要求。

　　德国占领莱茵兰非军事区推动了法国在东欧的联盟转型。法国完全了解，非军事区的存在是德国西部的防线脆弱的重要原因。因此，德国占领非军事区将强化德国在西线的地位，并使德国可以抽调更多的兵力用于东线。在德军东进的道路上，捷克斯洛伐克将成为首轮打击目标之一。[③] 因此，德国占领非军事区后，捷克斯洛伐克即提出，关于对德政策，它准备与法国站在一起。同时，捷克斯洛伐克准备与罗马尼亚和南斯拉夫磋商，以采取共同的外交政策。[④] 捷克斯洛伐克的态度意味着，它准备将法—捷针对德国的安全承诺与捷—罗针对匈牙利的安全承诺相联系。然而，法国最初的反应比较谨慎。一方面，德国占领非军事区之后，法国不得不将主要精力放在法德边界上。法国尚无精力处理东欧问题。另一方面，法国出现了政府更迭。首次执政的联合阵线政府（The Popular Front）需要一定的时间熟悉外交事务。当英法军事谈判业已开始并且法国新政府趋于稳定后，法国便开始考虑捷克斯洛伐克的建议。对法国来说，联盟转型是重新显示法国

---

　　① "Memorandum by Neurath," 25 June 1935, *DGFP*, Series C, Vol. 4, No. 171, p. 356.

　　② "Memorandum by Neurath," 22 November 1935, *DGFP*, Series C, Vol. 4, No. 425, pp. 847 – 848.

　　③ "Eden to Clerk," 27 January 1936, *DBFP*, Second Series, Vol. 15, No. 484, p. 611; "Clerk to Eden," 15 March 1936, *DBFP*, Second Series, Vol. 16, No. 112, p. 144.

　　④ "Dieckhoff to the Legation in Czechoslovakia," 12 March 1936, *DGFP*, Series C, Vol. 5, No. 86, p. 118.

在东欧存在的机会。若法国能在东欧成功实现联盟转型，则法国可以降低德国占领非军事区带来的负面影响，并迟滞德国备战的进程。

然而，法国没有估计到罗马尼亚对外政策的突变。1936 年 6 月，捷克斯洛伐克总统爱德华·贝奈斯（Edvard Beneš）和罗马尼亚外长尼古拉·底图内斯库（Nicolae Titulescu）会面。双方一致认为，德国将很快推动德奥合并（Anschluß）并进攻捷克斯洛伐克。这将成为德国考验英法是否有能力维持中欧现状的试金石。如果英法无所作为，那么捷克斯洛伐克和罗马尼亚将被迫与德国和解。[①] 虽然法国尚未推动在东欧的联盟转型，但是它已经加强了在东方的阵地。1936 年 7 月 31 日，法国国防部长爱德华·达拉第（Édouard Daladier）批准向苏联出口价值 1 亿法郎的军事装备。[②] 正当法国巩固在东欧的阵地时，罗马尼亚的对外政策却发生了突变。1934—1936 年，作为反对修改《凡尔赛和约》的首脑，卡罗尔国王试图让罗马尼亚加入"集体安全"体系。在卡罗尔国王的支持下，底图内斯库推进了罗马尼亚与法国和苏联的合作。然而，在卡罗尔国王看来，德国占领非军事区表明法国力量的衰弱。法国联合阵线政府的执政意味着法国左派对罗马尼亚政体的威胁。过去两年的经验表明，即使罗马尼亚与法国和苏联合作，它也无法解决苏罗领土争端问题。因此，卡罗尔国王不愿再将罗马尼亚的安全和政权系于法国，也不愿再将本国的领土和主权与苏联相联系。卡罗尔国王将底图内斯库撤职意味着罗马尼亚改变了对法国联盟转型的态度。1936 年 9 月 6 日，罗马尼亚新任外长对德国驻罗马尼亚公使指出，罗马尼亚不想在欧洲事务中发挥积极作用，不会与苏联结盟。罗马尼亚与法国的友好关系不意味着与德国的敌对关系。[③]在罗马尼亚改变政策的情况下，除非法国能够迫使罗马尼亚承担对捷克斯洛伐克新的义务，否则法国的联盟转型将失去意义。

---

① Nicole Jordan, *The Popular Front & Central Europe*: *The Dilemmas of French Impotence*, 1918 – 1940, Cambridge: Cambridge University Press, 1992, p. 188.

② Anthony P. Adamthwaite, *France and the Coming of the Second World War*, 1936 – 1939, London: Frank Cass, 1977, p. 49.

③ "Fabricius to the Foreign Ministry," 6 September 1936, *DGFP*, Series C, Vol. 5, No. 528, p. 950.

联盟转型有助于法国改善在东欧的地位。因此，1936 年 10 月 22 日，法国向捷克斯洛伐克和罗马尼亚正式提出了联盟转型计划，希望它们将彼此反对匈牙利的义务变成反对任何侵略的互助义务。①这一计划是针对德国的。然而，法国已经意识到罗马尼亚的离心倾向。11 月 5 日至 15 日，罗马尼亚领导人访问比利时和法国。考虑到罗马尼亚和波兰之间的联盟，罗马尼亚随后向波兰介绍了法罗会谈情况。法国外长伊冯·德尔博斯（Yvon Delbos）对罗方指出，法国不会反对罗马尼亚和德国发展关系。罗马尼亚应当采取与波兰类似的政策，即无论发生任何情况，法波同盟都得到了维护。②德尔博斯的谈话表明，法国明白它无法阻止德罗关系的发展。在这种情况下，法国对罗马尼亚政策的重点是要求罗马尼亚无条件地维护法罗联盟。作为对罗马尼亚的报答，或许法国不会坚持要求罗马尼亚对捷克斯洛伐克承担新的义务。如果捷克斯洛伐克遭到德国攻击，那么罗马尼亚可以根据现有安全承诺不对捷克斯洛伐克提供援助。德尔博斯的谈话反映了法国对罗马尼亚政策改变的无奈。这预示着法国联盟转型失败。

法国无法实现法德和解导致法国对罗马尼亚影响力的进一步降低。1936 年圣诞节前夕，德尔博斯会见德国驻法大使并表达了法德和解的愿望。德尔博斯指出，1919 年他就提倡法德和解。德国应该有原料产地、殖民地和贷款，交换条件是和平。德尔博斯详细阐述了法德在西班牙内战问题上达成谅解的具体步骤。他希望大使能尽快告知德国政府的答复。③ 在给国内的报告中，德国大使指出，德国要么与法国达成协定，要么让法国采取孤立德国的政策。④ 从报告的语气看，德尔博斯的论述打动了德国大使。大使的倾向性很明显。他希望德国抓住机会实现法德和解。然而，大使没有理解法德和解对法国的

---

① Adamthwaite, *France and the Coming of the Second World War*, 1936 - 1939, p. 46.

② Józef Lipski, *Diplomat in Berlin*, 1933 - 1939, New York: Columbia University Press, 1968, p. 277.

③ "Welczeck to the Foreign Ministry," 24 December 1936, *DGFP*, Series D, Vol. 3, No. 164, p. 180, p. 182.

④ 《德国驻法大使维尔奇克致外交部长内拉特函》（1936 年 12 月 26 日），《第二次世界大战前夜的文件和材料 第二卷》，第 227 页。

东欧盟国产生的影响。如果德国响应法国的倡议，那么罗马尼亚会担心其成为法德和解的牺牲品。在这种情况下，或许罗马尼亚会强化与法国的关系，更积极地支持捷克斯洛伐克。这对德国是不利的。德国拒绝回应法国的倡议使得法国对罗马尼亚的政策再次陷入僵局。在对德和解倡议未得到积极响应的情况下，德尔博斯退而求其次，以取消在东欧的联盟转型计划来维持法罗同盟。1937 年 1 月 17 日，德尔博斯通知捷克斯洛伐克方面。虽然法国基本同意捷克斯洛伐克的意见，但是反对联盟转型的意见是如此之大，以至于法国必须改变原来的计划。[①]

1937 年春，法国对罗马尼亚的有限的谈判能力最终导致联盟转型的流产。罗马尼亚对德国强调，无论法国的联盟如何转型，联盟不能是针对德国的。罗马尼亚希望在经济上和德国达成重大谅解。罗马尼亚和德国不仅应发展政治友好，也应大量地增加贸易。[②] 在德罗关系发展的背景下，法国失去了对罗马尼亚谈判的筹码。1937 年 2 月 12 日，法国外交部起草了一份备忘录指出，捷克斯洛伐克面临德国的威胁，并且与苏联发展友好关系。然而，罗马尼亚对德国是恐惧和羡慕交加，对苏联是恐惧和仇恨交加。因此，罗马尼亚不愿意承担援助捷克斯洛伐克的义务。底图内斯库和贝奈斯关于将他们之间的联盟改造成欧洲外交的工具的设想已经破产。法国必须放弃这个计划。[③]

七 1940—1941 年德国联盟转型的成功

当法国在东欧的联盟走向解体时，德国开始形成在东欧的联盟。匈牙利和罗马尼亚成为这个联盟的成员。德国与匈牙利的关系是复杂的。德国谋求修改《凡尔赛和约》和匈牙利谋求修改《特里亚农和

---

① John E. Dreifort, *Yvon Delbos at the Quai d' Orsay: French Foreign Policy during the Popular Front*, 1936 – 1938, Lawrence: University Press of Kansas, 1973, pp. 134 – 135.

② "Fabricius to the Foreign Ministry," 11 February 1937, *DGFP*, Series C, Vol. 6, No. 197, p. 406.

③ Nicole Jordan, *The Popular Front & Central Europe: The Dilemmas of French Impotence*, 1918 – 1940, p. 250.

约》使得两国存在共同的安全利益。然而，德匈之间存在三个主要分歧。第一，匈牙利境内 50 万德裔少数民族使得匈牙利担心德国对匈牙利提出领土要求。第二，意大利制约了德国与匈牙利关系的发展。德奥合并前，德意曾在奥地利问题上存在严重冲突。德意两国甚至走到战争边缘。1934 年意大利与匈牙利缔结协定，以协调意匈两国对外政策。这一协定有针对德国的一面。第三，德国和匈牙利对捷克斯洛伐克和罗马尼亚的政策不同。受德国与其他大国关系的影响，德国对捷克斯洛伐克和罗马尼亚的政策是灵活和有条件的。根据具体情况，德国会选择强硬或让步。然而，除奥地利外，匈牙利对其余邻国都有领土要求。谋求从捷克斯洛伐克和罗马尼亚"收复失地"是匈牙利对外政策的基石。在这种情况下，若德国对匈牙利做出安全承诺，则德国会被匈牙利卷入与德国无关的冲突中。这是德国希望避免的。

　　1938—1940 年，德国和匈牙利从合作走向联盟。首先，德奥合并后，德国对包括匈牙利在内的新的邻国做出了维持边界现状的承诺。1938 年 4 月 22 日，希特勒接见罗马尼亚公使时指出，德国与意大利、南斯拉夫和匈牙利的边界是最终的。[1] 这一承诺缓解了匈牙利对德国的疑虑。其次，德意合作推动德匈合作。1938 年底，匈牙利和捷克斯洛伐克要求德国和意大利仲裁其领土争端。匈牙利的领土要求超出了匈牙利人聚居区，并且匈牙利拒绝按事先承诺接受仲裁结果。匈牙利的政策引起了德国的强烈不满。[2] 然而，意大利支持匈牙利的诉求。[3] 在德意合作的背景下，德国并未惩罚匈牙利，反而在肢解捷克斯洛伐克后将卢西尼亚（Ruthenia）划给了匈牙利。[4] 最后，随着法国的战败，德国认为修改《特里亚农和约》的时机到来了。

---

[1]　"Memorandum by Ribbentrop," 22 April 1938, *DGFP*, Series D, Vol. 5, No. 196, p. 273.

[2]　"Memorandum by Ribbentrop," 20 November 1938, *DGFP*, Series D, Vol. 4, No. 128, pp. 156 – 157.

[3]　"Ciano's Talk with Ribbentrop," 28 November 1938, *Ciano's Diplomatic Papers*, pp. 240 – 241.

[4]　卢西尼亚，又称喀尔巴阡—乌克兰（Carpatho – Ukraine）。

考虑到罗马尼亚石油对德国的意义，一方面德国支持匈牙利获得罗马尼亚控制下的特兰西瓦尼亚的部分领土；另一方面，德国反对匈牙利对罗马尼亚使用武力。[①] 当匈牙利接受了德国对匈牙利—罗马尼亚领土争端的仲裁，它就获得了德国对匈牙利领土的保障。匈牙利成为德国在东欧的盟国。

德国与罗马尼亚结盟的道路是曲折的。1936—1939 年，罗马尼亚奉行与法国友好的政策。1938 年夏，德国与捷克斯洛伐克之间爆发危机。捷克斯洛伐克购买了 200 架苏联飞机，由捷克斯洛伐克飞行员驾驶这些飞机，从苏联途径罗马尼亚飞抵捷克斯洛伐克。罗马尼亚对此予以默许。[②] 这是罗马尼亚对捷克斯洛伐克的帮助。1939 年春，英国和法国保障了罗马尼亚领土完整，而罗马尼亚未按照德国的要求对英法的保障提出异议。这增加了德国对罗马尼亚的敌意，并促使德国承认苏联有权获得罗马尼亚控制的比萨拉比亚（Bessarabia）。战争爆发后，罗马尼亚奉行在交战双方之间"中立"的政策。如表 7 所示，罗马尼亚同时向德国和英国输出石油。在德国看来，罗马尼亚对英国的石油输出意味着它降低了对德国的石油输出。

表7　　　　　　1939—1940 年罗马尼亚石油输出估计值（千吨）

	1939 年			1940 年				
	十月	十一月	十二月	一月	二月	三月	四月	五月
对德国	98	66	60	28	21	45	52	53
对英国	—	35	140	120	75	120	70	75

资料来源：Mark Axworthy, et al. , *Third Axis*, *Fourth Ally*: *Romanian Armed Forces in the European War*, 1941 – 1945, London: Arms and Armour, 1995, p. 18。

---

① "Ribbentrop to Weizsäcker and Erdmannsdorff," 4 July 1940, *DGFP*, Series D, Vol. 10, No. 105, pp. 117 – 118; "Hitler to Carol II," 15 July 1940, *DGFP*, Series D, Vol. 10, No. 171, p. 220; "Ribbentrop's Talk with Gigurtu," 26 July 1940, *DGFP*, Series D, Vol. 10, No. 233, p. 303.

② Lungu, *Romania and the Great Powers*, pp. 128 – 129; "Fabricius to the Foreign Ministry," 3 June 1938, *DGFP*, Series D, Vol. 2, No. 236, p. 383.

　　然而，战争的爆发也为德国和罗马尼亚结盟提供了契机。战争使得德国对罗马尼亚的石油需求更为迫切。因此，1939 年 9 月 5 日，德国外长约阿希姆·冯·里宾特洛甫（Joachim von Ribbentrop）明确警告匈牙利：在任何情况下，匈牙利都不得进攻罗马尼亚。[①] 战争的爆发也使得罗马尼亚放弃了与波兰和法国的联盟。1940 年，德国在西线的胜利使得罗马尼亚的"中立"政策难以为继。英国的势力退出欧洲大陆后，罗马尼亚要么倒向苏联，要么倒向德国。当苏联出兵比萨拉比亚时，罗马尼亚谋求德国的帮助遭到拒绝。[②] 然而，罗马尼亚的石油对德国至关重要。苏联占领比萨拉比亚后，担心遭到肢解的罗马尼亚谋求德国保障其残余边界。当罗马尼亚接受了德国对匈牙利—罗马尼亚争端的仲裁后，它就获得德国对其残余边界的保障。罗马尼亚成为德国在东欧的盟国。

　　对匈牙利和罗马尼亚来说，它们的盟国不仅有德国，还有意大利。战争爆发前，意大利对德国的影响是重大的。意大利帮助德国在西线牵制了英法军队，从而使德军得以东进波兰。然而，战争爆发后意大利对德国的影响力骤减。德军使用"闪击战"的方式消灭了波兰，并迫使法国投降。然而，意大利的虚弱却暴露无遗。1940 年西线战局已定。法国亨利·贝当（Henri Pétain）政府呼吁法军停止抵抗德军。在这种情况下，以 3∶1 的优势兵力发起进攻的意大利军队却遭到法军的重创。[③] 相对于德国，海军是意大利的唯一优势军种。然而，1940 年 11 月塔兰托战役（Battle of Taranto）使意大利海军主力损失殆尽。随着意大利军事力量的衰落，它在匈牙利和罗马尼亚问题上的发言权也损失殆尽。正如罗马尼亚对德国强调的，意大利不能提供罗马尼亚最需要的东西。[④]

――――――――

① "Memorandum by Sonnleithner," 5 September 1939, *DGFP*, Series D, Vol. 8, No. 8, p. 6.

② "Fabricius to the Foreign Ministry," 27 June 1940, *DGFP*, Series D, Vol. 10, No. 33, p. 34.

③ Emanuele Sica, *Mussolini's Army in the French Riviera: Italy's Occupation of France*, Champaign: University of Illinois Press, 2016, pp. 22 – 24.

④ "Ribbentrop's Talk with Pop," 14 October 1940, *DGFP*, Series D, Vol. 11, No. 179, p. 305.

德国对匈牙利和罗马尼亚的谈判能力较强。德国不仅可以对盟国提供物质援助，而且可以在必要时直接出兵援助。当匈牙利或罗马尼亚试图脱离德国的政策轨道时，德国可以占领其领土或更迭其政权。德国使用间接方式影响匈牙利或罗马尼亚的能力同样不容忽视。1940—1941 年，匈牙利对南斯拉夫有领土要求。意大利在希腊的战事失利导致德国需借道南斯拉夫援助意大利。若南斯拉夫拒绝德国的要求，则德国便可用南斯拉夫的领土补偿匈牙利。1940—1941 年，罗马尼亚对苏联有领土要求。在德苏两军交界的宽广平原上，既无明显天堑，又无坚固工事。德军对苏军较高的突防能力意味着德国以苏联的损失补偿罗马尼亚的能力较高。德国对匈牙利和罗马尼亚的损耗能力毫不亚于其补偿能力。1939—1940 年，德苏之间存在《互不侵犯条约》（German – Soviet Non – aggression Pact）。即使德苏战争迫在眉睫，苏联的农产品和石油仍然源源不断地运往德国。若德国不进攻苏联，则德苏合作仍可维持 1—2 年。只要存在德苏合作，罗马尼亚和匈牙利就可能成为德国对苏政策的牺牲品。

1940 年 5 月西线战事的结束导致德苏在东欧失去了共同的敌人。德苏关系开始从合作走向竞争。德国与匈牙利和罗马尼亚的结盟使苏联谴责德国违背《互不侵犯条约》第三条关于磋商的规定。[①] 德苏关系的变化推动了德国在东线部署更多的武装力量。然而，匈牙利的领土、罗马尼亚的石油和匈牙利—罗马尼亚的争端对德国构成了挑战。1939 年 9 月，当发起波兰战役时，德国曾向匈牙利提出德军过境的要求。但是，匈牙利拒绝了德国。[②] 1940 年秋，德军过境匈牙利再度成为现实问题。与德国结盟后，罗马尼亚要求德国向罗马尼亚派驻武装力量。这既是针对苏联的，也是针对匈牙利的。鉴于罗马尼亚石油的战略意义，德国准备向罗马尼亚派驻武装力量。然而，德军进驻罗马尼亚需要利用匈牙利领土，而匈牙利则担心德罗联盟会鼓励罗马尼亚使用武力夺回特兰西瓦尼亚。因此，德国不得不考虑如何再次向匈

---

① "Schulenrurg to the Foreign Ministry," 1 September 1940, *DGFP*, Series D, Vol. 11, No. 1, p. 1.

② 加莱阿佐·齐亚诺：《齐亚诺日记（1939—1943 年）》，第 186—189 页。

牙利提出德军过境的要求。① 如果德国能在匈牙利和罗马尼亚之间建立安全承诺，那么德国将获得对苏政策的主动权。

正当德国考虑匈罗关系时，德苏关系的恶化使得在东欧的联盟转型变得更为迫切。1940 年 11 月中旬，苏联外交人民委员维亚切斯拉夫·莫洛托夫（Vyacheslav Molotov）访问柏林。在芬兰、罗马尼亚、保加利亚三个问题上，德国和苏联的立场大相径庭。关于芬兰，德国不能允许苏芬之间再次爆发武装冲突，而苏联则不能允许德国插手苏芬关系。关于罗马尼亚，德国强调保障罗马尼亚是为了保证石油供应，而苏联则认为这鼓励了罗马尼亚反对苏联。关于保加利亚，苏联要求德国允许苏联对保加利亚给予保障，而德国则建议苏联与保加利亚会谈。在苏联看来，德国试图阻止苏联对保加利亚施加影响。② 如果德国试图在对苏政策中取得主动，那么德国就要强化在东欧的存在。因此，德国必须缓和匈牙利与罗马尼亚之间的敌意。莫洛托夫的访问表明，东欧联盟转型已成为德国外交中的紧迫问题。

送走莫洛托夫后，希特勒会见了匈牙利和罗马尼亚的领导人，并着手建立匈牙利与罗马尼亚之间的安全承诺。德国对匈牙利和罗马尼亚领土争端的仲裁没有完全满足匈牙利的要求。因此，希特勒赞赏匈牙利接受了德国的仲裁。希特勒着重指出，"德国应该赢得越来越多的朋友和盟友。"关于匈牙利驱逐特兰西瓦尼亚的罗马尼亚人，希特勒表达了同情：过去 20 年罗马尼亚人恶劣地对待匈牙利人。因此，匈牙利人目前只是对忍受多年的错误行为的反应。③ 在巩固德匈关系的同时，希特勒赞赏罗马尼亚付出的领土代价。希特勒对安东内斯库

---

① "Canaris to the Foreign Ministry," 20 September 1940, *DGFP*, Series D, Vol. 11, No. 80, p. 137.

② "Hitler's Talk with Molotov," 12 November 1940, *DGFP*, Series D, Vol. 11, No. 326, pp. 541 – 549; "Hitler's Talk with Molotov," 13 November 1940, *DGFP*, Series D, Vol. 11, No. 328, pp. 550 – 562; "Ribbentrop's Talk with Molotov," 13 November 1940, *DGFP*, Series D, Vol. 11, No. 329, pp. 562 – 570.

③ "Hitler's Talk with Teleki," 20 November 1940, *DGFP*, Series D, Vol. 11, No. 365, p. 633, p. 636.

指出，"历史不会停在 1940 年"。① 这无异于暗示，在纳粹建立所谓"欧洲新秩序"之后，德国将根据罗马尼亚的所谓"贡献"重新划分欧洲疆界。除了对罗马尼亚提供政治支持外，德国向罗马尼亚提供总价值 1 亿马克的经济援助，并准备按罗马尼亚的作训计划增派 1 个德国师。为了减轻罗马尼亚的负担，德国全面负担德军的后勤。②在德国的推动下，匈牙利和罗马尼亚几乎同时加入了德—意—日三国协定（The Tripartite Pact），成为轴心国成员。1940 年 12 月 13 日，匈牙利终于允许德军通过匈牙利前往罗马尼亚。③ 这是匈牙利对德国—匈牙利—罗马尼亚之间安全承诺的实践。德国的联盟转型初见成效。

1941 年春，德国和苏联同时在东欧大规模增派武装力量。在这种情况下，德国谋求匈牙利和罗马尼亚共同走上东线战场。因此，德国以补偿能力强化联盟转型。当德国与南斯拉夫关系恶化后，德国允许匈牙利获得南斯拉夫领土。④ 当德国准备进攻苏联时，按希特勒的说法，当冲突结束之后，罗马尼亚将得到无限制的领土补偿。⑤ 在这种情况下，根据意大利的判断，在对苏战争中，"匈牙利人和罗马尼亚人准备合作"。⑥这个判断很快得到了证实。德国发动对苏战争后，匈牙利和罗马尼亚便将本国军队派往前线。在德苏战场的南段，德国、匈牙利和罗马尼亚的军队并肩作战。这意味着联盟成员以最高形式履行了它们彼此的安全承诺。对德国外交来说，发动对苏战争是个无可挽回的错误。然而，德国、匈牙利和罗马尼亚军队共同参战却标

---

① "Hitler's Talk with Antonescu," 22 November 1940, *DGFP*, Series D, Vol. 11, No. 381, p. 670.

② "Ribbentrop's Talk with Antonescu," 23 November 1940, *DGFP*, Series D, Vol. 11, No. 387, p. 683; "Keitel's Talk with Antonescu," 23 November 1940, *DGFP*, Series D, Vol. 11, No. 388, p. 688.

③ "Hitler to Mussolini," 31 December 1940, *DGFP*, Series D, Vol. 11, No. 586, p. 992.

④ "Hitler's Talk with Sztójay," 27 March 1941, *DGFP*, Series D, Vol. 12, No. 215, p. 369; "Hitler's Talk with Sztójay," 28 March 1941, *DGFP*, Series D, Vol. 12, No. 215, p. 403.

⑤ "Hitler's Talk with Antonescu," 11 June 1941, *DGFP*, Series D, Vol. 12, No. 614, p. 1004.

⑥ 加莱阿佐·齐亚诺：《齐亚诺日记（1939—1943 年）》，第 399 页。

志着德国在东欧联盟转型的成功。

八 启示

现有国际关系理论指出，联盟成员共享安全利益的程度和联盟成员共享价值规范的程度是解释联盟类型的主要因素。现有理论并未讨论联盟转型成败的主要条件，也未讨论给出的两个基本因素的交互作用对联盟转型的影响。在肯定现有理论解释力的基础上，本文提出，强盟主对弱盟友的谈判能力是解释不对称联盟转型成败的必要条件。强盟主对弱盟友的援助能力、干涉能力、补偿能力和损耗能力越强，联盟转型越容易成功；反之，联盟转型越容易失败。笔者选择1936—1937年法国在东欧的联盟转型失败和1940—1941年德国在东欧的联盟转型成功作为检验理论的案例。依据多国档案，笔者检验和发展了一个关于不对称联盟转型成败的理论。

讨论不对称联盟转型的条件有助于理解美国将亚太地区的多个双边联盟转型为一个多边联盟的可能性。美国及其盟国存在安全利益与价值规范之间的不匹配。例如，在东北亚地区，美国、日本、韩国存在类似的政治体制和意识形态。然而，三国的安全利益并不一致。美日联盟有针对中国的一面，然而韩国的主要安全关切是朝鲜。与日本不同，美国、韩国与俄罗斯之间不存在领土争端。日本不仅与俄罗斯存在领土争端，而且还与韩国存在领土争端。

中国崛起首先影响了亚太地区。因此，近年来美国试图将美日、美韩双边联盟转变为美—日—韩多边联盟，以便塑造中国崛起进程。2014年12月，美国、日本、韩国签署了《关于朝鲜核与导弹威胁的情报交流协议》。协议规定，韩国与日本通过美国交流有关朝鲜核与导弹的情报。在征得韩国同意的情况下，美国可以将韩国掌握的情报提供给日本。在征得日本同意的情况下，美国可以将日本掌握的情报提供给韩国。[1] 鉴于日韩安全合作滞后，自2011年开始，美国便鼓励

---

[1] 《韩美日签署关于朝鲜核与导弹威胁的情报交流协议》，http://world.huanqiu.com/hot/2014-12/5309807.html，访问时间：2017年5月3日。

日本与韩国签署《军事情报保护协定》。2016 年 11 月，日本和韩国签署了该协定。对这一协定，中国政府着重指出："有关国家固守冷战思维，加强情报军事合作，将加剧半岛对立对抗，给东北亚地区增添新的不安全不稳定因素，不符合和平发展的时代潮流，不符合地区各国共同利益。"①这一声明表达了中国对美国亚太联盟转型的关切。

美国对盟国谈判能力决定美国能否在盟国之间建立安全承诺。美国对日本和韩国的援助能力较强，但美国对日本和韩国的干涉能力、补偿能力和损耗能力较弱。驻日美军和驻韩美军的存在表明，美国有能力与日本或韩国协同作战。除驻军外，美国对日本和韩国提供大量军事援助。例如，2017 年 1 月 27 日，韩国陆军航空作战司令部的两个营装备了从美国引进的 36 架阿帕奇攻击直升机。韩军和驻韩美军拥有的阿帕奇直升机总数达到 84 架。②尽管如此，美国对日本和韩国的干涉能力有限。当美国与"非民主国家"结盟时，美国军事占领盟国和更迭盟国政权的阻力较小。例如，冷战时期，美国曾经使用武力更迭南越政权。然而，当美国与"民主国家"结盟时，发生强制性较高的干涉事件将同时与美国和盟国的价值规范发生背离。鉴于干涉产生的负面政治影响，美国会尽量避免对日本或韩国实行军事占领或政权更迭。因此，美国、日本、韩国共享的"民主体制"降低了美国对日本和韩国的干涉能力。

除直接影响盟国的能力外，美国间接影响盟国的能力也较弱。在亚太地区，中国、俄罗斯和朝鲜是美国潜在或现实的竞争者，然而中、俄、朝都拥有核武器。虽然朝鲜的军事力量逊于美国，但朝鲜的核武器、导弹和其余各类常规武器对驻韩美军和韩国军队形成了有效的威慑。这就使美国以竞争者为代价补偿盟国的能力有限。同时，美国对盟国的损耗能力也很有限。中国国力接近美国使得中美关系竞争性有所加剧。欧洲综合性的安全矛盾使得美俄难以真正和解。在核武器和导弹问题上的尖锐对立，严重制约了美国与朝鲜关系的发展。因

　　① 《外交部回应韩日签署〈军事情报保护协定〉》，http：//news. xinhuanet. com/mil/2016 - 11/24/c_ 129376355. htm，访问时间：2017 年 5 月 3 日。

　　② 《韩军部署 36 架阿帕奇直升机》，http：//news. xinhuanet. com/world/2017 - 01/29/c_129462574. htm，访问时间：2017 年 5 月 3 日。

此，在亚太地区的战略关系中，中美关系、俄美关系和朝美关系的发展空间有限。在这种情况下，日本和韩国对美国的安全承诺相对放心。尽管美国乐见日本和韩国之间建立安全承诺，但日本和韩国却缺少足够动力按照美国愿望构建联盟关系。因此，美国可能凭借对盟国较强的援助能力推动亚太联盟转型。然而，美国对盟国有限的干涉能力、补偿能力和损耗能力将使得联盟转型的过程阻力重重。美国成功实现联盟转型的可能性不高。

论"准联盟"战略[*]

孙德刚

一 问题的提出

战略是国际关系研究的"永恒"话题。根据安德烈·博弗列
（André Beaufré）所下的定义，"战略是一门两个对立的意志运用力量
解决其争端的辩证艺术"①。国家安全战略是国家实现政治目标的艺
术，是"一定主体确立的关于一定国家的国家安全目标及实现这些目
标的途径和手段的全局性和持久性的计划和方案"②。国家安全战略
需要有明确界定的目标、实现战略目标的手段、战略资源、战略思维
方式、战略艺术以及实现安全战略的外交决策机制和领导素质，它是
目的与手段、意图与能力、目标与资源的有机统一，包括目标的制
定、手段的选择、资源的掌握和机制的设计等多个层面。简言之，国
家安全战略＝目标＋手段（力量×方针）。③ 目前学界一般认为，按

---

* 本文原刊于《世界经济与政治》2011 年第 2 期。感谢《世界经济与政治》杂志的匿
名评审专家以及张曙光教授、刘中民教授、马骏副研究员、汪段泳博士、刘宏松博士、朱
杰进博士、赵军博士等人提出的宝贵修改意见。

① ［美］克雷格·斯奈德：《当代安全与战略》，徐纬地等译，吉林人民出版社 2001
年版，第 5 页。

② 杨毅主编：《国家安全战略理论》，时事出版社 2008 年版，第 17 页；刘跃进主编：
《国家安全学》，中国政法大学出版社 2004 年版，第 319 页。

③ 关于这一点可参见 John Lewis Gaddis, *Strategies of Containment: A Critical Appraisal of
Postwar American National Security Policy*, Oxford and New York: Oxford University Press, 1982,
p. viii；时殷弘、于海峰：《论大战略的目的及其基本原则》《中国人民大学学报》2008 年第 5 期；
刘静波：《21 世纪初中国国家安全战略》，时事出版社 2006 年版，第 31 页。

照实现安全战略的手段不同，国家大致可分为结盟国家和不结盟国家，前者如美国、日本、加拿大、澳大利亚、韩国、俄罗斯等，后者如中国、印度、伊朗、埃及等。前者强调集体的力量大于个体的力量，以让渡主权换取国家安全；后者认为外部力量不可靠，只有立足自我才能实现国家安全。

尽管目前有关国家安全战略的研究成果汗牛充栋，但却难以解释一类特殊的安全合作模式。例如，埃及在冷战时期宣布奉行不结盟政策，但是在纳赛尔执政时期，埃及与苏联的战略合作有目共睹；叙利亚与伊朗尽管强调不结盟，但30年来双方在战略领域的密切关系类似于却又不同于联盟关系；冷战时期科威特被美国视为不民主国家，两国并未结盟，但海湾危机爆发后，美国不仅"解放"科威特，而且在其设立了军事基地，美国随后宣布科威特是其在海湾地区的"重要盟友"。上述国家究竟选择了联盟战略还是中立战略？

迄今为止，安全战略研究者的总体思维定式是，决策者在安全合作领域只能在联盟战略、集体安全战略、合作安全战略与中立战略之间选择其一，[①] 这种简约的划分方式常常忽略了特殊情况，亦即两国或多国之间的半结盟状态。正如迈克尔·阿尔福德（Michael F. Altfeld）所言："决策者总是在结盟与军备竞赛之间、结盟与不结盟之间进行权衡（Trade - off）"，[②] 他显然忽略了国家在联盟与中立之外的其他选项。与阿尔福德一样，罗伯特·罗斯坦（Robert L. Rothstein）也曾指出：中立和不结盟一般对小国更有吸引力。在大国争斗时保持超脱和逃避政策以享受和平，向来是大多数小国追求的目标。结盟与不结盟究竟哪个选项更优越并非取决于伦理，而是取决于领导人的理性计算。[③] 但是，如何解释不结盟国家内部，以及结盟国家与不结盟国家之间的安全合作关系？这种关系如何定性？其运作模式背后的动机是什么？

① Dan Reiter, *Crucible of Beliefs : Learning , Alliances , and World Wars*, Ithaca and London : Cornell University Press, 1996, p. 59.

② Michael F. Altfeld, "The Decision to Ally : A Theory and Test," *The Western Political Quarterly*, Vol. 37, No. 4, 1984, p. 523.

③ Robert L. Rothstein, *Alliances and Small Powers*, New York and London : Columbia University Press, 1968, pp. 30 - 33, 47.

二　既有研究及其不足

在国际关系领域，学界对联盟战略的研究方兴未艾，但对上述非正式联盟的特征、动因、机制和绩效的研究成果可谓凤毛麟角。目前国内外对联盟战略的研究包括五大学派：（1）以均势理论（权力平衡、威胁平衡和利益平衡）为代表的现实主义学派；[①]（2）以公共产品理论为代表的经济学派；[②]（3）以政治联合理论为代表的整合学派；[③]（4）以功能主义为代表的制度主义学派；[④]（5）以身份和认同为考察对象的建构主义学派。[⑤] 相比之下，学界对非正式联盟的研究相对有限，对其理论探讨存在明显不足，该议题的前期成果大体可分为两类。

第一类学者将正式与非正式联盟战略一并加以探讨。由于非正式

[①] 参见 George Liska, *Nations in Alliance: The Limits of Independence*, Baltimore, MD: John Hopkins University Press, 1967; Stephen M. Walt, *The Origins of Alliances*, Ithaca: Cornell University Press, 1987; Glenn H. Snyder, *Alliance Politics*, Ithaca and London: Cornell University Press, 1997; Randall L Schweller, "Bandwagoning for Profit: Bringing the Revisionist State Back in," *International Security*, Vol. 19, No. 1, 1994。中国古代军事家、政治家和战略家对联盟和联盟战略也有深刻的理解，以《周易》《尚书》《左传》《孙子兵法》《三略》《六韬》《鬼谷子》等为代表，参见熊梅《论春秋时期的联盟战略与霸权迭兴》，《军事历史研究》2004 年第 3 期；王鹏、郭莹：《纵横家的联盟思想及启迪——以〈鬼谷子〉〈战国策〉为中心》，《国际政治科学》2009 年第 3 期。

[②] 参见 Mancur Olson, *The Logic of Collective Action: Public Goods and the Theory of Groups*, Cambridge: Harvard University Press, 1971; Joanne Gowa, *Allies, Adversaries, and International Trade*, Princeton: Princeton University Press, 1995; Todd Sandler, and Jon Cauley, "On The Economic Theory of Alliances," *Journal of Conflict Resolution*, Vol. 19, No. 2, 1975。

[③] 参见 William H. Riker, *The Theory of Political Coalitions*, New Haven and London: Yale University Press, 1962; 孙德刚：《攻防态势与政治联合的最佳规模》，《外交评论》2006 年第 2 期。

[④] 参见 Robert O. Keohane, *After Hegemony: Cooperation and Discord in the World Political Economy*, Princeton: Princeton University Press, 1984, pp. 243 – 247。

[⑤] 参见 Michael N. Barnett, "Identity and Alliances in the Middle East," in Peter J. Katzenstein, ed., *The Culture of National Security: Norms and Identity in World Politics*, New York: Columbia University Press, 1996; Thomas Risse – Kappen, "Collective Identity in a Democratic Community: The Case of NATO," in Peter J. Kazenstein ed., *The Culture of National Security: Norms and Identity in World Politics*, New York: Columbia University Press, 1996; F. Gregory Cause, "Balancing What? Threat Perception and Alliance Choice in the Gulf," *Security Studies*, Vol. 13, No. 2, 2003。

联盟战略具有动态性而难以界定和归类，所以部分学者对其采取规避态度。每当遇到此类安全战略时，学者们通常用"特殊关系""未签订盟约的联盟""事实上的联盟""心照不宣的联盟""非正式联盟""临时联盟""流动联盟""志愿者联盟"等较为模糊的词语，笼统地加以论述。如斯蒂芬·沃尔特（Stephen M. Walt）在《联盟的起源》中认为，联盟是"两个或两个以上主权国家出于安全合作目的而形成的正式与非正式安排。"① 他强调，"如果我将分析的范围仅限于正式联盟，就会忽略许多重要案例。区分正式与非正式盟约不仅不能阐明事实，而且会引起误解……严格界定联盟承诺的类型很容易引起误导，因为正式和非正式安排的真正意义可能因情况不同（而不是名称不同）而异"②。按照此界定，联盟的外延不仅包括正式联盟，而且包括非正式联盟。迈克尔·巴尼特（Michael N. Barnett）和杰克·利维（Jack S. Levy）在《联盟和联合的内在原因》一文也认为，联盟不一定需要缔结军事盟约。"广义上的联盟是指两个或两个以上国家间形成的正式或非正式安全合作，它涉及在未来特定条件下，因某种程度的政策协调而形成的相互期望，其承诺的程度、政策协调的具体形式和具体实施方式都无须公开说明。"③ 此外，约瑟夫·奈（Joseph S. Nye）在《理解国际冲突》④ 中、李景治和罗天虹在《国际战略学》⑤ 中也将正式与非正式联盟战略一并加以探讨。以上学者研究的不足之处是忽视了二者的区别不仅是程度上的，而且是类别上的，均未能从安全战略的类型出发，探讨非正式联盟战略。

第二类学者虽涉猎非正式联盟的部分特征，但仍处于摸索状态。代表性研究成果如《心照不宣的盟友：从苏伊士运河到六日战争的法国与以色列》。该书将 1956—1967 年的法以关系界定为"心照不宣的

---

① Stephen M. Walt, *The Origins of Alliances*, p. 12.

② Ibid. .

③ Michael N. Barnett and Jack S. Levy, "Domestic Sources of Alliances and Alignments: The Case of Egypt," *International Organization*, Vol. 45, No. 3, 1991, p. 370.

④ Joseph S. Nye, Jr. , *Understanding International Conflicts: An Introduction to Theory and History*, New York: Longman, 1997, p. 58.

⑤ 李景治、罗天虹：《国际战略学》，中国人民大学出版社 2003 年版，第 319 页。

联盟"。遗憾的是，此书并未从理论上探讨"心照不宣的联盟"，甚至对这一概念本身也未作任何解释。[①] 杰拉尔德·索罗金（Gerald L. Sorokin）在研究联盟的形成与威慑的关系时也发现：大国在保护小国，使小国免受外敌入侵时，有时并未做出正式承诺。[②] 从这篇文章的字里行间中读者也隐约能够看到非正式联盟战略的影子。迈克尔·克莱尔（Michael T. Klare）在《地下联盟：美国的全球代理网络》一文中探讨了里根政府利用代理国发动的旨在遏制苏联扩张的"代理战"。他发现，除正式联盟战略外，美国还与世界上许多国家和地区建立了地下联盟（subterranean alliance）。如果说美国的联盟旨在保护西方世界的重要工业心脏地带，地下联盟则通过秘密行动策反苏联庇护的傀儡政权。[③] 此外，中国学者叶自成、崔磊、蔡志诚等人撰写的论文也涉及了非正式联盟。[④] 遗憾的是，以上研究成果仅触及非正式联盟的某些层面，缺乏深入的理论分析和系统的学术探讨。

由此可见，学界关于联盟战略的研究已初具规模，且还在不断深化和细化的过程中，但仍有很大的提升空间。首先，现有理论对非正式联盟解释力不足。主流联盟战略研究以传统现实主义和新现实主义为主，强调权力、威胁和利益是一国选择联盟的主要动因；权力平衡、威胁平衡和利益平衡通常被视为联盟形成的主要模式，但却难以解释许多"半结盟"现象。例如，冷战时期同样受均势的影响，美苏两国在欧洲形成了强大的多边军事联盟体系；在亚太地区形成了若干双边联盟；而在中东地区，大国的联盟战略常以失败而告终，不得不选择在联合公报、谅解备忘录、共同宣言、友好合作条约等次级安

① 参见 Sylvia K. Crosbie，*A Tacit Alliance：France and Israel from Suez to the Six - Day War*，Princeton：Princeton University Press，1974，该书主要梳理了 1956—1967 年法国和以色列特殊关系发展的历史脉络。

② Gerald L. Sorokin，"Alliance Formation and General Deterrence：A Game - Theoretic Model and the Case of Israel，"*Journal of Conflict Resolution*，Vol. 38，No. 2，1994，pp. 299 - 303.

③ Michael T. Klare，"Subterranean Alliances：America's Global Proxy Network，"*Journal of International Affairs*，Vol. 43，No. 2，1989，p. 97；另可参见 David V. Edwards，*International Political Analysis*，New York：Holt，Rinehart and Wintston，1969，p. 206。

④ 参见叶自成《中国实行大国外交战略势在必行——关于中国外交战略的几点思考》，《世界经济与政治》2000 年第 1 期；崔磊：《自愿联盟与美国外交》，《世界经济与政治论坛》2005 年第 2 期；蔡志诚：《非正式同盟的理论与实践》，《国际观察》2004 年第 1 期。

全管理机制之上开展安全合作，如 20 世纪 60 年代的法国与以色列、美国与沙特阿拉伯、21 世纪初伊朗与叙利亚等。另外，有些非正式联盟一直延续至今，如美国和以色列、美国和沙特阿拉伯的战略合作关系等。上述国家未签订正式盟约，却维持着安全合作关系。如何在理论上解读这类次级安全合作关系？为什么这些国家对非正式联盟范式情有独钟？它们是如何构建和运作的？这些问题在传统的联盟战略研究中几乎被忽略了。

其次，现有联盟战略研究对不同国家或集团的不同联盟政策解释不够。如同样是亚洲国家，且都面临外部威胁，中日两国却选择了不同道路——近代以来中国倾向于制衡威胁，选择非正式安全合作机制（1950 年《中苏友好同盟互助条约》可视为特例），如在卡特政府后期中美联合应对苏联在阿富汗、越南和非洲的攻势，但避免正式结盟。相比之下，日本长期奉行正式的联盟战略，如近代英日联盟、二战时期的德日联盟、二战后的美日联盟等。同样，在冷战结束后，虽然北约面临的威胁大大减弱，但它不仅未解体，反而进一步强化，东扩的趋势十分明显，似乎背离了"政治联合的最佳规模就是能够赢得胜利的最小规模"[1] 这一原则。再如，后冷战时期，黎巴嫩真主党和伊朗共同面临美国的威胁，但即便 2006 年爆发了黎以冲突以及伊朗核问题升级，双方也都不愿意正式结盟。这说明威胁只是结盟的一个因素，国际体系、决策机制与领导人认知等因素也需纳入考察之列，而这些因素在联盟战略研究中也常被忽略了。

再次，现有的联盟战略研究对非正式联盟对国际体系的社会化功能挖掘不够深入。一个基本的问题是：既然国际社会始终处于无政府状态，联盟是潜在的战争共同体，战争应当是常态，和平只不过是两次战争的间歇，但为何自二战结束以来，和平的维持不仅是可能的，而且在未来也是充满希望的？这似乎表明，联盟战略下国际无政府状态是一种常态，但是国际集体安全组织、联盟和非正式联盟所塑造的社会化体系也是一种常态，这种社会化体系一方面是因为国际社会形成了许多正式的区域与国际集体安全和集体防御组织，另一方面是因

---

[1]　William H. Riker, *The Theory of Political Coalitions*, p. 32.

为国际成员形成了非正式安全机制，它们共同缓解了国际无政府状态。正式的国际安全组织已有许多学者加以研究，[①] 而非正式安全机制的研究成果较少。

最后，现有联盟战略研究对同一国家不同时期的联盟偏好分析不足。美国在近代以前一直避免同他国结盟，但在 1947 年冷战开始后不到十年的时间里，美国政府却放弃了固守一百多年的门罗主义，在和平年代与 42 个国家缔结了军事盟约。[②] 所以，从实证研究来看，有些国家在特定历史阶段即便在外来威胁消失时仍实施联盟战略，而有时即使面临严重安全威胁也对联盟战略不感兴趣，其中的原因是什么？这个问题值得认真思考。

三　"准联盟"战略的概念

本文将国际关系中非正式安全合作界定为"准联盟"（quasi‑alliance），即"两个或两个以上国际实体在次级安全合作协定之上形成的针对外部敌人的安全合作关系"，准联盟战略就是"政治领导人运用次级安全管理机制与伙伴方开展针对外部敌人的安全协调与合作的战略理念、机制和行为。"[③] 准联盟战略虽是一种安全战略模式，但表现形式却千差万别。由于构成主体、互动关系、成员数量、合作性质、战略目标不同，准联盟战略类型也不尽相同，这一点与联盟战略具有一致性。如从实施的时机来看，准联盟战略可分为战时与和平时期准联盟；从成员的力量构成来看，准联盟战略可分为对称性与非对称性；从表现形式来看，准联盟战略可分为公开型与秘密型。准联盟战略的实施主体是国

---

① 参见李滨《世界政治经济中的国际组织》，国家行政学院出版社 2001 年版。

② William Lee Miller, "The American Ethos and the Alliance System," in Arnold Wolfers, ed., *Alliance Policy in the Cold War*, Baltimore, MD: The Johns Hopkins Press, 1959, p. 32.

③ 准联盟理论研究可参见笔者发表的前期研究成果，具有代表性的理论性文章有：《准联盟外交探析》，《国际观察》2007 年第 2 期；《联而不盟：国际安全合作中的准联盟理论》，《外交评论》2007 年第 6 期；《结盟外交与国际安全竞争中的"三层博弈模式"》，《国际论坛》2008 年第 6 期；《论新时期中国的准联盟外交》，《世界经济与政治》2012 年第 3 期；Degang Sun, "Brothers Indeed: Syria and Iran Quasi‑alliance Revisited," *Journal of Middle Eastern and Islamic Studies* (*in Asia*), Vol. 3, No. 2, 2009。

家，但不排除一些具有独立政治意志和行为的非国家行为体也时常实施准联盟战略，如哈马斯、真主党、库尔德工人党等。准联盟战略是安全战略范畴而不是政治、经济或文化战略范畴，是一种介于联盟战略、集体安全战略、合作安全战略与中立战略之间的"灰色地带"。

　　一般说来，共同防御条约是最具约束力的正式安全合作协定，它是联盟战略的基础，缔约国在共同防御条约基础上形成正式强联盟，例如，美国在《北大西洋公约》基础上对西欧的联盟战略（选择一）。准联盟战略的核心是次级安全合作协定，它是区分准联盟战略与其他安全战略的关键。这里的次级安全合作协定有两种类型：一是非正式强联盟所赖以生存的非正式安全合作协定，如 2006 年 11 月澳大利亚与印尼签订的《安全合作框架协定》成为两国实施反恐准联盟战略的基础（选择二）；二是正式弱联盟所依据的正式安全合作协定，它以条约为载体，但安全合作停留在浅层次，如《上海合作组织宪章》成为中俄与中亚国家相互实施准联盟战略的基础（选择三）。建立在诸如中阿合作论坛和中非合作论坛基础上的非正式弱联盟（选择四）则既不是联盟战略，又不是准联盟战略，而是政治伙伴战略（见图1）。

	正式	非正式
强	选择一：正式强联盟 （联盟战略）	选择二：非正式强联盟 （准联盟战略）
弱	选择三：正式弱联盟 （准联盟战略）	选择四：非正式弱联盟 （政治伙伴战略）

图1　安全合作载体与安全战略选择的不同路径

　　从图1可见，联盟战略是在正式安全合作协定如共同防御条约的基础上开展的安全合作，准联盟战略则是在次级安全合作协定如友好合作条约、联合宣言、联合声明、谅解备忘录、国内法、联合公报、军售协定等基础上开展的安全合作。① 从社会契约的角度来看，联盟

---

　　① "正式安全合作协定"系指"盟约"，主要表现为"共同防御条约"，其核心条款规定缔约国将联合同敌人作战，一般需要经国内立法机关批准生效；次级安全合作协定缺乏缔约国联合同敌人作战的核心条款，通常无须国内立法机关审批。

战略的实施载体——盟约是社会契约在国家间关系中的反映，旨在规范缔约国的行为。正如英国思想家霍布斯所言：契约的订立是自由的，而契约一旦订立之后就不自由了。[①] 联盟战略与准联盟战略的区别在于契约的制度化程度。联盟基于正式契约，准联盟基于非正式安全合作契约或曰次级安全合作协定。如果说军事盟约是联盟战略的基础，次级安全合作协定则是准联盟战略的基础。

次级安全合作协定具有以下特点：首先，它具有很强的弹性。这里的弹性有两层内涵，一是其约束力不及正式盟约，二是覆盖领域比盟约窄。例如，1947 年 7 月，弗朗西斯科·佛朗哥（Francisco Fran-co）宣布西班牙为君主国，自任终身国家元首。英法等认为西班牙属于独裁政府，反对其加入北约，它是马歇尔计划中唯一的一个没有获得紧急援助的国家。为摆脱外交孤立，佛朗哥政府积极开展对美外交。双方于 1953 年 9 月 26 日在马德里签订了三份协定，第一份是关于美国在西班牙建立和使用军事设施的协定；第二份是关于美国向西班牙提供经济援助的协定；第三份是双方的军事互助协定。这三份都是美国行政部门同西班牙政府签订的，无须国会批准，因此是次级的。[②] 上述次级安全合作协定的签订标志着西班牙对美准联盟战略的启动。西班牙的准联盟战略使佛朗哥政府暂时摆脱了在欧洲的孤立局面，其富有弹性的准联盟战略一直延续至 1982 年加入北约，随后其对美联盟战略代替了原先的准联盟战略。

次级安全合作协定的弹性主要表现为：（1）它可以避免国内复杂的审批程序，尤其对于分权国家的领导人来说更是如此；（2）次级安全合作协定在形势发生变化时更容易修订，而正式盟约生效后，如果加以修改，往往会引起双边关系的波动与地区格局的动荡；（3）次级安全合作协定更容易经过谈判协商，在短期内达成共识；（4）从国家声誉的视角来看，次级安全合作协定签订后，即使缔约国不履行承诺也较少受到"背信弃义"的指责，因为其法律效力和约束力比

---

①　匡萃坚：《当代西方政治思潮》，社会科学文献出版社 2005 年版，第 29—33 页。

②　Rodrigo Botenro, *Ambivalent Embrace: America's Troubled Relations with Spain from the Revolutionary War to the Cold War*, Westport: Greenwood Press, 2001, p. 157.

盟约弱。① 缔结军事盟约、实施联盟战略有国内与国际两个方面的难题——缔结联盟协定需要支付高昂的交易成本，且更容易牺牲一方自主权（如允许盟友在该国建立军事基地）。联盟形成后，抛开盟友与其他成员进行安全合作会增加成本。② 而缔结次级安全合作协定、实施准联盟战略则更具有机动性。

其次，次级安全合作协定更具有可操作性。正式盟约一般较稳定，它反映了缔约方对联盟未来共同威胁的预期，但往往很难适应不断变化的安全形势，因而通常只规定安全合作的基本原则，缺乏可操作性。次级安全合作协定是根据所要解决的任务选择安全合作的准盟友，因而更具有针对性和可操作性。例如，1971 年苏联同埃及、伊拉克和印度三国分别签订的友好合作条约（Treaty of Friendship and Cooperation Between USSR and UAR; Treaty of Friendship and Cooperation Between Iraq and Soviet Union; Treaty of Peace, Friendship and Cooperation Between India and Soviet Union），1980 年苏联同叙利亚签订的友好合作条约（Treaty of Friendship and Cooperation Between Syria and Soviet Union），1952 年美国同以色列签订的共同防御援助协定（Agreement Relating to Mutual Defense Assistance），1988 年美以签订的政治、安全与经济合作备忘录（Memorandum of Agreement Regarding Joint Political, Security and Economic Cooperation），这些均是操作性很强的次级安全合作协定。③ 上述协定均有具体的合作内容，它们的签订标志着美苏分别实施了准联盟战略。

最后，次级安全合作协定不影响成员体的结盟属性。准联盟战略的参与方常常打着"中立"或"不结盟"的旗号，在政策宣誓上强调在不针对第三方的前提下开展安全合作。以欧洲为例，战后西欧诸

① Gregory D. Miller, *The Shadow of the Past: The Influence of Reputation on Alliance Choice*, Ann Arbor: UMI, 2003, p. 68; Charles Lipson, "Why Are Some International Agreements Informal?" *International Organization*, Vol. 45, No. 4, 1991, pp. 495 – 538.

② Kristopher W. Ramsay, *Bargaining and Uncertainty in World Politics*, Ann Arbor: UMI, 2005, pp. 107 – 108.

③ Yaacov Bar – Siman – Tov, *Israel, the Superpowers, and the War in the Middle East*, New York: Praeger, 1987, p. 14.

国加入了美国领导下的北约阵营，中东欧国家加入了华约阵营，瑞士、瑞典、奥地利、爱尔兰、西班牙、芬兰、南斯拉夫和阿尔巴尼亚等国曾奉行不结盟政策[①]，但这并不妨碍西班牙、瑞典和芬兰等国向西方倾斜；阿尔巴尼亚向华约倾斜，并最终加入华约。实施准联盟战略并不会改变实施者的不结盟国家身份，如冷战时期的古巴、埃及、印度、叙利亚和伊拉克等都实施过准联盟战略。

从上文可以看出，准联盟战略是联盟战略的派生物，是国家运用综合手段实现安全利益最大化的有益尝试。它建立在相互信任与相互期望之上，并非基于盟约，而是在共同安全、国家利益、政治意识形态、共同关切的基础上建立次级安全合作关系。如果说联盟战略的执行依靠法律约束力（硬约束），准联盟战略则依靠道德约束力（软约束），准盟友之间在次级安全合作协定基础上达成的共识一般会成为道义约束力的基础，对准联盟战略起到引导作用。例如，2010 年 3 月"天安"号事件发生后，美国政府重申用核武器保护韩国，主要是根据两国签订的盟约——《美韩共同防御条约》，这是一种法律上的硬约束。但是，当 1973 年 10 月第四次中东战争爆发后，美国向以色列紧急空运军事物资，并向以色列提供了 22 亿美元的经济援助[②]，但美国从未承担对以色列的盟约义务，美国的援助政策主要基于 1965 年 3 月 11 日双方签订的《谅解备忘录》。[③] 该备忘录从严格意义上来说不具有法律效力，但如果美国违反《谅解备忘录》精神，其安全承诺的可信度势必会受到其他准盟友的质疑，会丧失国际道义制高点，其国家声誉也会受到影响。因此，这份《谅解备忘录》对美国来说是一种软约束。但硬约束和软约束在形式上的差别，与联盟战略和准联盟战略的效力高低之间并无必然联系。

---

① Vojtech Mastny, Sven G. Holtsmark, and Andreas Wenger, eds., *War Plans and Alliances in the Cold War*, London and New York: Routledge, 2006, p. 157.

② Under Secretary of State for Economic Affairs, November 3, 1973, CK3100527966, Declassified Documents Reference System (DDRS).

③ Telegram from the Embassy in Israel to the Department of State, March 11, 1965, *Foreign Relations of the United States* (*FRUS*), 1964 – 1968, *Vol.* XVIII, *Arab – Israeli Dispute* 1964 – 1967, No. 185.

四　"准联盟"战略的特征

准联盟战略具有不同于其他安全战略类型的微观和宏观特征。其微观特征主要表现为以下五点：（1）从行为主体来看，至少有两个或两个以上国际行为体，包括主权国家或类似实体；（2）从合作动机来看，这些行为体具有共同或互补性安全战略目标，从而具有共同的利益和诉求；（3）从合作机制来看，这些行为体具有实现共同利益和体现共同关切的载体，通常为次级安全合作协定；[①]（4）从表现来看，这些成员在外交层面有开展互动的实际行为；（5）从机动性来看，准联盟对政策自主性约束较低，准联盟战略比联盟战略的机会主义倾向更明显，实施方往往期待在准联盟战略中更好地维护自己的主导权而不是让渡国家主权，当外部条件不适合继续进行安全合作时，准联盟战略就会终止。

在上述五个微观特征中，第五点最为关键。例如，为什么有些国家对联盟战略存在偏好，有些国家对中立战略存在偏好，而有些国家对准联盟战略存在偏好？这主要基于决策者的收益—成本考量。从现实主义角度出发，国家维护安全主要有三种手段：立足自我、立足联盟以及在二者之间进行调和。[②]第一种主要依靠发展本国军备和提高综合国力；第二种寄希望于依靠集体的力量，坚信联盟的力量倍增效应；第三种则在立足本国的基础上有限度地利用外部资源。当获得外部战略资源与保持外交自主性在决策者心里达成一种平衡时，准联盟战略就会比联盟战略和中立战略更具吸引力。准联盟战略强调在独立自主的基础上开展一定限度的安全合作，既引入外部力量改善安全处境，又避免受制于人而丧失自主性。这些领导人尽管在政策宣誓上不一定使用"准联盟战略"，但却按照"结伴而不结盟"的准联盟逻辑开展安全合作。它是一

---

①　对联盟战略与准联盟战略的判断不排除受不完全信息的影响，因为有些国家之间签订秘密密约或秘密条款，实施联盟战略。

②　准联盟战略同联盟战略一样，针对外部敌人，安全合作指向外部；集体安全战略和合作安全战略不针对外部敌人，安全合作指向成员内部威胁，这是它们的区别。为研究需要，本文不涉及国家实现安全的其他战略选项，如集体安全战略和合作安全战略等。

种隐性的安全合作模式，与联盟战略、中立战略在逻辑、合作指向、合作载体与相互依赖程度等方面存在差别。（见表1）

表1　　　　　联盟战略、准联盟战略和中立战略的对比分析

	联盟战略	准联盟战略	中立战略
实例说明	美国对日本	伊朗对叙利亚	瑞士对北约
隐性逻辑	增加朋友	既增加朋友又尽可能减少敌人	减少敌人
合作指向	明确性	模糊性	不介入
合作载体	共同防御条约	次级安全合作协定	永久中立协定或中立宣言
相互依赖	紧密	较松散	"光荣孤立"
实施主体	主权国家	主权国家或类似实体	主权国家
状态特征	静态性	动态性	静态性
排他性	强	中	弱

由表1可以看出，决策者在开展安全合作时，并非在结盟与中立之间进行权衡，而是至少在联盟、准联盟与中立之间进行权衡。由于决策过程的复杂性和决策结果的重大性，联盟战略虽能增加朋友，但同时也增加了敌人；[①] 中立战略虽减少了敌人，但同时也减少了朋友。在上述两难处境下，有些领导人会巧妙地选择第三条道路——准联盟战略，执行"骑墙"政策，期望既增加朋友、弥补自身实力之不足，又减少受到朋友的牵连、减少对潜在敌人挑衅的风险。准联盟战略如果处理得当，是解决本国与朋友之间以及本国与敌人之间双重安全困境的"良方"，如冷战时期美国对敌对双方——以色列和沙特阿拉伯同时实施准联盟战略，既维护了美国在中东的能源利益，又维护了以色列的安全。联盟战略可弥补自身战略资源之不足，通过预防盟友采取机会主义行为而塑造有利于自身利益的稳定权力关系，同时联盟战略使本国受到牵连、被迫卷入冲突的可能性增加；准联盟战略意在"被牵连"与"被抛弃"之间寻求平衡的支点，既维护合作关系，又

---

① Ole R. Holsti, "Alliance and Coalition Diplomacy," in James N. Rosenau, Kenneth W. Thompson and Gavin Boyd, eds., *World Politics*, New York: Free Press, 1976, pp. 338 – 372; 这是由联盟安全困境所决定的，参见 Glenn H. Snyder, "The Security Dilemma in Alliance Politics", *World Politics*, Vol. 34, No. 3, 1984, pp. 461 – 495。

避免卷入冲突，既增加朋友，又减少敌人。

因此，从微观层面可见，准联盟战略是主体与客体的统一，是主体的人（决策者）围绕次级安全合作协定开展的安全合作。从国际安全角度来看，准联盟战略是国家实现安全战略的工具，是国家增加权力、维护安全、拓展利益、提升地位和强化认同的手段；从区域整合的角度来看，准联盟战略又是国际政治板块化的重要推手，如上合组织成员国实施的准联盟战略促进了中俄和中亚国家的区域整合；从权力增加的角度来看，准联盟战略是国家为战略合作而聚合力量，它的隐性逻辑是：个体的力量是有限的，但个体的安全需要是无限的，个体力量的有限性与安全需求无限性的矛盾只有通过借助外部力量才能解决，在维持外交自主性和安全自立性的基础上，利用外部力量是增强实力的"捷径"。

准联盟战略之所以成为一种有别于联盟战略和中立战略的独特安全战略类型，还在于它具有以下宏观特征。

第一，解决任务的选择性。联盟总的来说是长期战略导向的，更具大视野取向；在准联盟战略当中，政治领导人往往根据具体任务和设立的具体战略目标确定合作对象，任务导向性比较明显。从这种意义上说，一国的需要决定了领导人的战略目标设置，战略目标设置决定了该国需要依靠的外部力量，从而为一国实施准联盟战略树立了航标。[1] 这里的"选择性"有两层含义，一是准联盟战略的实施取决于具体的任务而不是先入为主的政治信条；二是一国的准联盟战略取决于决策者对战略目标和战略资源缺失的主观判断，它更强调根据需要解决的任务确定合作伙伴。

第二，合作手段的灵活性。如历史上所谓的不结盟国家并非铁板一块，有些成员在政策宣誓上强调不结盟，但实际执行准联盟战略。如冷战爆发后，瑞典尽管宣布奉行不结盟政策，但却与北约达成了默契。[2] 从这一点来看，准联盟战略适用于所有国家，它不会因为国家

---

① 关于美国的选择性安全合作可参见 Amos A. Jordan and William J. Taylor, Jr. , *American National Security: Policy and Process*, Baltimore and London: The Johns Hopkins University Press, 1984, p. 481。

② Vojtech Mastny, Sven G. Holtsmark, and Andreas Wenger, eds. , *War Plans and Alliances in the Cold War*, pp. 143, 155.

一时或为一事与他国准结盟就必须放弃不结盟原则，准联盟战略是结盟国家和不结盟国家维护安全合作的共同资产。在纷繁复杂的国际舞台上，国与国之间形成了非常微妙的关系网，领导人的首要任务是趋利避害，平衡好各层面的利益。但在具体操作层面，决策者会遇到很多难题。如维护了国家某一方面的利益可能会招致其他方面的损失；密切了同一国的关系可能会恶化同另一国的关系。这要求决策者必须对外交全局作通盘考虑。其中选择中间道路——准联盟战略可大大降低领导人在决策中的政治风险，特别是当决策者在重大事件面前犹豫不决、难以承受风险时，准联盟战略不失为首选。如 1979 年苏联入侵阿富汗后，巴基斯坦对美实施联盟战略，同时对中国实施准联盟战略；① 20 世纪 70 年代莫桑比克、埃及、利比亚、叙利亚、索马里、印度和安哥拉等不结盟运动成员国，若选择公开与苏联缔结盟约会损害其不结盟形象，其不结盟政策势必受到国际社会的质疑。于是这些国家在安全上选择灵活的准联盟战略，以此负载安全合作的实质关系；当不需要同对方进行安全合作时再回归中立战略。因此，准联盟是国家总的独立自主外交原则与"准结盟"行为的有意背离。如奥地利学者海因茨·加特纳（Heinz Gartner）所指出的，战后奥地利宣布奉行中立政策，但中立的概念会随联盟概念的变化而变化，如在1990—1991 年海湾战争前后，奥地利允许多国部队飞机穿越其领空，并选择加入欧盟和欧洲其他安全机构（包括共同外交与安全政策，CFSP），中立与不结盟之间难以画等号。②

　　第三，战略指向的模糊性。主导军事联盟的是西方社会根基深厚的"主体—客体"分离理念，即世间万事万物都是"主体"和"客体"分离，且主客体之间存在着不可调和的"冲突"，进而在国际社会中形成一种"野兽对野兽""针尖对锋芒"的"无政府状态"。联盟战略只不过是这种对抗关系的延伸，因为联盟战略本身体现了极大的对抗性和排他性，它本质上是以增大别国的不安全感来增强自己的

---

① 美国与巴基斯坦第一次结盟是在 1954 年。

② Erich Reiter and Heinz Gartner, eds. , *Small States and Alliances*, New York：Physica - Verlag, 2001, p. 8.

安全感。① 准联盟战略无须在敌我之间划出明晰的界限，与各种安全战略具有兼容性，它通过战略性模糊，降低了与敌人对抗的可能性，从而有利于在多极状态下纵横驰骋，左右逢源。如 20 世纪 70 年代初，尼克松政府的对华准联盟战略与对日联盟战略均针对苏联的威胁，但是前者依靠心照不宣的《上海公报》"反霸条款"，战略指向没有后者明晰。因此，准联盟战略既可以解释友国之间的安全合作现象，又可以说明为何未签订过盟约的国家也开展安全合作。②

第四，主权让渡的有限性。在联盟战略中，成员国必须让渡主权，甚至是核心国家主权，如将本国的战略资源和军事力量的统帅权交给另一国统一管理和支配。准联盟战略不涉及国家核心主权的让渡问题，但在非核心主权部分存在一定的让渡。事实上，准联盟战略、联盟战略和中立战略之间的区别从本质上来看体现在主权让渡的程度上。③ 盟友之间的主权让渡较明显，成员相互依存度较高；准盟友之间存在一定限度的非核心主权让渡，但常常具有间断性，相互依存度略低；中立国家之间则基本不存在主权让渡现象，因此相互依存度最低。它从表面看反映了各国之间的相互依存度高低和主权让渡多寡，实际上也折射出各国卷入国际冲突的可能性由大到小的变化。④

五 "准联盟"战略的影响

准联盟战略不同于一般意义上的政治整合战略或区域一体化战略，它主要局限于安全合作领域，通过力量的聚合、议题的设置、战

---

① 赵可金：《军事同盟及其生命力问题》，《太平洋学报》2005 年第 4 期。

② 例如，战后美苏在意识形态、地缘政治和国家利益方面均处于对抗状态，但在地区危机爆发后，美苏常常表现为合作态势，如 1956 年苏伊士运河危机和 1990 年海湾危机时期。敌对国家之间在特定条件下的安全合作难以用联盟战略加以解释。参见 Benjamin Miller, *When Opponents Cooperate: Great Power Conflict and Collaboration in World Politics*, Ann Arbor: University of Michigan Press, 1995, pp. 173 – 222。

③ 此外，主权让渡的光谱（强—弱），还应该体现在不同的联盟战略和准联盟战略之内（强—弱）。

④ 孙德刚：《联而不盟：国际安全合作中的准联盟理论》，《外交评论》2007 年第 6 期。

略目标的制定和战略资源的配置凸显自身独特价值，对国际安全、国际秩序乃至国际价值体系均能够产生塑造作用，具有共同安全关切和利益诉求的国家相互实施准联盟战略会产生重要影响。

第一，准联盟战略会改变一国的权力消长。美国学者雷·克莱因（Ray Cline）在计算一国权力大小时主要基于该国自身力量，包括面积、人口、经济实力、军事实力、战略意志和战略意图 [Pp = （C + E + M）（S + W）]。① 如果引入准联盟战略这一变量，判定一国的实力大小，不仅应考虑其国内的硬实力和软实力，而且应考虑其外交力，包括国外盟友与准盟友的数量多寡和关系亲疏等。准联盟战略使一国的综合实力多了一个必须加以考量的函数。如果运用得当，准联盟战略不仅可以增强一国的硬实力，而且可以增强一国的软实力。首先，与发展军备相比，准联盟战略能够使一国利用外部战略资源，通过军售、技术转让和军事合作等手段提高军事防御和进攻能力。准盟友提供的军事援助不一定可靠（因为国家通常难以支配准盟友的军事力量），但安全合作对象却能迅速增强一国的军事威慑力；② 其次，准联盟战略为准盟友之间开展经贸合作、获得贸易让步、经济援助成为可能，从而使准盟友获得经济利益、提高经济实力；最后，准联盟战略还可以增强一国的政治认同感和国际影响力。当然，这并不意味着所有的准联盟战略都是增加硬实力和软实力的积极手段。如果管理不当，准联盟战略也可能会侵蚀国家的实力，如一国被迫卷入对自己不利的纷争之中，因受"牵连"而消耗实力。因此，准联盟战略是一把"双刃剑"，有利也有弊，既可能成为力量的源泉，也有可能成为消耗国力的"陷阱"，其关键在于准联盟战略的运作。

第二，准联盟战略会导致地区力量的极化现象。准联盟战略使特定国家聚集到一起，从而改变原有的地区权力结构。准联盟战略本质上是相关国家为获得战略资源而联合外部力量，同相关国家形成比联盟更松散的联合体，导致地区权力的极化现象。孙子在《九地篇》

---

① 参见 Ray S. Cline, *World Power Assessment 1977: A Calculus of Strategic Drift*, Boulder: Westview, 1977。

② Paul F. Diehl, *The Scourge of War: New Extensions on an Old Problem*, Ann Arbor: The University of Michigan Press, 2004, p. 122.

中告诫后人："夫霸王之兵，伐大国，则其众不得聚；威加于敌，则其交不得合。"① 即千万不要让诸敌国聚合力量，否则地区力量的极化趋势会对自己不利。纵观美苏间的冷战史，人们可以发现，两国争夺的目标往往不是土地，也不是人口，而是盟友和准盟友。准盟友可以将自己的力量投入某阵营的一方，从而发挥"四两拨千斤"的作用，使地区权力政治结构出现板块化。这就是为什么美苏对外战略的重要任务就是瓦解对方的准联盟体系，如苏联瓦解美国在东南亚准联盟体系，美国则瓦解苏联在阿拉伯世界的准联盟体系。

　　第三，准联盟战略会影响国内政治的变化。一国的外交决策实际上是国内各种政治力量共同作用的"平行四边形"。从决策机制来看，立法与行政部门在对外关系上既是合作关系，又是竞争关系。在行政部门内部，外交、国防、经贸、安全和情报部门为争夺外交资源时而也会展开竞争，试图以我为主体实施准联盟战略。以美国准联盟战略为例，战后美国历届总统若同他国建立正式联盟，必须经参议院2/3 以上票数通过。为防止在实施联盟战略过程中，美国国会设置"人权"标准等人为障碍，或者以"避免过度承担海外责任"为由加以阻拦，行政部门对外签订了数量惊人的安全合作协定，这使行政部门在外交事务中享有更多的自主权，如 1972 年中美达成的"上海公报"就无须国会批准。国会也常常以《美国宪法》为依据实施准联盟战略，如 1979 年通过的《与台湾关系法》奠定了国会在对台准联盟战略中的主导地位。② 除立法和行政部门外，情报、国防、外交等部门也常常独自与外部力量签订次级安全合作协定，如 20 世纪 80 年代美国情报部门与阿富汗抵抗苏联的伊斯兰圣战组织、20 世纪 90 年代叙利亚情报部门与土耳其库尔德工人党的准联盟关系。

　　第四，准联盟战略会使国家间关系复杂化。中立战略是相对单纯的战略模式，因为中立国是国际冲突与纷争的"局外人"和"旁观者"。但是当一国实施准联盟战略时，它不仅要同敌人进行博弈，而

---

① 刘彦编：《孙子兵法·九地篇》，新蕾出版社 2008 年版，第 81 页。

② Sam C. Sarkesian, *U. S. National Security: Policy Makers, Processes, and Politics*, Boulder and London: Lynne Rienner Publishers, 1995, pp. 206 – 207.

且还要同准盟友进行讨价还价。决策者既需要依靠外部资源，又避免走得过近，掌握分寸，这就要求外交决策者具有高超的运筹帷幄的本领和纵横捭阖的技巧。准联盟战略的三大作用是增加权力、控制准盟友和维护国际秩序，它一方面丰富了一国的外交资源，使其同敌人讨价还价的筹码增多；但另一方面又增加了如何与准盟友协调立场、分配资源的难题。在准联盟内部，大国对小国的控制与操纵、各成员之间的合作与竞争是准联盟战略的常态，它是准联盟战略生命力的"试金石"。准联盟战略还使国家间关系的类型趋于多元化。正如叶自成所指出的，根据国家间关系的紧密亲疏，可以将其分为结盟、准结盟、正常、不正常与敌对。准结盟可使两国关系在某些领域保持较高水平的合作，但彼此又不受盟约和义务的约束，不受时间的约束，不明确针对某个国家。当强权国家以结盟方式包围、遏制、封锁或发动侵略时，准结盟可进一步发展成为正式联盟关系，至少可以使准盟友保持善意的中立。[①] 由此可见，准联盟战略使各国安全合作类型更多、更复杂、更具动态性，外交决策者必须应对复杂的关系。

第五，准联盟战略会影响国际体系的特征。首先，国际体系的单元不仅有主权国家，而且有众多区域和次区域组织。准联盟属于最低层次的超国家次区域；准联盟战略使准联盟内部形成并行不悖的安全政策，它们会采取相似的外交行为。像其他国际组织和国际机制一样，准联盟战略能够形成共同的行为规范、机制和制度，这些有形的约束还能内化为无形的规范，从而使决策者的行为更具确定性，互信得以增强。[②] 其次，准联盟战略还使各种力量板块化和集团化。准联盟成员中的大国往往通过发挥自己的权力与影响力，阻止核扩散与军备竞赛，促进准联盟内部自由贸易区和统一市场的建立，甚至促进准

---

① 参见叶自成《中国实行大国外交战略势在必行——关于中国外交战略的几点思考》，《世界经济与政治》2000 年第 1 期。

② 在这一点上，联盟和准联盟关系具有一定的相似之处。关于联盟战略对国家间互信关系的影响可参见 Anthony Lake and David Ochmanek, ed. , *The Real and Ideal*: *Essays on International Relations in Honor of Richard H. Ullman*, Lanham: Powman & Litlefield Publishers, 2001, p. 222。

联盟内部的治理和社会转型。① 如中俄与中亚国家相互实施准联盟战略，形成了欧亚大陆的板块化力量，在一定程度上促进了欧亚大陆腹地国家的安全整合。最后，准联盟战略还影响国际秩序。受国际组织、联盟战略和准联盟战略的多重影响，国际社会在一定程度上表现出有限的"有序状态"，其中准联盟战略对国际秩序的影响是显而易见的。具有共同关切的国家为应对共同安全威胁、追求共同政治目标和经济利益，在共同政治生态的背景下实施准联盟战略，其准联盟规范同国际组织形成的规范一样，对特定国家能形成制约作用，也能够影响国际秩序的构建。

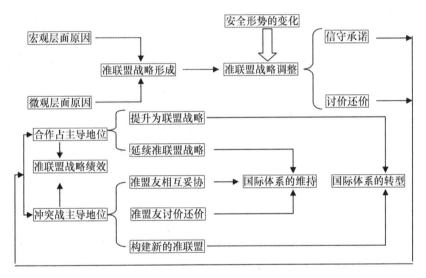

图 2　准联盟战略与国际体系转型关系

由图 2 可见，准联盟战略直接影响国际体系的转型。美国、俄罗斯、欧盟、日本等大国和大国集团的安全战略一方面依赖于遍布全球的国际组织和联盟体系；另一方面依赖于遍布全球的双边和多边准联盟体系。随着新时期大国准联盟战略的变化，国际体系面临深刻的转

---

① W. Scott Thompson, ed., *National Security in the* 1980's: *From Weakness to Strength*, San Francisco: Institute for Contemporary Studies, 1980, p. 297.

型，由"一超多强"演变为"后一超多强"，国际新体系的特征是：
以美国为代表的传统大国的相对衰弱、以"金砖四国"为代表的新
兴大国的崛起、区域一体化的进一步发展、各种政治力量的重新
组合。[①]

六 实证研究：21 世纪初的"准联盟"战略

20 世纪可以说是联盟战略的世纪。从一战、二战到冷战，世界
的主要矛盾经常是崛起大国与维持现状大国之间的纷争，整个国际冲
突与合作的主线是大国的联盟战略与泾渭分明的对垒。21 世纪初，
世界的主要矛盾是恐怖与反恐、谋霸与反霸、极端主义与世俗主义等
多重矛盾，准联盟战略逐步成为国与国之间开展协调与合作的重要手
段。由于各国面临的威胁越来越具有不确定性，各国有时以短期收益
为导向，有时以长期收益为导向，各国纷纷实施了多种形式的准联盟
战略，它成为安全战略的有机组成部分。"9·11"事件后，各国的
准联盟战略更加明显，准联盟战略日益受到青睐主要有以下原因。

第一，随着经济全球化和区域一体化趋势的发展，国与国之间形
成了日益复杂的相互依赖关系，不仅涉及经贸领域，而且涉及政治和
安全领域，使国际社会日益凸显"你中有我、我中有你"和"一损
俱损、一荣俱荣"的局面。由于各国安全利益日益具有联动性，作为
静态的联盟战略难以满足动态的安全利益需要，建立准联盟、实施准
联盟战略日益成为国际舞台上的一个亮点。

第二，非传统威胁打破了传统威胁背景下形成的安全合作板块化
现象，导致成员体应对的威胁呈"破碎化"趋势。21 世纪，经济安
全、能源安全、海外公民人身安全、信息安全和文化安全使国家面临
的威胁来源日益多元化；恐怖主义、毒品走私、武器扩散等问题在一
定程度上模糊了传统和非传统安全的界限，准联盟战略所具有的灵活
性、便利性和机动性使之成为应对新安全威胁的一把"利剑"，如中

---

① 孙德刚：《"后一超多强格局"与中国的"三环准联盟外交"》，《中国评论》2010
年第 5 期。

俄与中亚国家为应对恐怖主义、分裂主义和极端主义而在上海合作组织框架内实施准联盟战略。

第三，传统联盟战略的衰弱为准联盟战略的勃兴创造了条件。21世纪初，联盟的安全功能逐渐衰弱，其社会、政治和经济功能日益凸显，如北约峰会的政治象征意义大于安全合作意义，而大国尤其是美国在伊拉克战争结束后奉行的志愿者联盟战略使西方联盟体系出现空洞化危机。① 与联盟战略相比，为一时或一事而像裁缝师为人定做衣服那样实施临时性准联盟战略逐渐成为安全战略的组成部分。国际安全领域突发事件的增多，威胁来源的多样化和前景的不确定性导致许多大国直到安全威胁出现后才根据实际需要临时"定做"准联盟。

第四，非西方国家内部以及西方与非西方国家之间的安全合作离不开准联盟战略。在西方国家内部，联盟战略是较为普遍的合作形态。从自由制度主义的视角看，美国及其西方盟国更容易在合约基础上结成牢固的共同体，构成法律区域（zone of law），其区域内一般强调对法治的承诺以及法治体制间的可对话性。因此，西方国家内部往往更倾向于实施联盟战略，如美国领导下的北约和美日、美韩、美澳军事联盟等。美国当前有正式安全承诺的国家包括北约盟国、日本、韩国、澳大利亚等30多个，其签订的盟约实际上是国内法治社会的放大。而非西方国家内部、西方国家和非西方国家之间往往是个充满冲突的"政治区"。② 这些国家间关系难以用合约的形式加以保证，国家间核心主权在合约不能得到认真履行的预期下难以实现让渡，美国对海湾合作委员会六国的准联盟战略便是很好的例证。鉴于军事与安全合作对国家主权的削弱和侵蚀，超越国家主权的制度安排容易受到决策层和国内反对派的抵制，但建立在尊重主权基础上的准联盟战略不失为一种既满足安全需要又不危害主权的折中选择。

21世纪初，各国的准联盟战略呈现新的特点。如美国从以往主要强调联盟战略的"一轨"转向联盟战略与准联盟战略并重的"二

---

① Leon Fuerth, "Alliances for the Next Generation," *Washington Post*, August 23, 2002.

② 苏长和：《欧美自由制度主义外交对国际体系的影响》，载杨洁勉主编《国际体系转型和多边组织发展》，时事出版社2007年版，第218—219页。

轨"，以此将盟友和潜在竞争者都纳入战略发展轨道上。在具体做法上，美国一方面依靠欧洲盟国、加拿大、日本、韩国和澳大利亚，实施联盟战略；另一方面美国依靠对两类国家的准联盟战略，一类是同美国在意识形态、政治制度和价值观等方面相似，但尚未结盟的所谓"民主国家"，一类是同美国在意识形态、政治制度和价值观等方面存在差异的转型国家。在第一类准联盟战略中，美国试图与"民主国家"形成新的安全合作架构，以弥补当今联合国的功能不足。① 这种准联盟战略的基础之一是共同的政治意识形态和价值观。美国对这类国家的准联盟战略在阿富汗战争、伊拉克战争以及奥巴马政府在阿富汗与巴基斯坦的军事行动中发挥了重要作用。在对第二类国家的准联盟战略中，美国同印度尼西亚、马来西亚、格鲁吉亚、吉尔吉斯斯坦、巴基斯坦、沙特阿拉伯、埃及等转型国家构建了不同程度的准联盟关系，实施了准联盟战略。这种准联盟战略的基础不是共同的政治意识形态和价值观，而是共同的利益诉求。美国对转型国家的准联盟战略更加务实，在应对东亚、中亚和中东热点问题上取得了积极成效。

近年来，日本的准联盟战略也"成就斐然"，突出表现为对印度和澳大利亚的准联盟战略。如 2007 年 6 月，日澳举行了首次"2 + 2"会议，确立了两国外长 + 防长定期会晤机制，并随后拟定了《日澳安保宣言》行动纲要，确定双方在传统和非传统安全领域的合作。② 日澳准联盟关系只是日本准联盟战略的第一步，日本前外相麻生太郎还于当年提出构建针对中俄的"民主轴心"和"自由与繁荣之弧"，主张实施对欧亚大陆边缘地带国家如澳大利亚、菲律宾、泰国、新加坡、印度、格鲁吉亚、乌克兰、阿塞拜疆、摩尔多瓦和波罗的海三国

① 　西方学者最初使用"民主联盟"一词来指称北约，并认为北约能够在苏联解体和华约解散的情况下仍保持生命力，主要是因为北约成员都是西方民主国家，共同的政治制度和价值观成为北约新的凝聚力。参见 Beatrice Heuser，"Alliance of Democracies and Nuclear Deterrence，"in Vojtech Mastny，Sven G. Holtsmark，and Andreas Wenger，eds.，*War Plans and Alliances in the Cold War*，pp. 193 – 214。

② 　王海滨：《从日澳"安保关系"透析日本安全战略新动向》，《日本学刊》2008 年第 2 期。

等所谓"共同价值观"国家的准联盟战略。[①]

印度是新兴发展中国家和"不结盟"国家实践准联盟战略的代表。前总理英迪拉·甘地在谈到印度奉行的不结盟政策时说："我们并不拘泥于'不结盟'这个词的含义，也就是说，我们主张独立地判断一切问题。"[②] 印度的不结盟政策在不同时期有不同的表现形式，冷战期间实际上经历了消极不结盟（尼赫鲁时期）和积极不结盟（英迪拉·甘地）两个阶段，在后阶段，苏联和印度建立准联盟，标志是 1971 年签订的《苏印友好合作条约》。[③] 冷战后印度对以色列的准联盟战略（针对伊斯兰极端主义）和对日本的准联盟战略（针对崛起的中国）也主要基于这一逻辑。此外，俄罗斯、欧盟、伊朗、以色列、沙特阿拉伯、叙利亚、委内瑞拉等也实施了各具特色的准联盟战略。（表2）

表2　　　　　　　21世纪初部分国家和实体的准联盟战略[④]

实施方	联合对象	时间跨度	合作内容	合作载体[⑤]	安全合作性质
美国	以色列	后冷战时期	反恐、反伊斯兰激进势力和遏制伊朗	1996 年双方签订的《反恐合作协定》	非正式强联盟
美国	沙特阿拉伯	后冷战时期	反恐、维护沙特阿拉伯政治稳定	"9·11"事件后双方签订的反恐协定	非正式强联盟
美国	巴基斯坦	后冷战时期	反恐、打击塔利班势力[⑥]	"9·11"事件后双方签订的反恐协定	非正式强联盟

---

① 黄大慧：《冷战后日本的"价值观外交"与中国》，《现代国际关系》2007 年第 5 期。

② 赵丕、李效东主编：《大国崛起与国家安全战略选择》，军事科学出版社 2008 年版。

③ 苏联与印度的战略合作关系可参见 A. Roy, *India and Soviet Union: A Chronology of Political and Diplomatic Co-operation*, Calcutta: Firma KLM, 1982。

④ 表格部分实例参阅了 Bruno Tertrais, "The Changing Nature of Military Alliances, *The Washington Quarterly*, Vol. 27, No. 2, 2004; 孙德刚：《多元平衡与"准联盟"理论研究》，时事出版社 2007 年版，第 493—495 页; Kenneth Katzman, *Bahrain: Key Issues for U. S Policy*, Washington D. C.: CRS Report for Congress, 2005, p. 3。

⑤ 下列各协议、协定、宪章、声明和条约在形式或内容上不同于正式强联盟所赖以存在的共同防御条约，因为它们均缺少构建"战争共同体"的核心条款。

⑥ 陆迪民：《论巴基斯坦外交中的联盟战略》，《南亚研究季刊》2007 年第 4 期。

实施方	联合对象	时间跨度	合作内容	合作载体①	安全合作性质
美国	俄罗斯	2001—2003 年	反恐、核裁军	2001 年 11 月美俄《关于建立美俄新关系的联合声明》和 2002 年《俄美新型战略关系联合宣言》	非正式强联盟
美国	巴林	后冷战时期	美国在巴林驻军、发动伊拉克战争	1991 年 10 月双方签订《军事防御条约》	正式弱联盟
美国	埃及	后冷战时期	反恐、维护中东稳定	2007 年美埃签署的援助协定	非正式强联盟
美国	约旦	2004 年以来	反恐、维护约旦政治稳定	2004 年两国签署了美对约提供 1.385 亿美元的援助协定	非正式强联盟
美国	卡塔尔	2002 年以来	美国在卡塔尔驻军、发动伊拉克战争	2002 年两国签署《军事合作协定》	非正式强联盟
美国	科威特	后冷战时期	维护科威特的稳定与安全	1991 年两国签订的《安全合作条约》	正式弱联盟
美国	新加坡	2007 年以来	反恐、维护美国在东南亚的霸权	2007 年 7 月双方签订《国防安全紧密合作条约》	正式弱联盟
美国	哥伦比亚	2005 年以来	禁毒、反恐	2005 年 8 月布什与哥伦比亚总统乌里韦在联合记者招待会上的声明	非正式强联盟
美国	格鲁吉亚	2009 年以来	维护格鲁吉亚的主权与领土完整	2009 年 1 月两国签订的《战略合作条约》	正式弱联盟
俄罗斯	伊朗	2001 年以来	扩大双方在海湾地区的安全合作	2001 年两国签订了价值 70 亿美元的军售协定	非正式强联盟
俄罗斯	中国	21 世纪初	在上合组织框架内打击"三股"势力	《上海合作组织宪章》	正式弱联盟
俄罗斯	古巴	2009 年以来	扩大双方在地缘政治领域的合作	2009 年 1 月梅德维杰夫与劳尔·卡斯特罗签署《战略合作原则性备忘录》	非正式强联盟
俄罗斯	委内瑞拉	2008 年以来	扩大双方在能源和安全领域的合作	2008 年两国签订《军事技术合作协定》	非正式强联盟

---

① 下列各协议、协定、宪章、声明和条约在形式或内容上不同于正式强联盟所赖以存在的共同防御条约，因为它们均缺少构建"战争共同体"的核心条款。

续表

实施方	联合对象	时间跨度	合作内容	合作载体①	安全合作性质
日本	印度	2008年以来	反恐、反扩散、军事、政治合作	2008年10月两国签订《安保共同宣言》	非正式强联盟
日本	澳大利亚	2007年以来	反恐、促进亚太海洋国家的安全合作	2007年3月两国签署《日澳安全保障合作协定》	非正式强联盟
澳大利亚	印尼	2006年以来	反恐、反分裂、打击非法移民	2006年11月13日两国签署《安全合作框架协定》（《罗姆博克条约》）	正式弱联盟
印度	以色列	后冷战时期	反恐、反对伊斯兰激进组织	2007年3月双方签订一系列反恐与军事合作协定	非正式强联盟
巴基斯坦	沙特阿拉伯	2004年以来	共同维护伊斯兰国家的影响力	2004年10月沙特阿拉伯军事代表团和巴基斯坦国防部的高级官员达成的军事合作协定	非正式强联盟
伊朗	叙利亚	2004年以来	反对美国和以色列在中东谋求霸权	2004年6月两国签订《安全合作条约》	正式弱联盟
伊朗	委内瑞拉	2006年以来	反对美国主导的能源霸权体系	2006年9月双方签订的一系列合作协定	非正式强联盟
伊朗	厄瓜多尔	2009年以来	反对美国霸权	2009年1月关于伊朗向厄瓜多尔提供援助的协定	非正式强联盟
伊朗	古巴	2006年以来	共同反对美国霸权主义	2006年8月双方签订一揽子合作协定	非正式强联盟
伊朗	哈马斯	后冷战时期	共同反对以色列谋求霸权	1992年10月哈马斯领导人穆萨·马尔祖科（Musa Abu Marzook）访问伊朗时双方达成的合作协定	非正式强联盟
叙利亚	黎巴嫩	1991—2005年	共同应对以色列	1991年5月双方签订《叙黎合作协调兄弟关系条约》	正式弱联盟
哈马斯	黎巴嫩真主党	2000年以来	共同应对以色列	2000年双方签订《战略协调协议》	非正式强联盟

① 下列各协议、协定、宪章、声明和条约在形式或内容上不同于正式强联盟所赖以存在的共同防御条约，因为它们均缺少构建"战争共同体"的核心条款。

续表

实施方	联合对象	时间跨度	合作内容	合作载体①	安全合作性质
以色列	欧盟	1995年以来	促进双方在政治、经济和安全领域的全方位合作	1995年11月20日双方签订《欧盟—以色列联合条约》(the EU – Israel Association Agreement) http://en.wikipedia.org/wiki/Israel _ % E2% 80%93 _ European _ U-nion _ relations – cite _ note –0#cite _ note –0	正式弱联盟
埃及	沙特阿拉伯和约旦	2006年以来	反中东地区"塔利班化"、制衡伊朗和以色列、加强情报合作	2006年三方联合声明	非正式强联盟
委内瑞拉	古巴、厄瓜多尔、尼加拉瓜、玻利维亚	2007年以来	维护拉美左翼政府的团结、反对美国在拉美的霸权	2007年关于委内瑞拉向其他拉美左翼国家提供援助的协定	非正式强联盟
中国	巴基斯坦	21世纪初	反恐、政治合作	2006年10月两国互换《打击三股势力合作协定》	非正式强联盟
中国	缅甸	21世纪初	拓展政治和经济合作	2001年双方签订《中缅边防合作议定书》	非正式强联盟
中国	苏丹	2007年以来	拓展能源、军事与政治合作	2007年4月曹刚川会见苏丹武装部队总参谋长艾哈迈德·吉利(Ahmed El Gaili)时发表的共同声明②	非正式强联盟
中国	俄、哈、吉、塔、乌	2001年以来	反恐、加强政治整合	《上海合作组织宪章》	正式弱联盟

从上述准联盟战略实例可以得出以下六点：第一，21世纪，实

---

① 下列各协议、协定、宪章、声明和条约在形式或内容上不同于正式强联盟所赖以存在的共同防御条约，因为它们均缺少构建"战争共同体"的核心条款。

② 《曹刚川会见苏丹武装部队联合参谋长》，《解放军报》2007年4月3日第1版。

施准联盟战略的主体数量大幅度增加，除结盟国家美国、日本和俄罗斯外，还有众多不结盟的新兴国家和其他政治实体。第二，新时期双边和多边准联盟战略从合作期限来看分为持久性和临时性两类，前者安全合作持续五年以上，基于持久性安全利益和长期收益，后者安全合作在五年以下，基于突发性事件和短期收益。第三，新时期隐性的准联盟战略比显性的联盟战略更加灵活机动，其安全合作比北约、美日、美韩、俄罗斯同部分独联体国家之间的联盟战略更加频繁。第四，新时期各国的准联盟战略主要围绕传统和非传统安全等诸多层面，任务日益多元化。第五，新时期各国实施准联盟战略的对象主要分布在尚未充分融入国际体系的"边缘地带"，如中亚、中东、非洲和部分拉美地区。[①] 第六，新时期各国的准联盟战略主要依靠政治和经济手段等"软制衡"，而不是利用军事手段的"硬制衡"。

七　结论

准联盟战略既涉及国际关系理论，又涉及外交学理论。通过以上研究可以得出以下四点结论：第一，在各国的外交实践中，准联盟战略往往比联盟战略的使用频率更高，但目前安全战略研究通常局限于联盟战略，忽视了对准联盟战略的研究，后者也是当代安全战略的重要命题之一，是国际安全战略的重要类型。第二，西方学者提出的权力平衡论、威胁平衡论和利益平衡论三大理论框架基本能够解释联盟战略的实施动因，却难以解释为什么决策者有时更加青睐于准联盟战略，学界似应从体系和决策两个层面对准联盟战略展开研究，既考察国际体系因素，又考察决策因素；既考察客观因素，又考察主观因素；既考察宏观因素，又考察微观因素。第三，维持战略模糊性（包括身份的模糊性和关系的模糊性）与机动性是准联盟战略的灵魂。联盟战略的内在逻辑是以牺牲自己的行动自由为代价来限制盟友的对外政策选项，阻止其采取机会主义政策，使盟友的外交行为更具确定性；准联盟战略扩大了各方行动自由，使安全合作主体更有可能选择

---

① 西方和俄罗斯等在北美、东亚、中西欧和独联体国家内部主要实施联盟战略。

机会主义路线,从而给安全合作增添了不确定性,但它能确保国家有更多的外交弹性。第四,目前学界对安全机制的研究主要局限于国际集体安全机制(如联合国宪章)、区域集体安全机制(如阿盟宪章)以及集体防御机制(如北约宪章)对国际行为体的约束力,事实上准联盟战略的基础——次级安全合作机制也是影响国际和平、全球治理、权力结构和地区安全的重要机制。

迄今,国内外学界关于准联盟战略没有现成的系统研究框架,对其理论与实证研究无疑具有很大挑战性。今后的研究似乎应解决以下几个相互关联的问题:第一,作为一种新型合作模式,准联盟战略在怎样的国际、国内和决策环境下才会成为决策者的首选。第二,准联盟战略的形成如何受国际体系和决策者两个层面的影响。第三,准联盟战略的管理主要依托于次级安全合作协定,导致准盟友之间形成了两类不同的结果——合作性管理模式与竞争性管理模式,它们的各自特征如何,准联盟战略在管理模式上同联盟战略、集体安全战略、合作安全战略和中立战略有哪些异同点,如何完善准联盟安全合作机制、消除准联盟成员之间的误判和分歧。第四,准联盟战略的绩效千差万别,其原因是什么。第五,准联盟战略的终结受何种因素的影响,不结盟国家如何在国内立法层面、舆论宣传层面和国际机制层面有效地协调不结盟政策宣誓与准联盟战略实践,使二者有机地结合起来,从而在独立自主的原则基础上充分利用外部资源。第六,在全球化背景下,由于安全与利益相互交织,准联盟战略是否具有普适性,是否受一国战略文化、国内政治和决策者个人偏好的影响。第七,如何通过准联盟战略避免联盟战略的排他性与对抗性,打破联盟战略中的"零和博弈"和"安全困境",实现国际社会成员之间的"双赢"或"多赢",从而使其成为大国互利共赢的新范式。以上七个层面涉及准联盟战略的形成、管理、绩效、终结和同国际体系的互动五个方面,构成了准联盟战略研究的基本框架,对其展开深入的学理探讨必将深化国家安全战略的类型研究。

安全联盟与经济合作研究[*]
——基于四种联盟类型的分析

杨　毅

　　联盟（alliance）是国际关系中古老而又常见的一种现象。纵观国际关系史，国家之间的结盟与反结盟贯穿其中。因此，谈到国际关系不能不涉及联盟，不谈联盟而谈国际关系是不可能的，这两者除了名字之外几乎可视为一体。[①] 关于联盟的定义，学术界存在着不同的解释。乔治·利斯卡（George Liska）在其讨论联盟理论和实践的专著中，认为联盟"只不过是建立在利益或胁迫基础上的正式联合。"[②] 罗伯特·奥斯古德（Robert E. Osgood）认为联盟是一种正式协定，依据协定，成员国承诺共同使用军事力量反对具体国家，其中一个或多个签字国在具体情况下承诺单方面或与盟友协商后将使用武力。[③] 奥利·霍尔斯蒂（Ole R. Holsti）、特伦斯·霍普曼（Terrence Hopmann）和约翰·沙利文（John D. Sullivan）认为联盟是指国家出于安全上的需要，由两个或两个以上国家建立的正式的组织形式。[④] 斯蒂芬·沃尔特（Stephen Walt）对联盟的界定则较宽泛，他认为联盟是两个或

---

　　* 本文原刊于《世界经济与政治》2011 年第 10 期。

　　① George Liska, *Nations in Alliances：The Limits of Interdependence*, Baltimore：John Hopkins University Press, 1962, p. 2.

　　② Ibid. , p. 3.

　　③ Robert E. Osgood, *Alliance and American Foreign Policy*, Baltimore and London：John Hopkins University Press, 1968, p. 17.

　　④ Ole R. Holsti, Terrence Hopmann and John D. Sullivan, *Unity and Disintegration in International Alliance*, New York：John Wiley, 1973, p. 4.

多个主权国家之间在安全合作方面所做出的正式或非正式的安排。①
他将非正式的安排也视作联盟的一种形式。尽管学界对联盟的界定至
今尚未形成一致的看法②，但从具体的联盟实践中，我们可以发现，
联盟通常具有下列特征：它是主权国家为应对外部威胁而建立，以正
式或非正式的军事盟约为保障，以安全合作为主要目的，具有持续稳
定性的组织形式。

　　由此可见，联盟建立的初衷和主要目的是满足国家安全上的需
要。因此，学术界对联盟的研究重点也集中在安全层面，但事实上，
联盟所促成的国家间合作不只限于安全领域，还会扩及经济事务上，
产生相应的经济影响，使国家经济交往进一步密切，甚至形成一种相
互依存的关系。这种情况也被称为联盟经济。

一　联盟国家经济合作的缘起与延续

　　联盟的定义表明，联盟主要的目标是军事安全，通过对军事安全
的维护，国家之间得以建立相互依存的纽带。对联盟体系下安全与经
济关系的研究也正是基于此而进行的。冷战时期，曾经有大量针对联
盟问题的研究成果面世，但这些研究的重点放在联盟所发挥的安全作
用上，强调通过结盟的方式确保国际力量对比的均势。但很少有人关
注联盟中的经济事务以及联盟的经济后果。这主要在于当时国际关系
的现实以及国际学术界的研究主导思想导致了这方面的研究不被重
视。但这并不意味着这一问题可以被忽视。美国学者乔安妮·高娃
（Joanne Gowa）和爱德华·曼斯菲尔德（Edward Mansfield）的研究最
有代表性。他们认为，联盟内的经济交往可以降低联盟外进行经济合
作的可能性，结盟的国家愿意通过寻求经济上的合作来发展自由贸易
关系。与盟国进行贸易可以使盟国获得额外的安全保证，因为其得自
贸易的收入将会用于进一步的军事开支。相反，敌对的国家如果进行

---

　　① Stephen Walt, *The Origins of Alliances*, Ithaca and London: Cornell University Press, 1987, p. 12.

　　② 有关联盟概念的各种界定，参见孙德刚《国际安全合作中联盟概念的理论辨析》，《国际论坛》2010 年第 5 期。

贸易，其收入将有可能用在军事开支上，从而对对方构成威胁，因此，国家是不愿同其对手进行贸易往来的，这反而会增加自身的风险。因此联盟国家之间比非联盟国家间更易产生紧密的经济往来，特别是贸易上的交往。[①] 虽然也有学者如詹姆斯·莫罗（James Morrow）认为国家得自贸易的财富只有很少一部分用于军事开支，它并不能影响国家在和平时期的贸易政策，所以联盟并不会对贸易产生实际的影响，也就不会有什么突出的经济后果。[②] 但是更多的研究表明，联盟国家之间比非联盟国家间更易产生紧密的经济往来，特别是贸易上的交往。[③] 但既有的研究缺乏对联盟中的经济与安全的动态观察，也没有关注相关政策形成过程中安全与经济二者间的互动。因此，本文将从国际与国内相结合的角度，研究在联盟体系下，安全与经济是如何具体互动的。

　　在无政府状态的国际社会中，国家间的经济交往，特别是进行贸易活动的同时，安全的外部性往往会伴之出现。外部性问题是经济学中常见的现象，在经济学家看来，当生产或消费对其他人产生附带的成本或效益时，外部经济效果就发生了；成本或效益被加于其他人身上，然而施加这种影响的人却没有为此而付出代价。也就是说，外部经济效果是一个经济人的行为对另一个人福利所产生的效果，而这种

---

　　① 这方面的研究包括：Joanne Gowa and Edward Mansfield, "Power Politics and International Trade," *American Political Science Review*, Vol. 87, No. 2, June 1993, pp. 408 – 420；Joanne Gowa and Edward Mansfield, "Alliance, Imperfect Markets, and Major – Power Trade," *International Organization*, Vol. 58, No. 4, Autumn 2004, pp. 775 – 805；Edward Mansfield and Rachel Bronson, "Alliances, Preferential Trading Arrangements, and International Trade," *American Political Science Review*, Vol. 91, No. 1, March 1997, pp. 94 – 107；Edward Mansfield, Helen V. Milner and Peter Rosendorff, "Free to Trade：Democracies, Autocracies, and International Trade," *American Political Science Review*, Vol. 94, No. 2, June 2000, pp. 305 – 321。

　　② James Morrow, "When Do 'Relative Gain' Impede Trade?" *Journal of Conflict Resolution*, Vol. 41, No. 1, February 1997.

　　③ 这方面的研究包括：Joanne Gowa and Edward Mansfield, "Power Politics and International Trade," *American Political Science Review*, Vol. 87, No. 2, June 1993, pp. 408 – 420；Joanne Gowa and Edward Mansfield, "Alliance, Imperfect Markets, and Major – Power Trade," *International Organization*, Vol. 58, No. 4, Autumn 2004, pp. 775 – 805；Edward Mansfield and Rachel Bronson, "Alliances, Preferential Trading Arrangements, and International Trade," *American Political Science Review*, Vol. 91, No. 1, March 1997, pp. 94 – 107；Edward Mansfield, Helen V. Milner and Peter Rosendorff, "Free to Trade：Democracies, Autocracies, and International Trade," *American Political Science Review*, Vol. 94, No. 2, June 2000, pp. 305 – 321。

效果并没有从货币或市场交易中反映出来。①

外部性问题除了存在于经济生活领域，也存在于社会和政治生活中。在安全领域，外部性表现为，国家之间进行贸易活动所获得的收益可以用来扩充军备，从而对其他国家包括其贸易伙伴构成一定程度的威胁。而国家之间紧密的政治或者军事联系可以降低这种安全外部性的影响，特别是在军事联盟的成员之间，彼此之间的经济往来有助于进一步密切联盟之间的军事关系。

按照这样的逻辑，在无政府状态的国际体系中，各国领导人在贸易政策上会对其盟国采取优惠措施而对其对手采取一种歧视甚至敌对的手段。高娃和曼斯菲尔德从理论上论证了上述观点，他们通过关税最惠的博弈模型进行分析，认为国家间通过进行贸易可以提升国家的安全外部性，这将使政府的对外经济政策对盟国更加优惠，而其对手却难以享受到这样的待遇。② 由于国家可以通过贸易的实际收入来发展军事实力，扩充军备，这使各国不得不对其他国家类似的行为予以关注。与对手进行贸易会扩大潜在或者真正敌人的收入，而"对手的任何实际收入都会削弱国家的安全。"③

相反，与盟友进行贸易的收入通常不会对盟友构成威胁，因为在这种情况下贸易盈余如果被用于军事目的将会对整个联盟体系的安全带来正面的影响。也就是说，联盟国家间进行贸易将会加强联盟国家的政治—军事实力，而同对手的贸易则会形成一种威胁。由于国际体系无政府状态的存在，使得军事实力成为抵御威胁的主要手段，各国都必须对其盟友及对手的军事实力有所关注。正因为这样，各国对外贸易政策总是受到它们安全考虑的制约。它们鼓励与盟国进行贸易，而阻止与潜在的竞争对手和敌人进行贸易。④

① ［美］保罗·萨缪尔森、威廉·诺德豪斯：《经济学》下卷，高鸿业等译，中国发展出版社1992年版，第1193页。

② Joanne Gowa and Edward D. Mansfield, "Power Politics and International Trade," *American Political Science Review*, Vol. 87, No. 2, June 1993, pp. 408 – 420.

③ Joanne Gowa, *Allies, Adversaries, and International Trade*, Princeton, N. J.: Princeton University Press, 1994, p. 38.

④ ［英］苏珊·斯特兰奇：《国际政治经济学导论——国家与市场》，杨宇光等译，经济科学出版社1990年版，第201页。

　　关于联盟中安全与经济合作的关系不但可以通过理论模型加以论证，[①] 在国际关系的实际经验中，也能证明安全联盟同经济合作的关系。有学者根据联盟条约义务与条款数据库（The Alliance Treaty Obligations and Provisions，ATOP）中提供的数据对军事联盟与经济合作结合的频率进行了分析，在 213 个国家间联盟中，有 39 个联盟（占 18%）在具体的条款中对经济合作提出了特殊的要求，如进行经济合作或消除贸易壁垒等，或者是强调了进行经济合作的意向以及声明在未来的谈判中要将有关经济合作的内容纳入相应的议程。[②] 二战后，无论是美国在全球构筑的联盟体系，还是苏联建立的社会主义联盟阵营，经济合作也都成为其中一项重要的内容。

　　根据联盟的定义，我们知道联盟关系通常具有长期性，盟国间的经济合作必然会产生巨大的收益，这也会在盟国间形成一种经济相互依存的状态，这反过来也会促进联盟的发展，经济合作成为维系联盟关系的重要黏合剂。彼此加深的相互依存关系甚至能够通过不断地经济交往将一国的国家利益转化成联盟的共同利益，并进一步促进国家间的政治合作。[③] 可以说，经济利益是有助于促进联盟形成及巩固的。这种共同的经济交往将彼此保护经济伙伴的利益。联盟中高度的经济相互依存有时甚至会使其成员情愿放弃某些经济利益以便支持安全政策从而实现彼此之间力量对比的均衡。例如，19 世纪法俄联盟的形成普遍被认为单纯是出于安全上的考虑，而学者通过研究发现，财政上的需要也是驱使俄国与法国结盟的原因之一。[④]

　　而且，尽管联盟为结盟国家提供的最重要的公共产品是军事安全，但这也为盟国的经贸关系的延续提供有效的安全保障。稳定的安

---

　　① 乔安妮·高娃的著作是这方面的主要代表，参见 Joanne Gowa, *Allies, Adversaries, and International Trade*, Princeton, N. J. : Princeton University Press, 1994。

　　② Andrew G. Long and Brett Ashley Leeds, "Trading for Security: Military Alliance and Economic Agreements," *Journal of Peace Research*, Vol. 43, No. 4, July 2006, pp. 433 – 451.

　　③ Paul A. Papayoanou and Kastner, "Sleeping with the (potential) Enemy: Assessing the U. S. Policy of Engagement with China," *Security Studies*, Vol. 9, No. 1/2, September 1999/2000, pp. 157 – 187.

　　④ Paul A. Papayoanou and Kastner, "Sleeping with the (potential) Enemy: Assessing the U. S. Policy of Engagement with China," pp. 157 – 187.

全环境是经贸关系得以发展的重要支撑,反过来这种经济联系自然也对安全环境形成了较大的路径依赖。正是通过这样的模式,联盟中这种安全与经济利益的互补,成为确保联盟关系稳固的一个重要支撑。

联盟中这种安全与经济利益互补的发展模式随着联盟的发展也会得以延续。但当联盟中的国家都生产相同的产品,为相同的市场进行竞争时,国家就将在牺牲盟国保护国内经济利益还是自身进行让步以确保联盟巩固上进行抉择。由于联盟具有持续稳定性的特征,如果来自外部的威胁可能性较小,各国往往会将更多精力集中在经济利益的协调上,经济上收益会使国家更倾向于巩固联盟关系。同时,经济合作的深入进行会促进结盟国家的国家利益不断拓展,而联盟必然要在安全上予以跟进,提供必要的安全保护。比如,冷战时期建立的美日联盟、美韩联盟所涉及的区域仅限于很小的范围。但经贸关系的拓展,经贸利益的延伸成为推动联盟区域扩大的一个主要原因。美日联盟涉及的区域不断扩大,美韩联盟也由朝鲜半岛向区域乃至全球扩展。这种联盟区域的扩大带来了联盟公共产品供给的更新,由维护国家安全向保护国家利益转变,联盟提供的公共产品的内涵不断扩大和更新,由偏重军事安全向兼顾经济安全等非传统安全领域渗透。联盟也正是在背景下不断进行自我调适和转型,实现了联盟的延续和发展。前面提到的美日、美韩联盟在创立之初都具备较强的不对称性,日韩的经济都因这种联盟框架的存在而迅速摆脱战争的重创,获得巨大发展。日韩利用美国为首的联盟体系,获取了重要的经济资源和市场,自身的经济地位也发生了巨大的转变,这种改变在日美、日韩间出现了严重的贸易摩擦,甚至一度对联盟的稳定带来了巨大的冲击,其中尤以日美间的经贸摩擦对联盟关系影响为甚,以至尼克松曾经为此发出了"安保警告"。[1] 但是,这种冲突并未削弱联盟关系,反而

---

①　从 20 世纪 60 年代开始的美日经贸摩擦对美日联盟产生了很大冲击。1973 年 5 月,美国总统尼克松曾提出,如果没有基于政治意志的自觉努力,使美日之间的贸易不平衡得到有效控制,美日之间的经济争端就可能破坏两国之间联盟关系的结构;同时,如果美日经济关系恶化,废除安全条约也并非不可能。这就是著名的"安保警告"。参见宋成有、李寒梅等《战后日本外交史:1945—1994》,世界知识出版社 1995 年版,第 366 页。

成为增强合作所必需的副产品。① 美日之间最终于 1995 年 1 月发表
《全球合作议程》，完成了一揽子经济协商合作谈判，同年 8 月签署
《汽车贸易协议》，解决了美日贸易中的最大难题；美韩则于 2007 年签
署双边自由贸易协定（FTA）。经贸协商的妥善解决，为随后出现的美
日、美韩同盟的再定义减少了阻力，推动了联盟的发展和转型。因此，
联盟中经济合作而衍生出的经济层面沟通的机制化不仅局限在经济领
域，它还会培养联盟成员间的互信、认同和理解，拓宽双方信任的渠
道，从而产生巨大的政治效应，增强联盟各方对联盟的认同。这种联盟
间的合作，也会使联盟双方进一步将经济利益同安全利益捆绑在一起，
增加了联盟中的退出成本，促使联盟关系进一步发展和强化。

二　联盟国家经济合作的保障

在结盟状态下，政府往往会专门制定相应的经济政策，使之有利
于其盟国，而避免实际以及潜在的对手从中获益。这种联盟中经济与
安全的关系所带来的政治影响也会对联盟中微观层面的行为体的行为
产生影响，包括盟国内部的公司、企业的经济行为。当一国与其经济
合作伙伴在安全上没有利益冲突时，不但有利于国家之间进行经济合
作，也使它们国内的企业能够获得一种安全感，从而更利于参与到经
贸活动中来，并加大对相关领域的投资。而各国对出口市场的投资行
为，往往具有一定程度的机会主义倾向，需要寻找比较稳固和可靠的
合作者。因此，一国的企业更乐于同其盟国的相关企业建立相应的经
贸关系，从而确保交易的顺畅和持久，特别是当商品交易能够产生一
定的规模效应时。② 此外，牢固而又强大的商业纽带还会成为一种巨
大的物质诱惑，使那些不情愿加入或对联盟持观望态度的盟友接受联
盟合作这样一种制度性安排。所以结盟的国家从各自政治、军事安全
角度出发，也愿意各自国内的公司能够彼此之间建立稳固的经贸关

---

① Robert Pahre, Leading Questions, *How Hegemony Affects the International Political Economy*, Ann Arbor: The University of Michigan Press, 1999, p. 9.

② Joanne Gowa and Edward D. Mansfield, "Alliances, Imperfect Markets, and Major-Power Trade," *International Organization*, Vol. 58, No. 4, Autumn 2004, pp. 778–805.

系，进一步为联盟的巩固提供相应的经济基础。

联盟所具有的这种功能确保了各国企业同其经贸伙伴之间能够保持稳固的经贸往来，而国家间关系的稳固又为这种关系的巩固上了一层"双保险"。但是，联盟国家之间促进经贸关系的这种隐含的强制力并不是促进经济合作的唯一因素，现实中，许多联盟都将促进国家间的经济关系明确写进联盟的协定之中，从而使之成为一种具有法律效力的明确约束力。因此，联盟协定中从一开始就通过议题联系（issue – linkage）机制将诸多议题领域囊括其中，使其处于制度化的框架下，促进了这种合作的实现。

学术界很早就认识到议题联系的重要性。法国外交家弗朗西斯·德·卡利埃尔（Francois de Callieres）在1716年时就指出，国家间交往最重要的手段就是要将双方最突出的特点显露出来，然后将这些特点进行联系从而平衡双方的利益诉求。① 在卡利埃尔看来，议题联系是一种策略，它能够将双方的优势集中起来，从而有效地解决相应的政治问题。通过扩展协定涉及的领域，不但可以改变国家间讨价还价的范围，也可以使国家内部某些利益集团获益从而解决国家内部的分歧。②

议题联系之所以重要是因为它可以对更多的利益攸关方进行动员。当议题联系扩大了与之相关各方的利益攸关程度时，会有更多的利益攸关方参与到这一进程。在这种情况下，如果联盟国家针对一个议题的协商陷入僵局的话，它会直接导致危及整个联盟的利益；因此，任何一方如果想从这一过程中获得益处的话，必须确保各方在这一过程中与自己密切相关的核心利益都不至于受到较大影响。

当两个或更多的利益攸关方不能够就与合作相关的成本收益问题

① Francois de Callieres, *On the Manner of Negotiating With Princes* (1716), translated by A. F. Whyte, Boston: Houghton Mifflin, 1919, pp. 109 – 110.

② Francois de Callieres, *On the Manner of Negotiating With Princes* (1716), pp. 109 – 110; Robert D. Tollison and Thomas D. Willett, "An Economic Theory of Mutually Advantageous Issue Linkages in International Negotiations," *International Organization*, Vol. 33, No. 4, Autumn 1979, pp. 425 – 449; Frederick Mayer, "Managing Domestic Differences in International Negotiations: The Strategic Use of Internal Side – payments," *International Organization*, Vol. 46, No. 4, Autumn 1992, pp. 793 – 818.

达成一致时，讨价还价最终就会归于失败。有的时候，当联盟中的某一方为了能够实现更好的目标而故意错误表示出其议价底线时，即使有了最终协议的达成，它们彼此之间的讨价还价也不一定能够成功。[①] 但在有的时候，即使没有合作协定的达成，双方也乐于保持合作的现状。在这种情况下，议题之间的联系本身就为国家彼此间相互合作开创了空间，使合作的领域不仅仅局限于单一议题领域内。[②] 所以说，在联盟体系内，结盟的国家就两个或两个以上议题展开协商并将它们纳入最终签署的协定中，这样可以产生使各方都满意的合作结果。

这种情况在双边联盟中两个成员针对两个不同的议题领域有着不同的偏好或者涉及这两个议题领域的相关协议会对双方带来不同影响的时候，上述这种情况更为明显。也就是说，如果 A 更多关注问题甲，而 B 更多关注问题乙，那么 A 会在问题乙上做出相应的让步以求得 B 在问题甲上进行让步。同样，如果针对问题甲的解决方案更加有利于 A 而针对问题乙的解决方案有利于 B，那么尽管单方面某一解决方案不能被双方所认可，但一种联合的解决方案则有可能被双方所共同接受。因为通过这种直接或间接的问题联系，出现了对双方给予间接补偿的可能性。[③] 这也就是下文将详细论述的补偿性支付问题。

因此，如果一个国家意识到通过与另一个国家结成军事联盟可以获得更多的收益，但另一个国家却对结盟有着不同意见时，最有可能的做法就是通过在其他领域内进行让步使对方意识到结盟的好处，比如，进行关税减让、降低贸易壁垒等经济上的措施使对方感觉军事联盟有更大的吸引力。实践中，让一国领导人单纯做出经济上的让步是非常困难的，但他们有时会同意通过开放其国内市场换取联盟协定的缔结。同样，其伙伴国的领导人也乐于接受能够为经济领域带来收益的联盟协定，特别是在仅涉及单纯的经济领域或安全领域的协定都不

①　James D. Fearon，"Bargaining, Enforcement, and International Cooperation," *International Organization*, Vol. 52, No. 2, Spring 1998, pp. 269 – 306.

②　Robert D. Tollison and Thomas D. Willett, "An Economic Theory of Mutually Advantageous Issue Linkages in International Negotiations," *International Organization*, Vol. 33, No. 4, Autumn 1979, pp. 425 – 449.

③　Ibid. , p. 426.

能被双方所共同接受的时候，这种寻找到利益契合点的协定会让双方都可以接受。因此，议题联系可以帮助联盟中各国解决讨价还价面临的困境并找到最佳的解决方案，从而促进双方在协商时取得一个彼此都能接受的结果。

联盟国家通过提升联盟或贸易协定的价值并对维持这种承诺给予相应的保证，这种可获利的经济交往延续了安全合作的深入进行。将经济与安全问题联系起来的方式也可以减少各方单独背弃联盟协定的动机并进一步巩固彼此之间的合作关系。如果一方没有能够履行军事上的义务，那么会对其经济上的利益带来巨大的损失，而如果不能履行贸易协定所规定的内容，也会使联盟协定面临中止的危险，所以任何单方面的背叛行为都将是得不偿失的，这也就减少了背叛行为的可能性，维持了联盟关系的稳固。当在经济和安全事务上存在着单方面背叛协定的动机与可能时，议题联系机制可以转化这种动机并使这两个领域的契合点成为对各国的一种自我约束机制。而各国内的企业受惠于相关协定，也将会对国家之间未来的政治关系保持信心从而维持合作关系。①

综上所述，在一些联盟中，一些国家将互惠贸易协定及其他经济协定与军事合作的承诺结合起来。通过议题联系这种方式，增加了国家间合作的类型和范围，减少了各国机会主义的动机，也能够帮助各国领导人克服讨价还价的困境以及执行协定的困境，进一步促进合作的进行。例如，如果我们研究推动各国领导人将互惠贸易协定与军事联盟结合起来的动机，就需要进一步考察联盟关系对贸易活动带来的影响。也就是说，如果与联盟相关的协定对联盟国家间的贸易水平带来了正面影响的话，这样的联盟关系将有助于国家之间经济往来的顺利进行。②

①　杨毅：《联盟体系下的经济事务与国家安全——一项分析框架》，《国际论坛》2010年第6期。

②　曼斯菲尔德和雷切尔·布朗森就认为联盟关系和互惠贸易协定可以带来进一步的商业交往。他们研究发现既是军事联盟中的盟友，又是互惠贸易协定成员的国家之间比仅属于其中一个组织的成员国之间具有更高的贸易量。具体参见 Edward D. Mansfield and Rachel Bronson, "Alliances, Preferential Trading Arrangements, and International Trade," *American Political Science Review*, Vol. 91, No. 1, March 1997, pp. 94 – 107。

　　议题联系的存在为联盟国家间进行经济交往创造了条件，但在联盟国家的经济交往中，各国的国内政治环境会对每个国家在安全利益与经济合作之间的权衡造成影响，这时补偿性支付（side - payment）便通过议题联系机制发挥着重要作用，维系着联盟的持续与稳定。这主要表现在国内领导者会出于联盟国家间战略上的需要适时调整经济政策以满足其盟友需要的能力。因此，联盟中的安全事务的重要性较高时，向其盟国提供经济上补偿性支付的可能性就越高；而联盟中安全事务的重要性降低时，这种可能性也就会随之减少。同时，如果这种经济补偿性支付会带来国家间在安全领域的合作的话，国家间也会选择进一步增强经济合作。①

　　在国内政治和国际政治中都经常出现补偿性支付。② 在国内政治中，补偿性支付一般指行政机关对利益集团或立法机关做出的承诺与威胁。在而国际政治中补偿性支付通常会成为国家施加国际影响的一种手段，它是指一国在某一问题上向另一国进行妥协，从而寻求该国在相关问题上进行让步的策略。通过这种方式能够使国家之间通过国际协定获得的收益达到一个平衡。③

　　国际政治中补偿性支付的提供取决于各国国内的政治过程，因为它的提供有时不能够为国内的反对者带来直接好处，反而首先损害的就是他们的利益。所以国家在进行经济合作时，必须充分考虑到国内利益集团的影响，照顾到它们的利益。比如，开放国内市场存在着来自国内政治的风险，国家间在相互协商谈判时，会通过满足国内支持贸易自由化进程的出口利益集团的利益，使其进一步抗衡来自国内保护主义集团的制约。④ 一些对外援助政策也必须得到国内相关利益集

---

　　① Lars S. Skalnes, *Politics, Market, and Grand Strategy: Foreign Economic Policies as Strategic Instruments.* Ann Arbor, MI: University of Michigan Press, 2000.

　　② 在国内政治中，补偿性支付一般指行政机关对利益集团或立法机关做出的承诺与威胁。

　　③ Hans J. Morgenthau, *Politics among Nations*, 6th ed., Revised by Kenneth W. Thompson, New York: Knopf, 1985; Kenneth Waltz, *Theory of International Politics*, Reading, Mass.: Addison - Wesley, 1979; Joseph M. Grieco, *Cooperation among Nations: Europe, America, and Non - Tariff Barriers to Trade*, Ithaca, N. Y.: Cornell University Press, 1990.

　　④ Christinal L Davis, "International Institutions and Issue Linkage: Building Support for Agricultural Trade," *American Political Science Review*, Vol. 98, No. 1, February 2004, pp. 153 - 169.

团的支持才能最终得以实施。在一些联盟中，补偿性支付带来的效益是单边的，即只能满足其中一方的经济利益，反而会使对方相关集团的利益受损。例如，一国通过经济补偿性支付单方面向盟国开放市场或提供商业机会，这势必会削弱国内相关利益集团的收益及在海外市场的份额。这虽然能够加强彼此间的安全合作，但对国内利益集团无疑构成了伤害。所以，国内的反对力量会成为政府通过补偿性支付这种手段寻求安全目标的极大阻力。

但是联盟成员在经济利益上的不均衡分配必然会带来政治上的问题。向实力较弱的盟国提供经济上的补偿性支付可能会招致来自国内的强烈反对。如果不顾国内相关利益集团的反对而单方面向盟国提供经济上的让步有可能会引起国内对结盟政策的质疑，从而削弱联盟的稳定。在西方国家，利益集团的活动在国家政治生活中发挥着重要作用，经济上受损的利益集团势必加大游说及动员的活动，使政府的相关补偿性支付的协议在议会面临着被否决的风险；更有甚者，国内的不满甚至会影响现任政府在选举中的表现，从而给整个联盟政策带来影响。所以出于对联盟特殊战略价值的考虑，他们会对经济利益和安全战略进行周密的权衡，使决策能够既顾及联盟的稳定，又满足国内利益集团的要求。

基于此，国家间也就时常利用联盟的战略价值作为彼此之间谈判的筹码。联盟中的一方可以使用联盟所确立的特殊安全关系来对其盟国提出的贸易优惠政策向其要价，而另一方则会出于对安全事务的考虑，提出相应的让步以避免贸易冲突导致的负面效应外溢，从而威胁联盟的巩固。这种讨价还价的最好结果就是前面提及的联盟成员之间彼此建立互惠贸易关系，确保彼此之间的正常贸易。① 但是，现实的国际关系中并不一定会出现这种理想的结果。同一个国家，有时会为安全目标而牺牲经济利益，有时又使用安全关系作为谈判的筹码来确保其经济利益的。究其原因，需要对国内相关利益集团活动及国内政

---

① Joanne Gowa and Edward Mansfield, "Alliance, Imperfect Markets, and Major-Power Trade," *International Organization*, Vol. 58, No. 4, Autumn 2004, pp. 775–805; Edward Mansfield and Rachel Bronson, "Alliances, Preferential Trading Arrangements, and International Trade," *American Political Science Review*, Vol. 91, No. 1, March 1997, pp. 94–107.

治制度设计进行认真研究。

在联盟中，是什么因素决定了决策者在处理联盟关系与经济合作间的政策选择？具体而言，他们往往遵循这样的规律，那就是国内对计划中的补偿反对的声音越少，补偿性支付越有可能发生；当来自外部的安全威胁越大时，决策者越愿意将经济问题同安全问题联系起来，从而引起国内的足够重视，并使相关议题能够得到国内的支持。

在国际经济合作中，时常会出现不对等收益的情况，因此在利益上受损的国家中，特别是那些利益直接受损者，会对这种形式的国际合作予以强烈的反对。遇到种情况，决策者经常通过提供补偿性支付的方式确保相关合作协定能够获得国内的接受和认可。[①] 补偿性支付的形式是多种多样的，但使用最普遍的形式就是进行直接的货币补偿或者是以其他物质让步形式进行的间接补偿。[②] 在这种情况下，来自国内的反对越少，决策者提供补偿性支付的可能性也就越大。

国内对补偿性支付的抵制是指来自行政、立法部门的官员或利益团体的反对以及这种反对对决策过程的影响。通常情况下，当行政和立法部门的官员认为计划中的补偿性支付会损害他们的利益时，他们会反对提供补偿性支付；而利益集团如果认为补偿性会对他们的经济状况带来负面影响时，他们也会坚决反对使用这种措施。[③] 这种反对势力的影响力往往通过进入决策层或者影响决策过程的方式体现出来。例如，利益团体能够影响选举中的票源走向，增加了政府提供补偿性支付的成本。在政府决策过程中，行政与立法部门的官员也可以用制度性的权力来施加更大的压力，反对相应的补偿措施，或者延缓

---

① Thomas C. Schelling, *The Strategy of Conflict*, Cambridge, Mass：Harvard University Press, 1960, p. 31; Dean G. Pruitt, *Negotiation Behavior*, New York：Academic Press, 1981, pp. 148 – 153.

② Robert D. Putnam, "Diplomacy and Domestic Politics：The Logic of Two – Level Games," *International Organization*, Vol. 42, No. 3, Summer 1988, pp. 427 – 460.

③ Graham Allison, *Essence of Decision：Explaining the Cuban Missile Crisis*, Boston：Little, Brown, 1971; Peter Gourevitch, *Politics in Hard Times：Comparative Responses to International Economic Crises*, Ithaca, N. Y.：Cornell University Press, 1986; Helen Milner, *Resisting Protectionism：Global Industries and the Politics of International Trade*, Princeton, N. J.：Princeton University Press, 1988.

或者阻挠相关措施的通过，甚至有时可以使相关措施胎死腹中，从而影响联盟决策。在联盟关系中，当决策者为了加速在经济领域合作的进程将安全与经济议题联系起来而向外国政府提供补偿性支付时，这样的利益冲突经常会产生。

例如，在美日联盟的框架下，1969 年，美国总统尼克松与日本首相佐藤荣作就美国向日本归还冲绳展开秘密谈判。这一问题本是在联盟框架内的一项以安全事务为主的议题，但为了使美军在归还冲绳时能够撤走在岛上留下的核武器，佐藤同意在随后进行的关于向美国出口纺织品问题上进行让步；但是，当美国的官员开始研究出口限制问题的时候，日本通产省和纺织业界对此表示强烈反对，迫使佐藤政府不得不放弃早先的承诺。通产省除了与外务省之间产生争执外，它在这一问题上的反对立场导致日美在几年后爆发了激烈的纺织品争端。①

除了通过直接的货币补偿及物质上让步，补偿性支付还常常表现为将国际经济合作的议题与其他问题联系起来，特别是打安全牌的方式，突出经济合作的重要性，促进联盟协定的批准或维系联盟关系。

在这种情况下，决策者首先应该说服其他方，使他们接受相关经济合作在很大程度上是与影响国家核心价值的国家安全问题紧密联系在一起的。所以，外部的安全威胁越大，决策者越容易利用安全问题，凸显联盟的价值，从而巧妙地将这两个领域内的问题联系起来。

外部安全威胁通常是指影响国家生存、独立以及国家福利安危的国际挑战力量。而外部安全威胁能够影响决策者打出安全牌反映了决策者两个方面的考虑：第一，外部威胁的变化可以影响到公众对于安全问题的看法和观念。第二，外部安全威胁决定着决策者寻求政治支持的机会。

例如，从 1961 年年底开始，肯尼迪总统便将美国与其盟友在关贸总协定框架内进行的贸易谈判作为一项国家安全问题加以对待，以

---

① I. M. Destler, Haruhiro Fukui and Hideo Sato, *The Textile Wrangle: Conflict in Japanese - American Relations*, Ithaca, N. Y.: Cornell University Press, 1979; I. M. Destler, Hideo Sato, Priscilla Clapp and Haruhiro Fukui, *Managing an Alliance: The Politics of U. S. - Japan Relations*, Washington, D. C.: Brookings Institution, 1976.

获取国内对肯尼迪回合多边关税谈判的支持。他指出，为了抵消共产主义援助和贸易进攻的效果，美国的西方盟友应该尽快团结起来，赢得这场冷战。[①] 肯尼迪以"共产主义经济对自由世界的渗透"所带来的危险为名，对国内各利益集团进行动员。肯尼迪指出的这些威胁代表着对美国的几种挑战。苏联的经济扩张，特别是对非洲和印度加大经济援助，表明赫鲁晓夫早先曾经指出的苏联有能力将冷战向第三世界扩展。而欧洲经济一体化的进行也对美国带来了经济挑战。在实行共同关税的前提下，这一共同体不断扩大。对美国商品的歧视不但扩大了欧洲与美国之间的鸿沟，而且侵蚀着"自由世界经济体"抵御苏联经济扩张的能力。[②] 因此，美国利用联盟框架内的议题联系机制，通过补偿性支付这种方式，在确保联盟巩固的前提下，实现了相应的经济目标。

而到了 1967 年，特别是肯尼迪回合谈判国内批准的最后冲刺阶段，美国决策者便不再运用安全牌了。因为 20 世纪 60 年代初，那些外在的威胁随着谈判进程的发展已经逐渐减少了。外部条件的变化特别是古巴导弹危机后美苏关系的缓和以及美国对亚洲和非洲军事经济援助的加大，使东西方的政治经济关系有了进一步的缓和。虽然苏联仍然拥有挑战美国的报复能力，但此时与 60 年代初相比，已经不常使用。相反，随着肯尼迪回合关税减让谈判的进行，英法之间在这方面的争执也牵制了欧共体的能力，从而减轻了美国的压力。总之，外部安全威胁的变化是美国决策者决定使用安全牌与否的重要标志。

通过这种方式，决策者广泛动员，使更多的人从涉及国家核心价值的层面关注经济合作问题，因此增加了相关合作议题获得国内认可和批准的可能性。同时让国内各利益集团承认并认可它们所规划的国际经济

---

① Gerard Curzon and Victoria Curzon, "The Management of Trade Relations in the GATT," in Andrew Shonfield, ed., *International Economic Relations of the Western World* 1959 – 1971, Vol. 1, "Politics and Trade," London: Oxford University Press, 1976, p. 177.

② John W. Evans, *The Kennedy Round in American Trade Policy: The Twilight of the GATT?* Cambridge, Mass: Harvard University Press, 1971, pp. 133 – 159; Ernest H. Preeg, *Traders and Diplomats: An Analysis of the Kennedy Round of Negotiations Under the General Agreement on Tariffs and Trade*, Washington, D. C.: Brookings Institution, 1970, pp. 45 – 46.

协定是与影响国家的生存、独立与国家福祉等国家安全问题紧密联系在一起的，这样就增大了国际经济合作协定获得国内通过的可能性。[①]

因此在安全联盟中，当经济合作议题在国内遇到相关利益团体的阻挠和反对时，决策者有可能向相关利益集团或其盟友提供补偿性支付来应对这些反对意见，确保联盟的稳定。而国内对物质补偿计划的抵制情况以及外部安全环境的变化，是决定具体的补偿性支付的主要影响因素。

三 联盟经济的四种类型

议题联系与补偿性支付成为联盟经济得以运行的重要保障。联盟国家尤其通过经济补偿性支付使其盟国从经济上获益，从而巩固了安全联盟。通过这种方式，联盟国家在经济与安全事务间进行着权衡。这种方式也成为联盟经济最根本的运行方式。根据联盟类型的不同，联盟经济也会有不同的表现形式。

一般的联盟理论对联盟的种类或性质进行过不同形式的分类，如将联盟分为进攻型联盟与防御型联盟，政治联盟、经济联盟与军事联盟，平等型联盟与依赖型联盟等，但这种分类均是针对联盟的某类外部特征进行的描述，缺乏对联盟内部各成员国间关系具体的运行方式、动力及结构进行分析。在汉斯·摩根索（Hans J. Morgenthau）看来，联盟可以根据其内在的性质与成员国之间的相互关系、利益与强权的分配、所涉及有关国家的总利益的范围、所涉及关于时间及关于共同政策和行动的有效性范围，分为互助的和单方面的联盟、全面的和有限的联盟、临时的和永久的联盟、起作用的和不起作用的联盟。[②]

---

① Clark A. Murdock, "Economic Factors as Objects of Security: Economics, Security, and Vulnerability," in Klaus Knorr and Frank N. Traeger, eds. , *Economic Issues and National Security*, Lawrence: Regents Press of Kansas, 1977, pp. 67 – 98; Barry Buzan, *People, States, and Fear: An Agenda for International Security Studies in the Post – Cold War Era*, Boulder, Colo. : Lynne Reinner, 1991.

② ［美］汉斯·摩根索：《国际纵横策论——争强权、求和平》，卢明华等译，上海译文出版社 1995 年版，第 241 页。

保罗·施罗德（Paul W. Schroeder）则按照联盟的对内、对外功能将联盟分为作为权力增强工具的联盟与作为管理工具的联盟。[①] 这样的划分涉及了联盟内部各成员国之间的关系以及联盟的内部结构，但是如果将这种分类作为一种分析工具，它们绝大多数涉及的是军事力量、安全利益这些联盟研究最核心的问题。

而马克·塞萨（Marco Cesa）则依据联盟成员间关系的紧密程度与联盟成员间的利益相容性对联盟进行分类，[②] 他将联盟分为实力增强型联盟、协调型联盟、霸权型联盟与飘忽不定型联盟（见表1）。

表1　　　　　　　　　　　　　联盟的类型学分析

利益的相容性	盟国间的相互依存	
	对称	非对称
高	实力增强型联盟	霸权型联盟
低	协调型联盟	飘忽不定型联盟

马克·塞萨这一分类的出发点应该也是为了研究联盟国家间的军事合作及安全关系，但联盟成员间关系的紧密程度与联盟成员间利益的相容性对联盟国家间的合作关系从军事、安全领域外溢到经济领域发挥着重要作用，从而形成了不同类型的联盟经济，经济补偿性支付在其中也发挥着不同的作用。因此，本文采用塞萨的这一分类，并以此为基础对联盟经济的四种类型进行分析。

（1）实力增强型联盟

在这类联盟中，联盟成员间在利益上具有高度的协调性，彼此之间控制对方的意图因此也比较低，在这种情况下联盟成员间可以增强、巩固彼此间的实力来对付共同的敌人，进而确保了力量对比的均

---

① Paul W. Schroeder, "Alliance, 1815 – 1945: Weapons of Power and Tools of Management," in Klaus Knorr Lawrence, ed., *Historical Dimensions of National Security Problems*, Kans: University Press of Kansas, 1976, pp. 227 – 262.

② Marco Cesa, "From Hegemony to Ambivalence: NATO 's Transformation and European Stability," 1999, online. Available at http: //www. nato. int/acad/fellow/97 – 99/cesa. pdf.

势。我们常说的联盟功能中的制衡与追随功能也就体现了这一点。因此，这样的联盟其成员能够彼此紧密接近，并在对付共同的敌人上具有较高的一致性。在历史上，1866年普鲁士和意大利针对奥地利所建立的联盟就属于这类联盟；1912年，塞尔维亚、保加利亚和希腊针对土耳其组建的巴尔干联盟也属于这一类型。英日联盟由于英日两国在远东地区具有较高的利益相容性和相互依存度，也属于实力增强型联盟。

在这类联盟中，双方拥有共同的敌人，因此在安全目标上具有较强的一致性，它也成为联盟维系的基础。又由于彼此间具有较高的利益相容性和相互依存度，安全上的合作很容易外溢到其他领域，经济合作自然成为联盟关系发展的结果，也成为维系联盟稳定的重要因素。补偿性支付在其中发挥的作用十分关键。由于这类联盟成员彼此之间的实力并非完全对等，补偿性支付作用的发挥便取决于外部安全威胁的程度，当外部安全威胁较大时，联盟成员有时候宁愿接受补偿性支付所造成的不对等的经济交换，以此来确保安全利益的实现。而在外部安全威胁较小时，联盟成员则需要在经济和安全利益间进行协调，补偿性支付的提供及其作用的发挥则取决于联盟国家内部的国内政治进程。

（2）协调型联盟

这类联盟同实力增强型联盟一样，在成员间的相互依存度上具有明显的对称性，但是联盟成员彼此之间在利益的相容性上不像实力增强型联盟那样具有较高的一致性。由于彼此间存在着相互依存，利益相容度又不高，那么如果缺乏相应的制约措施，联盟中的一方有可能做出伤害对方的行为，这也就使联盟成员间彼此之间形成了一种相互依赖的关系，这种关系使联盟中一方的所作所为需要有对方的支持或许可才能更加奏效。利益相容程度较低也容易使联盟成员间在存在分歧的问题上容易造成讨价还价或争执，也就需要彼此之间的协调一致，所以相互协调和约束是这一联盟的最显著特征。联盟中的各方都担心盟友会过于强大或背叛自己，对自己形成威胁，但又由于彼此都需要对方的存在，所以又需要同盟友维持一种紧密的联盟关系。1815年建立的神圣联盟就属于这一类型。奥地利、普鲁士和沙皇俄国为了维持欧洲大陆的现状，防止革命的发生组建了这一联盟，同时这一联盟又分别禁止各国针对意大利、德意志及波兰领土采取单方面的行动。1854年，英国和法国在克里米亚战争期间组建的联盟也是这一类型，联盟的首要目的是对抗俄国，但英国组建这一联盟也是出于担心法国单方面同俄国作战，取胜后会独自控制这一地区的利益，通过这一联盟关系，对法国形成制约。而法俄联盟由于法俄两国实力对比相当，又都担心陷入德国造成的孤立境地而结成联盟，但两国在各自的核心利益上（法国在莱茵地区，俄国在海峡地区）又不能彼此予以支持，因此法俄联盟也具有协调型联盟的特征。

在这类联盟中，同样是安全目标使相关各方走到了一起，经济合作也在一个相对对等的环境中进行。补偿性支付同样也会在这类联盟中出现，但它作用的有效发挥取决于联盟中提供者的意图和被提供者的需求程度。它的作用的发挥不像在上一类联盟中，有时候能够对联盟的维系和稳定起到关键作用；在这类联盟中，经济补偿性支付可以增强被提供者的经济实力，提升其对联盟关系的认同程度，起到联盟关系稳定的助推剂作用，从而确保联盟的稳定。

（3）霸权型联盟

在霸权型联盟中，一国在实力上具有绝对领先的地位，相较其他国家甚至形成了巨大的权力落差，这样的国家作为联盟中的超强国，也成为联盟中公共物品的最大提供者，从而保证了它对联盟内部的决策体制形成一种刚性制约，确保了联盟关系的稳固和持久。同时，联盟成员间在利益上也有较高的一致性，这样主导国家可以对联盟事务发挥决定性的影响，其他成员由于自身的实力以及各自安全的需要，要在联盟事务上追随主导国家，主导国家也对其盟友构成了一种保护。霸权型联盟同前两类联盟一样，也有共同的敌人，联盟国家因此能够彼此相互予以支持，但是由于力量对比的不均衡状态，主导国家有时会对其他国家形成绝对控制，甚至会让它们让渡出相应的权力以控制联盟。俾斯麦在1866年和1867年同巴伐利亚等德意志诸侯国建立的联盟就是主从型联盟，这些小的诸侯国获得了安全上的支持，从而能够对抗法国的威胁，同时普鲁士也通过与这些国家结盟，使它们免于落入法国或奥地利的控制下，从而为德意志的最终统一创造了条件。1879 年建立的德奥联盟及随后于 1882 年建立的三国联盟也具有主从型联盟的特征，德国作为其中的主导国家为其盟友提供了一系列的支援，进而也牢固地控制了这些盟友。冷战期间，美国和苏联建立的联盟基本均属于这种类型的联盟。

在这类联盟中，由于力量对比的不均衡状态，经济合作的推进是从属于联盟间安全利益的需要的。为了维系联盟的稳定，联盟中的主导方往往主动通过向从属方提供经济补偿性支付来满足其各方面的经济要求，经济补偿性支付在这时也便具备了公共物品的职能。它的提供，会在经济上对安全关系的存在形成一种路径依赖，产生巨大的政治效应，增强联盟各方对联盟的认同，促使联盟关系进一步发展和强化。

（4）飘忽不定型联盟

这类联盟中成员国的相互依存度并不对称，其利益相容性程度也不高。其中的主导国家由于实力上的优势，具有较大的选择余地，因此可以自由的追求自身的利益，同时也可以对联盟中的其他国家施加有效的影响。但是其他盟友的地位在这种情况下与霸权型联盟中的盟友地位不同，由于它们与主导国家的利益相容程度不同于霸权型联盟中类似的情况，加上自身的实力与主导型国家存在很大悬殊，在依赖主导型国家的同时，它们也千方百计力图对主导国家的决策产生影响。在这种联盟中，安全利益也是各个盟国关注的对象，但在盟友间存在着讨价还价的过程，这又类似于协调型联盟，但是这种讨价还价是建立在实力不对等基础之上的。所以由于实力的不对等，联盟中的国家要遵从主导国家的领导，但利益的不一致又使其难以心悦诚服地接受主导国家的相关安排。1854 年普鲁士和奥地利建立的联盟具有这样的特征。对于奥地利来说，普鲁士的支持是其对抗俄国所必需的；但对普鲁士来说，这一联盟最重要的功能在于限制、约束奥地利同俄国进行战争的可能性。但是这样的联盟在国际关系中不像前三类联盟那样比较常见。

在这类联盟中，安全利益固然也是它们结盟的出发点，但正是因为相互依存度不高、利益相容程度较低，影响着这类联盟的稳定性。在这样的联盟环境中，由于存在着影响联盟稳定的各种因素，议题联系机制难以在安全事务与经济合作间发挥有效的作用，安全合作有时不能够产生外溢效应，也很难在联盟中形成有效的经济合作关系，自然经济补偿性支付的作用也不能够得到有效发挥。可以说，联盟各方在对待经济补偿性支付的态度上，无论从其自身的能力还是意愿上来说，都不是非常积极的。

四　结论

通过研究联盟经济的缘起与发展以及联盟经济中议题联系与补偿性支付的关联性，并结合四种联盟类型进行分析，我们至少可以得出如下结论。

在联盟中，经济与安全事务之间存在着具体的联系。这种联系保证了联盟国家间经济合作的效率，反过来也进一步巩固了既有的安全关系，推动着联盟关系的深入进展。因此，外部的安全环境决定着联盟国家间的经济交往进程。

但是，联盟国家之间的经济交往不单纯是由外部安全环境所决定的，国内政治环境在安全和经济关系中也发挥着重要作用。对联盟问题的研究也不能脱离联盟国家的国内政治环境。特别是当联盟成员需要在经济与安全利益上进行权衡时，国内政治及决策过程往往会发挥关键作用。海伦·米尔纳（Helen Milner）曾指出，未来对国际合作研究最大的成果将产生于从国内政治视角进行的研究。① 从国内政治的视角对联盟中的经济合作进行研究，无疑将拓宽我们对这一问题的深入认识。

---

① Helen Milner, "International Theories of Cooperation among Nations: Strength and Weaknesses," *World Politics*, Vol. 44, No. 2, April 1992, pp. 466 – 496.

美国联盟体系与中国崛起

亚太联盟转型与美国的
双重再保证战略[*]

左希迎

一 引言

长期以来，美国的双边联盟体系是维系亚太安全秩序的重要保证，美日同盟则是这个体系的基石。然而，当前有两个因素正在冲击这一体系，即中国的快速成长和美国的相对衰落。在亚太地区，中日和中美之间的权力转移速度之快，已经冲击到目前的亚太地区秩序，美国有可能陷入中日纷争的泥潭。[1] 在南海问题上，美国存在同样的困境。在全球层面，阿富汗战争和伊拉克战争耗费了其过多的战略资源，美国不得不在全球收缩战线。尽管谋求将战略资源聚焦于亚太地区，但是受到乌克兰危机和中东动荡的牵制，美国重返亚太战略的实施恐怕会困难重重。在战略收缩的态势下，美国如何处理与其亚太盟友的关系显得至关重要。[2]

一个联盟能否维持，取决于国家对联盟的安全收益与成本的权

---

* 本文原刊于《世界经济与政治》2015 年第 9 期，收录时有修改。

[1] Joseph S. Nye, "Our Pacific Predicament," *The American Interest*, Vol. 8, No. 4, 2013, pp. 33 – 40.

[2] 需要指出的是，本文主要探讨奥巴马政府在战略收缩态势下的美国联盟战略。如果回顾美国外交史，美国从伊拉克和阿富汗撤军与其从越南撤军有诸多类似之处。在战略收缩的态势下，美国安全承诺的内容和范围都与以往（如小布什政府时期）有所差别，主要表现在两个方面：其一，战略承诺更加坚定、清晰；其二，更加依靠盟友的力量，以减轻自身战略负担。

衡。当一国无力承担过重的成本时，可以让盟友承担更多的责任，同时增加战略承诺，安抚盟友。事实上，当前美国在亚太地区遵循同样的战略：给予盟友更大的战略自主权，推动盟友承担更多的责任，以减轻美国在亚太地区的战略负担。随后，美国坚定地增加对盟友的承诺，给予其战略再保证。然而，这是一个危险的游戏：盟友战略自主性增加会引起联盟承诺的边界扩展，并导致战略成本的上升；管理联盟成本的上升迫使美国追加更多的战略资源，从而形成螺旋上升的态势；美国的实力与战略承诺出现错位，存在虚张声势的风险。换言之，在美国相对衰落的前提下，美国可能没有能力兑现骤然增长的战略承诺。对于这一悖论，我们可以将其称为美国亚太联盟体系中的"承诺难题"。

美国增加战略承诺，也会带来扩大盟友的自主权和引起盟友之间的纷争等诸多政治风险。综观亚太局势，当前美国安抚盟友、威慑对手的能力的确处于下降趋势。① 这在一定程度上反映了美国战略资源不足的态势，也显示了这种态势对亚太地区秩序带来的深层次影响。然而，目前这种影响是有限的。事实上，当前美国在现实政策中很大程度上规避了"承诺难题"的风险，这主要表现在三个方面：首先，美国对其盟友仍然具有强大的控制能力。其次，美国对亚太地区的事务仍然保持了巨大的影响力，其制造话题和掌控议题的能力并没有下降。最后，在领土整顿等地区安全议题上，其他国家仍严重依赖美国。

那么美国是如何解决其亚太联盟体系中的"承诺难题"的？美国采取的具体战略是什么？探讨这些问题，有助于我们理解当下美国管理亚太联盟体系的逻辑。本文认为，为解决其亚太联盟体系中的"承诺难题"，美国坚定对其盟友的战略承诺，给予其战略再保证，以维持其对中国的威慑。与其同时，美国私底下划定了盟友外交政策的红线，告诫其不能主动挑起矛盾，进而保证美国不被拖曳到地区冲突中去。这一战略可以称为双重再保证战略（double reassurance strategy）。正是通过这一战略，美国方才一定程度上解决了"承诺难题"。

---

① "The Decline of Deterrence," *The Economist*, May 3, 2014, pp. 37 – 40.

二　美国亚太联盟转型

二战后，美国在亚太地区构建了一个以双边军事联盟为基础的轴辐体系，这成为该地区安全秩序的支柱。[①] 学术界的主流观点认为，这一联盟体系是亚太地区秩序稳定的重要因素。及时调整与盟友间的关系，使之维持一种动态的平衡，这是美国在亚太地区一以贯之的战略。对美国而言，亚太战略的底线是杜绝相关国家通过武力改变现状，进而威胁到其地区主导权。作为维持现状国家，在朝核问题、钓鱼岛问题、台湾问题和南海问题等议题上，改变现状并不符合美国的利益，因而极力避免这一事态出现。面对复杂的议题，美国需要针对具体的议题调整其亚太联盟体系。

（一）联盟体系转型的要求

以 2008 年金融危机为分界点，亚太地区秩序发生了显著的变化。亚太秩序的主要行为体——中国、美国与美国的盟友的实力升降显著，各国心态也出现了一些微妙的变化。实力对比的转换和心态的波动，使得亚太地区的局势逐渐复杂化。总体来说，促使美国推动其亚太联盟转型的因素表现为以下几个方面。

首先，中日、中美之间力量对比与中国外交风格的变化。21 世纪以来中国地位的上升成为影响中、美、日三边关系和亚太秩序的关键因素。在经济上，根据世界银行的数据，2004 年中、日、美三国的国内生产总值（GDP）分别为 4.99 万亿美元、5.04 万亿美元和 14.42 万亿美元，而到了 2013 年，三国的国内生产总值则变为 9.24 万亿美元、4.19 万亿美元和 16.7 万亿美元。[②] 同时，中国的军费开支大幅超越日本，并且缩小了与美国的差距。随着三国实力对比态势的急剧变化，中国的外交行为也发生了相应的调整，这一调整往往被海外战略分析家称为强势（assertive）。事实上，这种变化包含了更多

---

① 对美国亚太联盟形成和演变的研究，参见王帆《美国的亚太联盟》，世界知识出版社 2007 年版。

② "Gross Domestic Product 2013", World Development Indicators Database, World Bank, May 15, 2015, http://databank.worldbank.org/data/download/GDP.pdf.

内涵，很难简单用强势来概括。第一，中国的外交理念发生转变，领导人更加奋发有为，更加注重顶层设计和战略规划。第二，使用国家力量来维护国家利益的意愿增加。中国在钓鱼岛问题和南海问题上使用国家力量更加自信，捍卫国家利益的意愿更加坚定，不再畏首畏尾。第三，更加强调规则的制定权。中国政府通过一系列重大举措加强自身在国际规则中的话语权，例如，设立东海防空识别区、筹建亚洲基础设施投资银行、设立丝路基金、在南海问题上提出双轨思路等，以至于奥巴马在 2015 年国情咨文中对中国谋求在亚太地区制定规则深表忧虑。[①] 第四，更加注重国际法的作用。例如，面对菲律宾向联合国国际海洋法法庭递交南海主权仲裁请求，中国政府发布立场文件，以回应菲律宾的主张。[②]

其次，亚太再平衡战略的要求。奥巴马上台后着手调整美国的大战略。在亚太地区，奥巴马政府提出了一系列战略主张，不管是重返，还是转向，抑或再平衡，都体现出美国在这一地区面临的战略困境。[③] 其首要表现就是战略资源减少，这意味着美国必须最大限度地利用好有限的战略资源，抗衡强势崛起的中国。当前，囿于国内战略资源的供应不足，美国必须仰仗盟友的支援方能制衡中国。奥巴马屡次声称美国要有战略耐心，要坚持战略克制；同时不得不承认并非每个问题都需要借助于军事手段。[④] 为此，美国积极鼓励盟友承担责任，为其排忧解难。这要求美国在制度上理顺与盟友之间的关系，推动亚太联盟体系的全面转型。希拉里·克林顿（Hillary Clinton）曾经在

① Barack Obama, "Remarks by the President in State of the Union Address", the White House, Washington, D. C., January 20, 2015, http://www. whitehouse. gov/the − press − office/2015/01/20/remarks − president − state − union − address − january − 20 − 2015.

② 《中华人民共和国政府关于菲律宾共和国所提南海仲裁案管辖权问题的立场文件》，外交部，2014 年 12 月 7 日，http://www. fmprc. gov. cn/mfa_ chn/zyxw_ 602251/t1217143. shtml。

③ 阮宗泽：《美国"亚太再平衡"战略前景论析》，《世界经济与政治》2014 年第 4 期。

④ Barack Obama, "Rmarks by the President at the United States Military Academy Commencement Ceremony", West Point, New York, May 28, 2014, http://www. whitehouse. gov/the − press − office/2014/05/28/remarks − president − united − states − military − academy − commencement − ceremony.

《外交政策》杂志上撰文论述美国的外交战略，她指出，"我们与日本、韩国、澳大利亚、菲律宾和泰国的条约盟友是我们向亚太战略转向的支点。"① 事实上，美国国会控制军费开支的举措与奥巴马政府全球收缩、亚太增兵的战略在目的上是一致的，都是阿富汗战争和伊拉克战争后美国进行的战略纠偏行为。尽管美国并没有绝对衰落，但其面临的问题是严峻的，亚太联盟转型已经不可避免。

最后，盟友急需美国支持。美国与其亚太盟友之间的实力对比悬殊，这些盟友需要美国的安全保护。在中国快速崛起的背景下，对安全保护的需求显得尤为迫切。其一，中国与美国盟友之间的实力对比趋于失衡，引起了这些国家的战略焦虑。以日本为例，其国内政治精英难以适应中、日两国实力对比态势的快速逆转及其带来的巨大压力，在美国推行亚太再平衡战略的契机下，日本急于利用美日同盟制衡中国，避免战略被动。② 其二，这些国家担心中国打破现状，挑战国际秩序。对于中国是否有意彻底颠覆当前的亚太秩序，美国的盟友充满了疑虑和恐惧。由于这些国家在美国的庇护之下是既得利益者，因此亚太秩序的剧烈变动并不符合它们的利益。这些国家疑虑的最佳例证，就是媒体和学术界在一战爆发100周年之际将彼时与当前世界局势进行对比。③ 在2014年达沃斯论坛上，日本首相安倍晋三也将中日之间的紧张关系与一战前的英德关系加以类比，借此攻击中国的战略意图在于颠覆目前的亚太秩序。④ 其三，美国的盟友在领土争端问题上难以单独抗衡中国。近年来，中日、中菲在海洋问题上纷争不断，成为亚太地区安全议题中的焦点。回顾这些海洋争端不难发现，随着中国战略资源投入的增加和外交风格的转变，这些国家迫切希望获得美国的战略承诺，在与中国产生冲突时，希望美国能够为其

① Hillary Clinton, "America's Pacific Century", *Foreign Policy*, No. 189, 2011, p. 58.

② 宫力：《日本对中国崛起的不适应症与中国的战略应对》，《现代国际关系》2014年第1期。

③ Richard N. Rosecrance and Steven E. Miller, *The Next Great War? The Roots of World War I and the Risk of U. S. – China Conflict*, Cambridge, Mass：The MIT Press, 2014.

④ "Abe Compares Japan – China Tension to Britain, Germany before World War Ⅰ", *The Asahi Shimbun*, January 24, 2014, http：//ajw. asahi. com/article/behind_news/politics/AJ201401240076.

撑腰。

（二）亚太联盟转型的内容

冷战结束后，美国一直在试图调整其亚太联盟体系，以适应新形势的要求。其后十余年内，尽管中国经济发展速度很快，但是与美日相比差距仍然悬殊。这一局势在 2008 年金融危机前后发生逆转，中国的实力快速超越日本并接近美国，这迫使美国加速调整其与日本、韩国、菲律宾与澳大利亚等盟友之间的关系。[①]

首先，美日同盟的转型。美日同盟的转型在 21 世纪进入了一个快车道。[②] 对于美国来说，其目的相对简单，即通过加强美日安全合作鼓励日本承担更多责任，分担自身在亚太地区的战略负担。日本的动机则相对复杂，主要有三个方面：第一，加强与美国的安全合作有助于日本实现国家正常化的战略目标。第二，能够更好地应对地区安全议题。在中日钓鱼岛争端中，随着中国捍卫国家利益决心的增强，日本越来越需要美国的战略承诺。为此，日本政府欢迎美国的再平衡战略，并通过提升对同盟关系的承诺来支持再平衡战略的实施。[③] 第三，日本对美国的战略承诺心存疑虑。随着中国军事力量的上升，日本国内对未来美国能否威慑中国在领土问题上的强势行为和来自朝鲜核武器的威胁，以及美国承诺防卫日本是否可靠仍然存在一些疑虑。[④]所以，日本进行两手准备，谋求提高自身应对地区安全的能力。这也就不难理解为何奥巴马政府屡次重申对日本的战略承诺，以消除日本

---

① 泰国近年来国内政治不稳定，与美国关系较为疏远，加之泰国与中国保持了良好的关系，本文将不再介绍美泰关系的调整。对此问题的回顾，参见方晓《中泰全面升级军事合作，美国亚太最老盟友转向?》，《澎湃新闻》2015 年 2 月 7 日，http://www.thepaper.cn/newsDetail_forward_1301702。

② 对此问题的讨论，参见［日］五百旗头真《日美关系史》，周永生等译，世界知识出版社 2012 年版，第 11 章。

③ ［日］加藤洋一：《美国的亚太再平衡战略及其对地区战略环境的影响》，载王缉思主编《中国国际战略评论 2013》，世界知识出版社 2013 年版，第 84 页。

④ Chikako Kawakatsu Ueki, "Liberal Deterrence of China: Challenges in Achieving Japan's China Policy", in Takashi Inoguchi, G. John Ikenberry, and Yoichiro Sato, eds., The U. S. - Japan Security Alliance: Regional Multilateralism, New York: Palgrave MacMillan, 2011, p. 144; "Insight: The Deep Roots of Abe's Drive for Collective Self - Defense", The Asahi Shimbun, March 3, 2014, http://ajw.asahi.com/article/behind_news/politics/AJ201403030057.

的疑虑。①

美日同盟转型的内容主要包含两个方面：其一，日本在地区事务和全球事务中发挥作用的空间增大。美国近年来鼓励日本扮演越来越重要的角色。在国内政治上，日本政府积极推动修改和平宪法，解禁集体自卫权，使自身在应对周边安全问题上拥有使用军事力量的更大空间。2014 年推出的防务白皮书明确阐述了日本将重新解释宪法，解禁集体防卫权。② 其后，安倍解散国会并在重新选举中获胜，他重申将继续修改和平宪法。其二，美日同盟的制度化程度加深。在安全防卫方面，美日推动双方合作的制度化。在 2013 年 10 月举行的美日安全磋商委员会（"2 + 2"）会议上，两国自 1997 年以来首次更新《美日防卫合作指针》，力求维持一个强有力的联盟，推动日本分担更多的责任。③ 2015 年 4 月 27 日，美日两国外长、防长 "2 + 2" 磋商会议上正式修改《美日防卫合作指针》，扩大了日本自卫队对美国军事行动的支援范围，准许日本自卫队在全球范围内支援美军。④ 在具体的议题上，两国决定则在提升弹道导弹防御能力、网络安全、空间安全和情报侦察等一系列领域进行合作。

其次，美国强化与菲律宾的安全合作。美菲关系与美日关系大不相同，根本差异在于菲律宾自身实力羸弱，必须依靠美国的安全保护。2009 年以后，中、菲两国在南海问题上对抗日趋激烈，局势迅速恶化。为了推进亚太再平衡战略，美国加强了与菲律宾的军事合作。⑤ 这两个因素也成为再次激活美菲同盟的诱因，推动美国与菲律

① Linda Sieg and Matt Spetalnick, "Obama Seeks to Ease Asian Allies' Doubts during Visit to Japan", *Reuters*, April 23, 2014, http：//www. reuters. com/article/2014/04/23/us – japan – usa – obama – interview – idUSBREA3L1YD20140423.

② Ministry of Defense of Japan, *Defense of Japan* 2014, Tokyo, Japan, August 5, 2014, http：//www. mod. go. jp/e/publ/w_ paper/2014. html.

③ "Joint Statement of the Security Consultative Committee: Toward a More Robust Alliance and Greater Shared Responsibilities", U. S. Department of State, Washington, D. C., October 3, 2013, http：//www. state. gov/r/pa/prs/ps/2013/10/215070. htm.

④ "The Guideline for U. S. – Japan Defense Cooperation", U. S. Department of Defense, April 27, 2015, http：//www. defense. gov/pubs/20150427_ – –_ GUIDELINES_ FOR_ US – JAPAN_ DEFENSE_ COOPERATION_ FINAL&CLEAN. pdf.

⑤ 鞠海龙：《菲律宾南海政策中的美国因素》，《国际问题研究》2013 年第 3 期。

宾强化联盟关系，应对中国的挑战。① 可以说，南海问题已经成为中美竞争的重要议题。② 美菲同盟的强化主要有两种路径：第一，美国增加对菲律宾的军事援助。奥巴马提出亚太再平衡战略后，大力强化对菲律宾的军事援助，为其提供一系列军事设备。与此同时，美国还积极推动菲律宾的军事现代化。2001 年以来，美国向菲律宾提供了 3 亿美元的军事援助，在 2015 年将继续向菲律宾提供 4000 万美元的军事援助。③ 第二，加深两国安全合作的制度化水平。南海争端激化后，美菲两国加强了制度性协调。2011 年 1 月 27—28 日，美菲两国启动了双边战略对话机制，旨在重申加强美菲联盟。同年 11 月 16 日，两国签署《马尼拉宣言》，美国承诺与菲律宾在军事和经济领域开展合作，提升两国同盟关系。在南海问题凸显之后，美菲两国提升了联合军事演习的水平，加强了军事交流的力度。在 2014 年 4 月 28 日奥巴马访问菲律宾期间，两国签署了一个为期十年的《美菲加强防务合作协议》，旨在提升两国的协同能力，推动菲律宾军队的现代化，加强两国在海洋安全领域的合作。④

再次，调整美韩同盟。随着外部局势的变化，美韩同盟在 2009 年以后逐渐深化了合作的水平。美韩同盟的调整主要包括两部分内容：其一，美韩两国关切的议题由朝鲜扩展到地区和全球层面。长期以来，美韩同盟存在的目的主要是应对来自朝鲜的威胁。特别是随着朝鲜核问题和导弹试射问题的凸显，美韩同盟在应对这些棘手安全议题时的作用越来越关键。然而，这一局面近年来正在发生变化，美国希望韩国在地区和全球层面发挥更大的作用。2009 年 6 月 19 日，奥

① Renato Cruz de Castro, "The US – Philippine Alliance: An Evolving Hedge against an E-merging China Challenge", *Contemporary Southeast Asia*, Vol. 31, No. 3, 2009, pp. 399 – 423.

② Leszek Buszynski, "The South China Sea: Oil, Maritime Claims, and U. S. – China Strategic Rivalry", *The Washington Quarterly*, Vol. 35, No. 2, 2012, pp. 139 – 156.

③ "Philippines – U. S. Strategic Dialogue Participants Press Conference", Manila, Philippines, January 21, 2015, http://translations. state. gov/st/english/texttrans/2015/01/20150123313143. html #axzz3QC0PpHK9.

④ "Enhanced Defense Cooperation Agreement between the Philippines and the United States", *Official Gazette*, April 29, 2014, http://www. gov. ph/2014/04/29/document – en-hanced – defense – cooperation – agreement/.

巴马与李明博发表联合声明，以扩展双边合作的框架，将其超越朝鲜半岛并扩展到地区和全球层面。① 除此之外，中国因素变得越来越关键。一来美国需要联合韩国应对日益复杂的地区局势，通过提升联盟关系来平衡中国的影响。② 二来中国一直在通过加强与韩国的关系以使其疏远日本，同时弱化美韩同盟的凝聚力，而这正是美国颇为忌惮的。其二，加强与韩国的防务合作。由于韩国驻扎着大量美军，是其在亚太驻军的重镇，因而美国加强与韩国的防务合作显得非常必要。从 2011 年开始，美韩启动了由双方外长和防长参加的 "2 + 2" 会谈，旨在强化双边的防务合作，协调地区事务。在奥巴马 2014 年 4 月访问韩国期间，两国同意建立 "一个强大而有力的联盟"，并在诸多防务问题上加强合作。③

　　最后，美国强化与澳大利亚的联盟关系。澳大利亚与美国同文同种，又是一个中等强国，其在美国亚太联盟体系中的地位非常特殊。在中美两个竞争性的大国间，澳大利亚的战略选择面临着困境。然而，基于国内政治的考虑，它往往选择与美国进行战略绑定。④ 美国重新调整与澳大利亚的联盟关系，主要包含三个方面：（1）增加军事部署。根据 2011 年 11 月 17 日奥巴马与澳大利亚总理茱莉亚·吉

---

① "Joint Vision for the Alliance of the United States of America and the Republic of Korea", The White House, Washington, D. C. , June 19, 2009, http：//www. whitehouse. gov/the_press_ office/Joint - vision - for - the - alliance - of - the - United - States - of - America - and - the - Republic - of - Korea/.

② Scott Snyder, "The U. S. - ROK Alliance and the U. S. Rebalance to Asia", in Ashley J. Tellis, Abraham M. Denmark, and Greg Chaffin, eds. , *Strategic Asia* 2014 - 15：*U. S. Alliances and Partnerships at the Center of Global Power*, Seattle, Washington：National Bureau of Asian Research, 2014.

③ "Joint Fact Sheet：The United States - Republic of Korea Alliance：A Global Partnership", The White House, Washington, D. C. , April 25, 2014, http：//www. whitehouse. gov/the - press - office/2014/04/25/joint - fact - sheet - united - states - republic - korea - alliance - global - partnershi.

④ Nick Bisley, "Australia and Asia's Trilateral Dilemmas：Between Beijing and Washington?" *Asian Survey*, Vol. 54, No. 2, 2014, pp. 297 - 318。但是也有不同意见，澳大利亚前总理马尔科姆·弗雷泽就认为，与美国的联盟关系已经成为澳大利亚未来的威胁，所以应该结束对美国的战略依赖。参见 Malcolm Fraser, "Australia's Dangerous Ally", *The National Interest*, No. 135, 2015, pp. 19 - 27。

拉德（Julia E. Gillard）达成的协议，美国向澳大利亚增派海军陆战队员。2014年8月12日，两国签署《军力部署协议》，从而为美军驻扎提供了法律依据。两国还商定，截至2017年，美国向澳大利亚增兵至2500人。（2）强化安全方面的制度合作。近年来，美澳双方高层互访频繁，两国外长和防长"2+2"年度会谈为两国防务合作提供了制度化渠道，部长级会议机制逐渐强化。这一系列举措，为两国安全合作提供了坚实的制度化基础。① （3）两国注重在地区和全球议题上的协调。美澳两国都乐于在一些议题上加强协调，但是具体的关注点却有所不同。对美国而言，乌克兰问题、阿富汗问题、亚太地区安全、联合安理会的内部协调和美日同盟现代化等议题更为迫切；②澳大利亚则更关切朝核问题、深化地区的多边接触、情报搜集、打击恐怖主义和阿富汗问题。③ 尽管关注点不尽相同，但是美国与澳大利亚在朝核问题、南海问题等事关中国的核心议题上仍然拥有巨大的共同利益，在未来也必然会强化双边安全合作。

三　承诺难题

当前，美国的战略资源捉襟见肘，其在亚太地区又面临着来自中国崛起的冲击。在此背景下，美国亚太联盟转型成为塑造地区秩序的关键。总览美国亚太联盟转型的措施可以发现，其战略逻辑具有一致性：希望在美国战略资源不足之时仍然维持在亚太地区的主导地位。然而，美国亚太联盟在转型过程中也产生了一些难题，其中最为核心的就是承诺难题。

（一）盟友自主性的上升

联盟政治为我们观察一些国际政治现象提供了独特的视角。当前

① 陈洪桥：《美国亚太再平衡战略下的美澳合作》，《当代亚太》2014年第1期；王联合：《美澳安全同盟关系的新变化》，《现代国际关系》2014年第1期。

② John Kerry, "U. S. Vision for Asia – Pacific Engagement", East – West Center, Honolulu, Hawaii, August 13, 2014, http://www. state. gov/secretary/remarks/2014/08/230597. htm.

③ Julie Bishop, "US – Australia: The Alliance in an Emerging Asia", Washington, D. C., January 22, 2014, http://foreignminister. gov. au/speeches/Pages/2014/jb_ sp_ 140122. aspx? ministerid = 4.

学术界对联盟的研究大多是静态的，动态研究较少。如果将国家实力的变动纳入考察范畴，则可以发现美国亚太联盟体系的一些重要迹象和趋势。理论上，一个联盟的崩溃或瓦解是因为它不再符合一个或多个联盟成员的利益，而终止联盟的决定则可以被视为国家对新环境的理性回应。[①] 对于非对称性联盟来说，其能否维系则取决于两个方面：一是实力较强的国家对联盟的安全收益与维持联盟成本的权衡；二是实力较弱的国家对于获得安全保护的可信度与自身承受成本的权衡。以亚太地区为例，如果美国维持联盟体系的收益低于成本，则意味着其战略负担的上升。如果这一趋势是长期的、可预见的，则会侵蚀整个联盟体系存在的基础，并导致一系列严重的问题。

那么，当非对称联盟中实力较强的国家处于相对衰落时，它可采取何种战略规避或者弥补相对衰落带来的后果？一般来说，当无力承担高昂的成本时，实力较强的国家可以调整条约，让其盟友承担更多的责任，以分担战略成本。当前美国在亚太地区就遵循着这一战略。从现实效果来看，这一战略在亚太地区的确起到了显著的成效。近年来，盟友承担了越来越多的责任，客观上有利于美国降低维持联盟的成本。总体而言，美国的盟友主要在三方面分担责任。

首先，分担军事责任。一方面，美国鼓励其盟国加强自身军事力量建设，以增强抵抗外部威胁的能力。例如，美国鼓励日本解禁自主防卫权，欢迎日本增强自身军事力量；推动韩国发展能共同操作的导弹防御系统和C4I（指挥、控制、通信、电脑和情报）系统；支持菲律宾提高国防开支，加强国防力量。另一方面，美国还鼓励盟友更多地分摊驻军经费。美日两国于2011年1月21日签署了新的《特别协定》（Special Measures Agreement），规定日本在未来五年内每年分担1881亿日元的驻日美军费用。[②] 美国与韩国也签订了同样的协议，奥巴马在2014年4月访韩期间督促韩国政府批准2014—2018年度《特别协定》。根据该协定，韩国将分担9200亿韩元的驻军费用，比

① Stephen M. Walt, "Why Alliances Endure or Collapse", *Survival*, Vol. 39, No. 1, 1997, pp. 158 – 164.

② "Signing of the New Special Measures Agreement（SMA）", Ministry of Foreign Affairs of Japan, January 21, 2014, http：//www. mofa. go. jp/announce/announce/2011/1/0121 _ 02. html.

2013 年增加了 5.8%。① 另外，美国还推动日本、韩国和菲律宾等国购买其武器装备。如韩国在奥巴马访问期间宣布有意购买全球鹰无人机和 F-35 联合攻击战斗机。②

其次，在地区和全球事务中支援美国。由于美国的战略资源吃紧，亟须盟友出手相助。如前所述，美国与韩国、日本和澳大利亚都达成了协定，推动这些国家在地区和全球事务中支援美国，其不仅包括美国与盟友都关注的朝鲜问题、钓鱼岛问题和南海问题，也包括阿富汗问题、打击恐怖主义、导弹防御系统建设等，以及情报搜集、后勤补给等。

最后，加强经济领域的合作。加强与盟友和其他战略伙伴的经济合作是亚太再平衡战略的核心内容。美国希望通过推动跨太平洋伙伴关系协议（TPP）这一双边经贸关系制度化的方式夯实亚太联盟战略的经济基础。③ 事实上，这是一种变相支援美国经济复苏和发展的战略，有利于美国保持经济优势，维持其亚太地区的主导地位。

然而，盟友承担更多的责任在理论上也有副作用。第一个副作用是美国盟友军事力量的上升。对美国而言，这意味着盟友独自抵抗外部威胁的能力上升，从而有可能在一些问题上绕开美国。第二个副作用是盟友在联盟内地位的上升。尽管韩国、菲律宾和澳大利亚等国家地位的上升无法改变整个联盟的结构形态，但是日本地位的上升则会在一定程度上重塑美国亚太联盟体系的结构，这意味着美国的战略原则和外交政策需要有所调整。换言之，盟友一定程度上获得了外交政策松绑的机会，其战略自主性将得以提升。

（二）增加承诺的陷阱

在给予盟友更大自主性的同时，美国还相应地增加战略承诺来安抚盟友，打消盟友对其能否履行承诺的疑虑，并强化威慑联盟对手的信号。实力较强国家的承诺在危机中之所以起作用，在于联盟关系会

---

① "United States and Republic of Korea Finalize New Special Measures Agreement", Seoul, Korea, Embassy of the United States, January 12, 2014, http://seoul.usembassy.gov/p_pr_011214.html.

② "Joint Fact Sheet: The United States – Republic of Korea Alliance: A Global Partnership".

③ 杨毅：《美国亚太联盟体系与中国周边战略》，《国际安全研究》2013 年第 3 期。

改变一个国家介入的意愿，① 这涉及联盟承诺的另一个功能，即给予对手威慑的功能。因此，在鼓励盟友承担更多的责任后，为了安抚盟友，美国增加了战略承诺。在 2015 年 2 月公布的《国家安全战略》中，美国就明确地声明，"重申我们对盟友和伙伴的安全承诺"仍是未来威慑国家之间发动侵略与挑衅行为的基本手段。②

从美国的角度看，"对再平衡战略最大的威胁将会来自于无法兑现对亚太条约盟友的承诺，或者是简单地退回孤立主义下堡垒美国（Fortress America）的姿态"③。换言之，如果无力兑现承诺或轻易进行战略收缩，美国将面临战略灾难。尽管盟友的自主性上升，但是美国不想看到承诺无法兑现的情况出现。在亚太联盟体系中，当前美国对于盟友的依赖性在增加。理论上，一个国家对盟友的依赖越大，对盟友的承诺就会越强，被牵连的危险也会越大。④ 当前，美国更害怕受盟友牵连陷入冲突或者战争，所以盟友质疑美国对其的安全承诺并不令人意外。为了消除这一质疑，美国重申对日本的安全承诺。⑤ 这一情形在美韩同盟、美菲同盟和美澳同盟中同样普遍存在。如果就美国在朝鲜问题、钓鱼岛问题和南海问题上的表态进行梳理就可以看出，重申其联盟承诺成为不可缺少的内容。

然而，美国对其盟友增加战略承诺的行为，有可能使其陷入一种承诺的陷阱。从战略承诺的观众视角来看，其包括外部和内部两个部分。对外部观众而言，美国增加战略承诺旨在威慑中国和朝鲜。那

① James D. Fearon，"Signaling Foreign Policy Interests：Tying Hands Versus Sinking Costs"，*Journal of Conflicts Resolution*，Vol. 41，No. 1，1997，pp. 68 – 90；James D. Morrow，"Alliances：Why Write Them Down?" *Annual Review of Political Science*，Vol. 3，2000，pp. 63 – 83.

② The White House，*National Security Strategy* 2015，Washington，D. C.，February 2015，p. 10，https：//www. whitehouse. gov/sites/default/files/docs/2015 _ national _ security _ strategy. pdf.

③ Scott W. Harold，"Is the Pivot Doomed? The Resilience of America's Strategic 'Rebalance'"，*The Washington Quarterly*，Vo. 37，No. 4，2015，p. 93.

④ Glenn H. Snyder，"The Security Dilemma in Alliance Politics"，*World Politics*，Vol. 36，No. 4，1984，p. 467.

⑤ Jennifer Lind，"Pivot Problems：What Washington Should Concede in Asia"，*Foreign Affairs*，June 25，2014，http：// www. foreignaffairs. com/articles/141601/jennifer – lind/pivot – problems.

么，战略承诺的增加能否有助于实现其功能？这不仅取决于美国实力的变迁和执行战略承诺的决心，更取决于中国和朝鲜对美国增加战略承诺行为的认知。事实上，美国越是增加战略承诺，其与中国和朝鲜等国的关系可能会越紧张。一方面，美国的战略承诺会鼓励其盟友采取强势的外交政策。联盟不仅能够威慑对手，还能给盟友壮胆。[1] 美国的行为已在当前的钓鱼岛问题和南海问题上产生出这一客观效果。另一方面，盟友必须确保美国的战略承诺是可靠的，这一复杂心态使其会在一些重要议题上将美国拖下水。例如，在南海问题上，菲律宾限于自身实力较弱，渴望获得美国的承诺，在中菲产生冲突时美国能够保卫菲律宾。然而，这有可能令美国深陷地区冲突，这正是其所担忧的。综合以上两个因素，美国通过增加战略承诺来威慑对手，可能导致与对手之间更为紧张的关系，甚至产生更为激烈的冲突。

对于内部观众而言，美国增加战略承诺旨在安抚盟友。然而，美国对盟友的承诺越多，自身需要承担的战略负担就越多。一方面，增加承诺本身就需要美国追加战略资源。鉴于美国的战略资源已然紧张，增加承诺需要额外的战略资源。并且，增加承诺可能导致盟友采取更为强势的外交政策，地区争端和冲突可能会上升，这进一步要求美国追加战略资源。在当前国防预算持续下降的阶段，美国有可能力不从心。正如美国在应对生物武器和化学武器扩散时所遇到的困境：美国承诺对使用生物武器和化学武器采取核报复，但是这种核威慑会增加其他国家使用生物武器和化学武器的可能，导致美国承担更大的成本，并陷入承诺的陷阱。[2] 另一方面，联盟内部的管理也是一个问题。美国亚太联盟内部并非铁板一块，最大的不确定性是日韩关系。当美国对日本增加战略承诺时，可能引起韩国的离心力上升，这就是为何美国屡次促和日、韩两国关系。

---

① Brett Ashley Leeds, "Do Alliances Deter Aggression? The Influence of Military Alliances on the Initiation of Militarized Interstate Disputes", *American Journal of Political Science*, Vol. 47, No. 3, 2003, p. 429.

② Scott D. Sagan, "The Commitment Trap: Why the United States Should Not Use Nuclear Threats to Deter Biological and Chemical Weapons Attacks", *International Security*, Vol. 24, No. 4, 2000, pp. 85-115.

综上所述，美国在亚太地区增加对盟友的战略承诺会导致两个负面的后果：加剧与对手的紧张关系，以及安抚盟友导致自身的战略负担增加。这两个后果都将极大地提高美国维持亚太联盟的成本，令其陷入一种承诺的陷阱，从而导致亚太联盟转型充满了不确定性。

（三）危险的游戏

美国在推动盟友承担更多责任的基础上对其增加战略承诺，这实际上是一个危险的游戏。因为盟友自主性上升将会导致联盟承诺的边界扩展，大幅提升美国的战略成本，从而使其有可能陷入承诺的陷阱。在相对衰落的前提下，美国可能没有能力全部兑现骤然增长的战略承诺，联盟的承诺难题随之出现。总体来说，承诺难题将会呈现三个危险的趋势。

首先，承诺边界的扩展。盟友之间承诺的边界是动态的，会随着国家利益和国际环境的变化而变化，美国亚太联盟也不例外。越南战争后美国的表现就是一个例证，尼克松主义的出台意味着美国重申信守所有条约承诺，同时期望盟友承担更多的防卫责任。[①] 美国目前在亚太也面临着同样的窘境，需要盟友承担更多的责任。因此，美国需要调整与盟友之间的既有条约，以适应新的外部局势。这存在两种截然不同的困境：其一，以往美国与盟友之间的责任和义务都是受到条约严格规定的，美国目前在某些领域需要盟友的帮助，双方的国家实力与责任开始出现错位，外交政策也有可能出现越界行为，这就是为何近年来美国与日本、韩国、菲律宾和澳大利亚密集地更新条约。其二，原本美国与盟友之间存在一些模糊地带，为双方提供了迂回的空间。然而，随着中国与美国及其盟友的权力转移，这些模糊地带愈加清晰，美国与盟友之间的战略弹性空间越来越小。最显著的例子是美国在亚太海洋争端上不得不承诺《美日安保条约》适用于钓鱼岛区域、不得不强化美菲安全关系为菲律宾撑腰。

其次，螺旋上升的态势。如上所述，美国鼓励其亚太盟友承担更多的责任，并增加对其的战略承诺，这可能加剧与中国和朝鲜之间关

---

① Robert S. Litwak, *Détente and the Nixon Doctrine: American Foreign Policy and the Pursuit of Stability*, 1969 – 1976, Cambridge: Cambridge University Press, 1986.

系的紧张，并且导致其管理联盟成本的上升，使得美国必须追加战略资源。理论上，联盟在产生更大收益的同时也会伴随着更高昂的治理成本，并且为了联盟的利益，需要更为可靠的承诺。[①] 于是，美国与盟友之间的互动形成了一个螺旋上升的状态，这一螺旋上升在表面上是由于美国实力相对下降的情况下鼓励盟友承担更多责任引起的，在更深层次上则体现了联盟内部管理的困境：即美国恐惧被盟友牵连，日本、韩国、菲律宾和澳大利亚则害怕被美国抛弃。[②] 然而，如果将中美和中日之间的权力转移这一因素考虑进去，变动中的美国亚太联盟体系面临着另外一个困境：即美国恐惧盟友质疑其承诺的可信度，日本、韩国、菲律宾和澳大利亚则害怕美国无法兑现承诺。这两个困境才是美国当下非常棘手的战略难题。

最后，虚张声势（bluff）的风险。理论上，国家实力与联盟之间的承诺大致匹配是完美状态，但国家实力和国际环境是动态的，实力与联盟之间的承诺经常出现不匹配的情况。在亚太地区，如果美国的实力足以兑现承诺，则不会出现给盟友"开空头支票"的情况。随着美国实力相对下降，有可能存在没有能力兑现承诺的情况，亦即对盟友的过度承诺会产生所谓的虚张声势。在一些情况下，领导人愿意虚张声势，接受危险的承诺，并且当以往的条约不匹配当前的利益时，一些领导人愿意破坏协议。[③] 事实上，在亚太地区，美国仍然存在无法兑现承诺的可能，这正是其盟友的忧虑之处。例如，在朝鲜核问题、台湾问题、钓鱼岛问题和南海问题上，尽管美国屡次重申其承诺，但是一旦出现冲突或战争，美国是否会兑现承诺仍然存在不确定性。美国在亚太地区虚张声势的程度取决于两个因素：一是能否维持强大的国家实力，特别是其国内经济发展与军事预算情况；二是战略资源的分配，即在欧洲、中东和亚太地区三个核心战略区域投入战略资源的多寡。

---

① Brett Ashley Leeds, "Alliance Reliability in Times of War: Explaining State Decisions to Violate Treaties", *International Organization*, Vol. 57, No. 4, 2003, p. 808.

② 对联盟中牵连和抛弃的经典讨论，参见 Glenn H. Snyder, "The Security Dilemma in Alliance Politics", pp. 461 - 495。

③ Brett Ashley Leeds, "Alliance Reliability in Times of War: Explaining State Decisions to Violate Treaties", p. 803.

（四）承诺难题与美国亚太联盟战略的不确定性

在谈及越南战争后的局势时，基辛格在其回忆录中写道："我们正处在一个令人痛苦的调整时期，来适应世界政治的深刻变化；我们不得不面对我们的历史和我们的新的需要这两者之间的紧张关系。"①历史再次重演，美国如今面临着相似的局面：美国再次在未获胜的战争中撤军。在亚太地区，美国面临着中国快速成长的挑战，这要求其变革其联盟体系。

为了解决"承诺难题"，美国采取了多项战略，然而这些战略只能在一定程度上提升美国自身的能力和联盟的凝聚力，却难以解决"承诺难题"。归根结底，"承诺难题"的出现有着深刻的时代背景，也有着内在逻辑。这一时代背景包含两个因素：其一，中国成长的速度和烈度在人类历史上前所未有，与美国的盟友在一系列地区核心议题上产生了一些纷争，使美国感觉对其亚太联盟体系构成严峻的威胁。②其二，美国的战略资源难以支撑其战略布局，不得不在全球范围内进行战略收缩。尽管美国谋求将战略资源集中在亚太地区，但是中国快速成长带来的冲击非常大。

对美国亚太联盟战略而言，这将会产生三个极大的不确定性。其一，美国国家实力相对下降与日益增长的战略承诺难以匹配，产生了一个模糊的灰色地带。"承诺难题"最大的威胁就是联盟体系内的灰色地带，在理论上，它加剧了美国与盟友外交政策的不确定性。其二，随着日本的作用越来越重要，其战略自主性逐渐上升，由此导致美国的亚太联盟体系逐渐发生转变，由原先美国单独主导逐渐变为美主日辅的格局。③也就是说，美国的亚太联盟体系原先是单向的，美国对日本提供安全保证，而日本却难以对美国提供安全保证。当前，这一情况正在发生变化。美国在亚太地区越来越依赖于日本的安全保证，联盟内的安全保证逐渐由单向转变为双向的。其三，美国容易被

---

① Henry A. Kissinger, *White House Years*, Boston: Little, Brown and Company, 1979, p. 57.

② Evan Braden Montgomery, "Contested Primacy in the Western Pacific: China's Rise and the Future of U. S. Power Projection," *International Security*, Vol. 38, No. 4, 2014, pp. 115 – 149.

③ 信强:《"次轴心"：日本在美国亚太安全布局中的角色转换》,《世界经济与政治》2014 年第 4 期。

盟友拖入地区冲突之中，这导致美国管理亚太联盟体系的逻辑相应也发生转变。换言之，美国必须由原先坚定对盟友的战略承诺，转向兼顾战略承诺和控制盟友外交政策的边界。

四　双重再保证战略及其内在机制

解决"承诺难题"，这是美国推动亚太联盟转型的关键之处。上文讨论的战略只能一定程度提升美国亚太联盟的能力，却难以根本上解决承诺难题。如果美国在整个战略上补足关键的一环，则需要一种聪明的战略，在功能上理顺整个体系，解决实力不足与战略承诺过多之间的落差。为此，美国在亚太地区秉持了一种巧妙的战略，可以将其称为双重再保证战略。① 如果抽象出这一战略，将有助于理解美国战略行为的逻辑。这一战略分为紧紧相扣的两个环节：第一个环节，美国通过增加对盟友的承诺，旨在维持联盟威慑的可靠性（reliability），避免联盟凝聚力下降。第二个环节，美国私下划定盟友外交政策的红线，严格控制盟友外交政策的范围，避免被拖入地区纷争和冲突之中。

（一）联盟可靠性与战略再保证

联盟是通过一系列条约和协定构建起来的，这些条约和协定规定了联盟之间的权利和义务。二战之后，美国在亚太地区通过一系列双边军事条约构建了一个联盟体系。在这个联盟体系中，防范和遏制对手是一个重要的功能。在理论上，联盟形成的最重要目的是展示能力和威慑敌人。② 换言之，联盟的作用是战略保证，盟友彼此通过承诺

---

① 战略再保证是合作和信任的关键。详细的讨论参见 Andrew H. Kydd, *Trust and Mistrust in International Relations*, Princeton：Princeton University Press，2005，chapter 7；Shiping Tang, *A Theory of Security Strategy for Our Time：Defensive Realism*, New York：Palgrave MacMillan，2010，Chapter 5；James Steinberg and Michael E. O'Hanlon, *Strategic Reassurance and Resolve：U. S. - China Relations in the Twenty - First Century*, Princeton：Princeton University Press，2014。

② James D. Morrow，"Alliances, Credibility, and Peacetime Costs," *Journal of Conflict Resolution*，Vol. 38，No. 2，1994，pp. 270 - 297；Alastair Smith，"Alliance Formation and War,"*International Studies Quarterly*，Vol. 39，No. 4，1995，pp. 405 - 425；董柞壮：《联盟类型、机制设置与联盟可靠性》，《当代亚太》2014 年第 1 期。

威慑对手，维护自身安全。如果仔细审视当前的美国亚太联盟，威慑中国则是其最重要的战略目标。有学者就指出："美国必须向中国明确指出，改变现状的行为与稳定的中美关系不相容。"① 在这一点上，美国必须保证日本对美国不抛弃日本这一承诺有十足的信心。② 然而，在美日同盟上，美国面临采取何种同盟形式来安抚日本的难题。③ 在全球战略收缩的情况下，美国亚太联盟体系还能维持对中国的威慑吗？为了继续维系这一战略诉求，美国鼓励盟友承担更多的责任，并增加对盟友的战略承诺。实际上，它是做给中国看，力图保持对中国战略威慑的可靠性。为此，美国积极巩固美日同盟。2014 年 4 月 24 日，奥巴马在访问日本期间首次公开宣布钓鱼岛适用于《美日安保条约》，此意在坚定对日本的战略承诺，对中国形成威慑。此外，针对具有不确定性的朝鲜，奥巴马政府坚定对韩国的承诺；针对中国与菲律宾在南海问题上的冲突，奥巴马政府增加对菲律宾的战略承诺；针对大陆与台湾实力差距拉大，美国积极推动对台军售。奥巴马政府增加对盟友的战略承诺，意在安抚盟友，增加对中国的战略威慑，这可以称为第一重战略再保证。

值得注意的是，战略承诺与联盟可靠性密切相关。在美国能力相对下降的条件下，美国增加对盟友的战略承诺，其可靠性如何？美国能否全部履行其战略承诺？这涉及两个相关问题：第一个问题是，联盟是否可信？这是一个有争议的问题。有的学者认为，在战争和冲突中，只有少数联盟是可信的。当前的研究推翻了这种观点，有学者认为，当战争爆发时，有 74.5% 的联盟是可信的。④ 在战争或者危机

① Kurt M. Campbell and Ely Ratner, "Far Eastern Promises: Why Washington Should Focus on Asia," *Foreign Affairs*, May/June 2014, http://www.foreignaffairs.com/articles/141241/kurt-m-campbell-and-ely-ratner/far-eastern-promises.

② Richard C. Bush, *The Perils of Proximity: China-Japan Security Relations*, Washington, D.C.: Brookings Institution Press, 2010, pp. 270-274.

③ Thomas J. Christensen, "China, the U.S.-Japan Alliance, and the Security Dilemma in East Asia," *International Security*, Vol. 23, No. 4, 1999, p. 51.

④ Brett Ashley Leeds, Andrew G. Long and Sara McLaughlin Mitchell, "Revaluating Alliance Reliability: Specific Threats, Specific Promises," *Journal of Conflict Resolution*, Vol. 44, No. 5, 2000, pp. 686-699.

中，迫使一个国家改变意愿、履行承诺，加入战争或冲突中，主要有两种原因：一是联盟间的军事合作提升了盟友间并肩作战的能力，二是如果不兑现承诺则会带来观众成本。[①]

如果联盟总体上是可信的，那么更为棘手的问题接踵而至：联盟在什么条件下是可信的？对于这一问题，当前的学者往往关注静态的联盟关系，对联盟的动态关系关注不够。这一研究认为，当环境要求盟友行动时，国家一般兑现其承诺。[②] 在这种情况下，领导人往往非常谨慎地阐述其承诺，他们通常有意愿、有能力执行。这意味着，联盟的协定并非全面承诺，而是在特定条件下才进行援助的允诺。事实上，如果把美国的亚太联盟体系看成一个动态的系统，我们会发现，中美、中日实力对比，中美日、中日韩三国关系的变化以及中国、美国、日本、韩国和菲律宾的国内政治变化，都会影响到这个联盟体系的形态。换言之，国家权力和政治制定过程的变化都是承诺失败的重要因素。当破坏联盟的成本非常低，或者一些至关重要的因素发生了变化，迫使领导人重新评估其利益时，联盟的承诺往往非常脆弱。[③] 如果将中、美、日三国实力的变动考虑在内，重新考察美国对其盟友承诺的可靠性，则变得非常有意义。

当下的美国，需要回答这一问题：在实力相对下降的前提下增加承诺，美国是否有能力兑现全部承诺？有两个因素成为美国兑现其战略承诺的阻碍：其一，美国对盟友的战略承诺越多，其盟友与中国的冲突烈度会越大。这是因为，联盟不仅能够威慑对手，还能给盟友壮胆。[④] 美国增加战略承诺，必然会鼓励其盟友采取更为强势的外交政策，从而增加这些国家与中国对抗的烈度。[⑤] 在近几年的亚太秩序中，虽然并非出于本意，但是美国事实上正在扮演这一角色，即美国的行

---

①　James D. Morrow, "Alliances: Why Write Them Down?" pp. 71 – 73.

②　Brett Ashley Leeds, Andrew G. Long and Sara McLaughlin Mitchell, "Revaluating Alliance Reliability: Specific Threats, Specific Promises," p. 688.

③　Brett Ashley Leeds, "Alliance Reliability in Times of War: Explaining State Decisions to Violate Treaties," pp. 801 – 827.

④　Brett Ashley Leeds, "Do Alliances Deter Aggression? The Influence of Military Alliances on the Initiation of Militarized Interstate Disputes," p. 429.

⑤　左希迎：《美国战略收缩与亚太秩序的未来》，《当代亚太》2014 年第 4 期。

为客观上怂恿了日本和菲律宾，使其成为亚太秩序的麻烦制造者。在中、美、日三边关系中，美国成为日本外交政策的重要推手，在事实上鼓励日本追求一种更为积极和强势的安全政策。[1] 正是因为有美国在背后撑腰，日本才能够强化军事力量，积极推动解禁集体自卫权，在中日钓鱼岛争端中保持强硬立场。中日、中菲之间冲突烈度增大，势必会导致中美之间的冲突烈度增大。由此导致的结果是，中、美两国被拖入地区争端的泥潭而难以自拔。

其二，美国对盟友的承诺越多，自身需要承担的战略负担就越多。一方面，战略承诺增加意味着战略资源的投入需要增加。在国际危机中，美国援助盟国往往是基于维护自身权力的考虑。[2] 当前美国国内财政窘迫、军费削减，战略资源捉襟见肘，这是一个巨大的挑战。另一方面，美国对盟友的战略承诺增加，在亚太地区制造的麻烦越多，会要求美国进一步追加战略资源，如此循环往复形成一个恶性过程。如果战略资源的增加与战略承诺增加的幅度不匹配，两者就存在一个落差。当美国盟友的自主性上升时，外交政策带来的战略成本骤升，并进入一个螺旋式的轨道。就目前来看，日本、美国与中国的实力对比都是出于相对下降的趋势。一旦无力兑现日益增长的战略承诺，则意味着美国虚张声势（bluff），其亚太联盟体系的可靠性有可能走向崩塌。

（二）边界控制与战略再保证

第一重战略再保证力图发挥威慑中国的作用，这有一定的效果。然而这一战略存在重大隐患，仍难以彻底解决美国亚太联盟体系中存在的承诺难题。解决这一难题，维护联盟可靠性，美国可以有两种解决方案：一是增加实力，补足国家实力与战略承诺之间的落差，向中国传递清晰的信号；二是控制盟友外交政策的边界，防止被盟友牵连。在中美权力转移态势难以逆转的前提下，美国唯一的选择是严格控制盟友外交政策的范围，避免被拖入地区纷争和冲突的泥潭。

---

① Wu Xinbo, "America Should Step Back from the East China Sea Dispute," *The New York Times*, April 23, 2014.

② 王石山、韩召颖：《美国为何援助国际危机中的盟国》（1946—2006），《世界经济与政治》2014 年第 8 期。

在联盟形成之后，联盟政治中仍然存在安全困境，即到底给予盟友多么坚定的承诺，在与敌人的冲突中给予盟友多大程度的支持，这由此形成了联盟政治中两个始终难以解决的难题：被抛弃（abandonment）和被牵连（entrapment）。[①] 这一困境在美国的亚太联盟体系中表现得尤为突出。[②] 由于美国的亚太联盟体系是非对称的，美国的实力超群，其他国家仰赖其战略保证。综合当前的亚太局势，美国处于战略收缩期，更多的是一个防御性国家，而日本谋求解禁集体防卫权，菲律宾谋求美国在南海问题上支持自己，可以将其看作进攻性国家。在非对称性的联盟体系中，如果强国为防御性国家，弱国为进攻性国家，则强国更恐惧被牵连，弱国更恐惧被抛弃，这种联盟体系相对难以管理。[③] 也就是说，美国的承诺越多，其被牵连的风险越大。在理论上，受援助的盟友越重要，得到的援助就越多，但其产生的影响力反而越小。[④] 特别是日本，在当前美国的亚太联盟体系中，其地位在上升，对其依赖增加，逐渐改变了以往美国独大的局面。这两者造成了一个严重的结果：美国盟友的战略自主性在上升，美国被牵连到地区冲突的可能性在增加。

当前，美国的亚太联盟战略首先是坚定对日本、菲律宾的战略承诺，这一战略是做给中国看的，旨在安抚盟友，保证其联盟体系的可靠性。然后，美国私下严肃告诫日本、菲律宾恪守底线，不能主动挑起与中国的冲突。此举是为了控制美国能够兑现承诺的边界，避免被盟友牵连，相对于对盟友的战略保证，这是战略再保证。加之第一重再保证战略，可以合称"双重再保证战略"。第二重再保证战略的形式在国际政治中比较常见，也可以称为秘密再保证（secret reassur-

① Glenn H. Snyder, "The Security Dilemma in Alliance Politics," pp. 461 – 495。更为系统的研究参见 Glenn H. Snyder, *Alliance Politics*, Ithaca: Cornell University Press, 1997。

② Victor D. Cha, "Abandonment, Entrapment, and Neoclassical Realism in Asia: The United States, Japan, and Korea," *International Studies Quarterly*, Vol. 44, No. 2, 2000, pp. 261 – 291.

③ 苏若林、唐世平：《相互制约：联盟管理的核心机制》，《当代亚太》2012 年第 3 期。

④ Stephen M. Walt, *The Origins of Alliances*, Ithaca: Cornell University Press, 1987, pp. 43 – 44.

ance）战略。① 第二重再保证战略的核心是界定承诺能够到达的边界，然后控制盟友外交政策的边界，使两者尽量缩小差距，避免出现巨大落差的情况。事实上，当美国与盟友缔结双边军事同盟时，双方的条约已经框定了一个政策边界。然而，世界一直在变化中，美国及其盟友的利益也会出现变动，于是条约中规定的边界与现实国家利益的边界逐渐错位。解决这一难题，控制盟友的外交政策边界，美国致力于在三方面有所作为。

首先，在核心议题上划定红线。一般来说，划定红线不仅可以威慑自己的对手，同样还可以威慑国内观众和盟友。② 美国给盟友划定外交政策的红线是其管理亚太联盟体系的一个重要组成部分，其功能在于限定盟友的外交政策边界，避免被牵连进地区争端。当前在一些核心的议题上，包括朝鲜核问题、台湾问题、钓鱼岛争端和南海争端等议题，美国都给予其盟友设定红线，避免这些国家和地区越界制造麻烦。

其次，明确盟友之间的责任和义务，推动条约更加清晰化。由于联盟之间的战略承诺，当盟友陷入冲突时自身很难置身事外。那么为什么一国大多会卷入事件，却很少被牵连以至不能自拔呢？因为国家在签订条约时就经过仔细设计，极力避免被牵连。当一国强烈地恐惧被牵连时，或者具备强有力的谈判能力时，更加倾向于对联盟义务设置条件。③ 通过这一策略，一国可以有限激活联盟义务，有条件地执行战略承诺，从而避免了被牵连的危险。

最后，通过议题挂钩，提升盟友越界的成本。作为不对称同盟，美国与其盟友之间的巨大实力差距为美国提供了强有力的管理能力。

---

① 秘密再保证战略既存在于盟友之间，也存在于对手之间。相对而言，秘密再保证战略在盟友中更多扮演监管的角色，在对手之间则更多的是承诺的角色，这两者有所差别。给予对手秘密再保证的研究，参见 Keren Yarhi – Milo, "Tying Hands Behind Closed Doors: The Logic and Practice of Secret Reassurance," *Security Studies*, Vol. 22, No. 3, 2013, pp. 405 – 435。

② Bruno Tertrais, "Drawing Red Lines Right," *The Washington Quarterly*, Vol. 37, No. 3, 2014, p. 14.

③ Tongfi Kim, "Why Alliances Entangle But Seldom Entrap States," *Security Studies*, Vol. 20, No. 3, 2011, pp. 350 – 377.

其中一个重要的手段就是挂钩政策，即美国的盟友想要获得更多的战略承诺，就需要承担更多的义务。这一策略有两个功能：其一，有利于提升盟友外交政策越界的成本，降低了盟友外交政策出格的动机。其二，能够缓解美国战略资源不足的窘境，一定程度上提升美国的影响力。这就是为何美国在战略收缩的前提下，还能保持对亚太地区影响力的秘诀所在。

（三）双重再保证战略的功效

当前美国正是秉持了以上策略，方才修补了其亚太联盟体系中的承诺难题。在当前并不太平的亚太地区，双重再保证战略是一项非常聪明的选择。总体而言，这一战略有三个优势。

其一，避免盟友外交政策自主性过大而容易制造麻烦的困境，通过控制盟友外交政策的边界，可以规避将美国拖入复杂地区冲突的风险。冷战结束后，东亚原先两个阵营对峙的格局消失，取而代之的是一个较为松散的碎片化地区秩序。在这种秩序下，一些地区议题容易因为联盟政治而产生连续性反应，并激化地区冲突。例如，朝鲜核问题、台湾问题、钓鱼岛问题、南海问题等地区议题，容易将大国拖入冲突，双重再保证战略则可以避免这一危险的出现。

其二，双重再保证战略是一种精妙的战略设计，这一战略安排能够保证美国以最低的成本管理整个联盟体系。当前美国面临最严峻的问题就是战略资源不足，因此，以最低的成本维系亚太地区秩序的稳定就成为美国明智的选择。双重再保证战略要求美国的盟友承担更多的责任，这有助于减缓美国在战略资源方面面临的压力。

其三，双重再保证战略能够安抚盟友，令美国继续在亚太地区保持巨大的影响力，在一些核心议题上拥有强大的话语权。在美国宣布重返亚太之初，东亚一些国家对美国能否兑现诺言心存疑虑，对于美国能否在一些地区争端中为其撑腰仍有所怀疑。在一定程度上，双重再保证战略能够安抚盟友，同时能够保证美国在亚太地区保持强大的影响力。

然而，不可忽视的是，双重再保证战略同样也是一种责任推诿的战略，仍然存在战略手段与战略目的不匹配的情况。这一战略的初衷是减小盟友外交政策的不确定性，但最后可能造成美国亚太地区秩序出现更多的不确定性。

五　双重再保证战略的不确定性

通过双重再保证战略，美国在很大程度上规避了其联盟体系面临的"承诺难题"。双重再保证战略是一种睿智的战略，可以通过最小的成本维护最大的利益。然而，作为管理联盟体系的手段，这一战略仍然存在缺陷和隐患。总体来说，双重再保证战略主要有三个不确定性：一是中国继续快速成长，持续对美国联盟体系施压；二是日本和菲律宾等国的国内政治存在不确定性，可能会将美国拖入地区冲突中；三是美国自身战略调整，使得双重再保证战略的基础丧失。

（一）中国继续成长带来的压力

美国联盟体系内出现"承诺难题"，其中一个最重要的原因就是中国快速成长冲击了亚太地区原有的权力结构。换言之，中日、中美之间存在一个快速权力转移的过程。近年来，中国经济飞速发展，军事现代化捷报频频，这令美国和周边国家非常担忧，权力转移理论被广泛运用于解释和预测中美关系。[①] 当前，中日实力对比位势已经完成了转换，中美实力对比的转换正在进行中。中国快速成长引起中日、中菲之间矛盾加剧，这给予美国亚太联盟体系极大的外部压力，美国联盟体系内的"承诺难题"已经显现。随之而来的问题是，如果中国继续快速成长，"承诺难题"将继续恶化，有三个因素使得这一难题更加严峻。

首先，中国的经济发展仍然保持较快速度。改革开放以来，中国经济保持了 40 年的高速发展。进入 21 世纪以来，中国国内生产总值依次超越了意大利、法国、英国、德国，并在 2010 年超越日本，成为仅次于美国的经济大国。2014 年，中国国内生产总值为日本的两倍还多，两国的实力差距开始显现。尽管当前中国经济发展速度放

---

① Ronald L. Tammen and Jacek Kugler, "Power Transition and China – US Conflicts," *The China Journal of International Politics*, Vol. 1, No. 1, 2006, pp. 35 – 55；［美］杰克·S. 利维：《权力转移理论和中国崛起》，载朱锋、［美］罗伯特·罗斯主编《中国崛起：理论与政策的视角》，上海人民出版社 2008 年版。

缓，但是仍然属于高增长的范围。如果中国经济发展仍能保持较快速度，这意味着中日经济实力的差距仍然会拉大，中美经济实力的差距会更为缩小。在权力转移加速的亚太地区，这一趋势对各国之间博弈的影响无疑是深远的。

其次，中国军事现代化成就斐然。近年来，中国的军力有了长足的进步。2015 年，中国的国防预算约为 8900 亿人民币，比 2014 年增长 10% 左右。伴随而来的是中国武器装备研制方面取得的重大成就：093 型攻击核潜艇和 094 型弹道导弹核潜艇服役；第五代战斗机歼 - 20 和歼 - 31 试飞；"辽宁号"航空母舰交付海军；以 054A 型护卫舰和 052D 型驱逐舰为代表的新型军舰下水；东风 - 41 洲际弹道导弹交付使用；大量无人机研制成功。这一系列的成就缩小了中美两国之间的差距。与此同时，中国积极发展海军和空军，调整原先以陆军为主的军队结构。中国海军力量的上升，则会对美国及其盟友产生强大的外部压力。如果中国军事力量继续上升，日本与菲律宾等国则更难以应对中国，而美国更加难以兑现对其盟友的承诺，美国的联盟体系将面临更大的危机。

最后，中国外交正在面临转型。自金融危机以来，中国与一些周边国家之间的领土争端愈演愈烈，中国一改以往的被动反应，以积极的姿态应对外部挑战，这被一些战略分析家称为"强势"（assertive）。[①] 事实上，随着领导人换届，中国外交风貌焕然一新，出现了从韬光养晦转向奋发有为的转变。在这背后是中国实力迅速增长、海外利益急剧拓展，由此带来了一系列的新问题和新挑战。当前，中国外交正处于一个思想创新和策略创新的时代，中国外交正在全面转型。[②] 这意味着中国会以更主动积极的姿态处理与日本、菲律宾等国之间的冲突，会更坚定地维护国家利益。

---

① Thomas J. Christensen, "The Advantages of an Assertive China: Responding to Beijing's Abrasive Diplomacy," *Foreign Affairs*, Vol. 90, No. 1, 2011, pp. 54 - 67; Alastair Iain Johnston, "How New and Assertive Is China's New Assertiveness?" *International Security*, Vol. 37, No. 4, 2013, pp. 7 - 48.

② 清华大学当代国际关系研究院：《改革创新：打造中国外交新机制》，清华国际安全论坛研究报告，2014 年 5 月 25 日。

（二）美国盟友国内政治的不确定性

联盟体系运转如何，很大程度上也取决于国内政治的变迁。也就是说，内部威胁也会影响到联盟的凝聚力。① 由于美国与盟友之间存在巨大的实力差距，其在这个联盟体系中的态势相对稳定，军费预算降低可能是为数不多的不确定性因素。结果是，美国很难在欧洲、中东和亚太三个核心战略区域平衡战略资源。然而，从管理联盟的角度来看，这个并非最关键的因素。对美国而言，最关键的是如何控制其盟友外交政策的边界。最容易促使美国盟友突破外交政策既有边界的是其国内政治的不确定性，总体来说，内阁更替频繁和民族主义高涨是其中的两个关键因素。

第一，内阁更替频繁。冷战以后，日本政党体制面临转型，内阁更替频繁。从1991年到2001年十年间，日本先后更换了七届内阁。只有小泉纯一郎内阁执政时间较长，其后日本再次进入内阁频繁更替的时期。从2006年9月开始，又先后经历了安倍晋三、福田康夫、麻生太郎、鸠山由纪夫、菅直人、野田佳彦和安倍晋三七次更替。这种走马观灯式的内阁更替给日本外交政策带来了极大的不确定性，主要表现在三个方面：首先，外交政策缺乏连续性，每一届内阁在外交政策上求新求异，以标榜自己不同于以前，这可能促使日本外交政策偏离国际环境。其次，缺乏长远的战略规划，很难从战略高度和长远角度去思考外交问题。② 最后，容易战略冒进，在某些重要议题上采取改变现状的外交政策，引起日本与周边国家的纷争。例如，日本解禁自主防卫权、参拜靖国神社和钓鱼岛"国有化"等，都是"修正主义"的外交政策。日本政治出现的一些新现象，已经影响到日本的外交政策，包括美日联盟政策。③

第二，民族主义高涨。在东亚地区，民族主义一直是服务于各国

① Patricia A. Weitsman, "Intimate Enemies: The Politics of Peacetime Alliance," *Security Studies*, Vol. 7, No. 1, 1997, pp. 156-192.

② 徐万胜：《政党体制转型与日本对外政策》，《外交评论》2012年第6期。

③ Sheila A. Smith, "Japan's New Politics and the U. S. - Japan Alliance," Council on Foreign Relations, New York, July 2014, http://www.cfr.org/japan/japans-new-politics-us-japan-alliance/p33227.

外交政策的重要工具。近年来，随着中日、中菲领土争端逐渐紧张，相关国家国内民族主义情绪日益高涨。在日本，安倍上台后，政治右倾化明显，其民族主义的政策为中日关系带来了严峻的挑战；[①] 经济上则推动具有民族主义特征的"安倍经济学"，使得经济民族主义和政治民族主义更紧密结合。[②] 在菲律宾，阿基诺更是积极鼓动民族主义情绪，大力加强军备，借以在南海问题上对抗中国。这些国家出现的民族主义情绪不利于增强美国联盟体系内的凝聚力，因为这些国家的政治家倾向于迎合民意，容易促使国家外交政策被民族主义绑架，进而突破既有的政策边界。并且，这为这些国家的领导人操纵民族主义提供了条件，增加了这些国家在某些议题上逃逸美国监控的可能。

（三）美国战略调整的挑战

双重再保证战略也同样受到美国国内因素的影响，甚至在一定程度上，美国政治生态的变化才是影响其前途的最重要因素。不过，美国自身的战略调整与另外两个因素的作用机制不一样。总体而言，美国内部有两个层面的因素能够影响双重再保证战略的未来演变趋势。

其一，美国外交政策调整。当前美国国内战略界出现了对华政策大讨论，这次辩论的一个重要特点就是美国对华政策越来越强硬。例如，罗伯特·布莱克威尔（Robert D. Blackwill）和阿什利·特利斯（Ashley J. Tellis）出台了一份政策报告，呼吁美国调整对华大战略，在经济、军事和外交上加强其在亚洲的地位，抗衡中国。[③] 从这份报告我们可以管窥美国战略界的现状，即美国对华政策逐渐进入了一个充满不确定性的阶段。如果统筹考虑当前中美关系在构建一个大框架上的困境，特别是两国战略大共识已经趋于瓦解的情势，[④] 两国关系

① 时殷弘：《日本政治右倾化和中日关系的思维方式及战略策略问题》，《日本学刊》2014年第2期；吕耀东：《论日本政治右倾化的民族主义特质》，《日本学刊》2014年第3期。

② 崔健：《日本经济民族主义新论：兼论"安倍经济学"的民族主义特征》，《日本学刊》2014年第2期。

③ Robert D. Blackwill and Ashley J. Tellis, *Revising U. S. Grand Strategy Toward China*, New York: Council on Foreign Relations, March 2015.

④ 达巍：《中美还能重建"大共识"吗?》，http://www.thepaper.cn/newsDetail_ forward_ 1357483。

前方的困难可能超出我们的想象。将双重再保证战略置于这一历史情境之内，我们不难发现，中美关系的诸多难题必然会压缩美国执行双重再保证战略的空间。

其二，美国内政的变化。随着奥巴马第二任期即将结束，美国内政又将进入调整阶段。目前来看，奥巴马任期结束后，不管是共和党上台，还是民主党上台，美国的亚太战略都必将有所调整。尽管两者外交政策调整的思路和方式会有所差别，但是可以预测的是，中国将面临更大的外部压力。一方面，中美两国战略互动的模式可能会不一样，也就是说，美国的双重再保证战略也有调整的可能；另一方面，双重再保证战略作为战略收缩背景下的选择，一旦美国在大方向上调整外交政策，这一战略则有可能受到影响。回顾美国外交政策的历史，这种调整是可能的。以美国越南战争之后的选择来看，里根的战略扩张使得尼克松政府构建的战略框架不复存在，尼克松主义并未持续太久。这一历史有可能再次出现。

综上，美国管理亚太联盟体系仍然存在三个重要的隐患，即中国持续成长带来的挑战、盟友国内政治的不确定性和美国战略调整的挑战。其中，第一个因素是一种持续性的外部压力，中国实力越强，则意味着美国越难维持对中国的威慑，其对盟友的承诺与其国家实力之间的差距越难弥合。第二个因素则是美国联盟体系内部的隐患，不利于其控制盟友的外交政策边界，容易使美国陷入地区纷争和冲突之中。亚太地区海洋领土争端的存在，增加了美国管理其联盟体系的难度。第三个因素是美国自身的因素，在一定程度上更为重要。如果美国在未来重新战略扩张，通过增加战略承诺和依靠盟友力量的战略框架也会随之瓦解。

六　结论

当前，美国的亚太联盟体系面临着"承诺难题"，即在中国快速成长、美国相对衰落的前提下，美国可能没有能力兑现骤然增长的战略承诺。为了解决这一战略难题，美国采取了一种双重再保证战略，谋求通过增加对盟友的承诺，以维持联盟威慑的可靠性，避免盟友质疑美国的安全承诺。同时，美国秘密要求盟友严守外交政策的红线，严格控制盟友外交政策的范围，避免盟友外交政策独立性太大而逃逸美国监管。双重再保证战略的核心有两部分，即保证联盟的可靠性和控制外交政策边界。必须承认，这是一种非常聪明的战略，能够保证美国以较低的战略成本维系其在亚太地区的联盟体系。总体而言，当前在美日同盟和美菲同盟上，美国基本遵循了这一战略。这也是为何美国在战略收缩情况下仍能保持在亚太地区的强大影响力的主要原因。

　　然而，双重再保证战略并非没有缺点。这一战略最脆弱的地方在于，美国将以往依靠自身力量平衡中国转换为依靠盟友。这种战略选择是无奈的，也是危险的，美国自身战略的调整也会引起这一战略的瓦解。由于美国很难直接干涉其盟友的内政，因此盟友的国内政治可能会是另一个非常大的隐患。其中，日本内阁更替频繁和日本、菲律宾等国民族主义高涨都成为冲击这一战略的关键因素。更有甚者，中国力量越强，这一战略越难奏效。一旦中国成长的压力持续增加并达到一个临界点，双重再保证战略将难以为继。这可能是一个长时间的过程，然而是一个可以预期的结果。至于未来亚太秩序向何处走，将取决于中国与美国及其盟友之间的战略互动。

美国权威如何塑造
亚太盟国的对外战略[*]

刘若楠

一 问题的提出

近年来，随着自身实力的不断上升和地区影响力的不断扩大，中国面临的越来越多的外交和安全问题都集中在周边地区。在众多的周边国家中，日本、韩国、澳大利亚、菲律宾和泰国是美国的盟国，新加坡则是其密切的安全伙伴。以美国为中心构建的"轴辐体系"成为二战结束以后，东亚地区最显著、最持久的安全架构。[1] 通过一系列双边同盟关系，美国不仅保持了在地区的军事存在，而且维护了自身的地区霸权。与此同时，美国的盟国在处理对外关系，包括制定对华政策时往往也会在一定程度上将美国的地区利益和意志纳入决策进程。从中国近年来开展周边外交时所遇到的困难来看，中国在与美国的亚太盟国就领土争议、地区多边机制乃至经贸往来等议题进行博弈时，都难以回避美国在其中所发挥的直接或间接的影响力。由此可见，中国与美国盟国的外交关系早已超越了双边关系的范畴。

国际关系学界对美国在亚太地区的主导地位有着不同的称谓，例

---

* 本文原刊于《当代亚太》2015 年第 4 期。感谢孙学峰、张聪和刘丰在本文写作过程中提供的帮助和建议。

① Victor D. Cha, "Powerplay: Origins of the U. S. Alliance System in Asia", *International Security*, Vol. 34, No. 3, 2009/2010, p. 158.

如"霸权""帝国""非正式帝国"和"等级"等。① 这些表述都从不同侧面反映出美国与盟国以及其他国家之间存在的某种不平等关系。在多数情况下，这种等级关系不仅仅意味着国家间实力地位的不平等，而是更多强调一种基于权威的社会性主从关系。在当今主权规范被普遍接受的国际环境下，美国对盟国的影响不是通过强制，也不是完全通过利益交换，而更可能是通过权威关系来实现的。权威关系体现为主导国和从属国对彼此间的指令与服从关系，即对一种不平等社会逻辑的认可。② 由权威定义的主从关系会对从属国的行为，包括对外战略产生重要影响。戴维·莱克（David A. Lake）认为，主导国可以通过"规训"（discipline）的方式改变从属国的政策，而康灿雄（David Kang）和吴翠玲（Evelyn Goh）则在某种程度上否认了这一观点，认为等级主导国不是"霸权"或是"帝国"，它的行为和作用必须得到其他国家的认同。③

不难看出，莱克解释了权威的效力，但是并没有很好地将权威对从属国的影响机制与强制和利益交换区分开来，康灿雄等人虽然印证了权威中不可或缺的合法性因素所发挥的作用，却难以解释主导国无法依靠吸引力或从属国的自觉实现自身利益的情况。由此引发的问题是，作为等级主导国所拥有的一种特殊"资产"，美国对其从属国的权威究竟体现在何处？美国的权威在多大程度上能够影响从属国的政

---

① Ian Clark, "Bringing Hegemony Back in: the United States and International Order", *International Affairs*, Vol. 85, No. 1, 2009, pp. 23 – 36; George Steimetz, "Return to Empire: The New U. S. Imperialism in Comparative Historical Perspective", *Sociological Theory*, Vol. 23, No. 4, 2005, pp. 339 – 367; Mark T. Gilderhus, "Forming an Informal Empire without Colonies: U. S. – Latin American Relations", *Latin American Research Review*, Vol. 40, No. 3, 2005, pp. 312 – 325.

② John M. Hobson and J. C. Sherman, "The Enduring Place of Hierarchy in World Politics: Tracing the Social Logic of Hierarchy and Political Change", *European Journal of International Relations*, Vol. 11, No. 1, 2005, pp. 68 – 69.

③ David Kang, "Hierarchy and Stability in Asian International Relations", in G. John Ikenberry and Michael Mastanduno, eds., *International Relations Theory and the Asia – Pacific*, New York: Columbia University Press, 2013, pp. 165 – 168; Evelyn Goh, "Great Powers and Hierarchical Order in Southeast Asia: Analyzing Regional Security Strategies", *International Security*, Vol. 32, No. 3, 2007/2008, p. 152.

策取向？从属国又如何对美国的权威做出回应？对于力图在美国主导的安全等级体系压力下实现和平崛起的中国来说，这一系列问题都具有一定的现实意义。由于美国及其盟国对中国的安全压力主要集中在中国的周边地区，本文将以亚太地区为例，考察美国权威的具体表现形式及其塑造东亚从属国对外行为的机制。

　　在做出理论解释之前，首先需要澄清两个重要问题。第一，作为美国所拥有的一种影响从属国的战略工具，权威可能体现为哪些具体的政策措施？第二，美国在东亚地区的战略利益是什么？在此基础上对从属国的对外行为又有哪些具体要求？在理论解释部分将着重讨论美国对从属国提出明确要求的情形，追踪理论上权威关系的实施过程，并对权威可能发挥作用的情形进行重点分析。在这一过程中，需要尽量排除从属国的行为改变是出于纯粹利益驱使或屈从于美国威胁的情况。在理论解释的基础上，本文将着重分析冷战后美国依据对从属国的行为要求，通过权威关系改变亚太从属国对外行为的三个典型案例。

二　主导国权威如何塑造从属国对外战略：既有研究评析

　　在国际关系理论界，有关主导国如何塑造从属国对外战略的研究主要集中在对于霸权、帝国和等级等理论概念和经验现象的探讨中。传统的霸权稳定论和世界体系论都在不同程度上探讨了主导国与从属国之间的互动。其中，前者强调主导国或霸权国对其他国家的"给予"，即提供包括安全秩序和经济福利在内的重要公共产品；后者则突出主导国或霸权国对别国的"剥削"。然而，这类研究的出发点都集中在主从关系的来源及其建立过程，并以此为基础推断强国与弱国之间战略行为的互动关系，因此无法完全解释已然确立的权威如何发挥作用以及对从属国对外战略的影响机制等问题。近年来，等级理论的兴起推动了国际关系中的权威及其影响的研究。研究者们主要从规训、模仿和遵从外交仪式三方面分析了主导国权威与从属国对外战略之间的某种关联。这些解释有助于我们理解权威在改变从属国行为方面所发挥的作用。

（一）规训和设定行为限度

在莱克提出的关系型权威理论中，规训和设定行为限度是权威发挥影响的重要推论。莱克认为，在等级关系中，从属国会要求主导国赋予其更多的自主性。当然，从属国可能会经常试探权威的限度，以扩展自由选择的范围。面对从属国违反规则、不服从指令乃至反抗的行为，主导国会通过"规训"来维持自己的主导地位。① 除了直接对一国发动军事干预这种极端做法之外，主导国还会积极介入从属国的国内政治。② 规训的具体手段包括：在选举中公开支持从属国反对派候选人，为各项民主运动提供经费，提供对外援助，实施经济制裁，甚至通过军事干预推翻从属国政府。③ 为了具体说明规训所发挥的作用，莱克列举了美国在 20 世纪后半叶对拉美地区频繁的政治和军事干预。他同时指出，美国自 20 世纪 90 年代以来对拉美国家的干预之所以减少，是由于这些国家与美国政治体制趋于相似。

尽管莱克对于主导国通过权威影响从属国做了比较充分的论述，但也存在一些与现实不匹配的情形。比如，在合法性较高的权威关系中，莱克所提到的规训的主要方式——直接政治干预和军事介入——不太可能发生。此外，尽管他试图区分权威与权力产生的效果，但其所列举的大部分政治和军事干涉的例子似乎都表明，在规训过程中真正发挥作用的依然是权力而非权威。然而在现实中我们不难发现，美国在对某个国家提出行动上的要求时并不经常以政治和军事干涉相威胁，即使一国没有服从美国的要求，后者也较少采用直接干涉的方式进行"惩罚"。

莱克在讨论规训时也承认，美国在欧洲并没有直接动用规训权力，也几乎从不干预非洲。④ 事实上，一些具有强制性色彩的措施，如经济制裁和封锁也往往针对的是等级体系外的自助国，而不是针对

---

① David A. Lake, *Hierarchy in International Relations*, Ithaca: Cornell University Press, 2009, p. 32.

② Ibid, p. 113.

③ Ibid, p. 114.

④ Ibid, p. 117.

等级体系内的从属国。例如，1988—2010 年，美国曾长期对缅甸军政府保持着严厉的经济制裁。在 1989 年之后的一段时间，以美国为首的西方国家也曾短暂对中国实行经济制裁。由于冷战后美国作为等级主导国具有较高的合法性，从属国在多数情况下不会违背美国的利益，因此其约束和影响东亚从属国的手段主要不是依靠莱克所认为的规训，更不是依靠强制和威胁。那么，在美国既没有直接干预从属国政权更迭，也没有军事介入从属国与他国的冲突的情况下，权威关系是否以及如何发挥作用？莱克对此没有给出充分的解释。

（二）模仿政治制度和文化

除了强调主导国对从属国的规训，也有研究指出等级体系中的从属国会主动效仿主导国的政治体制和理念，从而改变自身的战略行为。[①] 邝云峰以二战后美国主导的安全等级体系为原型，指出从属国对美国的效仿是后者在为前者提供政治经济"公共产品"时要求的一种"回报"，另一个"回报"则是对美国霸权地位的承认。就美国而言，从属国进行效仿的一个重要方面是在政治上向西方的民主制度和价值规范靠拢。当然，从属国对主导国的效仿在历史上的权威关系中也有所体现。康灿雄曾指出，在 19 世纪西方国家到来之前，朝鲜、越南甚至日本的政治精英都有意识地模仿中国的政治制度和话语。此外，朝鲜和越南还在国内模仿和复制中国儒家文化。中国、朝鲜和越南在共享儒家世界观并且在彼此认同的基础上，形成了一个以中国为中心的儒家文化圈。[②] 需要指出的是，康灿雄认为从属国遵从朝贡体系的一系列规范并不意味着认可中国的政治权威，而只承认中国的文化优越性。但是，张峰在近期的一项研究中反驳了这一观点。张锋认为，在一些情况下，从属国不仅会通过朝贡仪式表达对中国中心地位的认可，也会遵从中国在超出朝贡体系之外的事务上的指令。[③] 在朝

---

① Yuen Foong Khong, "The American Tributary System", *The Chinese Journal of International Politics*, Vol. 6, No. 1, 2013, pp. 1 - 47.

② David C. Kang, "Hierarchy and Legitimacy in International Systems: The Tribute System in Early Modern East Asia", *Security Studies*, Vol. 19, No. 4, 2010, pp. 604 - 605.

③ Feng Zhang, "How Hierarchic was the Historical East Asian System?", *International Politics*, Vol. 51, No. 1, 2014, pp. 5 - 6.

贡体系下，中国、朝鲜和越南等国以是否接受中华文明、是否模仿中国的政治制度以及接受、模仿的程度作为判断国家地位和国家间亲疏远近的标准。正因为此，朝贡秩序也被称为"华夷秩序"。综合上述研究，政治制度、政治思想和文化的模仿是权威影响从属国行为的重要表现。

不可否认，美国自冷战时期就以"自由世界的领袖"自居，在后冷战时代更是旗帜鲜明地推行"扩展民主"，不免也会对从属国、安全伙伴甚至其他国家的国内政治体制指手画脚。如果从属国的行为不符合美国所倡导的民主原则，就可能遭到其"惩罚"。比如，2006年泰国发生军事政变，总理他信在出访期间被解除了职务。美国政府公开对泰国军人的夺权行为进行指责，并且暂停了部分军事援助。[①] 当然，除了泰国因军事政变分别于2006年和2014年两度遭到美国的批评之外，日本、韩国、澳大利亚和菲律宾等美国的从属国都很少因为国内政治体制问题而受到美国的"惩罚"。更多的时候，美国以民主、人权等问题为由指责的对象不是从属国，而是自助国。例如，1999年印尼不满东帝汶公投结果而对其采取镇压手段，以美国为首的西方国家对印尼实行军事制裁，包括停止对印尼销售军用设备并要求其允许国际力量参与恢复和平进程。[②] 因此，政治制度并不是美国对东亚从属国施加权威影响力的主要方面。

此外，美国对从属国政治体制的要求不仅是因为权威关系的存在，还与外部威胁的强弱密切相关。在外部威胁程度较高的情况下，为了遏制竞争对手的扩张，美国很容易接纳、保护甚至扶持一个非民主的盟友。例如，在朝鲜战争结束后，面对苏联在东亚的扩张所带来的安全威胁，美国通过建立一系列双边同盟与一些反共的、非民主的独裁政权结成了盟友。[③] 这其中包括朝鲜半岛南部的李承晚政权和越

---

① Amy L. Freedman, "Malaysia, Thailand and the ASEAN Middle Power Way", in Bruce Gilley and Andrew O'Neil, eds., *Middle Powers and the Rise of China*, Washington, D.C.: Georgetown University Press, 2014, p. 112.

② Ann Marie Murphy, "Indonesia Response to China's Rise", in Bruce Gilley and Andrew O'Neil, eds., *Middle Powers and the Rise of China*, p. 132.

③ Victor D. Cha, "Powerplay: Origins of the U.S. Alliance System in Asia", pp. 158–159.

南南部的吴庭艳政权。冷战结束后，美国无形之中提高了"民主门槛"，甚至在选择建立新的安全伙伴关系之前也会要求对方在内政方面做出改变。

（三）遵循外交仪式

一些研究指出，在等级关系中，从属国对主导国权威的服从表现在遵从一些特定的外交仪式上。如古代东亚的朝贡国使节要按照中国礼仪拜见皇帝，并从后者获得相应的封赐。同样的，1945 年以来，美国成为其从属国的领导人出访的首选目的地。访问结束后，该国也往往会得到美国的援助或其他方面的支持。① 近年来，类似的外交仪式的形式更加多样，不仅包括领导人到访，还包括首脑峰会与国会演讲等。在亚太地区，当美国的从属国国内政治换届之后，新当选的政府首脑通常将美国作为首次正式出访的对象国。比如，菲律宾总统阿基诺三世在当选总统后不到两个月即访问美国。类似的，韩国总统朴槿惠在上任 5 个月后，出访的第一个国家也是美国。近年来，日本首相就职后更是无一例外地将美国作为首访目的地。对于一部分从属国来说，这种外交仪式的影响还体现在访美之后造访与美国关系最为密切的从属国日本，如，阿基诺三世和韩国前总统李明博。康灿雄的研究强调了外交仪式对从属国的影响，甚至将其上升为权威关系的唯一表现方式。他以古代东亚朝贡体系为研究对象，指出在朝贡秩序中表面上主导国与从属国是不平等的，而实际上却是平等的。② 他同时指出，除了册封和使团往来之外，古代中国并没有对从属国施加其他权威，各国的内政外交实际上都是独立的。③

外交仪式是外交的载体，如果没有这些仪式就无法观察到具体的外交活动，④ 象征性的外交仪式在一定程度上也的确反映了从属国对主导国权威的服从以及对其主导地位的认可。然而，尽管外交仪式是一种非常重要的体现主从关系的对外行为，但其实并不是现代权威关

① Yuen Foong Khong, "The American Tributary System", p. 24.

② David C. Kang, "Hierarchy and Legitimacy in International Systems: The Tribute System in Early Modern East Asia", p. 592.

③ Ibid, pp. 603 – 604.

④ Yuen Foong Khong, "The American Tributary System", p. 23.

系的核心内容，也不是主导国权威发挥作用的主要方式。这是因为，外交仪式更多是权威的一种产物，不能完全反映权威关系对从属国的影响，特别是对塑造从属国对外战略方面所发挥的作用。

三　美国权威塑造盟国对外战略的机制

在当今国际体系中，主权规范是国家间互动遵循的最为基本的规范。特别是冷战结束以来，全球绝大多数国家都拥有法律和制度上的完全自主权，任何外来的直接统治都不再具有合法性。同样的，根据上文的文献梳理也不难看出，美国对从属国行为产生的影响也主要不是通过强制手段。美国权威对从属国对外行为的影响机制实际上就是美国以非强制、非利益交换的方式，按照自身利益需要规范从属国行为的方式和过程。为了解释这一方式和过程，首先需要回答上文所述的两个问题：第一，权威在美国对从属国的外交政策中表现为哪些形式？第二，美国在亚太地区具有哪些明确的地区利益，以及在此基础上对从属国的行为设置了哪些要求？

（一）作为一种战略手段的权威关系

在政治学中，权威是披上合法性和公正性外衣的权力。[①] 理想状态下，权威作用的发挥既不同于强制，也不能依靠劝说或争辩实现，而只能是从属者自愿的遵从。[②] 在国际关系中，也的确存在国家在政治制度或发展模式上对他国产生了吸引力，从而促使后者改变行为的现象。但是，作为主导国所拥有的一种"软实力"，吸引力虽然具备塑造从属国行为的能力，却不能确保从属国始终按照主导国的意愿行事，特别是难以改变从属国不利于主导国的政策倾向。换言之，尽管从长远来看，严格遵守理想状态下的权威关系可能会赋予主导国更大的影响力，但也将使其在对外关系中陷入被动。

因此，在多数情况下主导国会积极主动地利用权威关系塑造从属

① ［英］安德鲁·海伍德：《政治学核心概念》，吴勇译，天津人民出版社2008年版。
② Andrés Rosler, *Political Authority and Obligation in Aristotle*, Oxford：Clarendon Press, 2005, pp. 90 – 91.

国的行为。美国改变或约束从属国对外行为的一个重要方式就是对从属国进行劝说。劝说是指主导国在双边场合对从属国的行为表达明确支持或否定的意见，或者是要求从属国采取某种特定的行为。劝说是美国管理联盟的常用手段。① 一般情况下，在从属国违背（或不配合）美国意志的行为尚未产生重大影响时，美国会首先考虑采取这一措施。简言之，劝说是美国通过对话的方式促使从属国做出相应政策改变的一种方式。

除了劝说之外，美国利用权威发挥影响力的另一种方式是象征性的奖励或惩罚。在等级关系中，主导国会通过奖励或惩罚影响从属国的对外行为。奖励包括公开表扬、增加军事援助、解除部分军售限制、启动新的双边对话或会议、给予显示从属国重要地位的称号。惩罚则主要是包括问责、公开批评、暂停部分军售、军事援助、双边对话或会议，剥夺从属国在等级内的部分权益或称号。从具体内容上看，奖励或惩罚都包括物质性和象征性两类政策措施。物质性的奖励和惩罚对从属国的影响在一定程度上可被归结为利益和权力在作用，因此从属国在物质性奖励或惩罚下做出的改变难以体现权威的效力，象征性的奖励或惩罚才是美国利用权威关系塑造从属国对外行为的手段。

美国采取物质性还是象征性的奖惩措施与主从关系的性质和地区格局有关。在国际关系等级体系中，由于主从关系没有其他最高权威的保障，主导国会担心从属国不服从，而从属国则担心失去独立性和自由度。目前，在亚太地区，美国对从属国不服从的担心大于从属国对丧失独立性的担心。这是因为，美国在多数情况下不干涉从属国一般性的对外事务，包括后者与中国发展经济关系和进行有限的战略合作；与此同时，中国逐渐成为美国在地区潜在的竞争者，削弱了韩国、澳大利亚和泰国支持美国制衡中国的意愿和能力。② 在这一背景下，为巩固主从关系，美国对从属国的奖励在多数情况下是实质性

---

① 刘丰：《美国的联盟管理及其对中国的影响》，《外交评论》2014 年第 6 期。

② Thomas J. Christensen, "Fostering Stability or Creating a Monster? The Rise of China and U. S. Policy toward East Asia", *International Security*, Vol. 31, No. 1, 2006, p. 106.

的，而惩罚则更可能是象征性的。[①]

（二）美国的地区利益及其对从属国对外行为的要求

作为国际体系中唯一的超级大国，美国国家利益的核心是维护和巩固全球霸权地位。美国在东亚的安全同盟体系冷战结束之初得以延续，其霸主地位由此得到了强化和凸显。随着朝核危机、亚洲金融危机、反恐和领土争议等涉及美国及其盟国核心利益的问题相继出现，美国越来越多地需要协调自身与盟国以及盟国之间的利益和战略关系。此外，为了应对中国崛起带来的机遇和压力，美国也要与盟国和安全伙伴协同合作。[②] 综合这些考虑，美国会将其在东亚地区的利益诉求转化为对从属国对外行为上的要求，集中表现为给从属国设定"行为边界"。具体来说，这些行为边界有以下三个方面：第一，从属国不能采取与美国的全球安全战略相抵触的对外政策。在美国看来，从属国不仅要在重大安全战略上与美国的立场保持一致，而且还要共同分担防御成本，从行动上切实配合美国的战略实施。如果从属国采取了与美国全球安全战略相违背的行为，就会受到美国相应的"惩罚"。例如，鸠山政府不愿意续签 2010 年到期的《反恐特别法》，为美国继续提供印度洋海上石油运输的支持，此举招致了美国的批评。2001 年年底，在尚未明确表示配合美国的反恐行动之前，韩国也曾被美国指责没有为全球安全做出重要贡献。[③] 第二，美国要求从属国在与等级外的自助国家发展外交关系时要保持距离，不能在安全领域与之保持密切的关系，防止出现脱离美国安全保护的倾向。小布什政府执政期间曾主张以"以压促变"的方式解决朝鲜核问题，反对时任韩国总统卢武铉对朝鲜的"阳光政策"，甚至以解除美韩同盟

①　只有在少数情况下，美国才会采取暂停军售或军事援助这类具有实质性惩罚意义的措施。比如，2006 年美国曾因泰国军事政变暂停了对其部分军事援助，但是两军关系并未受到显著影响。2008 年，民选的阿披实政府上台之后，美、泰两军关系完全恢复。

②　Noboru Yamaguchi, "A Japanese Pespective on U. S. Rebalancing toward the Asia - Pacific Region", *Asia Policy*, No. 15, 2013, p. 8.

③　Jae Jeok Park and Sang Bok Moon, "Perception of Order as a Source of Alliance Cohesion", *The Pacific Review*, Vol. 27, No. 2, 2014, p. 159.

关系相威胁。^① 2011 年以来，美国执意要求在韩国济州岛设立"萨德"反导系统，除了对抗朝鲜之外，也在一定程度上具有离间中韩安全关系的意味。^② 此外，从属国在安全上不能倒向自助国的同时也不能轻易地挑起与自助国的冲突，因为这会增加美国卷入地区危机的风险。比如，对菲律宾在黄岩岛事件中挑衅中国的举动，美国没有给予明确的支持。再比如，由于担心日本拥有大量制造核武器的原料会激怒中国，进而引发东北亚核军事竞赛，美国向日本提出了归还 331 公斤武器级钚的要求。^③ 第三，美国不允许从属国建立或参加有可能削弱或排斥美国地区影响力的地区合作机制。在东亚地区一体化进程中，多数情况下美国是地区机制的参与者，对地区制度的安排和倡议的政策是反应性的，而不是主导性的。^④ 因此，美国并不经常性地干预从属国在地区机制中的行为。尽管如此，美国仍然倾向于阻止从属国建立或参加可能削弱或排斥美国地区影响力的机制，同时也不欢迎由非从属国主导的地区机制。1997 年亚洲金融危机后，作为地区经济影响力最大的国家，日本试图通过建立"亚洲货币基金组织"（AMF）为东亚各国提供资金。然而，这一提议遭到了美国的否定。^⑤另外，为了防止东盟被所谓的"独裁国家"所主导，在美国的压力下，缅甸于 2006 年被剥夺了成为东盟主席国的权利。^⑥ 这一举动在某种意义上表明美国权威的影响力已经超出了等级内部范畴。

---

① Yoichi Funabashi, *The Peninsula Question: A Chronicle of the Second Korean Crisis*, Washington, D. C. : Brookings Institution Press, 2007, p. 255.

② Jin Kai, "the Other Reasons China Wants to Block THAAD Deployment", *the Diplomat*, April 18, 2015, http: //thediplomat. com/2015/04/the – other – reasons – china – wants – to – block – thaad – deployment/.

③ Robert Windrem, "Japan Has Nuclear 'Bomb in the Basement' and China Isn't Happy", *NBC News*, March 11, 2014, http: //www. nbcnews. com/storyline/fukushima – anniversary/japan – has – nuclear – bomb – basement – china – isnt – happy – n48976.

④ Galia Press – Barnathan, "The Impact of Regional Dynamics on US Policy Toward Regional Security Arrangements in East Asia", *International Relations of the Asia – Pacific*, Vol. 14, No. 3, 2014, p. 378.

⑤ Evelyn Goh, *The Struggle for Order: Hegemony, Hierarchy, and Transition in Post – Cold War East Asia*, Oxford University Press, 2013.

⑥ 杜兰：《转型后的缅甸：中美博弈新战场》，中国国际问题研究院，2014 年 12 月 22 日，http: //www. ciis. org. cn/chinese/2014 – 12/22/content_ 7458663. htm。

　　（三）美国与从属国在政策协调中的互动

　　当美国按照上述"行为边界"对从属国提出明确要求时，从属国一般有两种选择。一是主动配合美国的要求，美国则可能会为之提供包括增加军事援助、解禁部分军售以及提高从属国在等级内地位等在内的各种"奖励"。然而，从属国对美国的配合既可能是出于对权威的顾忌，也有可能是出于理性算计，抑或是两种考虑都有。例如，基于菲律宾在反恐问题上的配合，美国给予其大量的"奖励"。小布什政府的对菲军事援助由 2001 年的 190 万美元增加到 2004 年的 1900 万美元，并称其为"主要的非北约盟国"。由于难以排除从属国以获得物质性奖励为目的的动机，从属国应美国要求行事并获得奖励并不能直接体现出权威发挥的作用。此外，在某些情况下，从属国的配合和支持是出于与美国的共同利益，而不是对美国权威的敬畏。例如，美军在普天间基地部署鱼鹰运输机得到了日本政府的配合。在中日领土争端持续的背景下，日本支持美国更多的是为了强化自身应对中国的军事力量。换言之，从理论上讲，在上述两种情形中，我们既不能否认美国的权威发挥了作用，同时也难以直接得出权威有效力的结论。由于难以将获得奖励或共同利益的考量从这些国家的行为动机中剥离出来，本文不将从属国主动配合美国政策要求的情况纳入美国权威的影响机制研究中。从属国在面对美国提出明确要求时的第二种选择是不遵循其要求，包括对美国的提议置之不理或者采取完全违背美国要求的行为。在权威的范畴之内，美国对从属国的反应可以是劝说、象征性惩罚，或者置之不理（既不惩罚也不劝说）。其中第三种情形表明，美国在该议题上没有打算动用对从属国的权威改变后者的不配合行为。比如，美国宇航局 2012 年曾向泰国提出利用乌塔堡军事基地进行一项大气监测项目，但是由于美国国防部同时向泰国提出了类似请求，泰国政府担心美国此举会引发中国的不安，因而英拉政府采取了拖延策略。美国对泰国的反应既没有劝说也没有惩罚。然而，如果从属国的不配合行为突破了美国设置的"行为边界"，美国就会对其进行劝说或惩罚，那么双方就进入了第二轮的外交互动。在这一轮互动中，从属国既有可能在美国的劝说或惩罚下妥协，即放弃已有的政策以响应美国的政策要求；也可能继续坚持自己的立场，不为迎合美国而调整相关对外政策。在从属国不主动配合且美国试图利用权威关系改变从属国的不配合行为时，从属国与美国的外交互动有如下 A 至 D 四种情形：

美国有明确的政策要求 ⟶ 从属国不主动配合或违背

美国劝说 ┬ 配合　A
　　　　 └ 不配合　B

美国惩罚 ┬ 配合　C
　　　　 └ 不配合　D

　　为了避免潜在竞争者在美国安全体系松散时获利，美国对从属国的惩罚在多数情况下是象征性的，表现为公开指责、适度疏远以及降低等级体系内的地位等，只有在极少数的情况下会涉及暂停军事援助和军售。在 B 和 D 两种情况中，不难看出美国试图通过权威关系改变从属国的行为，但是没有取得显著的效果。尽管这两种情况的出现不能证明美国对从属国没有权威，但也至少表明美国的权威在特定议题上没有成功地改变从属国行为。菲律宾由于从伊拉克撤军的决定被美国从反恐的"志愿联盟"中除名，在改善与美国关系无果后，菲将对中国的工作访问升级为国事访问，并与中国在领土争议问题上签署双边《联合海洋工作协议》。由此可见在某些情况下，美国的象征性惩罚非但没有改变从属国的行为，反而会激发后者的"对抗"。情形 A 意味着，经过美国的劝说从属国重新调整了政策方向，表明美国权威发挥了作用，这是因为如果是出于理性算计，从属国在美国提出政策建议之时就会采取配合的姿态，而不是在劝说之后才进行配合。与情形 A 类似，情形 C 体现了美国实施象征性惩罚之后从属国随之放弃不配合政策的情况，也表明权威关系对从属国具有一定的影响力。事实上，当从属国在预判到某一政策的实行可能会与美国利益相抵触而遭到惩罚，却又出于国内政治或其他原因不得不实行时，会尽可能地采取拖延或回避的措施，避免公开、直接地做出与美国对立的行为。从属国的这一回避姿态可以被视为情形 C 的变种。例如，日本选择在美国"9·11"纪念日完成对钓鱼岛的非法"购买"。考察冷战后美国对亚太盟国的政策不难发现，由于美国的主导地位具有较高的合法性，其与从属国的政策互动大多表现为从属国主动配合或者情形 A 或 C，即在经过劝说、象征性惩罚之后从属国改变不配合的政策。

需要强调的是，权威关系持续存在于主导国与从属国之间的互动之中，本文旨在讨论它是否发挥作用以及在何时发挥作用。在某些情况下，权威并没有发挥预期的作用，但并不意味着权威关系是不存在的。与此同时，本文聚焦于冷战后在美国主动运用权威优势调整东亚盟国对外政策时权威关系的呈现方式，并没有涵盖权威发挥作用的所有形式。

四　案例研究

为了更系统地展现美国的权威对东亚盟国战略行为的塑造作用，有必要对美国与其盟国互动的典型案例加以分析。本文认为，从属国的对外行为会在美国权威的压力下发生变化，这一变化不是纯粹出于利益的驱使，也不是完全屈服于权力。因此，所选择的案例应该符合以下两项标准：第一，美国在这些案例中没有采取明确的强制措施，即没有为从属国国内反对派提供物质支持、改变其国内政治程序以及进行任何形式的军事干涉；第二，为了排除利益算计的作用，案例不包括从属国主动的配合的情况，以集中展现在美国提议不符合从属国初衷的情况下，双方的互动以及从属国行为的改变。根据这两项标准以及美国给从属国设置的三条"行为边界"，本文选择了菲律宾从伊拉克撤军、澳大利亚对华政策的调整以及日本在东亚经济合作中的选择三个案例，论证在具体议题上美国如何主动运用权威改变从属国的对外行为。

（一）菲律宾从伊拉克撤军

"9·11"事件之后，美国在东南亚开辟了反恐"第二阵线"，加强了与包括菲律宾等在内的盟国的反恐合作。为打击"伊斯兰祈祷团"（Jemaah Islamiya）和以阿布沙耶夫（Abu Sayyaf）为头目的两个伊斯兰恐怖组织，同时消灭与之联系的菲律宾南部岛屿的分裂组织，美、菲两国于 2001—2003 年在菲律宾南部穆斯林人口占多数的地区开展了多项联合军事演习。① 阿罗约政府还向美国提供了苏比克湾海军基地和克拉克空军基地更大的使用权。2003 年，在美国决定入侵伊拉克之际，菲律宾加入了美国组织的"志愿联盟"（Coalition of the Willing）。2003 年 7 月，菲律宾向伊拉克战场派出 51 名军事人员。由于菲律宾在反恐中的积极配合，小布什政府将其升格为"主要的非北约盟国"，并大幅提高了对菲的军事和经济援助，一方面用于推动菲律宾国防系统的改革，另一方面通过减少贫困以消除恐怖主义滋生的土壤。

　　然而，对于菲律宾政府来说，在配合美国的反恐行动的同时，也需要考虑菲律宾海外劳工的安全以维持国内政治支持率。在总统第二任期，阿罗约的考量越来越倾向于后者。由于菲律宾政府表现出不愿意以国内支持率为代价在全球反恐问题上继续为美国承担成本，美菲关系出现了一定的波折。2004 年 7 月 8 日，伊拉克恐怖组织武装人员绑架了菲律宾籍卡车司机安赫洛·德拉·克鲁斯（Angelo dela Cruz）作为人质，要求菲律宾从伊拉克撤军，否则就处死人质。事件发生后，阿罗约立即下令暂停向伊拉克派遣军事人员。13 日，菲外长和军方发言人相继通过发布会证实，菲律宾有意从伊拉克撤军，其具体实施将根据人质危机的进展情况，分阶段逐步撤离菲驻伊军事人员，目前正在等待总统阿罗约的撤军令。② 18 日，菲外长再次声明，菲律宾所有在伊拉克的军事人员将在 19 日晚之前全部转移至科威特，然后乘航班返回马尼拉。

　　以美国为代表的盟国坚决反对菲以营救人质为由"向恐怖分子妥协"的举动。澳大利亚外交部长亚历山大·唐纳（Alexander Downer）也批评了菲方的决定，他指出任何国家都不该向恐怖分子妥协，否则

---

　　① Carl Baker, "Philippines and the United States 2004－2005: Defining Maturity", Asia－Pacific Center for Security Studies, Febuary 2005, http://www.apcss.org/Publications/SAS/APandtheUS/BakerPhilippines3.pdf, p. 3.

　　② 新华网：《菲律宾外交部证实菲将从伊拉克撤军》，http://news.xinhuanet.com/world/2004－07/13/content_ 1597299.htm。

都将付出"代价"。① 美国政府更是感到非常失望，白宫发言人斯科特·麦克莱伦（Scott McClellan）7月15日公开谴责菲律宾，认为菲政府不应该向恐怖分子发出"错误信号"，更不应该试图与恐怖分子达成单方面谅解。② 在菲律宾人质被释放的当天，美国驻菲律宾大使弗朗西斯·理查尔顿（Francis Ricciardone）返回华盛顿。美国随即将菲律宾从"志愿联盟"中除名，同时暂停或推迟了一部分经济和军事援助，美菲关系急剧降温。③ 由此可以看出，美国对菲律宾的撤军行为进行了以批评、除去荣誉称号和疏远等为主的象征性惩罚。

事实上，菲律宾并不是从伊拉克撤军的第一个国家。在此之前，西班牙于2004年"3·11"地铁爆炸案之后从伊拉克撤军，多尼米加、尼加拉瓜和洪都拉斯也相继撤军，向伊拉克派兵的国家已经从最初的36个减少至31个。然而，尽管驻军人数少，但是菲撤军是继西班牙撤军后美国反恐行动面临的又一次重大打击。对美国来说，菲律宾撤军之所以造成的影响更为严重，是因为该行为"满足了恐怖主义的要求而不是站在其对立面。"④ 此举不仅会进一步危及驻伊拉克联军的安全，还可能会被其他国家效仿，导致美国苦心经营的反恐联盟走向破裂。

为了缓和在反恐问题上与美国的分歧，改善美菲关系，菲律宾在撤军后不久再次表达了参与全球反恐行动的意愿。2004年8月10日，菲国防部发言人表示菲律宾将准备重新向伊拉克派兵，部队已经做好

---

① Glen Segell, *Axis of Evil and Rogue States*: *The Bush Administration*, 2000 – 2004, London: Glen Segell, 2005, p. 310.

② U. S. Department of State's Bureau of International Information Programs, "Philippine Troop Withdrawal from Iraq, U. S. Weapons Sales to Taiwan, U. S. Delegation to Olympics", July 15, 2004, http: //iipdigital. usembassy. gov/st/english/article/2004/07/200407151620141shsan0. 77 21369. html#axzz3Zy7tx5aG.

③ 代帆、金是用：《安全与发展：菲律宾对华政策研究》，《南洋问题研究》2009年第3期。

④ The New York Times, "Hostage is Freed After Philippine Troops are Withdrawn From Iraq", July 21, 2004, http: //www. nytimes. com/2004/07/21/world/hostage – is – freed – after – philippine – troops – are – withdrawn – from – iraq. html.

随时奔赴伊拉克的准备。① 由此可见，面对美国的象征性惩罚，菲律宾政府在一定程度上进行了政策调整，重新平衡争取国内支持和巩固美菲同盟两者之间的关系。不过从效果上看，尽管阿罗约政府在撤军后极力修补美菲关系，表示将与国际社会加强合作，继续打击恐怖主义，但美国并未迅速转变对菲律宾的态度。②

（二）澳大利亚对华政策的调整

作为美国的从属国，澳大利亚总体对外战略与美国趋于一致。然而，21世纪以来中澳经贸关系的发展使得澳大利亚在处理对华关系时表现出了较强的自主外交倾向。尽管在多数情况下美国不干预澳大利亚与中国发展双边关系，但是如果澳大利亚的言行超越了从属国的"行为边界"，美国将可能动用权威关系促使其做出相应的改变。

2003年3月，澳大利亚派出2000名士兵参与美国在伊拉克的作战行动。③ 美国通过联合反恐行动强化同盟的举动引发了中国的顾虑。④ 为了缓和中国对美澳同盟进一步加强的担心，2004年，澳大利亚在野党工党领袖马克·莱瑟姆（Mark Latham）表示，澳外交部长在8月访问中国时应向其表达在当年圣诞节前从伊拉克撤军的意愿，以缓和中国对澳大利亚在安全上完全追随美国的担忧。澳大利亚外长唐纳随即在北京公开表示，《澳新美安全条约》应该只在澳大利亚或美国遭受直接攻击时才启动，而在世界其他地方发生的事件不能启动该条约。⑤ 这一言论的潜在含义是澳大利亚不能无条件地支持美国在亚太地区的行动，特别是不会在台湾问题上卷入与中国的冲突。

在澳大利亚作出这一表态后，美国连续向澳大利亚政府发出6份电邮，要求澳方立即对唐纳的言论进行解释。不仅如此，美国还要求

---

① 中新网：《菲律宾军方声称：已经准备好重新向伊拉克派兵》，http：//news. china. com/zh_ cn/international/1000/20040810/11826221. html。

② 代帆、金是用：《安全与发展：菲律宾对华政策研究》，第46—47页。

③ Zachary Selden，"Balancing Against or Balancing With? The Spectrum of Alignment and the Endurance of American Hegemony"，*Security Studies*，Vol. 22，No. 2，2013，p. 361.

④ Thomas J. Christensen，"Fostering Stability or Creating a Monster? The Rise of China and U. S. Policy toward East Asia"，p. 117.

⑤ Joshua Kurlantzick，*Charm Offensive：How China's Soft Power is Transforming the World*，New Haven：Yale University Press，May 2008，p. 215.

澳大利亚国家领导人在公开场合纠正此前的"错误立场"。[1] 为了防止同盟松动迹象可能产生的不利影响，美国国务院发言人公开严厉驳斥了澳方的观点，强调根据《澳新美安全条约》的第4、5条规定，缔约国任何一方在太平洋受到的攻击都应被视为共同威胁。在美国的权威面前，时任澳大利亚总理的霍华德立即纠正唐纳的表态，唐纳本人也表示撤回此前的"不当言论"。[2] 在这一事件中，美国认为澳官员所表达的不配合美国安全战略的言行超越了其所设定的行为边界，体现出一定程度的脱离美国战略轨道的倾向。美国利用权威关系，即问责和批评的方式对澳大利亚施加压力，迫使其改变了政策表态。除了纠正外长唐纳的言论之外，澳大利亚在对华，特别是台湾问题上也回归到与美国更为接近的立场。2005年3月14日，在中国通过了《反分裂国家法》之后，霍华德总理等澳政府官员提出了反对和批评。在美国的压力下，澳大利亚在中国对台政策问题上从之前的"不反对"转而采取一种更为平衡的政策。[3]

事实上，由于中国是澳大利亚第一大贸易伙伴，经济上的高度依赖使其与美国在对华关系上存在一定的分歧。澳大利亚如果完全配合美国可能采取的遏制行动，不仅意味着要承担"脏活累活"，[4] 而且还会导致与中国的关系恶化，损害自身的经济发展。然而，随着中美两国竞争的日益激化，美澳分歧在程度和范围上逐渐扩大。澳大利亚对同盟关系有所保留的态度不仅仅表现在台海问题上，在其他一些敏感的议题上，澳大利亚也没有完全追随美国的政策。例如，尽管美国和日本都极力反对欧盟解除对华武器禁运，澳大利亚官方的表态则是

---

① Joshua Kurlantzick, *Charm Offensive: How China's Soft Power is Transforming the World*, New Haven: Yale University Press, May 2008, p. 215.

② Mohan Malik, "The China Factor in Australia – U. S. Relations", *China Brief*, Vol. 5, No. 8, December 31, 2005.

③ Joel Atkinson, *Australia and Taiwan: China, the United States and the South Pacific*, Leiden: Brill, 2013, p. 94.

④ Jefferson Morley, "Courting the Dragon, Asian Democracies Prefer to Focus on Strengthening Ties to China Over Taiwan", *The Washington Post*, March 15, 2005, http://www.washingtonpost.com/wp – dyn/articles/A35971 – 2005Mar15. html.

在不打破地区均势的情况下"不反对"。① 此外，澳大利亚在西藏问题的态度也与美国的另一盟国日本形成了鲜明对比。② 据统计，自1991 年以来，达赖曾 6 次造访澳大利亚，而访问日本的次数却有 15次之多，几乎每年一次。最近几年，在美国推进亚太再平衡战略的背景下，美国的亚太盟友中只有日本与中国的安全矛盾和竞争趋于激化，而澳大利亚和韩国都更倾向于安抚中国。③

（三）日本在东亚经济合作中的选择

1997 年，席卷亚洲的金融危机沉重打击了东亚各国经济。无论是相对发达的日本和韩国，还是处于发展中的地区经济体都在此次金融危机中遭受了不同程度的损失。根据世界银行的统计数据，韩国和泰国 1998 年的国内生产总值（GDP）比 1996 年下降 40% 左右；印度尼西亚的 GDP 更是比金融危机之前缩水一半以上。④ 面对危机的蔓延，国际货币基金组织（IMF）以及在国际金融体系中占据主导地位的美国都没有做出及时有效的反应。作为损失较小且经济实力较强的国家，日本认为有必要建立地区金融管理机制，以便在缓解东亚国家对国际货币体系过度依赖的局面，同时进一步巩固其地区经济"领头羊"的地位。一部分东亚国家也不满 IMF 的做法，支持建立相对独立的地区金融架构的设想。在这一背景下，1997 年 9 月，日本财务省官员在七国集团（G7）与 IMF 共同举办的会议上首次提出了建立亚洲货币基金组织的倡议。⑤

日本的这一倡议不仅引发了对国际金融机制结构性改革的争论，也引起了美国的担心。事实上，美国在亚洲金融危机的开始阶段采取了置之不理的态度。然而，美国财政部在获悉日本关于建立 AMF 的构想之后当即表示反对。时任财政部副部长的劳伦斯·萨默斯（Larry

---

① Mohan Malik, "The China Factor in Australia – U. S. Relations".

② Ibid.

③ Euikon Kim, "Rising China and Turbulent East Asia: Asianization of China?" *Pacific Focus*, Vol. 12, No. 1, 2014, p. 5.

④ The World Bank, Data, http://data.worldbank.org/indicator/NY. GDP. MKTP. CD/countries/KH? page = 3&display = default.

⑤ Phillip Y. Lipscy, "Japan's Asian Monetary Fund Proposal", *Stanford Journal of East Asian Affairs*, Vol. 3, No. 1, Spring 2003, p. 93.

Summers）曾私下致电日本官员，不仅明确表示反对，而且还在长达两个小时的通话中批评 AMF 的提议在将美国排除在外的同时也抛开了 IMF。[1] 在两国官方的讨论中，美国认为 AMF 的建立会阻碍东亚国家进行改革，同时对现存以 IMF 为核心的金融体系没有起到任何补充作用。事实上，1997 年金融危机后东盟作为一个整体比危机之前更加依赖于西方发达国家的投资和市场。[2] 面对东亚国家经济改革的乏力，美国并没有做出任何明确的反应。由此可见，美国并不像其所宣称的那样担心东亚国家经济改革难以推进。其反对日本提议的真正原因在 AMF 对 IMF 构成了威胁。美国希望日本的计划和构想不仅要能融入现有的国际金融治理体系，而且发挥的作用应该是辅助性的，而不是主导性的。换言之，即使在经济领域中，日本所发挥的作用也应该符合其从属国的身份。对于 AMF，美国更多地将其视为一个可能威胁美国金融霸权的机制，其成立将有助于塑造日本在亚洲经济中的领导地位而损害美国的经济主导权。因此，在美国看来，日本提出建立 AMF 的设想显然已经超越了美国为其划定的行为限度。尽管东南亚国家以及韩国都对 AMF 表示出了一定的兴趣，但是最终由于美国的反对，日本被迫放弃了这一计划。

在以劝说的方式成功地压制了日本主导地区经济的倾向后，美国在经济和金融领域的霸权地位得到了进一步巩固。不仅如此，美国权威的效应还体现在日本在经历了此次外交挫折之后，也开始按照美国的意愿重新调整自己在东亚经济中扮演的角色。1998 年 12 月，在第二次东盟"10 + 3"领导人会议上，日本再次提出了一个新的金融救助计划，即"新宫泽构想"（New MiyazawaInitiative）。[3] 为了防止遭到美国反对，"新宫泽构想"不仅在规模上比 AMF 小了很多，而且日

---

[1] Phillip Y. Lipscy, "Japan's Asian Monetary Fund Proposal", *Stanford Journal of East Asian Affairs*, Vol. 3, No. 1, Spring 2003, pp. 95 – 96.

[2] David Martin Jones and Michael L. R. Smith, "Making Process, Not Progress: ASEAN and the Evolving East Asian Regional Order", *International Security*, Vol. 32, No. 1, 2007, p. 168.

[3] Yun Zhang, "Multilateral Means for Bilateral Ends: Japan, Regionalism and China – Japan – US Trilateral Dynamism", *The Pacific Review*, Vol. 27, No. 1, 2013, p. 11.

本首先在 G7 峰会上征求了美国和其他西方发达国家的意见。① 更重要的是，与 AMF 这类独立的实体性金融机构不同，"新宫泽构想"以及后来得到逐渐落实的《清迈协议》（*Chiang Mai Initiative*）都只是在金融危机中稳定货币的临时性措施，不涉及国际金融体系改革或重组的问题。正是基于此，美国没有再提出反对意见。

1997 年金融危机结束至今，日本没有再提出有影响力的地区经济一体化倡议。这与美国的权威和日本在等级中的从属国地位不无关系。事实上，随着中国经济影响力的不断拓展和美国实力的相对下降，美国维持在亚太地区经济主导地位具有了越来越多的战略意义。由于日本是美国在东亚实力最强、关系最紧密的盟友，美国比以往更需要将日本的地区经济影响力纳入自身的战略轨道之中，其力邀日本加入"跨太平洋伙伴关系协定"（TPP）就是其中的重要步骤。在 2009 年美国推动 TPP 谈判之初，日本并未立即响应。2010 年 9 月，菅直人在就职演说中表示将考虑参加 TPP 谈判。然而，由于国内始终存在诸多反对意见，日本是否加入谈判并不明朗。2011 年年底至 2013 年年初，随着"区域全面经济伙伴关系"（RCEP）计划逐渐推进以及中日韩自贸区谈判开始，中美两国在建立各自贸易集团上竞争的加剧，美国开始积极推动日本加入 TPP。②

2013 年 7 月，在 TPP 完成了 17 轮谈判之后，日本正式宣布加入谈判。对美国来说，仅从贸易影响力的角度，日本对 TPP 的重要性也不可或缺。这是因为，在日本加入之前，不论是 TPP 的发起国新加坡、文莱、智利与新西兰，还是后来陆续加入的谈判国澳大利亚、加拿大和马来西亚等都是国际经济中的中小经济体，无论是从惠及人口还是贸易量来说都不足以构成亚太最具规模和吸引力的贸易体系。而如果日本加入 TPP 中，则将意味着世界第三经济大国将参与构建一个巩固美国经济主导地位的自贸区。从实力上来说，日本与美国的国内

---

① Yun Zhang, "Multilateral Means for Bilateral Ends: Japan, Regionalism and China – Japan – US Trilateral Dynamism", *The Pacific Review*, Vol. 27, No. 1, 2013, p. 12.

② Donald Gross, "Welcoming China to the Trans – Pacific Partnership", *The World Post*, http://www.huffingtonpost.com/donald – gross/trans – pacific – partnership – china _ b _ 3562801. html.

生产总值占全部成员国的大约80%，而其余各国至多只能起陪衬作用。在美国看来，只有经济实力强大的日本加入才能发挥出TPP推动自由贸易的巨大影响力，有助于维护自身在经济领域的主导地位。

五　结论

从冷战结束以来东亚国际关系的发展看，在等级体系中居于主导地位的美国在多数情况下并非通过强制对盟国的对外政策施加影响。此外，尽管利益交换可能是美国与盟国进行政策协调时所采用的手段，但这并不能涵盖美国对盟国对外政策影响方式的全部内容。本文认为，在强制和利益交换这两种方式之外，美国在安全等级体系中建立的权威关系是其塑造东亚从属国对外行为的一种重要机制。通过劝说和象征性惩罚等具体措施，美国能够成功地将盟国的对外政策约束在其所设定的行为边界之中。菲律宾从伊拉克提前撤军被斥责、日本建立AMF的计划遭到否定以及澳大利亚在发展对华关系时遭遇瓶颈这三个案例，分别对应了美国对从属国设置的三种主要的行为边界。菲、日、澳三国因为美国的劝说或象征性惩罚而做出政策调整表明了权威关系作为一种战略工具的效用。需要指出的是，本质上，权威关系对从属国对外战略的影响来源于美国在亚太地区的军事存在和对盟国的安全保障。

在探讨权威对从属国行为的影响时，有以下两点需要补充。第一，主导国施展权威的动机。显然，美国利用权威而不是强制或利益交换的方式影响盟国并非是出于仁慈，而是其认为从属国的行为不会长期、全面或严重地偏离美国的战略利益，因此并不需要使用其他成本更高的方式改变从属国的行为。事实上，在美国的地区安全等级体系既具有实力优势又拥有合法性的情况下，即使是那些比从属国拥有更大对外政策自主性的自助国家也极少全面、公开地挑战美国的战略利益。第二，权威关系的影响方式并不局限于劝说和象征性惩罚两种。如前所述，严格意义上的权威关系表现为从属国心甘情愿地追随，类似于主导国的吸引力（软实力）所发挥的作用。本文研究的重点是主导国如何主动利用自身权威塑造从属国的对外行为，因此没有讨论主导国的吸引力如何潜在地影响从属国。

　　美国主导的同盟体系是东亚地区安全秩序的核心要素之一。对于处在崛起进程中的中国来说，与美国的地区盟国之间的关系深受美国的影响。美国会积极限制盟国与中国进行安全互动的距离，并且在采取遏制政策时要求盟国进行配合。正因如此，中国面临的安全压力不仅来自美国，而是来自美国所主导的整个地区安全等级体系。当然，在这种看似强大的安全压力之下，中国的崛起仍然存在一些有利的外交空间。一方面，当美国与盟国的关系相对疏远时，中国有更多的机会发展与美国盟国的关系。例如，2005—2008 年，美菲关系进展缓慢促使中菲关系的发展成果斐然。另一方面，在美国对盟国影响力较弱的领域，特别是贸易和金融等非安全领域，中国更有可能拓展和深化对美国盟国的影响力。澳大利亚和韩国先后申请加入中国提议建立的亚洲基础设施投资银行表明，中国正在金融领域积极拓展对美国盟国的影响力。在不断提高美国盟国追随美国遏制中国的成本的同时，中国还可以在美国盟国主动挑起冲突时适当采取进取性政策措施。例如，在菲律宾首先挑衅的情况下获得黄岩岛的实际控制权。再如，在日本右翼言论甚嚣尘上的背景下，中国与韩国就志愿军遗骸问题达成了进一步的政治谅解。总而言之，面对由美国及其盟国组成的地区安全等级体系，中国的崛起无疑面临强大的安全压力，但也不乏机遇。深入研究美国与其东亚从属国的互动模式，理解美国对其盟友设定的行为边界以及这些国家突破美国制约的能力与意愿，无疑对中国周边外交工作的开展有所助益。这也是本文的初衷所在。

美国东亚安全保护体系与
中国周边安全战略*

孙学峰

　　20 世纪 90 年代中期以来，随着实力地位的不断上升，中国在东亚地区面临的安全挑战愈发严峻。一方面，中国与东亚部分国家或地区之间的主权领土矛盾此起彼伏，管控难度逐步增大；另一方面，中美围绕东亚安全秩序的竞争逐步显现，并与地区主权领土矛盾交织在一起，使得中国的地区安全环境更加不利。换而言之，中国在东亚地区日益受到崛起困境的困扰。

　　崛起困境是指崛起大国既要维持综合实力上升和国际影响力拓展，又要缓解外部安全压力的两难局面。① 就当下的中国而言，崛起困境具体体现在一方面要继续提升国家发展水平和国际影响力；另一方面要有效缓解实力地位上升引发的周边安全压力，特别是东亚地区的安全压力，为实现民族复兴创造良好的外部环境。两个目标均不可偏废但又相互制约，因此如何缓解这一两难局面已成为中国周边外交（特别是与东亚国家关系）的核心挑战。

　　为了缓解日益深化的崛起困境，中国十分重视中美关系，并将对美外交确定为重中之重，希望通过稳定中美关系，缓和中国面临的安

　　* 本文英文版发表于 "United States Leadership in East Asia and China's State – by – state Approach to Regional Security," *Chinese Political Science Review*，Vol. 3，No. 1，2018，pp. 100 – 114，收录时有修改。

　　① 孙学峰：《中国崛起困境》，社会科学文献出版社 2013 年版，第 24 页。

全矛盾，特别是东亚地区的安全压力。与此同时，尽管提出了"周边是首要"的战略理念，但中国周边外交的地位长期滞后于对美外交。① 2013 年 4 月，时殷弘教授在接受媒体采访时就曾指出，"我们过去若干年……只讲中美关系重中之重，但是……中国作为一个大国不是只有一个重中之重……另一个重中之重就是……中国周边关系。"②

2013 年 10 月，中国召开周边外交工作座谈会，周边外交的地位显著提升。习近平主席明确指出，中国同周边国家的关系发生了很大变化，这客观上要求中国的周边外交战略和工作必须与时俱进、更加主动。为此，习近平主席特别强调，"要努力使周边同我国政治关系更加友好、经济纽带更加牢固、安全合作更加深化、人文联系更加紧密……让命运共同体意识在周边国家落地生根"③。

随着周边外交地位的上升，何为中国外交的重中之重引发了学者们的争论。一派认为，周边应是外交工作的第一重点，因为没有周边国家的支持，中国无法实现崛起。另一派则强调，美国不但是世界上唯一的超级大国，而且是中国崛起的最大障碍。因此，搞好中美关系仍是外交工作的"重中之重"。④ 此外，也有学者认为，2013 年之后中国对外战略存在大国（美国）外交和周边外交两个重心。⑤

本文认为，在美国东亚安全保护体系稳定延续的背景下，中国的东亚安全战略必须将美国和周边国家两个重点有效整合，将中美邻安全关系纳入统一的政策框架，根据周边国家对美国安全保护的依赖程度和对中国实力上升的担心程度，对周边国家实施差异化的安全战略，以有效管控地区安全压力，稳步扩展地区安全影响力，进而有效缓解日益凸显的崛起困境。

---

① 许利平等：《中国与周边命运共同体：构建与路径》，社会科学文献出版社 2016 年版，第 9 页。

② 同上。

③ 《习近平：让命运共同体意识在周边国家落地生根》，2013 年 10 月 25 日，http：//www. fmprc. gov. cn/ce/celk/chn/zgxw/t1093113. htm。

④ 阎学通：《整体的"周边"比美国更重要》，《环球时报》2015 年 1 月 13 日。

⑤ 许利平等：《中国与周边命运共同体：构建与路径》，社会科学文献出版社 2016 年版，第 9 页。

一 美国主导地位下的中国崛起困境

20世纪90年代中期以来，中国的实力地位迅速上升。经济实力方面，2010年中国国内生产总值已跃居世界第二位。此后，中国对世界第三的日本的经济总量优势愈加明显，而与位居首位的美国则逐步缩小了差距。根据世界银行的统计，中国经济总量由美国的1/10上升到1/3耗费了13年（1996—2009），而从占美国的1/3到一半有余则只用了3年。[①] 军事实力方面，进入21世纪之后，中国军费开支稳步上升，2009年跃升至世界第二。根据瑞典斯德哥尔摩和平研究所的统计，2016年中国军费开支依然位居世界第二，占全球军费开支的13%。[②]

随着综合实力的上升，中国在周边地区的战略影响力逐步拓展。2010年年初，中国与东盟自贸区正式建成，2013年下半年启动"一带一路"战略着力推进亚欧经济融合，建设周边命运共同体。与此同时，中国处理周边安全矛盾的政策行动则更加积极进取，在黄岩岛、钓鱼岛斗争和南海岛礁建设方面都取得了重要进展。例如，2012年10月30日，外交部发言人洪磊在例行记者上就明确表示，钓鱼岛的形势已经发生了根本性的变化，日方不要再抱有霸占钓鱼岛的幻想。[③]

为了抑制中国实力上升对东亚安全秩序的冲击，部分周边国家和主导国美国逐步采取多种牵制措施，结果导致近年来中国在周边地区的安全压力明显上升。2006年以来，美国就已开始调整亚太军事部署，强化东亚军事同盟，以限制中国战略影响力的拓展。更为重要的是，美国开始逐步介入中国与部分周边国家的领海纠纷，不但公开重

[①] 刘若楠：《东南亚国家对冲战略的动因》（1997—2015），清华大学，博士学位论文，2016年，第45页。

[②] "Trends in World Military Expenditure, 2016", April 2017, p. 2, https：//www. sipri. org/sites/default/files/Trends－world－military－expenditure－2016. pdf.

[③] 《2012年10月30日外交部发言人洪磊主持例行记者会》，2012年10月30日，http：//www. fmprc. gov. cn/ce/ceee/chn/ztlm/zgwjbfyrth/t983707. htm。

申钓鱼岛属于美日同盟条约的覆盖范围，① 而且派出军舰、航母战斗群和战略轰炸机到中国南海岛礁附近海域/空域巡航。② 2017 年 2 月，美国国防部长马蒂斯则公开表达了对中国影响力扩展的担心，称当今的中国似乎想要恢复明王朝的册封体制，也许是想把周边地区全部纳入自己的势力范围。③

与此同时，周边国家对中国的疑虑逐步加深，对中国的制衡也逐步出现。2010 年 9 月，日本在钓鱼岛附近海域抓扣中国渔船主动挑起领海纠纷，并于 2012 年 9 月不顾中方强烈反对实施钓鱼岛国有化，导致中、日两国严重对立。此后，日本将防御重点转向面对中国的西南方向，并于 2015 年 10 月通过新的安全保障法，解禁集体自卫权，以谋求更好地联合美国从战略安全上制约中国崛起。④ 而与中国没有直接领土领海分歧的周边国家也对中国实力上升表现出了不同程度的担心。正如已故新加坡领导人李光耀所言，亚洲很多中小国家都对中国可能有意重拾"帝国地位"感到不安，担心本国被当作"附属国"，因此，2008 年全球金融危机后，李光耀持续呼吁美国担负起平衡中国影响力的责任。⑤

由此可见，随着实力地位上升和战略影响力的拓展，中国遭遇的崛起困境愈加清晰地展现出来，并呈现出两个突出的特点：一是中美邻矛盾相互交织。即崛起进程中，中国即面临与周边国家的安全矛盾，同时无法回避与主导国美国的竞争，而且两类矛盾相互交织，难

---

① 《奥巴马：钓鱼岛归日本管理 适用安保条约》，2014 年 4 月 23 日，http：// news. 163. com/14/0423/11/9QGTFSFP00014JB6. html。

② 《美核动力航母编队驶入南海 为特朗普上台后首次》，2017 年 2 月 19 日，http：// news. sina. com. cn/o/2017 - 02 - 19/doc - ifyarrcc7964245. shtml。

③ 《美国新任防长称中国想把周边地区纳入势力范围》，2017 年 2 月 9 日，http：// news. sina. com. cn/c/nd/2017 - 02 - 09/doc - ifyamkzq1201988. shtml？ mod = f&loc = 3&doct = 0&rfunc = 100。

④ 《日本国会众议院特委会通过安保法》，2015 年 7 月 15 日，http：//www. bbc. com/ zhongwen/simp/world/2015/07/150715_ japan_ constitution_ committee。日本制衡中国的详细讨论，可参见 Christopher W. Hughes， "Japan's 'Resentful Realism' and Balancing China's Rise"，*Chinese Journal of International Politics*，Vol. 9，No. 2 (2016)，pp. 109 - 150。

⑤ 《李光耀：一个大师对中国、美国和全世界的深思》，http：//mil. news. sina. com. cn/2013 - 08 - 23/1024736932. html。

以有效缓解。二是美国的实力优势和东亚领导地位限制了中国缓解崛起困境的政策手段及其战略效果。一方面，即使按照瑞典斯德哥尔摩和平研究所的估算，中国军费开支也仅是美国军费开支的 36% ;[1] 另一方面，美国向东亚盟国提供安全保护进一步巩固了其实力优势和领导地位。因此，我们有必要充分理解美国东亚安全保护对中国缓解崛起困境努力的影响机制，并在此基础上优化中国的周边安全战略。

二 美国安全保护弱化中国战略安抚的效果

为了消除其他国家的误解和担心，中国逐步采取主动姿态管理与相关国家的安全矛盾，最大限度地释放善意，尽可能以和平协商的方式处理好相关安全问题。如果暂时无法找到合适的途径化解安全矛盾，中国倾向于搁置争议，尽可能防止矛盾激化，以在短期内缓解安全压力，并为日后寻求合适的解决方案创造条件。[2] 但是，中国安抚政策的积极效果往往难以持久。[3]

中国安抚政策难以持续奏效的原因之一在于所面临安全矛盾的性质。战略安抚可以有效缓解由安全困境（双方均未恶意伤害对方安全）引发的安全矛盾，而对于涉及国家生存和领土主权的安全矛盾，短期内可能发挥效果，但无法长期维持稳定管控矛盾。一方面，涉及国家生存和领土主权的安全矛盾零和性强，难以达成妥协。另一方面，在中国崛起的背景下，中国面临的此类安全矛盾更易升级。因此，管控危机成为处理这类矛盾的核心任务，这就使得战略安抚更加难以长期发挥作用。

更为重要的是，美国东亚安全保护体系的存在弱化了中国战略安

---

① "Trends in World Military Expenditure, 2016", April 2017, p. 2, https://www. sipri. org/sites/default/files/Trends – world – military – expenditure – 2016. pdf.

② 有关安抚政策的讨论，参见 David Shambaugh, 'China Engages Asia: Reshaping the Regional Order', *International Security*, Vol. 29, No. 3 (2004/2005), pp. 64 – 99；孙学峰、黄宇兴：《中国崛起与东亚地区秩序演变》，《当代亚太》2011 年第 1 期。

③ 有关安抚政策遭遇挑战的讨论，参见 Sun Xuefeng, 'Rethinking East Asian Regional Order and China's Rise', *Japanese Journal of Political Science*, Vol. 14, No. 1 (2013), pp. 10 – 11。

抚的政策效力。美国的东亚安全保护体系形成于冷战时期，并历经冷战延续至今。① 美国安全保护体系的核心特征是美国向东亚国家提供安全保护，以获取被保护国的战略支持和关键资源，巩固其地区主导地位。这一安全保护关系不仅仅限于签署正式的同盟条约，更为关键的合作方式是美国在被保护国领土上驻军、拥有军事基地的所有权或主要使用权，以及被保护国与美国军事能力一体化。

目前美国的东亚安全保护体系包括五个正式盟国，即日本、韩国、澳大利亚、菲律宾和泰国。其中，美国在日本和韩国依然保有大规模驻军，在澳大利亚和菲律宾则保有军事基地和一定规模的驻军。新加坡虽没有与美国签订同盟条约，但自 1992 年一直为美国航母驻扎东南亚提供海军基地以及相关配套设施。除了以上六个接受美国安全保护的主权国家之外，美国还通过《与台湾关系法》和军售向中国台湾地区提供非正式的安全保护。

作为安全保护体系的主导国，美国在相当程度上拥有左右受保护国安全政策的能力，其主要表现是美国可以根据自身利益诉求确定受保护国内外决策不可逾越的"红线"。② 对于受保护国而言，赋予美国确定政策"红线"的权威既可以获得安全保护，提升应对潜在威胁的能力，同时可以在不触碰美国"红线"的情况下，最大限度地保有国内外事务的自主权。因此，大多数时期，美国主导地位的合法性都能得到受保护国的认可

值得注意的是，美国主导地位的合法性不仅源于较为可靠地安全保护，更有赖于共同的原则和价值观。二战结束以来，作为超级大国的美国一直坚决地将其盟国同化，即努力将非民主国家变为民主国家、市场经济国家，谋求建立基于共同规范、原则、价值观和目标的紧密关系。历经美苏冷战的考验和冷战后的磨合，美国与其大部分安全保护国的关系逐步超越了标准国际政治同盟方式，形成了以高水平

---

① 关于美国东亚安全保护体系的讨论，还可参见 Sun Xuefeng, ' Rethinking East Asian Regional Order and China's Rise', *Japanese Journal of Political Science*, Vol. 14, No. 1 (2013), pp. 12 - 16；刘若楠：《东南亚国家对冲战略的动因》(1997—2015)，第 47—56 页。

② 刘若楠：《美国权威如何塑造亚太盟国的对外战略》，《当代亚太》2015 年第 4 期。

合作、共同牺牲、信息共享为基础的安全保护关系。① 正如有学者所言，日美同盟对于日本的意义，与其说主要是军事意义，不如说更具有美国主导的战后秩序象征的政治和心理意义。②

面对美国东亚安全保护体系，中国的安抚战略的积极作用受制于以下两个机制，即依赖机制和借重机制。③（1）依赖机制，即美国安全保护体系内的国家会挑战中国安抚政策取得的成果，力图在安全利益竞争中占据先机，其原因在于相关争端的暂时缓和并不等于双方安全矛盾的最终解决，而美国又能够提供有效的安全保护对抗中国。（2）借重机制，美国安全保护体系之外的国家，如果其与中国存在安全矛盾，会更加担心矛盾的长期缓和最终有利于中国，其原因在于中国的实力优势逐步扩大，而这些国家又无法获得有效的安全保护对抗中国。因此，这些国家除了尽可能增强自身实力外，必然会寻求外部帮助，特别是借重美国或美国安全保护国与中国的矛盾冲突，破坏中国安抚政策取得进展，谋求自身安全利益。

此外，随着中国经济安抚政策的展开，上述国家与中国的经贸联系大都愈加紧密，对中国经济的依赖程度逐步加深。在安全矛盾尚未解决的前提下，对中国的经济依赖会增大这些国家的担忧，担心如果继续配合中国的安抚政策会阻碍其维护核心安全利益，结果导致这些国家更加依赖或借重美国的安全保护或协助，尽最大努力防止未来中国利用实力优势损害其核心安全利益。

三　中国的差异化周边战略

战略安抚效力的下降使得国内社会和决策层愈加意识到中国确实已面临崛起困境，不能仅依靠消除误解缓解安全压力，而要采取更为

---

① ［美］伊曼纽尔·阿德勒、文森特·波略特主编：《国际实践》，秦亚青、孙吉胜、魏玲译，上海人民出版社2015年版，第181—182页。

② 张云：《国际秩序与"日本问题"的战略思考》，2016年5月11日，http：//pit. ifeng. com/a/20160511/48751061_ 0. shtml。

③ Sun Xuefeng, 'Rethinking East Asian Regional Order and China's Rise', *Japanese Journal of Political Science*, Vol. 14, No. 1, 2013, pp. 18 – 20.

主动有效的措施。在此背景下，中国的安全政策逐渐趋向主动，政策措施也随之更加均衡而不仅仅限于以往的战略安抚，以期能够更加坦然地应对安全压力，缓解日益显现的崛起困境。①

随着统筹推进安抚与进取政策取得进展，相关国家愈加担心会在与中国的竞争中处于不利地位。因此，中国迎来了新一轮安全压力，其主要特征是美国与其安全保护国共同采取措施，牵制和防范中国。例如，2011 年 7 月 9 日，美国、日本和澳大利亚在南中国海的文莱海域举行联军事演习。演习针对中国的意图较为明显，原因在于此前四年的三国海上联合演习均安排在日本九州西侧与冲绳海域。②

因此，为了塑造更为良好的周边安全环境，中国必须充分重视美国安全保护体系对东亚秩序的深刻影响。在美国安全保护体系存续的前提下，中国有必要将美国与周边国家纳入统一的政策框架，统筹兼顾并寻求最大限度的平衡。否则，中国时常会遭遇中美安全关系尚可，但却因周边国家产生激烈竞争的局面；或者中国与周边国家的安全关系取得进展，结果却因美国的强力介入而遭遇挫折。例如，2015 年泰国有意购买中国制造的潜艇，但却因美国的阻挠和反对，最终只能选择放弃。③

对冲美国。寻求周边—美国安全政策平衡的前提是尽力维持中美战略关系的稳定。一方面，中国实力持续接近美国促使两国要进一步明确各自的核心利益，妥善管控安全矛盾，避免无谓的冲突或冲突升级，同时寻找新的利益均衡点，尽力维持战略关系稳定。另一方面，中美战略关系稳定既有助于防止周边国家利用中美矛盾和冲突向中国施加安全压力，同时可以为寻求改善对华安全关系的周边国家创造更为宽松的战略空间，进而减轻中国的安全压力，缓解崛起困境。

---

① 有关中国对外政策转型的讨论，参见 Yan Xuetong, "From Keeping a Low Profile to Striving for Achievement", *Chinese Journal of International Politics*, Vol. 7, No. 2 (2014), pp. 153 – 184。

② 《专家称美日澳在南海进行联合军演为威慑中国》，2011 年 7 月 11 日，http://news. sina. com. cn/c/sd/2011 – 07 – 11/135722793358. shtml。

③ 《泰国搁置购买中国潜艇方案，专家称背后有美国因素》，2015 年 7 月 16 日，ht-tp：//www. thepaper. cn/newsDetail_ forward_ 1352989。

　　面对美国的安全保护体系，中国虽初步具备了动摇美国主导地位的能力，但尚难以直接发起挑战，因此通过组建军事同盟或军备竞赛制衡美国进而寻求战略稳定并不可行。与此同时，单纯的安抚或包容战略虽可能短期稳定中美关系，但长期看对于中国缓解崛起困境更为不利，其原因在于安抚或包容战略意味着中国在与美国或其保护国的安全矛盾中持续让步，甚至会促使美国或部分国家在与中国的安全矛盾中攫取更多利益。也就是说，持续的安抚或包容要以牺牲崛起速度为代价寻求中美之间的战略稳定。

　　为此，中国可采取战略对冲寻求中美关系的稳定。在战略对冲框架下，有限度地竞争与有底线地安抚相互交织，而非互为补充或替代。具体来说，有限度地竞争意在增加防范美国的能力，包括较为节制的军备增长以及深化与相关国家的战略协作等。有底线的安抚则是通过双边或多边协调管控双方的安全矛盾，甚至是开展积极的安全合作。例如，中国曾积极协调参与美国倡议推动的朝核问题六方会谈，并主动参加美国等西方国家倡导的亚丁湾护航反海盗行动。

　　需要明确的是，战略对冲并不是重复中美关系既合作又竞争的思路，其本质上是一种竞争性政策。中美对冲的目标并不是消除中美之间的战略竞争，而是力图使两国之间不再重现冷战时期美苏围绕欧洲安全问题的全面对抗，同时防止两国因地区安全矛盾卷入武装冲突。2017年6月，中美举行首次外交安全对话就是这一思路的体现。中美双方都希望通过对话不断增进互信、扩大共识、促进合作、管控分歧，使其为推动中美关系取得更大发展发挥积极作用。① 中美避免全面对抗或武装冲突不但能为中美在全球治理领域的合作创造有利条件，而且将为中国统筹周边—美国安全政策，管控周边安全矛盾创造更为广阔的空间。

　　周边差异化战略。统筹美国—周边国家政策可依据能否依赖美国安全保护和对中国实力上升的疑虑两个维度，将周边国家（地区）划分为四个类别，并实施差异化的安全政策，尽力缓解日益凸显的崛

----

　　①　《首轮中美外交安全对话在美国华盛顿举行》，2017年6月22日，http：//www.fm-prc.gov.cn/web/zyxw/t1472281.shtml。

起困境。

表1　　　　　　　　　　中国的差异化周边战略

	依赖美国保护	无法依赖美国保护
对中国实力上升的疑虑非常严重	"一报还一报"（与美国协调划红线）日本、菲律宾（2011—2016.6）等	"一报还一报"印度、越南等
对中国实力上升的疑虑总体温和	战略支持（与美国互补）泰国、菲律宾（2016.7— ）、韩国、澳大利亚等	战略支持俄罗斯、柬埔寨、老挝、印尼、马来西亚等

（1）对于依赖美国保护且严重疑虑中国实力上升的国家或地区，中国可利用美国能够为其保护国（地区）设置"安全红线"的权威，联合美国采取"一报还一报"战略，提前采取行动防止这些国家（地区）跨越"安全红线"。例如，2015年11月，习近平主席会见时任台湾地区领导人马英九就是希望重申"一个中国"原则，防止2016年台湾民进党候选人当选后突破"台独"红线，对此美国给予了相对积极的回应和配合。①

2008年台湾大选前后，中美联手遏制"台独"更是典型的成功案例。为了遏制陈水扁当局的法理独立，中国不断敦促美国向"台独"势力施加压力，并得到了美方较为积极的响应。2007年9—12月，美国国务院高级官员，包括助理国务卿帮办、副国务卿、国务卿先后公开表示反对"台独"的法理独立步骤。② 时任美国总统小布什也在不同场合几次重申美国坚持"一个中国"原则。在中美双方协调努力的基础上，2008年台湾岛内选举并未对台海和平稳定造成明显冲击。

如果中美双方就"安全红线"难以达成一致，中国采取战略反制

① "U. S. Welcomes Steps by Both Sides of Taiwan Strait to Improve Ties", November 3, 2015, http://www.gwytb.gov.cn/en/CrossstraitInteractionsandExchanges/201604/t20160408_11429614.htm.

② 详细文本参见 Thomas J. Christensen, "A Strong and Moderate Taiwan", Speech to U. S. -Taiwan Business Council Defense Industry Conference, Annapolis, Maryland, September 11, 2007, https://2001-2009.state.gov/p/eap/rls/rm/2007/91979.htm。

时有必要突出强制政策的合理性，尽最大可能弱化美国的安全压力。2012 年 9 月，在强硬反制日本"国有化"钓鱼岛的过程中，中国特别注重向美国说明日本的行动挑战了美国主导的国际规范，进而要求美国采取相应限制举措。美国对此也做出较为克制地回应。换而言之，在中国当时的反制力度下，美国并不情愿因钓鱼岛卷入与中国的武装冲突，这与美国一贯的立场也完全一致。①

（2）对于依赖美国保护但对中国实力上升疑虑较弱的国家，中国可在不挑战这些国家与美国保护关系的前提下，充分发挥自身优势，尽力向这些国家提供战略支持，从而弱化美国安全保护体系的整体压力。例如，2016 年 6 月底杜特尔特就任总统以来，菲律宾调整了前任总统的对华对抗政策，中国则顺势向菲律宾提供了其所需的战略支持，中菲关系出现了明显改善，南海局势也逐步趋于稳定。②

亚洲金融危机以来中泰关系的改善则是更为典型的成功范例。③1997 年亚洲金融危机重创泰国经济，对此中国不但提供了 10 亿美元资金，同时还坚定执行人民币不贬值的政策。1999 年中泰两国签署了《中泰关于二十一世纪合作计划的联合声明》，具体措施包括军方和外交官员就安全事务加强磋商，进行军事科技交流以及交换各种信息等。在东南亚国家中，泰国是第一个与中国签署类似条约的国家，2002 年，经泰国提议，两军正式建立高层对话机制，中国还应泰国邀请成为美泰联合军事演习的观察员。2005 年 12 月，泰国接受中方提议，举行了首次海军联合搜救演习。在中国与菲律宾和越南南海竞争逐步激化后，泰国坚持不懈地协调、弥合中国与东盟相关国家的分歧。与此同时，泰国继续深化与中国的安全合作，多次举行联合演习。

（3）对于严重疑虑中国实力上升但无法获得美国保护的国家，中

---

① 有关日本购岛后中国相应政策的讨论，参见孙学峰《中国钓鱼岛政策的调整及其战略效果》（2012—2014），载隋广军、周方银主编《中国周边外交发展报告》（2015），社会科学文献出版社 2015 年版。

② 《2017 年 7 月 25 日外交部发言人陆慷主持例行记者会》，2017 年 7 月 25 日，http://www.fmprc.gov.cn/web/fyrbt_ 673021/t1479940. shtml。

③ 有关泰国对华安全政策的讨论，参见孙学峰、徐勇《泰国温和应对中国崛起的动因与启示》，《当代亚太》2012 年第 5 期。

国有必要坚持"一报还一报"（Tit－for－Tat）的政策思路，统筹安抚与进取两类政策，弱化其与中国的对抗。具体而言，当这类国家对华采取克制政策时，中国要借助安抚政策积极回应，尽可能牵制这些国家与美国及其保护体系深化合作关系，否则会给中国带来不必要的战略压力。例如，2014 年 5 月，中海油 981 钻井平台在西沙中建岛的钻井作业，不但引发了中越安全矛盾的升级，同时推动越南进一步借重美国。2016 年 5 月奥巴马访问越南期间，美国正式解除了对越南的武器禁运。①

中国的进取政策则意在反制这类国家对华的战略挑衅。不过，由于只能借重而无法依赖美国有效的安全保护，这些国家虽不愿维持与中国的长期缓和局面，但往往也会适度克制防止其与中国的安全矛盾持续恶化，从而遭遇中国的反制和惩罚。② 因此，即使这些国家与美国的保护国采取类似的挑衅政策，中国也不能将这类国家作为反制政策的首要目标，否则会给国际社会留下不敢挑战美国、欺软怕硬的负面印象。例如，即使菲律宾和越南同样在南海问题上放弃克制政策，中国也要首先针对菲律宾采取反制政策而不是相反。

（4）对于无意依赖美国保护且对中国实力上升疑虑较弱的国家，中国应加强与这些国家的战略协调与合作，尽力向这些国家提供其所需的战略支持。在双边安全矛盾中可率先采取包容举措，使这些国家能够感受到中国崛起带来的积极效应，从而弱化其对中国扩展影响力的担心和牵制，进而在中国面临其他安全矛盾时能够提供力所能及的帮助，帮助中国更为有效地缓解崛起困境。20 世纪90 年代中期以来，中国与上海组织成员国之间的关系就是较为典型的成功例证。

不过，按照统筹美国—周边的战略思路，中国可与这些国家之间深化战略伙伴关系，但不必缔结军事同盟。一方面，与多个国家短时

---

① 《奥巴马：解除对越南武器禁运与中国无关》，2016 年 5 月 23 日，http：// news. cri. cn/20160523/c401838a－eeb4－9dee－8cc4－445c2432b31a. html。

② Liu Ruonan and Sun Xuefeng, "Regime Security First: Explaining Vietnam's Security Policies towards the U. S. and China （1992－2012）", *Pacific Review*, Vol. 28, No. 5 （2015）, pp. 755－778.

间内缔结军事同盟不但会激化中美战略对抗，还会促使对中国疑虑较弱的美国保护国和有意借重美国保护的周边国家深化与美国的战略关系，从而进一步恶化中国的崛起困境。另一方面，借助紧密的战略伙伴关系框架，中国就足以能够获得这些国家的战略支持，进而缓解崛起困境。2012 年以来中国深化中俄战略协作关系所取得的成果就是较为典型的例证。[①]

有学者强调，结盟战略可以增强中国的战略信誉，而良好的战略信誉则有助于中国缓解外部安全压力。[②] 应当承认，缓解崛起困境确实需要良好的战略信誉，但是提高战略信誉的关键在于其他国家面临挑战和危机时中国能够提供解决问题的办法，而这些办法并不仅仅限于缔结军事同盟。例如，20 世纪 90 年代中期以来，通过上海五国和上海合作组织等合作机制，中国与中亚国家较为有效地遏制了地区极端分离主义势力的发展，进而提升了中国在中亚地区的战略信誉。再如，2002—2005 年中国协调推动朝核问题六方会谈进而提升战略信誉也是较为典型的成功范例。

此外，中国能够顺利克服崛起进程中的重大挑战同样可以提升自身的战略信誉。例如，通过两岸协调和中美共同管控，中国大陆较为有效地遏制了"台独"法理独立的挑战，进而对提升中国的战略信誉发挥了积极作用。实践表明，无论是多边协调（上海五国/六方会谈）还是中美合作都能够提升中国的战略信誉，同时这些手段还能够防止中美之间陷入集团对抗。因此，我们要积极寻求能够统筹美国—周边关系的战略手段提升战略信誉，而不是以中美集团对抗为代价提升战略信誉，其结果只能是加剧中国的崛起困境。

---

① 有关中国伙伴关系战略的讨论，可参见孙学峰、丁鲁《伙伴国类型与中国伙伴关系升级》，《世界经济与政治》2017 年第 2 期；Georg Strüver, "China's Partnership Diplomacy: International Alignment Based on Interests or Ideology", *Chinese Journal of International Politics*, Vol. 10, No. 1 (2017), pp. 31 –65。

② 相关争论的最新综述，参见 Liu Ruonan and Liu Feng, "Contending Ideas on China's Non – Alliance Strategy", *Chinese Journal of International Politics*, Vol. 10, No. 2 (2017), pp. 151 – 171。

四　结论

研究表明，当前中国面临的主要安全矛盾和压力并非源于以维护安全利益现状为目标的安全困境，而是源于实力上升和利益范围扩展引发的崛起困境。崛起困境是指崛起大国既要维持综合实力上升和国际影响力拓展，又要缓解外部安全压力的两难局面。为化解安全压力，有效缓解崛起困境，中国要充分重视美国东亚保护体系的战略影响，注重周边与美国战略关系的平衡，其核心在于统筹中美邻安全关系，既不能寄希望于仅仅依靠中美关系改善稳定周边安全环境，也不能仅仅通过改善周边关系深化中美安全合作。中美和中邻两类关系必须纳入统一的政策框架内，相互促进，互为补充。

统筹美国—周边两个重点有赖于在周边实施差异化政策。可依据能否依赖美国安全保护和是否挑战中国核心利益两个维度，将周边国家（地区）划分为四个类别，并实施差异化安全政策。具体思路包括：与美国协调的"一报还一报"，适用于依赖美国保护且严重疑虑中国的国家或地区；"一报还一报"，适用于严重疑虑中国但无法依赖美国保护的国家或地区；战略支持适用于对中国疑虑较弱且无法依赖美国保护的国家或地区；与美国互补的战略支持，适用于接受美国保护但对中国疑虑较弱的国家或地区。

而实施差异化战略的同时，要尽力通过战略对冲稳定中美关系。在战略对冲的框架下，有限度地制衡与有底线地安抚政策相互交织，而非互为补充或替代。具体来说，有限度地制衡意在增加防范美国的能力，具体包括较为节制的军备增长以及深化与战略支点国家的战略协作。有底线的安抚则是通过双边或多边协调管控双方的安全矛盾，甚至是开展积极的安全合作。不过，战略对冲并不是重复中美关系既合作又竞争的思路，其本质上是一种竞争性安全政策。这一战略的目标不是消除中美之间的战略竞争，而是力图使两国之间不再重现冷战时期美苏围绕安全问题的全面对抗，同时防止两国因东亚安全矛盾卷入武装冲突，进而为两国深化全球治理合作、管控地区安全矛盾创造有利条件。

中国为什么不结盟[*]

凌胜利

引言

    随着中国实力的不断增强，国家利益的逐渐拓展，中国所面临的国际压力也日益增大。而每当中国国家利益受到侵害，中国国内民众便群情激奋，要求政府采取更为强硬的对外政策。特别是在领土争端和周边安全问题上，中国顾全大局、谋求稳定的作为更是引起国内舆论的巨大反响。坚持多年的"韬光养晦、有所作为"的外交方略引起了疑虑，对"不结盟"政策的争议也纷至沓来，要求中国重新审视不结盟政策的呼声不时响起。当前，尽管坚持不结盟政策的声音也仍大有人在，[①] 主张中国结盟的学者也不在少数，[②] 同时也夹杂着一

---

    * 本文原刊于《外交评论》2013 年第 3 期，收录时有修改。

    ① 朱锋：《大国不愿与中国结盟　新冷战属战略性愚蠢》，《环球时报》2012 年 1 月 15 日；徐光裕：《放弃不结盟中国或"被称霸"韬光养晦不过时》，《环球时报》2010 年 6 月 8 日；李大光：《不结盟不意味着不交友》，《环球时报》2012 年 2 月 27 日；乔新生：《中国是否应该放弃不结盟政策》，中评社，2012 年 1 月 22 日，http：//www. chinareviewnews.com；张博文：《中国会放弃"不结盟"政策吗？》，《国际展望》2000 年第 10 期；李广义、石左：《"不结盟"政策需要重新审视吗？》，《国际展望》1999 年第 21 期；沈聪如：《中国为什么不结盟》，《山西老年》2001 年第 6 期。

    ② 主张结盟的学者有阎学通：《中国或可考虑改变"不结盟"政策》，《国防时报》2011 年 6 月 8 日；张文木：《中俄结盟的限度、目标和意义》，《社会观察》2012 年第 3 期；戴旭：《中俄应建立欧亚大联盟》，《环球时报》2012 年 1 月 30 日；闻一：《虽曾吃大亏　但中俄联手仍是时代最佳选择》，《环球时报》2012 年 3 月 27 日；李金强：《对中国国际结盟路向的探索》，《联合早报》2010 年 7 月 21 日；吴旭：《中国应放弃不结盟政策》，《中国新闻周刊》2012 年 1 月 10 日；庚欣：《专家称国际形势已变　中国应突破不结盟理念》，《环球时报》2010 年 6 月 8 日；唐世平：《联盟政治与中国安全战略》，《领导者》总第 36 期。

些中间声音，主张建立准联盟或软性联盟。① 这些争论涉及中国结盟与否、与谁结盟以及如何结盟等问题。不过本文并不打算就这一系列问题展开讨论，而只是分析中国为何不结盟及其合理性。

目前国内外对中国不结盟原因的认识存在许多分歧：一是认为中国固守不结盟政策是外交政策缺乏调整与灵活性；二是认为中国的伙伴关系在事实上构建了联盟关系。这些认识忽视了中国所主张的新安全观、冷战后军事联盟的发展困境、淡化了不结盟政策对国家利益的政策效益以及历史学习、战略文化等因素对不结盟政策的影响。本文认为，中国的不结盟并非外交政策因袭禁锢，也并非伙伴关系事实承担联盟职能，而是源自对联盟不合时宜的认识，是在新的国际形势下维护国家安全利益和谋求稳定和平的外部环境的共同需要，具有一定的内在合理性。

探讨中国的不结盟政策，有必要对联盟的概念进行厘清。学术界关于联盟的定义多种多样，而且在英语当中"alliance""alignment""coalition""pact""bloc""entente"都表示不同程度的安全合作关系。② 但是学术界一般比较常用的是"alliance"，主要是指军事安全领域的结盟，也即狭义上的联盟。如罗伯特·奥斯古德认为，"联盟是国家做出安全承诺的一种形式，相关国家会签署一项正式协议，承诺使用军事资源反对具体的敌人，或考虑（单方面或联合）使用武力"③。沃尔弗斯认为"联盟是两个或两个以上主权国家为了国家安全而缔结的相互进行军事援助的协定"④。通过正式协定建立军事联

---

① 孙德刚：《论新时期中国的准联盟外交》，《世界经济与政治》2012 年第 3 期；王海运：《中国要创造结盟条件　中俄结盟势在必行》，《环球时报》2010 年 7 月 18 日；王海运先生的观点较其 2010 年的观点在结盟取向上更进一步，王海运：《如何破解美对我战略围堵变"不结盟"为"准结盟"》，新华网，2012 年 3 月 12 日，http：//www. zgjrw. com/News/2012312/home/163317577700. shtml；尹继武：《中国需要什么样的联盟外交》，《联合早报》2010 年 7 月 29 日。

② 孙德刚对此进行了详细的区分，参见孙德刚《多元平衡与"准联盟"理论研究》，时事出版社 2007 年版，第 59 页；孙德刚：《国际安全合作中联盟概念的理论辨析》，《国际论坛》2010 年第 5 期。

③ Robert E. Osgood, *Alliance and American Foreign Policy*, Baltimore and London：The Hopkins Press, 1968, p. 17.

④ Arnold Wolfers. "Alliance", *International Encyclopedia of the Social Science*, New York：Macmillan Company & The Free Press , Vol. 1, 1974, pp. 268 – 269.

合是一种比较严格的狭义联盟概念。随着军事安全的不断弱化与安全化所带来的安全内涵与外延的日益扩大，联盟也由军事安全领域走向综合安全，由正式军事条约走向默认的军事行动协作。如吉伯勒认为"联盟就是两个或两个以上国家就未来采取与安全有关行动而做出的正式承诺"①。而权威工具书《国际军事与防务百科全书》则认为："联盟是指两个或两个以上国家通过集合他们的国力以增进安全而建立的一种长期的政治与军事关系。"② 更有甚者，将经济、社会等领域的合作关系也称作联盟，严重地偏离了联盟的原有内涵。同时也应该看到冷战后联盟形式与内涵的日渐变化，如美国因各种任务需要而建立的临时性的"志愿者联盟"、各种准联盟、联合阵线等非正式的较为灵活的国际安全合作形式，③ 军事联盟在冷战后存在一定困境。总体而言，关于联盟的概念成百上千，狭义的联盟比较容易确认，广义的联盟则很难达成共识。

　　本文的联盟是传统意义上的安全联盟，即"联盟是两个或两个以上主权国家为了国家安全而缔结的相互进行军事援助的协定，"④ 不包括经济联盟、软性联盟、战略协商联盟等非安全领域的结盟，因此本文主要针对中国为何不在传统安全领域结盟展开研究。⑤ 论文主要分为三部分，首先，通过历史文献回顾并分析中国不结盟政策的缘起与内涵；其次，比较分析中国伙伴关系与联盟的异同；最后，结合冷战后的国际安全发展态势和中国安全政策本身论述中国不结盟政策的合理性。

---

　　① Douglas M. Gibler and John A. Vasquez, "Uncovering the Dangerous Alliance, 1495 – 1980," *International Studies Quarterly*, Vol. 42, No. 4, 1998, p. 787.

　　② T. N. Dupuy, ed., International Military and Defense Encyclopedia, Marxwell Macmillan, Item "Alliance, Military and Political", Maxwell Macmillan Inc., 1993, p. 135.

　　③ 关于准联盟（Quasi – alliance）的研究可参见孙德刚《论"准联盟战略"》，《世界经济与政治》2011年第2期；《论新时期中国的准联盟外交》，《世界经济与政治》2012年第3期；关于联合阵线（coalition）的研究参见刘丰《国际政治中的联合阵线》，《外交评论》2012年第5期。

　　④ Arnold Wolfers, "Alliance", *International Encyclopedia of the Social Science*, New York: Macmillan Company & The Free Press, Vol. 1, 1974, pp. 268 – 269.

　　⑤ 关于中朝联盟，笔者认为这是一个历史遗留问题，不能因此否认中国在20世纪80年代以来所执行的不结盟路线。并且中国官方基本不再宣传中朝同盟，而更多的是强调两国的传统友谊。

一　中国不结盟政策的缘起与内涵

对中国为何坚持不结盟政策，一种观点将其很大程度上归结为中国官方外交政策缺乏灵活性。其实这种认识存在许多"盲点"，一是不结盟政策并非始于中苏关系破裂或改革开放，而是始于 20 世纪 80 年代以后；二是新中国的外交并非结盟、不结盟与伙伴关系的结盟向度，而是始终坚持独立自主的和平外交方针或外交政策；三是对我国主张的不结盟政策的背景与内涵认识不清。本文主要基于中国共产党的重要文献、政府工作报告外交部分、国防白皮书以及党和国家领导人关于外交政策的重要讲话等资料，对我国的不结盟政策做一番简明梳理。

我国的不结盟政策并非在改革开放一开始就已确立，而是在 20 世纪 80 年代初期基于国际形势的判断而做出的战略和外交决策。"文化大革命"结束后，我国并未迅速调整对外政策，而是继续坚持无产阶级国际主义。党的十一大报告指出，"联合一切受帝国主义和社会帝国主义侵略、颠覆、干涉、控制和欺负的国家，结成最广泛的统一战线，反对苏美两个超级大国的霸权主义。"[1]"要利用一切机会，哪怕是极小的机会，来获得大量的同盟者，尽管这些同盟者是暂时的、动摇的、不稳定的、靠不住的、有条件的。"[2] 之后在 1981 年《关于建国以来党的若干历史问题决议》中仍然肯定了独立自主的外交方针与无产阶级国际主义。[3] 1979 年的政府工作报告中也提出坚持无产阶级国际主义。[4] 这至少表明从"文化大革命"结束到改革开放初期这

---

[1] 《中国共产党第十一次全国代表大会新闻公报》，中国共产党新闻网，http://cpc. people. com. cn/GB/64162/64168/64563/65449/4441886. html。

[2] 《十一大上的政治报告》，中国共产党新闻网，http://cpc. people. com. cn/GB/64162/64168/64563/65449/4526443. html。尽管此处的同盟并不等于安全联盟，在当时中国并未放弃战争甚至是大战争的想法，安全结盟的可能性也因此并未排除。

[3] 《关于建国以来党的若干历史问题的决议》，中国共产党新闻网，http://cpc. people. com. cn/GB/64162/64168/64563/65374/4526448. html。

[4] 比如 20 世纪 80 年代初期的党代会报告对外交政策的表述较少，有些年份甚至没有外交政策的表述，政府工作报告也主要关注经济建设问题，对外交政策着墨甚少。查阅历次党代会文献，1981—1987 年关于外交政策的表述较为简短，有些年份甚至没有，但党和国家领导人在这一时期的一些公开讲话在一定程度上表明了中国外交政策立场。

一时段，我国对外政策还未完全放弃无产阶级国际主义，① 为了国际统一战线的需要，建立联盟（不排除是安全联盟）极有可能，不结盟政策也就无从谈起。

最早关于中国不结盟的明确阐述主要是一些党和国家领导人的公开讲话。② 目前大多认为邓小平同志最早提出中国不结盟政策。在1982年召开的党的十二大会议上，邓小平在致开幕词时指出："中国人民珍惜同其他国家和人民的友谊和合作，更加珍惜自己经过长期奋斗而得来的独立自主权利。任何外国不要指望中国做它们的附庸，不要指望中国会吞下损害我国利益的苦果。"这被许多学者认为是不结盟政策的正式确立。③ 其实，邓小平当时表达的更多是一种独立自主的外交政策意愿，并非提出不结盟政策，中国不愿因介入美苏争霸而损害自己的利益。④ 之后邓小平也在不同场合表示了中国不与美苏超级大国结盟的意愿。"中国的对外政策是独立自主，是真正的不结盟。中国不打美国牌，也不打苏联牌，中国也不允许别人打中国牌。"⑤ 从小平同志当时的讲话来看，不结盟是独立自主外交政策的一部分，并非开启中国外交政策的新阶段，更多地作为独立自主外交政策的手段、方式出现。

20世纪80年代中期以后，关于不结盟的表述在党和政府的重要报告中得到了更为明确的体现。1986年的政府工作报告中首次明确提出："中国决不依附于任何一个超级大国，也决不同它们任何一方结盟或建立战略关系。"⑥ 党代会报告明确关于不结盟的阐述则要晚一些。党的十四大报告指出"中国不同任何国家或国家集团结盟，不

① 直到1987年的十三大报告不再提无产阶级国际主义。

② 这一时期我国开始以经济建设为中心的任务转移，在党的报告、政府工作报告中对外交政策的表述较少，有些年份甚至没有提及外交政策，因此很难通过这些材料看出外交政策的调整变革。

③ 李葆珍：《结盟—不结盟—伙伴关系：当代中国大国关系的嬗变》，《郑州大学学报》2009年第2期。

④ 20世纪80年代苏联表达了改善与中国关系的意愿，中苏关系有所缓和，而中美关系因为台湾问题变得严峻，这使中国意识到不依附于任一超级大国，保持自身独立自主地位的重要性。

⑤ 《邓小平文选》（第3卷），人民出版社1993年版，第57页。

⑥ 参见1986年政府工作报告，新华社，http://www.gov.cn/test/2006 – 02/16/content_ 200850. htm。

参加任何军事集团。"① 党的十五大报告则指出"不同任何大国或国家集团结盟，不搞军事集团，不参加军备竞赛，不进行军事扩张。②"2011 年发布的《中国的和平发展》白皮书中也明确指出，"坚持在和平共处五项原则基础上，同所有国家发展友好合作，不同任何国家和国家集团结盟，不以社会制度和意识形态异同决定国家关系的亲疏。"③ 这些官方政策立场的表述表明，不结盟已上升到我国国家意志的高度，也被认为当前中国不结盟的重要原因。不过应该看到，20世纪 80 年代以来，尽管在党和政府的重要报告中都提到不结盟，但不结盟政策是否作为一项我国一以贯之的外交政策却值得怀疑。从党和政府重要文献的表述来看，我国一直认为应该坚持"独立自主的外交政策"或"独立自主的和平外交政策"，这在新中国成立以来从未改变。不结盟是为了维护我国独立自主的外交政策而提出，并未取得与独立自主的和平外交政策相当的地位，④ 并且有着其深刻的时代背景，不结盟的政策内涵也比较模糊，有许多值得深究的地方，特别是独立自主的和平外交政策与不结盟政策之间的关系。

　　20 世纪 80 年代提出不结盟政策，主要基于当时美苏争霸形势，中国不愿成为任一超级大国的附庸。中国对当时国际形势的基本判断是和平与发展，为了争取一个长期的和平国际环境，不与超级大国或大国结盟既是中国作为维护世界和平力量的体现，也是谋求和平环境以发展经济的需要。⑤ 冷战结束后，中国继续主张不结盟则是顺应世界格局多极化的趋势，倡导以新安全观处理国家间安全关系而非结盟

　　① 《江泽民在中国共产党第十四次全国代表大会上的报告》，中国共产党新闻网，http://cpc.people.com.cn/GB/64162/64168/64567/65446/4526308.html。
　　② 《江泽民在中国共产党第十五次全国代表大会上的报告》，中国共产党新闻网，http://cpc.people.com.cn/GB/64162/64168/64568/65445/4526285.html。
　　③ 《中国和平发展白皮书》，新华社，2011 年 9 月 6 日，http://www.gov.cn/jrzg/2011-09/06/content_1941204.htm。
　　④ 至少从笔者所查阅的 1977—2012 年党代会的报告以及政府工作报告来看，提到不结盟的年份为数不多。其中 1986 年、1987 年、1988 年、1996 年的政府工作报告提到不结盟；1992 年、1997 年的党代会报告提到不结盟。
　　⑤ 关于中国不结盟政策的时代背景分析可参见郭伟伟《论新时期不结盟的外交战略》，《四川党史》1999 年第 2 期；邱伟：《我国不结盟政策的发展历程及展望》，《学习月刊》2005 年第 10 期；石家铸：《论中国的不结盟政策的确立与发展》，《辽宁师范大学学报》2000 年第 2 期。

对抗。但中国的不结盟政策表述语焉不详，进而导致对内涵的理解五花八门。如有学者认为真正的不结盟是既不与大国结盟或形成战略关系，也不充当第三世界的盟主；① 有些学者则认为真正的不结盟并不是闭关自守，自我封闭，孤军作战，而是要在独立自主的基础上积极发展与各国的交流与合作，积极实行对外开放，共同维护世界和平，促进共同繁荣。② "中国不结盟在处理国际事务中表现为注重发挥自己在联合国和安理会常任理事国的作用，积极参与国际事务，坚持独立自主的同时顾全大局，赢得第三世界国家的赞誉。"③ 也有学者通过总结邓小平的讲话指出不结盟政策是不同任何国家搞结盟或战略关系，根据是非曲直独立自主地决定自己的政策与立场，不在美苏之间搞平衡交易。④ 这些表述都解释了不结盟政策的一些内容，但缺乏与时代背景、前提条件的结合。

　　不结盟应该是在和平与发展的新形势下，为了推进我国独立自主外交政策的而进行的一种无敌关系构建，广泛地与大国和发展中国家建立友好关系的一项重要原则、路线，不与任何国家结盟，也不搞军事集团之类变相结盟。正如国防白皮书表述，"中国的发展需要一个长期的国际和平环境特别是良好的周边环境。中国始终不渝地奉行独立自主的和平外交政策，主张从中国人民和世界人民的根本利益出发来处理国际事务，不同任何大国或国家集团结盟"⑤。关于不结盟与独立自主外交政策的关系，基本可以认为不结盟是独立自主外交政策的组成部分，是服务于独立自主的重要手段。"不结盟外交思想、政策是独立自主原则的具体体现，是在我国一直坚持的独立自主外交政策的具体内容调整过程中逐渐形成。"⑥ 邓小平同志在 20 世纪 80 年代提出不结盟外交战略就是"要维护自己的国家利益、主权与领土完整"。因此，对不结盟政策的审视不能脱离我国一贯坚持的独立自主的和平外

① 郭伟伟：《论新时期不结盟的外交战略》，《四川党史》1999 年第 2 期。
② 李葆珍：《结盟—不结盟—伙伴关系：当代中国大国关系的嬗变》，《郑州大学学报》2009 年第 2 期。
③ 邱伟：《我国不结盟政策的发展历程及展望》，《学习月刊》2005 年第 10 期。
④ 石家铸：《论中国的不结盟政策的确立与发展》，《辽宁师范大学学报》2000 年第 2 期。
⑤ 《中国的国防》白皮书，中华人民共和国国务院新闻办公室，1998 年 7 月。
⑥ 邱伟：《我国不结盟政策的发展历程及展望》，《学习月刊》2005 年第 10 期。

交政策。

二 伙伴关系——并非事实联盟

冷战后中国外交的一个重要特点是广泛地同世界大国或各地区重
要国家结成各种伙伴关系。① 这种伙伴关系经常被外界误认为是一种
事实结盟或新型联盟，特别是中俄战略伙伴关系②、上海合作组织。
不过通过分析中国的伙伴关系及其条约文本，发现许多伙伴关系并无
实质性的安全合作条款，仅仅谈到加强军事交流、军事互信、安全合
作的必要性，因而并不具备联盟的安全职能；即便是少数一些伙伴关
系当中也包含了一些排他性的安全合作条款，具备了转化为准联盟、
联盟的可能，但与真正的联盟均有不少差距。（参见表1）

表1 中国的伙伴关系③

地区	与中国建交国家数目	与中国建立伙伴关系数目	含安全合作的伙伴关系	含联盟性质条款的伙伴关系
亚洲	45	21	11	6＋2④
欧洲	44	16	2	2
非洲	50	5	0	0
美洲	23	8	0	0
大洋洲	9	1	0	0
总计	171	51	13	10

---

① 中国对各种伙伴关系缺乏一个明确的界定，有学者认为中国与这些国家建立的
"伙伴关系"之前加有不同的修饰词，但并不意味着中国与不同国家关系的远近亲疏，只是
表明不同的伙伴关系在合作的领域、程度和方式上有差异而已。参见李葆珍《结盟—不结
盟—伙伴关系：当代中国大国关系的嬗变》，《郑州大学学报》2009 年第 2 期。

② Thomas S. Wilkins, Russia – Chinese Strategic Partnership: A New Form of Security Coop-
eration? *Contemporary Security Policy*, Vol. 29, No. 2, pp. 358 – 383.

③ 根据中国外交部网站资料整理，伙伴关系统计了 20 世纪 90 年代至今（2012 年 7
月）与中国所建立的所有伙伴关系，包括战略伙伴关系、全面伙伴关系等。除了与国家建
立伙伴关系外，中国还与欧盟、非洲、中东欧、东盟等地区建立了地区性伙伴关系。

④ 其中吉尔吉斯斯坦、塔吉克斯坦虽然未与中国建立伙伴关系，但受上海合作组织条
约指导，在双边条约中签署了"不允许在本国领土上成立危害另一方主权、安全和领土完
整的组织"的条款，这类条款往往在联盟中才出现，因此将其视作与蒙古国、哈萨克斯坦、
巴基斯坦、阿富汗等一样的安全伙伴。

　　根据中国外交部网站资料统计，目前与中国建立伙伴关系的国家共有51个，但其中涉及安全合作（仅指双边条约中出现加强军事合作与交流条款）的仅有13个[①]，且大多是中国周边邻国。其中包含联盟性质条款（双边条约中出现"双方将不参加任何有损于对方主权、安全和领土完整的联盟或集团，不采取任何此类行动，包括不同第三国缔结此类条约或双方将不允许第三国利用本国领土损害另一方的国家主权、安全和领土完整"的条款）的伙伴关系有8个。[②]一般认为，联盟是两个或两个以上主权国家为了国家安全而缔结的相互进行军事援助的协定，[③]据此判定，中国的伙伴关系并非结盟，即使是包含安全合作的伙伴关系，也不能因此认定为联盟，而只能说具备了建立联盟的可能，但真正形成联盟则需要更多条件。

　　首先，伙伴关系是中国加强与世界大国及重要地区国家合作的显著体现，并不意味着安全合作的加强。目前与中国建立伙伴关系的51个国家中，涉及安全合作的仅有13个，并且没有建立伙伴关系的国家与中国也进行一定的安全合作。[④]这表明安全合作与伙伴关系相关性很低。并且中国还与美国及其盟国英、日、韩、菲、泰等建立了伙伴关系，但与朝鲜、古巴等社会主义国家并未建立起伙伴关系，由此表明中国的伙伴关系是开放的、不以意识形态为标准区分。联盟关系的构建具有一定安全指涉，伙伴关系则不具备，因而很难说中国的伙伴关系具有联盟性质。伙伴关系被视作不结盟关系的承续，主要体

---

　　①　这13个国家分别是亚洲的阿富汗、阿联酋、巴基斯坦、哈萨克斯坦、韩国、柬埔寨、老挝、蒙古国、泰国、土库曼斯坦、乌兹别克斯坦以及欧洲的俄罗斯、乌克兰。

　　②　这10个国家分别是与中国建立伙伴关系巴基斯坦、哈萨克斯坦、蒙古国、土库曼斯坦、乌兹别克斯坦、阿富汗、俄罗斯、乌克兰与上海合作组织成员国吉尔吉斯斯坦、塔吉克斯坦。但也有一些伙伴关系明确表明并非结盟，如中哈战略伙伴关系，并且一些伙伴奉行中立外交政策。

　　③　Arnold Wolfers. "Alliance", *International Encyclopedia of the Social Science*, New York: Macmillan Company & The Free Press, Vol. 1, 1974, pp. 268 - 269.

　　④　比如，塔吉克斯坦、吉尔吉斯斯坦并未与中国建立伙伴关系，但确立了两国不利用也不允许第三国利用本国领土损害另一方的国家主权、安全与领土完整。但考虑到两国与中国同属上海合作组织成员国，因而实行此种安全合作主要是由在上海合作组织框架下进行。

现在其坚持不结盟原则。[①] 这一系列跨世纪伙伴关系构成了一个不结盟、不针对第三方、共创未来的新型关系网络。[②] 这些也决定了伙伴关系与联盟的显著差别。

其次，伙伴关系是当今世界国家间关系发展的一种新形式，并非中国的独有模式。伙伴关系旨在建立国家间友好关系，承诺加强彼此间沟通与合作，不仅中国大力推动伙伴关系构建，世界上其他国家也积极推进伙伴关系。比如，美国在冷战后推行"和平伙伴关系计划"，美俄建立了"成熟的战略伙伴关系"，美国还与新加坡建立了安全伙伴关系，越南与俄罗斯、印度、韩国建立了伙伴关系，印度与印尼、南非也确立了战略伙伴关系，法国与非洲许多国家建立了伙伴关系，欧盟执行了地区伙伴关系计划。可见，通过构建伙伴关系来发展国家间友好关系在冷战后成为一种趋势。这些伙伴关系中有些包含安全合作，有些则只是纯粹的经济合作或战略协商。20 世纪 90 年代中期以来，中国的伙伴关系构建是缓解外界压力、获取良好外部环境的现实需要。目前，中国在求同存异的基础上所建立的伙伴关系大概可以分为战略伙伴关系（主要是与世界大国）、睦邻伙伴关系（主要是与周边国家）与基础性伙伴关系（主要是与广大发展中国家）[③]，与其他国家的伙伴关系构建并无太大差别。

再次，中国不仅与许多国家建立伙伴关系，还与一些重要地区建立了伙伴关系。目前，中国已与欧盟、非洲、东盟、中东欧等地区建立了战略伙伴关系，从而使得中国的伙伴关系基本上覆盖了世界大部分地区。即使没有与中国建立双边伙伴关系，中国与这些地区中的国家的双边关系也被彼此视作中欧、中非、中国—东盟等战略伙伴关系的一员，并且有许多国家主动提出与中国构建伙伴关系。[④] 但中国与

---

① 李葆珍：《结盟—不结盟—伙伴关系：当代中国大国关系的嬗变》，《郑州大学学报》2009 年第 2 期。

② 邓小玲：《从"一边倒"到"新型伙伴关系"——三代领导核心的国际战略思想》，《学术论坛》2005 年第 9 期。

③ 王贵锋、胡良吉：《论江泽民的伙伴关系战略》，《社会主义研究》2005 年第 3 期。

④ 许多非洲、拉美国家主动提出中国建立伙伴关系或战略伙伴关系，但对中国伙伴关系的构建并不是很了解。

地区建立战略伙伴关系并不具有安全收益，如有学者质疑地区只具有有限的战略主体特性，无法满足中国对其的一些预期。[①]

又次，中国伙伴关系中的安全合作大多是增加军事交流、加强军事合作与增进安全互信，缺乏实质性的安全合作。比较常见的表述是两国在军事安全领域加强交流与合作，鲜有具体的军事合作制度安排与计划。[②] 由于 20 世纪 90 年代反恐问题的凸显，中国在构建伙伴关系中大多确立了加强反恐合作条款，但并未规定两国通过实际活动共同反恐，且大多是在联合国框架下进行，这与世界其他国家就这一问题的合作并无二致。与此同时，我们也应该看到中国的大部分伙伴关系甚至连安全合作都没有提及，只是表达了加强双边关系或在联合国等多边组织加强协调或战略协商的意愿。[③] 联盟与伙伴关系甚至存在相互排斥的关系，如有学者认为如果安全合作方面走向联盟则有可能导致伙伴关系的破裂，一种成熟的战略伙伴关系"不是也不可能发展成过去的政治与军事同盟。"[④] 中国的一些战略伙伴关系虽然能够获取一定的安全收益，但与美、日、澳那样的军事联盟显著不同。[⑤]

最后，具有联盟性质条款的伙伴关系具备了转化为准联盟、联盟的可能，但需要其他许多条件的共同推动。目前与中国的伙伴关系中包含联盟性质安全合作的国家共有 8 个，分别是周边国家俄罗斯、蒙古、哈萨克斯坦、巴基斯坦、乌兹别克斯坦、土库曼斯坦与欧洲的乌

① 陈志敏：《欧盟的有限战略行为主体特性与中欧战略伙伴关系——以解除对华军售禁令为例》，《国际观察》2006 年第 5 期。

② 如中国与阿富汗的联合声明中表示"加强军事互访，开展军事院校间对口交流，加强在人员培训、装备技术和军工军贸等方面的合作"；中国与阿联酋建立战略伙伴关系联合声明中写道："加强军事互访，开展军事院校间对口交流，加强在人员培训、装备技术和军工军贸等方面的合作"；中国与柬埔寨联合声明中"深化两军合作，保持两国防务部门和军队各层级人员往来，密切开展军事训练、人员培训、院校建设后勤保障等领域合作"；中国与老挝的联合声明中表示"进一步加强两国国防、公安、司法领域合作，维护各自国家安全，维护地区和平稳定"。

③ 这类伙伴关系大多体现在中国与欧洲、美洲、非洲的伙伴关系构建中。

④ 郇庆治、王珂：《"全面合作伙伴关系"：从比较的观点看》，《现代国际关系》2002 年第 5 期。

⑤ Thomas S. Wilkins, Russia – Chinese Strategic Partnership：A New Form of Security Coop-eration? *Contemporary Security Policy*, Vol. 29, No. 2, pp. 358 – 383.

克兰（并未建立伙伴关系的上海合作组织成员国吉尔吉斯斯塔、塔吉克斯坦与中国的双边条约中也存在此类条款）。中国与这些国家所签署的伙伴关系等双边条约中出现了"缔约一方不参加任何损害对方主权、安全和领土完整的联盟或集团，不采取任何此类行动，包括不同第三国缔结此类条约。缔约一方不得允许第三国利用其领土损害缔约另一方的国家主权、安全和领土完整；缔约一方禁止在本国领土上成立损害缔约另一方主权、安全和领土完整的组织或机构。"[1] 这类条款一般出现在联盟当中，因此中国与这些国家的伙伴关系具备了转变成准联盟与联盟的基础。不过即使是这些伙伴关系，由于一些国家执行永久中立外交政策或明确表示与中国的伙伴关系并非结盟，[2] 致使由伙伴关系向联盟转化也是困难重重。而且这类性质的安全条款基本上属于消极的"不作为"，与联盟当中就成员威胁展开磋商与应对的"积极作为"差异显著。即使是中俄战略伙伴关系，也存在诸多竞争性利益以及中俄实力的此消彼长等问题。[3]

"积极构建非对抗、非结盟的战略伙伴关系，是中国的一大创新之处，不同于传统的结盟关系。起初，这种伙伴关系主要针对大国，以寻求避免和大国的对抗为目标，后来又延伸到其他类型国家。对有些国家，由于政治、安全问题比较难处理，则选择以发展经济关系为基础来推动全面关系的发展。"[4] 尽管中国建立了大量伙伴关系，但对伙伴关系的界定从未系统总结过，导致外界对其难免产生误解。[5] 许多国家希望通过与中国发展伙伴关系获取经贸利益，但在其他方面

---

① 参见《中华人民共和国和巴基斯坦伊斯兰共和国睦邻友好合作条约》，外交部网站，http：//www. fmprc. gov. cn/chn/pds/gjhdq/gj/yz/1206_ 3/1207/t209122. htm。中国与哈萨克斯塔、俄罗斯、蒙古国等国的伙伴关系构建中也出现类似条款。

② 如土库曼斯坦奉行永久中立政策；中国与蒙古国、哈萨克斯坦的联合声明中明确表示"双方发展这一关系不是结盟，也不针对第三方"。

③ Paul J. Bolt 、Shary N. Cross, The Contemporary Sino – Russian Strategic Partnership: Challenges and Opportunities for the Twenty – First Century, *Asian Security*, Vol. 6，No. 3，2010，pp. 191 – 213.

④ 张蕴岭：《中国周边环境的新变化与对策》，《思想战线》2012 年第 1 期。

⑤ 比如，韩国学者认为中韩战略伙伴关系与中俄战略伙伴关系属于同一级别，参见 Heeok Lee，China's policy toward（South）Korea: objectives of and obstacles to the strategic partnership, *Korean Journal of Defense Analysis*，Vol. 22，No. 3，September 2010，pp. 283 – 301。

却不愿承担相应责任。中国的一些伙伴关系虽然部分具有安全合作内容，但本质上是不结盟、不对抗、不针对第三国的，是独立自主不结盟外交政策的继承与发扬。[①] 中国应该向世界明确其伙伴关系，规避外界的误解，获得更多的认可。

三　不合时宜——结盟并非合理选择

　　回到中国结盟问题本身，一些支持中国结盟的观点认为盟友多寡是大国崛起的重要标志，缺乏盟友将是中国崛起的重要障碍之一。[②] 其实，崛起大国必须结盟看法反映了传统现实主义的权力观，认为军事实力主导着其他类型的力量，拥有最强大的军事实力的国家支配着世界事务，结盟则是增强军事实力的重要途径。[③] 在现实主义理论视野中，军事力量具有权力与安全的双重属性，是大国崛起的重要变量，也成为理解大国崛起的关键[④]，大国必须是军事强国似乎不言自明。[⑤] 但是二战后，一个明显的趋势是权力的组成要素、使用及其所能达到的目的发生了根本性的变化。[⑥] 军事力量的主导地位受到冲击，非军事因素的作用逐渐增强，军事力量作为权力资源的有效性日益下降[⑦]，在一些问题领域起着次要作用[⑧]，不再是保护国家利益的唯一

[①] 焦洋、张海军：《江泽民外交思想中的大国伙伴关系》，《江苏教育学院学报》2002年第2期。

[②] 阎学通：《从南海问题说到中国外交调整》，《领导文萃》2012年第11期；邱震海：《中国外交的"软肋"和"硬伤"》，共识网，http：//www. 21ccom. net/articles/qqsw/zl-wj/article_ 2013031478989. html。

[③] ［美］罗伯特·基欧汉、约瑟夫·奈：《权力与相互依赖》，门洪华译，北京大学出版社2002年版，第28页。

[④] 封永平：《军事力量观的嬗变与大国崛起》，《现代国际关系》2005年第7期。

[⑤] ［英］赫德利·布尔：《无政府社会：世界政治秩序研究》，世界知识出版社2003年版，第161页。

[⑥] Stanley Hoffmann, " Notes on the Elusiveness of Modern Power", *International Journal* 30, Spring 1975, p. 183.

[⑦] David A. Baldwin , "Power Analysis and World Politics ：New Trends versus Old Tendencies", *World Politics* 31 , January 1979 , pp. 169 , 181.

[⑧] ［美］罗伯特·基欧汉、［美］约瑟夫·奈：《权力与相互依赖》，门洪华译，北京大学出版社2002年版，第28页。

或最有效手段。对大国的定位也主要以综合实力为准，一般包括政治、经济、军事三个方面，军事力量的分量相对下降。软权力的提出更是推动了国际关系领域的权力观革命，国家对于声誉的关注前所未有。

权力变革产生了两点尤为深刻的影响。一是军事力量对于大国崛起的作用下降。当前，军事力量对于大国崛起依然重要，但重要性已显著下降。在战争与冲突可能性日益减少的情况下，大国更加关注经济竞争力、政治影响力，军事力量建设大多寻求防御摄止。对于大国崛起而言，主要基于综合实力，军事力量不再像历史上大国崛起那样居于主导地位，大国也无须一味地追求军事力量建设，通过自身适度的军事力量建设已基本足够，不必再寻求军事结盟以增强实力。二是军事结盟的效能下降。军事结盟存在成本与收益，任何国家的结盟都应经过审慎的考虑。对于国家而言，结盟大多为权宜之计①，况且联盟之间存在"联盟困境"问题，联盟维持与管理并非易事，存在扶持与抑制、依存与自主、平等与协从、竞争与协调、责任与收益等多组矛盾。② 盟国之间并非利益完全一致，盟友也并非一味蛮从的朋友。大国崛起寻求结盟以增强影响同样面临着不确定的风险。传统的军事联盟主要基于狭隘的安全领域合作，冷战后由于安全威胁的多元化，军事联盟弊端频现，倒是一些非正式联盟在灵活地发挥作用，由此也映衬了军事联盟的效能下降，凸显了冷战后军事联盟的发展困境，显著体现在如下三点：

一是在安全威胁多元化的时代，联盟不再足够。传统的军事联盟主要基于狭隘的安全领域合作，在冷战后面对安全威胁的多元化，单纯的军事联盟是远远不够的。首先面对诸多安全威胁，联盟行动十分缓慢，联盟资源捉襟见肘，联盟效率相对低下，这也是冷战后美国单边主义增多的一个重要原因；其次像恐怖主义、海盗这些非国家主体、非传统安全威胁，联盟很难应对，亟须创建新型安全合作形式，

①　汉斯·摩根索认为"一国是否采取联盟政策并不是一个原则问题，而是一个权谋问题"。参见汉斯·摩根索《国家间政治：权力斗争与和平》，北京大学出版社 2006 年版，第 219 页。

②　王帆：《联盟管理理论与联盟管理困境》，《欧洲研究》2006 年第 4 期。

比如，像反恐志愿者联盟。① 美国 2010 年的新军事战略也认为需要组建临时同盟以取代原有的有所僵化的军事联盟。② 不过我们也应看到冷战后许多军事联盟向综合性联盟的转型、临时的任务导向型联盟不断兴起，单纯的军事联盟的困境已显而易见。而能否一开始就建立综合联盟？其他国家能够复制美国联盟由军事联盟向综合联盟转型的转型，都存在疑问。

二是基于威胁的联盟并不契合相互依赖时代的安全秩序要求。现有联盟大多是冷战产物，美国是拥有盟友最多的国家。冷战后美国的联盟曾遭遇不同的消亡危机，其原因在于敌人的消失使得联盟分歧凸显，联盟困境加剧。冷战后国家之间相互依存的不断加深使得国家所面临的安全外部环境日益复杂，敌我分明的威胁认知难以为继，基于威胁的联盟有必要服务于地区安全秩序建设。③ 比如，北约在冷战后的存续与其功能再定位不无关系，由阵营对抗转向地区维稳。美国亚太联盟当前的一大困境是如何满足地区安全需求。

三是军事力量在国际关系中地位的相对下降，单纯基于军事安全合作的联盟缺乏根基。在军事力量起着次要作用④，大国进入无战时代的情况下⑤，单纯的军事结盟的方式已变得不合时宜。传统联盟主要基于军事安全合作，在军事力量作用不断弱化的推动下，军事联盟的需求下降。既有的军事联盟大多调整转型为综合性联盟以实现共有利益拓展。

综上所述，国际安全的发展态势表明权力对于大国崛起的重要性下降，军事结盟效能降低并存在发展困境，中国选择不结盟正是基于对这种情况的合理认识。事实上，中国崛起的安全问题由来是内外互

---

① Paul Dibb, The future of international coalitions: How useful? How manageable? *The Washington Quarterly*, Vol. 25, No. 2, pp. 131 – 144.

② The National Military Strategy of the United States of America – Redefining America's Military Leadership, February 2011, p. 2.

③ Bruno Tertrais, The changing nature of military alliances, *The Washington Quarterly*, Vol. 27, No. 2, pp. 135 – 150.

④ [美] 罗伯特·基欧汉、[美] 约瑟夫·奈：《权力与相互依赖》，门洪华译，北京大学出版社 2002 年版，第 28 页。

⑤ 杨原：《武力胁迫还是利益交换？——大国无战争时代提高国际影响力的核心路径》，《外交评论》2011 年第 4 期。

动的复杂结果，并非缺乏盟友所致。历史经验表明，政治关系影响中国周边关系和安全关系，伙伴关系取代结盟对抗颇具成效。[①] 如果说20 世纪 80 年代中国走不结盟路线是不愿在超级大国中左右为难，那么 90 年代中国继续不结盟政策则是源自对联盟不合时宜的认识。中国坚持防御性国防政策，主张通过新安全观获取安全，在多极化格局中构建无敌环境，进而维护国家独立自主，这符合国家利益的需求，也是中国坚持不结盟政策的真正原因所在。

20 世纪 90 年代中期以来，中国不断向国际社会宣传"互信、互利、平等、协作"的新安全观。这是顺应冷战后世界经济、政治形势的巨大变化，在和平共处五项原则基础上将我国的安全观体系化、系统化，成为中国外交适应时代发展的必然要求。[②] 冷战结束使得安全环境发生了巨大变化，严重的军事联盟对抗及大规模战争危险的消失大大降低了以军事安全为核心的传统安全的地位。[③] 国际社会相互依赖的不断加深，安全威胁的日益多元化，安全手段的非武力化增长，使的联盟作为安全获取与维护的手段弊端凸显，显得不合时宜。

正是基于国际形势的巨大变化，中国主张通过非联盟手段获取安全，采用新安全观替代传统的结盟对抗安全观。这也反复体现在中国国家领导人的一系列表态中。20 世纪 90 年代，江泽民主席指出："以军事联盟为基础、以加强军备为手段的旧安全观，无助于保障国际安全，更不能营造世界的持久和平。这就要求必须建立适应时代需要的新安全观。"[④] 对结盟的摒弃在后来一直被中国政府所认可和坚持。针对美国亚太联盟强化，2000 年的国防白皮书表示："美国进一步强化在本地区的军事存在和双边军事同盟，推动研发并计划在东亚地区部署战区导弹防御系统，以及日本确定'周边事态法'等，违

①　张蕴岭：《高估自己的力量，被极端舆论绑架——大国崛起过程中的两大风险》，《人民论坛》2013 年第 2 期。

②　孙晓玲：《霸权稳定论与中国新安全观：一种比较视角》，《世界经济与政治》2004年第 2 期。

③　王勇：《论中国新安全观》，《世界经济与政治》1999 年第 1 期。

④　《在日内瓦裁军谈判会议上　江主席发表讲话受到热烈欢迎》，《人民日报》1999 年3 月 27 日。

背时代潮流。"① 2004 年 5 月，温家宝总理在和平共处五项原则创立
50 周年纪念大会上的讲话中指出："历史表明，以军事联盟为基础、
以加强军备为手段的旧安全观，无助于保障国际安全。必须坚决摒弃
冷战思维，牢固树立以互信、互利、平等、协作为核心的新安全观，
以对话求安全，以合作求稳定。"② 2012 年，针对美国亚太联盟的强
化与扩张，习近平副主席表示："在人心思安定、人心思发展之际，
人为地突出军事安全议程，刻意加强军事部署、强化军事同盟，恐怕
并不是本地区绝大多数国家希望看到的。"③ 中国外交部也多次针对
美日联盟强化表示，美日联盟作为"一种双边安排，就不应超出双边
关系的范畴，更不应针对第三方"。针对美澳签署永久驻军协议，中
国外交部回应称，"强化和扩大军事同盟是不是适合时宜之举，是不
是符合地区国家乃至整个国际社会的共同期待，值得商榷。"④ 上述
言辞和表态表明中国在冷战后对联盟有一个清晰的认识，即通过军事
联盟寻求安全是不合时宜的，不符合历史发展趋势，更不符合中国的
国家利益要求，因而中国主张在新安全观的指导下维护和平与安全。

　　中国的新安全观超越了结盟对抗的传统安全观。"超越单方面安
全范畴，以互利合作寻求共同安全。新安全观建立在共同利益基础之
上，符合人类社会进步的要求。"⑤ 为了区别于传统安全观并超越传
统安全结盟对抗的安全困境，新安全观明确规定了不结盟、不对抗、
不针对第三方，由此也切断了其与军事联盟的联系。从"不结盟"
到旗帜鲜明地倡导"超越结盟"的新安全观，中国的不结盟政策有
了进一步发展，这也符合过去很长一段时间内中国国家利益的需要，
即争取和维护稳定的国际环境以促进中国的和平发展。回顾过去，中
国坚持不结盟政策基本上是合理的，顺应了国际形势、符合国家利

　　①《2000 年中国的国防白皮书》，国务院新闻办公室，2000 年 10 月 16 日。
　　②《弘扬五项原则　促进和平发展》，《人民日报》2004 年 6 月 29 日。
　　③《习近平：宽广的太平洋有足够空间容纳中美两个大国》，新华网，http://world.huanqiu.com/roll/2012-02/2433129.html。
　　④《美澳将宣布签署永久驻军协议 中国外交部：不合时宜》，凤凰网，http://news.ifeng.com/world/special/wenjiabaoeas/content-3/detail_2011_11/16/10700784_0.shtml。
　　⑤《中国向东盟论坛提交新安全观立场文件》，《人民日报》2002 年 8 月 2 日。

益，也契合了历史经验与战略文化。

首先，中国不结盟政策是在新的国内外形势下维护国家利益的适宜之举。一是顺应国际形势，积极营造和平稳定的国际环境。改革开放后，中国逐渐明确了"和平与发展"的时代主题认知判定，通过争取和维护和平的外部环境来促进中国的经济发展是中国国家利益的重心所在。在多极化格局不断发展的环境中，只要安全威胁不大，不结盟相对于结盟而言更有利于实现和维护和平稳定的外部环境。二是积极发挥外交政策灵活性结交更多友好国家。中国不结盟政策是独立自主地和平外交政策的一部分，可以使中国基于自身利益独立自主地开展国际交往。在不结盟政策的基础上广泛地与世界大国、各地区重要国家等建立广泛的友好关系，这不仅有利于服务于中国经济发展，还能扩大中国的国际影响。三是淡化意识形态负面影响。作为一个社会主义大国，意识形态是中国对外交往中无法回避的因素。中国的不结盟政策主张在摒弃意识形态的基础上开展国家交往，有利于削减因意识形态引发的"中国威胁论"的影响，极大拓展了中国的对外交往范围，这对于中国的和平发展大有裨益。

其次，就过去30年来中国面临的安全威胁或压力而言，结盟并无必要。对于中国这样一个幅员辽阔的发展中大国而言，除非遇到外部强敌迫在眉睫的安全威胁，结盟实无必要。通过与周边国家不断通过谈判、协商，和平解决边界问题，实际上有效地减少了中国与周边国家发生军事冲突的可能性，也减少了中国潜在的安全威胁。就国土安全而言，中国并未遇到太大的威胁，目前在海洋上的权益争端并非一种迫在眉睫的安全威胁，也不必通过结盟予以解决。尽管近年来中国安全压力感知增强，但结盟对于提升中国安全而言效益并不明显，反而有可能激化一些矛盾与分歧。就中国安全威胁的来源来看，传统安全威胁的大体平稳，非传统安全威胁更为频繁，联盟实际很难应对。这一点在美国的反恐和打击海盗中得到了非常明显的体现，志愿者联盟可能是一种更为有效的方式。①

———————————

① Paul Dibb, The future of international coalitions: How useful? How manageable? *The Washington Quarterly*, Vol. 25, No. 2, pp. 131 - 144.

此外，从较为软性的历史记忆、战略文化角度考虑，不结盟政策也比较符合中国的历史主流和战略文化。尽管中国在春秋战国时期便有关于合纵连横的结盟历史，但自大一统以降，漫长的朝贡体系中，中国并无太多的结盟经验，特别是基于威斯特伐利亚的标准进行主权国家间的结盟为数不多，且大多留下不太美好的记忆。国家具有自主学习能力，历史经验与历史记忆对于外交决策的影响不容忽视。① 当前中国的不结盟政策与中苏同盟的痛苦经历不无关系。② 不结盟政策作为一种安全战略选择无法回避战略文化的影响，防御性的战略文化制约了中国的结盟选择。③ 因而对于中国而言，结盟主要是一种防御性的考虑，而在并无迫在眉睫的强敌安全威胁的情形下进行结盟并不符合防御性的战略文化。

总之，过去 30 年来，中国的不结盟政策基本上维护了中国的国家利益，为经济发展营造了较为和平稳定的外部环境。无论是主张不结盟还是倡导新安全观，或是不做霸权国附庸与积极构建伙伴关系，不结盟政策基本延续下来，具有内在的合理性。通过对国际形势的审慎判断与国家利益的权衡考量，中国认为传统的以结盟获取安全不合时宜，因而选择了不结盟政策。这种不结盟不仅包括不与大国结盟，也不与任何国家结盟，并且也不通过集团政治的方式变相结盟。这是中国践行新安全观的重要体现，并在上海合作组织的建立中同样得到体现。④ 在周边地区合作中采用不结盟的方式还在东盟、亚太等地区合作中得到体现，由此也表明中国是在真正地不结盟。

随着中国对国际社会融入的日益加深，中国海外利益的逐渐拓展，中国国际责任的不断加大，不结盟政策的压力也有所增加，未来不结盟政策是否适宜面临着新的政策评估，但不结成军事联盟的不结

---

① ［美］理查德·J. 赛缪尔斯：《日本大战略与东亚的未来》，刘铁娃译，上海人民出版社 2010 年版，第 187 页。

② 徐进：《当代中国拒斥同盟心理的由来》，《国际经济评论》2015 年第 5 期。

③ 加拿大学者江忆恩认为中国是一种进攻性战略文化，但很多中国学者并不认可这一论断。参见 Alastair Iain Johnston, *Cultural Realism: Strategic Culture and Grand Strategy in China History*, Princeton University Press , 1998。

④ 上海合作组织奉行不结盟原则，参见《上海合作组织成立宣言》，上海合作组织网站，http：//www. sectsco. org/CN/show. asp? id = 100。

盟政策依然具有合理性。尽管中国外交有必要从以经济建设为中心向如何有效提升国际影响力方向发展，但只有没有强敌迫在眉睫的安全威胁，军事联盟并无必要，以更为灵活地方式发展共同安全、合作安全更为可行。

四 结论

本文主要探析了过去30年来中国不结盟政策的原因。研究表明，中国的不结盟不是政策僵化所致，也并非伙伴关系构建了事实联盟，而是因为中国所处的国际环境与国内发展的需要决定了中国的不结盟，符合中国国家利益的需要。冷战后期中国之所以不结盟是基于对和平与发展的总体国际形势的判断，不愿沦为美苏超级大国的附属。冷战后中国继续坚持不结盟是基于世界多极化的发展趋势，相互依赖日益加深的国际现实以及中国获取良好的外部环境的国内需要，促使中国以一种无敌、不结盟的伙伴关系来推行独立自主的和平外交政策。虽然部分中国伙伴关系中包含了安全合作，但与联盟相比还是相差甚远。对中国不结盟的横向考察还应认识到军事力量对于大国崛起效能下降和冷战后军事联盟的发展困境。尽管冷战后军事联盟并未消亡，但大多是冷战遗留产物，并且需要通过职能调整、内容拓展等实现联盟转型。冷战后单纯建立军事联盟十分少见，在大国之间更是绝迹。这表明在冷战后不结盟实际上成为一种世界主流。鉴于相互依赖时代威胁多元化的现实，中国不结盟既在情理之中，又是利益使然。冷战后中国积极倡导新安全观，主张通过非结盟的方式获取安全，实际上较好地满足了中国为经济发展需要争取与维持良好外部环境的战略需要。检视过去30年来不结盟政策的推行，其政策效果大体不错，政策选择具有内在合理性。

目前对中国不结盟的批评存在许多值得商榷的地方。一是中国目前所面临的安全威胁、安全压力是不结盟所致吗？二是结盟能够缓解或解决中国的安全问题吗？三是什么样的联盟对中国而言是可行与划算的？四是应对安全威胁或压力，中国能否通过其他形式的安全合作，基于化解威胁而非对抗威胁，基于超越联盟而非结盟对抗。至于未来中国是否需要改变或放弃不结盟，主要从国家利益的角度考虑，要充分考虑到结盟所带来的成本收益影响，而并非简单的只是基于规避损失的前景预测。大国的成功崛起往往需要在安全上自我克制，中国也不例外，坚持不结盟同时要更加积极主动地参与多边合作，着力发展合作安全、共同安全应该成为未来中国安全战略的主要选择。